Prof. Dr. Hans-Christian Pfohl
Dr. Günther E. Braun

Entscheidungstheorie

Studienbibliothek
– Betriebswirtschaft –

herausgegeben von Prof. Dr. R. Wittgen †

Dr. Hans-Christian Pfohl
o. Prof. für Betriebswirtschaftslehre an der
Universität Essen – GHS

Dr. Günther E. Braun
Wiss. Ass. an der
Universität Essen – GHS

Entscheidungs-theorie

Normative und deskriptive
Grundlagen des Entscheidens

CIP-Kurztitelaufnahme der Deutschen Bibliothek

Pfohl, Hans-Christian – Braun, Günther E.:
Entscheidungstheorie : normative u. deskriptive
Grundlagen d. Entscheidens / Hans-Christian
Pfohl – Günther E. Braun. –
Landsberg am Lech : mi, 1981.
(mi-Studienbibliothek Betriebswirtschaft)
ISBN 3-478-38220-3

Wolfgang Dummer & Co., 8910 Landsberg am Lech
Satz: Bauer & Bökeler, Denkendorf
Druck: grafik + druck, München
Bindearbeiten: Thomas-Buchbinderei, Augsburg
Printed in Germany 380 220/1081402
ISBN 3-478-38220-3

Inhaltsübersicht

Inhaltsverzeichnis

1. Kapitel: Grundmodelle der Entscheidungstheorie

4. Kapitel: Ausgewählte ablauforientierte Modelle aus der deskriptiven Entscheidungstheorie

Vorwort

Das vorliegende Lehrbuch führt in das komplexe Gebiet der Entscheidungstheorie ein. Der Gegenstand der Entscheidungstheorie ist mit Entscheidungen gegeben, die als zentraler Bestandteil jeglicher menschlicher Aktivität anzusehen sind. Entscheidungen sind sowohl im individuellen Bereich als auch in privaten Unternehmungen und öffentlichen Verwaltungen zu treffen. Die Entscheidungstheorie untersucht die *allgemeine Struktur* derartiger Entscheidungen. Sie betrachtet dabei Entscheidungen unter *normativem* und *deskriptivem* Aspekt. Die normative Entscheidungstheorie ist daran interessiert, wie Entscheidungen vernünftigerweise aussehen sollen. Demgegenüber untersucht die deskriptive Entscheidungstheorie, wie Entscheidungen real vollzogen werden. Es ist ein Charakteristikum des Buches, daß sowohl die normative als auch die deskriptive Entscheidungstheorie in *einem* Band dargestellt werden. In der Aufbereitung und Behandlung des Stoffes haben wir dabei großen Wert auf eine hinreichende Vergleichbarkeit beider Teiltheorien gelegt. Der Leser soll Übereinstimmungen und Unterschiede in Fragestellung, Methodik und Ergebnissen bei beiden Teiltheorien erkennen können.

Veranstaltungen, die sich vollständig oder teilweise mit der normativen und/oder deskriptiven Entscheidungstheorie befassen, werden an nahezu allen wirtschaftswissenschaftlichen Fachbereichen deutscher Hochschulen angeboten. Aufgrund des allgemeinen Ansatzes der Entscheidungstheorie ist auch ihre Bedeutung für andere sozialwissenschaftliche Disziplinen gegeben. Von daher gesehen sind die Zielgruppen des vorliegenden Lehrbuches zur Entscheidungstheorie festgelegt:

- Lehrende und Lernende der Wirtschaftswissenschaften im Grund- und Hauptstudium, besonders in dem Fach »Planung und Entscheidung«.
- Lehrende und Lernende der übrigen Sozialwissenschaften im Grund- und Hauptstudium.

Das Lehrbuch ist als Hilfsmittel für die Gestaltung von Vorlesungen, Übungen, Seminaren, Tutoren- und Gruppenarbeit sowie für das Selbststudium gedacht.

Zusätzlich sind auch Mitarbeiter in privaten Unternehmungen und öffentlichen Verwaltungen angesprochen, die direkt oder indirekt mit Entscheidungen befaßt sind. Es handelt sich um

- Mitarbeiter in Planungsabteilungen, die Planungs- bzw. Entscheidungsmodelle entwerfen und durchzusetzen haben,
- Mitarbeiter in allen Funktionsbereichen, die als Verantwortliche und/oder Betroffene mit Entscheidungen konfrontiert sind.

Letztlich sollen die Angehörigen der verschiedenen Zielgruppen den *Struktureffekt* der normativen und deskriptiven Entscheidungstheorie erkennen und betrieblich bzw. öffentlich relevante Situationen in den Kategorien der Entscheidungstheorie erfassen.

Das Buch ist in insgesamt vier Kapitel gegliedert. Das *erste* Kapitel behandelt die Grundmodelle der Entscheidungstheorie und ist als Einführung in die umfangreiche Problematik zu verstehen. Da die Grundmodelle für *alle* Sozialwissenschaften, also z.B. Wirtschaftswissenschaften, Politikwissenschaft, Soziologie, Psychologie eine Bedeutung besitzen, sind sie entsprechend allgemein gehalten. Auf diese Weise definieren die Grundmodelle den entscheidungstheoretischen Bezugsrahmen. Dieses Kapitel hat demnach die Aufgabe, eine erste Orientierung in der Entscheidungstheorie zu ermöglichen. Ein »großes« Beispiel, das anhand der »Klausurvorbereitung eines Studenten für das Fach Entscheidungstheorie« entwickelt wird, dient dabei als anschaulicher Begleiter. Außerdem finden sich weitere »kleinere« Beispiele. Im *zweiten* Kapitel werden ausgewählte Modelle aus der normativen Entscheidungstheorie vorgestellt. An zahlreichen, meist betriebswirtschaftlichen Beispielen, wird der Leser an die Modellvielfalt herangeführt. Eine unter deskriptivem Vorzeichen stehende Kritik an einigen Annahmen aus der normativen Entscheidungstheorie findet sich im *dritten* Kapitel. Die deskriptive Entscheidungstheorie schließlich wird im *vierten* Kapitel erörtert.

Bei der Abfassung des Textes wurde ein mittleres Abstraktionsniveau angestrebt. Durch zahlreiche Beispiele und ca. 210 Abbildungen soll das Verständnis für die Entscheidungstheorie erleichtert werden. Zur Erhöhung der »Benutzerfreundlichkeit« werden früher eingeführte Abbildungen an den Stellen noch einmal wiederholt, an denen sie benötigt werden. Ebenso dienen die zahlreichen systematischen Querverweise zwischen den Kapiteln und Teilkapiteln der leichten Erarbeitung des umfangreichen Stoffes. Auch ein ausführliches Stichwortverzeichnis hilft, das Gebiet der Entscheidungstheorie zu erschließen.

Dem Charakter eines Lehrbuches entsprechend ist auf ausführliche Anmerkungen weitgehend verzichtet. Im Text selbst wird unter Verwendung von Kurztiteln auf die Literatur hingewiesen. Sofern in den einzelnen Teilkapiteln wichtige Formeln numeriert sind, beginnt die Numerierung nach einem in sich abgeschlossenen Teilkapitel jeweils wieder von vorn.

Am Ende eines in sich abgeschlossenen Kapitels bzw. Teilkapitels finden sich Wiederholungsfragen, die zur Selbstkontrolle geeignet sind. Durch die Angabe der relevanten Seitenzahlen des Buches im Anschluß an die jeweilige Frage ist außerdem Gelegenheit zu einer problemorientierten Vertiefung des Stoffes geboten. Zusätzlich zu den Wiederholungsfragen werden Literaturhinweise gegeben, die am Ende eines in sich abgeschlossenen Kapitels bzw. Teilkapitels stehen. Dabei wird die verwendete angelsächsische Literatur – sofern möglich – in der deutschen Übersetzung angegeben.

Allen, die an der Erstellung des Buches mitgewirkt haben, sei an dieser Stelle herzlichst gedankt. Dies gilt insbesondere für die ständige Diskussionsbereitschaft von Herrn Dipl.-Kfm. Bernd Zettelmeyer und Herrn cand.-rer. pol. Ulrich Blank. Herr Blank übernahm zudem mit großem Engagement zusammen mit den Autoren die Endredaktion. Dank gebührt auch Frau cand.-rer. pol. Marion Teller für die Erstellung des Verlagsmanuskriptes.

Last but not least sei dem Verlag Moderne Industrie, Landsberg, für die reibungslose Zusammenarbeit gedankt.

Essen, im Oktober 1981

Hans-Christian Pfohl
Günther E. Braun

1. Kapitel: Grundmodelle der Entscheidungstheorie

A. Gesamtüberblick

Der Inhalt des vorliegenden Kapitels besteht darin, Grundmodelle der Entscheidungstheorie zu beschreiben. Grundmodelle enthalten die für *wesentlich* erachteten Teile der Entscheidungstheorie in einer in sich abgeschlossenen Form. In ihnen schlägt sich *unsere* Sicht des komplexen Gebietes der Entscheidungstheorie nieder. Deshalb sind Grundmodelle eigentlich subjektive Wiedergaben (Abbildungen) der gesamten, außerordentlich umfangreichen entscheidungstheoretischen Literatur. Das Leitmotiv der subjektiven Wiedergabe ist dabei *didaktisch* ausgerichtet, da ein Lehrbuch und keine forschungsorientierte Monographie geschrieben werden soll, wenngleich Anregungen für das Gebiet der Forschung an manchen Stellen gegeben werden.

Die Entscheidungstheorie selbst stellt sich dem Betrachter als ein extrem differenziertes Gebilde dar. Schon der Name macht deutlich, daß sich die Entscheidungstheorie mit »Entscheidungen« auseinandersetzt. Dabei können zwei Betrachtungsebenen unterschieden werden. Zum einen steht die Entscheidung als solche im Mittelpunkt. Es geht um die *Bausteine* oder *Elemente* einer Entscheidung, die benötigt werden, um überhaupt eine Entscheidung treffen zu können. Da hierbei der (innere) Aufbau einer Entscheidung gemeint ist, handelt es sich um das *aufbauorientierte Grundmodell* der Entscheidungstheorie. Daneben ist auch der *Ablauf* von Entscheidungen zu betrachten. Hierunter versteht man eine Analyse des Entscheidungsprozesses, was im *ablauforientierten Grundmodell* der Entscheidungstheorie erfaßt wird.

Aufbauorientiertes Grundmodell – Ablauforientiertes Grundmodell

Hinter beiden Grundmodellen steht also die Trennung in Aufbau- und Ablaufaspekte. In der Realität ist es natürlich so, daß eine Entscheidung quasi einheitlich »erlebt« wird und nicht in der Zergliederung nach Aufbau und Ablauf. Trotzdem gehen wir im weiteren von der analytischen Trennung der beiden Bereiche aus, einfach deshalb, weil sie es erlaubt, zahlreiche Probleme zu sehen, die ansonsten gar nicht auffielen.

Beide Grundmodelle erstrecken sich übrigens auf beliebige Entscheidungen und gehören deshalb zur *Formalanalyse* der Entscheidung. Die *inhaltliche*

Untersuchung von Entscheidungen, d.h. der Bezug auf ein konkretes Problem, soll hier nicht geleistet werden (vgl. zu diesen Betrachtungsebenen auch Chmielewicz 1970, S. 239)*.

Zusätzlich ist die Entscheidungstheorie noch durch eine andere »Brille« zu sehen, womit wiederum zwei Betrachtungsebenen geschaffen werden. Zum einen kann man Vorschläge entwickeln, wie »vernünftige« Entscheidungen aussehen *sollen*. Das ist die Aufgabe der *normativen* Entscheidungstheorie. Alternativ dazu geht es um die Analyse von *tatsächlichen* Entscheidungen und ihre Hintergründe. Auf dieser Ebene dominieren die empirische Erklärung und Prognose der Entscheidung. Dafür ist die *deskriptive* Entscheidungstheorie kompetent (vgl. zu diesen Betrachtungsebenen auch Pfohl 1977a, S. 35ff.).

Normative Entscheidungstheorie

Deskriptive Entscheidungstheorie

Werden die Betrachtungsebenen *»Arten der Grundmodelle«* sowie *»Arten der Entscheidungstheorie«* kombiniert, so gewinnt man die Matrix der Abb. 1, in der sich weitgehend die Gliederung des ersten Kapitels wiederfindet.

Arten der Grundmodelle \ Arten der Entscheidungstheorie		normative Entscheidungstheorie	deskriptive Entscheidungstheorie
aufbauorientierte Grundmodelle		Kap. B. I	Kap. B. II
ablauforientierte Grundmodelle	logisches Modell	Kap. C. I	
	„klassischer" Modellansatz	Kap. C. II. 1	Kap. C. III. 1
	„moderner" Modellansatz	Kap. C. II. 2	Kap. C. III. 2

Abb. 1: Systematische Zusammenstellung aufbau- und ablauforientierter Grundmodelle

Bei den ablauforientierten Grundmodellen unterscheiden wir ein logisches Modell, das eine weite Gültigkeit besitzt; außerdem sind »klassische« und »moderne« Modellansätze zu beachten, die beide sowohl für die normative Entscheidungstheorie als auch für die deskriptive Entscheidungstheorie zutreffen. Eine weitere Perspektive ist für das Verständnis der Grundmodelle unerläßlich, ohne daß sie sich allerdings deshalb schon in der Gliederung des

* In allen Kapiteln werden allerdings immer wieder betriebswirtschaftliche Beispiele verwendet.

ersten Kapitels niederschlagen müßte. In dem großen Bereich der Entscheidungen sind u.a. *individuelle* Entscheidungen und *kollektive* Entscheidungen voneinander zu trennen. Auf beide Arten wird im weiteren immer wieder Bezug genommen.

Individuelle und kollektive Entscheidungen

Zusammenfassend gelten die in der Abb. 2 dargestellten drei Blickrichtungen, um die Entscheidungstheorie begrifflich besser strukturieren zu können:

Arten der Grundmodelle	: aufbauorientierte – ablauforientierte Modelle
Arten der Entscheidungstheorie	: normative – deskriptive Entscheidungstheorie
Arten der Entscheidungen	: individuelle – kollektive Entscheidungen

Abb. 2: Ausgewählte Perspektiven der Entscheidungstheorie

Im Anschluß an die Darstellung der Grundmodelle gemäß der Abb. 1 soll auf zwei darauf aufbauende Problemkreise eingegangen werden, um das gesamte Kapitel abzurunden. In D ist zunächst ein in der Literatur relativ ausführlich behandeltes Thema aufzugreifen, und zwar die Verwendung und innere Ausgestaltung des *Rationalitätsbegriffes* in der Entscheidungstheorie. Der Abschnitt E widmet sich den *Beziehungen* der Entscheidungstheorie zu anderen wissenschaftlichen Disziplinen.

Die Einführung in die Grundmodelle (B und C) und die darauffolgenden kleineren Abschnitte D und E sollen ein erstes Verständnis der Entscheidungstheorie ermöglichen. Sie haben eine Grundlage zu schaffen für eine daran anschließende vertiefte Behandlung einzelner ausgewählter Bereiche aus der Entscheidungstheorie.

B. Aufbauorientierte Grundmodelle der Entscheidungstheorie

I. Das aufbauorientierte Grundmodell der normativen Entscheidungstheorie

1. Einführung

1.1. Das Beispiel »Klausurvorbereitung« in der normativen Entscheidungstheorie

Das aufbauorientierte Grundmodell der normativen Entscheidungstheorie wird durch die Gesamtheit aller seiner *Elemente* oder *Bausteine* bestimmt. Au-

Entscheidungsprämissen

ßerdem sind die zwischen ihnen herrschenden *Beziehungen* bedeutsam. Die Elemente werden auch als *Entscheidungsprämissen* bezeichnet (Bamberg-Coenenberg 1977, S. 2f., Szyperski-Winand 1974, S. 40), womit sehr treffend das Verständnis des Grundmodells ausgedrückt ist. Der Begriff der ›Prämisse‹ kommt aus der (klassischen) Logik und informiert über diejenigen Annahmen, die für die logische Ableitung einer Schlußfolgerung benötigt werden. Diesen abstrakten Sachverhalt kann folgendes Beispiel verdeutlichen:

(1) Alle Bücher zur Entscheidungstheorie verwenden mathematische Symbole (2) Ich lese gerade ein Buch zur Entscheidungstheorie	} Prämissen
――――――――――――――――――――	} Der Strich deutet die logische Ableitung an
(3) Ich werde in diesem Buch mathematische Symbole finden	} Schlußfolgerung

Genauso verhält es sich mit den »Entscheidungsprämissen« der normativen Entscheidungstheorie. Sie müssen zwingend vorhanden sein, um auf rein logisch-mathematischem Wege – meist relativ kompliziert – eine *Entscheidung ableiten* zu können.

Beispiel

Wir wollen im weiteren *verschiedene Arten* von Entscheidungsprämissen identifizieren und so das Grundmodell einführen. Dies wird an einem *Beispiel* erfolgen, um das abstrakte Grundmodell, das wie ein Knochengerüst ist, gleichsam mit Fleisch und Haut zu umgeben (zu diesem Vergleich vgl. Schneeweiß 1966, S. 127). Es handelt sich um ein Beispiel, das durchgängig in diesem Kapitel zur Verfügung steht und aus dem universitären Ausbildungsbereich stammt, also dem Leser dieses Buches vertraut sein dürfte. Das Beispiel wird entsprechend dem Fortgang der allgemeinen Charakterisierung des Grundmodells *schrittweise* verfeinert.

Aktionen

Ergebnisse
Ziel

Wir gehen in unserem Beispiel davon aus, daß die Zwischenprüfung im wirtschaftswissenschaftlichen Studium eine zweistündige Klausur in Entscheidungstheorie enthält. Wie bereitet man sich nun auf die Klausur vor? Zunächst müssen verschiedene *Vorbereitungsstrategien* bekannt sein. Wir bezeichnen sie als *Aktionen.* Um aus der Menge möglicher Vorbereitungsstrategien auswählen zu können, muß weiterhin bekannt sein, welche *Ergebnisse* sie bringen. Diese Ergebnisse werden in unserem Beispiel in Noten »gemessen«. Das Interesse an Noten rührt vom *Ziel* her, eine möglichst gut benotete Klausur zu schreiben. Desweiteren ist zu beachten, daß man u.U. gar nicht weiß, mit welcher Note bei welcher Vorbereitungsstrategie zu rechnen ist. Das hängt davon ab, ob es sich um eine recht schwierige oder relativ einfache Klausur handelt, die in der Zwischenprüfung zu schreiben ist. Je nachdem fällt auch das Ergebnis anders aus. Eine »oberflächliche« Vorbereitung bringt etwa auch noch eine gute Note, wenn die Klausur einfach ist, eine schlechte Note demgegenüber, wenn die Klausur schwierig ist. Die möglichen *Umweltzustände*, die hier mit dem Schwierigkeitsgrad der Klausur gegeben sind, bestimmen also die Ergebnisse der Aktionen. Dabei ist zu bedenken, daß die Umweltzustände mit bestimmten *Wahrscheinlichkeiten* auftreten können. Mit der Wahrscheinlichkeit von 0,7 kann z.B. eine schwierige und mit der Wahrscheinlichkeit von 0,3 eine leichte Klausur vermutet werden. Liegen alle bisher beschriebenen Entscheidungsprämissen vor, so wird nur noch eine *Lösungsmethode* benötigt, um die entsprechende Vorbereitungsstrategie tatsächlich auszuwählen.

Umweltzustände

Wahrscheinlichkeiten

1.2. Klassen von Entscheidungsprämissen

Wenn wir die am Beispiel eingeführten Entscheidungsprämissen zusammenfassen, so liegen 3 Klassen von Entscheidungsprämissen vor:

- *faktische* Entscheidungsprämissen, die Aktionen, Umweltzustände, Wahrscheinlichkeitsverteilungen der Umweltzustände und Ergebnisse umfassen,
- *wertende* oder *normative* Entscheidungsprämissen, die Ziele beinhalten und
- *methodische* Entscheidungsprämissen (mathematischer Art), die *Lösungsmethoden* umschließen, um die optimale Aktion auszuwählen. Eine Aktion ist dann optimal, wenn sie den Entscheidungsprämissen entspricht. Dabei sind vor allem die wertenden Entscheidungsprämissen, also die Ziele, gemeint. Aber erst wenn eine geeignete Lösungsmethode vorliegt, kann eine optimale Aktion aus faktischen und wertenden Entscheidungsprämissen *abgeleitet* werden. Wir benötigen also explizit angegebene Methoden, um optimale Aktionen zu generieren. Aus diesem Grunde zählen wir sie auch zu den Entscheidungsprämissen und zum Grundmodell der normativen Entscheidungstheorie (vgl. ähnlich Braun 1977, S. 15ff. und 37ff. sowie Pfohl 1981, S. 43 und Kupsch 1979, S. 39; zu faktischen und wertenden Entscheidungsprämissen allein vgl. Bamberg-Coenenberg 1977, S. 2 und Szyperski-Winand 1974, S. 40).

Faktische Entscheidungsprämissen – Wertende oder normative Entscheidungsprämissen – Methodische Entscheidungsprämissen

Alle Entscheidungsprämissen zusammen definieren das in Abb. 3 zusammengestellte *Informationsfeld* der normativen Entscheidungstheorie (vgl. zu diesem Begriff Mag 1977, S. 25). Dieses zerfällt in das *Entscheidungsfeld* (Engels 1962, S. 94), das *Zielfeld* und das *Methodenfeld.*

Informationsfeld

Das mit Hilfe verschiedener Entscheidungsprämissen und Feldbegriffe entwickelte aufbauorientierte Grundmodell ist relativ umfassend und grenzt sich damit von engen Verständnissen ab (vgl. dazu Mag 1977, S. 13 und S. 23, Fußnote 34). Im weiteren sollen die einzelnen Entscheidungsprämissen und Felder detailliert betrachtet werden, was zu einem vertieften Verständnis des Grundmodells führt. Auch dazu dient als anschaulicher Begleiter das bereits verwendete Beispiel.

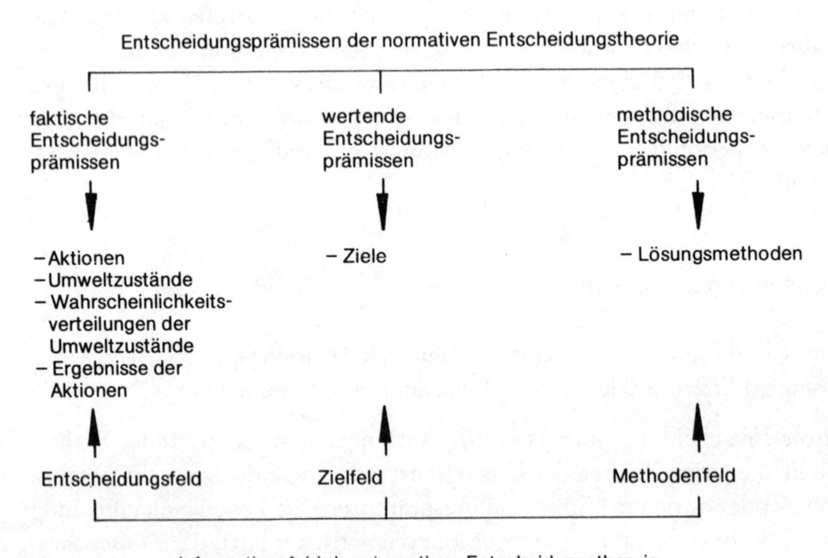

Abb. 3: Aufbauorientiertes Grundmodell der normativen Entscheidungstheorie

2. Faktische Entscheidungsprämissen

2.1. Aktionen

Erstes Prinzip bei der Bildung der Aktionen

An möglichen Vorbereitungsstrategien für eine »gute« Klausur *könnten* der Veranstaltungsbesuch in Entscheidungstheorie oder das Literaturstudium in Frage kommen. Auf diese Weise ist ein erstes Prinzip bei der Bildung der Aktionen bereits erfüllt, das besagt, daß *mindestens zwei* Aktionen vorliegen müssen, um von einem Entscheidungsmodell sprechen zu können. Es handelt sich allerdings um ein triviales Prinzip, das jederzeit realisierbar ist. Die zweite Aktion kann im kritischen Falle immer als *Unterlassungsaktion* (der ersten

Aktion) eingeführt werden. Gehen wir nun im weiteren davon aus, die erste Aktion mit $\bar{a}_1$ und die zweite Aktion mit $\bar{a}_2$ zu bezeichnen und formulieren etwa:

$\bar{a}_1$: Veranstaltungsbesuch
$\bar{a}_2$: Literaturstudium,

so verstoßen wir gegen ein zweites Prinzip bei der Bildung möglicher Aktionen. Aktionen sollen danach *einander streng ausschließen* (Exklusionsprinzip). Dies ist aber bei unserer Formulierung nicht gegeben, da ein Student *gleichzeitig* Veranstaltungen besuchen ($\bar{a}_1$) und ein Literaturstudium betreiben könnte ($\bar{a}_2$). Man muß deshalb den Veranstaltungsbesuch und das Literaturstudium als *Aktionsparameter* auffassen und so miteinander kombinieren, daß einander streng ausschließende *Aktionen* erst entstehen, beispielsweise:

Zweites Prinzip bei der Bildung der Aktionen

a_1: Veranstaltungsbesuch und Literaturstudium
a_2: Veranstaltungsbesuch und kein Literaturstudium
a_3: Kein Veranstaltungsbesuch und Literaturstudium
a_4: Kein Veranstaltungsbesuch und kein Literaturstudium (= Unterlassungsaktion).

Aus dem Beispiel sieht man auch, daß Aktionen komplexer Natur sein können, die mehrere *Aktionsparameter* (Einzelmaßnahmen) zu einem Bündel zusammenfassen. Auf diese Weise wird einem dritten Prinzip entsprochen, das eine *vollständige Formulierung* von Aktionen fordert. Eine vollständige Formulierung wird oft erreicht, wenn eine kombinatorische Anordnung der einzelnen Aktionsparameter versucht wird. Wenn der ›Veranstaltungsbesuch‹ und das ›Literaturstudium‹ als Aktionsparameter ›Ver‹ und Aktionsparameter ›Lit‹ verstanden werden, so gibt es 2^2 Aktionen, wenn ›+‹ eine Erfüllung des Aktionsparameters und ›−‹ eine Verneinung des Aktionsparameters bedeuten. Es wird also im Beispiel unterstellt, daß jeweils nur *zwei* Ausprägungen der Aktionsparameter relevant sind:

Drittes Prinzip bei der Bildung der Aktionen

	Ver	Lit
a_1:	+	+
a_2:	+	−
a_3:	−	+
a_4:	−	−

Allgemein gilt in einfachen Fällen*:

* Einfach sind diese Fälle deshalb, da *diskrete* Ausprägungen der Aktionsparameter vorliegen. Einfach sind diese Fälle aber auch, weil die Zahl der Ausprägungen der Aktionsparameter für beide (oder mehrere) Aktionsparameter *gleich* ist. Ist die Zahl der Ausprägungen beider (oder mehrerer) Aktionsparameter *unterschiedlich*, so wird die Zahl der Aktionen anders ermittelt. In diesem Fall müssen die unterschiedlichen Ausprägungen miteinander multipliziert werden.

$$\text{Zahl der Aktionen} = \left(\begin{array}{l}\text{Zahl der Ausprägungen}\\ \text{der Aktionsparameter}\end{array}\right)^{\text{Zahl der Aktionsparameter}}$$

oder in unserem Beispiel:

$$\text{Zahl der Aktionen} = 2^2 = 4$$

Viertes Prinzip bei der Bildung der Aktionen

Eng damit zusammen hängt ein viertes Prinzip, das eine *vollständige* Berücksichtigung aller relevanten Aktionsparameter fordert. Die Aktionsparameter müssen dabei voneinander *unabhängig* sein. Wir wollen in unserem Beispiel davon ausgehen, daß das Prinzip erfüllt ist (zur Trennung von Aktionen und Aktionsparametern vgl. auch Sieben-Schildbach 1980, S. 15f.).

Faktische Nebenbedingungen

Die oben angegebene kombinatorische Formel gilt nur in den Fällen, in denen bestimmte an sich mögliche Aktionen nicht *ausgeschlossen* werden. Es kann aber in unserem Beispiel durchaus vorkommen, daß a_1 nicht in Betracht gezogen werden darf. Aus Gründen, die hier nicht zu analysieren sind, ist es also unmöglich, gleichzeitig Veranstaltungen zu besuchen und ein Literaturstudium in Entscheidungstheorie durchzuführen. Wir sehen daraus, daß es bestimmte *praktische Restriktionen* (faktische Nebenbedingungen) geben kann, die Aktionen aus rein praktischen Gründen ausschließen. Dieser Sachverhalt ist zu bedenken, wenn das dritte Prinzip angewendet wird. Im Grunde gehören die Nebenbedingungen des Handelns mit zu den faktischen Entscheidungsprämissen, da sie die Anzahl der Aktionen bestimmen. Wir haben aber darauf verzichtet, die faktischen Nebenbedingungen explizit als Entscheidungsprämissen einzuführen, da sie ja auf jeden Fall »wirksam« werden, wenn es darum geht, die Anzahl der Aktionen (Menge der Aktionen) festzulegen. Allerdings werden wir auf S. 65ff. Entscheidungsmodelle kennenlernen, in denen faktische Nebenbedingungen explizit *im* Modell erscheinen. Demnach wäre es auch gerechtfertigt, Nebenbedingungen von vornherein als Entscheidungsprämissen zu bezeichnen.

Aktionsraum

Die bereits angesprochene Menge $A = \{a_1, a_2, \ldots, a_{i-1}, a_i, a_{i+1}, \ldots, a_m\}$ ist die Menge aller Aktionen und wird als *Aktionsraum* bezeichnet. Bei seiner Bildung sind die vier Prinzipien zu beachten. (Im übrigen gilt, daß aus dem dritten Prinzip das erste und zweite Prinzip folgen. Die Prinzipien sind also nicht unabhängig voneinander.) Die Mächtigkeit des Aktionsraumes betrifft die Anzahl der Aktionen; sie kann endlich oder unendlich sein*. Für die Darstellung des Grundmodells reichen zunächst endlich viele Aktionen aus, wenngleich auf S. 65ff. auch unendlich viele Aktionen betrachtet werden sollen.

* Die angegebene Mengenschreibweise gilt nur für endlich viele Aktionen. Das gilt auch für die weiter unten eingeführten Mengen.

2.2. Umweltzustände

Zu den Umweltzuständen gehören alle diejenigen Zustände, die die Ergebnisse des Handelns *unterschiedlich* bestimmen (Mag 1977, S. 11). In unserem Beispiel sind wir davon ausgegangen, daß der Schwierigkeitsgrad der Klausur mit entscheidend dafür ist, ob eine bestimmte Vorbereitungsstrategie zu einer guten Note führt oder nicht. Wenn wir zusätzlich zum ›Schwierigkeitsgrad der Klausur‹ im ›psychischen Zustand des Klausurteilnehmers während der Klausur‹ einen weiteren Umweltzustand erblicken würden, so könnte gelten:

$\bar{s}_1$: Schwierigkeitsgrad der Klausur
$\bar{s}_2$: psychischer Zustand des Klausurteilnehmers während der Klausur.

Erstes Prinzip bei der Bildung der Umweltzustände

Auch hier würde gegen ein erstes Prinzip bei der Bildung der Umweltzustände verstoßen, wonach Umweltzustände *einander streng ausschließen* sollen (Exklusionsprinzip). Da beide Fälle gleichzeitig berücksichtigt werden können, sind sie als *Umweltparameter* zu verstehen, die man so miteinander zu kombinieren hat, daß einander ausschließende *Umweltzustände* erst entstehen. Zusätzlich gilt das zweite Prinzip, das eine *vollständige Formulierung* der Umweltzustände fordert. Auch jetzt kann über eine kombinatorische Anordnung der Umweltparameter die vollständige Anzahl der Umweltzustände errechnet werden.

Zweites Prinzip bei der Bildung der Umweltzustände

Bezeichnet man den ›Schwierigkeitsgrad der Klausur‹ als ›Sch‹ und den ›psychischen Zustand des Klausurteilnehmers während der Klausur‹ als ›Psy‹, so gilt:

	Sch	Psy
s_1:	+	+
s_2:	+	–
s_3:	–	+
s_4:	–	–

›+‹ bei ›Sch‹ bedeutet eine ›schwere Klausur‹, ›–‹ bei ›Sch‹ eine ›leichte Klausur‹. ›+‹ bei ›Psy‹ bedeutet ›nervös‹, ›–‹ bei ›Psy‹ bedeutet ›nicht-nervös‹.

Allgemein gilt in einfachen Fällen*:

$$\text{Zahl der Umweltzustände} = \left(\text{Zahl der Ausprägungen der Umweltparameter}\right)^{\text{Zahl der Umweltparameter}}$$

* Vgl. dazu die Hinweise auf S. 27.

oder in unserem Beispiel:

Zahl der Umweltzustände = 2^2 = 4

Aus dem Beispiel ist ersichtlich, daß Umweltzustände *komplexer* Natur sein können.

Drittes Prinzip bei der Bildung der Umweltzustände

Wichtig ist auch das dritte Prinzip, das eine vollständige Berücksichtigung aller relevanten *Umweltparameter* fordert und dabei von einer *Unabhängigkeit* der einzelnen Umweltparameter ausgeht.

Die folgenden Umweltzustände erfüllen nun alle drei Prinzipien:

s_1: Schwere Klausur und nervöser Zustand des Klausurteilnehmers
s_2: Schwere Klausur und nicht-nervöser Zustand des Klausurteilnehmers
s_3: Leichte Klausur und nervöser Zustand des Klausurteilnehmers
s_4: Leichte Klausur und nicht-nervöser Zustand des Klausurteilnehmers.

Auch die Unabhängigkeit der einzelnen Umweltparameter ist erfüllt, da wir voraussetzen, daß der psychische Zustand des Klausurteilnehmers unabhängig von dem Schwierigkeitsgrad der Klausur ist und ganz allgemein eine Einstellung zu Prüfungen ausdrückt.

Die *analoge* Behandlung von Aktionen und Umweltzuständen im Grundmodell, wie sie bislang praktiziert wurde, hat ihre Grenzen darin, daß Umweltzustände, die nach der oben angegebenen kombinatorischen Formel ermittelt werden, nicht wieder aus der Betrachtung eliminiert werden dürfen. Alle möglichen Zustände sind im Zustandsraum zu berücksichtigen, und zwar ohne darauf zu achten, wie der Entscheidungsträger ihnen gegenüber eingestellt ist.

Zustandsraum

Der *Zustandsraum* ist dabei die Menge aller Umweltzustände $S = \{s_1, s_2, \ldots, s_{j-1}, s_j, s_{j+1}, \ldots, s_n\}$. Zu seiner Bildung sind die drei angegebenen Prinzipien zu berücksichtigen. Die Mächtigkeit des Zustandsraumes kann endlich oder unendlich sein, wobei im folgenden endlich viele Zustände verwendet werden sollen.

2.3. Wahrscheinlichkeitsverteilung der Umweltzustände

Als wesentliche Entscheidungsprämisse des Grundmodells ist die Wahrscheinlichkeitsverteilung der Umweltzustände zu betrachten. Um im Beispiel zu bleiben: Wir gehen zunächst davon aus, daß alle vier Zustände gleich möglich sind. Es liegen mithin *keine* Informationen vor, die es erwarten lassen, daß ein Umweltzustand s_1, s_2, s_3 oder s_4 eher als der andere eintritt. Man kann dann vernünftigerweise die vier Umweltzustände mit den *gleichen*

Wahrscheinlichkeiten veranschlagen. So jedenfalls fordert es das auf Bernoulli und Laplace zurückgehende *Prinzip* des *unzureichenden* oder *mangelnden Grundes* (Mag 1977, S. 47). Es liegt mithin eine Gleichverteilung der Wahrscheinlichkeiten der Umweltzustände vor. Diese ist nicht begründet, sondern lediglich angenommen (»Wenn man gar nichts weiß, solle man so tun, als wisse man doch etwas, nämlich Gleichverteilung«, Mag 1977, S. 48). Wir sprechen in einem solchen Falle davon, daß eine *Entscheidung unter Unsicherheit* vorliegt, die mit Hilfe des angegebenen Prinzips des unzureichenden Grundes definiert ist.

Prinzip des unzureichenden oder mangelnden Grundes

Entscheidung unter Unsicherheit

Abweichend davon wird die Entscheidung unter Unsicherheit auch anders eingeführt. Wenn man keine Informationen über die Umweltzustände besitzt, sind auch keine Wahrscheinlichkeiten anzugeben. In der Regel werden unter dem Stichwort ›Entscheidung unter Unsicherheit‹ *keine* Wahrscheinlichkeiten aufgeführt (Pfohl 1972, S. 314).

Liegen demgegenüber begründet eingeführte Wahrscheinlichkeiten vor, die sich im allgemeinen unterscheiden, so handelt es sich um eine *Entscheidung unter Risiko.*

Entscheidung unter Risiko

Eine *Entscheidung unter Sicherheit* ist dann gegeben, wenn ein Umweltzustand mit der Wahrscheinlichkeit von 1 und die restlichen Umweltzustände mit der Wahrscheinlichkeit von 0 angesetzt werden.

Entscheidung unter Sicherheit

Unsicherheit, Risiko und Sicherheit sind idealisierte Grundtypen, nach denen Umweltzustände und damit letztlich auch Entscheidungen unter dem Gesichtspunkt der vollkommenen oder unvollkommenen Information geordnet werden können*. Sämtliche Verfeinerungen bauen auf diesen Grundtypen auf oder können auf sie zurückgeführt werden. So ist z. B. der Fall denkbar, »daß dem Entscheidenden die Wahrscheinlichkeiten für die Zustände der Welt nicht genau bekannt, aber auch nicht gänzlich unbekannt sind« (Schneeweiß 1966, S. 132). Solche »partiell bekannten Wahrscheinlichkeiten« sind in das Schema der drei Grundtypen wie folgt zu integrieren: Man setzt an die Stelle der *einzelnen* Wahrscheinlichkeiten für die Umweltzustände mögliche Wahrscheinlichkeits*verteilungen* und interpretiert *diese* als neue Zustände. Da hierüber keinerlei Informationen vorliegen, handelt es sich um eine Entscheidung unter Unsicherheit (vgl. dazu Schneeweiß 1964, S. 87). Im weiteren werden nun ausschließlich die Grundtypen verwendet, wobei zunächst der Charakter der Wahrscheinlichkeiten zu klären ist.

Das Axiomensystem von Kolmogoroff

In der ›modernen‹ Wahrscheinlichkeitstheorie wird der Wahrscheinlichkeitsbegriff *axiomatisch* eingeführt. Eine Reihe von Aussagen definiert die

* Die vollkommene Ignoranz ist eine weitere Situation. Diese kann aber vernachlässigt werden, da sie zu keinem Entscheidungsmodell führt.

Wahrscheinlichkeit und legt dadurch *strukturelle* Anforderungen fest, die der Wahrscheinlichkeitsbegriff zu erfüllen hat. Wir bezeichnen diese Aussagen als Wahrscheinlichkeitsaxiome, die eine *implizite Definition* der Wahrscheinlichkeit ergeben. Die heute weithin verbreitete Axiomatisierung der Wahrscheinlichkeit stammt von dem russischen Mathematiker *Kolmogoroff*, die kurz vorgestellt wird (vgl. Menges 1968, S. 85ff., Stegmüller 1973b, S. 69). Dazu sind die (Hilfs-)Begriffe des *Elementarereignisses*, des *Ereignisses* und des *Ereignisraumes* wichtig. Die bereits bekannten Ausprägungen der Umweltparameter aus unserem Beispiel sind als Elementarereignisse zu verstehen. Es gibt mithin beim ›Schwierigkeitsgrad der Klausur‹ die Elementarereignisse:

Sch_1: schwierige Klausur
Sch_2: leichte Klausur

und beim ›psychischen Zustand des Prüflings‹ die Elementarereignisse:

Psy_1: nervöser Zustand
Psy_2: nicht-nervöser Zustand.

Ein *Ereignisraum* oder die Menge aller Elementarereignisse liegt dann vor, wenn die Elementarereignisse vollständig geordnet werden. In unserem Falle gibt es zwei Ereignisräume $\{Sch_1, Sch_2\}$ und $\{Psy_1, Psy_2\}$. Eine Teilmenge des Ereignisraumes wird als *Ereignis* bezeichnet. Im Beispiel gibt es für jeden Ereignisraum $2^2 = 4$ Ereignisse:

(1) Ereignis $\{Sch_1\}$
(2) Ereignis $\{Sch_2\}$
(3) Ereignis $\{Sch_1$ oder $Sch_2\}$ als das sichere Ereignis
(4) Ereignis $\{\emptyset\}$ als das unmögliche Ereignis.

Außerdem gilt:

(1) Ereignis $\{Psy_1\}$
(2) Ereignis $\{Psy_2\}$
(3) Ereignis $\{Psy_1$ oder $Psy_2\}$
(4) Ereignis $\{\emptyset\}$.

Die Axiome lauten jetzt, wenn ›p‹ für Wahrscheinlichkeit (probability) steht:

Wahrscheinlichkeitsaxiome

Axiom 1: $0 \leqq p(\text{Ereignis}) \leqq 1$ → Normierungsaxiome
Axiom 2: $p(\text{sicheres Ereignis}) = 1$ →
Axiom 3: Wenn sich die Ereignisse paarweise ausschließen, dann gilt für zwei Ereignisse:

$$p(\text{Ereignis}_1 \text{ oder Ereignis}_2) = p(\text{Ereignis}_1) + p(\text{Ereignis}_2)$$
→ Additionsaxiom

Auf diesem Axiomensystem erfolgt der Aufbau der Wahrscheinlichkeitsrechnung, so daß weitere Aussagen daraus gewonnen werden können. Beispielsweise gilt auch das *Multiplikationsgesetz der Wahrscheinlichkeiten:*

Wenn die Ereignisse paarweise voneinander unabhängig sind, dann gilt für 2 Ereignisse:

$$p(\text{Ereignis}_1 \text{ und Ereignis}_2) = p(\text{Ereignis}_1) \cdot p(\text{Ereignis}_2).$$

Das Multiplikationsgesetz ermittelt also die Wahrscheinlichkeit für das *gleichzeitige* Eintreten der voneinander unabhängigen Ereignisse (zur Wahrscheinlichkeitstheorie allgemein vgl. etwa Menges 1968, S. 79 ff.).

Setzen wir im Beispiel rein willkürlich:

$p(Sch_1) = 0{,}7$
$p(Sch_2) = 0{,}3$

mit $p\{Sch_1\} = p(Sch_1)$ und der analogen Anwendung auf die anderen Ereignisse

und

$p(Psy_1) = 0{,}4$
$p(Psy_2) = 0{,}6$,

so führt das Multiplikationsgesetz zu folgender Wahrscheinlichkeitsverteilung für die vier Umweltzustände s_1, s_2, s_3, s_4:

$p(s_1)$: $0{,}7 \cdot 0{,}4 = 0{,}28 = p_1$
$p(s_2)$: $0{,}7 \cdot 0{,}6 = 0{,}42 = p_2$
$p(s_3)$: $0{,}3 \cdot 0{,}4 = 0{,}12 = p_3$
$p(s_4)$: $0{,}3 \cdot 0{,}6 = 0{,}18 = p_4$.

Bei den Umweltsituationen liegen verschiedene Ausprägungen von Umweltparametern *gleichzeitig* vor, für die nach dem Multiplikationsgesetz Wahrscheinlichkeiten errechnet werden können.

Alle drei Axiome sind erfüllt, da die Wahrscheinlichkeiten im abgeschlossenen Intervall [0,1] liegen (Axiom 1) und sich zu 1 addieren (Axiom 2 und Axiom 3). Die Aussage, daß s_1 oder s_2 oder s_3 oder s_4 vorliegen muß, bedeutet dabei das sichere Ereignis und erhält die Wahrscheinlichkeit von 1.

Das *Axiomensystem* von Kolmogoroff definiert die strukturelle Eigenschaft des Wahrscheinlichkeitsbegriffs und reicht für die normative Entscheidungstheorie aus. Es liegt mithin ein bloßer mathematischer Wahrscheinlichkeits*kalkül* vor. Wie man diesen Kalkül *interpretiert* oder mit anderen Worten, welchen speziellen Wahrscheinlichkeitsbegriff man vertritt, ist für die norma-

Kalkül

tive Entscheidungstheorie irrelevant. Bedeutend ist nur, daß die Axiome gelten, unbedeutend dagegen, ob man einen *objektiven* oder *subjektiven* Wahrscheinlichkeitsbegriff für zutreffend hält (zu verschiedenen Interpretationen des Wahrscheinlichkeitsbegriffs von Kolmogoroff vgl. Stegmüller 1973a, S. 129ff.)*. Diese Einstellung ist auch deshalb vertretbar, da es für die *praktisch-rechnerische Handhabung* des Grundmodells keinen Unterschied macht, welcher spezielle Wahrscheinlichkeitsbegriff Verwendung findet (vgl. dazu Braun 1977, S. 104, Fußnote 43, Heinen 1976, S. 161, Fußnote 43, Pfohl 1972, S. 326).

Aktionsunabhängige und aktionsabhängige Wahrscheinlichkeiten

Wir sind bisher bei den Wahrscheinlichkeiten

$p_1 = 0{,}28$
$p_2 = 0{,}42$
$p_3 = 0{,}12$
$p_4 = 0{,}18$

Aktionsunabhängige Wahrscheinlichkeiten

von der Annahme ausgegangen, daß sie *unabhängig* davon gelten, welche konkrete Vorbereitungsstrategie für eine Klausur gewählt wird. Die Wahrscheinlichkeiten, die für eine schwierige Klausur und ein nervöses Verhalten des Prüflings sprechen, richten sich nicht danach aus, wie sich Studenten vorbereiten. Das leuchtet für den Schwierigkeitsgrad der Klausur unmittelbar ein. Andererseits setzt man für das nervöse Verhalten die Erkenntnis voraus, daß es sich hierbei um eine psychische Disposition handelt, die bei gewissen Prüflingen in bestimmter Höhe vorliegt und bei anderen Prüflingen nicht. In beiden Fällen geht es um *aktionsunabhängige* (handlungsunabhängige) *Wahrscheinlichkeiten.* »Hier ist die Wahrscheinlichkeit der Realisierung eines beliebigen Umstandes ... unabhängig davon, welche Handlung vollzogen wird« (Stegmüller 1973a, S. 293).

Aktionsabhängige Wahrscheinlichkeiten

Daneben gibt es *aktionsabhängige* (handlungsabhängige) Wahrscheinlichkeiten. Gerade beim nervösen Zustand des Prüflings ist es einleuchtender, daß die Wahrscheinlichkeit für einen nervösen oder einen nicht-nervösen Zustand entscheidend davon abhängt, wie er sich vorbereitet hat. Eine Vorbereitung, die auf jeden Fall den Veranstaltungsbesuch des klausurstellenden Dozenten mit einschließt, reduziert die Wahrscheinlichkeit für ein nervöses Verhalten während der Klausur. Allgemein ist es so, daß »die Wahrscheinlichkeit dafür, daß ein Umstand verwirklicht ist, auch davon mitbestimmt wird, welche Handlung vollzogen wird« (Stegmüller 1973a, S. 294).

* Zum objektiven und subjektiven Wahrscheinlichkeitsbegriff siehe S. 338 ff.

In unserem Beispiel gelten weiterhin die *aktionsunabhängigen* Wahrscheinlichkeiten:

$p(Sch_1) = 0{,}7$
$p(Sch_2) = 0{,}3.$

Die anderen, nun *aktionsabhängigen* Wahrscheinlichkeiten, sind dagegen neu zu bestimmen, wozu das Konzept der *bedingten* Wahrscheinlichkeiten erforderlich ist (vgl. dazu Menges 1968, S. 93 ff.).

Die einzelnen Wahrscheinlichkeiten für die Umweltzustände sind von den Vorbereitungsstrategien abhängig. Daraus ergibt sich:

$p(Psy_1,a_1) = 0{,}1$
$p(Psy_1,a_2) = 0{,}3$
$p(Psy_1,a_3) = 0{,}5$
$p(Psy_1,a_4) = 0{,}9$

$p(Psy_2,a_1) = 0{,}9$
$p(Psy_2,a_1) = 0{,}7$
$p(Psy_2,a_3) = 0{,}5$
$p(Psy_2,a_4) = 0{,}1.$

Es gilt weiter:

$p(s_1,a_1) = 0{,}7 \cdot 0{,}1 = 0{,}07$
$p(s_2,a_1) = 0{,}7 \cdot 0{,}9 = 0{,}63$
$p(s_3,a_1) = 0{,}3 \cdot 0{,}1 = 0{,}03$
$p(s_4,a_1) = 0{,}3 \cdot 0{,}9 = 0{,}27$

$p(s_1,a_2) = 0{,}7 \cdot 0{,}3 = 0{,}21$
$p(s_2,a_2) = 0{,}7 \cdot 0{,}7 = 0{,}49$
$p(s_3,a_2) = 0{,}3 \cdot 0{,}3 = 0{,}09$
$p(s_4,a_2) = 0{,}3 \cdot 0{,}7 = 0{,}21$

und

$p(s_1,a_3) = 0{,}7 \cdot 0{,}5 = 0{,}35$
$p(s_2,a_3) = 0{,}7 \cdot 0{,}5 = 0{,}35$
$p(s_3,a_3) = 0{,}3 \cdot 0{,}5 = 0{,}15$
$p(s_4,a_3) = 0{,}3 \cdot 0{,}5 = 0{,}15$

$p(s_1,a_4) = 0{,}7 \cdot 0{,}9 = 0{,}63$
$p(s_2,a_4) = 0{,}7 \cdot 0{,}1 = 0{,}07$
$p(s_3,a_4) = 0{,}3 \cdot 0{,}9 = 0{,}27$
$p(s_4,a_4) = 0{,}3 \cdot 0{,}1 = 0{,}03.$

Insgesamt kann festgestellt werden, daß bei aktionsunabhängigen Wahrscheinlichkeiten für jede Aktion die *gleiche* Wahrscheinlichkeitsverteilung der Umweltzustände gilt, während sich bei aktionsabhängigen Wahrscheinlichkeiten die einzelnen Verteilungen i. d. R. unterscheiden.

2.4. Ergebnisse der Aktionen

Die Ergebnismatrix

Aus dem Zusammentreffen von einzelnen Aktionen und einzelnen Umweltzuständen ergeben sich die Ergebnisse des Handelns, auch Konsequenzen genannt. Dieser Sachverhalt läßt sich anschaulich in einer Matrix wiedergeben, die auch als *Ergebnismatrix* bezeichnet wird. Im Beispiel ergibt sich die 4×4 Matrix in der Abb. 4.

Ergebnismatrix

Umweltzustände / Aktionen			s_1	s_2	s_3	s_4
		Sch Psy	+ +	+ −	− +	− −
	Ver	Lit				
a_1	+	+	4	2	3	1
a_2	+	−	4,3	3	2,5	2
a_3	−	+	5	4,3	2	1
a_4	−	−	6	6	6	6

Abb. 4: Ergebnismatrix zum Beispiel der Klausurvorbereitung in Entscheidungstheorie

Die Zahlen in den Zellen der Matrix informieren über die *Noten*, die der Prüfling erhält, wenn er sich entsprechend vorbereitet und mit entsprechenden Umweltzuständen rechnet. Die Zahlen sind *fiktiver Natur* und setzen spezielle Annahmen voraus, auf die allerdings nicht eingegangen werden soll. Beispielsweise wird bei den Noten im umrandeten Feld angenommen, daß bei einer leichten Klausur und nervösem Verhalten des Prüflings ein intensives Literaturstudium für eine bessere Note eher hinderlich als förderlich ist.

Ergebnisraum

Wenn die Ergebnisse mit e symbolisiert werden, heißt die Menge $E = \{e_{11}, e_{12}, \ldots, e_{ij}, \ldots, e_{mn}\}$, also die Menge aller Ergebnisse, der *Ergebnisraum*. Der Ergebnisraum kann wieder endlich oder unendlich viele Elemente enthalten. Allgemein lassen sich endlich viele Ergebnisse wie in Abb. 5 darstellen, wenn nur eine Zielgröße, etwa das Interesse an Noten, zugrunde liegt.

Umweltzustände / Aktionen	s_1	s_2	...	s_n
a_1	e_{11}	e_{12}	...	e_{1n}
a_2	e_{21}	e_{22}	...	e_{2n}
$\vdots$	$\vdots$	$\vdots$		$\vdots$
a_m	e_{m1}	e_{m2}	...	e_{mn}

Abb. 5: Ergebnismatrix in allgemeiner Form und bei einer Zielgröße

Die Ergebnisse können aufgrund verschiedenen *Wissens* – wie in unserem Beispiel lernpsychologischen Wissens – ermittelt werden. Das Wissen geht in eine Zuordnungsvorschrift (Funktion) ein, die Aktionen, Umweltzustände und Ergebnisse miteinander verbindet. Bedeutet dabei ›x‹ das Zeichen für ›*kartesisches* Produkt‹, so gilt $f: A \times S \rightarrow E$.

Die Funktion f ordnet jedem geordneten Paar aus den Mengen A und S ein Ergebnis *eindeutig* zu, so daß es sich um eine *deterministische* Zuordnung handelt. Grundsätzlich kann es sich dabei um eine *stetige* Funktion oder wie im Beispiel um eine *diskrete* Funktion handeln (vgl. Stegmüller 1973a, S. 290). Wir können die *Ergebnisfunktion* f auch wie folgt schreiben:

Ergebnisfunktion

$$e_{ij} = f(a_i, s_j) \quad i = 1, \ldots, m; \; j = 1, \ldots, n.$$

Die Ergebnismatrix repräsentiert eine allgemeine Wenn-Dann-Aussage, die zu lesen ist: »*Wenn* eine bestimmte Aktion ergriffen wird und ein bestimmter Umweltzustand vorliegt, *dann* ergibt sich ein bestimmtes Ergebnis«. Ob die allgemeine Wenn-Dann-Aussage eine natur- oder sozialwissenschaftliche *Gesetzmäßigkeit* widerspiegelt oder einfach die subjektiven *Überzeugungen* des Handelnden, ist für die *praktisch-rechnerische* Handhabung des Grundmodells unerheblich und wird auch in der normativen Entscheidungstheorie *nicht* thematisiert (vgl. dazu auch eine gegensätzliche Auffassung bei Stegmüller 1973a, S. 290f.).

Die Wahrscheinlichkeitsmatrix

Zusätzlich zur Ergebnismatrix ist eine Wahrscheinlichkeitsmatrix einzuführen, womit die erwähnten Wahrscheinlichkeitsverteilungen in Matrizenform erfaßt werden können.

Wahrscheinlichkeitsmatrix

Für aktionsunabhängige und aktionsabhängige Wahrscheinlichkeiten gilt gleichermaßen die in Abb. 6 wiedergegebene allgemeine Matrizendarstellung.

Aktionen \ Umweltzustände	s_1	s_2	...	s_n
a_1	p_{11}	p_{12}	...	p_{1n}
a_2	p_{21}	p_{22}	...	p_{2n}
⋮	⋮	⋮		⋮
a_m	p_{m1}	p_{m2}	...	p_{mn}

Abb. 6: Wahrscheinlichkeitsmatrix in allgemeiner Form und bei einer Zielgröße

Die Abb. 7 enthält das Beispiel für aktionsunabhängige Wahrscheinlichkeiten, wo sich zeilenweise gleiche Einträge finden.

Aktionen \ Umweltzustände	s_1	s_2	s_3	s_4
a_1	0,28	0,42	0,12	0,18
a_2	0,28	0,42	0,12	0,18
a_3	0,28	0,42	0,12	0,18
a_4	0,28	0,42	0,12	0,18

Abb. 7: Wahrscheinlichkeitsmatrix mit aktionsunabhängigen Wahrscheinlichkeiten und bei einer Zielgröße

Abb. 8 zeigt dagegen das Beispiel für aktionsabhängige Wahrscheinlichkeiten.

Aktionen \ Umweltzustände	s_1	s_2	s_3	s_4
a_1	0,07	0,63	0,03	0,27
a_2	0,21	0,49	0,09	0,21
a_3	0,35	0,35	0,15	0,15
a_4	0,63	0,07	0,27	0,03

Abb. 8: Wahrscheinlichkeitsmatrix mit aktionsabhängigen Wahrscheinlichkeiten und bei einer Zielgröße

Wahrscheinlichkeitsraum

Die Menge $P = \{p_{11}, p_{12}, \ldots, p_{ij}, \ldots, p_{mn}\}$, also die Menge aller Wahrscheinlichkeiten, ist der *Wahrscheinlichkeitsraum* (zu einem anderen Begriff des Wahrscheinlichkeitsraumes vgl. Stegmüller 1973a, S. 129ff.). Für die Matrizendarstellung ist es charakteristisch, daß der Wahrscheinlichkeitsraum endlich viele Elemente enthält.

Die Verwendung einer Wahrscheinlichkeitsmatrix eröffnet eine neue Blickrichtung. In diesem Falle sieht man sofort, daß auch die Ergebnisse nur mit den entsprechenden Wahrscheinlichkeiten erwartet werden dürfen. Die Ergebnismatrix und die Wahrscheinlichkeitsmatrix enthalten deshalb gleich viele Elemente.

Mit Hilfe der Ergebnis- und Wahrscheinlichkeitsmatrix lassen sich auch die drei Grundtypen der Entscheidungen unter Unsicherheit, Risiko und Sicherheit erfassen. Bei *Unsicherheit* gibt es eine Ergebnismatrix und *ggf.* eine Wahrscheinlichkeitsmatrix, die von einer Gleichverteilung ausgeht, die sich zeilenweise reproduziert. Bei *Risiko* liegen sowohl eine Ergebnis- als auch eine Wahrscheinlichkeitsmatrix vor. Bei *Sicherheit* schließlich degenerieren Ergebnis- und Wahrscheinlichkeitsmatrix jeweils zu einem in Abb. 9 dargestellten *Spaltenvektor.* Die Wahrscheinlichkeit des betreffenden Umweltzustandes beträgt 1.

Umwelt-zustand / Aktionen	
a_1	und e_1
a_2	e_2
.	.
.	.
.	.
a_m	e_m

mit

Umwelt-zustand / Aktionen	
a_1	mit $p_1 = 1$
a_2	$p_2 = 1$
.	.
.	.
.	.
a_m	$p_m = 1$

Abb. 9: Spaltenvektoren bei Sicherheit

Oft wird allerdings bei aktionsunabhängigen Wahrscheinlichkeiten keine Wahrscheinlichkeitsmatrix aufgeführt, sondern statt dessen wie in Abb. 10 die Ergebnismatrix um eine *Zeile* für die Wahrscheinlichkeitsverteilung der Umweltzustände erweitert. Davon wird auch im weiteren meistens ausgegangen.

Umweltzustände	s_1	s_2	...	s_n
Wahrscheinlich-keiten / Aktionen	p_1	p_2	...	p_n
a_1				
a_2	.	.	.	
.	.			
.	.			
a_m				

Abb. 10: Ergebnismatrix mit einer Wahrscheinlichkeitszeile in allgemeiner Form und bei einer Zielgröße

3. Wertende Entscheidungsprämissen

3.1. Materiale Zielentscheidungen und Präferenzordnungen als Bestandteile einer vollständigen Zielformulierung

Vollständige Zielformulierung

Um optimale Aktionen ableiten zu können, sind neben den faktischen Entscheidungsprämissen auch wertende Entscheidungsprämissen einzuführen. Dazu gehören materiale Zielentscheidungen und Entscheidungen über Präferenzordnungen. Mit der Gesamtheit der wertenden Entscheidungsprämissen sind vollständig die Ziele des Entscheidungsträgers bestimmt. Darauf soll im weiteren eingegangen werden.

3.1.1 Materiale Zielentscheidungen

Zielgrößen

Zur Lösung eines Entscheidungsproblems sind nur diejenigen Ergebnisse von Aktionen relevant, die in einer engen Beziehung zu den Zielgrößen des Entscheidungsträgers stehen. Welche Handlungskonsequenzen zu berücksichtigen sind, wird also durch die *Zielgrößen* (oft auch Zielinhalte oder Zielvariablen) bestimmt. Andere an sich auch mögliche Ergebnisse sind dann zu vernachlässigen oder zweckmäßigerweise erst gar nicht zu erfassen. So fungieren im Beispiel die *Noten* als Zielgröße, während weitere Zielgrößen, etwa die durch die Vorbereitungsstrategie verursachten *Kosten*, irrelevant sind. Es ist also ausschließlich *eine* Zielgröße, das Interesse an Noten, bedeutsam. In Anlehnung an Chmielewicz (1970, S. 247ff.) liegt in solchen Fällen eine *Zielvorstellung* vor. Ein *Zielsystem* oder eine *Zielkonzeption* dagegen umfaßt eine Mehrheit von Zielgrößen. So gehören beispielsweise nach Heinen (1976, S. 59ff., 125ff.) zum Zielsystem der Unternehmung folgende »typische« Zielgrößen:

Zielvorstellung – Zielsystem

- das Gewinnstreben
- das Umsatzstreben
- das Wirtschaftlichkeitsstreben
- die Sicherung des Unternehmenspotentials
- die Sicherung der Liquidität
- das Unabhängigkeits- und Vereinigungsstreben
- das Prestigestreben
- das Machtstreben
- ethische und soziale Bestrebungen
- sonstige Zielvorstellungen, wie etwa die finanz- und leistungswirtschaftliche Flexibilität.

Im Grundmodell der normativen Entscheidungstheorie interessiert nicht die Frage, ob die Unternehmen tatsächlich diese Zielgrößen verfolgen. Wichtig ist ausschließlich der Sachverhalt, daß mehrere Zielgrößen vorliegen können. Existieren etwa l Zielgrößen, so wird die Menge $Z = \{z_1, z_2, \ldots, z_{k-1}, z_k, z_{k+1}, \ldots, z_l\}$, also die Menge aller Zielgrößen, der *Zielraum* genannt. Der Zielraum umfaßt endlich viele Zielgrößen. Die allgemeine Darstellung der Ergebnismatrix geht über in die Matrix der Abb. 11.

Zielraum

Umweltzustände / Zielgrößen / Aktionen	s_1	s_2	...	s_n
	$z_1 \ldots z_k \ldots z_l$	$z_1 \ldots z_l$	...	$z_1 \ldots z_l$
a_1	$e_{11}^1 \ldots e_{11}^k \ldots e_{11}^l$	$e_{12}^1 \ldots e_{12}^l$	...	$e_{1n}^1 \ldots e_{1n}^l$
a_2	$e_{21}^1 \ldots e_{21}^k \ldots e_{21}^l$	$e_{22}^1 \ldots e_{22}^l$	...	$e_{2n}^1 \ldots e_{2n}^l$
⋮	⋮	⋮		⋮
a_m	$e_{m1}^1 \ldots e_{m1}^k \ldots e_{m1}^l$	$e_{m2}^1 \ldots e_{m2}^l$	...	$e_{mn}^1 \ldots e_{mn}^l$

Abb. 11: Ergebnismatrix in allgemeiner Form und bei mehreren Zielgrößen

An der deterministischen Zuordnung der Ergebnisfunktion

$$e_{ij} = f(a_i, s_j)$$

ändert sich nichts, wenn e_{ij} jetzt einen *Vektor* symbolisiert (vgl. dazu Kirsch 1970, S. 29). Die Ergebnisfunktion besagt in diesem Falle, daß jedem Aktions-Zustands-Paar ein Vektor zugeordnet ist, der die Ergebnisse hinsichtlich der einzelnen Zielgrößen enthält. Für den Vektor gilt:

$$e_{ij} = (e_{ij}^1, e_{ij}^2, \ldots, e_{ij}^k, \ldots, e_{ij}^l).$$

Der Zielerreichungsgrad e_{ij}^k informiert dann über den Realisierungsgrad bezüglich der Zielgröße z_k, wenn die Aktion a_i ergriffen wird und der Zustand s_j vorliegt.

Zielerreichungsgrade

Im Lichte einer Zielgröße können nun die – vor allem quantitativ formulierten – Ergebnisse, wie z. B. einzelne Noten, als *Zielerreichungsgrade* interpretiert werden. Die Zielerreichungsgrade gelten demnach als Ausprägungen einer Zielgröße. Die Ergebnismatrix informiert dann über die einzelnen Zielerreichungsgrade einer oder mehrerer Zielgrößen, die unterschiedlich hoch ausfallen können.

Die faktischen Entscheidungsprämissen zeigen letztlich, ob Zielerreichungsgrade als sicher, risikobehaftet oder unsicher angenommen werden müssen. Das hat Konsequenzen für die Ableitung einer optimalen Aktion, worauf auf S. 43ff. einzugehen ist.

Zeitliche Realisation der Zielerreichungsgrade

Im Beispiel der Klausurvorbereitung werden die Zielerreichungsgrade implizit auf *einen* Zeitpunkt bezogen. Der Klausurtermin selbst bestimmt den zeitlichen Anfall der Ergebnisse. Oft werden dagegen *mehrere* Zeitpunkte relevant, etwa wenn bei der Investition einer Maschine nach dem Strom der Einzahlungen und Auszahlungen, dem Zahlungsstrom, gefragt ist. Der zugrunde gelegte Zeitraum kann dabei verschieden gewählt werden, wobei kurz-, mittel- und langfristige Zeiträume unterschieden werden können.

Arten der Zeiträume

Obgleich über die Länge der Zeiträume keine Einigkeit herrscht, findet sich häufig dieser Vorschlag (vgl. dazu Heinen 1976, S. 119f.):
- kurzfristiger Zeitraum: bis zu 1 Jahr
- mittelfristiger Zeitraum: 1–5 Jahre
- langfristiger Zeitraum: mehr als 5 Jahre.

Dabei ist zu bedenken, daß eine konkrete Aussage über die Zeitdauer von der Situation abhängt. Beispielsweise sind langfristige Zeiträume in der Textilindustrie kürzer als langfristige Zeiträume in der Flugzeugindustrie, was u.a. vom rascheren Wandel der Produkte abhängt.

Im allgemeinen Falle, in dem von Zeiträumen ausgegangen wird, verändert sich auch der Ansatz der Ergebnismatrix, so daß jetzt Abb. 12 gilt.

Dabei werden h Zeitpunkte betrachtet mit $h = 1, \ldots, r$. An der *deterministischen* Zuordnung der Ergebnisfunktion

$$e_{ij} = f(a_i, s_j)$$

ändert sich nichts, wenn e_{ij} eine *Matrix* symbolisiert. Für die Matrix gilt:

$$e_{ij} = \begin{pmatrix} e_{ij}^{11} \ldots e_{ij}^{1l} \\ \cdot \quad\quad \cdot \\ \cdot \; e_{ij}^{hk} \; \cdot \\ \cdot \quad\quad \cdot \\ e_{ij}^{r1} \ldots e_{ij}^{rl} \end{pmatrix}$$

Der Zielerreichungsgrad e_{ij}^{hk} informiert über den Realisierungsgrad bezüglich der Zielgröße z_k im Zeitpunkt t_h, wenn die Aktion a_i ergriffen wird und der Zustand s_j vorliegt.

Welche der bislang entwickelten Ergebnismatrizen (vgl. dazu Abb. 5, 11 und Abb. 12) anzuwenden ist, hängt vom Einzelfall ab und kann nicht vorge-

Aktionen	Umweltzustände / Zielgrößen / Zeit	s_1	s_2	...	s_n
		$z_1 \dots z_k \dots z_l$	$z_1 \dots z_l$	...	$z_1 \dots z_l$
a_1	t_1	$e_{11}^{11} \dots e_{11}^{1k} \dots e_{11}^{1l}$	⋮	⋮	⋮
	⋮	⋮ ⋮ ⋮			
	t_h	$e_{11}^{h1} \dots e_{11}^{hk} \dots e_{11}^{hl}$			
	⋮	⋮ ⋮ ⋮			
	t_r	$e_{11}^{r1} \dots e_{11}^{rk} \dots e_{11}^{rl}$			
a_2	t_1	⋮	⋮	⋮	⋮
	⋮				
	t_r				
⋮	⋮	⋮	⋮	⋮	⋮
a_m	t_1	⋮	⋮	⋮	$e_{mn}^{11} \dots e_{mn}^{1l}$
	⋮				⋮ ⋮
	t_r				$e_{mn}^{r1} \dots e_{mn}^{rl}$

Abb. 12: Ergebnismatrix in allgemeiner Form, bei mehreren Zielgrößen und mehreren Zeitpunkten

schrieben werden. Allerdings steht mit der allgemeinen Darstellung der Abb. 12 ein Raster zur Verfügung, in das sich auch komplexe Probleme einfügen. Auf diese Weise wird das entwickelte Grundmodell vielfältigen Anforderungen gerecht.

3.1.2 Präferenzordnungen

Neben den skizzierten materialen Zielentscheidungen hat sich der Entscheidungsträger Klarheit darüber zu verschaffen, wie er die Zielerreichungsgrade untereinander *einschätzt* oder *bewertet.* Es stehen dabei mehrere Bezugspunkte der Bewertung zur Verfügung, wobei weitgehend an den einzelnen materialen Zielentscheidungen angeknüpft werden kann. Die Zielerreichungsgrade können demnach nach ihrer *Höhe,* ihrer Zugehörigkeit zu verschiedenen *Zielgrößen,* ihrem *risikobehafteten* bzw. *unsicheren* Anfall und ihrer *zeitlichen Realisation* bewertet werden. Auf diese Weise kann jeweils eine unterschiedliche Präferenzordnung der Zielerreichungsgrade entwickelt werden, und zwar eine *Höhenpräferenzordnung*, (Ziel-)*Artenpräferenzordnung*, *Risiko- bzw. Unsicherheitspräferenzordnung* und *Zeitpräferenzordnung* (vgl. dazu Bamberg-Coenenberg 1977, S. 26 ff. und Sieben-Schildbach 1980, S. 24 ff.).

Höhenpräferenzordnung

Höhen-präferenz-ordnung

In dieser Präferenzordnung schlägt sich die subjektiv-wertende Einstellung zu verschieden hohen Zielerreichungsgraden einer Zielgröße nieder. Die Höhenpräferenzordnung kann dergestalt ausgeprägt sein, daß jedes höhere Ergebnis jedem niedrigeren Ergebnis vorgezogen wird. Es wird mit anderen Worten ein *maximales Ausmaß* der Zielgröße angestrebt. Daneben kann – wie in unserem Beispiel – jedes niedrigere Ergebnis jedem höheren Ergebnis vorgezogen werden. Es wird also ein *minimales Ausmaß* der Zielgröße angestrebt. Sowohl die Maximierung als auch die Minimierung können in dem Begriff der *Extremierung* zusammengefaßt werden.

Extremierung

Außerdem kann ein bestimmtes Ergebnis als zufriedenstellend angesehen werden, während die anderen Ergebnisse als nicht zufriedenstellend gelten. Es handelt sich um ein *fixiertes Ausmaß* der Zielgröße. Schließlich kann auch ein *begrenztes Ausmaß* der Zielgröße vorliegen. Denkbar sind dabei Untergrenzen (bei Mindestgewinnen etwa), Obergrenzen (bei Kostenvoranschlägen etwa) und beidseitige Intervallgrenzen. Wer beispielsweise Ergebnisse ab einer bestimmten Ergebnishöhe als gleich gut bewertet und alle Ergebnisse, die darunter liegen, als schlechter einstuft, orientiert sich an einer Untergrenze der Zielgröße. Die Ausmaße der Fixierung und Begrenzung können zu einem *satisfizierenden* (zufriedenstellenden) *Ausmaß* der Zielgröße zusammengefaßt werden.

Satisfizierung

Damit können in Abb. 13 die Formen der Extremierung und Satisfizierung gegenübergestellt werden (vgl. dazu teilweise Chmielewicz 1970, S. 242 ff.).

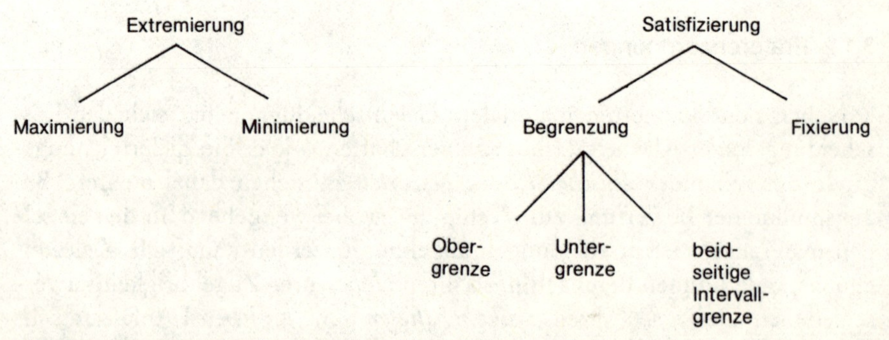

Abb. 13: Formen der Extremierung und Satisfizierung

Wichtig ist, daß mit der Höhenpräferenzordnung der Zielerreichungsgrade gleichzeitig auch das maximale, minimale oder satisfizierende Ausmaß der Zielgröße, das entsprechende *Zielausmaß*, festgelegt ist. Das wiederum bedeutet nichts anderes als die Bestimmung des *erwünschten* Zielerreichungsgrades (vgl. dazu auch Bamberg-Coenenberg 1977, S. 26)*.

Zielausmaß

Artenpräferenzordnung

Wenn mehrere Zielgrößen existieren, so können diese in vielfältigen Zielbeziehungen untereinander stehen, worauf an dieser Stelle aber nicht eingegangen wird. Hier soll der Hinweis darauf genügen, daß im Falle konfliktärer Beziehungen eine Artenpräferenzordnung geeignet ist, die Zielkonflikte (Zielkonkurrenzen) zu lösen. Das wird auf S. 192, 209 ff. diskutiert**.

Artenpräferenzordnung

Risiko- und Unsicherheitspräferenzordnung

Wenn risikobehaftete oder unsichere Zielerreichungsgrade vorliegen, so können diese danach geordnet werden, wie der Entscheidungsträger Risiko und Unsicherheit gegenüber eingestellt ist. So gibt es im Falle der Unsicherheit u. a. pessimistische und optimistische Einstellungen. Ein pessimistischer Entscheidungsträger rechnet mit dem Schlechtesten, ein optimistischer Entscheidungsträger mit dem Besten. Jeder Entscheidungsträger ist dabei durch eine unterschiedliche Unsicherheitspräferenzordnung gekennzeichnet. Auf weitere Unsicherheits- und Risikopräferenzordnungen wird auf S. 172 ff. und auf 156 ff. eingegangen.

Risiko- und Unsicherheitspräferenzordnung

Zeitpräferenzordnung

Um die einzelnen Zielerreichungsgrade hinsichtlich ihres zeitlichen Anfalls bewerten zu können, wird eine Zeitpräferenzordnung benötigt. Sie zeigt an, ob Zielrealisierungen *heute* möglichen Zielrealisierungen *morgen* vorgezogen werden oder nicht. So geht etwa die Kapitalwertmethode bei der Handhabung von Zahlungsströmen davon aus, daß Gewinne, die früher anfallen, ceteris paribus den Gewinnen vorzuziehen sind, die später anfallen. Zeitpräferenzordnungen spielen bei der Beurteilung von Investitionen eine bedeutende Rolle, wenn die Beurteilung anhand von Zahlungsströmen erfolgt.

Zeitpräferenzordnung

Die eingeführten Präferenzordnungen sollen im weiteren auf ihre formalen Eigenschaften untersucht werden.

* Im folgenden soll von der Konvention Gebrauch gemacht werden, extremale (satisfizierende) Zielausmaße gleich als extremale (satisfizierende) Ziele zu bezeichnen.

** Genaugenommen können Zielbeziehungen, etwa Zielbeziehungen konfliktärer Art, erst bei vollständig formulierten Zielen festgestellt werden. Neben der Angabe der Zielgrößen gehört mindestens auch die Angabe der Höhenpräferenzordnung dazu (siehe dazu S. 196).

3.2. Eigenschaften der Präferenzordnungen (Präferenzrelationen)

Präferenzordnung

Eine *Präferenzordnung* der Zielerreichungsgrade wird dadurch erzeugt, daß Zielerreichungsgrade paarweise miteinander bewertet werden, wobei die *binäre* oder *zweistellige* Relation »Zielerreichungsgrad x ist mindestens so gut wie Zielerreichungsgrad y« Verwendung findet. Im vorliegenden Fall handelt es sich um eine zweistellige *Präferenzrelation* R zwischen den Zielerreichungsgraden, die symbolisiert wird:

Präferenzrelation

$x \, R \, y \quad \text{oder} \quad x \succsim y.$

Die Präferenzrelation ›$\succsim$‹ setzt sich aus den Präferenzrelationen ›$\succ$‹ und ›$\sim$‹ zusammen. ›$x \succ y$‹ bedeutet dabei »Zielerreichungsgrad x wird Zielerreichungsgrad y vorgezogen«. ›$x \sim y$‹ bedeutet »Zielerreichungsgrad x ist indifferent zu Zielerreichungsgrad y«. Die Präferenzrelation ›$\succsim$‹ wird auch als *schwache Präferenz* bezeichnet.

»Binäre Relationen sind die elementaren Bausteine der (normativen, d.V.) Entscheidungstheorie« (Schauenberg 1978, S. 19), so daß ihre Eigenschaften zu untersuchen sind. Es ergeben sich drei zentrale Eigenschaften (Forderungen, Axiome) der Präferenzrelation ›$\succsim$‹. Da die Präferenzrelation ›$\succsim$‹ benützt werden kann, um eine Höhenpräferenzordnung, Artenpräferenzordnung, Risiko- bzw. Unsicherheitspräferenzordnung sowie Zeitpräferenzordnung zu erzeugen, ist der Geltungsbereich der drei Axiome relativ umfassend. Trotzdem sollen der Einfachheit halber die Axiome an der Höhenpräferenzordnung verdeutlicht werden. Dazu wird die Ergebnismatrix aus dem Beispiel der Klausurvorbereitung herangezogen, reduziert und in Abb. 14 wiedergegeben.

Aktionen \ Umweltzustände	s_1	s_2	s_3	s_4
a_2	4,3	3	2,5	2
a_3	5	4,3	2	1

Abb. 14: Ergebnismatrix zum Beispiel der Klausurvorbereitung in Entscheidungstheorie

Die Aktion a_1 wurde weggelassen, da ein knappes Zeitbudget eine extensive Vorbereitung ausschließt. Außerdem ist Aktion a_4 zu eliminieren, da sie, gemessen an allen anderen Aktionen und bei allen Zuständen, zu durchweg schlechteren Noten führt. Sie ist ineffizient (vgl. dazu auch S. 172ff.). Die verbleibende 2×4 Matrix enthält die relevanten Zielerreichungsgrade bezüglich des Zielinhaltes ›Streben nach Noten‹.

Die drei Axiome lauten:

Vollständigkeit

- Die Präferenzrelation ›$\succsim$‹ ist *vollständig*, d.h. für *alle* Zielerreichungsgrade x und y gilt: $x \succsim y$ oder $y \succsim x$. Entweder ist x besser oder gleich y oder y ist besser oder gleich x. Alle Zielerreichungsgrade können demnach bewertet werden; es wird kein Ergebnis ausgelassen. Die Präferenzrelation ›$\succsim$‹ ist auch in unserem Beispiel vollständig, was unmittelbar einleuchtet. Denn es gilt etwa:

$$\begin{array}{lcl} e_{34} \succ e_{33} & & e_{23} \succ e_{22} \\ e_{33} \sim e_{24} & \text{und} & e_{22} \succ e_{32} \\ e_{24} \succ e_{23} & & e_{32} \sim e_{21} \\ & & e_{21} \succ e_{31}. \end{array}$$

Transitivität

- Die Präferenzrelation ›$\succsim$‹ ist *transitiv* oder *geordnet*, d.h. für alle Zielerreichungsgrade x, y, z gilt:

  aus $x \succsim y$ und $y \succsim z$ folgt $x \succsim z$.

  Auch diese Eigenschaft läßt sich nachweisen. Es gilt etwa:

  aus $e_{23} \succ e_{22}$ und $e_{22} \succ e_{32}$ folgt $e_{23} \succ e_{32}$

  sowie

  aus $e_{34} \succ e_{33}$ und $e_{33} \sim e_{24}$ folgt $e_{34} \succ e_{24}$.

  Gelegentlich wird als weitere triviale Eigenschaft (vgl. Krelle 1968, S. 7 und 123f.) gefordert:

Reflexivität

- Die Präferenzrelation ›$\succsim$‹ ist *reflexiv*, d.h. für alle Zielerreichungsgrade x gilt: $x \succsim x$. Das Beispiel zeigt wiederum die Gültigkeit der Eigenschaft; denn es gilt z.B.:

  $e_{11} \sim e_{11}$.

Schwache Präferenz – Starke Präferenz

Erfüllt die Präferenzrelation ›$\succsim$‹ alle 3 Axiome, so liegt eine *schwache Präferenzordnung* auf der Menge aller Zielerreichungsgrade vor. Von einer *starken Präferenzordnung* können wir dann sprechen, wenn die Präferenzrelation ›$\succ$‹ gilt und die Axiome der Vollständigkeit, Transitivität und Asymmetrie erfüllt sind. Die Eigenschaft der Asymmetrie lautet: Die Präferenzrelation ›$\succ$‹ ist asymmetrisch, d.h. für alle Zielerreichungsgrade x und y gilt:

wenn $x \succ y$, dann gilt nicht $y \succ x$ (vgl. dazu auch S. 240).

Formale Entscheidungslogik

Die eingeführten Axiome der schwachen Präferenzordnung sind fundamental für das Grundmodell und alle Verfeinerungen. Sie sind – so wird behauptet – ähnlich *einleuchtend* wie die Grundregeln der klassischen Logik, was sich etwa an der Transitivität zeigt, die auch dort postuliert wird. Aus diesem Grunde wird die normative Entscheidungstheorie auch als formale Entscheidungslogik bezeichnet (Kupsch 1973, S. 55f.).

Nutzengrößen und Nutzenarten

Mit Hilfe der drei Axiome wird es nun ermöglicht, den Zielerreichungsgraden entsprechende *Nutzengrößen* zuzuordnen. Nutzengrößen drücken dabei die Vorzugswürdigkeit, die den einzelnen Zielerreichungsgraden zukommt, in Zahlen aus. Für u (utility) gilt also:

$x \gtrsim y$ ist gleichbedeutend mit $u(x) \geqq u(y)$.

Ordinale Nutzenmessung – Kardinale Nutzenmessung

Daraus geht auch hervor, daß x dem y vorgezogen wird. Es wird nichts darüber ausgesagt, um wieviel x dem y vorgezogen wird. Eine solche Nutzenmessung wird als *ordinale* Nutzenmessung bezeichnet. Möchte man auch Auskünfte darüber, wie groß die Abstände (Differenzen) zwischen Ergebnisgrößen eingeschätzt werden, so ist die *kardinale* Nutzenmessung nötig. Diese benötigt allerdings weitere Axiome, die über die angegebenen drei Axiome hinausgehen (vgl. dazu S. 233f.).

Nutzenmessung ohne Wahrscheinlichkeiten

Die erwähnten ordinalen und kardinalen Nutzenmaße werden ermittelt, *ohne* daß Wahrscheinlichkeiten zu ihrer Messung verwendet werden. Sie werden nach folgender Zuordnungsvorschrift bestimmt:

$g: E \rightarrow U.$

Nutzenmessung mit Wahrscheinlichkeiten

Der dadurch eingeführte Typ einer Nutzenfunktion wird auf S. 225ff. detailliert untersucht. Daneben gibt es auch einen anderen Typ einer Nutzenfunktion. Es handelt sich um eine kardinale Nutzenfunktion, wobei die Nutzenmaße hierbei *unter Zuhilfenahme* von Wahrscheinlichkeiten ermittelt werden. Wir wollen sie deshalb auch als Risikonutzenfunktion bezeichnen und auf S. 245, 247ff. ausführlich behandeln. An dieser Stelle ist nur zu betonen, daß für die Risikonutzenfunktion neben den vorgestellten Axiomen weitere Axiome gelten. Außerdem zeigt sich in der Risikonutzenfunktion neben der Höhenpräferenzordnung auch die Risikopräferenzordnung.

Diskrete oder stetige Nutzenfunktionen

Grundsätzlich kann es sich bei (ordinalen wie bei kardinalen) Nutzenfunktionen um *diskrete* oder *stetige* Funktionen handeln. Soll eine Nutzenfunktion eine stetige Funktion sein, so müssen über die Axiome hinaus zusätzliche mathematische Anforderungen beachtet werden (vgl. dazu Krelle 1968, S. 9ff.).

Nutzenmatrix (Nutzenvektor)

Allgemein gilt, daß sich endlich viele Nutzengrößen entweder in einer *Nutzenmatrix* (bei Risiko und Unsicherheit) oder in einem *Nutzenvektor* (bei

Sicherheit) erfassen lassen. Für Entscheidungen unter Risiko und Unsicherheit führt das zur Abb. 15.

Aktionen \ Umweltzustände	s_1	s_2	...	s_n
a_1	u_{11}	u_{12}	...	u_{1n}
a_2	u_{21}	u_{22}	...	u_{2n}
⋮	⋮	⋮		⋮
a_m	u_{m1}	u_{m2}	...	u_{mn}

Abb. 15: Nutzenmatrix in allgemeiner Form und bei einem Ziel

Nutzenraum

Die Menge $U = \{u_{11}, u_{12}, \ldots, u_{ij}, \ldots, u_{mn}\}$, also die Menge aller Nutzengrößen, ist der *Nutzenraum.* Der Ergebnis- und der Nutzenraum enthalten gleich viele Elemente, wobei auch unendlich viele Elemente vorliegen können.

Schadensgrößen

Mit Hilfe der drei Axiome ist es auch möglich, die Ergebnisse anstatt mit Nutzengrößen u mit *Schadensgrößen* (Verlustgrößen) v zu bewerten. Für v gilt dann:

$x \gtrsim y$ ist gleichbedeutend mit $v(x) \leqq v(y)$.

Schadensmatrix (Schadensvektor)

Völlig analog zu den Nutzenfunktionen können *Schadensfunktionen* (Verlustfunktionen) eingeführt werden. Endlich viele Schadensgrößen lassen sich in einer *Schadensmatrix* (bei Unsicherheit und Risiko) oder in einem *Schadensvektor* (bei Sicherheit) darstellen*. Für Entscheidungen unter Risiko und Unsicherheit führt das zur Abb. 16, wenn nur ein Ziel zugrunde liegt.

Schadensraum

Die Menge $V = \{v_{11}, v_{12}, \ldots, v_{ij}, \ldots, v_{mn}\}$, also die Menge aller Schadensgrößen, ist der *Schadensraum.* Der Ergebnisraum und der Schadensraum enthalten gleich viele Elemente, wobei auch unendlich viele Elemente vorliegen können. Die Nutzenmatrix bzw. die Schadensmatrix können unter dem Oberbegriff der *Entscheidungsmatrix* zusammengefaßt werden. Das entsprechende gilt für die Vektoren.

Entscheidungsmatrix (Entscheidungsvektor)

Damit sind die Bestandteile einer *vollständigen* Zielformulierung eingeführt. Es handelt sich um materiale Zielentscheidungen und Entscheidungen

* Auf S. 177 ff. wird eine spezielle Schadensmatrix, eine Opportunitätskostenmatrix, eingeführt.

Aktionen \ Umweltzustände	s_1	s_2	...	s_n
a_1	v_{11}	v_{12}	...	v_{1n}
a_2	v_{21}	v_{22}	...	v_{2n}
⋮	⋮	⋮		⋮
a_m	v_{m1}	v_{m2}	...	v_{mn}

Abb. 16: Schadensmatrix in allgemeiner Form und bei einem Ziel

Vollständige und eindeutige Zielformulierung

über Präferenzordnungen. Diese Bestandteile sind darüber hinaus *eindeutig* zu bestimmen. Das bedeutet, daß Zielgrößen eindeutig zu definieren sind und beispielsweise zu klären ist, was der Entscheidungsträger unter der Zielgröße »Streben nach Gewinn« versteht. Das Prinzip fordert in diesem Fall eine exakte Definition des Gewinnbegriffes. Ebenso muß auch der zeitliche Bezug der Ziele klar sein. Außerdem sind die Präferenzordnungen eindeutig festzulegen.

Um eine optimale Aktion ableiten zu können, reicht eine isolierte Betrachtung der einzelnen *Präferenzordnungen der Zielerreichungsgrade* im allgemeinen nicht aus. Es sind in der Regel weitere Schritte nötig, um zu einer *Präferenzordnung der Aktionen* zu gelangen. Darauf soll im nächsten Kapitel eingegangen werden.

3.3. Präferenzordnung der Zielerreichungsgrade und Präferenzordnung der Aktionen

Präferenzordnungen niederer Art

Bei einer isolierten Betrachtung der einzelnen Präferenzordnungen kann man von Präferenzordnungen *niederer Art* sprechen. Es wird entweder die Höhenpräferenzordnung oder die Artenpräferenzordnung oder die Risiko- bzw. Unsicherheitspräferenzordnung oder die Zeitpräferenzordnung untersucht. Präferenzordnungen niederer Art reichen im allgemeinen nicht aus, um zu einer Präferenzordnung der Aktionen zu gelangen und somit eine optimale Aktion auszusondern. Es bedarf dazu einer Verknüpfung der Präferenzordnungen niederer Art zu einem Präferenznetz bzw. zu Präferenzordnungen *höherer Art* (vgl. dazu Sieben-Schildbach 1980, S. 26). Welche Präferenzordnungen niederer Art dabei verknüpft werden, hängt vom jeweiligen Problem ab. Es werden also nicht immer alle Präferenzordnungen niederer

Präferenzordnungen höherer Art

Art für die Ableitung einer optimalen Aktion benötigt. Wenn nur eine Zielgröße vorliegt, so gibt es keine Artenpräferenzordnung. Ist nur ein Zeitpunkt relevant, so fehlt eine Zeitpräferenzordnung. Allerdings ist eine Höhenpräferenzordnung immer vorauszusetzen, da die Zielerreichungsgrade immer der Höhe nach zu ordnen sind (vgl. dazu auch Bamberg-Coenenberg 1977, S. 26).

Die Präferenzordnungen niederer Art können *sukzessive* oder *simultan* in Präferenzordnungen höherer Art überführt werden. In der Regel ist eine sukzessive Vorgehensweise angebracht, bei der etwa ausgehend von der Höhenpräferenzordnung nacheinander die anderen Präferenzordnungen herangezogen werden, um schrittweise eine optimale Aktion zu ermitteln. Demgegenüber ist der Risikonutzen dadurch gekennzeichnet, daß er gleichzeitig die Höhenpräferenzordnung und Risikopräferenzordnung zu erfassen geeignet ist (vgl. dazu S. 224).

Präferenzordnung der Zielerreichungsgrade

Präferenzordnung der Aktionen

Im weiteren soll anhand des Beispiels der Klausurvorbereitung gezeigt werden, daß bei einer Entscheidung unter Sicherheit (mit einer Zielgröße und einem Zeitpunkt) eine Höhenpräferenzordnung ausreicht, um eine optimale Aktion zu gewinnen. Die Präferenzordnung der Zielerreichungsgrade und die Präferenzordnung der Aktionen fallen demnach zusammen. Bei Entscheidungen unter Unsicherheit (mit einer Zielgröße und einem Zeitpunkt) dagegen wird neben der Höhenpräferenzordnung auch eine Unsicherheitspräferenzordnung benötigt. Höhenpräferenzordnung und Unsicherheitspräferenzordnung zusammen bilden eine Präferenzordnung höherer Art und erlauben es, zu einer Präferenzordnung der Aktionen zu gelangen. Für die weitere Vorgehensweise empfiehlt es sich, die Höhenpräferenzordnung danach zu unterteilen, ob ein extremales oder satisfizierendes Ziel angestrebt werden soll*.

3.3.1 Die Ableitung einer optimalen Aktion unter der Voraussetzung eines extremalen Zieles

Zunächst geht es darum, die Ergebnismatrix der Abb. 14 bzw. einen Ergebnisvektor daraus in eine Schadensmatrix bzw. einen Schadensvektor zu

* Wenn ein satisfizierendes Ziel vorliegt, so ist das Axiom der Transitivität nicht mehr anwendbar. Es liegen jetzt nämlich nur zwei Kategorien von Zielerreichungsgraden vor. Die Zielerreichungsgrade, die das satisfizierende Ziel erfüllen und jene, die es nicht erfüllen. In diesem Falle ist die Voraussetzung für eine transitive Ordnung aber nicht gegeben, da das Axiom auf drei Kategorien aufbaut:

$x \gtrsim y$ und $y \gtrsim z \rightarrow x \gtrsim z$.

Satisfizierende Ziele verstoßen zwar nicht gegen das Axiom der Transitivität, machen es aber nicht anwendbar (vgl. dazu auch Budäus 1975, S. 26).

überführen. Es liegt eine Höhenpräferenzordnung zugrunde, die zu einem minimalen Ausmaß der Zielgröße führt. Um dabei die allgemeine Aussage:

$x \succsim y$ ist gleichbedeutend mit $v(x) \leqq v(y)$

erfüllen zu können, ist es möglich, die Notenwerte *selbst* als Schadenswerte zu verwenden. Soll etwa die Note 2 mit der Note 3 verglichen werden, so gilt:

$2 \succ 3$ ist gleichbedeutend mit $2 < 3$.

Ergebnismatrix = Schadensmatrix

Die Ergebnismatrix ist mit der Schadensmatrix identisch, d.h. also $e_{ij} = v_{ij}$. Das ist immer dann möglich, wenn die Ergebnismatrix bereits negativ einzuschätzende Zahlenwerte enthält.

Natürlich ist es auch möglich, die Ergebnismatrix der Abb. 14 in eine Nutzenmatrix zu transformieren. Um jetzt die allgemeine Aussage:

$x \succsim y$ ist gleichbedeutend mit $u(x) \geqq u(y)$

befriedigen zu können, ist es möglich, *negative* Notenwerte als Nutzenwerte einzuführen. Soll dann wiederum die Note 2 mit der Note 3 verglichen werden, so gilt:

$2 \succ 3$ ist gleichbedeutend mit $-2 > -3$.

Die Nutzenmatrix ist dabei bis auf das Vorzeichen mit der Ergebnismatrix identisch, d.h. also $u_{ij} = -e_{ij}$. Es gilt dann weiter $v_{ij} = -u_{ij}$. Um jedoch eine einfachere Handhabung des Beispiels zu gewährleisten, soll im weiteren von der bereits eingeführten Schadensmatrix ausgegangen werden, in der als Schadensziffern die Notenwerte selbst fungieren.

Ergebnismatrix = Nutzenmatrix

Liegen übrigens in der Ergebnismatrix Gewinngrößen, Einkommengrößen oder Umsatzgrößen vor, alles positiv einzuschätzende monetäre Größen, so verkehrt sich die Betrachtungsweise ins Gegenteil. Im speziellen Fall gilt dann: Die Nutzenmatrix ist mit der Ergebnismatrix identisch, mit $e_{ij} = u_{ij}$; die Schadensmatrix stimmt bis auf das Vorzeichen mit der Ergebnismatrix überein, mit $v_{ij} = -e_{ij}$. Daraus folgt weiter: $u_{ij} = -v_{ij}$*.

Extremales Ziel bei Entscheidungen unter Sicherheit

Wenn im Beispiel der Klausurvorbereitung eine Entscheidung unter Sicherheit vorläge, so könnte relativ schnell die Aktion ausgewählt werden, die zur besten (minimalen) Note führt. Wüßte man sicher, daß der Umweltzu-

* Bei der Gleichsetzung der Ergebnismatrix mit der Nutzenmatrix (z.B. bei Gewinnen) und der Gleichsetzung der Ergebnismatrix mit der Schadensmatrix (z.B. bei Notenwerten oder Kostengrößen) handelt es sich um einen Spezialfall, der allerdings eine gewisse Bedeutung besitzt, vgl. dazu S. 151.

stand s_4 vorliegt, also der Spaltenvektor der Abb. 17 gilt, so kann a_3 als optimale Aktion vorgeschlagen werden.

Umweltzustand / Aktionen	s_4
a_2	2
a_3	1

Abb. 17: Spaltenvektor bei Sicherheit

Eine ähnlich rasche Entscheidung könnte auch dann getroffen werden, wenn der Spaltenvektor der Abb. 17 *Gewinngrößen* als Werte enthielte. In diesem Falle ist a_2 die optimale Aktion, da sie den besten *(maximalen)* Gewinn erbringt.

Die Bewertung der Ergebnisse führt also sofort zur Bewertung der Aktionen:

$a_i \gtrsim a_k$ ist gleichbedeutend mit $e_i \gtrsim e_k$.

Dabei wurde das grundlegende Prinzip verwendet, daß Aktionen keinen Eigenwert besitzen, sondern ausschließlich anhand der Ergebnisse zu bewerten sind. Eine Vorbereitungsstrategie für die Klausur wird also danach beurteilt, welche Note sie erbringt. Eine als gut beurteilte Note wird dazu führen, daß auch die Vorbereitungsstrategie als gut eingeschätzt wird.

Wichtig ist, daß zusätzlich jetzt eine Präferenz*relation* ›$\gtrsim$‹ der Aktionen zur Verfügung steht, die eine schwache Präferenz*ordnung* der Aktionen erzeugt. Hierfür gelten ebenfalls die bereits eingeführten drei Axiome der Vollständigkeit, Transitivität und Reflexivität (vgl. dazu auch Schneeweiß 1967, S. 19ff.).

Im vorliegenden Fall bestimmt die Höhenpräferenz der Ergebnisse gleichzeitig die Präferenz der Aktionen. Die Ermittlung einer optimalen Aktion wird komplizierter, wenn wir uns den Entscheidungen unter Unsicherheit zuwenden.

Extremales Ziel bei Entscheidungen unter Unsicherheit

Dazu sollen das Notenbeispiel und die bereits eingeführte 2 × 4 Ergebnismatrix der Abb. 14 verwendet werden. Die Matrix wird noch einmal in der Abb. 18 erfaßt und als Schadensmatrix bezeichnet.

Wir können uns auf die damit angesprochenen Entscheidungen unter Unsicherheit beschränken, da die Entscheidungen unter Risiko formal gleich zu behandeln sind.

Aktionen \ Umweltzustände	s_1	s_2	s_3	s_4
a_2	4,3	3	2,5	2
a_3	5	4,3	2	1

Abb. 18: Schadensmatrix zum Beispiel der Klausurvorbereitung in Entscheidungstheorie

In diesem durch die Schadensmatrix abgebildeten Fall kann *nicht* mehr a_3 vorgeschlagen werden, wenn es um die beste Note geht; denn diese Empfehlung gilt unter der Voraussetzung s_4, während etwa unter der Voraussetzung s_2 die Aktion a_2 als optimal zu bezeichnen ist. Da aber der Eintritt der einzelnen Umweltzustände unsicher ist, reicht es nicht aus, die zu der besten Note gehörige Aktion auszuwählen. Wir stehen also vor einem schwierigen Auswahlproblem. Formal gesehen ist die Lösung des Problems höchst einfach zu erreichen. Es muß dazu nur die *Matrix* auf einen *Spaltenvektor* reduziert werden, da dann relativ rasch das beste Ergebnis ausgewählt werden kann (vgl. dazu auch Braun 1977, S. 79). Um diese Reduktion zu erreichen, befragen wir den Entscheidungsträger, mit welchem Umweltzustand er rechnet. Ist der Entscheidungsträger *pessimistisch*, so geht er davon aus, daß jeweils der schlechteste Umweltzustand eintritt, unabhängig davon, welche Aktion er ergreift. Das bedeutet, daß man in jeder Zeile der Matrix den schlechtesten Wert auswählt, was zu der Abb. 19 führt.

Reduktion der Matrix auf einen Vektor

Aktionen \ Umweltzustand	
a_2	4,3
a_3	5

Abb. 19: Reduzierte Matrix der Abb. 18

Dabei liefert zufällig s_1 für beide Aktionen den schlechtesten Wert. Wichtig an dieser Vorgehensweise ist, daß es uns gelang, die *Matrix* mit Hilfe dieser Überlegung auf einen *Vektor* zu verkleinern. Erst wenn die Elemente dieses Vektors mit Hilfe der Präferenzrelation ›$\gtrsim$‹ geordnet werden, ist eine Präferenzordnung der Aktionen möglich. Da ein extremales Ziel zugrunde liegt, ist die Note 4,3 der Note 5 vorzuziehen und a_2 die optimale Aktion, da sie zur besten Note aus den schlechtesten führt. Ein extrem pessimistischer Entscheidungsträger wählt also a_2. Er hat sich an einer pessimistischen Haltung orientiert. Selbstverständlich würde sich ein extrem optimistischer Entscheidungsträger anders verhalten (vgl. dazu S. 176).

Es ist festzuhalten, daß bei der Anwendung von extremalen Zielen eine gewisse Schwierigkeit auftritt, wenn Entscheidungen unter Unsicherheit gegeben sind. Diese Schwierigkeit ist zu überwinden, wenn die Matrix auf einen Spaltenvektor reduziert wird, auf den ein extremales Ziel angewandt werden kann. Das wurde am Beispiel bereits gezeigt. Der Schritt von der Matrix zum Vektor soll deshalb im folgenden allgemeingültig unter Verwendung einer formalen Schreibweise vollzogen werden (vgl. dazu auch Bitz 1980a, S. 59ff.).

Formale Darstellung der Präferenzrelation der Aktionen

Wir hatten festgestellt, daß bei Entscheidungen unter Sicherheit die Wahl eines extremalen Zieles ausreicht, um eine optimale Aktion zu ermitteln. Daß es bei Entscheidungen unter Unsicherheit anders ist, hat das Beispiel ergeben: Der Wunsch nach einem extremalen Ziel reicht für die Bestimmung der optimalen Aktion nicht aus.

Der gleiche Sachverhalt läßt sich auch anders formulieren. Bei Entscheidungen unter Sicherheit führt die Bewertung der verschieden hohen Ergebnisse sofort zur Bewertung der Aktionen und damit zur Auswahl der optimalen Aktion. Die Höhenpräferenzordnung zwischen den Ergebnissen ist mit der Präferenzordnung zwischen den Aktionen identisch. Im Beispiel der Entscheidung unter Unsicherheit gilt dieses dagegen nicht. Mit Hilfe der Höhenpräferenzordnung allein ist keine optimale Aktion abzuleiten. Da die Präferenzordnung zwischen den Aktionen nicht mehr mit der Höhenpräferenzordnung zusammenfällt, gewinnt sie jetzt eine besondere Bedeutung. Die Präferenz*ordnung* der Aktionen ist mit Hilfe einer Präferenz*relation* der Aktionen erst zu erzeugen. Dazu ist bei Unsicherheit in unserem Beispiel folgender Weg einzuschlagen*:

Nachdem die Bewertung der verschieden hohen Ergebnisse abgeschlossen ist und zu einer Schadensmatrix geführt hat, muß erst ein besonderer Wert gefunden werden, der zur Bewertung der Aktionen geeignet ist. Wir bezeichnen ihn als *Präferenzwert* PRÄ der einzelnen Aktionen. Er ist im vorliegenden Fall auf der Basis von Schadenswerten einzuführen. Damit gilt dann für die

Präferenzwert PRÄ

* Die Vorgehensweise ist bei Zugrundelegung einer Nutzenmatrix nur unwesentlich zu verändern.

Präferenzrelation ›$\gtrsim$‹ zwischen den Aktionen, wenn Notenwerte (oder Kostenwerte) zugrundeliegen:

(0) $a_i \gtrsim a_k$ ist gleichbedeutend mit PRÄ $(a_i) \leqq$ PRÄ (a_k).

Im Beispiel der Abb. 18 ist der zu jeder Aktion a_i gehörige Präferenzwert PRÄ (a_i) der schlechteste Wert einer jeden Zeile. Dieser Präferenzwert wurde dadurch gebildet, daß man *einen* Schadenswert, den schlechtesten Wert aus jeder Zeile der Matrix, auswählte. Auf diese Weise wird die Zeile der Schadensmatrix durch *eine Kennzahl K* ausgetauscht. Es gilt:

Kennzahl K

(1) $\text{PRÄ}(a_i) = K(V_i)$ mit $i = 1,\ldots,m$.

V_i symbolisiert die einzelnen Zeilen der Schadensmatrix.

Für das Beispiel war der schlechteste Wert einer Zeile auszusondern:

(2) $\text{PRÄ}(a_i) = K(V_i) = \max\limits_j v_{ij} = \max\limits_j e_{ij}$ mit $i = 1,\ldots,m$; $j = 1,\ldots,n$.

Unsicherheitspräferenzrelation

In der Auswahl derartiger Kennzahlen drücken sich Präferenzvorstellungen bezüglich der Vorzugswürdigkeit der unsicheren Zielerreichungsgrade aus. Bamberg-Coenenberg (1977, S. 27) sprechen hier von *Unsicherheitspräferenzrelation.*

Alle i Zeilen sind der Vorschrift in (2) zu unterwerfen. Man erhält dadurch die Abb. 19. Jetzt kann eine Präferenzrelation der Aktionen eingeführt werden, die die Präferenzwerte ordnet und in unserem Falle wie folgt lautet:

(3) $a_i \gtrsim a_k$ ist gleichbedeutend mit $\max\limits_j e_{ij} \leqq \max\limits_j e_{kj}$.

Um die optimale Aktion rasch identifizieren zu können, ist folgende Schreibweise zweckmäßig:

(4) $a_{opt} = \min\limits_i \left[\text{PRÄ}(a_i) = K(V_i) \right]$ mit $i = 1,\ldots,m$

bzw.

(5) $a_{opt} = \min\limits_i \left[\max\limits_j e_{ij} \right]$ mit $i = 1,\ldots,m$; $j = 1,\ldots,n$

oder weiter vereinfacht

(6) $a_{opt} = \min\limits_i \max\limits_j e_{ij}$ mit $i = 1,\ldots,m$; $j = 1,\ldots,n$.

(6) wird auch als *Minimax*-Zielfunktion bezeichnet, die der Entscheidungsträger verwendet, um eine optimale Aktion zu bestimmen. Darin schlägt sich

sowohl die Höhenpräferenzrelation als auch die Unsicherheitspräferenzrelation nieder.

Wird die formale Darstellung auch auf Entscheidungen unter *Sicherheit* bezogen, so gilt für das Notenbeispiel der Abb. 17:

(7) $\text{PRÄ}(a_i) = K(V_i) = e_i$ mit $i = 1,\ldots,m$.

Diese Kennzahl ist der Ergebniswert selbst. Aus den Notenergebnissen ist der kleinste auszusondern:

(8) $a_{opt} = \min\limits_i \left[\text{PRÄ}(a_i) = e_i \right]$ mit $i = 1,\ldots,m$

oder vereinfacht

(9) $a_{opt} = \min\limits_i e_i$ mit $i = 1,\ldots,m$.

Zielfunktionen

Um eine optimale Aktion auswählen zu können, wurden die Formeln (6) bzw. (9) benötigt. Wir bezeichnen diese als *Zielfunktionen** (vgl. dazu Engels 1962, S. 45ff., bes. S. 52f.). Zielfunktionen sind nichts anderes als Formeln, die gewisse Vorstellungen des Entscheidungsträgers über die Präferenzrelation der Aktionen in quantifizierter Form zum Ausdruck bringen und für die Ableitung einer optimalen Aktion unerläßlich sind. (6) ist eine Zielfunktion bei Unsicherheit und zeigt eine *pessimistische* Einstellung an. Daneben gibt es bei Unsicherheit (und bei Risiko) eine Fülle weiterer Zielfunktionen, die andere Einstellungen verkörpern. In diesen Zielfunktionen schlägt sich jeweils eine andere Form der Unsicherheitspräferenzrelation (bzw. Risikopräferenzrelation) nieder (zu Zielfunktionen bei Risiko und Unsicherheit vgl. S. 156ff. und S. 172ff.).

(9) ist eine Zielfunktion bei Sicherheit und zeigt die Absicht des Entscheidungsträgers, den *kleinsten* Wert auszusondern.

Wie aus den Formeln (6) und (9) ersichtlich ist, unterscheiden sich Zielfunktionen bei Unsicherheit von Zielfunktionen bei Sicherheit. Zielfunktionen bei Sicherheit gehen als ein Bestandteil in Zielfunktionen bei Unsicherheit (und Risiko) ein und bilden so die *notwendige* Bedingung für die Ableitung einer optimalen Aktion. Gleichzeitig sind sie jedoch im allgemeinen nicht *hinreichend*, um eine optimale Aktion auszuwählen. Aus diesem Grunde werden gerade Zielfunktionen bei Unsicherheit (und Risiko) benötigt. Der Unterschied zwischen Zielfunktionen bei Unsicherheit (und Risiko) und Zielfunktionen bei Sicherheit hat in der Literatur dazu geführt, auch unterschiedliche Begriffe für beide Sachverhalte einzuführen. Oft werden nur Zielfunk-

* Genaugenommen muß in Zielfunktionen statt des Gleichheitszeichens »=« ein Pfeil »←« stehen. Der Einfachheit halber wird allerdings die bereits eingeführte Schreibweise durchgängig verwendet.

tionen bei Sicherheit als *Zielfunktionen* und Zielfunktionen bei Unsicherheit (und Risiko) als *Entscheidungsregeln* bezeichnet (vgl. dazu Heinen 1976, S. 52ff. sowie Pfohl 1972, S. 305ff.). Wir wollen jedoch vom einheitlichen Begriff der Zielfunktion ausgehen, ohne die Abweichungen bei den Zielfunktionen bei Sicherheit, Risiko und Unsicherheit zu übersehen.

Zielfunktionen – Entscheidungsregeln

Im Mittelpunkt der bisherigen Ausführungen stand eine Zielgröße. Liegt dagegen ein Zielsystem vor, das *mehrere* Zielgrößen umfaßt, so können Zielkonflikte (Zielkonkurrenzen) auftreten. Zur Lösung von Zielkonflikten werden *besondere* Zielfunktionen benötigt. Sie werden in der Literatur wie die Zielfunktionen bei Unsicherheit (Risiko) ebenfalls häufig als Entscheidungsregeln bezeichnet. Auf S. 209ff. soll auf derartige Zielfunktionen ausführlich eingegangen werden.

Bislang wurde davon ausgegangen, daß nur *eine* Kennzahl zur Bildung der Zielfunktionen verwendet wird. Bei Entscheidungen unter Unsicherheit (und Risiko) kann man sich aber auch *mehrerer* Kennzahlen bedienen (vgl. dazu S. 158ff., 161ff., 182ff.). Kennzahlen können besondere Zielerreichungsgrade oder Nutzen- bzw. Schadenszahlen sein, wie im Beispiel der Minimax-Zielfunktion. Daneben stehen auch andere Größen zur Verfügung, die sich erst aus Zielerreichungsgraden errechnen wie etwa ein Durchschnitt, Streuungs- oder Schiefemaße.

Originäre – subsidiäre Zielgrößen

Eindimensionale – Mehrdimensionale Zielfunktion

Im Gegensatz zu den *originären* Zielgrößen, mit denen eine Matrix erstellt wird, sollen die entsprechenden Kennzahlen als *subsidiäre* Zielgrößen bezeichnet werden. Mit ihrer Hilfe gelingt es, die Matrix auf einen Vektor zu verkleinern. Wird nur eine Kennzahl verwendet, so liegt eine *eindimensionale* Zielfunktion vor; die Reduktion der Matrix zu einem Vektor geschieht *einstufig*. Eine *mehrdimensionale* Zielfunktion dagegen erzwingt einen *mehrstufigen* Übergang zu einem Vektor. Wir wollen hier zunächst nur eindimensionale Zielfunktionen verwenden (vgl. zu diesen Begriffen Bitz 1980a, S. 64 und 1980b, S. 11.).

3.3.2 Die Ableitung einer optimalen Aktion unter der Voraussetzung eines satisfizierenden Zieles

Bei satisfizierenden Zielen gilt in der Regel:

$e_{ij} \neq v_{ij}$.

Ergebnismatrix ≠ Schadensmatrix

Die Ergebnismatrix fällt also nicht mit der Schadensmatrix zusammen. Das sieht man auch schon an folgender Entscheidungssituation unter Sicherheit, die aus dem Beispiel der Abb. 14 entnommen und in Abb. 20 wiedergegeben ist.

Geht man etwa davon aus, daß ein Entscheidungsträger *mindestens* die Note 4 erzielen möchte, so erbringen ihm beide Notenwerte des Spaltenvektors den gleichen Schaden, beispielsweise den Schaden 1. Weder Aktion a_2 noch Aktion a_3 ist optimal.

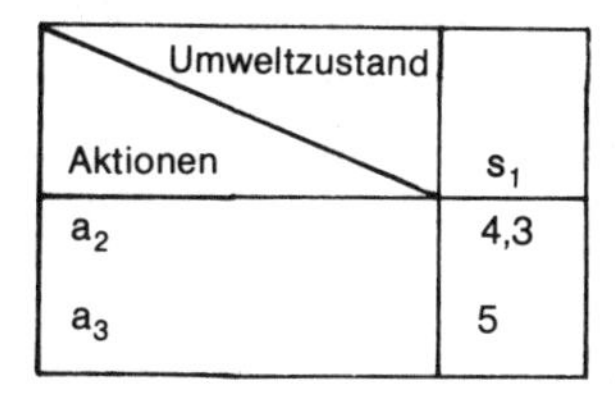

Umweltzustand / Aktionen	s_1
a_2	4,3
a_3	5

Abb. 20: Spaltenvektor bei Sicherheit

Da sich die Ergebnismatrix und die Schadensmatrix unterscheiden, bieten sich zwei alternative Vorgehensweisen an. Wir können die satisfizierenden Ziele auf die Ergebnismatrix *oder* auf die Schadensmatrix beziehen. Im folgenden sollen beide Wege eingeschlagen werden, wobei wir mit der Ergebnismatrix beginnen.

Satisfizierendes Ziel bei Entscheidungen unter Sicherheit

Das satisfizierende Ziel in der Form einer *Obergrenze* wurde bereits demonstriert. Die Note 4 galt als Obergrenze und durfte nicht überschritten werden. Daneben kann auch die Note 2,5 vorgegeben werden, wenn der Entscheidungsträger etwa damit rechnet, daß der Umweltzustand s_3 eintritt und Abb. 21 gilt.

Umweltzustand / Aktionen	s_3
a_2	2,5
a_3	2

Abb. 21: Spaltenvektor bei Sicherheit

In diesem Falle liegt ein *bestimmtes (fixiertes)* Ziel vor. Die optimale Aktion ist a_2.

Enthält die Abb. 21 dagegen *Gewinngrößen*, so könnte wiederum ein fixierter Gewinnbetrag als satisfizierendes Ziel fungieren. Sollen 2 Einheiten erwirtschaftet werden, ist die Aktion a_3 optimal. Außerdem ist eine *Untergrenze* möglich. Beträgt etwa der anzustrebende Mindestgewinn 2 Einheiten, so sind a_2 und a_3 optimal. Ebenfalls kann ein *Intervall* als satisfizierendes Ziel gelten, etwa wenn ein Gewinn mindestens eine bestimmte Höhe aufweisen soll (aus Rentabilitätsgründen), aber nicht eine vorgegebene Obergrenze überschreiten darf (etwa aus steuerlichen Gründen).

Die Bewertung der Ergebnisse führt – wie bei extremalen Zielen unter Sicherheit – sofort zu einer Bewertung der Aktionen. Aus diesem Grunde gelten die dazu im vorigen Abschnitt gemachten Ausführungen auch für satisfizierende Ziele bei Sicherheit. Komplizierter wird die Ableitung der optimalen Aktion(en) erst bei Entscheidungen unter Unsicherheit.

Satisfizierendes Ziel bei Entscheidungen unter Unsicherheit

Wir verwenden die bereits eingeführte 2 × 4 Ergebnismatrix der Abb. 14. Die Matrix wird noch einmal übernommen und in der Abb. 22 erfaßt.

Umweltzustände / Aktionen	s_1	s_2	s_3	s_4
a_2	4,3	3	2,5	2
a_3	5	4,3	2	1

Abb. 22: Ergebnismatrix zum Beispiel der Klausurvorbereitung in Entscheidungstheorie

Gilt genau die Note 2 als satisfizierender Wert, so weiß man *nicht*, ob a_2 oder a_3 als optimal auszuzeichnen ist, da s_3 oder s_4 oder andere Zustände herrschen können. Um diese Schwierigkeit zu beheben, muß nur das satisfizierende Ziel anders formuliert werden. Es muß explizit den Sachverhalt mit einbeziehen, daß mehrere Umweltzustände vorliegen. Als Ziel kann dann etwa gelten, daß bei *allen möglichen Umweltzuständen* genau die Note 2 anzustreben ist. Ein Blick auf die Matrix der Abb. 22 zeigt, daß weder die Aktion a_2 noch die Aktion a_3 zum Ziel führt. Daß das Ziel unrealistisch ist, interessiert in diesem Zusammenhang aber nicht. Wichtig ist allein die Vorgehensweise, daß bei der Zielformulierung auf alle möglichen Umweltzustände Bezug genommen wurde. Geht man dagegen davon aus, daß bei allen Umweltzuständen die Note 4,3 oder eine bessere Note erwünscht ist, so handelt es sich um ein realistisches Ziel. a_2 ist die optimale Aktion. Daß dieses Ziel ein sehr bescheidenes Ziel ist, ist ebenfalls belanglos. Bedeutend ist nur, daß wiederum alle möglichen Zustände berücksichtigt wurden.

Zur Verdeutlichung dieses Prinzips soll von einer anderen Ergebnismatrix in der Abb. 23 ausgegangen werden, die Gewinnbeträge enthält.

Aktionen \ Umweltzustände	s_1	s_2	s_3	s_4
a_1	2	7	4	6
a_2	1	8	2	3

Abb. 23: Ergebnismatrix mit Gewinnen

Das satisfizierende Ziel muß sich auf alle Umweltzustände beziehen und mag etwa lauten: Der Gewinn soll in allen Situationen mindestens 2 Einheiten betragen (Untergrenze). Die optimale Aktion ist a_1.

Reduktion der Matrix auf einen Vektor

Es kann nun gezeigt werden, daß bei satisfizierendem Ziel ebenfalls die *Matrix* durch einen *Vektor* ersetzt wird. Ausgangspunkt ist das Notenbeispiel der Abb. 22, wobei die Note 4,3 oder eine bessere Note angestrebt werden soll. Dazu ist jetzt derjenige Notenwert in jeder Zeile auszusondern, der sich *höchstens* in allen Umweltzuständen realisieren läßt. Das führt zur Abb. 24.

Aktionen \ Umweltzustand	
a_2	4,3
a_3	5

Abb. 24: Reduzierte Matrix der Abb. 22

Im weiteren sind die Notenwerte daraufhin zu überprüfen, ob sie dem satisfizierenden Ziel genügen. In unserem Falle ist a_2 die optimale Aktion.

Formale Darstellung der Präferenzrelation der Aktionen

Als *Kennzahl* K für jede Aktion wurde der Notenwert gewählt, der höchstens in allen Zuständen zu realisieren ist. Diese Kennzahl gilt für alle Ziele, die eine Obergrenze vorschreiben. Formal gesehen wurde

$$PRÄ(a_i) = K(V_i) = \max_j e_{ij}$$

verwendet. Es handelt sich um die gleiche Formel, die auch für die Minimax-Zielfunktion benützt wurde. Allerdings ist jetzt eine andere Interpretation vorzunehmen, da nicht ein extremales Ziel, sondern ein satisfizierendes Ziel zugrunde liegt.

Die optimale Aktion kann im Beispiel nach der Zielfunktion:

$$(10) \quad a_{opt} = \underset{i}{\text{sat}} \left[\text{PRÄ}\ (a_i) = K\ (V_i) \right]$$

ermittelt werden. Der Ausdruck ›sat‹ besagt dabei, daß alle Präferenzwerte einem satisfizierenden Ziel zu unterwerfen sind. Die Zielfunktion (10) gilt für alle Ziele, die in der Form einer Fixierung, einer Obergrenze bzw. einer Untergrenze angegeben werden. Nur bei der Vorgabe eines Intervalls müssen 2 Kennzahlen verwendet werden, nämlich eine Obergrenze und eine Untergrenze.

Liegt von vornherein schon eine Entscheidung unter *Sicherheit* vor, so vereinfacht sich (10) zu:

$$(11) \quad a_{opt} = \underset{i}{\text{sat}} \left[\text{PRÄ}\ (a_i) = e_i \right].$$

Satisfizierende Ziele in der Form einer Minimierung

Grundsätzlich kann das Satisfizierungskonzept auch auf der Basis einer besonderen Schadensmatrix eingeführt werden. In diesem Falle wird deutlich, daß eine Satisfizierung in der Form einer *Schadensminimierung* erfolgen kann*. Dazu benötigt man eine Schadensmatrix, die sich von der Ergebnismatrix unterscheidet.

Wenn zuerst eine Entscheidung unter *Sicherheit* betrachtet werden soll, so gilt innerhalb unseres Standardbeispiels etwa der Spaltenvektor der Abb. 25.

Aktionen \ Umweltzustand	s_2
a_2	3
a_3	4,3

Abb. 25: Spaltenvektor bei Sicherheit

Wird genau die Note 3 angestrebt, so erhält sie die Schadensziffer 0, während die Note 4,3 die Schadensziffer 1 erhält. Es gilt dann der Vektor der Abb. 26.

* Werden Nutzenziffern verwendet, so kann die Satisfizierung in der Form einer *Nutzenmaximierung* eingeführt werden.

Die optimale Aktion ist die Aktion a_2, da sie zu einem schadensminimalen Ergebnis führt.

Aktionen \ Umweltzustand	s_2
a_2	0
a_3	1

Abb. 26: Spaltenvektor bei Sicherheit

Gehen wir nun von einer Entscheidung unter *Unsicherheit* aus, so ist wiederum die Ergebnismatrix der Abb. 14 zu betrachten. Wir bezeichnen sie als Abb. 27.

Aktionen \ Umweltzustände	s_1	s_2	s_3	s_4
a_2	4,3	3	2,5	2
a_3	5	4,3	2	1

Abb. 27: Ergebnismatrix zur Klausurvorbereitung in Entscheidungstheorie

Soll die Note 4,3 (= e^{fix}) oder eine bessere Note in allen Umweltzuständen erreicht werden, so bekommen alle Ergebnisse, die dieser Note entsprechen oder besser sind, den Schaden 0, ansonsten 1. Es gilt folgende Schadensfunktion:

$$v_{ij} = \begin{cases} 0, \text{wenn } e_{ij} \leqq e^{fix} \\ 1, \text{wenn } e_{ij} > e^{fix}. \end{cases}$$

Das führt zur Schadensmatrix der Abb. 28.

Aktionen \ Umweltzustände	s_1	s_2	s_3	s_4
a_2	0	0	0	0
a_3	1	0	0	0

Abb. 28: Schadensmatrix zur Klausurvorbereitung in Entscheidungstheorie

Um jede Aktion durch eine Kennzahl zu repräsentieren, gilt:

$$PRÄ\,(a_i) = K\,(V_i) = \begin{cases} 0, \text{wenn } \sum_{j=1}^{n} v_{ij} = 0 \\ 1, \text{wenn } \sum_{j=1}^{n} v_{ij} > 0 \end{cases}$$

Das führt zum Vektor der Abb. 29.

Aktionen \ Umwelt-zustand	
a_2	0
a_3	1

Abb. 29: Reduzierte Matrix der Abb. 28

Mit Hilfe der Zielfunktion

$$(12) \quad a_{opt} = \min_{i} \left[PRÄ\,(a_i) = K\,(V_i) \right]$$

läßt sich die optimale Aktion a_2 aussondern.

Zusammenfassend gilt deshalb, daß in *formaler* Sicht Minimierungsmodelle auch die satisfizierenden Zielvorstellungen erfassen, die zunächst den Minimierungsaspekt nicht so unmittelbar erkennen lassen (vgl. dazu auch Dinkelbach 1978, S. 58, der allerdings von Nutzenüberlegungen ausgeht und zu einer Dominanz des Maximierungsgedankens kommt). Eine Dominanz der Extremierung wird häufig von mathematisch orientierten Entscheidungstheoretikern betont (vgl. etwa Bamberg-Coenenberg 1977, S. 40).

Trotzdem besteht *inhaltlich* gesehen ein Unterschied zwischen extremalen und satisfizierenden Zielen. Wichtig für das Grundmodell der normativen Entscheidungstheorie unter inhaltlichem Aspekt ist dabei, daß extremale und satisfizierende Ziele *völlig gleichberechtigt* verwendet werden können. Innerhalb der normativen Theorie liegt *keine* Aussage vor, die etwa *allein* die Verwendung extremaler Ziele im Gegensatz zu satisfizierenden Zielen gutheißen würde.

Wenden wir uns nun zwei Eigenschaften zu, die besonders bei satisfizierenden Zielen auftreten können. Es handelt sich darum, daß satisfizierende Ziele oft *unrealistisch* sind und zu keiner Lösung führen. Liegt aber eine Lösung vor, so gibt es häufig gleich *mehrere* optimale Lösungen. Beginnen wir mit der ersten Eigenschaft:

Existenz einer Lösung

Bei satisfizierenden Zielen kann es der Fall sein, daß sie aus einer gegebenen Situation heraus nicht realisiert werden können. Ob Ziele realisierbar sind oder nicht, sieht man ihnen nicht von vornherein an, sondern ist das Ergebnis einer entscheidungstheoretischen Analyse. Dazu braucht man das gesamte entscheidungstheoretische Instrumentarium. Erst am Ende einer Analyse steht dann die Information über den Realitätsgehalt der Ziele. Die Entscheidungstheorie kann damit aufzeigen, *was nicht geht* (Popper 1971, S. 49). Außerdem kann anhand der Ergebnis- und Entscheidungsmatrix der Bereich gezeigt werden, in dem ein satisfizierendes Ziel liegen muß, damit es als realistisch gelten darf. Liegen Ziele in diesem Bereich, können sie als *handlungsrational* bezeichnet werden (Bircher 1976, S. 47). Auf keinen Fall muß die *Existenz* einer Lösung von vornherein *vorausgesetzt* werden. Die normative Entscheidungstheorie besitzt vielmehr Hilfsmittel, mit denen sie angeben kann, wie satisfizierende Ziele aussehen müssen, um als realisierbar zu gelten.

Mehrdeutigkeit einer Lösung

Bei satisfizierenden Zielen liegt oft eine *mehrdeutige* Lösung vor. Werden etwa Gewinnziele in der Form von Mindestgewinnen gefordert, so können mehrere Aktionen dafür geeignet sein. Die Mehrdeutigkeit von Lösungen wird von manchen Entscheidungstheoretikern als unbefriedigend empfunden (z.B. bei Bamberg-Coenenberg 1977, S. 40, und Gäfgen 1974, S. 218), die deshalb eindeutige Lösungen fordern. Wir wollen uns dieser Vorgehensweise aber nicht anschließen, da eindeutige Lösungen keine zwingenden Voraussetzungen für die Anwendung der normativen Entscheidungstheorie sind.

4 Methodische Entscheidungsprämissen: Lösungsmethoden

Im allgemeinen reichen faktische und wertende Entscheidungsprämissen allein nicht aus, um eine optimale Aktion ableiten zu können. Sie müssen durch *methodische Entscheidungsprämissen*, hier durch Lösungsmethoden, ergänzt werden. Besonders deutlich wird dieser Sachverhalt bei *Entscheidungen unter Sicherheit*, was anhand eines neuen Beispiels aus dem Bereich der Produktionsprogrammplanung zu zeigen ist (vgl. dazu Hax 1974, S. 23ff.):

Ein Betrieb stellt zwei beliebig teilbare Produkte her, die jeweils auf drei Maschinen zu bearbeiten sind. Die beiden Produkte sind in den Mengen x_1 und x_2 zu produzieren. Alle 3 Maschinen stehen nur mit einer begrenzten Laufzeit zur Verfügung und brauchen unterschiedlich lange, um ein Produkt zu bearbeiten:

Maschinen	Maschinenstunden je Einheit des 1. Produktes	2. Produktes	Gesamtkapazität (in Maschinenstunden)
Maschine 1	1	1	120
Maschine 2	1	2	180
Maschine 3	1	–	80

Produktions-programm-planung als lineares Programm

Welche Möglichkeiten bieten sich an, um alle möglichen Produktionsmengen x_1 und x_2, alle Produktionsprogramme also, zu erfassen? Das ist die Frage nach dem Aktionsraum oder dem Raum sämtlicher Produktionsprogramme, worüber folgendes Ungleichungssystem informiert:

Maschine 1: $x_1 + x_2 \leqq 120$
Maschine 2: $x_1 + 2x_2 \leqq 180$
Maschine 3: $x_1 \leqq 80.$

Zusätzlich gelten Nicht-Negativitätsbedingungen:

$$x_1, x_2 \geqq 0.$$

Es entsteht ein Aktionsraum mit *unendlich* vielen Aktionen, was auch aus der Abb. 30 hervorgeht. Alle möglichen Aktionen sind durch die *Punkte innerhalb* des umrandeten Fünfecks OABCD und *auf* diesem beschrieben. Im letzteren Falle sind auf den Linien $\overline{AB}$, $\overline{BC}$ und $\overline{CD}$ die jeweilig beschränkten Kapazitäten voll ausgelastet.

Erzielt jedes Produkt einen bestimmten Deckungsbeitrag pro Stück* von 2 DM bzw. 3 DM, so lautet die Zielfunktion, wenn der gesamte Deckungsbeitrag D maximiert werden soll:

$$D = 2x_1 + 3x_2 \rightarrow \text{Max!}$$

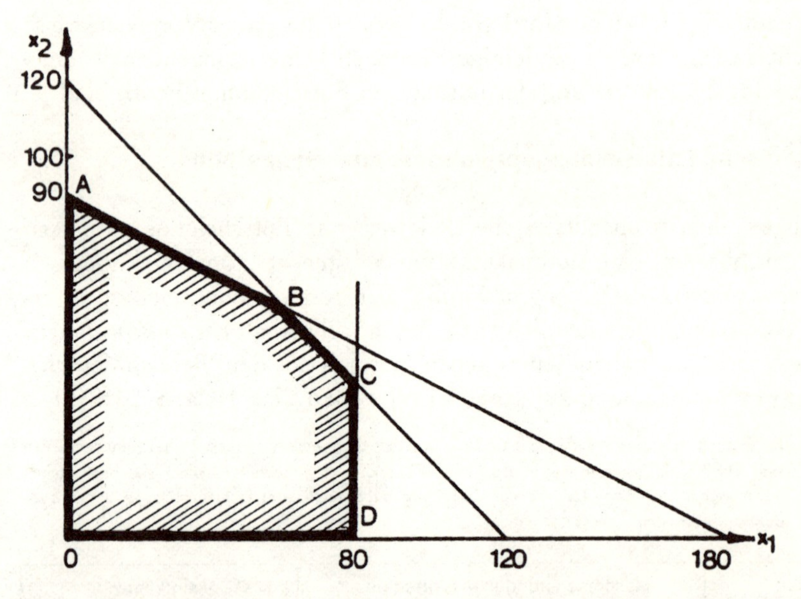

Abb. 30: Aktionsraum mit unendlich vielen Aktionen (Quelle des Beispiels: Hax 1974, S. 23ff.)

* Der Deckungsbeitrag pro Stück ergibt sich aus der Differenz des Preises mit den variablen Stückkosten.

Das gesamte Gleichungs- bzw. Ungleichungssystem ist ein Beispiel für die *lineare Programmierung*, worauf aber nicht weiter eingegangen werden soll. Wichtig ist an dieser Stelle folgendes: Die Aufgabe einer Lösungsmethode ist es, aus dem unendlich viele Aktionen umfassenden Aktionsraum (Lösungsraum) eine optimale Aktion herauszufiltern. Im vorliegenden Falle informiert die sog. *Simplex-Methode* der linearen Programmierung (vgl. Müller-Merbach 1973, S. 96ff.) über die konkrete Vorgehensweise zur Ermittlung der optimalen Lösung. Eine zentrale Erkenntnis der Simplex-Methode ist, daß der optimale Punkt im Normalfall immer einen *Eckpunkt* eines Begrenzungskörpers (Polyeders) darstellt, wie er in Abb. 30 für den zwei-dimensionalen Fall eingezeichnet ist. Dadurch wird die Zahl der zunächst unendlich vielen Aktionen auf die endliche Zahl der Eckpunkte verringert (vgl. Müller-Merbach 1973, S. 99, 287f.). Wie nun aus den Eckpunkten letztlich der optimale Punkt ausgewählt wird, zeigt ebenfalls die Simplex-Methode. Da die lineare Programmierung Entscheidungen bei Sicherheit abbildet, können die Eckpunkte des Begrenzungskörpers in einem Spaltenvektor erfaßt werden. In unserem einfachen Beispiel liegt ein nur 5 Ergebniswerte umfassender Spaltenvektor vor, der in Abb. 31 wiedergegeben ist. Der Gesamtdeckungsbeitrag für e_3 errechnet sich so: $60 \cdot 2 + 60 \cdot 3 = 300$. In der gleichen Weise werden die restlichen Gesamtdeckungsbeiträge ermittelt.

Simplex-Methode

Umweltzustand / Aktionen	$s_1 = (d_1/d_2) = (2/3)$	
a_1: (x_1/x_2) = (0/ 0)	0	
a_2: (x_1/x_2) = (0/90)	270	
a_3: (x_1/x_2) = (60/60)	300	← a_{opt}
a_4: (x_1/x_2) = (80/40)	280	
a_5: (x_1/x_2) = (80/ 0)	160	

Abb. 31: Die Lösungsmöglichkeiten des linearen Programms in der Form eines Spaltenvektors (Quelle des Beispiels: Hax 1974, S. 23ff.)

Die Auswahl der optimalen Aktion ist bei linearen Programmen *trivial*, wenn das Problem bereits auf die Struktur eines Spaltenvektors gebracht ist. Um diese Struktur aber zu erzeugen, müssen Lösungsmethoden eingesetzt werden. Eine Spezialität der Simplex-Methode liegt darin, nicht *alle*, sondern nur *bestimmte* Eckpunkte auf ihre Optimalität hin abzusuchen (vgl. dazu Müller-Merbach 1973, S. 99).

Bedeutung von Lösungsmethoden

Lösungsmethoden erlauben es also, die optimale Lösung (Aktion) zu ermitteln, was anhand eines einfachen linearen Programms beispielhaft gezeigt wurde. Eines ist dabei bedeutsam: Lösungsmethoden sind *eigenständige* Entscheidungsprämissen und werden notwendigerweise benötigt. Bei (einfachen) Entscheidungen unter *Risiko* und *Unsicherheit* aber übernehmen die Zielfunktionen die Aufgabe der Lösungsmethoden. Das läßt sich leicht an unserem Beispiel der Abb. 18 zeigen. Dort geben die Zielfunktionen bei Unsicherheit präzise an, wie eine optimale Aktion abzuleiten ist. Sie enthalten gleichzeitig normative *und* methodische Informationen, was bei Entscheidungen unter Sicherheit nicht gilt. Hier sind Zielfunktionen und Lösungsmethoden streng zu unterscheiden, was wir im allgemeinen auch voraussetzen wollen. Relevanz gewinnt die Unterscheidung also besonders bei Entscheidungen unter Sicherheit.

Arten der Lösungsmethoden

Definition von Methoden

Methoden können allgemein definiert werden als »geordnete Vorgehensweisen (Regelsysteme), die eine Folge von Schritten (Operationen) beschreiben« (Pfohl 1980b, Sp. 1918). In der normativen Entscheidungstheorie sind nur *Lösungs*methoden relevant. Wie man Aktionsparameter, Umweltparameter, Wahrscheinlichkeiten oder die Ergebnisfunktion *finden soll*, wird nicht durch methodische Regelsysteme vorgegeben. Die faktischen und wertenden Entscheidungsprämissen werden als bekannt vorausgesetzt. Die Prämissenklasse normativer Entscheidungsmodelle ist *geschlossen*, so daß üblicherweise die normative Entscheidungstheorie auch als Theorie *geschlossener Modelle* betrachtet wird (vgl. dazu Kirsch 1970, S. 25ff. und 61ff.). Wenn wir uns im weiteren den Lösungsmethoden zuwenden, so gilt: Lösungsmethoden können anhand ihres *Outputs*, des *Inputs* und der verwendeten Regeln zur *Transformation* von Informationen unterschieden werden (Pfohl 1980b, Sp. 1918).

Geschlossene Entscheidungsmodelle

Ein häufig genanntes Outputkriterium ist die *Lösungsmächtigkeit* oder *heuristische Kraft* einer Lösungsmethode (Kirsch 1971a, S. 155f., Pfohl 1980b, Sp. 1919), die in die *Lösungsqualität* und die *Lösungswahrscheinlichkeit* aufgegliedert wird. Unter der Lösungsqualität versteht man die Höhe der gefundenen Lösung im Vergleich zur extremalen Lösung. Bislang sind wir schon implizit von 2 Lösungsqualitäten ausgegangen: von der extremalen Qualität selbst und von satisfizierenden Qualitäten. Die Lösungswahrscheinlichkeit dagegen ist die Wahrscheinlichkeit, mit der Methode eine Lösung bestimmter

Qualität zu finden. Lösungsgarantie besteht dann, wenn die Wahrscheinlichkeit gleich 1 ist. Methoden mit der Lösungswahrscheinlichkeit gleich 1 heißen *Algorithmen* (Kirsch 1971 a, S. 154 f.).

Algorithmische Lösungsmethoden

In der normativen Entscheidungstheorie stehen solche Algorithmen im Vordergrund, was auch aus den bisherigen Ausführungen beispielhaft abzulesen ist. Daneben gibt es Methoden mit einer Lösungswahrscheinlichkeit unter 1 (Kirsch 1971 a, S. 155). Unter ihnen sind besonders die *heuristischen Lösungsmethoden* von Interesse, in denen sich die Erfahrung bei der Lösung ähnlicher Probleme niederschlägt und die auf mehr oder weniger plausiblen Vermutungen beruhen. Sogenannte willkürliche Lösungsmethoden sollen aus der Betrachtung ausgeklammert werden.

Heuristische Lösungsmethoden

Nur wenn heuristische Methoden für mathematisch formulierte Probleme relevant werden, beschäftigen sich die normative Entscheidungstheorie und das Operations Research mit ihnen. Alle anderen heuristischen Methoden sind im Rahmen der deskriptiven Entscheidungstheorie bedeutsam. Zusammenfassend sind verschiedene Arten der Lösungsmethoden in Abb. 32 wiedergegeben.

Nach dem Kriterium des informatorischen Inputs sind Lösungsmethoden unter dem Gesichtspunkt des *Sicherheitsgrades* und der Art der *Zieldefinition* zu unterteilen. Nach dem Sicherheitsgrad sind Lösungsmethoden bei Sicherheit und stochastische Methoden sowie Lösungsmethoden bei Unsicherheit zu erwähnen. Bezüglich der Art der Zieldefinition gibt es Lösungsmethoden bei eindeutig definierten Zielen und bei nicht eindeutig definierten Zielen. In der normativen Entscheidungstheorie tauchen präzise Zieldefinitionen auf.

Lösungsmethoden nach dem Sicherheitsgrad und der Art der Zieldefinition

Problemlösungsmethoden unterscheiden sich auch nach ihren Regeln zur Informationstransformation. *Exakte Methoden* sind so aufgebaut, »daß weder über den Inhalt noch über die Reihenfolge der vorzunehmenden Schritte Zweifel bestehen« (Pfohl 1980 b, Sp. 1920 f.), andernfalls liegen *inexakte* Methoden vor. Die normative Entscheidungstheorie befaßt sich ausschließlich mit exakten Methoden.

Exakte – Inexakte Lösungsmethoden

Insgesamt betrachtet sind nun mit Abschluß dieses Kapitels faktische, wertende und methodische Entscheidungsprämissen eingeführt, so daß der endgültigen Ableitung der optimalen Lösung nichts mehr im Wege steht.

Das aufbauorientierte Grundmodell der normativen Entscheidungstheorie informierte bisher ausführlich über sämtliche Entscheidungsprämissen und versetzte den Entscheidungsträger dadurch in die Lage, zahlreiche Probleme im Schema des Grundmodells erfassen zu können. Der damit angesprochene *Struktureffekt* der Entscheidungstheorie bezieht sich auf »den Versuch einer systematischen Darstellung des Entscheidungsproblems und seiner Lösungsmöglichkeiten« (Pfohl 1977 a, S. 55).

Struktureffekt der Entscheidungstheorie

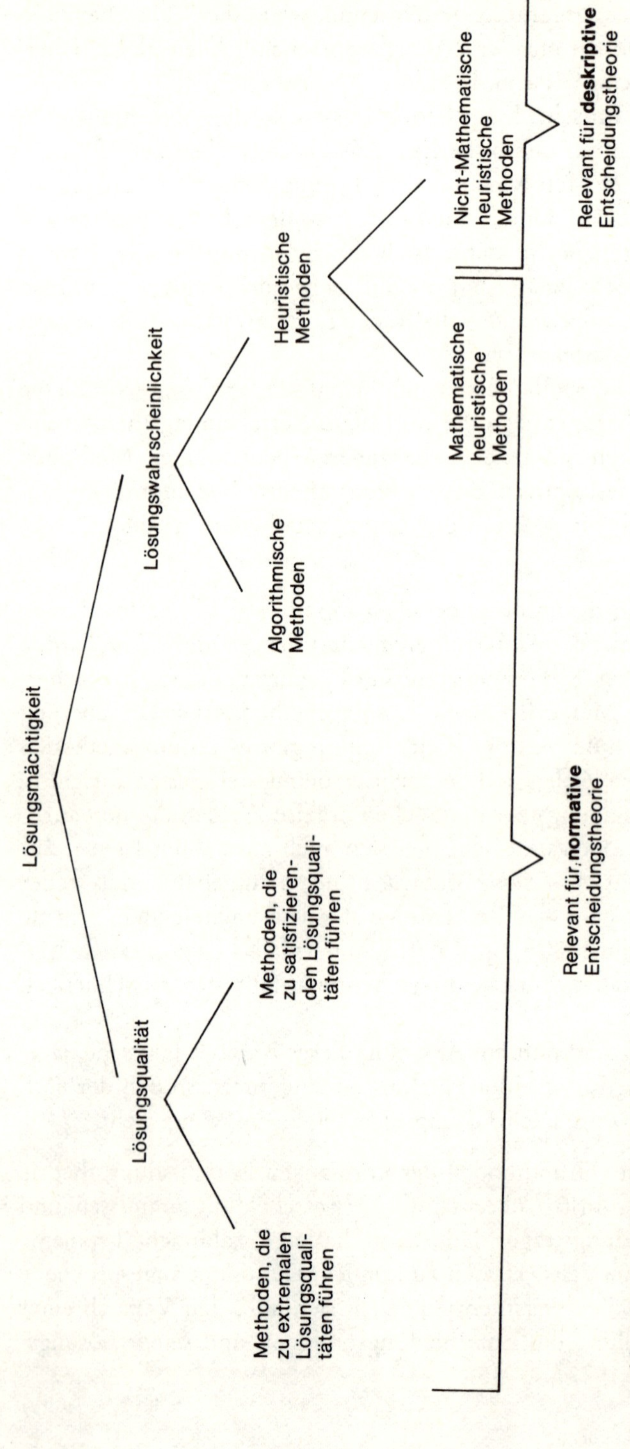

Abb. 32: Arten der Lösungsmethoden

Verschiedentlich wurden schon einzelne Aspekte der *deskriptiven Entscheidungstheorie* angesprochen. Ausgehend von der bisherigen Vorgehensweise soll nun im weiteren in das aufbauorientierte Grundmodell der deskriptiven Entscheidungstheorie eingeführt werden. Das nächste Kapitel ist dabei weitgehend so gegliedert, daß ein Vergleich zwischen beiden aufbauorientierten Grundmodellen ermöglicht wird.

Wiederholungsfragen

1. Was versteht man unter dem aufbauorientierten bzw. ablauforientierten Grundmodell der Entscheidungstheorie? (S. 21)
2. Worin unterscheiden sich normative und deskriptive Entscheidungstheorie? (S. 22)
3. Welche Klassen von Entscheidungsprämissen gibt es? (S. 25 f.)
4. Welche Prinzipien sind bei der Bildung des Aktionsraumes bzw. Zustandsraumes zu beachten? (S. 26 ff., 29 ff.)
5. Worin unterscheiden sich Aktionsparameter von Aktionen? (S. 27)
6. Durch welche Merkmale lassen sich Entscheidungen unter Sicherheit, Risiko und Unsicherheit kennzeichnen? (S. 30 f.)
7. Charakterisieren Sie das Axiomensystem von Kolmogoroff. (S. 31 ff.)
8. Inwiefern unterscheiden sich handlungsunabhängige von handlungsabhängigen Wahrscheinlichkeiten? (S. 34 f.)
9. Was versteht man unter einer Ergebnismatrix? (S. 35 ff.)
10. Was versteht man unter einer Wahrscheinlichkeitsmatrix bzw. einer Wahrscheinlichkeitszeile? (S. 37 ff.)
11. Wie lauten die Bestandteile einer vollständigen Zielformulierung? (S. 40 ff.)
12. Was sind Zielerreichungsgrade? (S. 41 f.)
13. Welche Arten von Präferenzordnungen der Zielerreichungsgrade gibt es? (S. 43 ff.)
14. Inwiefern sind extremale und satisfizierende Ziele voneinander zu trennen? (S. 44 f.)
15. Wie lauten die Eigenschaften (Axiome) der Präferenzordnungen (Präferenzrelationen)? (S. 46 ff.)
16. Was versteht man unter Nutzengrößen bzw. Schadensgrößen? (S. 48 ff.)
17. Was versteht man unter der Präferenzordnung der Aktionen? (S. 50 f.)
18. Zeigen Sie Unterschiede zwischen der Präferenzordnung der Zielerreichungsgrade und der Präferenzordnung der Aktionen. (S. 50 f.)

19. Was ist ein Präferenzwert der Aktionen? (S. 55 f.)
20. Was sind Zielfunktionen, und welche Aufgaben erfüllen Zielfunktionen etwa bei Entscheidungen unter Risiko und Unsicherheit? (S. 57 f.)
21. Formulieren Sie ein satisfizierendes Ziel für Entscheidungen unter Unsicherheit. (S. 60 f.)
22. Lassen sich satisfizierende Ziele in der Form einer Extremierung darstellen? (S. 62 ff.)
23. Warum werden methodische Entscheidungsprämissen benötigt? Gehen Sie etwa von Modellen der linearen Programmierung aus. (S. 65 ff.)
24. Was ist ein geschlossenes Entscheidungsmodell? (S. 68)
25. Wie sind algorithmische und heuristische Lösungsmethoden definiert? (S. 69)

Literaturverzeichnis

BAMBERG, G. / COENENBERG, A. G. (1977): Betriebswirtschaftliche Entscheidungslehre. 2., verb. Aufl., München 1977.

BIRCHER, B. (1976): Langfristige Unternehmungsplanung. Konzepte, Erkenntnisse und Modelle auf systemtheoretischer Grundlage. Bern/Stuttgart 1976.

BITZ, M. (1980 a): Entscheidungstheorie. Kurseinheit 1: Grundbegriffe und -probleme. Hagen 1980.

BITZ, M. (1980 b): Entscheidungstheorie. Kurseinheit 2: Entscheidungsregeln für Ungewißheitssituationen. Hagen 1980.

BITZ, M. (1980 c): Entscheidungstheorie. Kurseinheit 3: Klassische Entscheidungsregeln für Risikosituationen. Hagen 1980.

BRAUN, G. E. (1977): Methodologie der Planung. Eine Studie zum abstrakten und konkreten Verständnis der Planung. Meisenheim am Glan 1977.

BUDÄUS, D. (1975): Entscheidungsprozeß und Mitbestimmung. Wiesbaden 1975.

CHMIELEWICZ, K. (1970): Die Formalstruktur der Entscheidung. In: Zeitschrift für Betriebswirtschaft, 40 (1970), S. 239–268.

DINKELBACH, W. (1978): Ziele, Zielvariablen und Zielfunktionen. In: Die Betriebswirtschaft, 38 (1978), S. 51–58.

ENGELS, W. (1962): Betriebswirtschaftliche Bewertungslehre im Licht der Entscheidungstheorie. Köln/Opladen 1962.

GÄFGEN, G. (1974): Theorie der wirtschaftlichen Entscheidung. Untersuchungen zur Logik und Bedeutung des rationalen Handelns. 3., erw. u. erg. Aufl., Tübingen 1974.

HAX, H. (1974): Entscheidungsmodelle in der Unternehmung / Einführung in Operations Research. Reinbek bei Hamburg 1974.

HEINEN, E. (1976): Grundlagen betriebswirtschaftlicher Entscheidungen. Das Zielsystem der Unternehmung. 3. Aufl., Wiesbaden 1976.

Kirsch, W. (1971 a): Entscheidungsprozesse, 2. Bd.: Informationsverarbeitungstheorie des Entscheidungsverhaltens. Wiesbaden 1971.

Krelle, W. (1968): Präferenz- und Entscheidungstheorie. Tübingen 1968.

Kupsch, P. U. (1973): Das Risiko im Entscheidungsprozeß. Wiesbaden 1973.

Kupsch, P. U. (1979): Unternehmungsziele. Stuttgart/New York 1979.

Mag, W. (1977): Entscheidung und Information. München 1977.

Menges, G. (1968): Grundriß der Statistik, Teil 1: Theorie. Köln/Opladen 1968.

Müller-Merbach, H. (1973): Operations Research. Methoden und Modelle der Optimalplanung. 3., durchgesehene Aufl., München 1973.

Pfohl, H.-C. (1972): Zur Problematik von Entscheidungsregeln. In: Zeitschrift für Betriebswirtschaft, 42 (1972), S. 305–336.

Pfohl, H.-C. (1977 a): Problemorientierte Entscheidungsfindung in Organisationen. Berlin/New York 1977.

Pfohl, H.-C. (1980 b): Problemlösungstechniken. In: Grochla, E. (Hrsg.): Handwörterbuch der Organisation. 2., völlig neu gest. Aufl., Stuttgart 1980, Sp. 1917–1923.

Pfohl, H.-C. (1981): Planung und Kontrolle. Stuttgart/Berlin/Köln/Mainz 1981.

Popper, K. R. (1971): Das Elend des Historizismus. 3., verb. Aufl., Tübingen 1971.

Schauenberg, B. (1978): Zur Logik kollektiver Entscheidungen. Wiesbaden 1978.

Schneeweiss, H. (1964): Eine Entscheidungsregel für den Fall partiell bekannter Wahrscheinlichkeiten. In: Unternehmensforschung, 8 (1964), S. 86-95.

Schneeweiss, H. (1966): Das Grundmodell der Entscheidungstheorie. In: Statistische Hefte, 7 (1966), S. 125–137.

Schneeweiss, H. (1967): Entscheidungskriterien bei Risiko. Berlin/Heidelberg/New York 1967.

Sieben, G. / Schildbach, T. (1980): Betriebswirtschaftliche Entscheidungstheorie. 2., überarb. u. erw. Aufl., Düsseldorf 1980.

Stegmüller, W. (1973 a): Personelle und statistische Wahrscheinlichkeit. Erster Halbband: Personelle Wahrscheinlichkeit und rationale Entscheidung. Berlin/Heidelberg/New York 1973.

Stegmüller, W. (1973 b): Personelle und statistische Wahrscheinlichkeit. Zweiter Halbband: Statistisches Schließen – Statistische Begründung – Statistische Analyse. Berlin/Heidelberg/New York 1973.

Szyperski, N. / Winand, U. (1974): Entscheidungstheorie. Stuttgart 1974.

II. Das aufbauorientierte Grundmodell der deskriptiven Entscheidungstheorie

1. Einführung

1.1. Vergleich zwischen normativer und deskriptiver Entscheidungstheorie

In ähnlicher Weise wie das Grundmodell der normativen Entscheidungstheorie wird auch das Grundmodell der deskriptiven Entscheidungstheorie durch seine Elemente festgelegt. In Anlehnung an die normative Entscheidungstheorie sollen diese Elemente weiterhin als *Entscheidungsprämissen* verstanden werden (vgl. dazu auch Kirsch 1970, S. 25f. und Kirsch 1971a, S. 136f.). Allerdings unterscheiden sich beide Arten von Entscheidungsprämissen beträchtlich voneinander. Die formale Entscheidungslogik oder normative Entscheidungstheorie verwendet Prämissen, die von manchen Autoren als ähnlich einleuchtend empfunden werden, wie die Grundannahmen der klassischen Logik (vgl. dazu Schneeweiß 1967, S. 78, der sich auf die Risikonutzentheorie bezieht). Dabei ist bei den wertenden Entscheidungsprämissen an die Transitivität von Präferenzordnungen zu denken, die ein verwandtes Gegenstück in der klassischen Logik besitzt und deshalb gelegentlich auch als »quasi-logisch« bezeichnet wird (vgl. dazu wiederum Schneeweiß 1967, S. 78, der sich auf die Nutzentheorie bezieht, zu der allerdings die Transitivität gehört). Demgegenüber geht die deskriptive Entscheidungstheorie nicht von *a priori einleuchtenden* Entscheidungsprämissen aus, sondern versucht, das *reale Entscheidungsverhalten* zu erfassen, das erheblich davon abweichen kann. Gerade bei realen Bewertungen finden sich manchmal Verstöße gegen die Forderung nach einer transitiven Ordnung (vgl. dazu den Hinweis bei Reber 1975, S. 27ff.).

Reales Entscheidungsverhalten

Ein anderes Beispiel setzt an den faktischen Entscheidungsprämissen an: Im Sinne der formalen Entscheidungslogik ist es geboten, nach *allen* relevanten Aktionen zu forschen, während die deskriptive Entscheidungstheorie von der Tatsache ausgeht, daß in der Entscheidungspraxis meist nur *wenige* Aktionen, wenn nicht gar nur *eine* Aktion auf ihre Tauglichkeit hin analysiert werden.

Aus diesen und ähnlichen Beispielen wird in der deskriptiven Entscheidungstheorie der Schluß gezogen, die aus der formalen Entscheidungslogik bekannten Entscheidungsprämissen zu verändern und so der Realität anzupassen, daß sie das tatsächliche Entscheidungsverhalten wiedergeben. Es gilt also, die tatsächlich verwendeten *Regeln* zu erfassen, die sich bei Individuen und in Organisationen zur Lösung von Entscheidungsproblemen herausgebildet haben. Die formale Entscheidungslogik kann dann durch andere Entscheidungslogiken ersetzt werden. Wenn mehr das *individuelle Entscheidungsverhalten* betrachtet wird, so rückt an die Stelle der formalen Entscheidungslogik eine Entscheidungslogik im Sinne einer *subjektiven Psycho-Logik* (vgl. dazu Abelson-Rosenberg 1958, S. 1ff. und Kirsch 1970, S. 26). Steht mehr das *organisationale Entscheidungsverhalten* im Vordergrund, so gewinnt eine Entscheidungslogik im Sinne einer *intersubjektiven Sozio-Logik* an Bedeutung, wie wir sie in Analogie zur Psycho-Logik nennen wollen*. Psycho-Logik und Sozio-Logik zusammen bilden den Gegenstandsbereich der deskriptiven Entscheidungstheorie und informieren über real existierende Entscheidungsprämissen.

Subjektive Psycho-Logik

Intersubjektive Sozio-Logik

Da die deskriptive Entscheidungstheorie eine *empirische Theorie* sein will, zeigt sie, wie wir uns als Individuen und in Organisationen bei Entscheidungen *immer* schon verhalten haben und auch verhalten werden. In diesem Sinne sind auch die aus der Psycho- und Sozio-Logik bekannten Entscheidungsprämissen immer schon vorhanden und deshalb notwendig für die Gewinnung von Entscheidungen. Auch hierbei werden Entscheidungen ›abgeleitet‹, wenngleich sich die ›Ableitung‹ natürlich anders vollzieht als in der normativen Entscheidungstheorie. Dort ist die Gewinnung von Entscheidungen meist komplizierter, während sie hier einfacher ist.

Es ist darüber hinaus sinnvoll, auch in der deskriptiven Entscheidungstheorie von *optimalen* Entscheidungen zu sprechen. Unter optimalen Entscheidungen soll nichts anderes verstanden werden, als daß sie den Entscheidungsprämissen genügen sollen.

Festzuhalten bleibt dann, daß die zwei Begriffe der »Entscheidungsprämissen« und der »Ableitung optimaler Entscheidungen aus Entscheidungsprämissen« trotz aller inhaltlichen Differenzen für *beide* Theorien aufrechterhalten werden sollen. Dadurch wird eine Vergleichbarkeit von normativer und deskriptiver Entscheidungstheorie gefördert. Zusammenfassend informiert Abb. 33 über Differenzen und Übereinstimmungen der Theorien.

1.2. Das Beispiel »Klausurvorbereitung« in der deskriptiven Entscheidungstheorie

Für die Darstellung des Grundmodells der empirischen Entscheidungstheorie soll weiterhin das bereits schon bekannte Beispiel verwendet werden, das eine Entscheidungssituation aus dem Leben eines Studenten widerspiegelt. Allerdings ist es zweckmäßig, das Beispiel neu vorzustellen und damit

* Die sozio-logische Entscheidungstheorie beansprucht meist, das reale Entscheidungsverhalten in erwerbswirtschaftlichen Organisationen wiederzugeben. Daneben werden auch Organisationen der öffentlichen Verwaltung betrachtet.

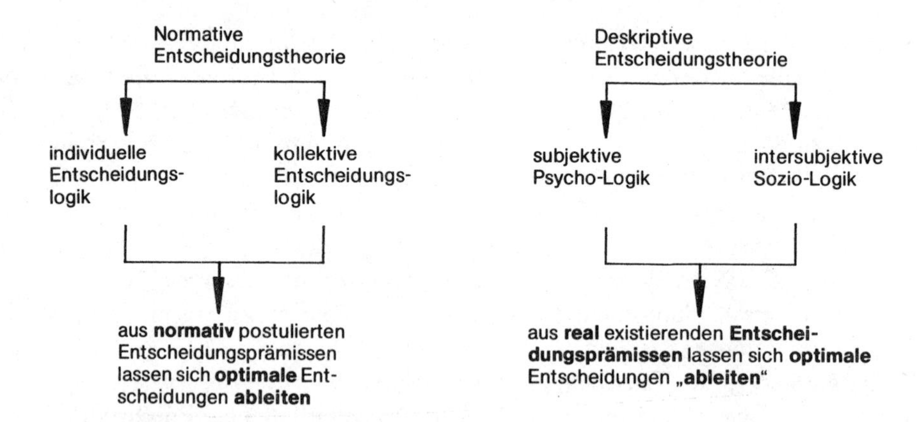

Abb. 33: Übereinstimmungen und Unterschiede bei normativer und deskriptiver Entscheidungstheorie

Beispiel

zwanglos in die neuen Denkansätze und Begriffe der deskriptiven Entscheidungstheorie einzuführen. Das Beispiel ist tabellarisch dargestellt, wobei in der linken Hälfte das Beispiel selbst und in der rechten Hälfte die damit korrespondierenden Begriffe und Inhalte der deskriptiven Entscheidungstheorie erscheinen. Diese werden später in systematischer Weise noch einmal aufgegriffen:

Art der Problemorientierung

Der Student, der sich auf die Klausur ›Entscheidungstheorie‹ in der wirtschaftswissenschaftlichen Zwischenprüfung vorzubereiten hat, wird wohl ein *Problem* erst dann darin sehen, wenn es einmal schiefgegangen ist. Vermutlich erst die Tatsache einer früher nicht bestandenen Klausur wird ihn auf das Problem der Vorbereitung stoßen.

Es findet in der Regel keine *aktive* Problemsuche statt, sondern auf Probleme wird man aufmerksam gemacht. Die Entscheidung ist in *passiver* Weise problemorientiert.

Definition der Situation

Die Situation, in der sich der Student dann befindet, kann auf ganz verschiedene Weise von ihm selbst definiert werden.

Die Gesamtheit der Entscheidungsprämissen wird in der *Definition der Situation* erfaßt. Diese ist subjektiv verschieden.

Allgemeine Strukturierungsmethoden:

Im Kopf des Studenten laufen folgende *mögliche* Argumentationsschritte ab: »Ich möchte die Klausur bestehen. Worin besteht der Unter-

Zur Strukturierung von Problemen eignen sich allgemeine *Strukturierungsmethoden.* Als Beispiel ist die *Zweck-Mittel-Analyse* zu erwähnen.

schied zwischen dem, was ich weiß, und dem, was ich wissen sollte? Der wesentliche Unterschied besteht darin, daß ich bisher die deskriptive Entscheidungstheorie vernachlässigt habe. Was verändert mein mangelndes Wissen in deskriptiver Entscheidungstheorie? Mein Lernen. Mein bisheriges Lernen war anscheinend nicht ausreichend. Was fehlt, daß es ausreicht? Ein konzentriertes Üben an bisherigen Klausuraufgaben. Allein reicht die Zeit nicht, um alle Klausuraufgaben zu bearbeiten. Was hilft? Das Arbeiten in einer Kleingruppe!«

Zweck-Mittel-Analyse

Diese geht so vor, daß von einem Endzustand aus solche Mittel gefunden werden sollen, die den Anfangszustand sukzessiv in den Endzustand überführen. Für das Beispiel passend wurde die Zweck-Mittel-Analyse in der Form des *Rückwärtsschreitens* beschrieben, bei der man vom Endzustand aus zum Anfangszustand schreitet. Es gibt aber auch das entgegengesetzte *Vorwärtsschreiten.*

Planungsmethode

Eng mit der Mittel-Zweck-Analyse hängt auch die *Planungsmethode* zusammen. Hiernach wird nur das Wesentliche erfaßt und das Unwesentliche weggelassen.

Der Student will die Anforderungen der Klausur nur insoweit erfüllen, daß er die Klausur gerade bestehen kann, wobei ihm die Note relativ gleichgültig ist.

Satisfizierende Ziele

Die realistischen Ziele sind mit befriedigenden (satisfizierenden) Zielen gegeben.

Er untersucht i. d. R. nur *einen* Lösungsvorschlag auf seine Tauglichkeit, das gesetzte Ziel erreichen zu können. Als Lösungsvorschlag wurde bereits das Arbeiten in der Kleingruppe erwähnt.

Lösungshypothese

Man entwickelt i. d. R. nur eine Lösungshypothese (oder wenige Lösungshypothesen) und keinen ganzen Aktionsraum, der alle möglichen Aktionen enthält.

Der Lösungsvorschlag wurde deshalb als erster entwickelt, weil unser Prüfling in letzter Zeit anderweitig schon in Kleingruppen arbeitete und dabei relativ zufrieden war.

Allgemeine Suchmethode

Lösungshypothesen werden zunächst in der *Nähe des bisherigen (erfolgreichen) Handelns* gesucht. Erst wenn diese *allgemeine Suchmethode* nach Lösungshypothesen versagt, werden andere Handlungen entwikkelt.

Der Lösungsvorschlag wird daraufhin in Gedanken überprüft, ob er zum Bestehen der Klausur ausreicht. Führt er in der Meinung des Prüflings zu einem Bestehen, so ist die

Sukzessive Überprüfung von Lösungshypothesen

Lösungshypothesen werden *einzeln* auf ihre Zielwirksamkeit überprüft. Erfüllt die *erste* gefundene oder entwickelte Lösungshypothese das satisfizierende Ziel, so ist die optimale Entscheidung festgelegt. Im anderen Falle wird ein weiterer, geringfügig veränderter Lösungsvorschlag entwickelt und ebenfalls allein auf seine Tauglichkeit getestet.

Entscheidung gefallen. Ansonsten wird *sukzessive* weiterverfahren, wobei sich die weiteren Lösungshypothesen nur geringfügig (inkremental) voneinander unterscheiden werden.

Eliminierung von Risiko und Unsicherheit

Für den Test des Lösungsvorschlages wird angenommen, daß man mit einer schwierigen Klausur rechnen muß.

Unsicherheits- und Risikomomente werden oft zu eliminieren versucht, da sie das Entscheidungsproblem zu *kompliziert* werden lassen. Überhaupt dominiert die Auffassung, alles möglichst *vereinfacht* zu sehen.

Im Beispiel fällt auf, daß häufig und explizit auf einen *Entscheidungsträger* Bezug genommen wird, während das Beispiel im Rahmen des normativen Grundmodells mehr *unpersönlich* vorgestellt wurde. Das ist kein Zufall. Die deskriptive Entscheidungstheorie geht ausschließlich auf Eigenschaften realer Subjekte und Organisationen ein, was die normative Entscheidungstheorie gerade ausblendet und durch eine mehr technisch-neutrale Betrachtungsweise ersetzt (vgl. ein ähnliches Argument bei Reber 1973, S. 28).

Das Beispiel stammt zwar aus dem Bereich der subjektiven Psycho-Logik, darf aber nicht vergessen machen, daß das Grundmodell der deskriptiven Entscheidungstheorie natürlich für beide gilt, für die Psycho-Logik und die Sozio-Logik. Das wird auch schon an der rechten Spalte in der Tabelle deutlich. Die dort mehr abstrakt beschriebenen Begriffe und Inhalte gelten nämlich weitgehend für Psycho- und Sozio-Logik. Genau das ist auch die Aufgabe des vorliegenden Kapitels, ein aufbauorientiertes Grundmodell der deskriptiven Entscheidungstheorie zu entwerfen, das weitgehend für Subjekte *und* Organisationen Gültigkeit besitzt. Das schließt übrigens nicht aus, daß gewisse *Schwerpunkte* für die Psycho-Logik oder Sozio-Logik innerhalb des Grundmodells gesetzt werden dürfen.

1.3. Klassen von Entscheidungsprämissen

Wenn wir nun die rechte Seite des Beispiels systematisch ordnen, so gelten für das deskriptive Grundmodell 3 Klassen von Entscheidungsprämissen:

Faktische Entscheidungsprämissen:

– Zunächst gibt es *faktische* Entscheidungsprämissen, die *Lösungshypothesen* umschließen. Zu den Lösungshypothesen gehört zunächst das, was bislang mit dem Begriff der Aktion umschrieben war. Zusätzlich beinhalten Lösungshypothesen auch Aussagen über mutmaßliche Ergebnisse oder Konsequenzen von Aktionen (vgl. Kirsch 1971a, S. 137). Im Grunde stellen Lösungshypothesen nichts anderes dar, als *zeilenweise Ausschnitte* aus einer Ergebnismatrix. Menschen, die vor einer Entscheidung stehen, entwickeln keine *vollständige* Matrix, sondern nur einen Teil davon. Formal gesprochen liegt ein Zeilenvektor vor.

Lösungshypothesen

- Desweiteren liegen *wertende* oder *normative* Entscheidungsprämissen vor, mit denen Ziele festgelegt werden. Ziele weisen auf einen Zustand der Realität hin, den man erreichen möchte. Man kann ihn als einen erwünschten *Endzustand* bezeichnen. Im Beispiel fungiert der Wunsch nach einer befriedigenden Note als ein derartiges Ziel. Ein spezielles Problem liegt etwa dann vor, wenn der gegenwärtige Zustand, also der *Anfangszustand*, dem Ziel nicht entspricht. Unser Student hat also gegenwärtig keine gute Note geschrieben. Außerdem ist er nicht so ohne weiteres in der Lage, zukünftig eine gute Note zu schreiben. Es wird also nicht ganz einfach sein, den Anfangszustand in den Endzustand zu *transformieren*. Damit ist ersichtlich, daß zu einer Problembeschreibung die Beschreibung des Endzustandes, des Anfangszustandes und der Hinweis auf das Fehlen eines Transformationsmechanismus gehören (vgl. dazu auch Pfohl 1977a, S. 21 ff.). Deckt sich etwa der Anfangszustand nicht mit dem gewünschten Endzustand und liegen Transformationsmechanismen nicht von vornherein auf der Hand, so liegt ein Problem vor, so wie wir es eben kennengelernt haben. Zusätzliche Schwierigkeiten können noch auftreten, wenn etwa der Anfangszustand und Endzustand nur vage beschrieben werden können und außerdem die Transformationsmechanismen nur ungenau formuliert sind.

Wertende oder normative Entscheidungsprämissen:

Ziele

Problembeschreibung

Transformationsmechanismen in der Form von Lösungshypothesen überführen den Anfangszustand in den Zielzustand. Dieser Ziel- oder Endzustand ist umgekehrt eine Richtschnur für das Entwickeln von Lösungshypothesen. Man spricht auch davon, daß Ziele als *Beschränkungen* für Lösungshypothesen gelten. Daneben müssen weitere Beschränkungen für Lösungshypothesen gesehen werden. Man kann fordern, daß *Zwischenzustände* (Zwischenziele) einzuhalten sind. Die Kleingruppenarbeit muß geeignet sein, einen bestimmten Zeitplan durchzuführen, so etwa die Psycho-Logik innerhalb von vier Wochen und die Sozio-Logik innerhalb von 3 Wochen erarbeitet zu haben. Außerdem sind bei der Festlegung möglicher Aktionen *Vorgaben* normativer und faktischer Art (Nebenbedingungen) zu berücksichtigen. Die Kleingruppenarbeit muß etwa dem allgemeinen Arbeitsstil aller Beteiligten entsprechen und nicht zuviel Zeit beanspruchen, da jeder Teilnehmer ein knappes Zeitbudget besitzt.

Beschränkungen

Definition des Problems

Insgesamt gesehen ist mit den wertenden bzw. normativen Prämissen und gewissen faktischen Prämissen, wie Beschreibungen des Anfangszustandes und faktischen Nebenbedingungen, die *Definition des Problems* festgelegt (vgl. dazu Kirsch 1971a, S. 137, 145ff.).

Methodische Entscheidungsprämissen:

– Schließlich sind auch *methodische Entscheidungsprämissen* zu beachten. Zunächst einmal ist auf *Lösungsmethoden* hinzuweisen, die im Grundmodell der deskriptiven Entscheidungstheorie sehr einfach sind. Im Gegensatz zur normativen Entscheidungstheorie »werden nicht mehrere Alternativen (hier Aktionen, d.V.) formuliert und verglichen, sondern es wird *eine* Lösungshypothese formuliert, die laufend gegen die Merkmale der Problemdefinition getestet und im Falle einer Falsifikation jeweils geringfügig modifiziert wird« (Kirsch 1971a, S. 137). Wichtig ist demnach die sukzessive Überprüfung von einzelnen Lösungshypothesen, wobei sich die Lösungshypothesen untereinander nur inkremental unterscheiden. Der Lösungsprozeß wird sofort gestoppt, sobald die erste Lösungshypothese vorliegt, die dem Ziel genügt. Jetzt leuchtet auch der Begriff der Lösungs*hypothese* ein, der genau das zum Ausdruck bringen will, daß nacheinander bestimmte Vorschläge *getestet* werden. Da die Struktur der Lösungsmethoden im Grundmodell der deskriptiven Entscheidungstheorie relativ einfach ist, wird diesen Methoden auch kein großer Stellenwert beigemessen. Demgegenüber gewinnen andere Methoden an Geltung.

Suchmethoden, Strukturierungsmethoden, Methoden zur Zielbestimmung

Wie schon teilweise aus dem Beispiel ersichtlich ist, rücken *Suchmethoden, Strukturierungsmethoden* und *Methoden zur Zielbestimmung* in den Mittelpunkt. Suchmethoden erstrecken sich vor allen Dingen auf die Suche nach geeigneten Lösungshypothesen. Aber auch die aktive Suche nach Problemen darf nicht gänzlich ausgeschaltet werden. Strukturierungsmethoden geben an, wie Probleme strukturell aufzubereiten sind. Als Beispiel wurden schon die Zweck-Mittel-Analyse und die Planungsmethode erwähnt. Methoden zur Zielbestimmung schließlich zeigen an, wie Ziele entstehen und sich wandeln. Ganz im Gegensatz zur normativen Entscheidungstheorie sind also faktische und wertende Entscheidungsprämissen nicht schon als vorhanden zu betrachten, sondern mit Hilfe diverser, in der Realität des individuellen und organisationalen Entscheidungsverhaltens benützter, Methoden erst zu generieren. Methoden umklammern quasi die anderen Entscheidungsprämissen. Da die Prämissenklasse deskriptiver Entscheidungsmodelle *offen* ist, wird die deskriptive Entscheidungstheorie üblicherweise als Theorie *offener Modelle* interpretiert (vgl. dazu Kirsch 1970, S. 25ff. Die Unterscheidung zwischen offenen und geschlossenen Modellen geht auf Alexis-Wilson 1967, S. 148ff. zurück).

Offene Entscheidungsmodelle

Die methodischen Entscheidungsprämissen sind im Grundmodell der deskriptiven Entscheidungstheorie eigentlich unter zwei anderen Gesichtspunkten zu sehen. Entweder handelt es sich um *empirische* Abbilder des realen Entscheidungsverhaltens, die das regelgebundene Verhalten bei der Problemwahrnehmung und Problemstrukturierung, der Suche nach Lösungshypothesen und der Zielfixierung aufzeigen. Oder man beabsichtigt, *normative* Vorschläge zu präsentieren, wie z.B. Lösungshypothesen am zweckmäßigsten gefunden werden sollen. Für welche Sichtweise man auch immer sich entscheiden mag, eines ist klar: Es gibt dann strenggenommen im Grundmodell nur noch faktische und wertende Entscheidungsprämissen, da die Methoden wahlweise der einen oder der anderen Klasse zugeschlagen werden können.

Definition der Situation und Definition des Problems

Definition der Situation – Definition des Problems

In Anlehnung an einen weitverbreiteten Sprachgebrauch in der deskriptiven Entscheidungstheorie wollen wir die Gesamtheit aller Entscheidungsprämissen so verstehen, daß mit ihrer Festlegung die Entscheidungssituation definiert ist (vgl. dazu etwa Kirsch 1971a, S. 136). Die *Definition der Situation* ist dabei, wie übrigens alle Definitionen, rein subjektiv und vom Entscheidungsträger abhängig. Die Definition der Situation ist streng von der *Definition des Problems* zu unterscheiden, die nur als Teil der Definition der Situation gilt.

Die bisher behandelten Entscheidungsprämissen können in der Abb. 34 zusammengefaßt werden.

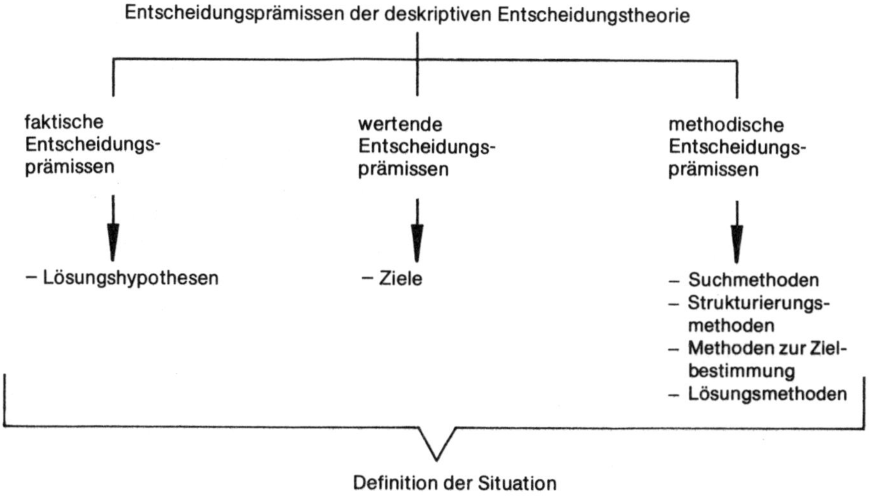

Abb. 34: Aufbauorientiertes Grundmodell der deskriptiven Entscheidungstheorie

Das mit Hilfe der Entscheidungsprämissen zu bestimmende Grundmodell trifft – wie schon erwähnt – grundsätzlich für die Psycho- *und* Sozio-Logik zu und läßt sich leicht von der formalen Entscheidungslogik abgrenzen. Der hauptsächliche Grund für die andersartigen Entscheidungsprämissen in der deskriptiven Entscheidungstheorie ist darin zu sehen, daß die *anspruchsvollen* (»heroischen«) Anforderungen, die an die Entscheidungsprämissen in der normativen Entscheidungstheorie gestellt werden, in der Realität nicht zu erfüllen sind. Es sind die *begrenzten* Fähigkeiten der Menschen, die für sich oder in Organisationen Entscheidungen treffen und auch die *begrenzten* Fähigkeiten von Organisationen selbst, welche eine Korrektur der »heroischen« Annahmen erzwingen. Mit den »begrenzten Fähigkeiten« ist dabei gemeint, daß Menschen und Organisationen aufgrund physischer, psychischer, sozialer und sonstiger Begrenzungen kaum alle relevanten Informationen wahrnehmen, verarbeiten und schlußfolgernd auswerten können, so wie es beispielsweise in der normativen Entscheidungstheorie gefordert wird. Auch die angeführten *Gründe* für die Umorientierung der Entscheidungstheorie gelten selbstverständlich für Psycho- und Sozio-Logik gemeinsam (vgl. dazu Cyert-March 1963, Cyert-March 1976, S. 360 ff., Lindblom 1965 für die Sozio-Logik und Kirsch 1970, Kirsch 1971 a, Miller-Galanter-Pibram 1973, Reber 1973, Reber 1975 und March-Simon 1976 für die Psycho-Logik).

Begrenzte Fähigkeiten von Menschen und Organisationen

Im folgenden sollen nun die Entscheidungsprämissen der deskriptiven Entscheidungstheorie ausführlich behandelt und so das Grundmodell näher bestimmt werden. Es geht um die Darstellung der faktischen, wertenden und methodischen Entscheidungsprämissen, die jeweils für sich analysiert werden sollen. Es liegt damit eine aufbauorientierte (statische) Betrachtung vor. Wie die methodischen Entscheidungsprämissen im Entscheidungsprozeß real auf die Entwicklung der faktischen und wertenden Entscheidungsprämissen einwirken und welche sonstigen Faktoren dabei zu berücksichtigen sind, soll erst im Rahmen einer ablauforientierten (dynamischen) Sicht behandelt werden (vgl. dazu S. 116 ff. und S. 353 ff.). Die aufbauorientierte Betrachtung stellt so gesehen ein *Zustandsbild* dar, das quasi aus dem gesamten Ablauf »herausgeschnitten« ist.

Aufbauorientiertes Grundmodell als Zustandsbild

2. Faktische Entscheidungsprämissen

2.1. Das Konzept der Lösungshypothesen

Aktionen

Lösungshypothesen

Bei der Entwicklung von Lösungshypothesen wird auf eine »Vollständigkeit« verzichtet. Individuen und Organisationen erstellen keine Ergebnismatrix, die alle Aktionen, alle Ziele, alle Umweltzustände und alle Ergebnisse enthalten würde, sondern sie formulieren lediglich zeilenweise Ausschnitte aus einer solchen Matrix. Solche Zeilenvektoren haben wir schon als Lösungshypothesen bezeichnet.

Das Konzept der Lösungshypothesen informiert zunächst darüber, daß in der Regel relativ wenige Aktionen, wenn nicht gar nur eine Aktion, vom Entscheidungsträger betrachtet werden. An die Stelle eines u. U. äußerst komplexen Aktionsraumes treten wenige Lösungshypothesen oder nur eine Lösungshypothese (vgl. Lindblom 1965, S. 145, March-Simon 1976, S. 129ff., Reber 1973, S. 152ff., Simon 1976, S. 81). Das ist die Konsequenz der beschränkten Informationswahrnehmungs- und -verarbeitungskapazität von Menschen und Organisationen. Viele Probleme sind nämlich so umfassend, daß die »an sich« zu berücksichtigende Zahl von Aktionen unvorstellbar groß würde (vgl. Reber 1973, S. 160ff.). So schätzt man, daß es ungefähr 10^{120} mögliche Strategien für einen Schachspieler und 10^{40} mögliche Strategien für einen Damespieler gibt (vgl. dazu Reber 1973, S. 160f., 309). Es leuchtet unmittelbar ein, daß hier bestimmte *Methoden* vom Entscheidungsträger eingesetzt werden, wonach nur *wenigen* Aktionen oder nur *einer* Aktion Aufmerksamkeit geschenkt wird. Uns kommt es an dieser Stelle nicht auf die Methoden (vgl. dazu S. 93ff.), sondern auf das *Resultat* des Methodeneinsatzes an.

Neben quantitativen Begrenzungen, die vom Konzept des Aktionsraumes wegführen, sind auch zeitliche Beschränkungen zu erwähnen. Man hat gar nicht die Zeit, um alle möglichen Aktionen zu sammeln, da u. U. das Problem eine dringende Entscheidung erfordert (vgl. dazu Reber 1973, S. 165f.).

Ergebnisse

Lösungshypothesen umschließen auch die Ergebnisse der Aktionen. Um aber Ergebnisse ermitteln zu können, braucht man Kriterien dafür, *welche* Ergebnisse für den Entscheidungsträger relevant sind. Wie schon aus der normativen Entscheidungstheorie bekannt ist, sind die Kriterien für die Relevanz von Ergebnissen mit den *Zielen* gegeben (vgl. dazu S. 40ff.). So will unser Student aus dem Beispiel bei der nächsten Klausur eine bestimmte Note schreiben (sein Ziel), was dazu führt, daß Vorbereitungsaktionen im Hinblick auf die Note eingestuft werden (seine für ihn relevanten Ergebnisse). Der Student berücksichtigt aber nicht alle relevanten Ziele, sondern nur ein Ziel, seinen Notenwunsch. Andere Ziele, wie z. B. der Wunsch nach Freizeit, fallen weg, da sie ggf. zu aufwendigen informatorischen Aktivitäten führen können, die den Studenten überfordern. Mehrere Ziele bedeuten zwangsläufig, daß auch nach weiteren Konsequenzen des Handelns zu forschen ist. Zusammenfassend kann also gesagt werden, daß in der Realität die Anzahl der Ziele und deshalb auch die Anzahl der Ergebnisse von Aktionen begrenzt sind (vgl. dazu Lindblom 1965, S. 145ff.).

Erwartungen

Prognose von Ergebnissen

Weiterhin ist das Problem der Erwartungen zu betrachten. Darunter versteht man den Sachverhalt, daß Ergebnisse von Aktionen *prognostiziert* werden müssen (vgl. dazu Cyert-Dill-March 1977, S. 109ff., Kirsch 1977, S. 212). Uns interessieren an dieser Stelle nicht die bei Individuen und in Organisationen gebräuchlichen Methoden, um Ergebnisse zu finden, sondern einzig und allein das Resultat, das sind die Ergebnisse selbst. Es folgt aus dem bisher schon Gesagten, daß diese wohl nur in den seltensten Fällen *objektive* Fakten widerspiegeln. Meistens sind die Ergebnisse ein *subjektives Bild* der wahrgenommenen Realität. Cyert, Dill und March (1977, S. 113ff.) haben in insgesamt vier Fallstudien von unternehmerischen Entscheidungen die Eigenart tatsächlich durchgeführter Prognosen aufgezeigt. Zwei Ergebnisse dieser Studie sind dabei von besonderem Interesse. Anhand der ersten Fallstudie (»Problem bei der beschleunigten Erneuerung alter Betriebsanlagen«) konnte gezeigt werden, daß die Prognose von Kosten und Nutzen stark von *Hoffnungen, Wünschen* und *Bedürfnissen* der *Beteiligten* abhängig ist. Wer erst vor kurzer Zeit einen tödlichen Unfall wegen veralterter Anlagen erlebt hat, steht unter dem Eindruck dieser Situation und gibt eher niedrige Kostenschätzungen für Einbau und laufenden Betrieb einer neuen Anlage ab. Je mehr man sich von dieser Situation entfernt, desto »genauer« werden die Schätzungen für eine neue Anlage und desto eher erblickt man auch weitere Restriktionen, die gegen eine neue Anlage und etwa für verbesserte Sicherheitsvorkehrungen am alten System sprechen. Im Grunde zeigt sich hier der Sachverhalt, der mit dem Begriff der »Zweckprognose« umschrieben werden kann. Er weist darauf hin, daß Prognosen meist nicht wertneutral, sondern mit einer bestimmten Absicht erstellt werden.

Enger Zusammenhang von Werten, Zielen und Fakten

Auf jeden Fall wird der *enge Zusammenhang* von Werten, Zielen und Fakten deutlich, der im Grunde eine strenge Absonderung von faktischen und wertenden Entscheidungsprämissen verbietet. Wenn wir trotzdem zwischen beiden Entscheidungsprämissen trennen, so geschieht dies aus analytischen Gründen, die vor allem in dem Wunsch nach Vergleichbarkeit von normativer und deskriptiver Entscheidungstheorie zu sehen sind. Dabei wird allerdings auf die in der Realität anzutreffenden Verbindungen von Fakten und Werten hingewiesen (vgl. auch Lindblom 1965, S. 141f.).

Das andere Ergebnis der Studie ist in der *divergierenden* Kostenschätzung zu sehen, da verschiedene Personen und Gruppen am Prozeß beteiligt sind. Um in solchen Situationen trotzdem zu einer einheitlichen Prognose zu gelangen, schlagen mehrere Autoren vor, bestimmte Prognosen als *offiziell legitimierte Prognosen* auszuweisen und nur diese als Entscheidungsgrundlage zu verwenden (vgl. March-Simon 1976, S. 155).

Offiziell legitimierte Prognosen

*Eliminierung von Risiko und Unsicherheit**

Bislang sind wir stillschweigend davon ausgegangen, daß nur sichere Umweltzustände und demzufolge auch sichere Konsequenzen vorliegen. Um die Realität aber weitgehend strukturgleich abzubilden, sind *risikobehaftete* und *unsichere* Zustände bzw. Ergebnisse zu berücksichtigen. Unser Entscheidungsmodell könnte dann in einem gewissen Sinne als realistisch verstanden werden. Doch die deskriptive Entscheidungstheorie versteht die Forderung, daß Entscheidungsmodelle »realistisch« sein sollen, in einer anderen Weise. »Realistisch« ist ein Entscheidungsmodell erst dann, wenn es das Entscheidungs*verhalten* des Entscheidungsträgers weitgehend strukturgleich widerspiegelt. Dieses Verhalten informiert uns nun, daß etwa von Organisationen Risiko und Unsicherheit erkannt werden, gleichzeitig aber Bestrebungen zu beobachten sind, diese zu *eliminieren* und damit Risiko und Unsicherheit in einen Zustand der Sicherheit zu überführen (vgl. dazu Cyert-March 1976, S. 363f., Cyert-March 1977, S. 131ff.). Gerade in diesem Punkt liegt ein deutlicher Unterschied zur normativen Entscheidungstheorie vor. Während sich dort mit Hilfe von Zielfunktionen eine *rechnerische Handhabung* von Risiko und Unsicherheit findet, ist hier eine *tatsächliche Eliminierung* von Risiko und Unsicherheit gemeint. Beides wird gelegentlich einheitlich und deshalb mißverständlich mit den Begriffen der ›Absorption der Ungewißheit‹, ›Vermeidung von Ungewißheit‹ bzw. ›Reduktion von Ungewißheit‹ belegt. Aus Gründen der Klarheit sollte allerdings streng zwischen »rechnerischer Handhabung von Risiko und Unsicherheit« und »tatsächlicher Eliminierung von Risiko und Unsicherheit« unterschieden werden. Im folgenden soll auf die tatsächliche Eliminierung von Risiko und Unsicherheit im *organisationalen* Entscheidungsprozeß eingegangen werden. Anschließend ist die Stellung von Risiko und Unsicherheit im *subjektiven* Entscheidungsprozeß, in der Psycho-Logik, zu untersuchen.

Rechnerische Handhabung von Risiko und Unsicherheit

Eliminierung von Risiko und Unsicherheit

Cyert-March (1976) haben in ihrer empirischen Analyse des Entscheidungsverhaltens herausgefunden, daß Organisationen Risiko und Unsicherheit eliminieren. Sie arrangieren sich mit ihrer *externen Umwelt* u.a. durch Verhandlungen, um Risiko und Unsicherheit real (nicht nur rechnerisch) zu beseitigen. Gelingt es etwa, mit einem Kunden eine Abnahmeverpflichtung bezüglich bestimmter Produkte einzugehen, so werden zahlreiche Entscheidungen erleichtert, da mit einem sicheren Absatz gerechnet werden kann. Andere Formen der Eliminierung von Risiko und Unsicherheit bilden Branchentraditionen, »gute Geschäftssitten« und sonstige konventionelle Praktiken. Auf ähnliche Weise wird auch die *interne Umwelt* geregelt. Beispielsweise kann das Budget so angesehen werden, daß es Beschränkungen

Externe Umwelt

Interne Umwelt

* Vgl. dazu auch S. 476f.

festlegt, die für die einzelnen Abteilungen gelten. Da das Budget allgemein bekannt ist, vermittelt es (zumindest dem Anspruch nach) Informationen über das budgetinduzierte sichere Verhalten während der Budgetperiode.

Zusammenfassend gilt die »Behauptung, daß die Unternehmungen die (externe und interne, d. V.) Umwelt gestalten und über sie verhandeln, um die Ungewißheit zu eliminieren. Statt die Umwelt als exogen und *voraussagbar* zu behandeln, suchen sie nach Wegen, sie *kontrollierbar* zu machen« (Cyert-March 1977, S. 133).

Ähnliche Aussagen zur Eliminierung von Risiko und Unsicherheit liegen im anderen Teil der deskriptiven Entscheidungstheorie, die sich mit der Psycho-Logik befaßt, nicht vor. Andererseits kann man sich entsprechende Situationen leicht vorstellen, da auch zwischen Individuen Verträge abgeschlossen werden, um risikobehaftete und unsichere Zustände zu beseitigen.

Neutralisierung von Risiko und Unsicherheit

Außerdem gibt es Versicherungsabschlüsse. Versicherungsabschlüsse eliminieren zwar nicht Risiko und Unsicherheit, *neutralisieren* aber ihre Folgen und schaffen deshalb eine sichere Zone. Trotzdem ist Kirsch zuzustimmen, der darauf hinweist, daß das Problem von Risiko und Unsicherheit in der Psycho-Logik weitgehend noch ungeklärt ist (Kirsch, 1977, S. 212 ff.).

*Subjektive Wahrscheinlichkeiten**

Eng mit dem Problem von Risiko und Unsicherheit zusammen hängt auch der Ansatz der subjektiven Wahrscheinlichkeiten. Unter subjektiven Wahrscheinlichkeiten wird allgemein der »Grad des Vertrauens« oder der »Grad des Glaubens« verstanden, mit dem ein Individuum seine Überzeugung ausdrückt, daß ein bestimmtes Ereignis eintritt.

»Grad des Glaubens« bzw. »Grad des Vertrauens«

Obwohl ausgefeilte Axiomensysteme von subjektiven Wahrscheinlichkeiten vorliegen (vgl. die Hinweise bei Stegmüller 1973 a), fehlt eine empirische Überprüfung von damit zusammenhängenden Fragen weitgehend, wenn wir einmal von den zahlreichen Laborexperimenten absehen und die Erforschung des realen Feldes meinen. Dabei wäre es vor allem interessant zu wissen, welche Prozesse bei der Entstehung der Wahrscheinlichkeiten ablaufen. Golling betont dazu folgendes: »Im einzelnen entsteht die Wahrscheinlichkeitsaussage dadurch, daß das urteilende Entscheidungssubjekt Informationen aufnimmt und diese in seinem Innern mit Hilfe des Verstandes, der Erfahrung und der individuellen Wertvorstellung transformiert und aggregiert« (Golling 1977, S. 36). Bei diesem Transformationsprozeß werden zumindest die Axiome benötigt, die als die Kolmogoroff-Axiome bezeichnet werden und auf S. 31 ff. eingeführt wurden. Müller-Merbach und Golling haben deshalb in einer empirischen Untersuchung u. a. herauszufinden versucht, wie sich Manager in der Wahrscheinlichkeits-

* Vgl. dazu auch S. 338 ff.

rechnung auskennen (Müller-Merbach/Golling 1978, S. 413 ff.). »Dabei zeigte sich, daß ... rund zwei Drittel der befragten Manager mit den Grundaxiomen vertraut waren« (Golling 1979, S. 118). Außerdem wird die Anwendbarkeit gerade subjektiver Wahrscheinlichkeiten bei der Risikoerfassung vergleichsweise hoch eingeschätzt (vgl. Golling 1979, S. 114), worüber die Argumente informieren, die von den Managern vorgebracht wurden (vgl. Golling 1979, S. 121). Allerdings dürfen die ebenfalls geäußerten Einwände gegen die subjektiven Wahrscheinlichkeiten nicht vernachlässigt werden (vgl. Golling 1979, S. 120). Auch hier taucht der Einwand auf, daß Wahrscheinlichkeitsschätzer ihre *Wünsche, Hoffnungen* und *Befürchtungen* mit in die Bestimmung der Wahrscheinlichkeiten einfließen lassen können. »Beispielsweise könnte ein Verkaufsmanager die Absatzmengen bewußt pessimistisch einschätzen, da er denkt, daß er besser dasteht, wenn die realisierten Verkäufe seine Schätzung übersteigen« (Golling 1979, S. 119). Auch der eben geschilderte Sachverhalt gehört zu den bereits erwähnten Zweckprognosen. Wir sehen daraus, daß ›Verzerrungen‹ der verschiedensten Art die Wahrscheinlichkeitsziffern beeinflussen können. Doch genügt es nicht rein normativ, den belehrenden Finger dagegen zu erheben; vielmehr sind empirische Untersuchungen erforderlich, die diese Problematik zu klären geeignet sind.

2.2. Inneres Modell und Organismus

Objektives Abbild der Realität – Subjektives Bild der Realität (Inneres Modell)

Die Tatsache divergierender Prognosen verschiedener Personen und Gruppen sowie die Tatsache ›verzerrter‹ Wahrscheinlichkeitsschätzungen verweist auf einen dahinter stehenden allgemeinen Zusammenhang. Für die Prognose von Ergebnissen des Handelns ist nicht der *objektive* Sachverhalt, sondern das *subjektive* Bild der Umwelt maßgebend. Das *Bild* unterscheidet sich dabei ganz erheblich von einem *Abbild* der Realität. Man bezeichnet das subjektive Bild, das man sich von der Umwelt und ihren Zusammenhängen macht, als das *innere Modell**. Dieses kann einmal von Individuen erstellt (vgl. dazu March-Simon 1976, S. 131, Kirsch 1970, S. 76, Kirsch 1971 a, S. 139), aber auch im organisationalen Entscheidungsprozeß entwickelt werden. Das innere Modell gehört demnach zu den faktischen Entscheidungsprämissen und ist als ein Bestandteil der Definition der Situation anzusehen (vgl. Kirsch 1971 a, S. 139). Es ist keine objektive Wiedergabe des externen Zustandes der Realität, sondern ist von zahlreichen Gegebenheiten des Entscheidungsträgers bzw. einer Organisation geprägt. Diese Gegebenheiten be-

* Vgl. dazu auch S. 390 ff.

Organismus

stimmen dabei nicht nur die faktischen Entscheidungsprämissen, sondern auch die wertenden und methodischen Entscheidungsprämissen. Wenn wir uns auf die Psycho-Logik beschränken, so können die Gegebenheiten im Begriff des menschlichen *Organismus* zusammengefaßt werden, wozu etwa das Gedächtnis, aber auch die Motivlage eines Individuums gehören können. (Im Grunde gibt es auch in Organisationen einen dem individuellen Organismus vergleichbaren Sachverhalt, der die Definition der Situation prägt. Dieser Sachverhalt könnte ebenfalls, wenn man sich der Grenzen einer solchen Vorgehensweise bewußt ist, als »Organismus« bezeichnet werden.)

Der Organismus bestimmt also alle 3 Klassen von Entscheidungsprämissen oder die Definition der Situation. Er ist überwiegend *allgemeiner* Art, während die Definition der Situation auf eine *spezielle* Entscheidungssituation und damit nur auf spezielle Entscheidungsprämissen zugeschnitten ist. Dieser Zusammenhang ist in Abb. 35 wiedergegeben.

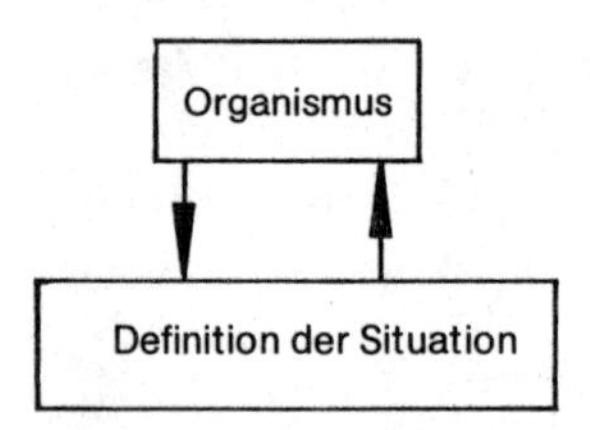

Abb. 35: Zusammenhang zwischen Organismus und Definition der Situation

Der Organismus prägt demnach die Definition der Situation, während die Definition der Situation auf bestimmte Faktoren des Organismus zurückwirken kann. Eine bestimmte Entscheidungssituation etwa kann die allgemeine Haltung eines Individuums oder einer Organisation zu Problemen verändern.

Im Grundmodell der deskriptiven Entscheidungstheorie schiebt sich der

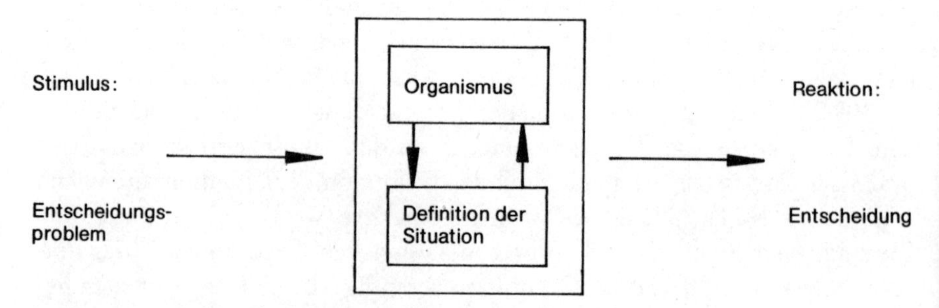

Abb. 36: Zusammenhang zwischen Stimulus und Reaktion

Organismus zwischen das *Problem*, das den Entscheidungsanlaß gibt, und die *Entscheidung* selbst als eine *intervenierende Variable*, was in Abb. 36 erfaßt ist.

Mit Hilfe des Organismus kann aus dem Entscheidungsproblem eine Entscheidung zur Lösung des Problems entwickelt werden. Der Organismus soll an dieser Stelle nicht weiter präzisiert werden und so den Charakter eines schwarzen Kastens (»black box«) besitzen. Wie dieser schwarze Kasten zu öffnen ist und dabei zu einer »transparent box« wird, wird erst im Kapitel über ablauforientierte Grundmodelle behandelt. Dort ist auch der systematische Ort für eine solche Diskussion, da im Organismus bestimmte, noch genau zu untersuchende Mechanismen ablaufen und auf den gesamten Entscheidungsprozeß wirken.

Organismus als black box

3. Wertende Entscheidungsprämissen

3.1. Satisfizierende Ziele

Satisfizierende Ziele – Extremale Ziele

Ein deutlich herausragender Unterschied der deskriptiven Entscheidungstheorie zur normativen Entscheidungstheorie ist bei den Zielen zu beobachten. Stellt die normative Entscheidungstheorie *satisfizierende* Ziele als gleichberechtigt neben *extremale* Ziele oder erkennt sogar häufig den extremalen Zielen eine Priorität zu (vgl. S. 64), so geht die deskriptive Entscheidungstheorie anders vor. Nach vorherrschender Meinung dominieren in der Realität des individuellen und organisationalen Entscheidungsverhaltens satisfizierende Ziele (vgl. dazu Cyert-March 1976, S. 362, Kupsch 1979, S. 138, besonders Fußnote 11, March-Simon 1976, S. 132f., Reber 1973, S. 104ff.). Dabei ist allerdings zu bedenken, daß »satisfizierende Ziele« in der deskriptiven Entscheidungstheorie in gewissem Sinne etwas anderes meinen als »satisfizierende Ziele« in der normativen Entscheidungstheorie. In der Realität werden nicht aus einem vollständigen gegebenen *Aktionsraum* Aktionen ausgewählt, die einem satisfizierenden Ziel genügen. Es ist im Gegenteil so, daß jeweils nur *wenige* Lösungshypothesen oder nur *eine* Lösungshypothese auf ihre Wirksamkeit geprüft werden. Die erste Lösungshypothese, die das Ziel erfüllt, wird als optimal bezeichnet und ergibt so eine *eindeutige* Lösung. Wie wir gesehen haben, liegen demgegenüber in der normativen Entscheidungstheorie oft *mehrdeutige* Lösungen vor, da der Aktionsraum mehrere Aktionen enthält, die dem satisfizierenden Ziel entsprechen können. Natürlich bieten satisfizierende Ziele keine Gewähr, daß überhaupt eine Lösung gefunden werden kann. Die *Existenz* einer Lösung ist also nicht von vornherein gesichert. Es kommt vielmehr auf die *Art* und *Höhe* der satisfizierenden Ziele an, denen wir uns deshalb im weiteren zuwenden wollen.

Mehrdeutigkeit einer Lösung

Existenz einer Lösung

Begrenzung – Fixierung

Über die Art der Ziele gilt das bereits im Grundmodell der normativen Entscheidungstheorie Gesagte. Satisfizierende Ziele können demnach als begrenzte oder fixierte Ziele formuliert werden (vgl. S. 44 f.). Vor allem bei fixierten Zielen scheint es oft schwierig, eine Lösung zu erzeugen, so wenn etwa in unserem Beispiel genau eine bestimmte Note in der Klausur erreicht werden soll. Leichter ist es demgegenüber bei begrenzten Zielwerten, und zwar dann, wenn ein minimaler Wert feststeht, der mindestens angestrebt wird. Wer sich um die Note 4 oder eine bessere Note bemüht, kann wohl eher eine Lösung finden als derjenige, der genau die Note 3 anvisiert. Oder: Wer einen Mindestgewinn anstrebt, wird wohl leichter eine Lösung finden, als derjenige, der einen bestimmten Gewinn favorisiert. Unter anderem aus diesem Grunde kommen Simon (1957, S. 204 f., 250 ff.) und March-Simon (1976, S. 132) zu ihrem Vorschlag, satisfizierende Ziele in der Form eines *Minimalzieles* vorzugeben (vgl. dazu auch Sauermann-Selten 1962, S. 577 ff.). Da sich Simon (1957, S. 203 ff.) auf eine ökonomische Theorie der rationalen Wahl beschränkt, steht das begrenzte Ziel in der Form einer *Gewinnuntergrenze* im Mittelpunkt. Daneben sind auch Obergrenzen bedeutsam. Gerade wenn es um Kostenziele geht, sind Obergrenzen zu beachten. Kostenansätze in betrieblichen Budgets, aber auch Haushaltsansätze in staatlichen Etats, stellen nichts anderes als solche Obergrenzen dar. Aus diesem Grunde sollen auch im Grundmodell der deskriptiven Entscheidungstheorie *alle* begrenzenden Ziele vorhanden sein.

Untergrenze

Obergrenze

Im weiteren ist für die Existenz einer Lösung auch die *Höhe* des satisfizierenden Zieles bedeutsam. Wird etwa die Note 2 oder die Note 1 angestrebt, so kann es durchaus möglich sein, daß man keine passende Vorbereitungsstrategie findet, die dazu führt. Man muß vielmehr auf *realistische* Ziele achten, die die Chance erhöhen, eine Lösung zu finden. Damit hängen nun weitere Probleme zusammen, die aber nicht an dieser Stelle, sondern erst später auf S. 395 ff., vertieft werden.

Zur Annahme satisfizierender Ziele in der deskriptiven Entscheidungstheorie ist noch einmal zu bemerken, daß sie gerechtfertigt ist. Sie steht in engem Zusammenhang mit der *beschränkten* Fähigkeit von Menschen und Organisationen, Informationen aufzunehmen und zu verarbeiten. Während man bei extremalen Zielen *alle* Aktionen überprüfen muß, genügt es bei satisfizierenden Zielen u. U. sogar, nur *eine* Lösungshypothese zu testen. Dieses kommt natürlich dem realen Entscheidungsverhalten sehr entgegen, so daß satisfizierende Ziele vorherrschen.

Ein Ziel – Mehrere Ziele

In der bisherigen Darstellung wurde unterstellt, daß nur *ein* satisfizierendes Ziel vorliegt. Diese Annahme kann leicht aufgehoben und *mehrere* Ziele eingeführt werden. Es ist allerdings daran zu denken, daß wegen der beschränkten Informationswahrnehmungs- und -verarbeitungskapazität nur *wenige* Ziele in Frage kommen (vgl. Kirsch 1970, S. 89).

3.2. Individuelle und soziale Besonderheiten von Zielen

Anspruchsniveau

Um noch stärker sozialwissenschaftliche Erkenntnisse in das Grundmodell zu integrieren, ist der Begriff des Anspruchsniveaus (level of aspiration) einzuführen, der aus der Psychologie stammt, aber auch in der Entscheidungs- und Organisationstheorie Verwendung findet (vgl. dazu Ackermann 1972, S. 125ff. und Cyert-March 1976, S. 362). Es gibt demnach individuelle Anspruchsniveaus und Anspruchsniveaus, die für Organisationen formuliert werden. Wenn wir uns an dieser Stelle auf die individuellen Anspruchsniveaus beschränken, so gilt folgendes: Unter einem Anspruchsniveau versteht man den Sachverhalt, daß Ziele als mehr oder weniger *schwierig* angesehen werden. Dieser Schwierigkeitsgrad oder das Anspruchsniveau wird dabei nicht einfach als vorgegeben, sondern als Ergebnis eines Prozesses betrachtet. Der Prozeß führt zu Anspruchsniveaus, die einen bestimmten Persönlichkeitstyp und bestimmte Situationserfordernisse widerspiegeln. Dabei spielt die Erfahrung eine bedeutende Rolle, da sich Anspruchsniveaus »auf Grund von Erfahrungen (bilden), die man in der Vergangenheit mit ähnlichen Problemen gemacht hat« (Sauermann-Selten 1962, S. 579). Insgesamt gesehen handelt es sich in dem Prozeß um Setzungen und Anpassungen von Anspruchsniveaus. Aus diesem Grunde spricht man auch vom Prozeß der Anspruchsniveausetzung und Anspruchsniveauanpassung. Die in diesem Prozeß verwendeten Regeln, um Anspruchsniveaus zu finden, sind wesentliche Regeln einer Psycho-Logik. Deshalb wird auch auf S. 97f. sowie S. 395ff. verstärkt darauf eingegangen. Daneben gibt es sozio-logische Regeln für die organisatorischen Anspruchsniveaus. Diese werden ebenfalls auf S. 98 und vor allem auf S. 462f. und S. 475f. betrachtet.

Definition des Anspruchsniveaus

Anspruchsniveausetzung – Anspruchsniveauanpassung

Mangelnde Begriffsoperationalität der Ziele

Bislang war implizit die Annahme eindeutig definierter Ziele vorhanden. Indessen kann in vielen Bereichen weder bezüglich des Zielinhaltes, noch Zielausmaßes, noch des zeitlichen Bezuges der Ziele von einer eindeutig definierten Zielvorstellung ausgegangen werden. Oft ist der angestrebte Zielinhalt diffus, da die Begriffe ungeklärt sind. Man will etwa die Zufriedenheit der Mitarbeiter verbessern, ohne eine Vorstellung über diesen Begriff zu haben. Desweiteren ist die mangelnde Begriffsoperationalität auch beim Zielausmaß festzustellen. Zielausmaße wie »angemessener Gewinn« und »befriedigender Gewinn« sind ebenfalls vage. Das gleiche gilt schließlich beim zeitlichen Bezug der Ziele. So ist etwa das Ziel einer langfristig angemessenen Gewinnerzielung auch deshalb oft unscharf, weil der Zeitraum nicht abgesteckt ist.

Ziele als Leerformeln

Gerade ein Blick auf die obersten Werte und Ziele einer Unternehmung bestätigt unsere These der fehlenden Begriffsoperationalität. Die in Unternehmensphilosophien, Leitbildern, Leitsätzen und ähnlichen Dokumenten festgehaltenen Ziele sind oft *leerformelhaft* gestaltet und besitzen keinen oder fast keinen Informationsgehalt. Unpräzise Ziele einer Unternehmung können auch als *allgemeine Interessen* der Unternehmung bezeichnet werden (vgl. dazu Paul-Scholl 1975, S. 11 ff.). Als Beispiel für unpräzise Ziele kann etwa folgendes Zitat aus der Fallstudie Krupp dienen (vgl. Bärsch 1977, S. 38):

Allgemeine Interessen

»Unser Ziel ist die erfolgreiche Arbeit des Unternehmens. Unser Weg ist die Fortentwicklung der Hauptarbeitsgebiete von Krupp zu marktgerechten und technologisch fortschrittlichen Schwerpunktbereichen – unter Verzicht auf eine zu breite Diversifikation – und die Ausrichtung des Programms auf zukunftsorientierte Produkte und Märkte«.
(Zu weiteren Beispielen für mehr oder weniger leerformelhafte Ziele vgl. Wistinghausen 1977, S. 61 ff.)

Derartige Ziele werden von Perrow als »official goals« und von Khandwalla als »formal stated goals« bezeichnet (vgl. Khandwalla 1977, S. 356 f.). Die tatsächlich verfolgten Ziele, die »operative goals« bei Perrow und »operating goals« bei Khandwalla, stehen nur in einer sehr indirekten Beziehung mit ihnen. Diese ist hauptsächlich darin zu sehen, daß letztlich (!) alles betriebliche Handeln den obersten Zielen zu dienen hat. Sämtliches Handeln kann aber den obersten Zielen nur entsprechen, wenn diese allgemein und vage gehalten sind.

Reale Bedeutung leerformelhafter Ziele

Wenig eindeutige Zielformulierungen sind zwar unter normativem Gesichtspunkt zu kritisieren (vgl. dazu die sprachanalytische Kritik bei Schmid 1970). Sie sind aber konstitutiv für die meisten realen Entscheidungssituationen in Organisationen, weil sie bestimmte Funktionen erfüllen. Aus diesem Grunde sind sie auch positiv zu sehen. So gilt etwa folgendes: Wenn man sich im laufenden Unternehmensprozeß auf die allgemeinen und unscharf gehaltenen Ziele berufen kann, so wird dadurch eine Diskussion in Gang gesetzt, die den Einzelnen zur Rechtfertigung seines Handelns im Lichte der obersten Ziele zwingt. Sie stellen damit die Rechtfertigungsbasis für vielfältige Entscheidungen dar. Erst im Laufe eines solchen Diskussionsprozesses erfolgt auch ihre Konkretisierung, die früher gar nicht benötigt wird. In diesem Sinne erlauben die obersten Ziele eine *Legitimation* des Handelns. Darüber hinaus kann eine positive Funktion darin gesehen werden, daß mit vage formulierten Zielen Konflikte zumindest vorübergehend aus der Welt geschafft werden und so der Zusammenhalt in der Organisation, die *Integration*, verbessert wird.

Verschweigen der Ziele

Einen ganz anderen Sachverhalt führt Vente in die Diskussion ein. Er geht davon aus, daß es von einem Entscheidungsträger aus gesehen geradezu »unvernünftig« sein kann, seine Ziele präzise offenzulegen, so daß er sie zurückhält. »In der Regel provoziert nämlich eine solche Zielerklärung langwierige Wertdebatten, die die Erreichung des Ziels erschweren oder unmöglich machen« (Vente 1969, S. 97, auch S. 149). Man bietet Angriffsflächen, so daß es vorgezogen wird, die Ziele zu verschweigen. Die *Mittel* (Aktionen) selbst werden sehr ausführlich diskutiert und ggf. solche Ziele, die gar nicht die ›wahren‹ Ziele des Entscheidungsträgers oder seiner Widersacher sind.

Reale Bedeutung der Ziele

Auch *Lindblom* versucht nachzuweisen, daß Ziele nicht die dominierende Rolle einnehmen, die ihr von der normativen Entscheidungstheorie aus zukommen. Er bezieht sich dabei auf die Entscheidungen im Regierungs- und Verwaltungsapparat westlicher Demokratien und kommt zu demselben Ergebnis, daß eher Maßnahmen als Ziele diskutiert werden (vgl. Lindblom 1976, S. 376ff.). Dahinter steckt die Erfahrung, daß es leichter ist, über *konkrete* Maßnahmen eine Einigung zu erzielen als über dahinter stehende Werte und Ziele, die aus einer komplexen Weltanschauung stammen können. Es läßt sich auch eher über direkt einer Maßnahme zurechenbare Kosten und Leistungen sprechen, als über ›große‹ gesellschaftliche Wert- und Zielvorstellungen (vgl. Vente 1969, S. 97ff.), nicht zuletzt deshalb, weil diese im Brennpunkt konfliktärer Auseinandersetzungen stehen. Auf diese Weise wird sichtbar, daß Lindblom und Vente nicht Ziele *schlechthin* für sinnlos halten, sondern nur *bestimmte* Ziele. Sie lehnen solche Ziele ab, die eine kontroverse Diskussion über Weltanschauungen hervorrufen und von der eigentlichen Entscheidung ablenken. Unmittelbar in Zusammenhang mit der Maßnahme stehende Ziele werden dagegen berücksichtigt.

Nach den faktischen und wertenden Entscheidungsprämissen stehen noch die methodischen Entscheidungsprämissen aus, um das aufbauorientierte Grundmodell der deskriptiven Entscheidungstheorie vervollständigen zu können.

4. Methodische Entscheidungsprämissen

Schon verschiedentlich wurde auf Methoden bzw. Regeln hingewiesen, die erkennbar im Grundmodell eine zentrale Stellung einnehmen. Gemeint sind damit nicht so sehr die *Lösungsmethoden*, die ja bereits in der normativen Entscheidungstheorie vorlagen, sondern *Suchmethoden*, *Strukturierungsmethoden* und *Methoden* zur *Zielbestimmung*. Sie sind deshalb von Bedeutung, weil im Grundmodell der deskriptiven Entscheidungstheorie die faktischen und wertenden Entscheidungsprämissen nicht gegeben, sondern erst zu entwickeln sind. Die angesprochenen Methoden zeigen auf, wie in der Praxis des individuellen und organisationalen Entscheidungsverhaltens die Entscheidungsprämissen entstehen.

Die Methoden können dabei von Individuen und in Organisationen bewußt oder unbewußt angewandt werden. Allerdings können sie dann, wenn sie bekannt sind, bewußt zur Handhabung von Problemstellungen eingesetzt werden.

Allgemeine Methoden – Spezielle Methoden

Die darzustellenden Methoden sind unter mehreren Gesichtspunkten einzuordnen. Zum einen ist die Einteilung in *allgemeine* und *spezielle* Methoden interessant. Allgemeine Methoden gelten für alle oder sehr viele Probleme, während spezielle Methoden nur für bestimmte Aufgabenbereiche zutreffen (vgl. dazu Kirsch 1970, S. 94 ff., Kirsch 1971 a, S. 158 ff.). Eine spezielle Methode in unserem Klausurbeispiel könnte etwa in folgender Beschreibung gesehen werden: unser Student möge glauben, die Klausur sei praktisch in der letzten Wiederholungsstunde der Vorlesung »verborgen«. Durch ein sensibles Beobachten könnte er nun aus den Ausführungen des Dozenten auf die Art der relevanten Aufgaben »schließen«. Im folgenden geht es ausschließlich um allgemeine Methoden, wenngleich diese zum Teil am Beispiel der Klausurvorbereitung verdeutlicht werden sollen.

Heuristische Methoden – Algorithmische Methoden

Häufig wird eine Einteilung in *heuristische* Methoden und *algorithmische* Methoden vorgenommen (vgl. dazu S. 69). Heuristische Methoden verkörpern dabei Mechanismen oder »Tricks«, die im Durchschnitt zu befriedigenden (guten) Ergebnissen führen. Heuristische Methoden nutzen die Erfahrung aus und beruhen auf mehr oder weniger plausiblen Vermutungen (vgl. dazu Pfohl 1977 a, S. 195).

Komplexe Methoden – Elementare Methoden

Bei den heuristischen Methoden kann man *komplexe* Methoden (Makromethoden) und *elementare* Methoden (Mikromethoden, grundlegende Prinzipien) unterscheiden (vgl. dazu in ähnlicher Weise Pfohl 1977 a, S. 203 ff.). Komplexe Methoden beziehen etwa die gesamte Handhabung eines Entscheidungsproblems mit ein, während weniger komplexe Methoden nur Teile davon steuern. Weniger komplexe Methoden können beispielsweise Suchmethoden, Strukturierungsmethoden, Methoden zur Zielbestimmung und Lösungsmethoden sein. Dabei ist es möglich, diese Methoden weiter zu untergliedern bis zu elementaren Methoden, wie Methoden des Anfügens, Trennens und Tauschens von Objekten (vgl. dazu Dörner 1976, S. 24). Auf diese Weise entsteht eine *Hierarchie von Methoden*, die nach ihrem Komplexitätsgrad oder dem Grad an elementaren Eigenschaften geordnet ist. Was jeweils als elementar zu bezeichnen ist, hängt vom Untersuchungszweck ab (vgl. dazu ähnlich Newell-Simon 1972, S. 29).

*Suchmethoden**

Neben den Methoden der Problemwahrnehmung tauchen hier vor allem Methoden zur Bestimmung von Aktionen und Lösungshypothesen auf, denen wir uns deshalb auch verstärkt zuwenden wollen.

Suche nach Problemen

Eine *Suche nach Problemen* findet dagegen häufig gar nicht statt. So wird betont, daß man die Probleme auf sich zukommen läßt und erst dann aktiv wird. Eine solche Situation wurde auch in unserem Beispiel geschildert (vgl. S. 76 ff.). Allerdings lehnen Miller, Galanter und Pibram (1973) die »These von einer ausschließlichen Aktivierung des Menschen durch Stimuli der personalen Umwelt ab« und betonen, »daß der Mensch über ein relativ selbständiges Aktivierungszentrum verfügt« (Reber 1973, S. 326).

Suche nach Aktionen

Der *Suchprozeß nach Aktionen* basiert auf zwei einfachen Methoden:

(1) Suche in der Nähe des Problemsymptoms,
(2) Suche in der Nähe der aktuellen Handlung
(vgl. dazu Cyert-March 1976, S. 365 und Cyert-March 1977, S. 135 f.).

Inkrementalismus

Bei den Methoden geht es darum, sich nur schrittweise fortzubewegen und sich nur vorsichtig vom status quo zu entfernen. Auf diese Weise ist es auch leichter möglich, die Konsequenzen seines eigenen Tuns zu prognostizieren. Die Methoden kennzeichnen somit ein *inkrementales* Verhalten (vgl. Lindblom 1965, S. 143 ff.), ein *»Durchwursteln«* (muddling through bei Lindblom 1976, S. 373 ff.) oder sind als Ausdruck einer *adaptiven Rationalität* zu verstehen (vgl. Cyert-March 1976, S. 360 f.). Der Inkrementalismus wird dabei vor allem für die Sozio-Logik besonders herausgestellt (vgl. dazu Crecine 1969, Cyert-March 1976, S. 360 ff., Lindblom 1976, S. 373 ff., Wildavsky 1964 und Vente 1969). Gleichzeitig trifft er aber auch für die Psycho-Logik zu (vgl. dazu Kirsch 1970, S. 90, Kirsch 1971 a, S. 187, Newell-Simon 1972, S. 789). Der Inkrementalismus kann sich auch in anderen Methoden zeigen.

Die Methoden (1) und (2) sollen wiederum an unserem inzwischen vertrauten Beispiel klargemacht werden. Die beim letzten Prüfungstermin nicht bestandene Klausur wird als *Symptom* für eine unzutreffende Vorbereitung genommen. Die *Ursache* der nicht bestandenen Klausur wird also in der eigenen ungenügenden Vorbereitung gesehen. Der Student versucht, sich für die nächste Klausur besser vorzubereiten. Wird diese und vielleicht eine weitere Klausur nicht bestanden, muß er sich anderen Ursachen zuwenden, die als die »wahren« Ursachen gelten können. Es wird damit der Suchraum nach Ursachen ausgedehnt. Die »eigentlichen« Ursachen könnten vielleicht sogar darin bestehen, daß der Student erkennt, für das Fach Wirtschaftswissenschaften nicht das richtige Interesse mitzubringen. Eine Aufgabe des Stu-

Symptom – Ursache

* Vgl. dazu auch S. 477 f.

diums könnte dann eine von mehreren Aktionen sein. Damit sehen wir deutlich, daß die Methode (1) zunächst angewandt und erst dann aufgegeben wird, wenn sie nicht zum Erfolg führt.

So ähnlich ist es auch bei Methode (2). Erkennt der Student die Notwendigkeit einer *besseren* Vorbereitung, so wird er an der *bislang angesetzten* Vorbereitungsstrategie ansetzen und diese inkremental (marginal) verändern (vgl. dazu das Beispiel S. 77 f.). Führt dies nicht zum gewünschten Erfolg, so wird er kühner und ergreift auch neue Strategien. Der Student annonciert z.B. in der Zeitung nach einer Nachhilfe in Entscheidungstheorie. Cyert-March (1976, S. 364) haben beide Methoden im organisationalen Entscheidungsprozeß demonstriert, während hier von einem Individuum ausgegangen wurde.

Suche nach Ergebnissen

Über die Suchmethoden zur Bestimmung von *Ergebnissen* der einzelnen Aktionen ist sehr wenig bekannt (Kirsch 1977, S. 212 ff.). Die wenigen Einsichten in derartige Prozesse wurden schon im Zusammenhang mit den faktischen Entscheidungsprämissen dargestellt.

Strukturierungsmethoden

Planungsmethode – Zweck-Mittel-Analyse

Zu den Strukturierungsmethoden gehören u.a. die *Planungsmethode* und die *Zweck-Mittel-Analyse* (vgl. dazu Kirsch 1971 a, S. 173 ff.). Bei der Planungsmethode wird ein Problem so weit vereinfacht, daß nur noch die wesentlichen Merkmale des ursprünglichen Problems erhalten bleiben. »Die Lösung des abstrahierten Problems dient dann als *Plan* für die Lösung des ursprünglichen Problems« (Pfohl 1977 a, S. 206 und ähnlich Kirsch 1971 a, S. 190 ff.). Im Beispiel sieht der Student die Vereinfachung darin, daß er die unzureichende Beherrschung des Stoffes aus dem Gebiet der deskriptiven Entscheidungstheorie als »schuldig« für seine schlechte Note ansieht. Damit ist seine subjektive Problemsicht bestimmt und die entwickelte Lösung dieses Problems wird sein zukünftiges Verhalten bestimmen.

Daneben zerlegt der Student sein Problem in mehrere Teilprobleme. Die Definition von Teilproblemen oder Zwischenzielen schlägt sich etwa in einem Terminkalender nieder, der den Stoff der deskriptiven Entscheidungstheorie auf die einzelnen Zeitabschnitte aufteilt.

Wird nun noch zusätzlich festgelegt, wie die einzelnen Kapitel der deskriptiven Entscheidungstheorie gelernt werden sollen, so sind konkrete Vorbereitungsstrategien bestimmt. In diesem Falle sprechen wir von der Anwendung der Zweck-Mittel-Analyse. Bei der Zweck-Mittel-Analyse werden also ein Endziel ermittelt, Zwischenziele formuliert und jeweilige Aktionen gebildet. Wenn Zwischenziele formuliert werden, so handelt es sich dabei um die Methode der Problemzerlegung oder *Faktorisation*. Diese ist also eine Teilmethode der Zweck-Mittel-Analyse.

Faktorisation

Allgemein gesehen kann die Zweck-Mittel-Analyse vorwärts oder rückwärts schreiten. Man schreitet rückwärts (Methode des Rückwärtsschreitens), wenn, ausgehend von den Anforderungen an eine »gute« Klausur, der Stoff gelernt wird. Die Methode des Vorwärtsschreitens wendet unser Student an, wenn er an seinen bisherigen Wissensstand anknüpft, um sich neues Wissen anzueignen. Allgemein gilt: »Beim *Vorwärtsschreiten* geht man vom Istzustand des Entscheidungsobjektes aus und versucht, eine schrittweise Transformation in den Endzustand zu erreichen. Dagegen ist beim *Rückwärtsschreiten* der gewünschte Endzustand der Ausgangspunkt, und man sucht von dort aus nach Transformationen, die diesen Zustand herbeiführen und mit dem Istzustand verbinden können. Oft wird man beide Wege ... einschlagen« (Pfohl 1977 a, S. 206).

Vorwärtsschreiten Rückwärtsschreiten

Methoden der Zielbestimmung

Wie die satisfizierenden Zielwerte bzw. die Anspruchsniveaus gefunden und verändert werden können, zeigen die *Methoden der Zielbestimmung*. Dabei wollen wir ausdrücklich zwischen der Psycho-Logik und der Sozio-Logik unterscheiden. Für die *Psycho-Logik* hat Reber zwei theoretische Ansätze gewürdigt, die *naive Anspruchsniveautheorie* und die *komplexe Anspruchsniveautheorie* (vgl. Reber 1973, S. 104 ff.). Die naive Theorie findet ihren Ursprung in Simon (1957, S. 253, in der Übersetzung von Reber 1973, S. 105), der folgendermaßen vorgeht: »Das *Anspruchsniveau* ... kann ... wechseln. Ein vages Prinzip würde das sein, daß, wenn das Individuum es bei seiner Exploration der Alternativen *leicht* findet, satisfizierende Alternativen zu entdecken, sein Anspruchsniveau ansteigt; wenn das Individuum es *schwer* findet, satisfizierende Alternativen zu entdecken, sein Anspruchsniveau zurückgeht ...«. Simon selber spricht also von einem »vagen Prinzip« und bemüht sich nicht um eine exakte Darstellung. Die in dieser Theorie enthaltene psychologische Grundregel läßt sich auch am Beispiel zeigen: Wer einmal die Klausur nicht bestanden hat, ist beim zweiten Versuch schon zufrieden, wenn er überhaupt besteht. Allerdings führt ein leichtes Bestehen beim ersten Mal dazu, daß der Student sich zukünftig in Entscheidungstheorie mehr zutraut.

Naive Anspruchsniveautheorie – Komplexe Anspruchsniveautheorie

Eine Verfeinerung der naiven Theorie führt zur »Motivationstheorie des Anspruchsniveaus«, die Reber (1973, S. 107 ff.) als komplexe Theorie versteht und die vor allem von Atkinson geprägt wurde (vgl. dazu etwa Atkinson 1975, S. 391 ff.). Für unsere Zwecke ist es bedeutsam, daß danach die Zielsetzung von drei Variablen abhängt, von *Motiven, Erwartungen* und *Anreizen*. Ihnen wollen wir uns im weiteren kurz zuwenden (vgl. dazu auch S. 395 ff.).

Motive, Erwartungen, Anreize

Nach dieser Theorie wird das Anspruchsniveau zunächst von den *Motiven* bestimmt. Atkinson betrachtet nur 2 Motivarten, das Leistungsmotiv und das Motiv, Mißerfolge zu vermeiden. Der Leistungsmotivierte glaubt an seinen

Erfolg, während der Mißerfolgsmotivierte die Möglichkeit des Mißlingens vor Augen hat. Desweiteren sind die *Erwartungen* bedeutsam. Erwartungen informieren über die subjektive Wahrscheinlichkeit, mit der ein Entscheidungsträger glaubt, daß die entsprechenden Ziele leicht oder schwierig zu erreichen sind. Die *Anreize* schließlich gehen von dem Problem und seiner Lösung aus. Wird diesem bzw. seiner Lösung ein großer Wert beigemessen (»lockt die Problemlösung«), so besitzt das Problem einen hohen Aufforderungscharakter (hohen Nutzen).

Insgesamt gesehen wählt ein Individuum, bei dem Leistungsmotive stärker ausgeprägt sind als Mißerfolgsmotive, schwierige Ziele, die aber immer noch eine Aussicht auf Erfolg versprechen. Solche Individuen dagegen, bei denen Mißerfolgsmotive gegenüber Leistungsmotiven dominieren, entscheiden sich entweder für sehr leicht zu erreichende Ziele oder außerordentlich schwierige Ziele. Letztere deshalb, da sich bei einem Fehlschlag relativ einfach eine Entschuldigung dafür beibringen läßt. Für unser Beispiel gilt etwa folgendes: Ein erfolgsorientierter Student, den es lockt, die Klausur zu schreiben bzw. eine gute Note zu erzielen und der glaubt, sich effektiv vorbereiten zu können, wird wohl die Note 2 anstreben.

In Organisationen haben Cyert-March eine *Sozio-Logik* der Zielbestimmung gefunden, die stark auf inkrementalen Gedanken basiert (vgl. Cyert-March 1976, S. 366f.). Die Zielwerte oder Anspruchsniveaus in einer bestimmten Periode sind demnach abhängig von (vgl. dazu auch im Text S. 463f.):

(1) den Zielen der vorangegangenen Periode,
(2) den Erfahrungen bezüglich der Zielerreichung in der vorangegangenen Periode und
(3) den Erfahrungen vergleichbarer Organisationen bezüglich dieser Ziele in der vorangegangenen Periode.

Lernen

Darüber, wie eine Organisation aus ihren eigenen Erfahrungen und denjenigen anderer konkret *lernt*, können nur empirische Untersuchungen der organisationalen Zielbestimmung informieren. Cyert-March haben solche Untersuchungen in privaten Unternehmungen durchgeführt, während Crecine in Anlehnung daran die Sozio-Logik der Zielbestimmung von Kommunen erforschte (vgl. dazu Crecine 1969).

Lösungsmethoden

Die Lösungsmethoden sind, verglichen mit den entsprechenden Methoden in der normativen Entscheidungstheorie, weniger bedeutsam. Es wurde schon verschiedentlich darauf hingewiesen, daß im Grundmodell der deskriptiven Entscheidungstheorie Methoden der *sukzessiven* Überprüfung von Lösungshypothesen vorliegen. Zielfunktionen, wie wir sie aus der normativen Entscheidungstheorie kennen, treten demgegenüber nicht auf, da ja kein vollständiger Aktionsraum vorliegt. Wichtig ist dabei, daß die Annahme der sukzessiven Vorgehensweise gleichermaßen bei Individuen und Organisationen empirisch abgesichert ist (vgl. dazu Kirsch 1970, S. 76ff., S. 92ff., Lindblom 1976, S. 375).

Sukzessive Überprüfung von Lösungshypothesen

Damit ist das aufbauorientierte Grundmodell der deskriptiven Entscheidungstheorie vorgestellt, das im Gegensatz zum aufbauorientierten Grundmodell der normativen Entscheidungstheorie steht. Dieses führt zu geschlossenen Entscheidungsmodellen, bei denen die faktischen und wertenden Entscheidungsprämissen als gegeben betrachtet werden. Das deskriptive Grundmodell dagegen führt zu offenen Entscheidungsmodellen. In ihnen werden die einzelnen faktischen und wertenden Entscheidungsprämissen mit Hilfe von methodischen Entscheidungsprämissen *entwickelt.* Dieser Entwicklungsaspekt bedeutet dann, daß *Aufbau- und Ablaufaspekte* eng zusammengehören. Das wird etwa an den Methoden zur individuellen Zielbestimmung deutlich, wo es um Prozesse der Anspruchsniveausetzung und -anpassung geht. Im aufbauorientierten Grundmodell der deskriptiven Entscheidungstheorie wird aber der Ablaufaspekt ausgeblendet, so daß dieses Grundmodell als *Zustandsbild* anzusehen ist, das aus der Gesamtheit der realen Abläufe »herausgeschnitten« wird. Die aufbauorientierte Sicht ist eine mehr statische Sicht. Trotzdem aber sind Ablaufaspekte (dynamische Aspekte) durch dieses Grundmodell viel stärker berührt als durch das aufbauorientierte Grundmodell der normativen Entscheidungstheorie, wo Prämissen als gegeben anzusehen sind. Allerdings können auch in der normativen Entscheidungstheorie gewisse Ablaufaspekte »entdeckt« werden. Im folgenden soll deshalb in die ablauforientierten Grundmodelle der normativen und deskriptiven Entscheidungstheorie eingeführt werden. Zuvor wird ein logisches Ablaufmodell entwickelt.

Wiederholungsfragen

1. Worin unterscheiden sich formale Entscheidungslogik, Psycho-Logik und Sozio-Logik? (S. 74f.)
2. Was versteht man unter einer Lösungshypothese? (S. 78f., 82ff.)
3. Durch welche Elemente ist ein Problem beschrieben? (S. 79f.)
4. In welcher Beziehung steht die Definition des Problems zur Definition der Situation? (S. 81)
5. Wie sind die methodischen Entscheidungsprämissen im Rahmen der deskriptiven Entscheidungstheorie zu verstehen? (S. 80f., 93ff.)

6. Was ist ein offenes Entscheidungsmodell? (S. 80)
7. Reale Entscheidungen sind dadurch gekennzeichnet, daß Risiko und Unsicherheit eliminiert werden. Was ist damit gemeint? (S. 85 f.)
8. Wie ist ein inneres Modell zu beschreiben? (S. 87)
9. Welche Bedeutung besitzt der »Organismus« im realen Entscheidungsverhalten? (S. 88 f.)
10. Was ist ein individuelles Anspruchsniveau? (S. 91)
11. Warum werden Ziele oft unpräzise formuliert? (S. 92 f.)
12. Warum werden Ziele oft verschwiegen? (S. 93)
13. Geben Sie Beispiele für Suchmethoden. (S. 95 f.)
14. Was versteht man unter der Zweck-Mittel-Analyse und der Planungsmethode? (S. 96 f.)
15. Inwiefern unterscheidet sich die naive Anspruchsniveautheorie von der komplexen Anspruchsniveautheorie? (S. 97 f.)

Literaturverzeichnis

Abelson, R.P. / Rosenberg, M.J. (1958): Symbolic Psycho-Logic: A Model of Attitudinal Cognition. In: Behavioral Science, 3 (1958), S. 1–13.

Ackermann, K.-F. (1972): Anspruchsniveautheoretische Grundlagen der betrieblichen Personalpolitik. In: Braun, W./Kossbiel, H./Reber, G. (Hrsg.): Grundfragen der betrieblichen Personalpolitik. Wiesbaden 1972, S. 125–175.

Alexis, M. / Wilson, C.Z. (1967): Organizational Decision Making. Englewood Cliffs 1967.

Atkinson, J.W. (1975): Einführung in die Motivationsforschung. Stuttgart 1975.

Bärsch, H. G. (1977): Fallstudie Krupp. 139 Jahre Verhaltensleitsätze und kein Ende. Vortrag an der Universität Essen – Gesamthochschule am 25. 1. 1977, Manuskript.

Crecine, J.P. (1969): Governmental Problem-Solving. Chicago 1969.

Cyert, R.M. / Dill, W.R. / March, J.G. (1977): Die Rolle der Erwartungen bei unternehmerischen Entscheidungen. In: Witte, E./Thimm, A. (Hrsg.): Entscheidungstheorie. Texte und Analysen. Wiesbaden 1977, S. 109–126.

Cyert, R.M. / March, J.G. (1963): A Behavioral Theory of the Firm. Englewood Cliffs 1963.

Cyert, R.M. / March, J.G. (1976): Die behavioristische Theorie der Unternehmung: Eine Verbindung von Verhaltensforschung und Wirtschaftswissenschaft. In: Grochla, E. (Hrsg.): Organisationstheorie, 2.Teilband. Stuttgart 1976, S. 360–372.

Cyert, R.M. / March, J.G. (1977): Verhaltenstheorie der Unternehmung. In: Witte, E./Thimm, A. (Hrsg.): Entscheidungstheorie. Texte und Analysen. Wiesbaden 1977, S. 127–141.

DÖRNER, D. (1976): Problemlösen als Informationsverarbeitung. Stuttgart/Berlin/Köln/Mainz 1976.

GOLLING, H.-J. (1977): Arbeitsbericht zum Forschungsprojekt »Der Wahrscheinlichkeitsbegriff des Managers und sein Entscheidungsverhalten bei Problemen mit unsicheren Zukunftserwartungen«. Darmstadt 1977.

GOLLING, H.-J. (1979): Unternehmensplanung bei Unsicherheit. Ergebnisse einer schriftlichen Fragebogenerhebung. Darmstadt 1979.

KHANDWALLA, P.N. (1977): The Design of Organizations. New York/Chicago/San Francisco/Atlanta 1977.

KIRSCH, W. (1970): Entscheidungsprozesse, 1. Bd.: Verhaltenswissenschaftliche Ansätze der Entscheidungstheorie. Wiesbaden 1970.

KIRSCH, W. (1971a): Entscheidungsprozesse, 2. Bd.: Informationsverarbeitungstheorie des Entscheidungsverhaltens. Wiesbaden 1971.

KIRSCH, W. (1977): Einführung in die Theorie der Entscheidungsprozesse. 2., durchges. u. erg. Aufl. der Bände 1 bis 3 als Gesamtausgabe. Wiesbaden 1977.

KUPSCH, P.U. (1979): Unternehmungsziele. Stuttgart/New York 1979.

LINDBLOM, C.E. (1965): The Intelligence of Democracy. Decision Making through Mutual Adjustment. New York/London 1965.

LINDBLOM, C.E. (1976): Die Wissenschaft vom »Durchwursteln«. In: Grochla, E. (Hrsg.): Organisationstheorie, 2. Teilband. Stuttgart 1976, S. 373–388.

MARCH, J.G. / SIMON, H.A. (1976): Organisation und Individuum. Menschliches Verhalten in Organisationen. Wiesbaden 1976.

MILLER, G.A. / GALANTER, E. / PIBRAM, K.H. (1973): Strategien des Handelns: Pläne und Strukturen des Verhaltens. Stuttgart 1973.

MÜLLER-MERBACH, H. / GOLLING, H.-J. (1978): Die Rolle von Wahrscheinlichkeitsverteilungen in Entscheidungsprozessen. In: Helmstaedter, E. (Hrsg.): Neuere Entwicklungen in den Wirtschaftswissenschaften. Berlin 1978, S. 413–430.

NEWELL, A. / SIMON, H.A. (1972): Human Problem Solving. Englewood Cliffs 1972.

PAUL, G. / SCHOLL, W. (1975): Der Einfluß von Partizipation und Mitbestimmung auf unternehmenspolitische Entscheidungsprozesse. Arbeitspapier, München 1975. In: DBW-Depot 77-1-8.

PFOHL, H.-C. (1977a): Problemorientierte Entscheidungsfindung in Organisationen. Berlin/New York 1977.

REBER, G. (1973): Personales Verhalten im Betrieb: Analyse entscheidungstheoretischer Ansätze. Stuttgart 1973.

REBER, G. (1975): Wie rational verhält sich der Mensch im Betrieb? Ein Plädoyer für eine verhaltenswissenschaftliche Betriebswirtschaftslehre. Wien/New York 1975.

SAUERMANN, H. / SELTEN, R. (1962): Anspruchsanpassungstheorie der Unternehmung. In: Zeitschrift für die gesamte Staatswissenschaft, 118 (1962), S. 577-597.

SCHMID, M. (1970): Leerformeln und Ideologiekritik. Tübingen 1970.

SCHNEEWEISS, H. (1967): Entscheidungskriterien bei Risiko. Berlin/Heidelberg/New York 1967.

SIMON, H.A. (1957): Models of Man. New York/London 1957.

SIMON, H.A. (1976): Administrative Behavior. A Study of Decision Making Processes in Administrative Organization. 3. Aufl., New York/London 1976.
STEGMÜLLER, W. (1973 a): Personelle und statistische Wahrscheinlichkeit. Erster Halbband: Personelle Wahrscheinlichkeit und rationale Entscheidung. Berlin/Heidelberg/New York 1973.
VENTE, R.E. (1969): Planung wozu? Begriff, Verwendungen und Probleme volkswirtschaftlicher Planung. Baden-Baden 1969.
WILDAVSKY, A. (1964): The Politics of the Budgetary Process. Boston 1964.
WISTINGHAUSEN, J. (1977): Unternehmensgrundsätze. In: Zeitschrift für Organisation, 46 (1977), S. 61–66.

C. Ablauforientierte Grundmodelle der Entscheidungstheorie

I. Das logische Ablaufmodell der Entscheidungstheorie

Entscheidungsprämissen Entscheidungsprozeß

Neben einer aufbauorientierten Betrachtung der Entscheidung existiert eine ablauforientierte Sicht (vgl. dazu auch Chmielewicz 1970, S. 242). Es wurde schon darauf hingewiesen, daß beide Perspektiven auf jeweils andere Eigenschaften der Entscheidung aufmerksam machen (vgl. S. 21): Die Aufbauanalyse behandelt die *Entscheidungsprämissen* und ihre Verarbeitung in aufbauorientierten Grundmodellen. Im Mittelpunkt der nun folgenden Ablaufanalyse stehen dagegen der *Entscheidungsprozeß* und seine einzelnen Phasen. Diese Sachverhalte werden in ablauforientierten Modellen erfaßt.

Makromodell des Entscheidungsprozesses

In der Literatur gibt es für Aufgliederungen des Entscheidungsprozesses eine Fülle von Systematisierungsvorschlägen. Diese unterscheiden sich zwar in ihrer Breite und Tiefe sowie in der Bezeichnung des gesamten Prozesses wie auch der einzelnen Phasen, lassen aber trotzdem ein gewisses *Grundmodell* erkennen. Das Grundmodell erblicken wir darin, daß einer Entscheidung die Entscheidungsvorbereitung vorausgeht, während sich der Entscheidung die Entscheidungsausführung und Kontrolle anschließen*.

* Die reine Ausführung mag schon als jenseits eines Entscheidungsprozesses betrachtet werden. Sie soll allerdings hier trotzdem mit einbezogen werden, da sie auf zahlreiche Probleme aufmerksam zu machen gestattet.

Dieser Zusammenhang ist in Abb. 37 erfaßt.

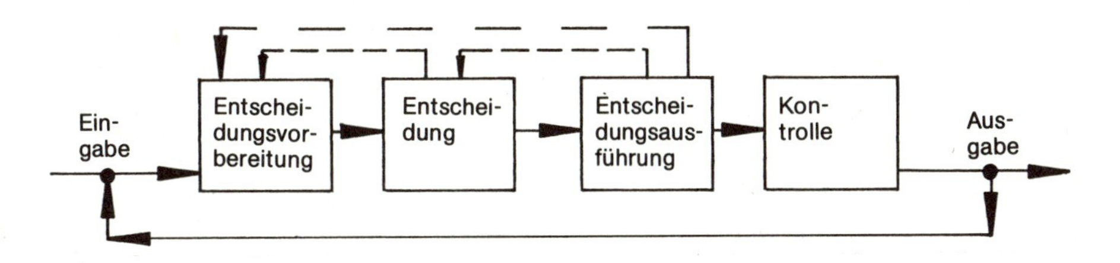

Abb. 37: Grundmodell des Entscheidungsprozesses (Makromodell)

Besonderheiten des Grundmodells (Makromodells)

Wie ist nun das Grundmodell zu verstehen? Dazu sind zunächst einige Vorbemerkungen zu machen: Es ist ersichtlich, daß dem Grundmodell eine weite Fassung des Begriffes ›Entscheidungsprozeß‹ zugrundeliegt und so Ausführung und Kontrolle mit einbezogen sind. Eine enge Fassung dagegen würde den Entscheidungsprozeß schon mit der Entscheidung beenden. Um die Grundstruktur deutlich hervortreten zu lassen, wurde auch auf eine umfangreiche Tiefengliederung verzichtet. Es liegen nur vier Phasen vor. Außerdem ist darauf hinzuweisen, daß mit der Entscheidungsphase die End- oder Finalentscheidung über die vorgeschlagene Lösung gemeint ist. Das schließt nicht aus, daß in anderen Phasen des Entscheidungsprozesses laufend Teilentscheidungen über anstehende Teilprobleme nötig sind (vgl. etwa Irle 1971, S. 153ff.). Schließlich ist zu bemerken, daß der Begriff *›Entscheidungsprozeß‹* verwendet wurde, obwohl bei ähnlichen Schemata auch von *›Problemlösungsprozeß‹* (vgl. dazu Kirsch 1970, S. 70ff., Szyperski-Winand 1974, S. 8ff.) oder sogar von *›Planungsprozeß‹* (vgl. dazu Braun 1978, S. 17ff., Lompe 1971, S. 34f. und teilweise Pfohl 1981, S. 61ff.) gesprochen wird. Da wir alle drei Begriffe als weitgehend gleichbedeutend ansehen, handelt es sich um ein reines Sprachproblem. Es wird im weiteren der Begriff ›Entscheidungsprozeß‹ verwendet, da ein Lehrbuch zur Entscheidungstheorie vorliegt. Grundsätzlich gilt das Grundmodell sowohl für die Psycho-Logik als auch für die Sozio-Logik.

Das Grundmodell selbst stellt ein *abstraktes Muster* von Entscheidungsprozessen dar und bringt damit die Möglichkeiten zum Ausdruck, wie ein konkreter Entscheidungsprozeß ablaufen *kann*, nicht aber, wie er ablaufen *muß*. Es kann im Gegensatz dazu in realen Entscheidungsprozessen durchaus der Fall sein, daß etwa einzelne Phasen ganz fehlen: So ist es beispielsweise vorstellbar, daß sich ein Entscheidungsträger zur Lösung seines Problems entschließt, *nichts zu tun*, womit die Ausführungsphase entfällt (vgl. dazu Vente 1969, S. 44). Die Kontrollphase ist dagegen trotzdem vorhanden, wenn der Entscheidungsträger an der Frage interessiert ist, ob sein Nichtstun erfolgreich war. Sind dagegen alle vier Phasen vorhanden, so ist damit nicht gesagt, daß sie gleichbedeutend sind und deshalb etwa gleichviel Zeit beanspruchen müssen. Situative Besonderheiten konkreter Entscheidungsprozesse können vielmehr zu erheblichen Unterschieden führen. So benötigt die Entscheidungsvorbereitung bei komplexen Problemen natürlich mehr Zeit als bei Routineentscheidungen.

Reihenfolge der Phasen

Die durchgezogenen Pfeile im Grundmodell verweisen auf die *Reihenfolge* der einzelnen Phasen. Dabei drücken die Pfeile aber keine starre Abfolge aus, die quasi deterministisch vom Anfang bis zum Ende durchlaufen werden muß. Neben der bereits erwähnten Möglichkeit, einzelne Phasen zu überspringen, sind auch *Rückkopplungen* möglich. Das bedeutet, daß Schwierigkeiten oder neu gewonnene Erkenntnisse in einer bestimmten Phase wieder auf eine frühere Phase zurückführen. In der Abb. 37 ist dieser Sachverhalt durch gestrichelte Pfeile ausgedrückt. Die Pfeile insgesamt informieren also über mögliche Zusammenhänge zwischen den einzelnen Phasen. Eine zeitlich zwingende Reihenfolge ist im Grundmodell demnach nicht enthalten (vgl. dazu Bendixen-Kemmler 1972, S. 117 ff., Kirsch 1970, S. 75 und Witte 1968, S. 625 ff.).

Mikromodell des Entscheidungsprozesses

Nachdem ein Verständnis für das Makromodell der Abb. 37 entwickelt wurde, ist eine *tiefergehende* Aufgliederung durchzuführen. Die Verfeinerung orientiert sich dabei an zwei Gesichtspunkten. Einmal sind die bislang schon diskutierten und mit dem Begriff der *Entscheidungsprämissen* angesprochenen Sachverhalte in das Phasenschema zu integrieren. Daneben ist das Phasenschema so aufzugliedern, daß mögliche *Probleme* im Entscheidungsprozeß erkennbar werden. Auf diese Weise wird das *Makromodell* der Abb. 37 in das *Mikromodell* der Abb. 38 überführt. Das Mikromodell ist in Anlehnung an Irle (1971, S. 48) entwickelt. Aus Gründen der Übersichtlichkeit sind in das Modell keine Rückkopplungsbeziehungen eingetragen, wenngleich sie natürlich auch hier gelten.

Besonderheiten des Grundmodells (Mikromodells)

Beide Abbildungen unterscheiden sich durch eine Unterteilung der Phasen »Entscheidungsvorbereitung« und »Entscheidungsausführung«. Die »Entscheidungsvorbereitung« zerfällt in die Teile »Problem«, »Suche« und »Ableitung«. Nach der Identifizierung des Problems, womit der Entscheidungsprozeß beginnt, schließt sich die Bestimmung der Entscheidungsprämissen an. Der Entscheidungsträger konstruiert (sich) ein Entscheidungsmodell, wobei ein geschlossenes oder ein offenes Entscheidungsmodell vorliegen kann. Daraus kann eine den Entscheidungsprämissen entsprechende optimale Lösung abgeleitet werden. Die optimale Lösung ist immer nur optimal im Hinblick auf die *verwendeten* Entscheidungsprämissen (vgl. S. 25). Wir haben deshalb

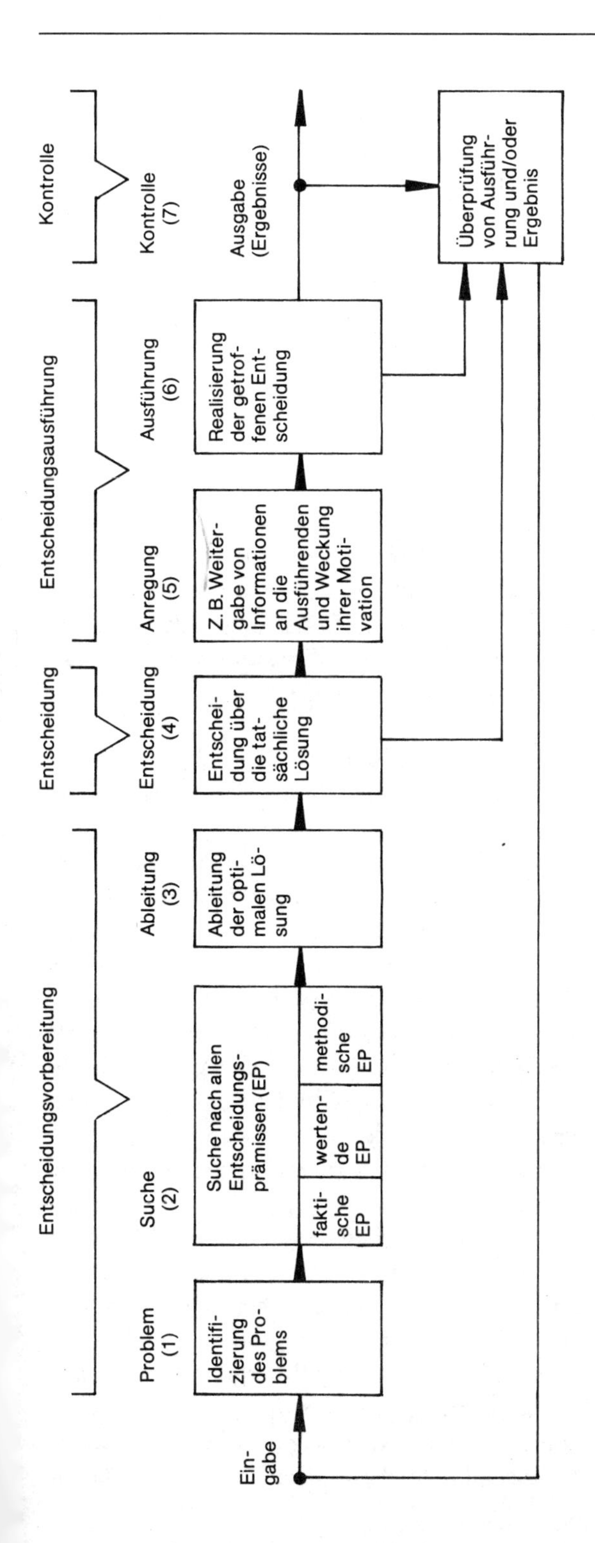

Abb. 38: Grundmodell des Entscheidungsprozesses (Mikromodell)

im Mikromodell die Möglichkeit geschaffen, daß die tatsächliche Entscheidung von der optimalen Lösung abweichen kann. Dies wird immer dann der Fall sein, wenn die verwendeten Prämissen als unzureichend empfunden werden. Andererseits kann natürlich eine derartige Schwierigkeit zur Konstruktion eines neuen, verbesserten Entscheidungsmodells führen. Doch auch hier ist es nicht auszuschließen, daß die Entscheidungsprämissen wieder ungenügend sind, was zu einem neuen Modell anregen könnte usw. Um einen solchen Prozeß unendlichen Fortschreitens zu beenden, werden die zwei unterschiedlichen Phasen der »Ableitung« und »Entscheidung« eingeführt.

Auch die »Entscheidungsausführung« zerfällt in zwei Teile. Neu mit aufgenommen ist die *Anregungsphase*, die auf sog. *Implementationsprobleme* der Entscheidung aufmerksam zu machen gestattet. Darunter versteht man u.a. solche Probleme, die die Umsetzung der Entscheidung betreffen. Es müssen an die Ausführenden geeignete Informationen weitergegeben werden. Ebenso muß man die Ausführenden und ggf. sich selbst so motivieren, daß die Entscheidung auch tatsächlich ausgeführt wird. Hinter einer solchen einfachen Formulierung aber verbergen sich zahlreiche Schwierigkeiten, so daß der Anregungsphase eine große Bedeutung zukommt.

Zusätzlich zu dem hier vorgestellten Phasenschema soll auf Abb. 39 verwiesen werden, wo verschiedene, in der Literatur gebräuchliche Einteilungen des Entscheidungsprozesses zusammengefaßt sind.

Logisch gültiges Schema des Entscheidungsprozesses

Das Grundmodell in seinen zwei Fassungen ist so formuliert, daß es alle Möglichkeiten offenläßt. So können Phasen übersprungen oder verschieden gewichtet werden. Außerdem kann jederzeit auf frühere Phasen zurückgesprungen werden. Das prozessuale Grundmodell läßt sich demnach *immer* sinnvoll anwenden: Es gibt keinen Entscheidungsfall, der sich nicht mit Hilfe des Phasenschemas prozessual strukturieren ließe. Ein solches Phasenschema, das nur zeigt, wie ein Prozeß ablaufen *kann* und deshalb für alle möglichen Fälle gilt, stellt ein *logisch gültiges* (immer zutreffendes) Schema dar. Kurz gesagt handelt es sich um ein logisches Schema des Entscheidungsprozesses.

Das Grundmodell wurde bislang in einer neutralen Sprache beschrieben. Daneben kann es im Sinne der normativen und deskriptiven Entscheidungstheorie interpretiert werden. Die normative Entscheidungstheorie versteht das Phasenschema so, daß es den Entscheidungsträger informiert, wie er sich verhalten *soll.* Nach der deskriptiven Entscheidungstheorie beschreibt das Phasenschema dagegen *reale* Abläufe von Entscheidungsprozessen. Weitere Unterschiede zeigen sich in einer verschiedenartigen Interpretation der *einzelnen* Phasen. Die normative Entscheidungstheorie wird weitere normative Regeln formulieren, die dem Entscheidungsträger zeigen, wie er sich innerhalb der einzelnen Phasen verhalten soll. Die deskriptive Entscheidungstheo-

<table>
<tr><td>Problem</td><td>Suche</td><td colspan="2">Ableitung</td><td>Entscheidung</td><td>Anregung</td><td>Ausführung</td><td>Kontrolle</td><td>Pfohl – Braun</td></tr>
<tr><td>Problem</td><td>Suche</td><td>Alterna-tiven</td><td>Ver-gleich</td><td>Entschluß</td><td>Anregung</td><td>Ausführung</td><td>Kontrolle</td><td>Irle 1971, S. 48</td></tr>
<tr><td colspan="4">Entscheidungsvorbereitung</td><td>Entscheidung</td><td colspan="2">Entscheidungsausführung</td><td>Kontrolle</td><td>Braun 1978, S. 18</td></tr>
<tr><td>Problem-stellung</td><td>Lösungs-findung</td><td colspan="3">Optimierung</td><td colspan="3">Implementierung*</td><td>Pfohl 1977a, S. 25</td></tr>
<tr><td>intelli-gence</td><td>design</td><td colspan="3">choice</td><td colspan="3"></td><td>Simon 1960, S. 2</td></tr>
<tr><td>intelli-gence</td><td>design</td><td colspan="3">choice</td><td colspan="3">review</td><td>Simon 1977, S. 41</td></tr>
<tr><td colspan="5">Willensbildung</td><td colspan="3">Willensdurchsetzung</td><td>Heinen 1976, S. 22</td></tr>
</table>

*ohne Ausführung

Abb. 39: Vergleich verschiedener Phasenschemata des Entscheidungsprozesses

rie wird auf empirische Verhaltensmuster in den einzelnen Phasen hinweisen. Im nächsten Abschnitt sollen die normative und empirische Interpretation des logischen Grundmodells vorgestellt werden. Das führt zu ablauforientierten Grundmodellen der normativen und deskriptiven Entscheidungstheorie. In diesem Zusammenhang unterscheiden wir bei jedem Grundmodell eine mehr »klassische« und eine mehr »moderne« Version. Von einer »klassischen« Analyse kann dann gesprochen werden, wenn die *Phasen vor der Entscheidung* für wichtig gehalten werden. Werden demgegenüber auch die *Phasen nach der Entscheidung* und damit das gesamte Phasenschema untersucht, so soll eine »moderne« Betrachtungsweise vorliegen.

II. Das ablauforientierte Grundmodell der normativen Entscheidungstheorie

In diesem Abschnitt soll das logische Grundmodell den Gegebenheiten der normativen Entscheidungstheorie entsprechend ausgewertet werden. Dabei unterscheiden wir mehrere Ansätze, um das Grundmodell zu betrachten und bezeichnen diese im folgenden als »klassischen« Ansatz bzw. als »moderne« Ansätze.

1. »Klassischer« Ansatz des Grundmodells

Wer die normative Entscheidungstheorie, so wie sie sich bis heute weitgehend präsentiert, daraufhin untersucht, ob sie eine eigene normative Sicht des *gesamten* Entscheidungsprozesses entwickelt hat, wird enttäuscht. Es gibt keine. Das bisherige (»klassische«) Verständnis des Entscheidungsprozesses ist vielmehr außerordentlich eingeschränkt. Der in »klassischer« Tradition stehende normative Entscheidungstheoretiker sieht nur einen kleinen Ausschnitt aus dem Grundmodell der Abb. 38 als für sich relevant an. Er betrachtet die Phasen »Suche«, »Ableitung« und »Entscheidung«. Und selbst dieser Ausschnitt wird aber noch einmal so eng verstanden, daß im Grunde der prozessuale Charakter fast völlig verschwindet.

Logisch-mathematische Ableitung einer optimalen Aktion

Wie sieht nun die »klassische« Auffassung von einem Entscheidungsprozeß im Detail aus?* Im Zentrum der normativen Entscheidungstheorie steht die logisch-mathematische *Ableitung* einer optimalen Aktion. Um diese Ableitung vollziehen zu können, werden methodische Entscheidungsprämissen, und zwar genau gesprochen, *Lösungsmethoden* benötigt (vgl. dazu S. 65 ff.). Dabei

* Zur *Darstellung* des »klassischen« Ansatzes kann auf Ausführungen von Hanssmann (1978) und Müller-Merbach (1977, S. 11 ff.) zurückgegriffen werden. Beide Autoren lehnen übrigens den »klassischen« Ansatz *scharf* ab, was später bei den »modernen« Ansätzen deutlich wird.

gilt das besondere Augenmerk des normativen Entscheidungstheoretikers den *algorithmischen* Lösungsmethoden, die – sofern eine Lösung überhaupt existiert – eine Ableitung der optimalen Lösung mit der Wahrscheinlichkeit von 1 garantieren. Gerade der Teil der Entscheidungstheorie, der sich mit *Entscheidungsmodellen unter Sicherheit* beschäftigt, widmet sich solchen Algorithmen besonders extensiv. Wenn man etwa an die Modelle der linearen Programmierung denkt, so existieren zahlreiche Algorithmen zur Lösung von Problemen dieses Modelltypes, wie etwa die Simplex-Methode, die revidierte Simplex-Methode, die Duoplex-Methode, die Triplex-Methode u. a. mehr. Üblicherweise gehören die Entscheidungsmodelle unter Sicherheit zwar zur Domäne des *Operations Research* (OR), doch erfolgte ihre grundsätzliche Einordnung im Rahmen der entscheidungstheoretischen Grundmodelle normativer Art (vgl. S. 31). Auf jeden Fall nehmen dabei die Lösungsmethoden eine bedeutende Stelle ein. Die faktischen und wertenden Entscheidungsprämissen werden dagegen als gegeben angesehen. Das gleiche läßt sich auch vom Entscheidungsproblem behaupten. Die Theorie selbst erhebt damit die Identifizierung des Entscheidungsproblems und die Bestimmung der Entscheidungsprämissen nicht zum Gegenstand ihrer eigenen Aktivitäten. Allenfalls erklärt sie sich für die *mathematische Fundierung* etwa von ausgefeilten Präferenzrelationen für zuständig. Im Mittelpunkt stehen ausschließlich die Lösungsmethoden und ggf. ihre EDV-mäßige Umsetzung in Software-Programme. Ist jetzt mit Hilfe einer Lösungsmethode die optimale Aktion gefunden, so sieht der normative Entscheidungstheoretiker seine Aufgabe als beendet an. Die anschließende Entscheidung degeneriert dabei zu einer bloßen und unkomplizierten Ratifizierung der gefundenen Lösung. Eigentlich fallen deshalb die Phase der Ableitung und die Phase der Entscheidung in eine Phase zusammen. Für die restlichen Phasen der »Anregung«, »Ausführung« und »Kontrolle« ist ohnehin keine Kompetenz gegeben.

Zusammenfassend läßt sich behaupten, daß für einen normativen Entscheidungstheoretiker die Ableitung einer optimalen Lösung im Zentrum seiner Aktivitäten steht. Von den Entscheidungsprämissen interessieren ihn weitgehend nur die Lösungsmethoden. Die nachfolgende Entscheidungsphase hat für ihn keine eigenständige Bedeutung und die restlichen Phasen entfallen. Über dieses ablauforientierte Grundschema der normativen Entscheidungstheorie aus der Perspektive eines Traditionalisten informiert Abb. 40. Es kann als restriktiv interpretierter Ausschnitt aus dem logischen Grundschema der Abb. 38 begriffen werden.

Technologie

Mit Müller-Merbach kann der für einen »klassischen« Entscheidungstheoretiker relevante Bereich »der mathematischen Grundlagen, Algorithmen und EDV-Software ... unter dem Begriff der ... *Technologie* zusammengefaßt«

werden (Müller-Merbach 1977, S. 14). Wenn also der Entscheidungsprozeß betrachtet wird, so dominieren technologische Fragestellungen.

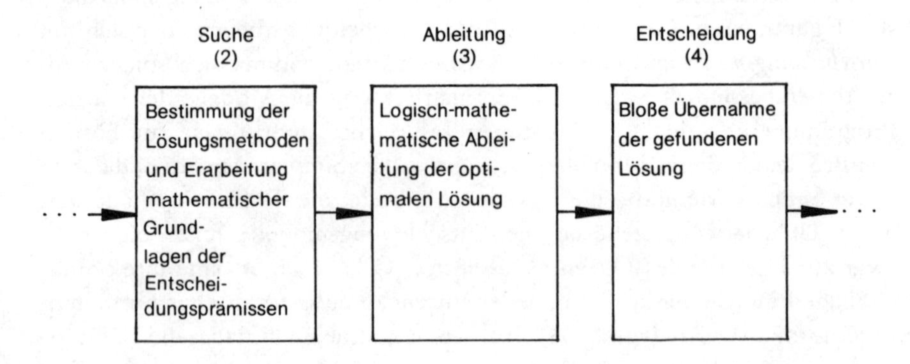

Abb. 40: Das ablauforientierte Grundmodell im Rahmen des »klassischen« Ansatzes

Es muß dabei allerdings erwähnt werden, daß sich Müller-Merbach auf Operations Research (OR) bezieht. Doch besitzen seine Argumente auch für die Entscheidungstheorie Relevanz, da zwischen OR und Entscheidungstheorie Beziehungen bestehen. Beide Disziplinen sind etwa mit der Vorbereitung von Entscheidungen befaßt. Aus diesem Grunde gilt der »klassische« Ansatz der normativen Entscheidungstheorie in hohem Maße auch für den »klassischen« Ansatz von OR. In gleicher Weise trifft der im nächsten Kapitel zu behandelnde »moderne« Ansatz einer entscheidungstheoretischen Methodologie für OR zu. Trotz der Übereinstimmung bei den ablauforientierten Grundmodellen bestehen aber auch Unterschiede zwischen normativer Entscheidungstheorie und OR, vgl. dazu etwa S. 136, 138.

Verfahrensorientierung

In die gleiche Richtung weist auch Hanssmann (1978, Vorwort), indem er betont: »Was dem Studierenden geboten wird, erschöpft sich fast ausnahmslos in einer mathematischen ... Verfahrenslehre, also einer Darbietung der formalen Hilfsmittel, mit denen ein Entscheidungsmodell deduktiv manipuliert werden kann, wenn es einmal vorhanden ist!« Obwohl Hanssmann auf die quantitativ orientierte *Systemforschung* abstellt (und im Zitat »Systemmodell« durch »Entscheidungsmodell« ersetzt wurde), gilt seine Aussage sowohl für die Entscheidungstheorie als auch für OR. Die herkömmliche Systemforschung und Entscheidungstheorie sowie das »klassische« OR sind somit allesamt als *technologisch orientiert* oder *verfahrensorientiert* zu bezeichnen. In unserer Terminologie gesprochen dreht sich alles um Lösungsmethoden. Nur die Phasen aus dem Entscheidungsprozeß werden gesehen, die sich dem Anspruch der Lösungsmethoden fügen (vgl. dazu Abb. 38 und 40). Alles andere aus dem Entscheidungsprozeß wird als *gegeben* (Phase 1 und teilweise Phase 2) oder von vornherein schon als *irrelevant* angesehen (Phase 5–7).

Die Orientierung an Lösungsmethoden ist allerdings nur eine von mehreren möglichen Perspektiven, um die normative Entscheidungstheorie zu verstehen. Daneben existieren neuere Richtungen, die die bislang vernachlässigten Dimensionen in die normative Entscheidungstheorie mit einbeziehen und damit den gesamten Entscheidungsprozeß erfassen. Diesen »modernen« Ansätzen wenden wir uns im nächsten Abschnitt zu.

2. »Moderne« Ansätze des Grundmodells

2.1. Der Ansatz der Meta-Entscheidungstheorie

Neuere Ansätze gehen davon aus, daß die normative Entscheidungstheorie zum *gesamten* Entscheidungsprozeß etwas Wesentliches zu sagen hat. Vor allem ist die Beschränkung auf zahlreiche gegebene Sachverhalte zu überwinden. Es wird als unbefriedigend angesehen, von gegebenen Problemen und gegebenen faktischen und wertenden Entscheidungsprämissen auszugehen. Warum soll nur ein gegebenes Problem optimal gelöst werden? Man kann ja »den Prozeß der Problemdefinition selbst zum Entscheidungsproblem machen und Entscheidungsprämissen nach klassischem entscheidungslogischem Muster im Wege der ergebnisorientierten Bewertung von Alternativen einführen« (Bretzke 1978, S. 136). Das bedeutet, die Entscheidungstheorie, prozessual gesehen, viel früher einzusetzen und ein vorgelagertes Entscheidungsmodell zu entwerfen. Man spricht deshalb auch von einem *Meta-Entscheidungsmodell* und einer *Meta-Entscheidungstheorie.*

Meta-Entscheidungsmodell

In der Meta-Entscheidungstheorie wird etwa die Anzahl der Aktionen, die Anzahl der Ziele sowie die Anzahl der Umweltsituationen selbst zum Problem, das mit Hilfe eines eigens dafür entwickelten Meta-Modells einer optimalen Lösung zuzuführen ist. Neben der beschriebenen *Informationsstruktur* kann auch die *Informationsqualität* Gegenstand einer Modellanalyse sein. Hierbei interessiert vor allem der Grad an Präzision. Soll eine Information etwa über einen Umweltzustand präzise sein oder genügt es, wenn ein Intervall angegeben ist? Zusätzlich zur Bestimmung der optimalen Informationsstruktur und optimalen Informationsqualität leistet die Meta-Entscheidungstheorie auch einen Beitrag zur optimalen Auswahl einer *Lösungsmethode.* Mit allen drei Bereichen zusammen ermöglicht sie es, den Einsatz der Entscheidungstheorie *im Entscheidungsprozeß* zu vergrößern und ihren Einfluß zu verstärken (vgl. dazu direkt Zentes 1976, S. 18 und zu den drei Bereichen Zentes insgesamt, zu einzelnen Bereichen auch Teichmann 1972, S. 519 ff. und Bitz 1977). Das Ergebnis des so beschriebenen Meta-Entscheidungsmodells

Optimale Gestalt (Optimale Komplexion)

ist eine *optimale Gestalt* der eigentlichen Entscheidungsmodelle, die auch als Objekt-Entscheidungsmodelle bezeichnet werden. Die Bestimmung der optimalen Gestalt oder *optimalen Komplexion* (Teichmann 1972, S. 519ff. und Zentes 1976) wird also nicht mehr als gegeben vorausgesetzt, sondern selbst zum Problem erhoben, das entscheidungstheoretisch zu lösen ist. Um die optimale Gestalt zu ermitteln, muß man über die *Kosten* Bescheid wissen, die bei einer Modellveränderung entstehen. Außerdem ist der *Nutzen* zu erfassen, der aus einer Modellveränderung resultiert. Aus der Gegenüberstellung von Kosten und Nutzen läßt sich dann eine Aussage über die optimale Gestalt ableiten. Wir werden auf S. 322ff. ein Beispiel dazu vorstellen.

Bislang bleibt festzuhalten, daß das ablauforientierte Grundmodell der Meta-Entscheidungstheorie als erweiterter Ausschnitt aus dem Phasenschema der Abb. 38 zu verstehen ist. Zusätzlich zu Phasen vor der Entscheidung wird auch gelegentlich die *Kontrollphase* in die Meta-Entscheidungstheorie mit einbezogen. Anhand von *Modell*überlegungen wird die Frage beantwortet, wo sich der optimale Punkt von Kontrollaktivitäten befindet (vgl. dazu Lüder 1970, S. 632ff.). Es erscheint als unwirtschaftlich, alle möglichen Soll-Ist-Abweichungen zu analysieren. Die Abweichungsanalysen sind nur dann sinnvoll, »wenn der sich daraus ergebende ›Ertrag‹ den Auswertungsaufwand übersteigt. Es ist demnach eine Entscheidung darüber zu fällen, welche Abweichungen einer weiteren Auswertung zu unterziehen sind« (Lüder 1970, S. 632). Zusammenfassend gilt dann für die Meta-Entscheidungstheorie das Phasenschema der Abb. 41.

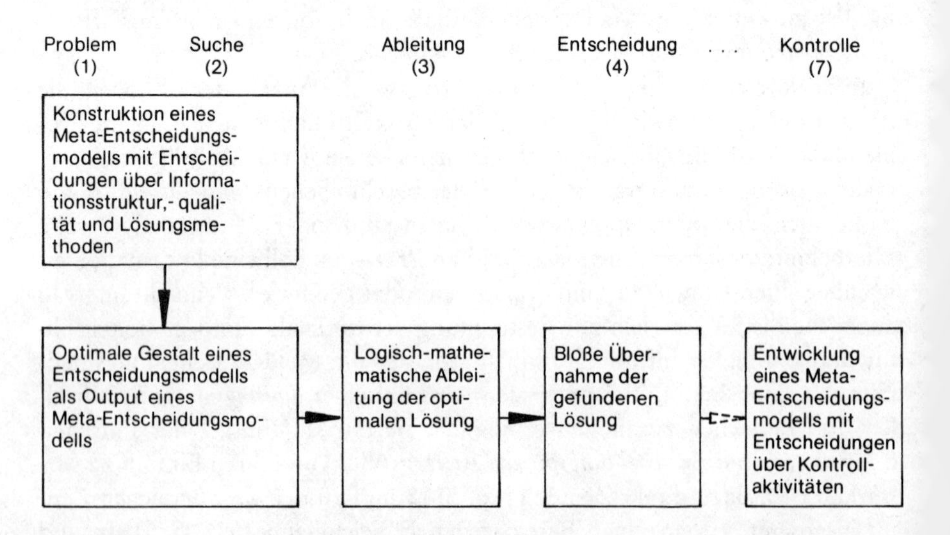

Abb. 41: Das ablauforientierte Grundmodell im Rahmen der Meta-Entscheidungstheorie

2.2. Der Ansatz einer entscheidungstheoretischen Methodologie bzw. einer Methodologie des Operations Research

Einen ganz anderen Weg, um die Mängel der »klassischen« Entscheidungstheorie zu beheben, beschreiten u. a. Müller-Merbach und Hanssmann. Die beiden Autoren beziehen in ihre Überlegungen ebenfalls weitere Phasen des Entscheidungsprozesses mit ein, verlassen dazu aber den strengen Ansatz der Entscheidungstheorie. Sie begeben sich in den Bereich mehr verbaler Aussagen und Vorschriften. Um diesen Bereich näher kennenzulernen, sollen im weiteren die Konzepte dieser Autoren vorgestellt werden.

Technologie – Methodologie

Müller-Merbach (1977, S. 19) fordert dazu auf, die *Technologie* durch eine *Methodologie* zu ergänzen*. Zusätzlich zu einer Kunde der Lösungsmethoden muß eine umfassende Methodenlehre treten, die methodisch über die Art und Weise informiert, wie die im gesamten Entscheidungsprozeß auftretenden Probleme zu handhaben sind. Dabei beschränkt sich Müller-Merbach (1977, S. 20) zuerst auf Probleme, die vor der Entscheidungsphase liegen, während er erst später auch Phasen danach mit einbezieht (Müller-Merbach 1979, S. 300). Im Gegensatz dazu geht Hanssmann schon von Anfang an auch auf Probleme nach der Entscheidungsphase ein.

Rahmen-Methodologie – Submethodologien

Bei den Methodologien kann man eine *Rahmen-Methodologie* und ihr untergeordnete *Sub-Methodologien* unterscheiden. Während die Rahmen-Methodologie eine *generelle* Vorgehensweise zur Lösung von Problemen beschreibt, beschränken sich die Sub-Methodologien auf *Teilphasen* im Entscheidungsprozeß und normieren etwa Prozesse des Modellbaus, des Algorithmenentwurfs und der Datenbeschaffung. Außerdem beschäftigt sich eine besondere Sub-Methodologie auch mit *anderen Methoden* als den Lösungsmethoden und versucht, diese zielgerecht in einzelnen Phasen, wie etwa der Problemerkenntnis, einzusetzen (vgl. dazu Müller-Merbach 1977, S. 18 f.). Das von Müller-Merbach entworfene Konzept einer entscheidungstheoretischen Methodologie oder OR-Methodologie ist als normatives Programm aufzufassen, da Handlungsanweisungen gegeben werden sollen. Andererseits soll es aber auch empirisch fundiert werden, da »man ohne ein psychologisches, soziologisches und politisches Verständnis von Entscheidungsprozessen nicht mit begründeter Hoffnung auf Erfolg an der Vorbereitung von Entscheidungen mitwirken kann« (Müller-Merbach 1977, S. 17). Das ablauforientierte Grundmodell im Sinne von Müller-Merbach nimmt damit eine Gestalt an, über die Abb. 42 informiert.

* Der »klassische« Ansatz wird so in den »modernen« Ansatz integriert.

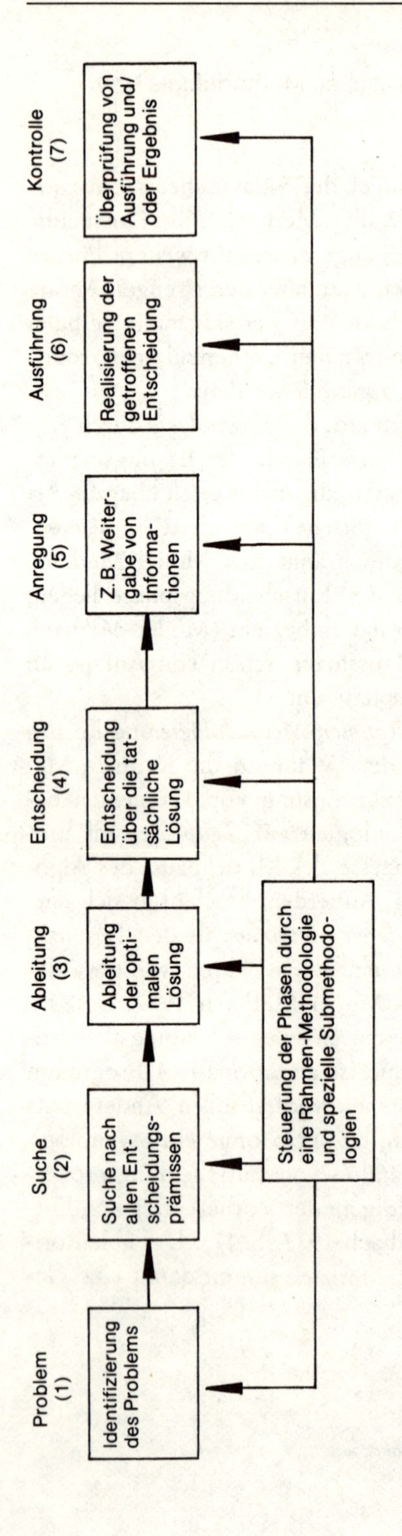

Abb. 42: Das ablauforientierte Grundmodell im Rahmen einer entscheidungstheoretischen Methodologie

Zusammenfassend muß allerdings festgehalten werden, daß sich die angesprochenen Methodologien allesamt erst im Anfangsstadium einer Problemsensibilisierung befinden.

Verfahrensorientierung - Problemorientierung

Auch Hanssmann möchte eine Abkehr von einer einseitigen *Verfahrensorientierung* (Lösungsorientierung) zugunsten einer *Problemorientierung* (vgl. Hanssmann 1978 sowie auch Pfohl 1977 a). Hanssmann bezieht dabei sämtliche Probleme mit ein, die in den einzelnen Phasen des Entscheidungsprozesses auftreten. Dieser Ansatz erweist sich als sehr umfassend. Das spürt man auch in dem folgenden Zitat, in dem er verlangt, daß »dem Studierenden ... eine *allgemeingültige* Methodik der Modellentwicklung und des Einsatzes von Modellresultaten vermittelt werden« (Hanssmann 1978, Vorwort). Die in der Abb. 42 zum Ausdruck gebrachte Steuerung des Entscheidungsprozesses durch Methodologien, die sich auf alle Phasen bezieht, gilt deshalb grundsätzlich auch für Hanssmann.

Offenes Entscheidungsmodell im Rahmen der »modernen« Grundmodelle

Sowohl für Müller-Merbach als auch für Hanssmann gilt folgendes: Beschränkt man sich auf die Methodologien vor der Entscheidung, so ist es damit möglich, ein *offenes* Entscheidungsmodell zu entwickeln. Die Entscheidungsprämissen werden nicht mehr als gegeben betrachtet, sondern sind erst zu entwickeln. Dabei unterscheiden sich derartige offene Entscheidungsmodelle von offenen Entscheidungsmodellen im Rahmen der deskriptiven Entscheidungstheorie. Die normative Entscheidungstheorie und OR entwickeln mathematische Entscheidungsmodelle. Außerdem sind die Methodologien im Rahmen der normativen Entscheidungstheorie und OR letztlich normativ begründet, während in der deskriptiven Entscheidungstheorie empirisch praktizierte Methoden eingesetzt werden. Allerdings erscheint es auch möglich, gerade über den Einsatz von Methoden zu einer gewissen Verbindung zwischen normativer Entscheidungstheorie und OR einerseits und deskriptiver Entscheidungstheorie andererseits zu kommen (vgl. dazu S. 124 f.).

Bei beiden Autoren zeigt sich auf jeden Fall deutlich das Bemühen, den restriktiven Ansatz der »klassischen« Entscheidungstheorie und OR zu verlassen. Dabei dehnen sie nicht die Entscheidungstheorie selbst auf ansonsten eher als gegeben anzusehende Probleme aus, sondern verlassen diesen formalen Weg, der ebenfalls zu offenen Entscheidungsmodellen führt. Sie fordern demgegenüber normative Methodologien, um auftretende Probleme meistern zu können.

Insgesamt können bei den modernen Ansätzen zwei *konkurrierende* Vorschläge identifiziert werden: die Meta-Entscheidungstheorie und das Konzept einer entscheidungstheoretischen Methodologie. Unter dem uns hier vor allem interessierenden Gesichtspunkt unterscheiden sich beide dadurch, daß sie ein *verschiedenes Verständnis vom Entscheidungsprozeß* entwickeln (vgl. dazu auch Abb. 41 und Abb. 42). Auf S. 319 ff. soll detaillierter auf die Meta-

Entscheidungstheorie und die entscheidungstheoretische Methodologie eingegangen werden. Zunächst aber werden Überlegungen zum Entscheidungsprozeß vorgestellt, die aus der deskriptiven Entscheidungstheorie stammen.

III. Das ablauforientierte Grundmodell der deskriptiven Entscheidungstheorie

Die empirische Betrachtung des Entscheidungsprozesses stellt die realen Abläufe aufeinanderfolgender Phasen in den Mittelpunkt. Daneben ist die empirische Analyse der einzelnen Phasen selbst von großem Interesse. Bei beiden Bereichen taucht auch eine Eigenart wieder auf, die uns schon beim aufbauorientierten Grundmodell der deskriptiven Entscheidungstheorie beschäftigte. Gemeint ist die Unterscheidung in Psycho-Logik und Sozio-Logik, auf die deshalb im weiteren immer wieder hinzuweisen sein wird. Ebenso gilt es, bei der folgenden Darstellung auf mehr »klassische« und mehr »moderne« Versionen des Grundmodells zu achten.

1. »Klassische« Ansätze des Grundmodells

1.1. Der individuelle Entscheidungsprozeß bis zur Entscheidung im Rahmen der Psycho-Logik

Zahlreiche Studien zu *psychologischen* Entscheidungs- oder Problemlösungsprozessen (zur Psycho-Logik) gehen von einem engen Verständnis des Entscheidungsprozesses aus. So nennt etwa Gagné, der die Literatur zum psychologischen Entscheidungsprozeß zusammengefaßt hat, folgende Phasen:

(1) Feststellung des Problems
(2) Definition des gesamten Problems durch Unterscheidung wesentlicher Merkmale
(3) Suche und Formulieren von Lösungshypothesen
(4) Verifizieren der Lösung
(vgl. dazu Gagné 1966, S. 138).

Auch andere Autoren, wie etwa Simon (1960, S. 2), lassen ein gleichartiges Prozeßverständnis erkennen. Wesentlich für alle diese Ansätze ist, daß sie sich im Sinne des logischen Ablaufmodells der Abb. 38 nur auf die Phasen (1)–(4) erstrecken. Die Entscheidungsphase (4) stellt auch in dieser Version nichts anderes dar, als die bloße Übernahme der entwickelten Lösung. Doch der tatsächliche *Entschluß* kann u. U. erheblich anders aussehen. Vor allem erfordert dieser ein beträchtliches Maß an *Entschlußfreudigkeit* sowie die Eigenschaft, als ganze Person hinter seiner eigenen Entscheidung zu stehen und die möglichen Konsequenzen mitzutragen. Die damit angesprochene *Selbstverpflichtung (commitment)* wird aber bei den »klassischen« Studien zum psychologischen Problemlösungsprozeß weitgehend ausgeblendet (vgl. Kirsch 1970, S. 74). Untersucht werden vielmehr die psychologischen Mechanismen, die im engeren Entscheidungsprozeß wirksam werden und die schließlich zu einem offenen Entscheidungsmodell führen. Wir wollen auf sie erst eingehen, wenn das *engere* Verständnis des Entscheidungsprozesses in ein *weiteres* Verständnis überführt wird. Diese Vorgehensweise ist sinnvoll, da die zugrundeliegenden Mechanismen auch in einem weiteren Prozeßverständnis gelten.

Selbstverpflichtung

1.2. Der soziale Entscheidungsprozeß bis zur Entscheidung im Rahmen der Sozio-Logik

Empirische Überprüfung des Phasenschemas der Entscheidung

Die engere Sicht des Entscheidungsprozesses ist nicht nur in der Psycho-Logik, sondern auch in der Sozio-Logik anzutreffen. Auch dort wird des öfteren der Ausgangspunkt gewählt, den Entscheidungsprozeß nur bis zum eigentlichen Entschluß, der Finalentscheidung, zu betrachten. So geht etwa Witte (1968, S. 625 ff.) in seinem inzwischen berühmt gewordenen empirischen Forschungsansatz davon aus, den sozialen Entscheidungsprozeß eines innovativen Entscheidungsproblems von der Problemstellungsphase bis zur Finalentscheidung zu untersuchen*. Das Ziel der Untersuchung war eine empirische Überprüfung des bereits vorgestellten Phasenschemas der Entscheidung. Witte ging dabei von den Phasen der Entscheidungsvorbereitung und der Entscheidung aus, die er aber für seine Zwecke weiter unterteilte. Die so gewonnenen Teilphasen wurden daraufhin überprüft, ob sie in der Realität so und nicht anders aufeinander abfolgen. Dazu bezieht sich Witte auf historische Entscheidungsprozesse, die bei der Erstbeschaffung von EDV-Anlagen in 233 mikroökonomischen Einheiten (Unternehmungen, Verwaltungen, Verbände) abliefen und von mehreren Personen getragen wurden. Diese Entscheidungsprozesse führten in den Jahren 1955–1966 zur Bestellung (Kauf oder Miete) einer EDV-Anlage. Ein Teilergebnis dieser sehr sorgfältig angelegten Untersuchung ist darin zu finden, daß nur 4 von 233 Prozessen einer

* In Witte (1972, S. 122) wird demgegenüber der Realisationszeitpunkt mit einbezogen.

strengen Abfolge der einzelnen Phasen entsprachen. Ansonsten konnte keine streng determinierte zeitliche Abfolge von Phasen festgestellt werden. Der Befund verweist vielmehr auf die Möglichkeit einer dauernden Rückkopplung zu früheren Phasen, worauf schon auf S. 104 hingewiesen wurde*.

In einem sozialen Entscheidungsprozeß zeigen sich soziale Sachverhalte, wie divergierende Ziele von Individuen und/oder Gruppen, Konflikte zwischen Individuen und/oder Gruppen und der Einsatz von Formen zur Regelung derartiger Konflikte. Außerdem lassen sich beim realen Entscheidungsverhalten Machtprozesse zwischen den Beteiligten beobachten. Wir wollen auf diese Sachverhalte erst eingehen, wenn das engere Verständnis des sozialen Entscheidungsprozesses in ein weiteres Verständnis überführt wird. Dieses Vorgehen erweist sich als zweckmäßig, da die zugrundeliegenden Sachverhalte auch in einem erweiterten Prozeßverständnis eine Rolle spielen.

2. »Moderne« Ansätze des Grundmodells

Die engere Fassung des Entscheidungsprozesses ist einer ernsten Kritik auszusetzen. Zahlreiche Probleme, die erst nach der Entscheidung auftreten können, werden durch dieses Verständnis in ihrer Erfassung unterdrückt. Wir wollen deshalb sowohl auf der Ebene der Psycho-Logik als auch der Sozio-Logik in einen erweiterten Ansatz des Entscheidungsprozesses einführen.

2.1. Der gesamte individuelle Entscheidungsprozeß und die dabei relevanten Faktoren im Rahmen der Psycho-Logik

Das von Gagné entworfene Prozeßschema kann dabei als *ein* Teil in einen weitere Phasen umfassenden Entscheidungsprozeß überführt werden. Mit Kirsch verstehen wir die bei Gagné vorgestellten Phasen als solche, die ein *(Such-)Verhalten vor der Entscheidung* beschreiben (vgl. dazu Kirsch 1970, S. 74). Danach kommt die *Entscheidung* selbst, die sich ausdrücklich auf eine Bestätigung der entwickelten Lösung und auf die Selbstverpflichtung bezieht. Im weiteren laufen zusätzliche Prozesse ab, die ein *(Such-) Verhalten nach der Entscheidung* kennzeichnen. Zusammengefaßt gilt damit für die Psycho-Logik das in Abb. 43 wiedergegebene Schema.

Verhalten vor der Entscheidung – Entscheidung – Verhalten nach der Entscheidung

* Der Forschungsansatz von Witte hat eine fruchtbare Heuristik entfaltet, was sich in zahlreichen empirischen Untersuchungen niedergeschlagen hat. Die Analysen gehen alle von demselben empirischen Material aus, das sie unter verschiedenen Fragestellungen beleuchten. Siehe dazu die von Witte herausgegebene Reihe »Empirische Theorie der Unternehmung« im Verlag J.C.B. Mohr (Paul Siebeck) Tübingen.

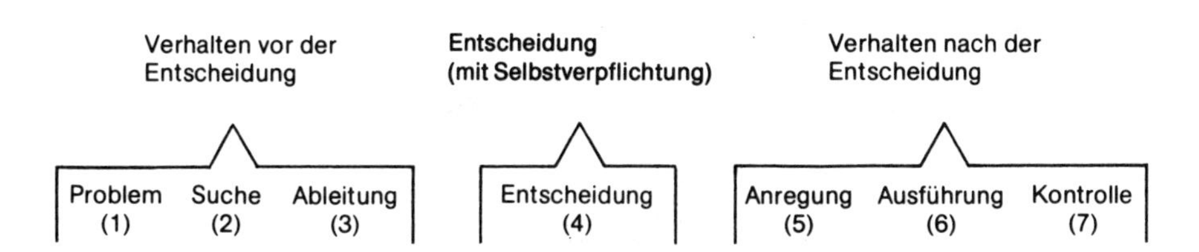

Abb. 43: Erweitertes Phasenschema der Psycho-Logik

Theorie der kognitiven Dissonanz

Dabei ist ein besonderes Problem mit der Frage aufgeworfen, ob die (einmal) getroffene und anschließend ausgeführte Entscheidung wohl die richtige war. Es treten oft gewisse Spannungen im Entscheider selbst auf, die sich auf die einmal beschlossene Entscheidung und auf mögliche kritische Einwendungen dagegen richten. Das Individuum fühlt sich einem inneren Streß ausgesetzt (kognitiver Streß), der als *kognitive Dissonanz* bezeichnet wird. Mit dieser kognitiven Dissonanz beschäftigt sich die sozialpsychologische Theorie der kognitiven Dissonanz von Leon Festinger (vgl. etwa Festinger 1978), die in den Sozialwissenschaften eine weite Verbreitung gefunden hat (vgl. dazu Reber 1973, S. 221 ff., vgl. auch S. 412 ff.). Ein wesentlicher Punkt der Theorie ist es, wie sich das Individuum der kognitiven Dissonanz gegenüber verhält. Im allgemeinen geht man davon aus, daß der Entscheider versucht, seine dissonante Beziehung in eine konsonante (mehr oder weniger spannungsfreie) Beziehung zu überführen. Die »Kontrolle« seiner Entscheidung (Phase 7) ist dabei in der Regel *unkritisch*. Das bedeutet folgendes: Mit dem durch die Dissonanz ausgelösten Suchverhalten ist das Individuum so lange wie möglich bestrebt, die früher getroffene Entscheidung zu stützen. Die Selbst-»Kontrolle« durch das Individuum ist so als unkritische Rechtfertigung seiner Entscheidung zu verstehen. Die Kontrolle im Rahmen der normativen Entscheidungstheorie geht demgegenüber von einem *kritischen* Verhalten aus, das relativ objektiv die getroffene Entscheidung beleuchtet.

Informationsverarbeitungsansatz (IV-Ansatz)

Sämtliche Teilphasen des Entscheidungsprozesses werden von gewissen inneren (kognitiven) Mechanismen geprägt, die im Kopf des Entscheiders wirken. Diese Mechanismen verarbeiten zahlreiche eingehende Informationen und geben sie verändert weiter bzw. bestimmen das Verhalten des Entscheiders. Der damit angesprochene *Informationsverarbeitungsansatz* (IV-Ansatz) sieht den Menschen als ein Informationsverarbeitungssystem, das sich durch das in Abb. 44 dargestellte *S-O-R-Paradigma* charakterisieren läßt (vgl. dazu Kirsch 1971 a, Newell-Simon 1972). Das S-O-R-Paradigma liefert den allgemeinen Bezugsrahmen, um die Arbeitsweise des IV-Ansatzes zu verdeutlichen.

S-O-R-Paradigma

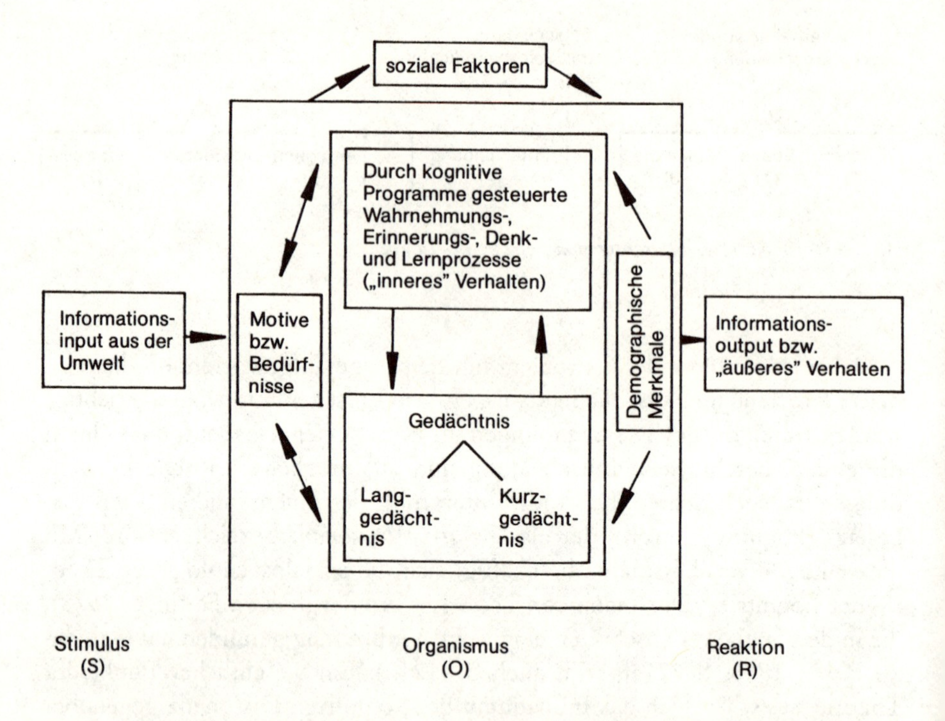

Abb. 44: Das S-O-R-Paradigma und der Informationsverarbeitungsansatz

Elemente des Organismus (Organismus als transparent box)

Der Organismus verarbeitet Informationen mit Hilfe *kognitiver Prozesse* (Wahrnehmungs-, Erinnerungs-, Denk- und Lernprozesse), die von *kognitiven Programmen* gesteuert werden. Dabei spielt das *Gedächtnis* eine bedeutende Rolle, das Informationen der verschiedensten Art speichern kann. Kognitive Prozesse und das Gedächtnis gehören demnach eng zusammen und bilden das eigentliche Informationsverarbeitungssystem (IV-System). Sowohl die kognitiven Prozesse als auch das Gedächtnis können von sogenannten *demographischen Merkmalen* wie Alter und Geschlecht beeinflußt werden. Daneben sind der *Motivtyp* des Individuums und seine verfolgten *Motive* bzw. Bedürfnisse zu erwähnen. Sie wirken ebenfalls auf das IV-System ein. Die Arbeitsweise des gesamten menschlichen Organismus schließlich kann auch von *sozialen* Faktoren bestimmt werden, die auf S. 121 ff. behandelt werden. Alle Variablen beeinflussen zusammengenommen den Informationsoutput bzw. das »äußere« Verhalten. Mit der Abb. 44 ist es möglich, die im Organismus existierenden Strukturen transparent zu machen und die bloßen Input-Output-Zusammenhänge zu erklären. Man spricht deshalb gelegentlich auch von einer »transparent box« (vgl. dazu Kirsch 1971 a, S. 27 f.).

Bedeutung des S-O-R-Paradigmas

Der »erweiterte« Entscheidungsprozeß der Psycho-Logik läßt sich mit dem S-O-R-Paradigma des Informationsverarbeitungsansatzes verbinden, was in Abb. 45 erfaßt ist.

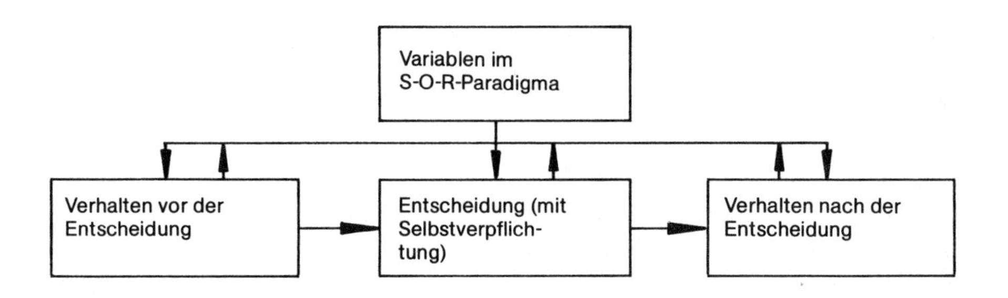

Abb. 45: Psycho-logisch relevante Variablen und ihre Wirkung im gesamten Entscheidungsprozeß

In der Abb. 45 sind Pfeile in beiden Richtungen vorhanden. Damit wird einmal zum Ausdruck gebracht, daß der *konkrete* Entscheidungsprozeß von den Variablen des S-O-R-Paradigmas beeinflußt ist. Daneben aber wird auch der Zustand des Organismus, der u.a. *allgemeine* Sachverhalte beinhaltet, durch den Ablauf des konkreten Prozesses und den dabei gesammelten Erfahrungen verändert. Das in den Abb. 43 und 44 enthaltene erweiterte Verständnis des Entscheidungsprozesses wird später noch einmal aufgegriffen (vgl. S. 356ff.).

2.2. Der gesamte soziale Entscheidungsprozeß und die dabei relevanten Faktoren im Rahmen der Sozio-Logik

Das erweiterte Phasenschema der Sozio-Logik bezieht zusätzlich die Phasen der Anregung und Ausführung mit ein (Phasen 5 und 6). Diese werden auch unter dem Begriff der *Implementierungsphase* zusammengefaßt. Außerdem wird die Kontrolle (Phase 7) berücksichtigt. Auf sämtliche Phasen wirken zahlreiche soziale Faktoren ein, die im folgenden skizziert werden sollen.

Elemente des sozialen Entscheidungsprozesses

Soziale Probleme erwachsen aus der *Interaktion* zwischen verschiedenen Individuen in einer Organisation. Dabei sind Individuen nicht nur als solche relevant, sondern auch in ihrer Eigenschaft als *Rollenträger.* Jedes Individuum in einer Organisation spielt eine Rolle, die ihm formal oder traditional zukommt. Auf diese Weise weiß etwa der Manager, was er vom Entscheidungstheoretiker bzw. OR-Spezialisten erwarten kann und umgekehrt. Unter *Rollen* sind genau die Erwartungen zu verstehen, die man an das Verhalten eines Individuums richtet. Neben den Interaktionen zwischen Individuen bzw. Rollenträgern sind auch Interaktionen zwischen Personengruppen und Abteilungen sowie zwischen allen Beteiligten zu beachten. Zwischen allen diesen können Konflikte existieren. Es handelt sich dabei um *interpersonale Konflikte* und um *Intergruppenkonflikte.* So kann der Vorgesetzte an einer häufigen Kontrolle seiner Mitarbeiter interessiert sein, während diese möglichst wenig und wenn, dann nur von sich selbst kontrolliert werden möchten. Es liegt ein interpersonaler Konflikt vor. Intergruppenkonflikte sind etwa in den »Verteilungskämpfen« zwischen Abteilungen sichtbar, wenn es um die Zuteilung knapper Ressourcen im Rahmen eines Budgets geht. Neben derartigen Konflikten gibt es weitere Konflikte entlang des Entscheidungsprozesses. Grundsätzlich prallen dabei verschiedene und entgegengesetzte Ziele von Individuen bzw. Rollenträgern und Ziele von Personengruppen und Abteilungen aufeinander. Damit die entstandenen Konflikte keine zerstörerische Wirkung auf die Organisation ausüben, sind sie mit Hilfe spezieller *Konflikthandhabungsformen* zu regeln. Im obigen Beispiel des interpersonalen Konfliktes können etwa institutionalisierte und damit nicht-willkürliche Beurteilungsgespräche zu einer gewissen Kontrolle geeignet sein und die Konflikte entschärfen. Im Falle des Intergruppenkonfliktes tragen möglicherweise institutionalisierte Verteilungsgremien wie Budgetkomitees zur Konfliktregelung bei (vgl. zu Konflikten Braun 1979a, S. 89ff., Dlugos 1979, Krüger 1972, Krüger 1980a, Sp. 1070ff.). Welche Konflikthandhabungsformen letztlich angewendet werden, ist auch eine Frage der Machtposition der am Konflikt Beteiligten. Mächtigere Konfliktpartner werden unter Umständen einen Machtkampf erzwingen, von dem sie einen für sie günstigen Ausgang vermuten. *Macht* ist darüberhinaus ein zentraler Sachverhalt im gesamten Entscheidungsprozeß, so daß er nicht nur bei der Regelung von Konflikten, sondern auch an anderen Stellen benötigt wird (vgl. zur Macht Braun 1980, S. 245ff., Krüger 1976, Krüger 1980b, Sp. 1237ff., Reber 1980).

Die vorgestellten Elemente einer sozialen Analyse wirken im gesamten Entscheidungsprozeß und lassen sich in ihrer Beziehung untereinander in Abb. 46 darstellen. Die Pfeile weisen auf Abhängigkeiten zwischen den einzelnen Sachverhalten hin. Sie sind auch in der umgekehrten Richtung denkbar (vgl. zu den Elementen auch S. 426ff.).

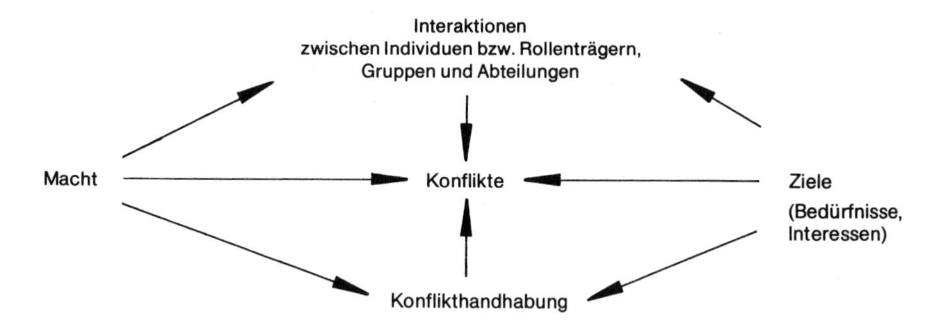

*Abb. 46: Elemente des sozialen Entscheidungsprozesses**

2.3. Das Implementationsproblem als zentrales Problem im Rahmen der Psycho-Logik und Sozio-Logik

Ein zentrales Problem in Psycho- und Sozio-Logik ist die Implementation von *Objekt-Entscheidungen* und *Meta-Entscheidungen* (vgl. zu dieser Unterscheidung Kirsch-Meffert 1970, S. 41 ff.). Objekt-Entscheidungen beziehen sich auf das laufende Geschehen einer Organisation und sind eng mit der Leistungsbeschaffung, Leistungserstellung und Leistungsverwertung verknüpft. Meta-Entscheidungen dagegen sind grundlegender Art und erstrekken sich darauf, eine Basis für anschließende Objekt-Entscheidungen zu schaffen. Meta-Entscheidungen und Objekt-Entscheidungen sind demnach in hierarchischer Weise aufeinander bezogen. Beispiele für Objekt-Entscheidungen sind: Entscheidungen über das Beschaffungs- und Absatzprogramm der nächsten Periode. Beispiele für Meta-Entscheidungen sind: Entscheidungen über die Rechtsform der Organisation, über die Aufbauorganisation, über Führungssysteme, über Entscheidungssysteme, die Entscheidungsmodelle enthalten usw. Dabei darf weder bei den Meta-Entscheidungen, noch bei den Objekt-Entscheidungen einfach eine *Akzeptanz* bei den Betroffenen und Ausführenden vorausgesetzt werden. Diese gilt es vielmehr durch geeignete Maßnahmen erst zu erreichen. Das *Akzeptanzproblem* ist demnach der zentrale Bereich der Implementationsforschung.

* Die Elemente des sozialen Entscheidungsprozesses beziehen sich auf Vorgänge *innerhalb* einer Organisation. Grundsätzlich finden sie sich auch in Beziehungen *zwischen* Organisationen.

Objektentscheidungen

Um einzelne *Objekt-Entscheidungen* implementieren zu können, sind drei Bereiche zu beachten, die den Implementationsvorgang wesentlich bestimmen:

(1) das *instrumentelle* (organisatorische) System der Entscheidungsausführung,
(2) *individuelle* Faktoren der einzelnen Ausführenden und
(3) *soziale* Faktoren, die die Gesamtheit der Ausführenden betreffen.

Zu (1): Hier sind Aufbau- und Ablauforganisation des Ausführungssystems gemeint. Wenn Kompetenzen eindeutig festgelegt sind und prozessuale Vorschriften existieren, so ist von der »organisatorischen« Seite her die Grundlage gelegt.

Zu (2): Ganz entscheidend für den Erfolg der Ausführung ist die richtige individuelle Ansprache der Ausführenden. Leistungsorientierten Mitarbeitern kann mehr an Leistung zugemutet werden als fehlervermeidungsorientierten Mitarbeitern, die besorgt darauf achten, ja keinen Fehler zu machen (vgl. dazu S. 395 ff.).

Zu (3): Auch die auf die Ausführenden wirkenden sonstigen Einflüsse sind zu beachten. Dazu zählt etwa die von der Organisation geschaffene Anreizstruktur, die materielle Dimensionen (z.B. das Gehalt oder Prämien) und immaterielle Dimensionen (z.B. Lob und Anerkennung) umschließt. Anreize sind deshalb so bedeutsam, da sie geeignet sind, Beiträge der Ausführenden zur Leistungserfüllung zu induzieren. Neben diesen formalen, von der Organisation vorgegebenen Elementen, sind auch informale Eigenschaften (z.B. Sympathie, Antipathie) zu erwähnen, die sich ungeplant in einer Gruppe von Menschen entwickeln. Das auf diese Weise stark beeinflußte Betriebsklima prägt ebenfalls das Verhalten der Ausführenden.

Meta-Entscheidungen

Bei den *Meta-Entscheidungen* sind besonders die Entscheidungen über Entscheidungssysteme zu betrachten, die Entscheidungsmodelle der normativen Entscheidungstheorie und des Operations Research (OR) enthalten. Das Implementationsproblem weist dabei auf die Frage hin, unter welchen Bedingungen es möglich erscheint, zu einer Akzeptanz und Anwendung der Entscheidungsmodelle zu gelangen. Das ist der zentrale Bereich einer *modellorientierten Implementationsforschung.* Mit Leavitt (1965, S. 1144 ff.) können die für einen Implementationserfolg relevanten Einflußfaktoren in insgesamt vier Faktoren zusammengefaßt werden. Der Implementationserfolg hängt demnach ab:

Faktoren des Implementationserfolges

(1) von der Gestalt des Entscheidungssystems und der darin enthaltenen Entscheidungsmodelle. Entscheidungssysteme und Entscheidungsmodelle müssen z. B. benutzerfreundlich sein (Faktor »*Technik*«),
(2) von den potentiellen Anwendern der Systeme und Modelle. Dabei müssen bei den Managern Denkstile vorherrschen, die eine Verwendung formaler Entscheidungssysteme und Entscheidungsmodelle nicht ausschließen (Faktor »*Mensch*«),
(3) von den Entscheidungsproblemen selbst. Wichtig für den Implementationserfolg ist die Wahl des »richtigen«, z. B. zu einem gegebenen Zeitpunkt als besonders dringlich empfundenen Entscheidungsproblems, um daran die »Überlegenheit« formaler Systeme und Modelle zu demonstrieren (Faktor »*Aufgabe*«),
(4) von der Organisation der Systementwicklung bzw. Modellentwicklung. Dabei kann eine partizipative Entwicklung, die alle Betroffenen einschließt, von einer systemrationalen Entwicklung, die primär von den Belangen der Organisation ausgeht, unterschieden werden (Faktor »*Organisation*«).

Diese Faktoren – die grundsätzlich auch für Objekt-Entscheidungen zutreffen – werden im Rahmen einer modellorientierten Implementationsforschung einer detaillierten Analyse unterzogen (vgl. dazu S. 490 ff.). Wichtig erscheint noch folgender Hinweis: Mit der modellorientierten Implementationsforschung wird eine Brücke geschlagen zwischen der normativen Entscheidungstheorie und OR, aus der die Modelle kommen und der deskriptiven Entscheidungstheorie, die die Faktoren einer erfolgreichen Modellanwendung untersucht.

Mit der zuletzt dargestellten Version des »modernen« ablauforientierten Grundmodells der deskriptiven Entscheidungstheorie sind die Grundmodelle ausführlich vorgestellt. Sie als Leser haben jetzt einen gewissen Überblick über den *Inhalt* der Entscheidungstheorie gewonnen und können zahlreiche Grundmodelle verstehen. Erst jetzt können wir uns einem Problem zuwenden, das auf die in der Entscheidungstheorie zum Ausdruck kommende *Rationalität* abzielt. Der Begriff der »rationalen Entscheidung« ist schon seit langem ein Schlagwort, so daß eine genaue Analyse des Zusammenhangs von Rationalität und Entscheidungstheorie nötig ist.

Wiederholungsfragen

1. Worin unterscheidet sich das Mikromodell vom Makromodell eines Entscheidungsprozesses? (S. 102 ff.)
2. Das Phasenschema des Entscheidungsprozesses kann ein logisch gültiges Schema darstellen. Was ist darunter zu verstehen? (S. 106)
3. Was bedeutet die normative bzw. deskriptive Interpretation des Phasenschemas? (S. 106, 108)
4. Was versteht man unter der entscheidungstheoretischen Methodologie bzw. der Methodologie des Operations Research? (S. 113 ff.)
5. Welche Bedeutung besitzen die Lösungsmethoden in der entscheidungstheoretischen Methodologie bzw. der Methodologie des Operations Research? (S. 113)
6. Durch welche Vorgehensweise ist die Meta-Entscheidungstheorie gekennzeichnet? (S. 111 ff.)
7. Was ist commitment? (S. 117)
8. Welche Bedeutung besitzen der Informationsverarbeitungsansatz und das S-O-R-Paradigma in der Psycho-Logik? Durch welche Elemente sind sie zu beschreiben? (S. 119 ff.)
9. Welche Elemente kennzeichnen den sozialen Entscheidungsprozeß? (S. 122 f.)
10. Was versteht man unter dem Implementationsproblem? (S. 123 ff.)

Literaturverzeichnis

BENDIXEN, P. / KEMMLER, H. W. (1972): Planung. Organisation und Methodik innovativer Entscheidungsprozesse. Berlin/New York 1972.

BITZ, M. (1977): Die Strukturierung ökonomischer Entscheidungsmodelle. Wiesbaden 1977.

BRAUN, G. E. (1978): Planung und Planungswissenschaft. In: Pfohl, H.-C./Rürup, B. (Hrsg.): Anwendungsprobleme moderner Planungs- und Entscheidungstechniken. Königstein/Ts. 1978, S. 1–32.

BRAUN, G. E. (1979 a): Das liberalistische Modell als konzeptioneller Bezugsrahmen für Konfliktanalyse und Konflikthandhabung. In: Dlugos, G. (Hrsg.): Unternehmungsbezogene Konfliktforschung. Stuttgart 1979, S. 89–114.

BRAUN, G. E. (1980): Macht im Planungsprozeß – Ansätze und Kritik. In: Reber, G (Hrsg.): Macht in Organisationen. Stuttgart 1980, S. 245–270.

BRETZKE, W.-R. (1978): Die Formulierung von Entscheidungsproblemen als Entscheidungsproblem. In: Die Betriebswirtschaft, 38 (1978), S. 135–143.

CHMIELEWICZ, K. (1970): Die Formalstruktur der Entscheidung. In: Zeitschrift für betriebswirtschaft, 40 (1970), S. 239–268.

DLUGOS, G. (Hrsg.) (1979): Unternehmungsbezogene Konfliktforschung. Methodologische und forschungsprogrammatische Grundfragen. Stuttgart 1979.

FESTINGER, L. (1978): Theorie der kognitiven Dissonanz, Hrsg.: M. Irle und V. Möntmann, Bern/Stuttgart/Wien 1978.

GAGNÉ, R. M. (1966): Human Problem Solving: Internal and External Elements. In: Kleinmuntz, B. (Hrsg.): Problem Solving: Research, Method, and Theory. New York/London/Sydney 1966, S. 128–148.

HANSSMANN, F. (1978): Einführung in die Systemforschung. München 1978.

HEINEN, E. (1976): Grundlagen betriebswirtschaftlicher Entscheidungen. Das Zielsystem der Unternehmung. 3. Aufl., Wiesbaden 1976.

IRLE, M. (1971): Macht und Entscheidungen in Organisationen. Studie gegen das Linie-Stab-Prinzip. Frankfurt/M. 1971.

KIRSCH, W. (1970): Entscheidungsprozesse, 1. Bd.: Verhaltenswissenschaftliche Ansätze der Entscheidungstheorie. Wiesbaden 1970.

KIRSCH, W. / MEFFERT, H. (1970): Organisationstheorien und Betriebswirtschaftslehre. Wiesbaden 1970.

KRÜGER, W. (1972): Grundlagen, Probleme und Instrumente der Konflikthandhabung in der Unternehmung. Berlin 1972.

KRÜGER, W. (1976): Macht in der Unternehmung: Elemente und Strukturen. Stuttgart 1976.

KRÜGER, W. (1980 a): Konflikt in der Organisation. In: Grochla, E. (Hrsg.): Handwörterbuch der Organisation. 2., völlig neu gest. Aufl., Stuttgart 1980, Sp. 1070–1082.

KRÜGER, W. (1980 b): Organisatorische Aspekte der Macht. In: Grochla, E. (Hrsg.): Handwörterbuch d. Organisation. 2., völlig neu gest. Aufl., Stgt. 1980, Sp. 1235–1243.

LEAVITT, H. J. (1965): Applied Organizational Change in Industry: Structural, Technological and Humanistic Approaches. In: March, J. G. (Hrsg.): Handbook of Organizations. Chicago 1965, Sp. 1144–1170.

LOMPE, K. (1971): Gesellschaftspolitik und Planung. Probleme politischer Planung in der sozialstaatlichen Demokratie. Freiburg im Breisgau 1971.

LÜDER, K. (1970): Ein entscheidungstheoretischer Ansatz zur Bestimmung auszuwertender Plan-Ist-Abweichungen. In: Zeitschrift für betriebswirtschaftliche Forschung, 22 (1970), S. 632–649.

MÜLLER-MERBACH, H. (1977): Quantitative Entscheidungsvorbereitung. In: Die Betriebswirtschaft, 37 (1977), S. 11–23.

MÜLLER-MERBACH, H. (1979): Operations Research – mit oder ohne Zukunftschancen? In: Krüger, K./Rühl, G./Zink, K. J. (Hrsg.): Industrial Engineering und Organisationsentwicklung im kommenden Dezennium. Festschrift für Professor G. Rühl. München 1979, S. 291–311.

NEWELL, A. / SIMON, H. A. (1972): Human Problem Solving. Englewood Cliffs 1972.

PFOHL, H.-C. (1977 a): Problemorientierte Entscheidungsfindung in Organisationen. Berlin/New York 1977.

PFOHL, H.-C. (1981): Planung und Kontrolle. Stuttgart/Berlin/Köln/Mainz 1981.

REBER, G. (1973): Personales Verhalten im Betrieb: Analyse entscheidungstheoretischer Ansätze. Stuttgart 1973.

Reber, G. (Hrsg.) (1980): Macht in Organisationen. Stuttgart 1980.

Simon, H.A. (1960): The New Science of Management Decision. New York 1960.

Simon, H.A. (1977): The New Science of Management Decision. Revised Ed., Englewood Cliffs 1977.

Szyperski, N. / Winand, U. (1974): Entscheidungstheorie. Stuttgart 1974.

Teichmann, H. (1972): Die optimale Komplexion des Entscheidungskalküls. In: Zeitschrift für betriebswirtschaftliche Forschung, 24 (1972), S. 519–539.

Witte, E. (1968): Phasen-Theorem und Organisation komplexer Entscheidungsverläufe. In: Zeitschrift für betriebswirtschaftliche Forschung, 20 (1968), S. 625–647.

Witte, E. (1972): Das Informationverhalten in Entscheidungsprozessen. Tübingen 1972.

Zentes, J. (1976): Die Optimalkomplexion von Entscheidungsmodellen. Köln 1976.

Vente, R.E. (1969): Planung wozu? Begriff, Verwendungen und Probleme volkswirtschaftlicher Planung. Baden-Baden 1969.

D. Rationalität und Entscheidungstheorie

In der gesamten Entscheidungstheorie, vor allem in der normativen Entscheidungstheorie, ist die Forderung nach einer »rationalen Entscheidung« recht geläufig. Im folgenden soll dargelegt werden, was darunter sinnvollerweise zu verstehen ist, wobei mit der normativen Entscheidungstheorie begonnen wird.

Rationalität und normative Entscheidungstheorie

Am zweckmäßigsten wird bei den einzelnen Entscheidungsprämissen der Modelle angesetzt. Die Forderung »Entscheide Dich rational« muß so in eine andere Forderung ›übersetzt‹ werden, die sich direkt an die Entscheidungsprämissen richtet. Rationalität ist demnach dann gegeben, wenn beispielsweise faktische und wertende Entscheidungsprämissen in einer ganz bestimmten Gestalt vorliegen. Für beide Prämissen gelten nach herrschender Meinung die in Abb. 47 erfaßten Ausprägungen der Rationalität.

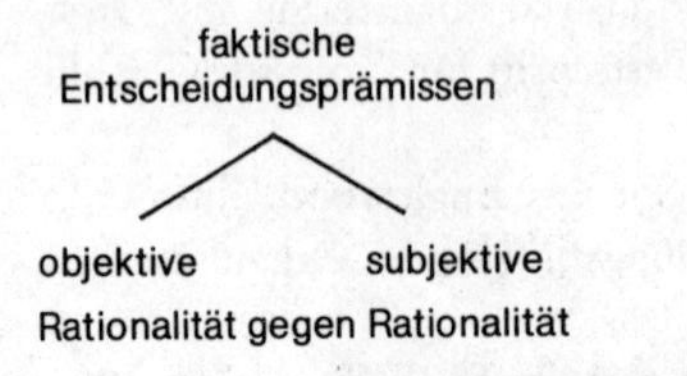

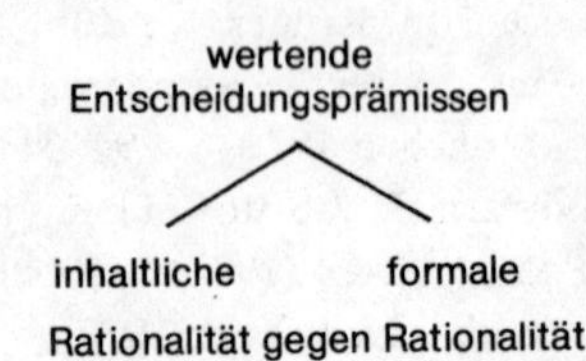

Abb. 47: Ausprägungen der Rationalität

Inhaltliche Rationalität – Formale Rationalität

Bei den wertenden Entscheidungsprämissen kann wahlweise die Forderung nach einer *inhaltlichen* Rationalität bzw. *formalen* Rationalität erhoben werden. Ziele bzw. Zielfunktionen als der Inbegriff wertender Entscheidungsprämissen sind also in zwei entgegengesetzten Weisen als rational zu verstehen. Eine inhaltliche Rationalität liegt vor, wenn eine Vorschrift existiert, die ein ganz *bestimmtes* Ziel oder eine ganz *spezielle* Zielfunktion als jeweils vernünftig auszeichnet. Angesichts solcher Direktiven erscheinen alle anderen *möglichen* wertenden Entscheidungsprämissen als irrelevant. Wer beispielsweise nur in Gewinnen denkt, für denjenigen sind qualitative, nicht in monetären Größen ausdrückbare Ziele unvernünftig. In der Literatur sind zwei Formen einer inhaltlichen Rationalität bekannt. Ziele können einmal vom Entscheidungs*theoretiker* selbst entwickelt und in meist bekenntnishafter Weise eingeführt werden. Man spricht dann von einer *bekennend-normativen* Position (vgl. dazu Heinen 1974a, S. 22f.). Demgegenüber können auch solche Ziele vorgeschlagen werden, von denen man meint, daß sie die meisten Entscheidungs*praktiker* verwenden. Dann liegt eine *praktisch-normative* Position vor (vgl. dazu Heinen 1974a, S. 22f.). Auf jeden Fall ist für beide Einstellungen kennzeichnend, daß sie den Spielraum bei der Gestaltung der wertenden Entscheidungsprämissen erheblich eingeschränkt haben.

Bekennend-normative Position – Praktisch-normative Position

Aus dieser Enge eines inhaltlichen Rationalitätsverständnisses heraus ist wohl der Ansatz einer formalen Rationalität zu begreifen. Wertende Entscheidungsprämissen sind im formalen Sinne rational, wenn sie unbeschadet ihrer inhaltlichen Ausgestaltung *widerspruchsfrei* formuliert sind (Bamberg-Coenenberg 1977, S. 3). Zusätzlich gilt für Präferenzrelationen bzw. Zielfunktionen, daß bei beiden eine *axiomatische Fundierung* anzustreben ist. Schon die bereits kennengelernten einfachen Axiome für Präferenzrelationen haben den formalen Charakter aufgezeigt (vgl. S. 47). Das damalige Axiom 2, das eine transitive Bewertung von Zielerreichungsgraden fordert, muß nämlich nicht nur bei Gewinngrößen beachtet werden, sondern gleichermaßen bei Kosten-, Umsatz-, Kapitalwert- sowie Einzahlungs- und Auszahlungsgrößen, um nur einige von möglichen Zielinhalten herauszugreifen. Das gleiche trifft auf Axiom 1 zu, das auf die Vollständigkeit der Bewertungsurteile bei allen Zielerreichungsgraden abhebt. Das Ergebnis ist eine axiomatisierte Theorie von Präferenzurteilen oder eine *axiomatisierte* Nutzentheorie (vgl. Schneeweiß 1963, S. 178ff.). Als die wohl bekannteste Nutzentheorie, die in axiomatisierter Form vorliegt, kann die bei Entscheidungen unter Risiko anwendbare Risikonutzentheorie gelten (vgl. Kassouf 1970, S. 25ff.). An dieser Theorie wird auch deutlich, daß die formale Rationalität Hand in Hand mit einer zumindest partiellen *mathematischen* Formulierung (Formalisierung) der Entscheidungstheorie geht.

Aus dem Gesagten geht deutlich hervor, daß der für die normative Entscheidungstheorie geeignete Rationalitätsbegriff nur in der formalen Rationalität gesucht werden darf. Er allein eröffnet einen breiten Anwendungsbereich der normativen Entscheidungstheorie und gleichzeitig ihre partielle Mathematisierung. Erst dann wird auch verständlich, warum die normative Entscheidungstheorie häufig als formale Entscheidungstheorie bzw. als formale Entscheidungslogik aufgefaßt wird. In einem derartigen Verständnis ist die gesamte Entscheidungstheorie nichts anderes als eine Theorie der Explikation des formalen Rationalitätsbegriffes (vgl. dazu Kirsch 1970, S. 62). Über die Zielinhalte schweigt die Entscheidungstheorie. Sie ist ihnen gegenüber offen, so daß die *offen-normative* Einstellung zu Zielfragen die der normativen Entscheidungstheorie angemessene Einstellung widerspiegelt (vgl. dazu auch Braun 1979b, S. 102).

Theorie der formalen Rationalität

Offen-normative Position

Objektive Rationalität – Subjektive Rationalität

Bei den faktischen Entscheidungsprämissen hat man sich alternativ für die *objektive* oder die *subjektive* Rationalität zu entscheiden. Die objektive Rationalität oder Richtigkeitsrationalität soll zum Ausdruck bringen, daß empirische Sachverhalte, meist die in der Ergebnisfunktion enthaltenen Zusammenhänge, objektiv zutreffend sind. Auf diese Weise ist aber eine zirkuläre Definition* der objektiven Rationalität enthüllt, die sich z.B. ebenso bei Gäfgen findet. Er definiert: Die objektive Rationalität wird auch Richtigkeitsrationalität genannt, »weil bei ihr der Aktor seine Umgebung objektiv richtig beurteilt...« (Gäfgen 1974, S. 33). Mit einer zirkulären Definition ist jedoch nichts anzufangen, so daß erneut danach zu fragen ist, was nun objektive Rationalität bedeutet. In Anlehnung an das berühmte Popper-Kriterium aus der modernen Wissenschaftstheorie des Kritischen Rationalismus ist folgendermaßen vorzugehen, wobei wir uns auf die Ergebnisfunktion beschränken (vgl. dazu S. 36f.).

Eine Ergebnisfunktion ist im objektiven Sinne rational, wenn ihre Wenn-Dann-Beziehungen eine allgemeine Gesetzmäßigkeit darstellen (oder aus einer solchen folgen) und sich schon in ähnlichen Situationen häufig bewährt haben. Die Ergebnisfunktion in unserem Standardbeispiel müßte demnach, um als objektiv gelten zu können, aus hochbewährten allgemeinen Gesetzmäßigkeiten der Lernpsychologie stammen. Da jedoch Gesetzmäßigkeiten in den Sozialwissenschaften kaum vorkommen, ist auch die objektive Rationalität in eine subjektive Rationalität zu verwandeln. Eine Ergebnisfunktion kann als subjektiv rational gelten, wenn die Wenn-Dann-Beziehungen von den einzelnen Entscheidungsträgern als zutreffend vermutet werden, ohne daß wissenschaftliche Gesetzmäßigkeiten im Hintergrund dieser Vermutung stehen.

* Eine zirkuläre Definition eines Begriffes liegt vor, wenn der zu definierende Begriff durch sich selbst »definiert« wird.

Das Begriffspaar der objektiven und subjektiven Rationalität wurde bislang auf die Ergebnisfunktion bezogen. Die Forderung nach objektiver Rationalität kann aber auch auf die restlichen faktischen Entscheidungsprämissen ausgerichtet sein, auf Aktionen, Umweltzustände und Konsequenzen. Die normative Entscheidungstheorie geht dabei schon von vornherein von *allen* relevanten Aktionen, Zuständen und Konsequenzen aus (vgl. dazu S. 27 ff.). Das Postulat der objektiven Rationalität besagt zusätzlich, daß *alle objektiv möglichen* Aktionen, Umweltzustände und Konsequenzen gegeben sein sollen. Wird diese Bedingung nicht erfüllt, und *vermutet* das Entscheidungsobjekt *bloß*, daß es *alle* Aktionen, Zustände und Konsequenzen richtig ermittelt habe, so liegt eine subjektive Rationalität vor.

Ist nun die normative Entscheidungstheorie der objektiven oder der subjektiven Rationalität verpflichtet? Leider ist diese Entscheidung nicht so einfach wie bei der formalen bzw. inhaltlichen Rationalität. Dort konnte die gesamte normative Entscheidungstheorie *als* Theorie der Explikation eines *formalen* Rationalitätsbegriffes verstanden werden. Zur Frage der objektiven oder subjektiven Rationalität aber sagt die Entscheidungstheorie *selbst gar nichts aus.* Es gibt keine entscheidungstheoretische Aussage, die etwas zum Objektivitätsbegriff bezüglich der Ergebnisfunktion zu bemerken hätte. In der gleichen Weise wird offengelassen, ob etwa die Gesamtheit der Aktionen im objektiven oder subjektiven Verständnis gemeint ist. *Der Formalismus der Entscheidungstheorie schweigt dazu.* Was ist nun die Konsequenz daraus? Wir sind der Meinung, daß aus dem entscheidungstheoretischen Formalapparat – ganz im Gegensatz zur formalen Rationalität – keine Stellungnahme zur objektiven bzw. subjektiven Rationalität abgeleitet werden kann. Es soll also offenbleiben, ob beispielsweise die Ergebnisfunktion wissenschaftlich abgesichert ist oder nicht.

Zusammenfassend ist zu bemerken, daß für die normative Entscheidungstheorie die formale Rationalität ausreicht. Das Begriffspaar der objektiven und subjektiven Rationalität erscheint dagegen als nicht anwendbar.

Rationalität und deskriptive Entscheidungstheorie

Nun kann auch die deskriptive Entscheidungstheorie mit den bereits eingeführten Rationalitätsarten konfrontiert werden. Beginnen wir zuerst wieder mit den wertenden Entscheidungsprämissen. Die Eigenschaften der *formalen* Rationalität verschwinden bei der deskriptiven Entscheidungstheorie, da die tatsächlich verfolgten Ziele von Menschen und Organisationen im allgemeinen nicht widerspruchsfrei, axiomatisiert und formalisiert vorliegen. Aber auch die *inhaltliche* Rationalität gibt es nicht. Die deskriptive Entscheidungstheorie ermittelt zwar die real verfolgten Ziele von personalen und organisationalen Entscheidungsträgern (vgl. dazu Heinen 1976, S. 30 ff.). Doch

Arten der Entscheidungsprämissen / Arten der Rationalität / Arten der Entscheidungstheorie	faktische Entscheidungsprämissen		wertende Entscheidungsprämissen	
	objektive Rationalität: Inter-subjektive Überprüfbarkeit des faktischen Wissens	subjektive Rationalität: Bloße Vermutungen faktischer Zusammenhänge	inhaltliche Rationalität: Vorschriften über bestimmte zu verfolgende Ziele	formale Rationalität: Widerspruchsfreiheit, Axiomatisierung und Formalisierung der Ziele
normative Entscheidungstheorie	(Die Theorie selbst macht hierzu keine Aussagen)		–	×
deskriptive Entscheidungstheorie	–	×	–	–

× = zutreffend
– = nicht zutreffend

Abb. 48: Rationalität und Entscheidungstheorie

schreibt sie die »gefundenen« Ziele in keiner Weise den Entscheidungsträgern für ihr zukünftiges Verhalten vor. Solche »Momentaufnahmen« des Zielverhaltens sind überdies eher am Rande der deskriptiven Entscheidungstheorie ausgerichtet, da im Mittelpunkt die Analyse von Aufbau und Ablauf des Entscheidungsverhaltens steht.

Bei den faktischen Entscheidungsprämissen gilt, daß ausschließlich die *subjektive* Rationalität vorherrscht (vgl. dazu Kirsch 1970, S. 63f.). Danach ist natürlich jedermann in irgendeiner Weise als subjektiv rational einzustufen, so daß sich die Vorstellung der Rationalität entleert. Die Rationalitätsvorstellung der deskriptiven Entscheidungstheorie degeneriert demnach zu einer bloßen *Leerformel* (vgl. dazu auch Müller 1973, S. 162f.) und wird praktisch zur *Belanglosigkeit* verurteilt (vgl. dazu Kirsch 1970, S. 69). Nur wenn man diesen Hintergrund kennt, ist im Grunde die Einstufung der deskriptiven Entscheidungstheorie als Theorie der subjektiven Rationalität akzeptabel. Häufig ordnet man die deskriptive Entscheidungstheorie auch als Theorie der *beschränkten* Rationalität ein (vgl. dazu Kirsch 1970, S. 64). Das menschliche und organisatorische Informationswahrnehmungs- und -verarbeitungssystem ist derart beschränkt, daß es nicht in der Lage ist, den »heroischen« Annahmen zu entsprechen, die sich etwa in der formalen Rationalität zeigen. Zusammenfassend gelten sowohl für die normative als auch für die deskriptive Entscheidungstheorie die in Abb. 48 wiedergegebenen Sachverhalte.

Subjektive Rationalität als Leerformel

Theorie der beschränkten Rationalität

Wiederholungsfragen

1. Worin unterscheiden sich objektive und subjektive Rationalität? (S. 130f.)
2. Warum wird gelegentlich behauptet, die Vorstellung einer subjektiven Rationalität degeneriere zu einer bloßen Leerformel? (S. 133)
3. Worin unterscheiden sich inhaltliche und formale Rationalität? (S. 129f.)
4. Inwiefern unterscheiden sich bekennend-normative, praktisch-normative und offen-normative Positionen? (S. 129f.)
5. Was versteht man unter beschränkter Rationalität? (S. 133)

Literaturverzeichnis

Bamberg, G. / Coenenberg, A. G. (1977): Betriebswirtschaftliche Entscheidungslehre. 2., verb. Aufl., München 1977.

Braun, G. E. (1979b): Werturteile in theoretischer und angewandter Betriebswirtschaftslehre. In: Journal für Betriebswirtschaft, 29 (1979), S. 87–104.

GÄFGEN, G. (1974): Theorie der wirtschaftlichen Entscheidung. Untersuchungen zur Logik und Bedeutung des rationalen Handelns. 3., erw. u. erg. Aufl., Tübingen 1974.

HEINEN, E. (1974a): Einführung in die Betriebswirtschaftslehre. 5., verb. Aufl., Wiesbaden 1974.

HEINEN, E. (1976): Grundlagen betriebswirtschaftlicher Entscheidungen. Das Zielsystem der Unternehmung. 3. Aufl., Wiesbaden 1976.

KASSOUF, S. (1970): Normative Decision Making. Englewood Cliffs 1970.

KIRSCH, W. (1970): Entscheidungsprozesse, 1. Bd.: Verhaltenswissenschaftliche Ansätze der Entscheidungstheorie. Wiesbaden 1970.

MÜLLER, K.R. (1973): Entscheidungsorientierte Betriebspädagogik. München/Basel 1973.

SCHNEEWEISS, H. (1963): Nutzenaxiomatik und Theorie des Messens. In: Statistische Hefte, 4 (1963), S. 178–220.

E. Beziehungen der Entscheidungstheorie zu anderen Disziplinen

Um den Einsatzbereich der Entscheidungstheorie zutreffend abstecken zu können, ist ihr Verhältnis zu anderen Wissenschaften darzustellen. Aus diesem Grunde – aber auch aus wissenschaftssystematischem Interesse heraus – scheint es geboten, sich dieser mehr grundsätzlichen Problematik zuzuwenden. Dabei ist vor allem das Verhältnis der normativen und deskriptiven Entscheidungstheorie zur *Betriebswirtschaftslehre* bedeutend. Zusätzlich soll der Zusammenhang der normativen Entscheidungstheorie zu *Operations Research* (OR) und der Bezug der deskriptiven Entscheidungstheorie zu den *Sozialwissenschaften* beleuchtet werden.

Entscheidungstheorie und Betriebswirtschaftslehre

Sowohl die normative als auch die deskriptive Entscheidungstheorie können in zweierlei Form auftreten. So kann die normative Entscheidungstheorie an allgemeinen Fragen interessiert sein, am formalen Aufbau etwa der Grundmodelle. Aber auch für die deskriptive Entscheidungstheorie können allgemeine Erkenntnisse über das reale Entscheidungsverhalten in zahlreichen Ländern und/oder in grundverschiedenen Organisationen, wie beispielsweise in Krankenhäusern, Gefängnissen oder Betrieben, im Mittelpunkt

Allgemeine Entscheidungstheorie – Spezielle Entscheidungstheorien

des Interesses stehen. Es handelt sich dann beidesmal um die *allgemeine* Entscheidungstheorie, die disziplinübergreifenden Charakter aufweist und interdisziplinäre Relevanz besitzt (vgl. dazu etwa Gäfgen 1974). Daneben stehen zahlreiche *spezielle* Entscheidungstheorien. Diese untersuchen nur die formale oder deskriptive Struktur besonderer Entscheidungen, wie etwa familiärer, betrieblicher, gesellschaftlicher, volkswirtschaftlicher oder staatlicher Entscheidungen. Die betriebswirtschaftliche Entscheidungstheorie, die sich mit betrieblichen Entscheidungen auseinandersetzt, ist dann nur *eine* spezielle Entscheidungstheorie neben einer volkswirtschaftlichen oder politologischen Entscheidungstheorie.

In diesem Zusammenhang ergeben sich von der Betriebswirtschaftslehre aus gesehen einige wichtige Unterscheidungen. Die Betriebswirtschaftslehre kann mehr oder weniger *vollständig* in der betriebswirtschaftlichen Entscheidungstheorie aufgehen oder aber nur zum *Teil*. Im zuletzt genannten Fall bestehen »klassische« betriebswirtschaftliche Theorien weiterhin neben der betriebswirtschaftlichen Entscheidungstheorie. Im zuerst erwähnten Fall wird die Betriebswirtschaftslehre mehr oder weniger umfassend entscheidungstheoretisch interpretiert und betrieben.

Entscheidungsorientierte Betriebswirtschaftslehre

Versteht sich die Betriebswirtschaftslehre weitgehend als Entscheidungstheorie, so ist etwa an den Ansatz der *entscheidungsorientierten Betriebswirtschaftslehre* von Heinen und Kirsch zu denken (vgl. dazu Heinen 1971, 1974 a und 1974 b sowie Kirsch 1970, 1971 a und 1971 b). Die entscheidungsorientierte Betriebswirtschaftslehre stellt in den Mittelpunkt ihrer betriebswirtschaftlichen Untersuchungen das Entscheidungsverhalten in Unternehmungen. Obwohl auch der Ansatz der normativen Entscheidungstheorie in der entscheidungsorientierten Betriebswirtschaftslehre vorhanden ist, dominiert die deskriptive Absicht: »Die entscheidungsorientierte Betriebswirtschaftslehre versucht ... auf der Basis einer deskriptiven Theorie des menschlichen Entscheidungsverhaltens, den Ablauf von Entscheidungsprozessen in Unternehmungen zu erklären und Verhaltensempfehlungen für die Entscheidungsträger zu geben« (Heinen 1971, S. 22). Die Überlegungen und Modellentwürfe der normativen Entscheidungstheorie werden eingebettet in reale Entscheidungssituationen: »Es (gelingt), die Position mathematischer Entscheidungs- und Problemlösungsversuche in individuellen und kollektiven Entscheidungs- und Verhandlungsprozessen zu bestimmen ...« (Heinen 1971, S. 25).

Die entscheidungsorientierte Betriebswirtschaftslehre geht also von betrieblichen Entscheidungen aus und sieht darin den Kern ihres Ansatzes. An die Stelle »traditioneller« Erörterungen, etwa bei der Diskussion betrieblicher Rechtsformen, möglicher betrieblicher Standorte, von Beschaffungs- und Absatzmöglichkeiten treten jetzt entscheidungsbezogene Argumente, die auf den Aspekt der Auswahl aus Alternativen aufmerksam zu machen gestatten. Die entscheidungstheoretische Denkrichtung durchdringt demnach alle »traditionellen« betriebswirtschaftlichen Erkenntnisse. Werden im »traditionellen« Sinn beispielsweise die absatzpolitischen Instrumente vorgestellt, so klassifiziert die entscheidungsorientierte Betriebswirtschaftslehre derartige Instrumente als Entscheidungsalternativen, die in ein Entscheidungsmodell eingehen. Mit Hilfe einer Zielvorstellung wird dann die optimale Kombination der absatzpolitischen Instrumente bestimmt.

Betriebswirtschaftliche Entscheidungstheorie als Teil der allgemeinen Betriebswirtschaftslehre

Gegenüber dem weiten Anspruch der entscheidungsorientierten Betriebswirtschaftslehre wird die betriebswirtschaftliche Entscheidungstheorie auch in einem engeren Sinne verstanden. So kann sie zum einen als ein *Teil* der *allgemeinen* Betriebswirtschaftslehre angesehen werden. In diesem Fall soll sie Grundlagen vermitteln, die für alle betriebswirtschaftlichen Spezialansätze gelten. So kann etwa der *Zielbegriff* aus der Entscheidungstheorie in die Produktionstheorie eingehen, bedarf aber dort zusätzlicher Konkretisierung durch originäre betriebswirtschaftliche Erkenntnisse.

... als spezielle Betriebswirtschaftslehre

Daneben ist es möglich, die betriebswirtschaftliche Entscheidungstheorie als *eine* der möglichen *speziellen* Betriebswirtschaftslehren anzusehen. Spezielle Betriebswirtschaftslehren können *branchenmäßig* untergliedert werden (wie Industriebetriebslehre, Bankbetriebslehre, Handelsbetriebslehre u.a.) oder aber *funktional* (wie Beschaffungs-, Produktions-, Absatztheorie oder Führungs-, Planungs- und Entscheidungstheorie).

Unabhängig davon, ob die betriebswirtschaftliche Entscheidungstheorie zur allgemeinen oder speziellen Betriebswirtschaftslehre gerechnet wird, ist sie immer durch zusätzliche betriebswirtschaftliche Untersuchungen zu ergänzen. Zusammenfassend informiert Abb. 49 über den Zusammenhang von Entscheidungstheorie und Betriebswirtschaftslehre.

*Normative Entscheidungstheorie und Operations Research (OR)**

Gerade die Grenzziehung zwischen normativer Entscheidungstheorie und Operations Research (OR) erweist sich oft als fragwürdig, was sich etwa in Lehrbüchern zur Entscheidungstheorie oder zu OR zeigt. Eine einheitliche Zuordnung von einzelnen Teilgebieten läßt sich nicht immer feststellen. Das ist auch verständlich, zumal sich *beide* Disziplinen der Aufgabe verpflichtet sehen, Entscheidungen vorzubereiten.

* Hier werden sowohl die Entscheidungstheorie als auch OR im »klassischen« Sinne verstanden. Allerdings wird das »klassische« Verständnis in das »moderne« Verständnis von Entscheidungstheorie und OR integriert, so daß die folgenden Ausführungen auch dafür relevant sind (vgl. dazu auch S. 108ff., 113ff.).

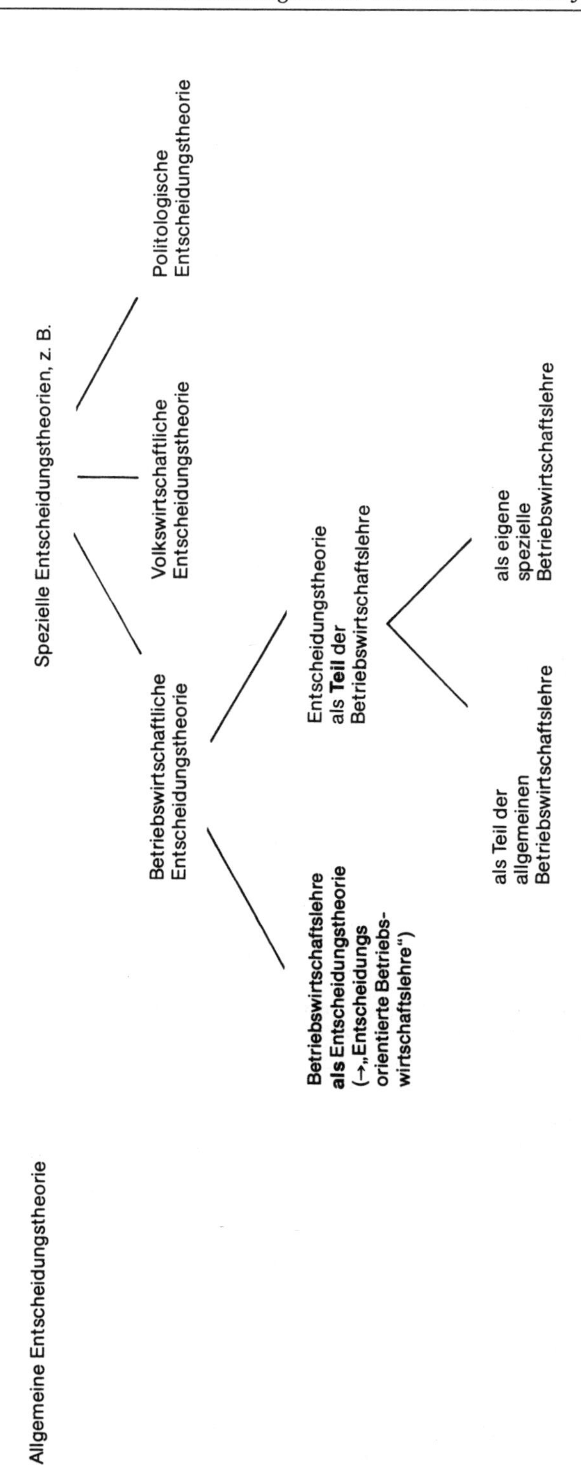

Abb. 49: Entscheidungstheorie und Betriebswirtschaftslehre

Abgrenzung von normativer Entscheidungstheorie und Operations Research

Historisch gesehen hat sich allerdings eine gewisse praktische Unterscheidung zwischen beiden Disziplinen herausgebildet. Das zeigt sich einmal darin, daß etwa mathematische Entscheidungsmodelle unter Sicherheit, aber auch komplizierte Entscheidungsmodelle unter Risiko, zu OR gehören. Das hat seinen Hintergrund in den besonderen Lösungsmethoden, die für derartige Modelle benötigt werden. Daneben scheint es ein weitverbreiteter Konsens zu sein, daß etwa die Nutzentheorie, die Präferenzurteile in der Form von Axiomen ordnet, der Entscheidungstheorie zuzurechnen ist.

Systematisch betrachtet kann von folgendem ausgegangen werden. Die normative Entscheidungstheorie ist *allgemeiner* als OR, da sie auch Grundlagenprobleme analysiert, wie etwa die allgemeine Gestalt von Aktionen, Präferenzurteilen oder Zielfunktionen, um nur einige Beispiele herauszugreifen. Der Grundlagenaspekt findet seinen Höhepunkt in der Diskussion von Grundmodellen, so wie sie in Kapitel B geführt wurde. OR geht von den dabei gewonnenen Erkenntnissen aus, wendet sie auf besondere Entscheidungsfälle an und konstruiert spezielle Modelle. Diese Anwendung ist zwar auch bei der Entscheidungstheorie selbst vorzufinden, doch gibt es dabei einen bedeutenden Unterschied. Alle diejenigen Modelle, die *besondere* Lösungsmethoden erfordern, gehören zu OR. Besondere Lösungsmethoden sind solche Lösungsmethoden, die Gegenstand einer *eigenen* mathematischen Theorie sind. Sie besitzen deshalb in OR einen großen Stellenwert. In der Entscheidungstheorie sind Lösungsmethoden zwar ebenfalls notwendig, um optimale Aktionen gewinnen zu können. Doch sind sie bei einfachen Modellen unter Risiko und Unsicherheit mit den jeweiligen Zielfunktionen identisch (vgl. dazu S. 68), so daß in der Entscheidungstheorie eine eigenständige Theorie der Lösungsmethoden irrelevant ist. Zusammenfassend gilt deshalb, daß die Entscheidungstheorie allgemeiner ist als OR und außerdem durch eine andersartige Akzentuierung der Lösungsmethoden gekennzeichnet ist (vgl. Sieben-Schildbach 1980, S. 9f.).

Deskriptive Entscheidungstheorie und Sozialwissenschaften

Die deskriptive Entscheidungstheorie wendet allgemeine Ergebnisse der Sozialwissenschaften, also der Psychologie, Sozialpsychologie, Soziologie und Politologie auf das Studium von Entscheidungen an. (vgl. dazu etwa auch Behrens 1980). Die etwa aus der Motiv-, Denk- oder Wahrnehmungspsychologie bekannten Ergebnisse erfahren so einen spezifischen Einsatz. Das gilt auch für die anderen Sozialwissenschaften. Die Übernahme von Erkenntnissen aus einer Gruppe von Disziplinen (hier der gesamten Sozialwissenschaften) in eine andere Disziplin (hier der deskriptiven Entscheidungstheorie) geschieht allerdings nicht in einer mechanischen Weise. Die deskriptive Entscheidungstheorie benötigt nicht das gesamte sozialwissenschaftliche Wissen, sondern ein besonders ausgewähltes Wissen. Der dabei ablaufende Selektionsprozeß setzt schon ein gewisses theoretisches Verständnis voraus, das aus der deskriptiven Entscheidungstheorie selbst stammt.

Daneben stimuliert die deskriptive Entscheidungstheorie eine eigenständige sozialwissenschaftliche Forschung, die auf Entscheidungsphänomene ausgerichtet ist. Das erfordert schon die Übernahme von sozialwissenschaftlichen Erkenntnissen. Es werden neuartige *empirische* Untersuchungen benötigt, um die Gültigkeit der sozialwissenschaftlichen Ergebnisse im neuen Anwendungsbereich, in der Entscheidungstheorie, zu demonstrieren. Die zusätzliche Forschung resultiert aus einer gewissen Enge der vorliegenden sozialwissenschaftlichen Ergebnisse. So hat etwa die Erforschung von heuristischen Methoden, die im Kopf des Entscheidungsträgers ablaufen, einen für die Entscheidungstheorie relevanten Teil der kognitivistischen Psychologie befruchtet. Insgesamt läßt sich festhalten, daß die deskriptive Entscheidungstheorie selbst als eine Sozialwissenschaft bezeichnet werden kann.

Wiederholungsfragen

1. Worin unterscheidet sich die allgemeine Entscheidungstheorie von speziellen Entscheidungstheorien? (S. 134 f.)
2. Welches Programm vertritt die entscheidungsorientierte Betriebswirtschaftslehre? (S. 135 f.)
3. In welcher Beziehung stehen normative Entscheidungstheorie und Operations Research? (S. 136, 138)
4. Welche Bedeutung besitzen Lösungsmethoden in normativer ntscheidungstheorie und Operations Research? (S. 138)
5. In welcher Beziehung stehen deskriptive Entscheidungstheorie und Sozialwissenschaften? (S. 138 f.)

Literaturverzeichnis

BEHRENS, H. (1980): Politische Entscheidungsprozesse. Konturen einer politischen Entscheidungstheorie. Opladen 1980.

GÄFGEN, G. (1974): Theorie der wirtschaftlichen Entscheidung. Untersuchungen zur Logik und Bedeutung des rationalen Handelns. 3., erw. u. erg. Aufl., Tübingen 1974.

HEINEN, E. (1971): Der entscheidungsorientierte Ansatz der Betriebswirtschaftslehre. In: Kortzfleisch, G. v. (Hrsg.): Wissenschaftsprogramm und Ausbildungsziele der Betriebswirtschaftslehre. Bericht von der wissenschaftlichen Tagung in St. Gallen vom 2.–5. Juni 1971. Berlin 1971, S. 21–37.

HEINEN, E. (1974a): Einführung in die Betriebswirtschaftslehre. 5., verb. Aufl., Wiesbaden 1974.

HEINEN, E. (1974b): Neue Denkansätze in der entscheidungsorientierten Betriebswirtschaftslehre. In: Der österreichische Betriebswirt, 24 (1974), S. 97–107.

KIRSCH, W. (1970): Entscheidungsprozesse, 1. Bd.: Verhaltenswissenschaftliche Ansätze der Entscheidungstheorie. Wiesbaden 1970.

KIRSCH, W. (1971a): Entscheidungsprozesse, 2. Bd.: Informationsverarbeitungstheorie des Entscheidungsverhaltens. Wiesbaden 1971.

KIRSCH, W. (1971b): Entscheidungsprozesse, 3. Bd.: Entscheidungen in Organisationen. Wiesbaden 1971.

SIEBEN, G. / SCHILDBACH, T. (1980): Betriebswirtschaftliche Entscheidungstheorie. 2., überarb. u. erw. Aufl., Düsseldorf 1980.

2. Kapitel: Ausgewählte Modelle aus der normativen Entscheidungstheorie

A. Gesamtüberblick

Im Kapitel 2 geht es darum, zahlreiche einzelne Entscheidungsmodelle kennenzulernen. Dazu ist zunächst der Modellbegriff einzuführen (Kapitel B). Anschließend werden das aufbauorientierte Grundmodell der normativen

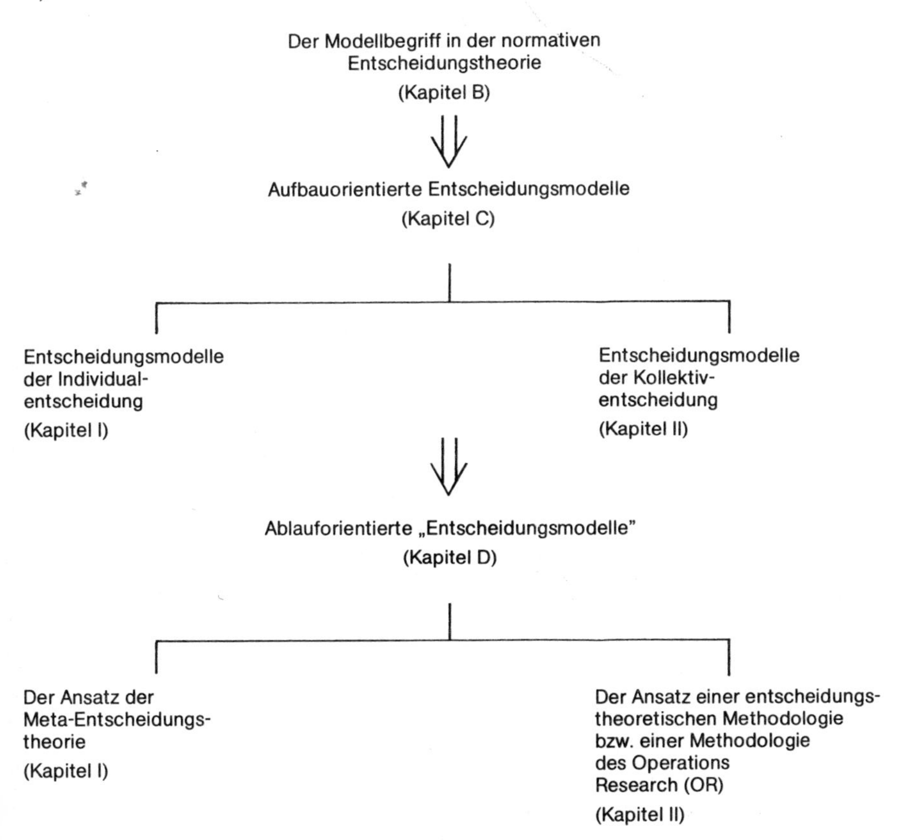

Abb. 50: Aufbau- und ablauforientierte Entscheidungsmodelle

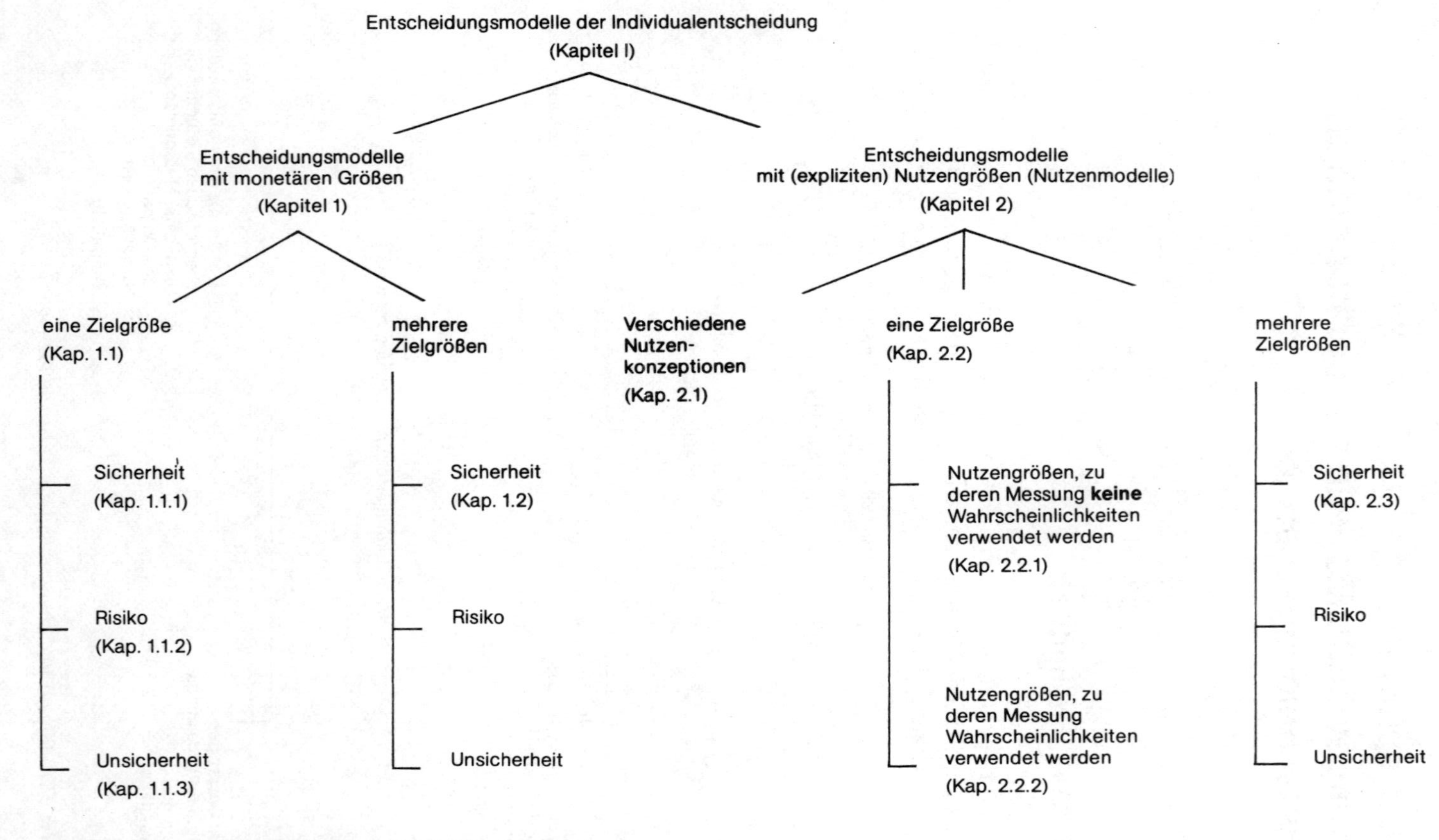

Abb. 51: Entscheidungsmodelle der Individualentscheidung

Entscheidungstheorie (Kapitel C) und das ablauforientierte Grundmodell (Kapitel D) vertieft. Über die verschiedenen zu behandelnden Entscheidungsmodelle informieren die folgenden Abbildungen 50, 51 und 52, die gleichzeitig auch die Gliederung des 2. Kapitels vorstellen.

Das Kapitel C soll weiter unterteilt werden:

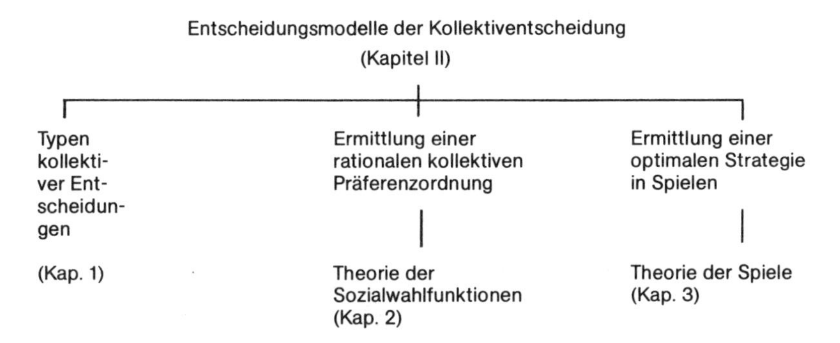

Abb. 52: Entscheidungsmodelle der Kollektiventscheidung

B. Der Modellbegriff in der normativen Entscheidungstheorie

Beispiele für Modelle

Grundmodelle – Allgemeine Entscheidungsmodelle

Die Einführung in die normative Entscheidungstheorie geschieht anhand der aufbauorientierten und ablauforientierten *Grundmodelle* der Entscheidung. Ausgehend vom aufbauorientierten Grundmodell lassen sich verschiedene Arten von *allgemeinen Entscheidungsmodellen* entwickeln, die aus einer systematischen Analyse einzelner Merkmale des Grundmodells entstehen. Um ein Beispiel zu nennen: Werden die Umweltzustände in sichere, risikobehaftete und unsichere Zustände unterteilt, so lassen sich auch allgemeine Entscheidungsmodelle unter Sicherheit, Risiko und Unsicherheit unterscheiden. Wir werden später weitere solcher Entscheidungsmodelle entwickeln. Wendet ein Entscheidungsträger ein derartiges Entscheidungsmodell auf einen konkreten Fall an, so liegt ein *konkretes Entscheidungsmodell* vor. Der Weg von konkreten Entscheidungsmodellen über allgemeine Entscheidungsmodelle zum Grundmodell ist ein Weg zunehmender Abstraktion.

Konkrete Entscheidungsmodelle

Aufbauorientierte Modelle – ablauforientierte Modelle

Insgesamt steht hinter den 3 verschiedenen Modelltypen der Anspruch, einen Sachverhalt in irgendeiner noch genau zu bestimmenden Weise im Modell abzubilden. Dieser Anspruch gilt natürlich ebenso für die ablauforientierten Grundmodelle der normativen Entscheidungstheorie. Auch dort werden

Sachverhalte, Entscheidungsabläufe nämlich, in einem Modell erfaßt. Man könnte zur Unterscheidung von einem ablauforientierten »Entscheidungsmodell« sprechen. Allerdings soll im folgenden nur auf die aufbauorientierten Modelle eingegangen werden, da sie sich zu einer Demonstration besonders eignen. Dazu werden zunächst zwei Formen der Abbildung von Sachverhalten in Modellen an Beispielen behandelt. Im Anschluß daran wird der Modellbegriff allgemein eingeführt.

Der Modellbegriff wird in der deskriptiven Entscheidungstheorie noch einmal aufgegriffen und für deren Zwecke verdeutlicht (vgl. dazu S. 354 ff.).

Beispiel 1

Beispiel 1: (vgl. dazu Klaus 1969, S. 250 ff.)

Als Sachverhalt betrachten wir das Stück der U-Bahnlinie in Berlin, das die Stationen Alexanderplatz, Luxemburgplatz, Senefelderplatz, Dimitroffstraße, Schönhauser Allee und Pankow enthält. Zwischen den Stationen bestehen die beiden Beziehungen oder Strukturen »Ein Zug in Richtung Norden erreicht die Stationen in der oben angegebenen Reihenfolge« und »Ein Zug in Richtung Süden erreicht die Stationen in umgekehrter Reihenfolge«. Der angegebene Sachverhalt mit seinen Elementen und Beziehungen soll – abstrakt gesprochen – Gebilde I heißen. Gebilde II besteht aus den sechs Zahlen 0, 1, 2, 3, 4, 5. Als Beziehung zwischen den Zahlen betrachten wir die Kleinerbeziehung $<$ und die Größerbeziehung $>$.

Die *Elemente* des Gebildes I lassen sich den Elementen des Gebildes II über die mathematische Abbildung φ einander exakt und vollständig zuordnen:

φ (Alexanderplatz) = 0 $\quad$ φ (Dimitroffstraße) = 3
φ (Luxemburgplatz) = 1 $\quad$ φ (Schönhauser Allee) = 4
φ (Senefelderplatz) = 2 $\quad$ φ (Pankow) = 5.

Die Abbildung φ überträgt demnach alle Elemente des Gebildes I auf Gebilde II, ohne daß eine Information verloren geht. Außerdem werden die *Beziehungen* (Strukturen) im Gebilde I durch die Kleinerbeziehung $<$ bzw. Größerbeziehung $>$ des Gebildes II exakt und vollständig wiedergegeben. Die Kleinerbeziehung informiert über die Abfolge der Stationen von Süden nach Norden, die Größerbeziehung dagegen zeigt die Richtung von Norden nach Süden an. Die Abbildung φ überträgt also auch alle Strukturen des Gebildes I auf Gebilde II ohne Informationsverlust.

Isomorphismus

Wir können deshalb zusammenfassend sagen: φ ist bezüglich der Elemente und Beziehungen eindeutig und überdies auch umkehrbar eindeutig, da von den Zahlen eine eindeutige Rückabbildung auf die Stationen möglich ist. Deshalb wird φ als *Isomorphismus* bezeichnet. Das Gebilde II ist das isomorphe Modell des Gebildes I. Wenn wir uns auf die Strukturen beschränken, so gilt: Isomorphe Modelle bilden Zusammenhänge ***strukturgleich*** ab.

Im nächsten Beispiel findet sich eine andere Abbildung, wonach Sachverhalte nur *strukturähnlich* (analog) in Modelle abgebildet werden. Es handelt sich in diesem Falle um *homomorphe* Modelle. Homomorphe Modelle werden auch als *strukturtreu* oder *strukturerhaltend* bezeichnet (vgl. zur formalen Darstellung der Isomorphie bzw. Homomorphie Kirsch 1971 a, S. 34 f. und Klaus 1969, S. 250 ff.).

Beispiel 2: (vgl. dazu Klaus 1969, S. 251 f.)

Beispiel 2

Im folgenden wird das Gebilde A über eine Zuordnungsvorschrift ψ in das Gebilde B überführt:

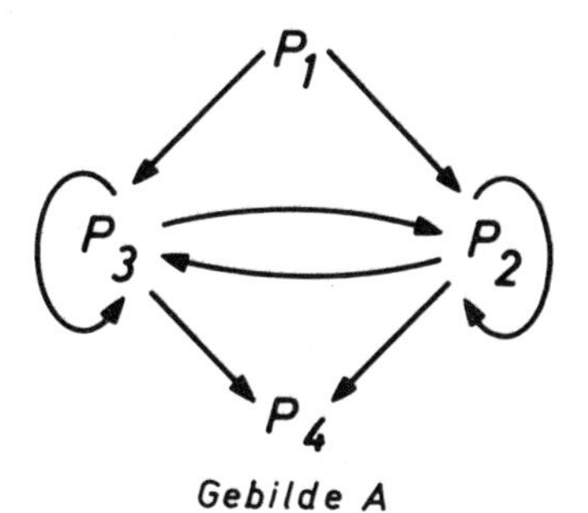

Gebilde A

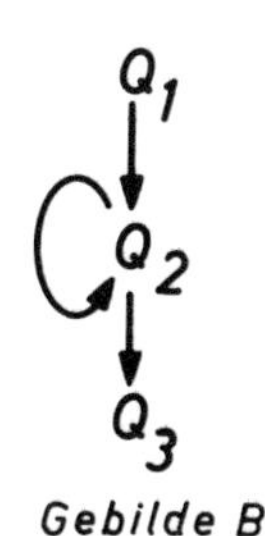

Gebilde B

Die Zuordnungsvorschrift lautet:

$\psi(P_1) = Q_1 \quad \psi(P_2) = \psi(P_3) = Q_2 \quad \psi(P_4) = Q_3$

Homomorphismus

Die Abbildung ψ überträgt nicht alle Strukturen, sondern nur die für wesentlich gehaltenen. Das wird daran deutlich, daß nicht alle Pfeile des Gebildes A in Gebilde B erscheinen. ψ wird deshalb als *Homomorphismus* bezeichnet. Ein Homomorphismus ist zwar eindeutig, ohne aber umkehrbar eindeutig zu sein, was sich auch an ψ zeigt. So werden etwa P_2 und P_3 eindeutig auf Q_2 abgebildet, während die Rückabbildung nicht eindeutig ist. Das Gebilde B kann dann als das homomorphe Modell des Gebildes A verstanden werden. Abschließend soll in einem betriebswirtschaftlichen Beispiel die Abbildungsproblematik verdeutlicht werden.

Beispiel 3: (vgl. in ähnlicher Weise Adam-Witte 1975, S. 369 ff. und Witte 1979, S. 23 ff.).

Beispiel 3

Die technologischen Nebenbedingungen des linearen Programms der Produktionsprogrammplanung (S. 66) stellen ein Modell des Produktionsprozesses dar:

Maschine 1: $x_1 + x_2 \leqq 120$
Maschine 2: $x_1 + 2x_2 \leqq 180$
Maschine 3: $x_1 \leqq 80$.

Wenn wir etwa die zweite Ungleichung herausgreifen, so gilt: Für die Maschine 2 stehen 180 Maschinenlaufstunden zur Verfügung. Diese werden von den 2 Produkten unterschiedlich beansprucht. Für eine Einheit des ersten Produktes werden eine Laufstunde, für eine Einheit des zweiten Produktes zwei Laufstunden benötigt.

Es darf hierbei von einem Modell gesprochen werden, da Entsprechungen zwischen dem realen Produktionssystem und dem Ungleichungssystem vorliegen. Allerdings handelt es sich wohl um eine homomorphe und nicht um eine isomorphe Abbildung. Das bedeutet z.B., daß sich »Ausbringungsmengen einer Produktionsart, die sich durch Farbe oder den Produktionszeitpunkt in der Realität unterscheiden, im Modell zu einem Erzeugnis zusammengefaßt (werden)« (Adam-Witte 1975, S. 370). Bei der Abbildung der realen *Merkmale* von Produkten in das Modell ist also nur das eine *Merkmal* ›Ausbringungsmenge‹ relevant. Man spricht deshalb auch häufig von einer mehreindeutigen Abbildung.

Auch die Gesamtheit der realen *Strukturen* taucht im Modell nicht auf. Beispielsweise wird über die Reihenfolge in der Bearbeitung der einzelnen Produkte auf den jeweiligen Maschinen nichts ausgesagt (vgl. dazu Schweitzer-Küpper 1974, S. 158f.). Die Beziehung »$2 \cdot x_2$« etwa ist jedoch ein eindeutiges Abbild der Realität. Die Zahl 2 ist das zahlenmäßige Abbild des Faktorverbrauchs, um eine Einheit des Produktes herstellen zu können. »x_2« ist eine Variable und ein zahlenmäßiges Abbild für die Anzahl der Produkteinheiten. Die *multiplikative Verknüpfung* des zahlenmäßigen Abbildes des Faktorverbrauchs für eine Einheit des Produktes mit dem zahlenmäßigen Abbild für die Anzahl der Produkteinheiten ist *strukturtreu* oder *strukturerhaltend*. Durch eine *additive Verknüpfung* würde der im Produktionsprozeß gegebene Zusammenhang nicht zutreffend wiedergegeben.

Modellbegriff

Definition des Modells

Zusammenfassend soll die Definition eines Modells festgelegt werden. Allgemein gilt, daß ein Modell eine isomorphe oder homomorphe Abbildung eines Ausschnittes aus der Realität ist. Je nachdem, ob der Realitätsausschnitt durch *materiale* oder *formal-symbolische* Mittel wiedergegeben wird, lassen sich anschaulich-materiale oder abstrakt-symbolische Modelle unterscheiden. So sind etwa Gebirgsreliefs, Schiffs- und Hausmodelle sowie Skelette anschaulich-materiale Modelle. Bei den abstrakt-symbolischen Modellen handelt es sich um sprachliche Modelle, wobei wir *natürliche Sprachen*, wie die

Umgangssprache, und *künstliche Sprachen*, wie wissenschaftliche Sprachen, betrachten können. Dieser Zusammenhang ist in Abb. 53 wiedergegeben.

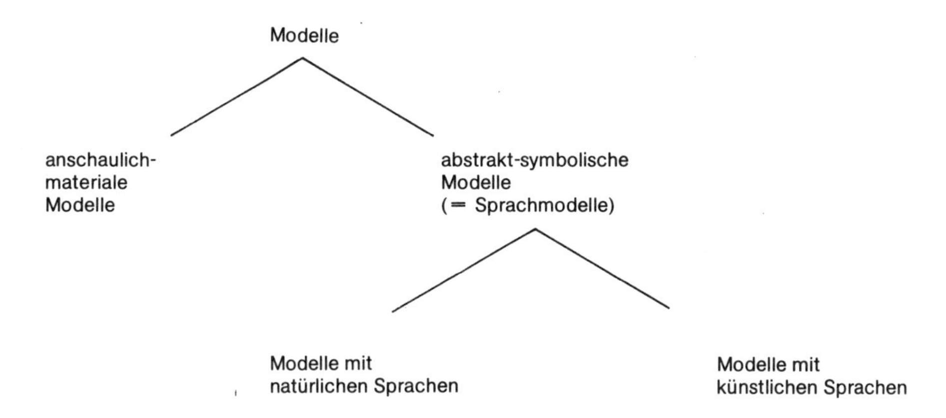

Abb. 53: Arten der Modelle nach ihrem Abbildungsmittel

Für die normative Entscheidungstheorie sind Modelle mit künstlichen Sprachen von Bedeutung. Dazu gehören etwa verbale wissenschaftliche Sprachmodelle, aber auch Modelle der mathematischen Symbolsprache. Mathematische Modelle bilden einen bereits verbal beschriebenen Zusammenhang weiter ab. Liegt dabei eine homomorphe Abbildung vor, so vereinfachen die mathematischen Modelle die realen Zusammenhänge (vgl. dazu Pfohl 1977 a, S. 26 ff.).

Modellarten

Entscheidungsmodelle

Der beschriebene Modellcharakter findet sich in *Entscheidungsmodellen*, und zwar im Grundmodell, den allgemeinen Entscheidungsmodellen und den konkreten Entscheidungsmodellen.

Zu beachten ist allerdings, daß strenggenommen im Rahmen der normativen Entscheidungstheorie nur die faktischen und wertenden Entscheidungsprämissen die so definierte Modelleigenschaft besitzen. Die Ergebnismatrix als zentrale faktische Entscheidungsprämisse bildet reale Zusammenhänge ab, wenn es um die Ergebnisse des Handelns geht. Die wertenden Entscheidungsprämissen bilden ggf. Zusammenhänge aus der Wertsphäre des Entscheidungsträgers ab. Die methodischen Entscheidungsprämissen beziehen sich demgegenüber im allgemeinen nicht auf die Realität, so daß sie auch nicht als homomorphe Abbilder der Realität zu begreifen sind. Nur in der deskriptiven Entscheidungstheorie gehören die methodischen Entscheidungsprämissen zum Anwendungsbereich des Modellbegriffes, da sie das reale Verhalten abzubilden beanspruchen (vgl. dazu S. 354).

Gestaltungsmodelle

Gelegentlich wird auch die aus einem Entscheidungsmodell abgeleitete Entscheidung als *Gestaltungsmodell* bezeichnet (Bircher 1976, S. 37). Neben den Entscheidungsmodellen und Gestaltungsmodellen sind auch *Erklärungs-*

Verschiedene Modelle	Verschiedene Aussagen	Beispiele für Modelle und Aussagen
1a Beschreibungsmodelle	deskriptive Aussagen (IST-Aussagen)	Beschreibungsmodelle aus sämtlichen betrieblichen Funktionsbereichen etwa mit Aussagen über: Kapazitätsgrenzen, Faktorverbräuche, Produktions- und Verkaufsziffern, Absatzgrenzen, Kreditgrenzen
1b Ermittlungsmodelle		Finanzwirtschaftliche Ermittlungsmodelle, die Einnahmen-, Ausgabenströme zugrunde legen und einen Einnahmen- bzw. Ausgabenüberschuß ermitteln. Buchhalterische Ermittlungsmodelle der Bilanz und G + V Rechnung: Vermögens-, Kapitalgrößen bzw. Aufwands-, Ertragsgrößen führen zu Gewinnen bzw. Verlusten
2a Erklärungsmodelle		Erklärungs- und Prognosemodelle aus dem Produktionsbereich mit
	explikative Aussagen (WARUM-Aussagen)	Produktionsfunktionen,
2b Prognosemodelle	und deskriptive Aussagen	wobei bei der Erklärung z. B. Produktionsmengen oder Faktorverbräuche, die bereits angefallen sind, erklärt werden oder bei der Prognose zukünftige Produktionsmengen oder Faktorverbräuche vorausgesagt werden.
3 Entscheidungsmodelle		Entscheidungsmodelle der Produktionsprogrammplanung mit
	normative Aussagen (SOLL-Aussagen)	extremalen oder satisfizierenden Zielen,
	und explikative Aussagen	Produktionsfunktionen,
	und deskriptive Aussagen	Kapazitätshöchstgrenzen
4 Gestaltungsmodelle	normative Aussagen	Etwa konkrete Handlungsanweisungen, die aus einem Modell der Produktionsprogrammplanung abgeleitet werden

Abb. 54: Arten der Modelle nach ihren Funktionen

modelle (Prognosemodelle) aufzuführen, die einzelne Ereignisse der Realität erklären (vorhersagen). *Beschreibungsmodelle* dagegen enthalten beschreibende Aussagen über den Ist-Zustand relevanter Sachverhalte. Besondere Beschreibungsmodelle sind mit den *Ermittlungsmodellen* gegeben. Sie sind quantitative Beschreibungsmodelle, in denen die zahlenmäßigen Abbilder der Realität einer Transformation unterworfen werden, mit dem Zweck, aussagefähige Kennzahlen zu ermitteln. Zu den Ermittlungsmodellen gehört beispielsweise die Buchhaltung.

Erklärungsmodelle – Prognosemodelle

Beschreibungsmodelle – Ermittlungsmodelle

Die angegebenen Modelle sind nicht unabhängig voneinander, sondern stehen in einem engen Zusammenhang, der in der Abb. 54 ausgedrückt ist. Die Modelle mit der jeweils höheren Ziffer setzen die Modelle mit der niedrigeren Ziffer voraus (zu den Modellarten vgl. Schweitzer 1972, S. 35, Wild 1966, S. 75 ff., zur Abb. 54 vgl. teilweise Laager 1978, S. 56.).

Es geht aus der Abb. 54 hervor, daß für Entscheidungsmodelle vorgelagerte Modelle benötigt werden. Das soll an einem weiteren Beispiel gezeigt werden: Bei der Lösung eines Entscheidungsproblems informiert ein *Beschreibungsmodell* über den gegenwärtigen Zustand (Ist-Zustand, Anfangszustand), der zu berücksichtigen ist. Dazu gehören auch Beschreibungen aller zur Verfügung stehenden Aktionen und relevanten Umweltzustände. Die Ergebnismatrix kann – je nach der Blickrichtung – als *Erklärungs-* oder *Prognosemodell* verstanden werden. Die realen Ergebnisgrößen sind nämlich zu prognostizieren bzw. können erklärt werden, wenn die einzelnen Aktionen und Umweltzustände bekannt sind. Die Entscheidungsmatrix dagegen gehört zum *Entscheidungsmodell*, da sich hier wertende Informationen niederschlagen. Außerdem ist die Zielfunktion mit zum Entscheidungsmodell dazuzurechnen.

Wiederholungsfragen

1. Was versteht man unter einer isomorphen bzw. homomorphen Abbildung eines realen Zusammenhanges? (S. 144 ff.)
2. Wie ist der Modellbegriff definiert? (S. 146)
3. Worin unterscheiden sich Beschreibungs-, Ermittlungs-, Erklärungs-, Prognose, Entscheidungs- und Gestaltungsmodelle? (S. 147 ff.)

Literaturverzeichnis

ADAM, D. / WITTE, T. (1975): Betriebswirtschaftliche Modelle: Aufgabe, Aufbau, Eignung. In: Wirtschaftsstudium, 4 (1975), Teil 1: S. 369–371, Teil 2: S. 419–423.

BIRCHER, B. (1976): Langfristige Unternehmungsplanung. Konzepte, Erkenntnisse und Modelle auf systemtheoretischer Grundlage. Bern/Stuttgart 1976.

KIRSCH, W. (1971 a): Entscheidungsprozesse, 2. Bd.: Informationsverarbeitungstheorie des Entscheidungsverhaltens. Wiesbaden 1971.

KLAUS, G. (Hrsg.) (1969): Wörterbuch der Kybernetik, Bd. 1. Frankfurt/M./Hamburg 1969.

LAAGER, F. (1978): Entscheidungsmodelle. Leitfaden zur Bildung problemangepaßter Entscheidungsmodelle und Hinweise zur Realisierung getroffener Entscheidungen. Zürich/Köln 1978.

PFOHL, H.-C. (1977 a): Problemorientierte Entscheidungsfindung in Organisationen. Berlin/New York 1977.

SCHWEITZER, M. (1972): Struktur und Funktion der Bilanz. Grundfragen der betriebswirtschaftlichen Bilanz in methodologischer und entscheidungstheoretischer Sicht. Berlin 1972.

SCHWEITZER, M. / KÜPPER, H.-U. (1974): Produktions- und Kostentheorie der Unternehmung. Reinbek bei Hamburg 1974.

WILD, J. (1966): Grundlagen und Probleme der betriebswirtschaftlichen Organisationslehre. Entwurf eines Wissenschaftsprogramms. Berlin 1966.

WITTE, T. (1979): Heuristisches Planen. Wiesbaden 1979.

C. Aufbauorientierte Entscheidungsmodelle

I. Entscheidungsmodelle der Individualentscheidung

1. Entscheidungsmodelle mit monetären Zielgrößen

»Klassische« betriebswirtschaftliche Überlegungen basieren überwiegend auf der Verwendung monetärer Größen, wie Einnahmen–Ausgaben, Leistungen–Kosten, Aufwendungen–Erträge und daraus ableitbarer Größen wie Einnahmeüberschuß–Ausgabenüberschuß sowie Gewinn–Verlust, um nur einige aussagefähige Kennzahlen herauszugreifen. Diese Kennzahlen werden als ökonomische Kennzahlen bezeichnet, die als *Zeitraumgrößen* (wie Gewinn–Verlust) oder *Zeitpunktgrößen* (wie Einnahmen–Ausgaben) auftreten können.

Ökonomische Kennzahlen

Technizitäre Kennzahlen

Neben den ökonomischen Größen sind auch *technische* oder *technizitäre* Kennzahlen (vgl. dazu Kosiol 1975, S. 21) bedeutsam, die Mengen- oder

Zeitgrößen beinhalten. Für die Betriebswirtschaftslehre sind vor allem auch *zeitliche* Kennzahlen relevant, die Auskünfte geben über Lagerzeiten, Vorbereitungszeiten, Rüstzeiten, Durchlaufzeiten, Wartezeiten, Terminüberschreitungen. Mengen- und Zeitgrößen werden in (monetäre) Kostengrößen überführt, wenn man sie mit einem entsprechenden Preis pro Mengen- oder Zeiteinheit multipliziert. Auf diese Weise wird deutlich, daß sich zahlreiche betriebswirtschaftliche Probleme in Entscheidungsmodellen mit monetären Größen erfassen lassen.

Wer mit monetären Kennzahlen operiert, umgeht damit scheinbar die Problematik ›subjektiver‹ Nutzengrößen bzw. Schadensgrößen*. Werden betriebswirtschaftliche Sachverhalte durch monetäre Größen abgebildet, so erübrigen sich subjektive Bewertungsakte, die gleichsam durch einen objektiven Maßstab, nämlich Geld, ersetzt werden. Auf diese Weise, so könnte argumentiert werden, wäre es möglich, der traditionsreichen, aber leidigen Nutzendiskussion (Diskussion über Schadensgrößen) zu entgehen. Leider liegt der Argumentation ein Trugschluß zugrunde. Wenn wir uns auf Nutzengrößen beschränken, so gilt folgendes: Auch Gewinnmaximierungsmodelle etwa enthalten *implizit* gewisse Annahmen über Bewertungsakte, also Annahmen über Nutzenvorstellungen. So wird jeder Extremierer ohne Einschränkung die Transitivitätsregel bei Gewinnen unterstellen: Wer Gewinn a dem Gewinn b und Gewinn b dem Gewinn c vorzieht, wird auch Gewinn a dem Gewinn c vorziehen. Außerdem zieht ein Extremierer jeden höheren Gewinn einem niedrigeren Gewinn vor (vgl. S. 44). Extremalmodelle mit monetären Größen enthalten also implizit Nutzengrößen (Kupsch 1973, S. 93ff.). Aber auch ein Satisfizierer verbindet mit Gewinnen schon gewisse Nutzenvermutungen, wenngleich andere als ein Extremierer. Alle monetären Größen, die nicht seinem Anspruchsniveau entsprechen, werden entsprechend gering bewertet.

Wenn in diesem Kapitel trotzdem auf die Diskussion der Nutzenkonzeption verzichtet wird, so ausschließlich aus didaktischen Gründen. Um zahlreiche Besonderheiten von Entscheidungsmodellen in reiner Form darstellen zu können, werden zunächst Modelle mit monetären Größen *isoliert* von Nutzenüberlegungen behandelt. Da überwiegend von extremalen Zielen auszugehen ist, soll der Einfachheit halber die Ergebnismatrix zugleich die Entscheidungsmatrix sein.

Für die weitere Vorgehensweise ist die bereits bekannte Unterscheidung der Umweltzustände in sichere, risikobehaftete und unsichere Zustände heranzuziehen (vgl. dazu S. 31). Daraus ergeben sich Entscheidungsmodelle unter Sicherheit, Risiko und Unsicherheit. Für alle Entscheidungsmodelle gilt,

* Vgl. zu diesen Größen auch S. 48ff.

daß jeweils nur eine monetäre Größe als Zielgröße fungieren soll. Ein besonderes Augenmerk werden wir dabei auf die für die jeweiligen Entscheidungsmodelle typischen Zielfunktionen werfen*. Außerdem soll gezeigt werden, wie sich faktische, wertende und methodische Entscheidungsprämissen an den einzelnen Entscheidungsmodellen identifizieren lassen. Beginnen wir mit den Entscheidungsmodellen unter Sicherheit.

1.1. Entscheidungsmodelle mit einer monetären Zielgröße

1.1.1 Entscheidungsmodelle unter Sicherheit

Entscheidungsmodelle bei extremalen Zielen

Entscheidungsmodelle unter Sicherheit werfen keine entscheidungstheoretischen Probleme auf, da die Entscheidungs*matrix* zum Spalten*vektor* degeneriert und die Wahl einer optimalen Aktion keine Schwierigkeit bereitet. Dazu benützen wir das schon früher verwendete lineare Programm, mit dem die Produktionsprogrammplanung modellmäßig erfaßt ist (vgl. dazu S. 65 ff.). Die inhaltliche Beschreibung des linearen Programms sei noch einmal wiedergegeben:

Beispiel

Ein Betrieb stellt zwei beliebig teilbare Produkte her, die jeweils auf drei Maschinen zu bearbeiten sind. Die beiden Produkte sind in den Mengen x_1 und x_2 zu produzieren. Alle drei Maschinen stehen mit einer begrenzten Laufzeit zur Verfügung und brauchen unterschiedlich lange, um ein Produkt zu bearbeiten:

Maschinen	Maschinenstunden je Einheit des 1. Produktes	2. Produktes	Gesamtkapazität (in Maschinenstunden)
Maschine 1	1	1	120
Maschine 2	1	2	180
Maschine 3	1	–	80

Das erste Produkt erwirtschaftet einen Deckungsbeitrag pro Stück von 2 DM, das zweite Produkt einen Deckungsbeitrag pro Stück von 3 DM. Es soll der Gesamtdeckungsbeitrag D maximiert werden, was zu folgendem linearen Programm führt, das in Abb. 55 dargestellt ist.

* Die Zielfunktionen können auch dann verwendet werden, wenn entsprechende Nutzengrößen vorliegen, vgl. dazu etwa S. 172 ff.

$$
\begin{array}{lcll}
D = 2x_1 + 3x_2 & \longrightarrow & \text{Max!} & (1) \\
x_1 + x_2 & \leqq & 120 & (2) \\
x_1 + 2x_2 & \leqq & 180 & (3) \\
x_1 & \leqq & 80 & (4) \\
x_1\ ,\quad x_2 & \leqq & 0 & (5)
\end{array}
$$

Abb. 55: Lineares Programm der Produktionsprogrammplanung mit einem maximalen Ziel

Der zu dem Modell gehörende Aktionsraum ist in der Abb. 30 auf S. 66 erfaßt und soll hier noch einmal in Abb. 56 wiedergegeben werden.

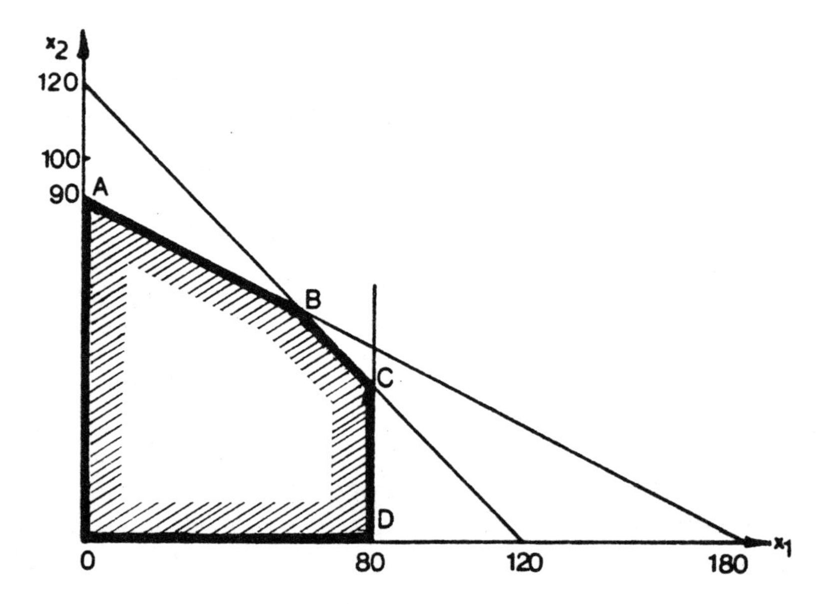

Abb. 56: Aktionsraum mit unendlich vielen Aktionen (Quelle des Beispiels: Hax 1974, S. 23ff.)

Der Aktionsraum umfaßt *unendlich* viele Aktionen, also (x_1/x_2)-Kombinationen. Alle möglichen Aktionen sind durch die Punkte *innerhalb* des umrandeten Fünfecks OABCD und *auf* diesem beschrieben. Das eigentliche Problem liegt jetzt in der Reduzierung des unendlich viele Aktionen enthaltenden Aktionsraums, dergestalt, daß relativ einfach die optimale Aktion ausgewählt werden kann. Dies geschieht mit Hilfe einer Lösungsmethode, was zu folgendem Spaltenvektor führt, der in Abb. 57 enthalten ist (vgl. auch S. 67). Die optimale Aktion ist a_3.

Aktionen \ Umweltzustand	s_1	
a_1: (x_1/x_2) = (0/ 0)	0	
a_2: (x_1/x_2) = (0/90)	270	
a_3: (x_1/x_2) = (60/60)	300	← a_{opt}
a_4: (x_1/x_2) = (80/40)	280	
a_5: (x_1/x_2) = (80/ 0)	160	

Abb. 57: Endlich viele Lösungsmöglichkeiten eines linearen Programms in der Form eines Spaltenvektors

Die Konstruktion und Anwendung geeigneter Lösungsmethoden (methodischer Entscheidungsprämissen) stellt *das* Problem der Entscheidungsmodelle unter Sicherheit dar. Da derartige Lösungsmethoden in Operations Research entwickelt werden, gehören auch Entscheidungsmodelle unter Sicherheit üblicherweise zur Domäne von Operations Research (vgl. dazu S. 109).

Entscheidungsprämissen bei Modellen unter Sicherheit

Faktische Entscheidungsprämissen

An dieser Stelle interessiert besonders die Frage, wie sich die für ein Entscheidungsmodell notwendigen Entscheidungsprämissen konkret in Modellen niederschlagen. Zu den *faktischen* Entscheidungsprämissen ist folgendes zu bemerken: Aktionen sind die Produktionsprogramme (x_1/x_2), und Konsequenzen der Aktionen sind mit dem Gesamtdeckungsbeitrag D gegeben. Der Spaltenvektor verkörpert eine empirische Wenn-Dann-Beziehung zwischen den Aktionen und ihrem Gesamtdeckungsbeitrag. Diese Beziehung findet ihren formelmäßigen Niederschlag in der Zeile (1) des Modells, wenn die Vorschrift über das Zielausmaß weggelassen wird. Empirische Wenn-Dann-Beziehungen finden sich aber auch in den technologischen Nebenbedingungen (2), (3), (4). Man erhält diese, wenn man das Ungleichheitszeichen in ein Gleichheitszeichen überführt und auf der rechten Seite der Gleichung eine

Variable ansetzt. Dann gilt z.B., wenn die Gleichung (3) herausgegriffen werden soll:

$x_1 + 2x_2 = y$ mit y als neuer Variablen.

Das ist nun nichts anderes als eine Leontief-Produktionsfunktion mit zwei Outputgütervariablen (x_1 und x_2) und einer Inputgütervariablen (y). Die Leontief-Produktionsfunktion zeigt, daß der Input an Produktionsfaktoren linear vom gewünschten Output abhängt. Führt man in diese Gleichung die ursprüngliche Tatsachenaussage ein, daß eine bestimmte Kapazitätsgrenze nicht überschritten werden darf, gelangt man wieder zur ursprünglichen Nebenbedingung. Diese enthält also gleichzeitig empirische Wenn-Dann-Beziehungen und einzelne Tatsachenaussagen.

Wertende oder normative Entscheidungsprämissen – Methodische Entscheidungsprämissen

Zu den *wertenden* oder *normativen* Entscheidungsprämissen gehört die Zielfunktion »Maximiere den Gesamtdeckungsbeitrag«, die in der Gleichung (1) erfaßt ist. Als *methodische* Entscheidungsprämisse kann beispielsweise der Simplex-Algorithmus angeführt werden, der eine optimale Aktion auszuwählen gestattet (vgl. dazu S. 67f.).

Entscheidungsmodelle bei satisfizierenden Zielen

Beispiel

Das lineare Programm zur Produktionsprogrammplanung kann in ein Modell umgewandelt werden, das an die Stelle eines extremalen Zielausmaßes ein satisfizierendes Zielausmaß setzt. Das konkrete Modell hat dann folgende Gestalt, wenn ein satisfizierendes Zielausmaß in der Form einer *Untergrenze* von 270 Gesamt-Deckungsbeitragseinheiten gelten soll (vgl. dazu Hax 1974, S. 26ff.). Das Modell ist in Abb. 58 dargestellt.

$$
\begin{aligned}
D = 2x_1 + 3x_2 &\geqq 270 && (1)^* \\
x_1 + x_2 &\leqq 120 && (2) \\
x_1 + 2x_2 &\leqq 180 && (3) \\
x_1 &\leqq 80 && (4)
\end{aligned}
$$

Abb. 58: Lineares Programm der Produktionsprogrammplanung mit einem satisfizierenden Ziel

(1) ist durch (1)* ersetzt, aber bei (2) – (4) ändert sich nichts. Die dem Modell entsprechende optimale Lösung hat sich allerdings verändert. An die Stelle einer eindeutigen Lösung tritt jetzt eine mehrdeutige Lösung. Wie aus der Abb. 59 hervorgeht, umfaßt der Bereich der im Sinne satisfizierender Zielausmaße optimalen Lösung das Viereck ABCD.

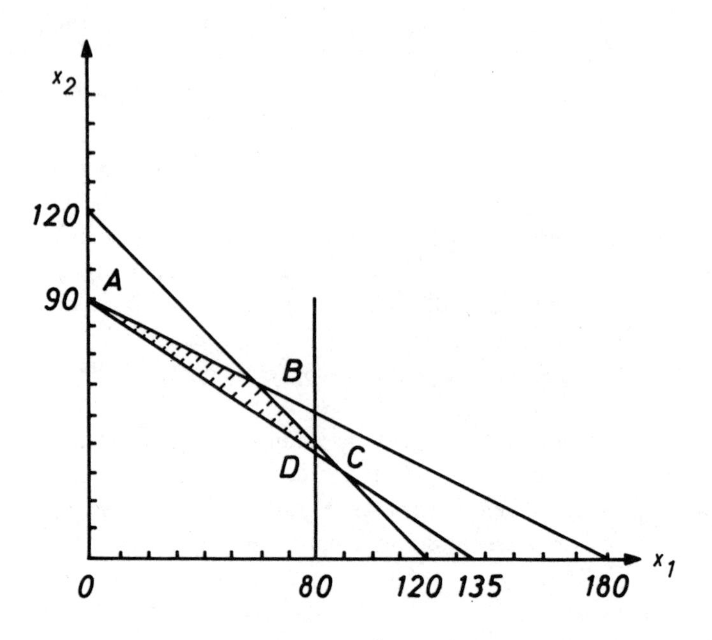

Abb. 59: Mehrdeutige Lösung bei einem satisfizierenden Ziel (Quelle des Beispiels: Hax 1974, S. 23ff.)

1.1.2 Entscheidungsmodelle unter Risiko

1.1.2.1 Einführung

Beispiel der Produktionsprogrammplanung

Beispiel

Um die Probleme dieses Modelltyps aufzeigen zu können, wird wiederum das Beispiel der Produktionsprogrammplanung zugrunde gelegt. Es bestehe jetzt die Aufgabe, aus vier zulässigen Produktionsprogrammen ein Produktionsprogramm auszuwählen. Zu beachten ist dabei, daß insgesamt drei mögliche Datenkonstellationen zugrunde liegen mit jeweils unterschiedlichen Annahmen hinsichtlich der Stückdeckungsbeiträge. Als monetäre Zielgröße wird weiterhin der Gesamtdeckungsbeitrag verwendet, den ein Produktionsprogramm erwirtschaftet. Die beschriebenen Sachverhalte sind in der Abb. 60 wiedergegeben. Der Gesamtdeckungsbeitrag beispielsweise in e_{11} errechnet sich dabei so: $0 \cdot 1 + 90 \cdot 3 = 270$. In der gleichen Weise werden alle Gesamtdeckungsbeiträge ermittelt.

s_j / a_i	s_1 = (d_1/d_2) = (1/3)	s_2 = (d_1/d_2) = (2/3)	s_3 = (d_1/d_2) = (3/3)
a_1: (x_1/x_2) = (0/90)	270	270	270
a_2: (x_1/x_2) = (60/60)	240	300	360
a_3: (x_1/x_2) = (90/40)	210	300	390
a_4: (x_1/x_2) = (140/0)	140	280	420

Abb. 60: Entscheidungsmatrix

Jede Datenkonstellation von Stückdeckungsbeiträgen tritt mit einer anderen Wahrscheinlichkeit auf, was in Abb. 61 erfaßt ist.

s_j / a_i	s_1	s_2	s_3
p_j	p_1 = 0,5	p_2 = 0,2	p_3 = 0,3
a_1	270	270	270
a_2	240	300	360
a_3	210	300	390
a_4	140	280	420

Abb. 61: Entscheidungsmatrix unter Risiko mit einer Wahrscheinlichkeitszeile

Wenn jede Datenkonstellation eine bestimmte Wahrscheinlichkeit aufweist, so bedeutet das, daß auch die Ergebnisse nur mit dieser Wahrscheinlichkeit auftreten. Es gelten im speziellen Fall handlungsunabhängige Wahrscheinlichkeiten, was in Abb. 62 erfaßt ist.

s_j / a_i	s_1	s_2	s_3
a_1	0,5	0,2	0,3
a_2	0,5	0,2	0,3
a_3	0,5	0,2	0,3
a_4	0,5	0,2	0,3

Abb. 62: Wahrscheinlichkeitsmatrix mit handlungsunabhängigen Wahrscheinlichkeiten

Bildung der Zielfunktionen bei Risiko

Daß für die Ableitung einer optimalen Aktion Zielfunktionen bei Sicherheit nicht ausreichen, wurde schon an anderer Stelle gezeigt (vgl. dazu S. 53 ff.). Es muß vielmehr die Entscheidungsmatrix auf einen Spaltenvektor verkleinert werden, wozu besondere Zielfunktionen bei Risiko anzuwenden sind. Um zu den konkreten Zielfunktionen zu gelangen, sind einige Schritte nötig:

Vier Schritte zur Bildung konkreter Zielfunktionen

1. Zunächst sind die Wahrscheinlichkeitsverteilungen der einzelnen Zeilen durch geeignete *Kennzahlen* zu ersetzen (vgl. dazu auch S. 56, 58). Für die in der i-ten Zeile ($i = 1, \ldots, m$) stehende Verteilung sind also $\bar{k}$ Kennzahlen zu finden:

   $K_1(E_i), K_2(E_i), \ldots, K_{\bar{k}}(E_i)$*.

   Es ist zu berücksichtigen, daß Wahrscheinlichkeitsverteilungen dann als gleich anzusehen sind, wenn sie in ihren Kennzahlen übereinstimmen. Wird etwa der mathematische Erwartungswert als *einzige* Kennzahl ausgewählt, so sind alle Verteilungen dann gleich, wenn ihre Erwartungswerte identisch sind. Tendenziell werden Verteilungen um so schärfer charakterisiert und kommen Unterschiede um so deutlicher zum Ausdruck, je *mehr* Kennzahlen verwendet werden. Allerdings steht dem oft die Forderung nach einer leichten Handhabbarkeit der zu bildenden Zielfunktion entgegen.
2. Werden mehrere Kennzahlen ausgewählt, so ist ihre Verknüpfung Φ anzugeben. Erst dann kann der Präferenzwert PRÄ der Aktion a_i ermittelt werden:

   $$\text{PRÄ}(a_i) = \Phi(K_1(E_i), K_2(E_i), \ldots, K_{\bar{k}}(E_i)).$$

   Werden etwa als Kennzahlen der mathematische Erwartungswert μ und die Streuung σ bestimmt, so lautet eine mögliche Verknüpfungsfunktion Φ:

   $$\Phi(\mu_i, \sigma_i) = \mu_i - \alpha \cdot \sigma_i.$$

   Dann kann auch der Präferenzwert PRÄ der Aktion a_i angegeben werden:

   $$\text{PRÄ}(a_i) = \mu_i - \alpha \cdot \sigma_i.$$

   Diese spezielle Verknüpfungsfunktion Φ soll später detailliert behandelt werden (vgl. S. 165 f.).

* E_i bezieht sich auf die i Zeilen der Entscheidungsmatrix.

3. Eventuell sind auch gewisse Parameter der Verknüpfungsfunktion Φ festzulegen. Im Beispiel unter (2) ist α festzulegen.
4. Schließlich ist das Zielausmaß zu bestimmen. Für das Beispiel unter (2) ist etwa die Maximierungsvorschrift vorzugeben.

Sind alle 4 Schritte vollzogen, so ist eine *konkrete* Zielfunktion bestimmt, wofür bereits ein Beispiel gegeben wurde. Ein anderes Beispiel einer konkreten Zielfunktion lautet: Maximiere den mathematischen Erwartungswert. Im folgenden sollen einige alternative Zielfunktionen diskutiert werden. Dabei kann man zur Bestimmung der Kennzahlen alle aus der Statistik bekannten Kennzahlen benutzen, um allein oder in Kombination eine Zielfunktion festzulegen. Demnach können sich Zielfunktionen auf *Zentralmaße, Streuungsmaße* und auch auf Verteilungsmaße höherer Ordnung, wie etwa *Schiefemaße,* erstrecken. Außerdem sind *Extremwerte* einer Verteilung möglich (vgl. dazu Bitz 1980a, S. 79ff., Hettich 1977, S. 127ff., Schneeweiß 1967, S. 46ff.). In der Auswahl der Kennzahlen schlägt sich die subjektive Einstellung des Entscheidungsträgers zu risikobehafteten Daten nieder. Wir bezeichnen diesen Sachverhalt als *Risikopräferenz* (vgl. dazu Bamberg-Coenenberg 1977, S. 27). Wird *eine* Kennzahl verwendet, so handelt es sich um *eindimensionale* Zielfunktionen, im anderen Falle um *mehrdimensionale* Zielfunktionen (vgl. dazu S. 58).

Arten von Kennzahlen

Risikopräferenz

Eindimensionale Zielfunktion – Mehrdimensionale Zielfunktion

Entscheidungsprämissen in Modellen bei Risiko

Nachdem die Bildung von konkreten Zielfunktionen geklärt ist, kann gezeigt werden, wie sich in den Abb. 60 und 62 die einzelnen Entscheidungsprämissen eines Entscheidungsmodells niedergeschlagen haben. Die Matrix der Abb. 60 stellt eine empirische Wenn-Dann-Beziehung dar und ist folgendermaßen zu lesen: »*Wenn* bestimmte Aktionen vorliegen und bestimmte Umweltzustände gegeben sind, *dann* resultiert ein bestimmter Gesamtdeckungsbeitrag«. Die Matrix der Abb. 62 informiert zusätzlich darüber, daß der Gesamtdeckungsbeitrag nur mit einer bestimmten Wahrscheinlichkeit zu erwarten ist. Welche Aktionen überhaupt in die Überlegungen einbezogen werden, hängt darüberhinaus von konkreten betrieblichen Situationen ab. Neben den beschriebenen *faktischen* Entscheidungsprämissen sind die *wertenden* oder *normativen* Entscheidungsprämissen in den Zielfunktionen gegeben. Im Falle der Risikosituation (und auch der später zu behandelnden Unsicherheitssituation) sind die Zielfunktionen gleichzeitig als *methodische* Entscheidungsprämissen zu verstehen. Sie informieren über die Transformationsschritte, um von der Matrix zum Vektor zu gelangen.

Faktische Entscheidungsprämissen

Wertende oder normative Entscheidungsprämissen – Methodische Entscheidungsprämissen

Im weiteren sollen einige wichtige Zielfunktionen erörtert werden.

1.1.2.2 Eindimensionale Zielfunktionen unter Verwendung eines Zentralmaßes

Bayes-Zielfunktion (Risikoneutralität)

Die wohl gängigste Zielfunktion sieht vor, einzelne Wahrscheinlichkeitsverteilungen durch ihren Erwartungswert zu charakterisieren. Es gilt:

$$\text{PRÄ}\,(a_i) = \mu_i$$

und im diskreten Fall*:

$$\mu_i = \sum_{j=1}^{n} e_{ij} \cdot p_{ij}.$$

Die Formel gilt, wenn die Wahrscheinlichkeitsmatrix verwendet wird. Liegt dagegen nur eine Wahrscheinlichkeitszeile vor, so gilt:

$$\mu_i = \sum_{j=1}^{n} e_{ij} \cdot p_j.$$

Die Zielfunktion lautet bei einem extremalen Ziel**:

$$(1) \quad a_{opt} = \max_i \left[\mu_i \right].$$

Bayes-Zielfunktion

(1) wird auch als *Bayes*-Zielfunktion bezeichnet. Im Beispiel der Abb. 61 ist dann a_2 die optimale Aktion. Grundsätzlich stehen auch andere Zentralmaße als der Erwartungswert zur Verfügung, wie etwa der wahrscheinlichste Wert (Modus) und auch der mittlere Wert (Median) (vgl. dazu Bitz 1980a, S. 80f.).

Weitgehend unproblematisch ist der Erwartungswert, wenn sich die dem Entscheidungsmodell zugrundeliegenden Situationen hinlänglich oft wiederholen. Man kann die μ-Zielfunktion im Wiederholungsfalle relativ einfach mit Hilfe des Gesetzes der großen Zahlen plausibel machen. Beobachtet man etwa in einer Serie von N Entscheidungen den erzielbaren Durchschnittsdeckungsbeitrag, so nähert sich dieser Durchschnittswert mit wachsendem N dem Erwartungswert an. Auf die Dauer und im Durchschnitt stellt sich also der Erwartungswert ein, was nichts anderes bedeutet, als daß sich die Abwei-

* Auf den stetigen Fall wird nicht eingegangen.

** (1) gilt für positiv einzuschätzende monetäre Größen, wie Gewinne und Deckungsbeiträge etwa. Eine derartige Größe, der Deckungsbeitrag, wird durch die Verwendung des Beispiels der Produktionsprogrammplanung unterstellt. Werden negativ einzuschätzende monetäre Größen mit einem negativen Vorzeichen in die Matrix eingetragen, so gilt ebenfalls die Maximierungsvorschrift, also die in (1) angegebene Zielfunktion. Bei Entscheidungen unter Risiko soll nur von der Maximierungsvorschrift Gebrauch gemacht werden.

chungen vom Erwartungswert nach oben und unten aufheben. Man kann von einem Ausgleich günstiger und ungünstiger Ergebnisse sprechen. Für den Entscheidungsträger hat dies zur Konsequenz, daß er einen »langen Atem« besitzen muß; gelegentliche Zwischenverluste müssen ertragen werden können, da es ihm ausschließlich auf das Endergebnis ankommt (vgl. dazu Schneeweiß 1967, S. 50). Abweichungen nach oben und unten gegenüber ist der Entscheidungsträger also neutral eingestellt. Der Bayes-Zielfunktion liegt somit eine *risikoneutrale* Einstellung zugrunde.

Für die ökonomische Relevanz der Bayes-Zielfunktion ist auf reale Situationen hinzuweisen, die durch eine gleiche (oder ähnliche) Wiederholbarkeit gekennzeichnet und auf die Beachtung von Endergebnissen ausgerichtet sind. Diese Voraussetzungen sind etwa gegeben:

- »bei der Qualitätsbeurteilung gleichartiger Werkstücke, die zu Tausenden den gleichen Arbeitsgängen unterzogen werden,
- ebenso bei der Qualitätsbeurteilung der entsprechenden Werkzeuge und Maschinen (z.B. Abschätzung von Toleranzabweichungen bei Schneide- und Bohrmaschinen)
- bei der Planung von Stillstandszeiten und Reparaturkosten bei einem Park mehrerer hundert oder tausend gleichartiger Aggregate (z.B. Webstühle),
- bei der Ausrüstung einer großen Zahl von Gegenständen mit bestimmten Einzelteilen (z.B. Reifen bei einem großen Fuhrpark, Glühbirnen)« (Bitz 1980c, S. 24).

1.1.2.3 Mehrdimensionale Zielfunktionen unter Verwendung eines Zentralmaßes und Streuungsmaßes

Glücksspiele und Versicherungen als Beispiele für Risikofreude und Risikoscheu

Bei *einmaligen* Entscheidungen, die im betriebswirtschaftlichen Bereich sehr häufig sind, wie etwa bei Investitionsentscheidungen, beim Einführen neuer Produkte, bei Werbekampagnen, beim Einführen neuer Organisationsformen usw., ist die Bayes-Zielfunktion scharfen Einwendungen ausgesetzt (vgl. dazu Bitz 1980c, S. 25ff.). Der Erwartungswert reicht jetzt allein nicht mehr aus, da mögliche Abweichungen in Rechnung gestellt werden müssen. Vor allem *Glücksspiele* und *Versicherungen* sind zwei Standardbeispiele, mit denen gezeigt werden kann, daß die Anwendung der Bayes-Zielfunktion zu unplausiblen Ergebnissen führt (vgl. dazu etwa Bamberg-Coenenberg 1977, S. 64f.). Um das Verhältnis von Einzelfallentscheidungen zu wiederholbaren Entscheidungen zu klären, gilt bei den 2 Beispielen folgendes: Für den potentiellen Versicherungsnehmer liegt eine Einzelfallentscheidung vor, da sich der versicherte Schadenseintritt natürlich nicht beliebig häufig ereignet. Die Ver-

Einzelfallentscheidungen – Wiederholbare Entscheidungen

sicherungsgesellschaft kann dagegen mit dem Gesetz der großen Zahlen operieren. Auch die Lotteriegesellschaft wendet das Gesetz der großen Zahlen an, während der einzelne Spieler mit dem Hauptgewinn ebenfalls nicht beliebig häufig rechnen kann, so daß er jedes Spiel als Einzelfall betrachtet.

Beispiel des Glücksspielers

Für die wöchentliche Lotterie steht der potentielle Spieler etwa folgender stark vereinfachten Entscheidungsmatrix in Abb. 63 gegenüber, wobei nur 2 Zustände vorliegen sollen: Kein Gewinn (s_1) bzw. der Hauptgewinn mit 1.500.000 DM (s_2). Er kann sich überlegen, den Lotterieschein abzugeben (a_1) bzw. nicht zu spielen (a_2), so daß nur 2 Aktionen vorliegen. Die Ergebnisse des Handelns sind hinsichtlich der Erfolge in der Matrix eingetragen.

a_i \ s_j / p_j	s_1 = Kein Gewinn	s_2 = Hauptgewinn	μ_i	σ_i
	$p_1 = 1 - 1/14000000$	$p_2 = 1/14000000$		
a_1 = Lotterieschein abgeben mit einem Einsatz von 4 DM	−4 DM	+1499996 DM	≈ −3,89 DM	≈ 400,89
a_2 = Nicht spielen	0 DM	0 DM	0 DM	0

Abb. 63: Entscheidungsmatrix eines Lotteriespielers mit einer Wahrscheinlichkeitszeile

Aus der Abb. 63 geht eindeutig hervor, daß der Erwartungswert der Nicht-Teilnahme an der Lotterie größer ist als der Erwartungswert der Teilnahme. Trotzdem aber finden sich jede Woche zahlreiche Spieler. Offensichtlich wird deshalb das Lotteriespiel als Einzelfallentscheidung betrachtet und die Bayes-Zielfunktion nicht verwendet. Stattdessen wird eine Zielfunktion benützt, die explizit die Möglichkeit mit einbezieht, einen Hauptgewinn erreichen zu *können*, wenngleich mit einer sehr kleinen Wahrscheinlichkeit. Spieler sind *risikofreudig* und suchen deshalb das Risiko.

Beispiel des Versicherungsnehmers

Ähnlich ist die Situation bei Versicherungsabschlüssen. Auch dort wird gegen die Bayes-Zielfunktion verstoßen, worüber die Abb. 64 informiert, die wiederum eine reale Situation vereinfacht wiedergibt: Ein Entscheidungsträger steht vor der Möglichkeit, einen Versicherungsvertrag abzuschließen (a_1) oder nicht abzuschließen (a_2). Es wird von einem möglichen Versicherungsschaden in Höhe von 20.000.000 DM ausgegangen. Der Versicherungsschaden kann eintreten (s_1) oder nicht eintreten (s_2). Die Konsequenzen für den Entscheidungsträger sind hinsichtlich seiner Kosten in der Matrix enthalten.

Hierbei ist der Erwartungswert der Aktion a_2 größer als der Erwartungswert der Aktion a_1*. Da in der Praxis gleichwohl laufend Versicherungsab-

* Es ist zu beachten, daß in der Matrix die Kostengrößen mit einem negativen Vorzeichen eingetragen sind, so daß die Maximierungsvorschrift relevant bleibt.

schlüsse getätigt werden, ist die Bayes-Zielfunktion durch eine andere Zielfunktion zu ersetzen. Diese Zielfunktion hat jene Fälle zu berücksichtigen, bei denen mit einem großen Schaden, wenn auch mit einer sehr geringen Wahrscheinlichkeit, gerechnet wird. Versicherungsnehmer sind *risikoscheu* und wollen deshalb das Risiko umgehen.

a_i \ s_j	s_1 = Kein Brand	s_2 = Brand mit Totalschaden in Höhe von 20 000 000 DM	μ_i	σ_i
p_j	$p_1 = 1 - 10^{-4}$	$p_2 = 10^{-4}$		
a_1 = Abschluß eines Versicherungsvertrages für einen Schaden in Höhe von 20 000 000 DM mit einer Prämie von 2 500 DM	– 2 500 DM	– 2 500 DM	– 2 500 DM	0
a_2 = Kein Vertragsabschluß	0 DM	– 20 000 000 DM	– 2 000 DM	199 989,99

Abb. 64: Entscheidungsmatrix eines Versicherungsnehmers mit einer Wahrscheinlichkeitszeile

Indifferenzkurven bei Risikoscheu und Risikofreude

Allgemein kann festgehalten werden, daß sowohl für risikofreudige Entscheidungsträger wie risikoscheue Entscheidungsträger neben dem *Erwartungswert* μ die *Streuung* σ zu berücksichtigen ist. Die Streuung (Standardabweichung) der zu einer Aktion gehörenden Wahrscheinlichkeitsverteilung:

$$\sigma_i = \sqrt{\sum_{j=1}^{n} (e_{ij} - \mu_i)^2 \cdot p_j}$$

bezieht die Abweichungen der Einzelergebnisse vom Erwartungswert in die Formel mit ein, was offensichtlich vom Entscheidungsträger gewünscht wird. Für risikoscheue wie risikofreudige Entscheidungsträger werden also zwei Kennzahlen verwendet, die untereinander zu verknüpfen sind. Daraus ergibt sich dann der Präferenzwert PRÄ der Aktion a_i:

(2) $\text{PRÄ}(a_i) = \Phi(\mu_i, \sigma_i)$.

Allgemein kann von Folgendem ausgegangen werden: Risikofreudige Entscheidungsträger ziehen von zwei beliebigen Aktionen mit demselben Erwartungswert jene mit der *größeren* Streuung vor. Risikoscheue Entscheidungsträger ziehen von zwei beliebigen Aktionen mit demselben Erwartungswert jene mit der *kleineren* Streuung vor. Das bedeutet nichts anderes, als für Risikofreude anzunehmen*:

$$\frac{\partial\Phi(\mu,\sigma)}{\partial\sigma} > 0.$$

Für Risikoscheu dagegen gilt:

$$\frac{\partial\Phi(\mu,\sigma)}{\partial\sigma} < 0.$$

μ-σ-Präferenzfeld

Der angesprochene Sachverhalt geht auch aus einem μ-σ-Präferenzfeld hervor. Verschiedene μ-σ-Konstellationen, die jeweils zu dem gleichen Präferenzwert führen, werden dabei in einer Indifferenzkurve erfaßt. Mehrere Indifferenzkurven ergeben dann ein *Präferenzfeld.* Für Risikoscheu bzw. Risikofreude ergeben sich jeweils andere Formen von Indifferenzkurven. Bei

Risikoscheu

Risikoscheu *steigen* die Indifferenzkurven: »Eine Zunahme des durch σ gemessenen Risikos (muß) durch eine entsprechende Erhöhung des Erwartungswertes ausgeglichen werden . . .« (Bitz 1980c, S. 30). Dies ist in der Abb. 65 dargestellt, wobei der Weg von A nach B zu verfolgen ist.

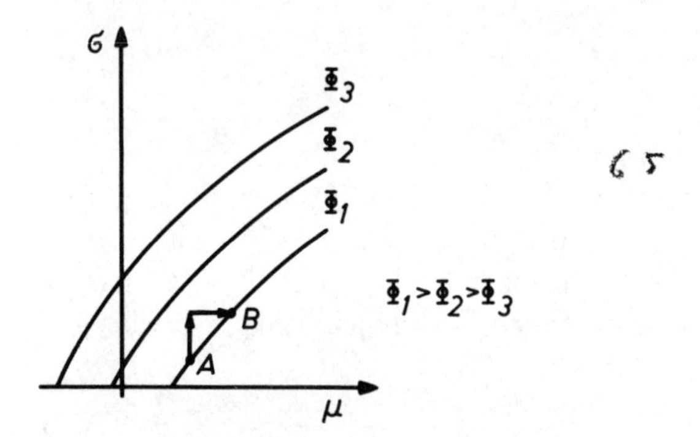

Abb. 65: Indifferenzkurven, die Risikoscheu ausdrücken (Quelle: Bitz 1980c, S. 30)

Risikofreude

Im Fall der Risikofreude *fallen* die Indifferenzkurven: »Eine Verminderung des Erwartungswertes kann durch eine – als angenehm empfundene – Steigerung des Risikos kompensiert werden« (Bitz 1980c, S. 31). Dieser

* Die Zeichen ∂ deuten auf die partielle Ableitung hin.

Sachverhalt ist in Abb. 66 dargestellt, wobei der Weg von C nach D zu verfolgen ist.

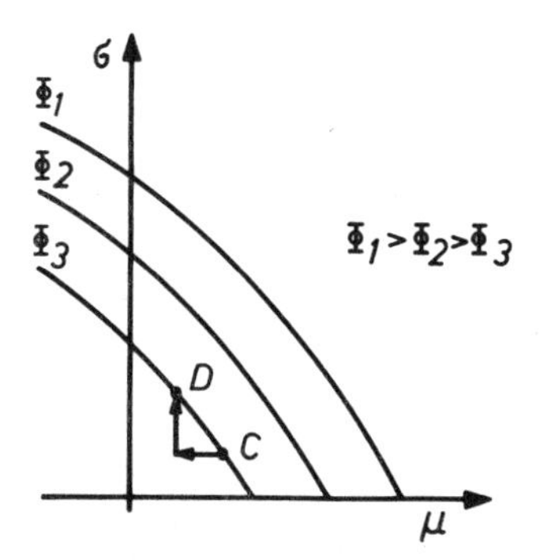

Abb. 66: Indifferenzkurven, die Risikofreude ausdrücken (Quelle: Bitz 1980c, S. 30)

Aus den Abbildungen sehen wir jetzt sofort, daß bei Risikoscheu Aktionen mit demselben Erwartungswert dann höher eingestuft werden, wenn sie eine kleinere Streuung aufweisen. Bei Risikofreude gilt das Umgekehrte.

Zielfunktionen bei Risikoscheu und Risikofreude

Wenn die bisherigen Ausführungen über das Verhalten von Entscheidungsträgern gelten sollen, so müssen die Zielfunktionen eine bestimmte Form aufweisen. Wird dabei als Streuungsmaß die Standardabweichung verwendet, so wird diese als ein *Zuschlag* oder *Abschlag* auf den Erwartungswert berücksichtigt. Zur näheren Bestimmung der Verknüpfungsfunktion nach (2) gilt dann etwa:

(3) $\text{PRÄ}(a_i) = \Phi(\mu_i, \sigma_i) = \mu_i - \alpha \cdot \sigma_i.$

Risikoparameter α

α ist ein Risikoparameter, der die spezifische Einstellung des Entscheidungsträgers dem Risiko gegenüber zum Ausdruck bringt. Bei Risikoscheu ist $\alpha > 0$ und, wie (3) zeigt, $(\partial\Phi(\mu,\sigma)/\partial\sigma) < 0$. Es findet ein Abschlag auf den Erwartungswert statt. Bei Risikofreude ist $\alpha < 0$ und, wie (3) zeigt, $(\partial\Phi(\mu,\sigma)/\vartheta\sigma) > 0$. Hier liegt ein Zuschlag auf den Erwartungswert vor.

Beispiele für Zielfunktionen

Aus (3) wird eine konkrete Zielfunktion, wenn das Zielausmaß und ein konkreter Wert für α festliegen. Soll die konkrete Zielfunktion auf das Beispiel des Versicherungsnehmers der Abb. 64 bezogen werden und damit für einen risikoscheuen Entscheidungsträger zutreffen, so gilt etwa:

(4) $a_{opt} = \max_i \left[\mu_i - 2 \cdot \sigma_i \right].$

Angewandt auf das Beispiel des Versicherungsnehmers der Abb. 64 weist diese Zielfunktion die Aktion a_1 als optimal aus, was intuitiv auch einleuchtet. Damit erweist sich bei Risikoscheu die Annahme als gerechtfertigt, die Standardabweichung in der Form eines Abschlages auf den Erwartungswert einzuführen.

Soll dagegen die konkrete Zielfunktion auf das Beispiel des Spielers der Abb. 63 ausgerichtet werden und damit einen risikofreudigen Entscheidungsträger widerspiegeln, so gilt etwa:

$$(5) \quad a_{opt} = \max_{i} \left[\mu_i + 2 \cdot \sigma_i \right].$$

Angewandt auf das Beispiel des Spielers der Abb. 63 weist diese Zielfunktion die Aktion a_1 als optimal aus, was wiederum intuitiv einleuchtet. Bei Risikofreude ist deshalb die Annahme gerechtfertigt, die Standardabweichung in der Form eines Zuschlages auf den Erwartungswert einzuführen.

Allgemein gilt nun folgende Zielfunktion, die sowohl für Risikoscheu als auch für Risikofreude zutrifft:

$$(6) \quad a_{opt} = \max_{i} \left[\mu_i - \alpha \cdot \sigma_i \right] \qquad \text{mit } \alpha > 0 \text{ oder } \alpha < 0.$$

Alternativ dazu können auch andere Zielfunktionen gelten:

$$(7) \quad a_{opt} = \max_{i} \left[\mu_i - \alpha \cdot \sigma_i^2 \right] \qquad \text{mit } \alpha > 0 \text{ oder } \alpha < 0$$

oder

$$(8) \quad a_{opt} = \max_{i} \left[\mu_i - \alpha \cdot (\mu_i^2 + \sigma_i^2) \right] \qquad \text{mit } \alpha > 0 \text{ oder } \alpha < 0.$$

(8) wird auf S. 270f. noch einmal aufgegriffen. In der Abb. 67 wird das Beispiel der Produktionsprogrammplanung mit konkreten Zielfunktionen der Fälle (1), (6), (7) und (8) durchgerechnet (zu weiteren Kennzahlen und Verknüpfungsfunktionen vgl. Mag 1977, S. 73).

				Zielfunktion (1)	–	Zielfunktion (6)	Zielfunktion (7)	Zielfunktion (8)
s_j	s_1	s_2	s_3	Risikoneutralität	–	Risikoscheu		
a_i / p_j	0,5	0,2	0,3	μ_i	σ_i	$\mu_i 2 \cdot \sigma_i$	$\mu_i - 4 \cdot \sigma_i^2$	$\mu_i - 4 \cdot (\mu_i^2 + \sigma_i^2$
a_1	270	270	270	270	0	270	270	–291 330
a_2	240	300	360	288	52,31	183,38	–10 657,34	–342 433,34
a_3	210	300	390	282	78,46	125,08	–24 341,89	–342 437,88
a_4	140	280	420	252	122,05	7,90	–59 332,81	–313 348,80
a_{opt}				a_2	–	n_1	a_1	a_1

Zielfunktion (6)	Zielfunktion (7)	Zielfunktion (8)
	Risikofreude	
$\mu_i + 2 \cdot \sigma_i$	$\mu_i + 4 \cdot \sigma_i^2$	$\mu_i + 4 \cdot (\mu_i^2 + \sigma_i^2)$
270	• 270	291 870
392,62	11 233,34	343 009,34
438,92	24 905,89	343 001,88
496,10	59 836,81	313 852,80
a_4	a_4	a_2

Abb. 67: Entscheidungsmatrix unter Risiko mit Wahrscheinlichkeitszeile und Anwendung mehrerer Zielfunktionen (Beispiel der Produktionsprogrammplanung, vgl. dazu Abb. 61)

Neben extremalen Zielen können satisfizierende und extremale Ziele gemeinsam in Zielfunktionen eingehen, so etwa bei den Vorschriften, den Erwartungswert bei einer vorgegebenen Standardabweichung zu maximieren, bzw. die Standardabweichung bei einem vorgegebenen Erwartungswert zu minimieren. Insgesamt ist festzuhalten, daß die beiden Kennzahlen μ und σ in zahlreichen Entscheidungsmodellen erscheinen. Die Verknüpfungsfunktion Φ zwischen beiden Kennzahlen kann dabei entweder Risikoscheu oder Risikofreude ausdrücken. Vor allem in den Modellen der optimalen Wertpapiermischung spielen beide Kennzahlen eine bedeutende Rolle. (Bitz 1980c, S. 49ff.).

1.1.2.4 Mehrdimensionale Zielfunktionen unter Verwendung eines Zentralmaßes und Extremmaßes

Hodges-Lehmann-Zielfunktion

Zusätzlich zum Erwartungswert ist der minimale Ergebniswert jeder Aktion ($\min\limits_i e_{ij}$) in eine Zielfunktion zu integrieren. Außerdem ist ein Parameter γ zu verwenden, der den Grad des Vertrauens zum Ausdruck bringt, den ein Entscheidungsträger gegenüber der Richtigkeit der Wahrscheinlichkeitsannahmen empfindet. Damit gilt:

$$(9) \quad a_{opt} = \max_i \left[\gamma \cdot \mu_i + (1 - \gamma) \cdot \min_j e_{ij} \right]$$

mit $0 \leqq \gamma \leqq 1$.

Beispiel zur Anwendung der Hodges-Lehmann-Zielfunktion

Ist $\gamma = 1$, so liegt die Bayes-Zielfunktion vor; ist $\gamma = 0$, so handelt es sich um die Maximin-Zielfunktion (vgl. dazu S. 160 und S. 174 ff.). (9) wird auch als Hodges-Lehmann-Zielfunktion (Hodges-Lehmann 1952, S. 396 ff.) bezeichnet. Die optimale Aktion ist a_2, was Abb. 68 zeigt. Unterstellt ist $\gamma = 0{,}8$.

a_i \ s_j / p_j	s_1	s_2	s_3	μ_i	$\min_j e_{ij}$	$0{,}8 \cdot \mu_i$	$(1 - 0{,}8) \cdot \min_j e_{ij}$	Σ	
	0,5	0,2	0,3						
a_1	270	270	270	270	270	216	54	270	
a_2	240	300	360	288	240	230,4	48	278,4	← a_{opt}
a_3	210	300	390	282	210	225,6	42	267,6	
a_4	140	280	420	252	140	201,6	28	229,6	

Abb. 68: Anwendung der Hodges-Lehmann-Zielfunktion

Um die minimalen Ergebniswerte nach unten hin zu begrenzen, kann eine andere Zielfunktion verwendet werden:

$$(10) \quad a_{opt} = \max_i \left[\mu_i \right] \text{ und } \min_j e_{ij} \geqq e^{fix}.$$

Ist beispielsweise $e^{fix} = 250$, so weist die Abb. 67 als optimale Aktion a_1 aus.

Der Ansatz der Ruinwahrscheinlichkeit

Das Risiko kann auch statt durch σ durch eine Kennzahl v gemessen werden: v ist die Wahrscheinlichkeit dafür, daß ein besonders kritischer Ergebniswert unterschritten wird *(Verlust- oder Ruinwahrscheinlichkeit)* (vgl. Bitz 1980 a, S. 87 ff.). Es gilt:

$$(11) \quad v = \sum_{j \in E^{krit}} p_j .$$

Die Indexmenge E^{krit} enthält alle j, die einer bestimmten Bedingung genügen:

$$(12) \quad E^{krit} = \left\{ j / e_{ij} < e^{fix} \right\}.$$

Zur Ermittlung von v werden also alle diejenigen Wahrscheinlichkeiten addiert, die zu Ergebniswerten gehören, welche unter einem kritischen Wert liegen.

Für die Zielfunktion gilt dann weiter:

(13) $a_{opt} = \max_i \left[\mu_i - b \cdot v_i \right]$.

b muß so gewählt werden, daß das Produkt $b \cdot v_i$ ein entscheidungsrelevantes Gewicht besitzt. Ist $b \cdot v_i$ zu klein, so läuft (13) praktisch auf die µ-Zielfunktion hinaus.

Beispiel zur Anwendung der Ruinwahrscheinlichkeit

Wird in der folgenden Abb. 69 $e^{fix} = 260$ angenommen und b = 1000, so ist die optimale Aktion a_1.

a_i \ s_j / p_j	s_1 0,5	s_2 0,2	s_3 0,3	μ_i	v_i	$\mu_i - b \cdot v_i$	
a_1	270	270	270	270	0	270	← a_{opt}
a_2	240	300	360	288	0,5	−212	
a_3	210	300	390	282	0,5	−218	
a_4	140	280	420	252	0,5	−248	

Abb. 69: Anwendung der Zielfunktion (13)

Alternativ mögliche Zielfunktionen

Alle vorgestellten Kennzahlen, Verknüpfungsfunktionen und Zielfunktionen bei *Einzelfallentscheidungen* zeigen *alternativ* mögliche Formen, die Einstellung zum Risiko auszudrücken. Grundsätzlich sind unbeschränkt viele Kennzahlen, Verknüpfungsfunktionen und Zielfunktionen möglich, je nach der Auswahl der Kennzahlen, der Amalgamation einzelner Kennzahlen zu einer Funktion Φ und der konkreten Festlegung der Parameter in Φ. In der Literatur werden zahlreiche solcher Vorgehensweisen diskutiert (vgl. dazu Bitz 1980a und 1980c, Hax 1974, S. 66ff.).

Die Auswahl der Kennzahlen, Verknüpfungsfunktionen und Zielfunktionen ist allerdings kein Problem der Entscheidungstheorie selbst. »Die Festlegung ... muß vor und außerhalb der Modellanalyse erfolgen. Ob der Entscheidende das ... akzeptiert oder nicht ..., ist letztlich eine rein subjektive Vorentscheidung. Entscheidungstheoretische Überlegungen können nur dazu beitragen, die Implikationen und Konsequenzen dieser Vorentscheidung durchschaubarer zu machen« (Hax 1974, S. 69). Man kann im Rahmen der *Meta-Entscheidungstheorie* aber gleichwohl auf die Frage zurückkommen, ob die Bestimmung der Zielfunktion nicht doch einer entscheidungstheoretischen Analyse zugänglich ist (vgl. zur Meta-Entscheidungstheorie S. 320ff.).

1.1.2.5 Begriff des Sicherheitsäquivalentes

Definition des Sicherheitsäquivalentes SÄ

Besonders die Zielfunktion (6) basiert auf einem sehr plausiblen Vorgehen. Als Präferenzwert einer Aktion (PRÄ (a_i)) dient eine monetäre Größe, die aus dem Erwartungswert durch einen *Zuschlag* oder *Abschlag* hervorgeht. Dieser monetäre Zuschlag oder Abschlag ergibt sich als gewisser Anteil an der Standardabweichung. Darin, ob ein Zuschlag oder Abschlag angesetzt wird bzw. in welcher Höhe dieser Verwendung findet, zeigt sich die Risikoeinstellung des Entscheiders. Ein Zuschlag impliziert – wie wir wissen – Risikofreude, während ein Abschlag zur Risikoscheu gehört. Der neu entstehende monetäre Wert ist dann zur Beurteilung der einzelnen Aktionen oder der korrespondierenden Wahrscheinlichkeitsverteilungen geeignet. Wird der entstandene monetäre Wert zur Beurteilung benützt, so soll er als *Sicherheitsäquivalent* SÄ bezeichnet werden. Was ist darunter *allgemein* zu verstehen? Ein Sicherheitsäquivalent ist eine sichere monetäre Größe, die dem Entscheider gleichviel wert ist, wie die Wahrscheinlichkeitsverteilung bzw. die korrespondierende Aktion selbst. (Oben wurde anhand der Zielfunktion (6) argumentiert und davon ausgegangen, daß der entsprechende Präferenzwert:

$$\text{PRÄ}\ (a_i) = \mu_i - \alpha \cdot \sigma_i$$

das Sicherheitsäquivalent selbst ist. Das soll im folgenden gezeigt werden.

Das Sicherheitsäquivalent einer Aktion a_i ist gleichviel wert wie die Wahrscheinlichkeitsverteilung bzw. die entsprechende Aktion:

$$\text{SÄ}\ (a_i) \sim a_i.$$

Das bedeutet:

$$\text{PRÄ}\left[\ \text{SÄ}\ (a_i)\ \right] = \text{PRÄ}\ (a_i).$$

Wird in die linke und rechte Seite der Gleichung die Definition des Präferenzwertes eingesetzt, so folgt:

$$\text{SÄ}(a_i) = \mu_i - \alpha \cdot \sigma_i.$$

Diese Ermittlung des Sicherheitsäquivalentes gilt nur unter der Voraussetzung der Zielfunktion 6).

Hat der Entscheider also etwa a_3 aus der Abb. 61 im Auge, so muß er damit rechnen, daß das Produktionsprogramm

mit p_1 = 0,5 einen Deckungsbeitrag von 210,
mit p_2 = 0,2 einen Deckungsbeitrag von 300,
mit p_3 = 0,3 einen Deckungsbeitrag von 390

erbringt. Würde er nun a_3 wählen, so würde er sich gleichzeitig der angegebenen Wahrscheinlichkeitsverteilung »aussetzen«, die er in Rechnung stellen muß. Um dem »Spiel mit dem Zufall« aber zu entkommen, ist er nun bereit, anstelle der Verteilung eine sichere monetäre Größe, eben das Sicherheitsäquivalent, zu akzeptieren. Vorausgesetzt natürlich, jemand böte ihm für die Wahrscheinlichkeitsverteilung das Sicherheitsäquivalent an, wobei derjenige die Wahrscheinlichkeitsverteilung quasi »einkaufen« würde. Demnach ist also das Sicherheitsäquivalent eine *Preisuntergrenze*, bei der der Entscheider gerade bereit ist, auf die Wahrscheinlichkeitsverteilung zu »verzichten« bzw. sein Recht daran zu verkaufen (vgl. dazu Bitz 1980c, S. 16f.).

Das Sicherheitsäquivalent geht also vom Standpunkt des »Besitzenden« einer Wahrscheinlichkeitsverteilung aus »und gibt Antwort auf die Frage, für welchen Betrag man auf den »Besitz« verzichten würde« (Bitz 1980c, S. 17). Für das Beispiel der Produktionsprogrammplanung, bei dem man einer als angenehm empfundenen Wahrscheinlichkeitsverteilung gegenübersteht (es geht ja um Deckungsbeiträge), ist das Sicherheitsäquivalent also die *Preisuntergrenze.* Bei einer als unangenehm eingeschätzten Verteilung, etwa bei möglichen Krankheitskosten oder bei sonstigen möglichen Schadensfällen, ist das Sicherheitsäquivalent die *maximale Versicherungsprämie*, die man bereit ist zu bezahlen, um die Wahrscheinlichkeitsverteilung »loszuwerden«. Insgesamt gesehen ist das Sicherheitsäquivalent eine bedeutende Kennzahl für Entscheidungsmodelle bei Risiko und taucht auf S. 262ff. noch einmal auf.

Risikofreude

Wie wir bereits wissen, schlägt sich in der Höhe des Sicherheitsäquivalents die Risikoeinstellung nieder. *Risikofreudige* Entscheider rechnen mit positiven Abweichungen vom Erwartungswert der monetären Größen, der »auf die Dauer und im Durchschnitt« eintreten *würde.* Da also der Erwartungswert als Vergleichsgröße fungiert, muß das Sicherheitsäquivalent für die Wahrscheinlichkeitsverteilung *über* dem Erwartungswert liegen. Andernfalls wäre der Entscheidungsträger nicht bereit, ggf. auf die Verteilung zu verzichten und würde lieber die Verteilung bevorzugen. Im Falle des Spielers liegt das Sicherheitsäquivalent über dem Erwartungswert, da sehr hohe Auszahlungen (mit geringer Wahrscheinlichkeit) erwartet werden. *Risikoscheue* Entscheidungsträger rechnen mit negativen Abweichungen vom Erwartungswert. Auch bei ihnen wird der Erwartungswert als Bezugspunkt genommen, so daß

Risikoscheu

das Sicherheitsäquivalent *unter* dem Erwartungswert liegen muß. Nur in diesem Fall kann das Sicherheitsäquivalent die Verteilung als *gleichwertig* ersetzen. Im Beispiel des Versicherungsnehmers liegt das Sicherheitsäquivalent unter dem Erwartungswert, da sehr geringe Auszahlungen, ja sogar Verluste (mit geringer Wahrscheinlichkeit) erwartet werden. Ist das Sicherheitsäquivalent genauso groß wie der Erwartungswert, liegt die Einstellung der *Risikoneutralität* vor. Jetzt glaubt der Entscheidungsträger, daß er mit einem monetären Wert rechnen muß, der genau dem Erwartungswert entspricht. Damit gilt:

Risikoneutralität

SÄ $> \mu =$ Risikofreude,
SÄ $< \mu =$ Risikoscheu
und
SÄ $= \mu =$ Risikoneutralität.

1.1.3 Entscheidungsmodelle unter Unsicherheit

1.1.3.1 Einführung

Entscheidungssituationen unter Unsicherheit werden in der Regel dadurch gekennzeichnet, daß keine Wahrscheinlichkeiten vorliegen (vgl. dazu S. 31). Es gilt also in diesem Kapitel ausschließlich die Entscheidungsmatrix der Abb. 60, S. 157. Um eine optimale Aktion auswählen zu können, hat die Literatur eine Fülle verschiedener Zielfunktionen entwickelt. In diesen schlägt sich jeweils eine andere Unsicherheitspräferenz nieder (vgl. dazu Bamberg-Coenenberg 1977, S. 27). Im folgenden werden alternative Zielfunktionen beispielhaft vorgestellt. Anschließend werden sie einer sog. Rationalitätsanalyse unterzogen.

Effiziente und ineffiziente Aktionen

Vorweg soll eine grundlegende Vorschrift eingeführt werden. Diese teilt die Gesamtheit aller Aktionen in *effiziente* Aktionen und *ineffiziente* Aktionen ein und führt zu einer, wenn auch nur groben Rangordnung. Um *innerhalb* der Menge der effizienten Aktionen aber weiter auswählen und eine Rangordnung festlegen zu können, benötigt man entsprechende Zielfunktionen. Woran erkennt man nun effiziente und ineffiziente Aktionen? Dazu soll eine neue Entscheidungsmatrix der Abbildung 70 eingeführt werden, die ebenfalls Deckungsbeiträge enthält.

Die Aktion a_3 *dominiert* die Aktion a_5, da sie in genau einem Ergebnis besser ist als diese und in den restlichen Ergebnissen gleich ist.

Definition der Dominanz

a_i \ s_j	s_1	s_2	s_3
a_1	270	270	270
a_2	240	300	360
a_3	210	300	390
a_4	140	280	420
a_5	200	300	390

Abb. 70: Entscheidungsmatrix unter Unsicherheit

Allgemein gilt:

Eine Aktion a_k dominiert eine Aktion a_i genau dann, wenn

1. a_k in *mindestens* einem Ergebnis besser ist als a_i und
2. a_k in den *restlichen* Ergebnissen – sofern welche vorhanden sind – gleich ist.

oder anders formuliert:

a_k dominiert a_i genau dann, wenn

1. $e_{kj} > e_{ej}$ für *mindestens* ein j mit $j = 1,2,\ldots,n$

und

2. $e_{kj} \geqq e_{ij}$ für *alle* j mit $j = 1,2,\ldots,n$.

Es leuchtet ein, daß die Aktionen zu eliminieren sind, die von anderen Aktionen dominiert werden; in unserem Beispiel der Abb. 70 ist also a_5 zu entfernen. Daneben gibt es in der Abb. 70 keine weiteren Aktionen, die in einer Beziehung der Dominanz zueinander stehen. Die verbleibende Menge der Aktionen a_1 bis a_4 ist die Menge aller undominierten Aktionen. Diese Menge bezeichnet man als Menge der effizienten Aktionen. Nur sie dürfen in einer Entscheidungsmatrix erscheinen. Dem wurde bereits im Beispiel der Abb. 60 Rechnung getragen. Die Matrix der Abb. 60 entsteht aus der Matrix der Abb. 70 durch die Entfernung der ineffizienten Aktion a_5.

Definition der gleichmäßig besten Aktion

Wie sieht es mit einer möglichen Aktion a_6 und dem dazugehörigen Ergebnisvektor (280, 300, 430) aus? Die Aktion a_6 dominiert *alle* anderen Aktionen und wird deshalb als *gleichmäßig beste Aktion* bezeichnet:

a_k ist eine gleichmäßig beste Aktion in A (dem Aktionsraum), genau dann, wenn a_k *mindestens* so gut ist wie *jede* andere Aktion in A (vgl. dazu Bamberg-Coenenberg 1977, S. 92).

In einem solchen Fall ist auch gleichzeitig das Entscheidungsproblem schon gelöst. Umgekehrt sehen wir, daß ein nicht-triviales Entscheidungsproblem bei Unsicherheit vorliegt, wenn zwei oder mehr als zwei effiziente Aktionen existieren. Dann werden entsprechende Zielfunktionen benötigt, um eine vollständige Rangordnung abzuleiten. Derartigen Zielfunktionen wenden wir uns im folgenden zu, wobei für die Ermittlung einer konkreten Zielfunktion grundsätzlich die gleichen vier Schritte benötigt werden, wie sie auf S. 158f. beschrieben wurden.

1.1.3.2 Eindimensionale Zielfunktionen*

Maximin-Zielfunktion

Bei der Maximin-Zielfunktion geht der Entscheidungsträger von der äußerst pessimistischen Annahme aus, daß der schlechteste Zustand eintreffen würde, welche Aktion auch immer er ergreift. Das bedeutet gleichzeitig, daß der Entscheidungsträger mit dem ungünstigsten Ergebnis rechnet. Aus dieser Situation versucht man das Beste zu machen, indem diejenige Aktion ausgewählt wird, die das Maximum der ungünstigsten Ergebnisse realisiert.

Es gilt also:

(1) $\text{PRÄ}(a_i) = \min_j e_{ij}$

und dann die Zielfunktion:

(2) $a_{opt} = \max_i \left[\min_j e_{ij} \right]$.

Beispiel zur Anwendung der Maximin-Zielfunktion

Dazu tragen wir noch einmal Abb. 60 auf und ergänzen eine Spalte für die Anwendung der *Maximin*-Zielfunktion. Es liegt dann die neue Abb. 71 vor, die im weiteren verwendet wird. Die optimale Aktion ist a_1.

a_i \ s_j	s_1	s_2	s_3	$\min_j e_{ij}$	
a_1	270	270	270	270	← a_{opt}
a_2	240	300	360	240	
a_3	210	300	390	210	
a_4	140	280	420	140	

Abb. 71: Anwendung der Maximin-Zielfunktion

* Auch bei Unsicherheit können eindimensionale und mehrdimensionale Zielfunktionen unterschieden werden. Das ist so zu verstehen, daß die zu den einzelnen Aktionen gehörigen Ergebnisvektoren durch *eine* Kennzahl oder *mehrere* Kennzahlen zu ersetzen sind.

Liegen nicht wie bisher Deckungsbeitragsgrößen, sondern Verlust- oder Kostengrößen vor, so kann die daraus entstehende Matrix als Schadensmatrix aufgefaßt werden. In diesem Falle verändert sich die Zielfunktion. Für eine Schadensmatrix (mit positiven Zahlen) geht die *Maximin*-Zielfunktion in die *Minimax*-Zielfunktion über:

(3) $a_{opt} = \min_{i} \left[\max_{j} e_{ij} \right].$

Werden die Verluste oder Kosten dagegen mit -1 durchmultipliziert, so entsteht eine Nutzenmatrix mit Nutzenziffern (vgl. auch S. 52), so daß wieder die Maximin-Zielfunktion anzuwenden ist.

Die Maximin-Zielfunktion oder Wald-Zielfunktion (Wald 1950) kommt vor allem auch bei der Spieltheorie vor. Treffen zwei rational handelnde Gegenspieler aufeinander, so ist die äußerst pessimistische Zielfunktion gerechtfertigt, wenn sich die Spieler in totaler Opposition begegnen. In einem solchen Falle traut jeder Spieler dem anderen nur das Schlechteste zu (vgl. dazu S. 304 ff.).

In der vorliegenden Situation bei Unsicherheit wird gelegentlich auch von *Spielen gegen die Natur* gesprochen. Damit soll in gleicher Weise wie bei Spielen gegen rational handelnde Gegner die Verwendung der Maximin-Zielfunktion nahegelegt werden. Wenn wir jedoch unterstellen, daß die Natur dem Entscheidungsträger »neutral« gegenüber eingestellt ist – was höchst plausibel erscheint – so ist eine a priori-Anwendung der Maximin-Zielfunktion nicht zu begründen.

Kritik der Maximin-Zielfunktion

Im übrigen lassen sich leicht Entscheidungsmatrizen konstruieren, bei denen die Anwendung der Maximin-Zielfunktion zu unplausiblen Ergebnissen führt. So ist bei der Matrix der Abb. 72 die optimale Aktion mit der Aktion a_2 gegeben*.

a_i \ s_j	s_1	s_2
a_1	0	100
a_2	1	1

Abb. 72: Entscheidungsmatrix unter Unsicherheit

Das gilt auch, wenn 1 zu 0,00001 verkleinert und 100 zu 10^6 vergrößert wird. Im Grunde kann aber eine Unterscheidung der beiden Aktionen nach

* Diese Kritik impliziert, daß ein kardinaler Nutzen zugrundeliegt, obwohl bei dieser Zielfunktion sonst von einem ordinalen Nutzen ausgegangen wird, vgl. dazu auch S. 236 f.

der Maximin-Zielfunktion kaum mehr vernünftig vorgenommen werden, da sich 0 und 0,00001 nur marginal unterscheiden. Es ist dann eher a_1 optimal.

Maximax-Zielfunktion

Eine der Maximin-Zielfunktion genau entgegengesetzte Zielfunktion ist die Maximax-Zielfunktion. Der Entscheidungsträger geht vom jeweils Bestmöglichen aus, was zu erreichen ist und versucht selbst noch in dieser Lage, das Beste daraus zu machen. Es ist

$$(4) \quad PRÄ\ (a_i) = \max_j e_{ij}$$

gegeben und als Zielfunktion

$$(5) \quad a_{opt} = \max_i \left[\max_j e_{ij} \right].$$

Beispiel zur Anwendung der Maximax-Zielfunktion

Die optimale Aktion ist entsprechend der Abb. 73 die Aktion a_4.

a_i \ s_j	s_1	s_2	s_3	$\max_j e_{ij}$
a_1	270	270	270	270
a_2	240	300	360	360
a_3	210	300	390	390
a_4	140	280	420	420 ← a_{opt}

Abb. 73: Anwendung der Maximax-Zielfunktion

Bei einer Schadensmatrix (mit positiven Zahlen) sprechen wir von der *Minimin*-Zielfunktion.

Kritik der Maximin-Zielfunktion und Maximax-Zielfunktion

Liegt bei der Maximin-Zielfunktion ein »geradezu pathologische(r) Pessimismus« (Krelle 1968, S. 185) vor, so kann man die Maximax-Zielfunktion als Ausdruck eines unverbesserlichen Optimismus bezeichnen. Eine Mischung zwischen Pessimismus und Optimismus verspricht dagegen eine auf Hurwicz zurückgehende Zielfunktion (vgl. dazu S. 182 ff.). Da hierbei jeweils zwei Kennzahlen zur Repräsentation der Ergebnisvektoren verwendet werden, handelt es sich um eine mehrdimensionale Zielfunktion, auf die erst weiter unten eingegangen werden soll. Zunächst interessieren noch weitere Zielfunktionen, die jeweils von einer Kennzahl ausgehen.

Eine pessimistische Zielfunktion auf der Basis von Opportunitätskosten: Savage-Niehans-Zielfunktion

Die Savage-Niehans-Zielfunktion (Savage 1951, S. 55ff., Niehans 1948, S. 433ff.) ist eine Minimax-Zielfunktion, die auf eine Opportunitätskostenmatrix angewendet wird (vgl. dazu Bamberg-Coenenberg 1977, S. 97). Die Opportunitätskostenmatrix ist dabei eine spezielle Schadensmatrix (vgl. dazu S. 49f.).

Unter Opportunitätskosten verstehen wir *ganz allgemein* den bei einer ergriffenen Aktion entgangenen Deckungsbeitrag oder Gewinn. Ein Deckungsbeitrag oder Gewinn entgeht u. U. deshalb, weil andere, auch mögliche Aktionen, nicht mehr realisiert werden können, wenn einmal eine Entscheidung festliegt. Der jeweils entgehende Deckungsbeitrag oder Gewinn ist bei der Ermittlung der optimalen Aktion zu berücksichtigen und der möglicherweise zu ergreifenden Aktion als »Kostengröße« anzulasten (vgl. dazu Braun 1979c, S. 181ff.).

In der *Entscheidungstheorie* informieren die Opportunitätskosten OK_{ij} über den Entgang an Werten, den man erleidet, wenn der Umweltzustand s_j eintritt und man anstelle der Aktion, die zum höchsten Ergebnis führt, die Aktion a_i wählt. An die Stelle der ursprünglichen e_{ij}-Werte treten also die OK_{ij}-Werte, die den Differenzbetrag zwischen dem jeweiligen Spaltenmaximum und den e_{ij}-Werten ausdrücken:

(6) $$OK_{ij} = \max_k e_{kj} - e_{ij} \qquad \begin{aligned} i &= 1,2,\ldots,m \\ j &= 1,2,\ldots,n \\ k &= 1,2,\ldots,m. \end{aligned}$$

Bedauernswerte

Die Opportunitätskostenwerte sind in der Abb. 74 erfaßt. Sie zeigen das Bedauern an, das der Entscheidungsträger empfindet, wenn er die entsprechende Aktion ergreift. Die Matrix (OK_{ij}) wird deshalb auch *Bedauernsmatrix* genannt. Jetzt wenden wir auf die OK_{ij}-Werte die Minimax-Zielfunktion an mit:

(7) $$a_{opt} = \min_i \left[\max_j OK_{ij} \right].$$

Beispiel zur Anwendung der Savage-Niehans-Zielfunktion

Die optimalen Aktionen sind entsprechend der Abb. 74 die Aktionen a_2 und a_3.

Hinter der Zielfunktion steht die Überzeugung, daß mit dem höchsten Bedauernswert zu rechnen ist, der dann minimiert werden soll. Die Savage-Niehans-Zielfunktion oder Minimax-Regret-(Bedauerns-) Zielfunktion ist damit in gewisser Weise ähnlich pessimistisch wie die ursprüngliche Minimax-Zielfunktion.

a_i \ s_j	s_1	s_2	s_3	$\max_j OK_{ij}$	
a_1	0	30	150	150	
a_2	30	0	60	60	← a_{opt}
a_3	60	0	30	60	← a_{opt}
a_4	130	20	0	130	

Abb. 74: Opportunitätskostenmatrix und Anwendung der Savage-Niehans-Zielfunktion

Kritik der Savage-Niehans-Zielfunktion

Außerdem verstößt die Savage-Niehans-Zielfunktion gegen einen fundamentalen Grundsatz. Um das zeigen zu können, brauchen wir den Begriff der *irrelevanten Aktion.* Eine irrelevante Aktion kann beispielsweise eine technisch oder rechtlich unerreichbare oder normativ unerwünschte Aktion sein. Der Grundsatz besagt:

Eine Zielfunktion soll *unabhängig sein von irrelevanten Aktionen.*

In einer starken Version dieses Grundsatzes bedeutet das:

Der Ausfall oder das Hinzukommen einer irrelevanten Aktion darf die Präferenzordnung der übrigen Aktionen nicht beeinflussen (vgl. dazu Bamberg-Coenenberg 1977, S. 193).

Hat sich ein Vorstand einer AG auf eine Prioritätsliste von Investitionsobjekten festgelegt, so soll dieser Beschluß nicht dadurch in Frage gestellt werden, daß sich ein in Erwägung gezogenes Objekt plötzlich als undurchführbar erweist und deshalb eliminiert wird. Umgekehrt soll die Präferenzordnung der bisherigen Aktionen nicht verändert werden, wenn eine irrelevante Aktion hinzugefügt wird.

Das folgende Beispiel der Abb. 75 und 76 zeigt, daß die Savage-Niehans-Zielfunktion dem erwähnten Grundsatz widerspricht. Dazu wird aus einer gegebenen Entscheidungsmatrix eine Opportunitätskostenmatrix abgeleitet (vgl. für das Beispiel Luce-Raiffa 1957, S. 282):

Die Präferenzordnung besagt, daß $a_1 \succ a_2$. Fügt man eine irrelevante Aktion a_3 hinzu, so wird aus der bisherigen nicht-optimalen Lösung a_2 die optimale Lösung:

s_j / a_i	s_1	s_2	s_3
a_1	0	10	4
a_2	5	2	10

→

s_j / a_i	s_1	s_2	s_3	$\max\limits_j OK_{ij}$
a_1	5	0	6	6 ← a_{opt}
a_2	0	8	0	8

Abb. 75: Transformation in eine Opportunitätskostenmatrix

s_j / a_i	s_1	s_2	s_3
a_1	0	10	4
a_2	5	2	10
a_3	10	5	1

→

s_j / a_i	s_1	s_2	s_3	$\max\limits_j OK_{ij}$
a_1	10	0	6	10
a_2	5	8	0	8 ← a_{opt}
a_3	0	5	9	9

Abb. 76: Transformation in eine Opportunitätskostenmatrix

Das bedeutet $a_2 > a_1$, was im Widerspruch zu dem Grundsatz steht.

Eine optimistische Zielfunktion auf der Basis von Opportunitätskosten

Die Anwendung der extrem optimistischen Minimin-Zielfunktion auf Opportunitätskosten führt zu folgender Zielfunktion (vgl. dazu Bitz 1980b, S. 25):

$$(8) \quad a_{opt} = \min_i \left[\min_j OK_{ij} \right].$$

Beispiel zur Anwendung einer optimistischen Zielfunktion bei Opportunitätskosten

Gegen (8) gelten die vorgebrachten Einwendungen, die auf dem Grundsatz der Unabhängigkeit von irrelevanten Aktionen beruhen, in gleicher Weise, so daß auf eine erneute Darstellung verzichtet werden kann. Außerdem führt (8) grundsätzlich nicht zu einer eindeutigen optimalen Lösung. Das zeigt auch Abb. 77, in der sogar alle vier Aktionen gleichwertig sind.

s_j / a_i	s_1	s_2	s_3	$\min\limits_j OK_{ij}$
a_1	0	30	150	0
a_2	30	0	60	0
a_3	60	0	30	0
a_4	130	20	0	0

Abb. 77: Anwendung der Zielfunktion (8)

Eine optimistische Zielfunktion auf der Basis von Frohlockenswerten: Jöhr-Zielfunktion

Frohlockenswerte

Neben den Bedauernswerten sind auch *Frohlockenswerte* (Fr) möglich. Sie informieren über den Zugang an Werten (Fr), den man erreicht, wenn der Umweltzustand s_j eintritt und man anstelle der Aktion, die zum schlechtesten Ergebnis führt, die Aktion a_i ergreift. Auch in diesem Falle ergibt sich neben der ursprünglichen Entscheidungsmatrix eine zusätzliche Matrix, die *Frohlockensmatrix* (Fr_{ij}). Sie berechnet sich nach der Formel:

$$(9) \quad Fr_{ij} = e_{ij} - \min_{k} e_{kj} \qquad \begin{aligned} i &= 1,2,\ldots,m \\ j &= 1,2,\ldots,n \\ k &= 1,2,\ldots,m. \end{aligned}$$

Die Frohlockensmatrix ist in Abb. 78 dargestellt.

Beispiel zur Anwendung der Jöhr-Zielfunktion

Eine von Jöhr (1952) vorgeschlagene extrem optimistische Zielfunktion lautet dazu:

$$(10) \quad a_{opt} = \max_{i} \left[\max_{j} Fr_{ij} \right].$$

Die Frohlockensmatrix sowie die der Zielfunktion (10) entsprechende optimale Aktion findet sich in Abb. 78.

a_i \ s_j	s_1	s_2	s_3	$\max_j Fr_{ij}$	
a_1	130	0	0	130	
a_2	100	30	90	100	
a_3	70	30	120	120	
a_4	0	10	150	150	← a_{opt}

Abb. 78: Anwendung der Zielfunktion (10)

Eine pessimistische Zielfunktion auf der Basis von Frohlockenswerten

Beispiel zur Anwendung einer pessimistischen Zielfunktion bei Frohlockenswerten

Daneben ist analog auch folgende Zielfunktion denkbar:

$$(11) \quad a_{opt} = \max_{i} \left[\min_{j} Fr_{ij} \right].$$

Die der Zielfunktion entsprechenden optimalen Aktionen sind in Abb. 79 ermittelt.

a_i \ s_j	s_1	s_2	s_3	$\min_j Fr_{ij}$	
a_1	130	0	0	0	
a_2	100	30	90	30	← a_{opt}
a_3	70	30	120	30	← a_{opt}
a_4	0	10	150	0	

Abb. 79: Anwendung der Zielfunktion (11)

Laplace-Zielfunktion

Hinter der Laplace-Zielfunktion steckt das *Prinzip des unzureichenden Grundes* (vgl. dazu S. 31). Da der Entscheidungsträger über den Eintritt einzelner Zustände unsicher ist, spricht eigentlich nichts dagegen, für jeden Zustand die gleiche Wahrscheinlichkeit anzusetzen. Diese Wahrscheinlichkeit ist $\frac{1}{n}$.

Die Laplace-Zielfunktion lautet dann:

$$(12) \quad a_{opt} = \max_i \left[\sum_{j=1}^{n} e_{ij} \cdot \frac{1}{n} \right].$$

Die optimalen Aktionen im Rahmen des Beispiels sind a_2 und a_3.

Kritik der Laplace-Zielfunktion

Kritisch ist einzuwenden, daß die Wahrscheinlichkeiten davon abhängen, *wieviele* Zustände der Welt berücksichtigt werden. Das hat die Konsequenz, daß bei zahlreich angenommenen Zuständen die Wahrscheinlichkeiten nach Null streben (vgl. dazu Laux 1975, S. 162). Des weiteren ist die Laplace-Zielfunktion immun gegen eine Forderung, die als *Spaltenverdoppelung* in der Literatur bekannt ist (Milnor 1965, S. 132). Die Präferenzordnung zwischen den Aktionen soll sich demnach nicht verändern, »wenn eine neue Spalte, die mit einer alten Spalte identisch ist, der Matrix angefügt wird. (Wir sind also nur daran interessiert, welche Naturzustände möglich sind und nicht daran, wie oft jeder Zustand bei der Aufstellung der Matrix gezählt worden ist)« (Milnor 1965, S. 132). Der Grund, warum die Laplace-Zielfunktion bei Spaltenverdoppelung »reagiert«, ist aus dem kritischen Einwand ersichtlich: Es verändert sich die Zahl $\frac{1}{n}$.

Wird aus der ersten Entscheidungsmatrix der Abb. 80 durch eine Verdoppelung der ersten Spalte eine neue Entscheidungsmatrix, so verändert sich die Reihenfolge in der Einschätzung der Aktionen. Das aber wird als unplausibel empfunden.

a_i \ s_j	s_1	s_2	s_3
a_1	1	2	2
a_2	2	1	2
a_3	0	2	3
a_4	3	2	0

→

a_i \ s_j	s_1	s_2	s_3	s_4
a_1	1	1	2	2
a_2	2	2	1	2
a_3	0	0	2	3
a_4	3	3	2	0

Abb. 80: Transformation einer Entscheidungsmatrix

Ergebnisvektoren wurden in den bisher dargestellten Zielfunktionen durch je *eine* Kennzahl ersetzt. Daneben kann auch auf mehrere Kennzahlen Bezug genommen werden.

1.1.3.3 Mehrdimensionale Zielfunktionen

Pessimismus-Optimismus-Zielfunktion (Hurwicz-Zielfunktion)

Pessimismus-Optimismus-Parameter λ

Ist die Minimax-Zielfunktion durch einen übertriebenen Pessimismus, so ist die Maximax-Zielfunktion durch einen übertriebenen Optimismus gekennzeichnet. Dem versucht die Hurwicz-Zielfunktion zu entgehen, indem ein Pessimismus-Optimismus-Parameter λ eingeführt wird, der eine lineare Mischung zwischen Optimismus und Pessimismus möglich macht. Es gilt folgende Zielfunktion:

$$(13) \quad a_{opt} = \max_i \left[\lambda \cdot \max_j e_{ij} + (1 - \lambda) \cdot \min_j e_{ij} \right]$$
$$\text{mit } 0 \leqq \lambda \leqq 1.$$

Je größer λ wird, desto optimistischer ist die Einstellung des Entscheidungsträgers. Bei $\lambda = 1$ geht die Zielfunktion in die Maximax-Zielfunktion über. Je kleiner λ wird, desto pessimistischer erscheint der Entscheidungsträger. Bei $\lambda = 0$ schließlich liegt die Maximin-Zielfunktion vor. (13) wird übrigens erst dann in eine konkrete Zielfunktion überführt, wenn für λ ein konkreter Zahlenwert eingesetzt wird.

Beispiel zur Anwendung der Hurwicz-Zielfunktion

Die Anwendung der Hurwicz-Zielfunktion (Hurwicz 1951) führt zu der optimalen Aktion a_4, wenn $\lambda = 0{,}8$, was die Abb. 81 zeigt.

a_i \ s_j	s_1	s_2	s_3	$\max_j e_{ij}$	$\min_j e_{ij}$	$0{,}8 \cdot \max_j e_{ij}$	$(1-0{,}8) \cdot \min_j e_{ij}$	Σ
a_1	270	270	270	270	270	216	54	270
a_2	240	300	360	360	240	288	48	336
a_3	210	300	390	390	210	312	42	354
a_4	140	280	420	420	140	336	28	364 ← a_{opt}

Abb. 81: Anwendung der Hurwicz-Zielfunktion

Hypothetische Entscheidungssituation zur Bestimmung von λ

λ kann aufgrund einer hypothetischen Entscheidungssituation gemessen werden, in die ein Entscheidungsträger versetzt wird (vgl. dazu Luce-Raiffa 1957, S. 283, Laux 1975, S. 163). Der Entscheidungsträger hat zwischen zwei geeigneten Aktionen zu wählen, die ihm Gewinne erbringen können, wobei zwei unsichere Umweltzustände vorliegen. Die hypothetische Entscheidungssituation ist durch die Entscheidungsmatrix der Abb. 82 gegeben*.

In der Matrix sind Gewinne erfaßt. Die Aktion a_1 bringt danach entweder den Gewinn 1 oder 0. Die Aktion a_2 bringt den Gewinn X. X soll dabei zwischen 0 und 1 liegen.

a_i \ s_j	s_1	s_2
a_1	1	0
a_2	X	X

Abb. 82: Entscheidungsmatrix unter Unsicherheit

Der Entscheidungsträger hat anzugeben, bei welchem Gewinn X er *indifferent* eingestellt ist zwischen den beiden Aktionen a_1 und a_2. Der »Indifferenzgewinn« sei $\overline{X}$. Dann ist nämlich $\overline{X} = \lambda$ und λ kann in einer realen Entscheidungssituation benützt werden. Daß $\overline{X} = \lambda$ ist, zeigt sich bei einer Anwendung der Hurwicz-Zielfunktion auf die Entscheidungsmatrix. Wegen der Indifferenz zwischen den beiden Aktionen gilt nämlich

$$\lambda \cdot 1 + (1-\lambda) \cdot 0 = \lambda \cdot \overline{X} + (1-\lambda) \cdot \overline{X}.$$

Daraus folgt $\lambda = \overline{X}$.

* Diese hypothetische Entscheidungssituation ist streng von einer anderen hypothetischen Entscheidungssituation zu trennen, die in der Risikonutzentheorie eine Rolle spielt, vgl. dazu S. 250.

Kritik der Hurwicz-Zielfunktion

Zu unplausiblen Ergebnissen kann aber auch die Hurwicz-Zielfunktion führen. So sind in der Entscheidungsmatrix der Abb. 83 beide Aktionen für jedes λ optimal, was als kontra-intuitiv empfunden werden kann (vgl. Luce-Raiffa 1957, S. 283). Gerade wenn man gar nichts über die Zustände der Welt weiß, scheint a_1 einem rein intuitiven Verständnis entsprechend zu offensichtlich besseren Ergebnissen zu führen als a_2.

a_i \ s_j	s_1	s_2	s_3	...	s_j	...	s_{100}
a_1	0	1	1	...	1	...	1
a_2	1	0	0	...	0	...	0

Abb. 83: Entscheidungsmatrix unter Unsicherheit

Zusätzlich widerspricht die Hurwicz-Zielfunktion einer als vernünftig erscheinenden Forderung (vgl. dazu Luce-Raiffa 1957, S. 283): Werden 2 Aktionen als optimal ausgewiesen (oder in der Präferenzordnung als gleich), so muß es dem Entscheidungsträger gleichgültig erscheinen, welche Aktion er wählt. Er kann etwa zwischen ihnen mit Hilfe eines Münzwurfes wählen. Leider entspricht die Hurwicz-Zielfunktion nicht dieser Überlegung. In der Matrix der Abb. 84 sind bei $\lambda = 1/4$ die Aktionen a_1 und a_2 optimal. a_3 ist nicht optimal, obwohl a_3 nichts anderes besagt, als daß der Entscheidungsträger dem Ergebnis eines Münzwurfes indifferent gegenübersteht: fällt Wappen, wird a_1 ausgeführt, bei Zahl dagegen a_2.

a_i \ s_j	s_1	s_2	s_3	$\max_j e_{ij}$	$\min_j e_{ij}$	$\frac{1}{4}\max_j e_{ij}$	$\frac{3}{4}\min_j e_{ij}$	Σ
a_1	0	1	0	1	0	$\frac{1}{4}$	0	$\frac{1}{4}$
a_2	1	0	0	1	0	$\frac{1}{4}$	0	$\frac{1}{4}$
$a_3: [\frac{1}{2}a_1; \frac{1}{2}a_2]$	$\frac{1}{2}$	$\frac{1}{2}$	0	$\frac{1}{2}$	0	$\frac{1}{8}$	0	$\frac{1}{8}$

Abb. 84: Entscheidungsmatrix unter Unsicherheit

Der Vollständigkeit halber ist darauf hinzuweisen, daß die Hurwicz-Zielfunktion auch auf Bedauernswerte und Frohlockenswerte angewendet werden kann. Auf eine Formalisierung wird allerdings verzichtet (vgl. auch Bitz 1980b, S. 25, 29f.).

Nachdem in diesem Kapitel zahlreiche Zielfunktionen eingeführt wurden, taucht die Frage auf, welche Zielfunktion zu verwenden ist. Das traditionelle Argument lautet dahingehend, daß der Entscheidungsträger frei ist in der Wahl seiner Zielfunktion (vgl. dazu Hax 1974, S. 69). Wird zur Beantwortung dieser Frage ein besonderes Entscheidungsmodell entwickelt, dessen Aktionen aus den genannten Zielfunktionen bestehen, so wird der traditionelle Ansatz verlassen. Zielfunktionen werden jetzt nicht mehr als *gegebene* Entscheidungsprämissen angesehen, sondern als erst zu bestimmende Prämissen. Das geschieht mit Hilfe einer Modellanalyse, so daß ein Problem der *Meta-Entscheidungstheorie* vorliegt. Ehe das dazugehörige Modell aufgestellt werden kann, sind besondere Informationen zu sammeln. Damit ist die *Rationalitätsanalyse* angesprochen, in der es um Informationen über plausible bzw. unplausible Konsequenzen der einzelnen Zielfunktionen geht.

1.1.3.4 Rationalitätsanalyse von Zielfunktionen unter Unsicherheit

»Vorschalt-Regel«

Die Rationalitätsanalyse würde sich weitgehend erübrigen, wenn es ein einfaches Prinzip gäbe, das vorgeschaltet werden könnte. Ein Entscheidungsträger würde danach diejenige Aktion als optimal ansehen, die von der *Mehrheit* der Zielfunktionen bevorzugt wird. Leider aber führt diese »Vorschalt-Regel« zu intransitiven Bewertungen, was Luce-Raiffa unter Verwendung der Maximin-Zielfunktion, der Hurwicz-Zielfunktion mit $\lambda = 1/4$ und der Laplace-Zielfunktion zeigen (Luce-Raiffa 1957, S. 285f.). Es soll die in Abb. 85 erfaßte Entscheidungsmatrix zugrunde liegen.

a_i \ s_j	s_1	s_2	s_3
a_1	2	12	−3
a_2	5	5	−1
a_3	0	10	−2

Abb. 85: Entscheidungsmatrix bei Unsicherheit

Danach gilt folgende Rangordnung:

Maximin-Zielfunktion mit	$a_2 \succ a_3 \succ a_1$
Hurwicz-Zielfunktion mit ($\lambda = 1/4$)	$a_3 \succ a_1 \succ a_2$
Laplace-Zielfunktion mit	$a_1 \succ a_2 \succ a_3$

An Ergebnissen der »Vorschalt-Regel« liegen vor:

$a_1 \succ a_2$ in 2 Fällen
$a_2 \succ a_3$ in 2 Fällen
und
$a_3 \succ a_1$ in 2 Fällen.

Bei einer transitiven Ordnung müßte aber in 2 Fällen $a_1 \succ a_3$ gelten. Damit ist bewiesen, daß die »Vorschalt-Regel« zu intransitiven Bewertungen führt. Sie ist demnach unbefriedigend.

Rationalitätsanalyse der Zielfunktionen anhand von Axiomen

Was ist die Aufgabe der nach diesem Resultat als besonders dringlich empfundenen Rationalitätsanalyse? Die Zielfunktionen werden anhand einzelner *plausibler Forderungen* daraufhin überprüft, ob sie den Forderungen entsprechen oder nicht. Man bezeichnet die Forderungen, die Zielfunktionen zu erfüllen haben, als *Axiome.* Die Rationalitätsanalyse ist demnach nichts anderes als eine axiomatische Analyse der Zielfunktionen. Um das Ergebnis gleich vorweg zu nehmen: Es gibt *keine* Zielfunktion, die alle als vernünftig empfundenen Axiome erfüllt. Genau deshalb kann ein Meta-Entscheidungsmodell formuliert werden, das darauf hinausläuft, verschiedene Axiome gegeneinander abzuwägen (vgl. dazu S. 189).

Im folgenden interessieren ausschließlich die als relevant angesehenen Axiome. Wir folgen dabei überwiegend der axiomatischen Analyse von *Milnor* (1965, S. 129ff.) (vgl. auch Luce-Raiffa 1957, S. 297f.) und verwenden insgesamt 8 Axiome. Es liegt die Präferenzrelation ›$\succsim$‹ zugrunde.

1. Axiom der Anordnung:
Für die Präferenzrelation $\succsim$ gilt, daß sie vollständig und transitiv ist.

2. Axiom der Systematik:
$\succsim$ ist unabhängig von der Numerierung der Zeilen und Spalten.

3. Axiom der starken Dominanz:
Wenn jedes Element einer Ergebnisverteilung einer Zeile r größer ist als das entsprechende Element einer Zeile r′, so gilt $r \succ r'$.

4. Axiom der Hinzufügung oder Weglassung von (irrelevanten) Zeilen:
Die Präferenzordnung der alten Zeilen ändert sich nicht, wenn eine (irrelevante) Zeile hinzugefügt oder weggelassen wird.

5. Axiom der Ergebnis-Linearität:
Die Präferenzordnung bleibt unverändert, wenn sämtliche Ergebniswerte

e_{ij} durch e_{ij}' ersetzt werden, mit

$$e_{ij}' = a \cdot e_{ij} + b, \quad a > 0.$$

6. Axiom der Spaltenlinearität:
Die Präferenzordnung wird nicht geändert, wenn eine Konstante zu einer Spalte addiert wird.

7. Axiom der Spaltenverdoppelung:
Die Präferenzordnung bleibt unverändert, wenn eine neue Spalte, die mit der alten Spalte identisch ist, der Matrix angefügt wird.

8. Axiom der Konvexität:
Wenn zwei Aktionen a_1 und a_2 indifferent in der Präferenzordnung sind, dann ist es dem Entscheidungsträger gleichgültig, welche Aktion er wählt. Die Auswahl kann dann mit Hilfe eines Zufallsmechanismus erfolgen.

Werden die Axiome mit den Zielfunktionen konfrontiert, so fällt zunächst auf, daß die Axiome 4, 7 und 8 bereits benützt wurden, ohne sie allerdings in eine geschlossene axiomatische Darstellung einzuordnen. So verletzte die Savage-Niehans-Zielfunktion das Axiom 4, die Laplace-Zielfunktion das Axiom 7 und die Hurwicz-Zielfunktion das Axiom 8 (vgl. S. 178f., S. 181f., S. 184). Zusätzlich ist Axiom 6 durch die Hurwicz-Zielfunktion nicht zu erfüllen, was aus der Matrix der Abb. 86 ersichtlich ist.

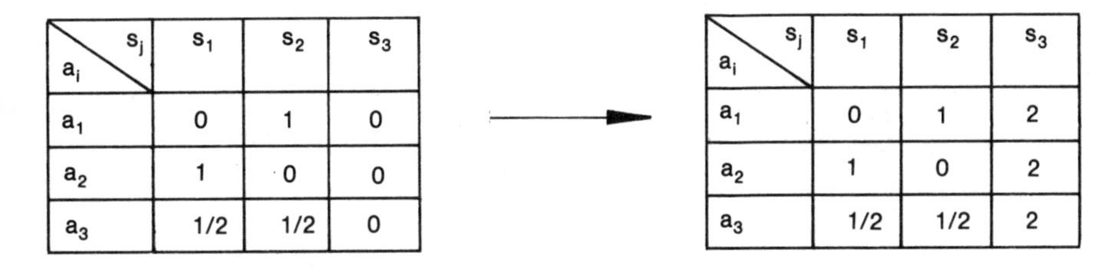

a_i \ s_j	s_1	s_2	s_3
a_1	0	1	0
a_2	1	0	0
a_3	1/2	1/2	0

→

a_i \ s_j	s_1	s_2	s_3
a_1	0	1	2
a_2	1	0	2
a_3	1/2	1/2	2

Abb. 86: Transformation einer Entscheidungsmatrix

Zur letzten Spalte wurde dabei der Wert +2 addiert. Gilt $\lambda = 1/4$, so verschiebt sich die Präferenzordnung von $a_1 \sim a_2 \succ a_3$ zu $a_3 \succ a_1 \sim a_2$. Es ist einleuchtend, daß sich die Präferenzordnung dann verschiebt, wenn neue maximale oder minimale Werte durch die Anwendung des sechsten Axioms entstehen. Aus dem gleichen Grunde verletzen auch die Maximin-Zielfunktion sowie die Maximax-Zielfunktion das Axiom 6.

Milnor hat sich in seiner Rationalitätsanalyse auf 4 Zielfunktionen beschränkt, auf die Maximin-Zielfunktion, Savage-Niehans-Zielfunktion, Laplace-Zielfunktion und die Hurwicz-Zielfunktion. Die Abb. 87 zeigt auf, *welche* Axiome mit diesen 4 Zielfunktionen vereinbar bzw. unvereinbar sind (vgl. dazu ähnlich Milnor 1965, S. 129ff.).

Axiome \ Zielfunktionen	Laplace	Maximin	Hurwicz	Savage – Niehans
1. Anordnung	×	×	×	×
2. Systematik	×	×	×	×
3. starke Dominanz	×	×	×	×
4. Hinzufügung oder Weglassung von Zeilen	×	×	×	–
5. Ergebnislinearität	×	×	×	×
6. Spaltenlinearität	×	–	–	×
7. Spaltenverdoppelung	–	×	×	×
8. Konvexität	×	×	–	×

x = Vereinbarkeit von Axiom und Zielfunktion
– = Unvereinbarkeit von Axiom und Zielfunktion

Abb. 87: Axiomatische Analyse von Zielfunktionen unter Unsicherheit

Um zu zeigen, daß eine bestimmte Zielfunktion gegen ein Axiom verstößt, genügt schon ein Gegenbeispiel. Bereits in diesem Falle ist der Anspruch, das Axiom allgemein erfüllen zu können, widerlegt. Wir haben diesen Weg beschritten und bei der Darstellung der Zielfunktionen jeweils ein Gegenbeispiel mitgeliefert. Soll umgekehrt die Übereinstimmung zwischen Axiom und Zielfunktion demonstriert werden, reicht ein Beispiel dafür noch nicht aus.

Es ist vielmehr allgemein zu zeigen, daß eine Verträglichkeit besteht, was z. B. von Milnor geleistet wird.

Wenn abschließend noch einmal die Abb. 87 betrachtet werden soll, so wird die früher aufgestellte Behauptung erhärtet: Es gibt keine Zielfunktion, die alle Axiome gleichermaßen erfüllt. Alle Zielfunktionen verstoßen mindestens gegen eine plausible Forderung. Einzig die Laplace-Zielfunktion verstößt gegen ein Axiom, das gelegentlich als entbehrlich bezeichnet wird (Mag 1977, S. 116, Milnor 1965, S. 137). Läßt man das Axiom dann weg, so kann die Laplace-Zielfunktion unbedenklich verwendet werden. Ein weiterer Grund, der für eine Bevorzugung der Laplace-Zielfunktion spricht, wird bei Mag (1977, S. 47 ff.) diskutiert. Es handelt sich um eine informationstheoretische Rechtfertigung der Laplace-Zielfunktion, auf die allerdings nicht eingegangen werden soll.

Meta-Entscheidungsmodell

Geht man den angedeuteten Weg einer Bevorzugung der Laplace-Zielfunktion nicht, so ist die Konstruktion eines Meta-Entscheidungsmodells zur Auswahl einer »optimalen« Zielfunktion angezeigt. *Aktionen* in diesem Modell sind die vier zur Disposition stehenden Zielfunktionen aus Abb. 87. Verschiedene *Ziele* sind mit den Axiomen 4, 6, 7, 8 aus Abb. 87 gegeben, die teilweise untereinander konkurrieren, da sie sich bei einzelnen Zielfunktionen nicht gleichermaßen erfüllen lassen. *Ergebnisse* sind 1, wenn das Axiom erfüllt wird, sonst 0. Dann läßt sich die in Abb. 88 wiedergegebene Matrix erstellen.

Zielfunktionen \ Axiome	4	6	7	8
Laplace	1	1	0	1
Maximin	1	0	1	1
Hurwicz	1	0	1	0
Savage – Niehans	0	1	1	1

Abb. 88: Zielfunktionen und ausgewählte Axiome

Die Axiome übernehmen also die Rolle verschiedener Ziele, die die einzelnen Zielfunktionen erfüllen oder nicht. Um eine »optimale« Aktion auswählen zu können, müssen die Axiome etwa selbst erst in eine Rangordnung gebracht werden. Soll etwa Axiom 4 an erster Stelle stehen, so sind alle Zielfunktionen »optimal«, außer der Savage-Niehans-Zielfunktion.

Wir wollen im folgenden solche Entscheidungssituationen kennenlernen, in denen verschiedene Ziele vorliegen. Dabei konzentrieren wir uns zunächst auf *Entscheidungsmodelle mit mehrfacher monetärer Zielsetzung*, die zu ausschließlich monetären Ergebnisgrößen führen. Modelle, die auch nicht-monetäre Zielsetzungen enthalten, werden erst auf S. 274 ff. behandelt, da sie einen Übergang zu Nutzengrößen erzwingen. Die vorgenommene Trennung ist ausschließlich didaktisch motiviert, um Probleme bei mehrfacher Zielsetzung quasi »rein« darstellen zu können, ohne Nutzengrößen beachten zu müssen.

Wiederholungsfragen

1. Wo erscheint in einem linearen Programm ein extremales Ziel? (S. 153)
2. Welche Möglichkeit besteht, ein satisfizierendes Ziel in ein lineares Gleichungssystem aufzunehmen? (S. 155)
3. Welche vier Schritte sind nötig, um konkrete Zielfunktionen bei Risiko und Unsicherheit zu entwickeln? (S. 158 f.)
4. Worin unterscheiden sich eindimensionale von mehrdimensionalen Zielfunktionen? (S. 159)
5. Durch welche Merkmale ist die Bayes-Zielfunktion gekennzeichnet? (S. 160 f.)
6. Inwiefern gelingt es mit Hilfe des Erwartungswertes μ und der Streuung σ, Risikofreude und Risikoscheu in Zielfunktionen auszudrücken? (S. 160 ff.)
7. Wie arbeitet die Hodges-Lehmann-Zielfunktion? (S. 167 f.)
8. Was versteht man unter einem Sicherheitsäquivalent? (S. 170 ff.)
9. Wann wird eine Aktion von einer anderen Aktion dominiert? (S. 173 f.)
10. Worin unterscheiden sich Maximin- und Maximax-Zielfunktion? (S. 174 ff.)
11. Welcher Kritik ist die Savage-Niehans-Zielfunktion ausgesetzt? (S. 178 f.)
12. Worin unterscheiden sich Bedauernswerte von Frohlockenswerten? (S. 177, 180)
13. Von welcher Annahme geht die Laplace-Zielfunktion aus? (S. 181)
14. Warum wird die Pessimismus-Optimismus-Zielfunktion zu den mehrdimensionalen Zielfunktionen gezählt? (S. 182 ff.)
15. Zu welchem Ergebnis gelangt die Rationalitätsanalyse von Zielfunktionen bei Unsicherheit? (S. 185 ff.)

Literaturverzeichnis

BAMBERG, G. / COENENBERG, A. G. (1977): Betriebswirtschaftliche Entscheidungslehre. 2., verb. Aufl., München 1977.

BITZ, M. (1980 a): Entscheidungstheorie. Kurseinheit 1: Grundbegriffe und -probleme. Hagen 1980.

BITZ, M. (1980 b): Entscheidungstheorie. Kurseinheit 2: Entscheidungsregeln für Ungewißheitssituationen. Hagen 1980.

BITZ, M. (1980 c): Entscheidungstheorie. Kurseinheit 3: Klassische Entscheidungsregeln für Risikosituationen. Hagen 1980.

BRAUN, G. E. (1979 c): Die Bestimmung und Nutzung von Opportunitätskosten. In: Wirtschaftswissenschaftliches Studium, 8 (1979), S. 181–184.

HAX, H. (1974): Entscheidungsmodelle in der Unternehmung. Einführung in Operations Research. Reinbek bei Hamburg 1974.

HETTICH, G. O. (1977): Entscheidungskriterien, Entscheidungsregeln, Entscheidungsprinzipien. In: Wirtschaftswissenschaftliches Studium, 6 (1977), S. 126–132.

HODGES, J. L. jr. / LEHMANN, E. L. (1952): The Use of Previous Experience in Reaching Statistical Decisions. In: Annals of Mathematical Statistics, 23 (1952), S. 396–407.

HURWICZ, L. (1951): Optimality Criteria for Decision Making Under Ignorance. Cowels Commission Discussing Paper, Statistics, No. 370, ohne Ort, 1951. (Angabe nach Bamberg-Coenenberg 1977)

JÖHR, W. A. (1952): Die Konjunkturschwankungen. Theoretische Grundlagen der Wirtschaftspolitik, Bd. 2. Tübingen/Zürich 1952.

KOSIOL, E. (1975): Die Unternehmung als wirtschaftliches Aktionszentrum. Einführung in die Betriebswirtschaftslehre. Reinbek bei Hamburg 1975.

KRELLE, W. (1968): Präferenz- und Entscheidungstheorie. Tübingen 1968.

KUPSCH, P. U. (1973): Das Risiko im Entscheidungsprozeß. Wiesbaden 1973.

LAUX, H. (1975): Entscheidungskriterien bei Unsicherheit. In: Wirtschaftswissenschaftliches Studium, 4 (1975), S. 159–164.

LUCE, R. D. / RAIFFA, H. (1957): Games and Decisions. Introduction and Critical Survey. New York/London/Sydney 1957.

MAG, W. (1977): Entscheidung und Information. München 1977.

MILNOR, J. (1965): Spiele gegen die Natur. In: Shubik, M. (Hrsg.): Spieltheorie und Sozialwissenschaften. Hamburg 1965, S. 129–139.

NIEHANS, J. (1948): Zur Preisbildung bei ungewissen Erwartungen. In: Schweizerische Zeitschrift für Volkswirtschaft und Statistik, (1948), S. 433–456.

SAVAGE, L. J. (1951): The Theory of Statistical Decision. In: Journal of the American Statistical Association, 46 (1951), S. 55–67.

SCHNEEWEISS, H. (1967): Entscheidungskriterien bei Risiko. Berlin/Heidelberg/New York 1967.

WALD, A. (1950): Statistical Decision Functions. New York/London/Sydney 1950.

1.2 Entscheidungsmodelle mit mehreren monetären Zielgrößen unter Sicherheit

Kennzeichnend für die folgenden Modelle ist die monetäre Eigenschaft der Ziel- und Ergebnisgrößen. *Höhenpräferenzen* sind also nur implizit vorhanden, so daß die monetären Größen nicht in besondere Nutzengrößen überführt werden. Die darzustellenden Modelle und die darin enthaltenen Probleme bei mehrfacher Zielsetzung werden auch ausschließlich auf Situationen unter Sicherheit bezogen. Situationen unter Risiko und Unsicherheit werden ausgeschlossen. Das ist wiederum eine rein didaktische Entscheidung, um auftretende Probleme »besser in den Griff« bekommen zu können. Aus diesem Grunde treten auch keine *Risiko-* und *Unsicherheitspräferenzen* auf, die in Situationen unter Risiko und Unsicherheit benötigt werden. Im vorliegenden Kapitel erweisen sich vielmehr *Artenpräferenzen* als notwendig, wenn konkurrierende Ziele vorliegen. In einem solchen Falle müssen Prioritäten zwischen den Zielen gesetzt werden, um überhaupt eine optimale Aktion ermitteln zu können. Solche Prioritätsentscheidungen erfolgen ebenfalls mit Hilfe von Zielfunktionen*. Da bei allen Präferenzen Zielfunktionen vorkommen, muß immer dann, wenn die Gefahr einer Verwechslung besteht, genau spezifiziert werden, worauf sich die Zielfunktionen beziehen.

Artenpräferenzen

Im folgenden geht es um die geometrische Darstellung mehrerer Ziele, um die Beziehungen zwischen den Zielen und um die Einführung von Zielfunktionen, um damit auftretende Zielkonflikte lösen zu können.

1.2.1 Geometrische Darstellung einer Zielkonzeption (eines Zielsystems)

In Entscheidungsmodelle können einzelne Zielvorstellungen oder eine *mehrere* Zielvorstellungen umfassende *Zielkonzeption* (ein Zielsystem) eingehen (vgl. dazu Chmielewicz 1970, S. 247). Um eine Zielkonzeption geometrisch darstellen zu können, bieten sich drei Darstellungsformen an:

- das rechtwinklige Koordinatensystem,
- das Polarkoordinatensystem,
- das Polaritätsprofil

(vgl. dazu Chmielewicz 1970, S. 249ff.).

* Die Zielfunktionen können auch dann verwendet werden, wenn entsprechende Nutzengrößen zugrundeliegen.

Das rechtwinklige Koordinatensystem

Im rechtwinkligen Koordinatensystem werden die einzelnen Zielgrößen den Koordinatenachsen zugeordnet und die Ausprägungen der einzelnen Zielgrößen in das System eingetragen. Für 2 monetäre Zielgrößen, Gewinn und Umsatz, gilt die Abb. 89.

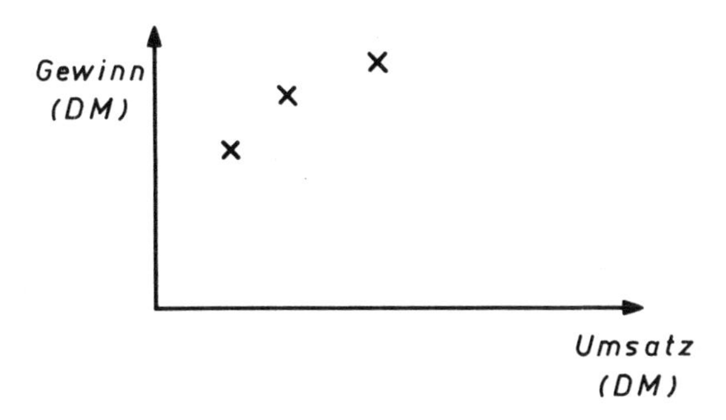

Abb. 89: Zielgrößen und Zielerreichungsgrade im (rechtwinkligen) Koordinatensystem

Die Punkte stellen zusammengehörige Zielerreichungsgrade (Kombination von Zielerreichungsgraden) dar. Werden Zielkonzeptionen im rechtwinkligen Koordinatensystem eingetragen, so ist die Übersichtlichkeit der Darstellung nur gewährleistet, wenn lediglich zwei Ziele vorliegen. Sonst stehen die anderen Formen zur Verfügung.

Das Polarkoordinatensystem

Im System der Polarkoordinaten ist eine Gerade mit einem Pol gegeben, die sogenannte Polarachse. Die Zielgrößen werden nun den einzelnen Polarkoordinaten zugeordnet. Diese sind durch den Winkel festgelegt, den ein Fahrstrahl durch den Pol auf der Polarachse bildet. Die Entfernung auf den Polarkoordinaten zeigt den jeweiligen Zielerreichungsgrad an.

Ein Beispiel aus dem Konsumbereich eines Haushalts soll den Sachverhalt veranschaulichen (vgl. dazu Gäfgen 1974, S. 118). Als Zielgrößen fungieren verschiedene Verwendungsmöglichkeiten des gesamten zur Verfügung stehenden Budgets, was in Abb. 90 erfaßt ist. Die Fahrstrahlen durch den Pol zeigen dabei die einzelnen Zielgrößen an. Gleiche Abstände zwischen den Fahrstrahlen deuten auf gleichrangige Ziele hin. Durch eine entsprechende Winkelaufteilung könnte ausgedrückt werden, daß Ziele ein verschiedenes Gewicht besitzen.

Der gestrichelte Kurvenzug zeigt die jeweiligen, untereinander verbundenen Zielerreichungsgrade an. Der Haushaltsvorstand kann nun verschiedene seiner familiären Verhaltensweisen erfassen und die dazugehörigen Konsequenzen bezüglich seiner Ziele mit Hilfe solcher gestrichelten Kurvenzüge verdeutlichen. Sowohl für das (rechtwinklige) Koordinatensystem als auch für das Polarkoordinatensystem gilt, daß in ihnen Zielgrößen und Zielerreichungsgrade erfaßt werden können. Besonders im Polaritätsprofil lassen sich auch Zielausmaße berücksichtigen.

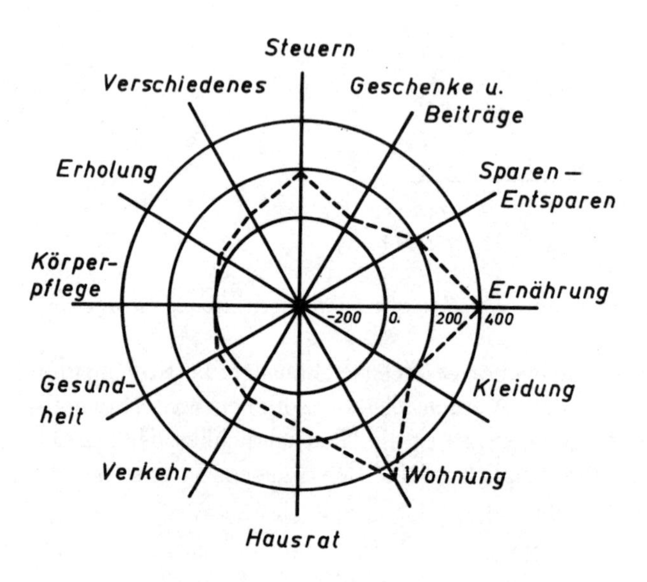

----- = *ein konkretes Ausgabenmuster (monetäre Konsequenzen einer Aktion bezüglich der vorhandenen 12 Zielgrößen)*

Abb. 90: Zielgrößen und Zielerreichungsgrade im Polarkoordinatensystem (Quelle: Gäfgen 1974, S. 118)

Das Polaritätsprofil

Im Polaritätsprofil wird jede Zielgröße durch eine parallele Gerade dargestellt. Punkte auf den Geraden repräsentieren Zielerreichungsgrade. Höhere Zielerreichungsgrade sind stets nach oben hin angeordnet. Ein Kurvenzug verbindet auch hier die Zielerreichungsgrade. Bei den Zielausmaßen ist folgendermaßen zu verfahren: »Für die Maximierung (Minimierung) kommt ... ein nach oben (unten) gerichteter Pfeil an der jeweiligen Zahlengeraden in Betracht ... Bei der Satisfizierung – die keine solchen Pfeile aufweist – kann der Bereich unzulässiger Lösungen durch Strichpunktierung des betreffenden Bereichs der Zahlengeraden charakterisiert werden. Die zulässigen Lösungen sind dann erkennbar durch einen Punkt innerhalb einer strichpunktierten Geraden (betr. Fixierung) bzw. durch einen ausgezogenen Geradenbereich (betr. Begrenzung)«, (Chmielewicz 1970, S. 250). Ein Beispiel aus dem Konsumbereich ist in Abb. 91 wiedergegeben.

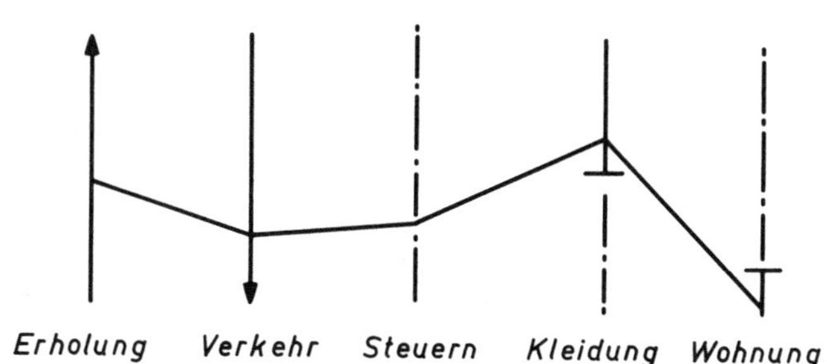

——— = *ein konkretes Ausgabenmuster (monetäre Konsequenzen einer Aktion bezüglich der vorhandenen 5 Zielgrößen)*

Abb. 91: Zielgrößen, Zielerreichungsgrade und Zielausmaße im Polaritätsprofil

Zusammenfassend werden die drei behandelten geometrischen Darstellungsarten von Zielen in Abb. 92 gegenübergestellt (vgl. dazu Chmielewicz 1970, S. 249).

Darstellungsarten / Beurteilungsmerkmale	1. (rechtwinkliges) Koordinatensystem	2. Polarkoordinatensystem	3. Polaritätsprofil
(a) Anordnung der Zielgrößen	orthogonal (rechtwinklig)	radial (sternförmig)	parallel
(b) Einzeichnung der zu einer Aktion gehörenden Zielerreichungsgrade durch je einen	Punkt	Kurvenzug	Kurvenzug
(c) Übersichtlichkeit bei n Zielgrößen	übersichtlich nur bis n = 2	übersichtlich auch bei n > 2 Polarkoordinaten, aber wegen radialer Anordnung bei kleinerem n unübersichtlicher als das Polaritätsprofil	

Abb. 92: Drei Arten geometrischer Darstellungsformen von Zielen (Quelle: Chmielewicz 1970, S. 249)

1.2.2 Zielbeziehungen zwischen extremalen Zielen*

Besteht in einer Zielkonzeption der Anspruch, mehrere Ziele *gleichzeitig* erfüllen zu wollen, so ist dieser Anspruch zu überprüfen. Dazu sind die Beziehungen zwischen den Zielen zu ermitteln. Um derartige Beziehungen zu erfassen, eignet sich besonders die Darstellung im (rechtwinkligen) Koordinatensystem, wenn wir uns nur für zwei Ziele interessieren** (vgl. für das folgende Gäfgen 1974, S. 119ff., Kupsch 1979, S. 26ff., Mag 1976, S. 51ff. und Mag 1977, S. 31ff.). Wir können dann folgende Beziehungstypen der *Zielkomplementarität*, der *Zielkonkurrenz* und der *Zielneutralität* unterscheiden.

Zielkomplementarität

Beispiel der Zielkomplementarität

In der Entscheidungsmatrix der Abb. 93 ist ein Beispiel der Zielkomplementarität wiedergegeben. Das erste Ziel bezieht sich auf Gewinnmaximierung, das zweite Ziel auf Umsatzmaximierung. Als z_1 bzw. z_2 werden meist die entsprechenden Zielgrößen*** bzw. die entsprechenden Zielerreichungsgrade bezeichnet.

a_i \ z_j	z_1	z_2
a_1	2	6
a_2	3	8
a_3	4	10
a_4	5	12

Abb. 93: Entscheidungsmatrix bei Zielkomplementarität

Definition der Zielkomplementarität

Bei der Zielkomplementarität gilt dann allgemein folgende Aussage:

(I) Wenn sich die Erreichung eines Zieles verbessert (verschlechtert), dann verbessert (verschlechtert) sich auch die Erreichung des anderen Zieles.

* Ziele sind nur dann vollständig formuliert, wenn neben den materialen Zielentscheidungen auch Präferenzordnungen der Zielerreichungsgrade, besonders Höhenpräferenzordnungen, festgelegt sind. Davon wird im folgenden ausgegangen (vgl. dazu auch Chmielewicz 1970, S. 253 und Bamberg-Coenenberg 1977, S. 44 sowie im Text S. 45). In diesem Kapitel werden extremale Ausmaße der Zielgrößen zugrundegelegt, während im nächsten Kapitel satisfizierende Ausmaße betrachtet werden.

** Im folgenden sollen nur 2 Ziele betrachtet werden. Bei drei und mehr Zielen sind die Ausführungen geringfügig zu verändern.

*** Im weiteren wird der Einfachheit halber von z_j, $j = 1,2,\ldots,n$ ausgegangen, vgl. demgegenüber S. 41.

Aus der Abb. 93 folgt, daß sich bei Maximierungszielen die entsprechenden Zielerreichungsgrade *gleichläufig* verhalten. Wichtig ist auch, daß beide Ziele *gleichzeitig*, also mit einer Aktion, erreicht werden können.

Wenn wir die zu dem Beispiel gehörigen Zielerreichungsgrade graphisch auftragen, so ergibt sich Abb. 94.

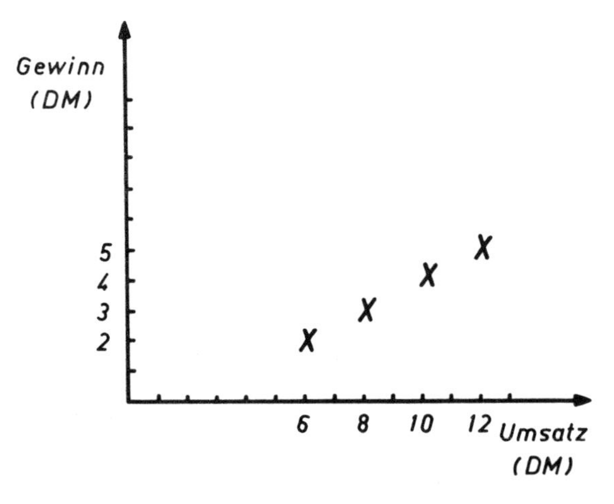

Abb. 94: Verlauf der Zielerreichungsgrade bei zwei komplementären Zielen

Die einzelnen Punkte entsprechen einer Kombination von Zielerreichungsgraden. Darüber hinaus gehört zu jedem Punkt eine bestimmte Aktion, was auch aus der Entscheidungsmatrix abgelesen werden kann. Im Grunde sind deshalb Zielbeziehungen nur als Beziehungen zwischen den Konsequenzen von Aktionen denkbar. »Die Frage, welche Art von Zielinterdependenzen vorliegt, kann demnach nur bei Kenntnis der in einer bestimmten Entscheidungssituation vorhandenen Alternativen (Aktionen, d.V.) und deren Zielwirkungen beantwortet werden« (Kupsch 1979, S. 26).

Zielbeziehungsfunktion

Geht man im weiteren davon aus, daß unendlich viele Aktionen und damit unendlich viele Kombinationen von Zielerreichungsgraden vorliegen, so lassen sich *stetige Zielbeziehungsfunktionen* angeben. Diese sind in Abb. 95 zusammengefaßt, wobei wir eine variable und lineare Komplementarität unterscheiden.

Das angegebene Beispiel aus der Abb. 94 kann dann als Ausschnitt aus einer Zielbeziehungsfunktion der linearen Komplementarität angesehen werden. Ein Spezialfall der linearen Komplementarität liegt vor, wenn beide Zie-

Zielgleichheit oder Zielidentität

le im Grunde gleich definiert sind. Es handelt sich um eine *Zielgleichheit* oder *Zielidentität*. Dieser Fall ist beispielsweise gegeben, wenn es um Erlösmaximierung und Umsatzmaximierung geht und Erlös = Umsatz ist. Die Zielbeziehungsfunktion ist dann immer die Winkelhalbierende.

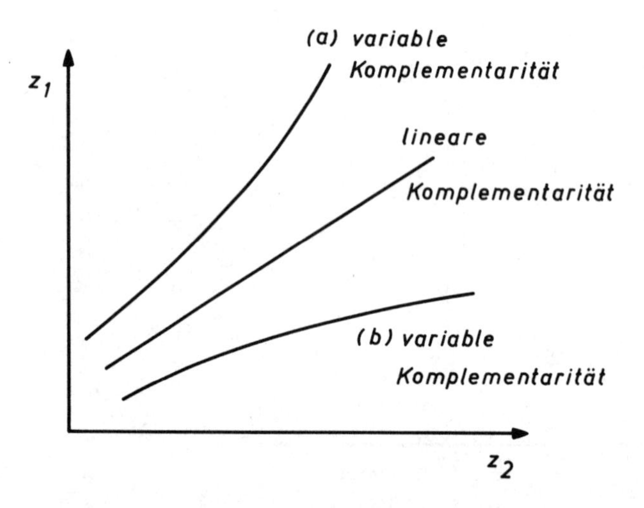

Abb. 95: Zielbeziehungsfunktionen bei zwei komplementären Zielen

Definition der Elastizität

Allgemein kann nun nach einer Maßzahl gesucht werden, die bei einem Übergang von einer Aktion zu einer andern das Verhältnis anzeigt, in dem sich die relativen Zielerreichungsgrade ändern. Die (Ziel-) *Elastizität* η ist das Maß, welches das Verhältnis anzeigt, das zwischen der relativen Veränderung eines Zieles und der relativen Veränderung des anderen Zieles besteht.

Im *diskreten* Fall gilt für die Elastizität:

$$\eta = \frac{\dfrac{z_1 - z_1'}{z_1}}{\dfrac{z_2 - z_2'}{z_2}} = \frac{\dfrac{\Delta z_1}{z_1}}{\dfrac{\Delta z_2}{z_2}} = \frac{\Delta z_1 \cdot z_2}{\Delta z_2 \cdot z_1}$$

Liegen *stetige* und *differenzierbare* Funktionen vor, so ist ein Differentialquotient möglich und es gilt:

$$\eta = \frac{\dfrac{dz_1}{z_1}}{\dfrac{dz_2}{z_2}} = \frac{dz_1}{dz_2} \cdot \frac{z_2}{z_1}.$$

z_1 und z_2 beziehen sich dabei auf die Zielerreichungsgrade der zuerst ergriffenen Aktion, z_1' und z_2' auf die Zielerreichungsgrade der danach eingeschlagenen Aktion.

Bei linearer Komplementarität ist η konstant, bei variabler Komplementarität des Falles (a) zunehmend, bei variabler Komplementarität des Falles (b) abnehmend. Bei allen Komplementaritätsbeziehungen ist η immer positiv $(0 < \eta < +\infty)$.

Für den in Abb. 95 wiedergegebenen Fall (b) soll eine Entscheidungsmatrix vorliegen, die in der Abb. 96 erfaßt ist. Es werden wiederum die beiden Ziele der Gewinnmaximierung und Umsatzmaximierung zugrundegelegt.

a_i \ z_j	z_1	z_2
a_1	2	6
a_2	3	8
a_3	3,5	10
a_4	3,75	12

Abb. 96: Entscheidungsmatrix bei variabler Zielkomplementarität

Für die Elastizität η gilt dann*:

$$\eta_{1,2} = \frac{\frac{2-3}{2}}{\frac{6-8}{6}} = \frac{3}{2},$$

$$\eta_{2,3} = \frac{\frac{3-3,5}{3}}{\frac{8-10}{8}} = \frac{2}{3},$$

$$\eta_{3,4} = \frac{\frac{3,5-3,75}{3,5}}{\frac{10-12}{10}} = \frac{5}{14}.$$

* Die tiefergestellten Indizes bei η drücken den Übergang von einer Aktion zu einer anderen aus.

η nimmt dabei laufend ab. Hinter dem Beispiel steht der Gedanke, daß mehr Umsatz auch mehr Gewinn bringt, aber in einem unterproportionalen Maße.

Zielkonkurrenz

Beispiel der Zielkonkurrenz

In der Entscheidungsmatrix der Abb. 97 ist ein Beispiel der Zielkonkurrenz dargestellt. Die beiden Ziele heißen jetzt, wenn sie etwa aus dem Konsumbereich eines Haushaltes genommen sind »Maximiere die Ausgaben für Wohnung« und »Maximiere die Ausgaben für Kleidung«.

a_i \ z_j	z_1	z_2
a_1	5	0
a_2	3	2
a_3	2	3
a_4	0	5

Abb. 97: Entscheidungsmatrix bei Zielkonkurrenz

Dabei wird vorausgesetzt, daß eine fest vorgegebene Ausgabensumme vorliegt, die voll ausgegeben wird. Außerdem sind die Preise als konstant anzusehen. Dann gilt Abb. 98.

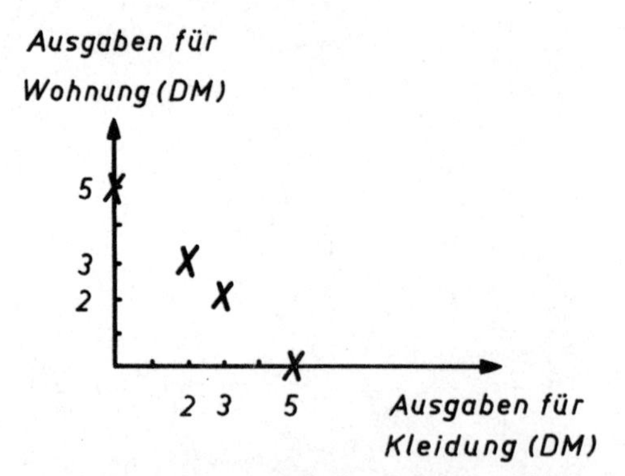

Abb. 98: Verlauf der Zielerreichungsgrade bei zwei konkurrierenden Zielen

Definition der Zielkonkurrenz

Allgemein ist für die Zielkonkurrenz festzuhalten:

(II) Wenn sich die Erreichung eines Zieles verbessert (verschlechtert), dann verschlechtert (verbessert) sich die Erreichung des anderen Zieles.

Wie die Abb. 97 zeigt, verhalten sich bei Maximierungszielen die Zielerreichungsgrade *gegenläufig*. Es ist außerdem wichtig, daß beide (konfliktären) Ziele *nicht* gleichzeitig erreicht werden können. Es gibt keine Aktion, die beide Ziele auf einmal zu erreichen gestattet.

Auch bei der Zielkonkurrenz lassen sich stetige Zielbeziehungsfunktionen formulieren, was Abb. 99 zeigt.

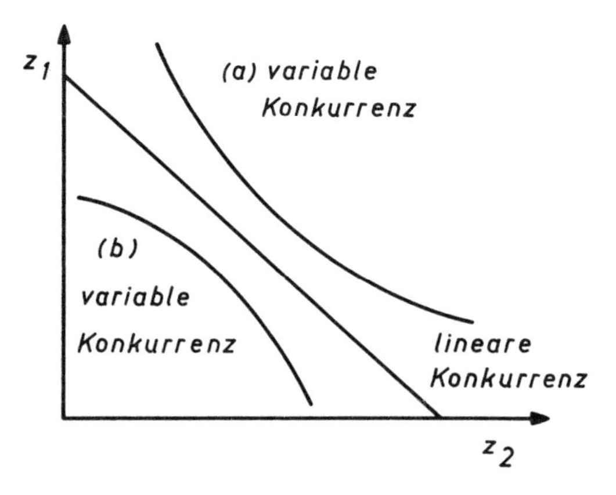

Abb. 99: Zielbeziehungsfunktionen bei Zielkonkurrenz

Die Elastizität η ist wie bei der Zielkomplementarität definiert, nur daß sie jetzt stets negative Werte annimmt ($-\infty < \eta < 0$). Beispielsweise bedeutet η auch bei linearer Konkurrenz, daß das Verhältnis gleichbleibt, in dem sich die relativen Zielerreichungsgrade ändern. Das angegebene Beispiel der Abb. 98 ist ein Ausschnitt aus einer Zielbeziehungsfunktion der linearen Konkurrenz.

Zielgegensatz oder Zielantinomie

Ein Spezialfall der Zielkonkurrenz ist dann gegeben, wenn bei Erreichung des einen Ziels auf das andere Ziel völlig verzichtet werden muß. Die Ziele schließen sich gegenseitig aus. Man spricht auch davon, daß ein *Zielgegensatz* oder eine *Zielantinomie* vorliegt. Für ein Beispiel aus dem Konsumbereich heißen die beiden Ziele etwa »Gebe alle Ausgaben für die Wohnungseinrichtung aus« bzw. »Verwende alle Ausgaben für Kleidung«. Für ein anderes Beispiel aus dem Konsumbereich mit einem gegebenen Budget können die Beispiele für die zwei Ziele lauten »Gebe das gesamte Budget für Konsum aus« und »Spare alle Einnahmen«. Einen solchen Fall der Zielantinomie zeigt die Entscheidungsmatrix der Abb. 100.

a_i \ z_j	z_1	z_2
a_1	5	0
a_2	0	5

Abb. 100: Entscheidungsmatrix bei Zielantinomie

In der graphischen Darstellung müssen die Zielerreichungsgrade auf den Achsen des Koordinatensystems liegen, was Abb. 101 zeigt.

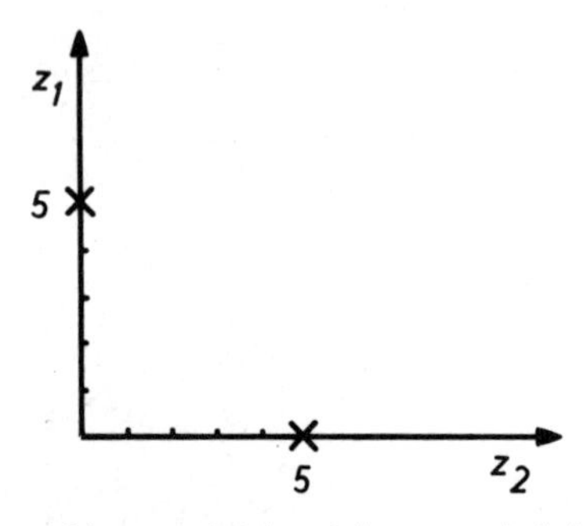

Abb. 101: Zielerreichungsgrade bei einer antinomischen Zielbeziehung

Die Punkte können auch als *Endpunkte* von Zielbeziehungsfunktionen interpretiert werden.

Beispiel der Zielindifferenz

Zielindifferenz

Eine zielindifferente Beziehung kann etwa zwischen einem satisfizierenden Ziel und einem extremalen Ziel vorliegen. Lautet ein *fixiertes* Ziel »Realisiere ein vorgegebenes Kostenniveau« und ein extremales Ziel »Maximiere den Umsatz«, so kann dies in der Entscheidungsmatrix der Abb. 102 dargestellt werden.

a_i \ z_j	z_1	z_2
a_1	1,5	2
a_2	1,5	4
a_3	1,5	6
a_4	1,5	8

Abb. 102: Entscheidungsmatrix bei Zielindifferenz

Die Entscheidungsmatrix führt zu der graphischen Repräsentation in Abb. 103.

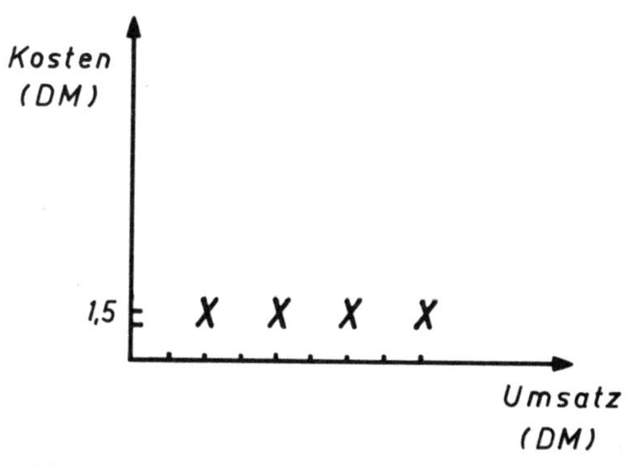

Abb. 103: Zielerreichungsgrade bei einer indifferenten Zielbeziehung

Definition der Zielindifferenz

Es gilt allgemein:

(III) Wenn sich die Erreichung eines Zieles verbessert (verschlechtert), so ändert sich die Erreichung des anderen Zieles nicht.

Wie die Abb. 102 zeigt, können beide Ziele *gleichzeitig*, also mit einer Aktion, befriedigt werden.
Stetige Zielbeziehungsfunktionen sehen bei Zielindifferenz so aus wie in Abb. 104 beschrieben.

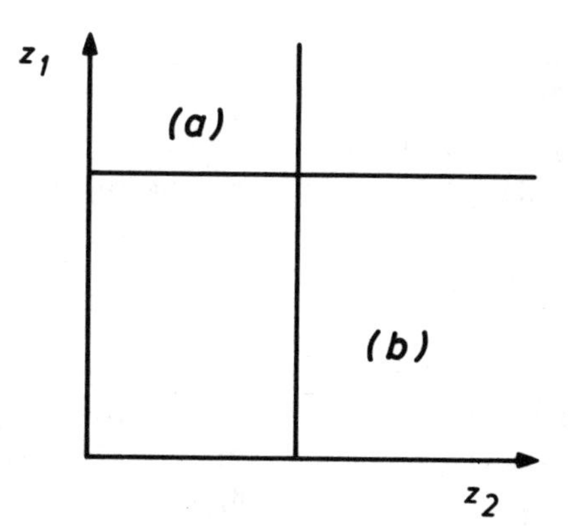

Abb. 104: Zielbeziehungsfunktionen bei indifferenten Zielbeziehungen

Je nach der Anordnung bzw. der Art der Ziele lassen sich *alternativ* beide Zielbeziehungsfunktionen verwenden. Für Fall (a) ist die Elastizität Null, im Fall (b) ist die Elastizität unendlich.

Beispiel der Zielindifferenz

Natürlich kann auch ein *begrenztes* Ziel zugrundeliegen. So kann das begrenzte Ziel z. B. heißen »Überschreite auf keinen Fall ein vorgegebenes Kostenniveau«, während für das Extremalziel das schon eingeführte Ziel »Maximiere den Umsatz« gelten soll. Beide Ziele schlagen sich in Abb. 105 nieder.

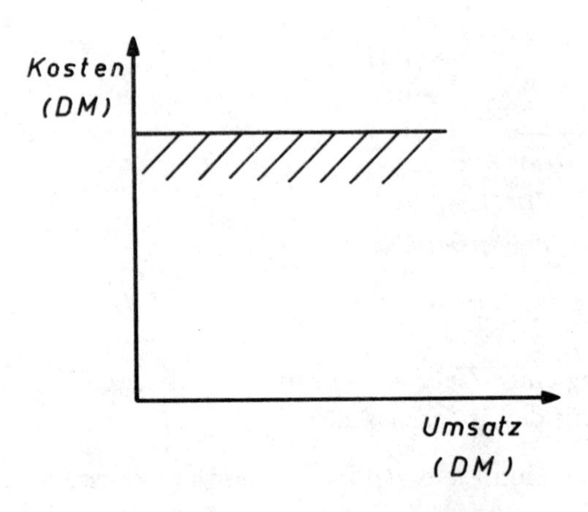

Abb. 105: Halbraum der optimalen Lösungen

In Abb. 105 enthält der schraffierte Bereich (einschließlich der Geraden) die Menge der optimalen Lösungen. (Wir erinnern uns: optimal ist eine Lösung im Hinblick auf die vorgegebenen Ziele.) Für die Grenzlinie und den Bereich darunter liegt eine indifferente Zielbeziehung im obigen Sinne vor.

Reine und gemischte Zielbeziehungen

Aus der graphischen und tabellarischen Darstellung der Beziehungsarten geht hervor, daß bislang *reine* Zielbeziehungen analysiert wurden. Bei den einzelnen Beispielen wurden entweder *nur* komplementäre oder konfliktäre oder indifferente Beziehungen behandelt. Eine bestimmte Zielbeziehung muß aber nicht über den gesamten Ausprägungsbereich eines Zieles oder, was das gleiche bedeutet, den gesamten Aktionsraum gelten. Es sind deshalb *gemischte* (partielle) Zielbeziehungen zu verwenden. Gemischte Zielbeziehungen können sowohl komplementäre als auch konfliktäre Zielbeziehungen nebeneinander umfassen, was sich in Abb. 106 zeigt.

Jetzt gilt allerdings folgendes: »Gemischte Interdependenzrelationen werden durch das Dominanzprinzip auf reine Formen der Zielkonkurrenz oder Zielkomplementarität zurückgeführt« (Kupsch 1979, S. 28, vgl. auch Mus 1975, S. 67 ff.). In der Abb. 106 (a) wird die Komplementarität durch eine Konkurrenzbeziehung abgelöst, denn die Kombinationen der Zielerfüllungsgrade rechts von der z_1^*-Achse dominieren entsprechende Punkte im Komplementaritätsbereich. An die Stelle des Koordinatensystems z_1 z_2 rückt deshalb das Koordinatensystem z_1^* z_2^*.

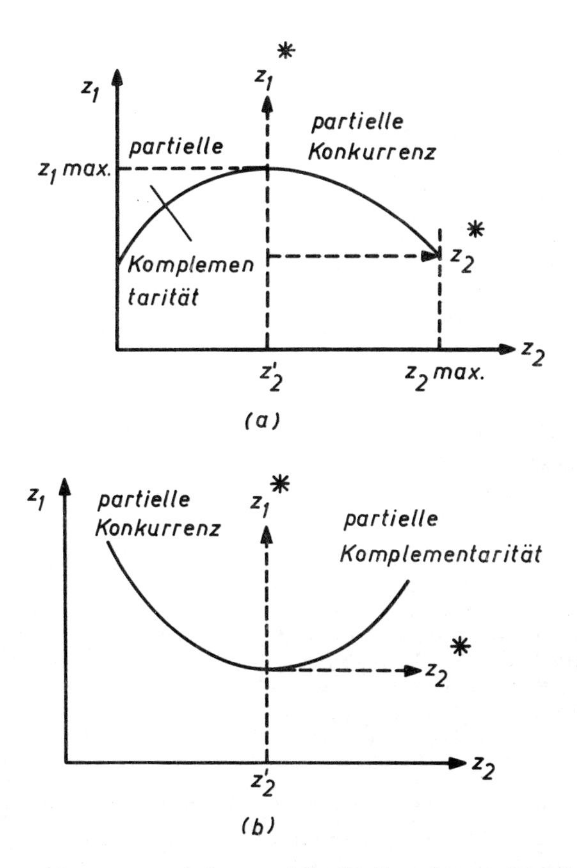

Abb. 106: Gemischte (partielle) Zielbeziehungen (Quelle: Nach Kupsch 1979, S. 29)

Beispiel einer gemischten Zielbeziehung

Eine gemischte Zielbeziehung, die der Abb. 106 (a) entspricht, ist auch in der Matrix der Abb. 107 wiedergegeben.

Da die Aktionen a_1 und a_2 dominiert werden, sind sie zu entfernen. Es verbleiben a_3 und a_4, die in einer konkurrierenden Beziehung stehen.

a_i \ z_j	z_1	z_2
a_1	3	2
a_2	4	3
a_3	4	5
a_4	3	8

Abb. 107: Entscheidungsmatrix mit zwei Zielen

1.2.3 Zielbeziehungen zwischen satisfizierenden Zielen

Wir sind bislang davon ausgegangen, daß die angegebenen 3 Typen von Zielbeziehungen für Extremalziele gelten. Alle angeführten Beispiele (außer der Zielindifferenz) verwenden in der Tat auch nur Extremalziele.

Im übrigen hätte man die mit Hilfe der Definitionen (I), (II) und (III) festgelegten Zielbeziehungen auch ausschließlich mit Hilfe von Zielerreichungsgraden definieren können. Eine Zielkomplementarität zwischen 2 *Zielgrößen* wäre danach dann gegeben, wenn die Zielerreichungsgrade untereinander positiv korrelieren. Ähnlich sind die anderen Zielbeziehungen zu definieren. Allerdings müßten bei einem solchen Vorgehen *anschließend* auch die Beziehungen zwischen vollständig formulierten Zielen untersucht werden, was darauf hinausläuft, etwa das Verhältnis zwischen extremalen Zielen zu studieren. Aus diesem Grunde haben wir uns entschlossen, gleich von vornherein die Zielbeziehungen zwischen extremalen Zielen festzuhalten (vgl. ähnlich Chmielewicz 1970, S. 253).

Allerdings dürfen die Zielbeziehungen zwischen satisfizierenden Zielen nicht unterschlagen werden. Auch bei satisfizierenden Zielen läßt sich eine Verbesserung, Verschlechterung bzw. ein Gleichbleiben der Zielerreichungsgrade feststellen, wenngleich es nur zwei Arten von Zielerreichungsgraden gibt. Solche, die das Ziel befriedigen und solche, die es nicht befriedigen.

Für die satisfizierenden Ziele finden die Ergebnismatrizen der Abb. 108 und 109 Verwendung. Die Abb. 108 entspricht zahlenmäßig der Abb. 93 und ist noch einmal aufgeführt. Die Abb. 109 widerspiegelt ein ähnliches Beispiel wie Abb. 97.

Zielkomplementarität

Wird mit Hilfe der Abb. 108 als fixiertes Ziel etwa festgelegt:

Beispiel der Zielkomplementarität

$$z_1 = 4$$

und (Beispiel$_1$ = B$_1$)

$$z_2 = 10,$$

so ist die optimale Aktion a_3. Hier liegt eine Zielkomplementarität vor, was sich etwa am Übergang von a_2 zu a_3 zeigt. Wenn sich das eine Ziel verbessert, so verbessert sich auch das andere Ziel. Die Definition (I) der Zielkomplementarität (S. 196) kann also angewendet werden. Die Definition (I) ist demnach so allgemein formuliert, daß sie sowohl für extremale als auch für satisfizierende Zielausmaße benützt werden kann. Es ist anhand der Abb. 108 außerdem ersichtlich, daß beide Ziele gleichzeitig mit einer Aktion erreicht werden können.

a_i \ z_j	z_1	z_2
a_1	2	6
a_2	3	8
a_3	4	10
a_4	5	12

Abb. 108: Ergebnismatrix bei zwei Zielgrößen

a_i \ z_j	z_1	z_2
a_1	4	0
a_2	3	1
a_3	1	3
a_4	0	4

Abb. 109: Ergebnismatrix bei zwei Zielgrößen

(Partielle) Zielkonkurrenz

Beispiele der Zielkonkurrenz

Gilt bei Zugrundelegung der gleichen Abb. 108 als fixiertes Ziel

$z_1 = 3$

und (B₂)

$z_2 = 10,$

so ist eine Zielkonkurrenz vorhanden, was sich etwa am Übergang von a_2 zu a_3 zeigt. Wenn sich ein Ziel verbessert, so verschlechtert sich das andere Ziel. Die Definition (II) der Zielkonkurrenz (S. 200) kann ebenfalls eingesetzt werden. Daraus folgt, daß sich beide Ziele nicht gleichzeitig mit einer Aktion verwirklichen lassen. Allerdings ist auch bei satisfizierenden Zielen eine Besonderheit vorhanden, die sich etwa am Übergang von a_1 zu a_2 zeigt. Da Beispiel B_2 gilt, verbessert sich die Erfüllung des Zieles z_1, während die Erfüllung des Zieles z_2 gleichbleibt; z_2 wird weiterhin nicht erfüllt. Dieser Fall ist nichts anderes als das Vorliegen einer zielindifferenten Beziehung, was auch anhand der Definition (III) der Zielindifferenz (S. 203) deutlich wird. Es liegen also *gemischte* Zielbeziehungen vor.

Eine Zielkonkurrenz ist auch im Falle der Abb. 109 gegeben, wenn etwa:

$z_1 = 3$

und (B_3)

$z_2 = 3$

oder

$z_1 \geqq 3$

und (B_4)

$z_2 \geqq 3.$

(Partielle) Zielindifferenz

Beispiel der Zielindifferenz

Eine Zielindifferenz liegt vor, wenn bei der Abb. 108 gilt:

$z_1 \geqq 4$

und (B_5)

$z_2 \geqq 8.$

Der Übergang von a_1 zu a_2 bringt bei z_2 eine Zielverbesserung, während bei z_1 das Ziel weiterhin nicht realisiert werden kann. Beim Übergang von a_2 zu a_3 verbessert sich z_1, während z_2 gleichbleibt. a_3 ist die optimale Lösung, wobei sich allerdings auch a_4 als optimal herausstellt. Beidesmal läßt sich die Definition (III) verwenden (S. 203).

1.2.4 Zielfunktionen zur Lösung von Zielkonflikten bei satisfizierenden Zielen

Bei satisfizierenden Zielen stellen Zielkomplementarität und Zielindifferenz unproblematische Fälle dar. Bei der Zielkomplementarität zwischen zwei Zielen können beide Ziele leicht gemeinsam erreicht werden. Auch wenn nur ein Ziel angestrebt wird, so wird das andere Ziel automatisch mit erfüllt. Ebenso ist es bei der Zielindifferenz möglich, beide Ziele gemeinsam zu verwirklichen, was im Beispiel B_5 der Übergang von a_2 zu a_3 zeigt. Zielkonkurrenzen oder Zielkonflikte dagegen sind aufzulösen. Als einfache Vorgehensweise kann eine Veränderung des Zielausmaßes empfohlen werden. Aus dem Zielkonflikt im Beispiel B_2 wird eine komplementäre Beziehung durch ein neues satisfizierendes Ziel z_2. Es gilt jetzt:

$$z_1 = 3$$

und

$$z_2 \geqq 8.$$

Durch eine Verringerung des Zielausmaßes bei z_2 wurde also der Konflikt eliminiert.

1.2.5 Zielfunktionen zur Lösung von Zielkonflikten bei extremalen Zielen

Auch für unsere weiteren Betrachtungen bei extremalen Zielen sind ausschließlich Beziehungen der Zielkonkurrenz interessant. In den beiden anderen Situationen läßt sich nämlich der Anspruch, der an Zielkonzeptionen gestellt wird, leicht realisieren: Mehrere Ziele zusammen erreichen zu wollen. Entscheidet man sich beispielsweise für eines der komplementären Ziele, so kann das andere vernachlässigt werden, denn es wird ohnehin erfüllt. Auch im Falle der Zielindifferenz können beide Ziele zusammen erreicht werden. Anders verhält es sich dagegen bei Zielkonkurrenz, wo besonders die lineare und variable Zielkonkurrenz interessieren. Die Zielantinomie soll außer Betracht bleiben, da hier immer eine Entweder-Oder-Entscheidung getroffen werden muß. Entweder soll *vollständig* das eine Ziel *oder* vollständig das andere Ziel dominieren. Nur die lineare und variable Zielkonkurrenz lassen die Möglichkeit zu, die vorhandenen Ziele wenigstens »teilweise« zu realisieren. Wie der Zielkonflikt dabei gelöst wird, hängt von der (Ziel-) *Artenpräferenz* des Entscheidungsträgers ab, die sich in Zielfunktionen konkretisiert.

Es gibt 3 Typen von Zielfunktionen, um Zielkonflikte zwischen extremalen Zielen zu lösen:

- Zielfunktionen, die weiterhin von extremalen Zielen ausgehen,
- Zielfunktionen, die extremale Ziele vollständig in satisfizierende Ziele überführen,
- Zielfunktionen, die sowohl extremale Ziele als auch satisfizierende Ziele verwenden*.

Zur Demonstration der Zielfunktionen soll weitgehend die Entscheidungsmatrix der Abb. 97 zugrunde gelegt werden. Sie wird an dieser Stelle noch einmal übernommen und als Abb. 110 bezeichnet.

a_i \ z_j	z_1	z_2
a_1	5	0
a_2	3	2
a_3	2	3
a_4	0	5

Abb. 110: Entscheidungsmatrix bei Zielkonkurrenz

Das erste Ziel bezieht sich darauf, alle Ausgaben für die Wohnungseinrichtung, das zweite Ziel, alle Ausgaben für die Kleidung auszugeben. Es liegt eine konstante Ausgabensumme vor. Im Zuge einer Vorprüfung ist auszuschließen, daß die Entscheidungsmatrix eine *dominierte* Aktion enthält. Dem ist Rechnung getragen. Eine mögliche Aktion a_5 mit der Ergebnisverteilung (2,2) würde dagegen von a_2 und a_3 dominiert.

1.2.5.1 Zielfunktionen, die weiterhin von extremalen Zielen ausgehen

Methode der Zielgewichtung

Der allgemeinste Ansatz, um Zielkonflikte zu lösen, wenn weiterhin extremale Ziele vorliegen sollen, besteht in der Methode der Zielgewichtung (vgl. dazu etwa Hettich 1978, S. 485 f. und Pfohl 1972, S. 315). Dabei erhält jedes Ziel ein besonderes Gewicht zugeordnet, worin sich die Artenpräferenz des

* Die 3 Formen, um Konflikte zu lösen, setzen alle an den *Zielen* an. Alternativ dazu könnten die *informatorischen* Aktivitäten verbessert werden, da möglicherweise falsche Zielerreichungsgrade angenommen wurden. Außerdem kann nach *neuen* Aktionen gesucht werden, um damit eine Zielkonkurrenz in eine Zielkomplementarität zu überführen (vgl. dazu auch Chmielewicz 1970, S. 253).

Entscheidungsträgers zeigt. Am zweckmäßigsten geht man so vor, daß die Summe aller Zielgewichte 1 oder 100% beträgt. Ein Zielgewicht von 0,3 für das erste Ziel besagt, daß dieses einen Stellenwert von 30% besitzt. Gewichte legen also den prozentualen Beitrag der einzelnen Ziele zur Gesamtzielerfüllung fest. Die Zielerreichungsgrade des ersten Zieles gehen dann mit jeweils 30% in das Gesamtziel ein. Da das Gewicht des zweiten Zieles 0,7 beträgt, gehen die dazu gehörigen Zielerreichungsgrade mit jeweils 70% in das Gesamtziel ein. Werden also Zielgewichte verwendet, so gilt die allgemeine Zielfunktion*:

$$(1) \quad a_{opt} = \max_{i} \left[\sum_{j=1}^{n} e_{ij} \cdot g_j \right],$$

mit g_j als Gewicht des j-ten Zieles
und

$$\sum_{j=1}^{n} g_j = 1.$$

Beispiel zur Anwendung der Zielgewichtung

(1) wird zu einer konkreten Zielfunktion, wenn die Gewichte konkretisiert sind. Für das Beispiel soll 0,3 für das erste und 0,7 für das zweite Ziel gelten. Es liegt dann Abb. 111 vor.

z_j / a_i \ g_j	z_1 0,3	z_2 0,7	$\sum$
a_1	1,5	0	1,5
a_2	0,9	1,4	2,3
a_3	0,6	2,1	2,7
a_4	0	3,5	3,5 ← a_{opt}

Abb. 111: Entscheidungsmatrix bei zwei Zielen und Zielgewichten

Zieldominanz

Unterfälle der Gewichtung sind mit Ziel*dominanz,* Ziel*schisma* und Ziel*kompromiß* gegeben (vgl. dazu etwa Hettich 1978, S. 484ff. und Mag 1977, S. 37f.). Bei der Zieldominanz oder Unterdrückung erhält das Ziel, das als das wichtigste gilt, das Gewicht 1,0, alle anderen Ziele das Gewicht 0. Das führt im Grunde dazu, daß nur noch ein Ziel verfolgt wird. Für unser Beispiel soll das erste Ziel als das wichtigste Ziel vorausgesetzt werden, so daß es das Gewicht 1,0 bekommt. Dann ist a_1 die optimale Aktion.

* Es handelt sich um eine Konkretisierung der Zielfunktion (5) auf S. 285.

Zielschisma

Das Zielschisma berücksichtigt *alle* Ziele, allerdings nicht auf einmal. Wir unterscheiden dabei *zeitliche, räumliche* und *sachliche* Formen des Zielschismas. Bei der zeitlichen Variante des Zielschismas wird in einer *Periode* ein Ziel voll und ganz verfolgt, in der nächsten Periode das nächste Ziel usw. Die räumliche Art des Zielschismas geht davon aus, daß für eine *Region* ein Ziel vorherrscht und für eine andere Region ein anderes Ziel. Bei der sachlichen Variante dagegen wird für bestimmte *Bereiche von Aktionen* ein Ziel an die erste Stelle gesetzt und für andere Bereiche ein weiteres Ziel usw. So mag für bestimmte Produktgruppen ein Umsatzmaximierungsziel und für andere Produktgruppen ein Kostenminimierungsziel gelten. Für alle 3 Varianten ist zu bemerken, daß im Grunde die Zieldominanz zugrunde liegt. Nur wechselt von einer Periode zur nächsten, einer Region zur anderen, einem sachlichen Bereich zu einem weiteren das Ziel, das dominant ist.

Zielkompromiß

Der Zielkompromiß drückt dann eine echte Mischung zwischen den Zielen aus, wenn die Gewichte g_j zwischen Null und Eins liegen. Nur so werden alle Ziele auch wirklich gleichzeitig für eine Entscheidung verwendet.

Grenzrate der Substitution

Das Verhältnis zweier Gewichte wird häufig auch als *Grenzrate der Substitution* zwischen den dazugehörigen zwei Zielen bezeichnet (Zangemeister 1976, S. 85f.). Die Fragestellung lautet: Wieviele Geldeinheiten des ersten Zieles ist der Entscheidungsträger beispielsweise bereit aufzugeben, um dafür eine Geldeinheit des zweiten Zieles zu erhalten, immer vorausgesetzt, daß der Gesamtzielerreichungsgrad konstant bleibt. Wir zeigen den Sachverhalt am Beispiel der Aktion a_1 aus der Abb. 111. Es gilt*:

$$(2) \quad z_1 \cdot 0{,}3 + z_2 \cdot 0{,}7 = 1{,}5.$$

Soll 1,5 als Gesamtzielerreichungsgrad konstant bleiben und eine Gleichung einer linearen Indifferenzkurve entwickelt werden, die (z_1, z_2)-Kombinationen angibt, die jeweils zu 1,5 führen, so gilt weiter:

$$(3) \quad z_1 = -\frac{\frac{7}{10}}{\frac{3}{10}} \cdot z_2 + \frac{15}{10} \cdot \frac{10}{3}$$

und

$$(4) \quad z_1 = -\frac{7}{3} \cdot z_2 + \frac{15}{3}.$$

* Es soll an dieser Stelle von der Konvention Gebrauch gemacht werden, z_1 bzw. z_2 als Zielerreichungsgrade des ersten bzw. zweiten Zieles zu bezeichnen.

$$-\frac{\frac{7}{10}}{\frac{3}{10}} \text{ ist nichts anderes als } -\frac{g_2}{g_1}.$$

Dieser Quotient entspricht auch der 1. Ableitung der Funktion in (4). Aus (4) ist unmittelbar abzulesen, daß der Entscheidungsträger bereit ist, $\frac{7}{3}$ Geldeinheiten im Sinne des ersten Zieles aufzugeben, um dafür eine Geldeinheit im Sinne des zweiten Zieles zu erhalten. Das zeigt sich etwa, wenn der Zielerreichungsgrad des zweiten Zieles von 0 auf 1 erhöht wird. Aus (4) läßt sich eine Indifferenzkurve ableiten, die in Abb. 112 erfaßt ist.

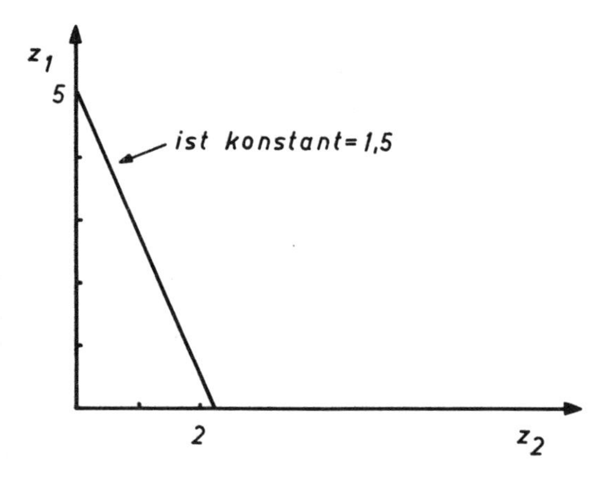

Abb. 112: Lineare Indifferenzkurve bei zwei Zielen

Konstante Gewichte – variable Gewichte

Im Beispiel wurde von einer ***konstanten*** Gewichtung ausgegangen, was bedeutet, daß die Gewichte für alle möglichen Zielerreichungsgrade gleich sind. Oft ist es allerdings so, daß der Entscheidungsträger eine ***variable*** Gewichtung verwenden möchte. Der Entscheidungsträger ordnet dann Ausgaben für Kleidung in Höhe von 1000 DM ein anderes Gewicht zu als Kleidungsausgaben in Höhe von 3000 DM. Die Präferenz, die sich in den Gewichten zeigt, ändert sich mit der Höhe der Zielerreichungsgrade. Sinnvollerweise wollen wir von einer ***Abnahme*** der Gewichte ausgehen. Das heißt, daß etwa die Präferenz für Ausgaben von Kleidung abnimmt, je mehr an Ausgaben dafür vorgesehen ist (vgl. dazu Mus 1978, S. 56). Für unser Beispiel soll folgende variable Gewichtung gelten, die der Entscheidungsträger ermittelt, indem er hypothetische Zielerreichungsgrade ordnet:

4 Punkte für $0 \leqq$ Ausgaben $\leqq 2$
3 Punkte für $2 <$ Ausgaben $\leqq 4$
2 Punkte für $4 <$ Ausgaben $\leqq 6$
1 Punkt für $6 <$ Ausgaben $\leqq 8$.

Daraus folgt in Abb. 113 eine Matrix der variablen Gewichtungsfaktoren, wenn die Gewichte jeweils auf 1 normiert werden.

z_j / a_i	z_1	z_2
g_j	g_1	g_2
a_1	2/6	4/6
a_2	3/7	4/7
a_3	4/7	3/7
a_4	4/6	2/6

Abb. 113: Matrix der variablen Gewichte bei zwei Zielen

Die optimalen Aktionen errechnen sich aus den Daten der Abb. 110 und werden in Abb. 114 erkennbar.

z_j / a_i	z_1	z_2	$\sum$	
g_j	g_1	g_2		
a_1	5 · 2/6	0 · 4/6	10/6	
a_2	3 · 3/7	2 · 4/7	17/7	← a_{opt}
a_3	2 · 4/7	3 · 3/7	17/7	← a_{opt}
a_4	0 · 4/6	5 · 2/6	10/6	

Abb. 114: Entscheidungsmatrix bei zwei Zielen und variablen Gewichten

Es gilt folgende allgemeine Zielfunktion:

$$(5) \quad a_{opt} = \max_i \left[\sum_{j=1}^{n} e_{ij} \cdot g_j(e_{ij}) \right]$$

Unabhängigkeit der Zielerreichungsgrade

Die Amalgamation der verschiedenen monetären Größen entsprechend (1) und (5) zu einer einzigen monetären Größe für jede Aktion setzt die *Unabhängigkeit* der verschiedenen monetären Größen voraus. Jeder Zielerreichungsgrad einer Aktion a_i *entsteht unabhängig* von den anderen Zielerreichungsgraden derselben Aktion a_i. Oder: Jedes Ergebnis muß unabhängig von der Höhe der anderen Ergebnisse einen bestimmten Beitrag zum gesamten Zielerreichungsgrad der Aktionen liefern. Formal gesehen heißt die Forderung nach Unabhängigkeit, daß die Entscheidungsmatrix mit n Zielen in n Spaltenvektoren mit je einem Ziel aufgespalten werden kann. Jedes Ziel kann für sich isoliert erreicht werden. Anschließend ergibt eine *additive* Zusammenführung der gewichteten Zielerreichungsgrade den gesamten Zielerreichungsgrad der Aktion. Daraus sehen wir, daß die Forderung nach Unabhängigkeit und das Prinzip, das bei der Zielgewichtung eine additive Amalgamation der einzelnen Zielerreichungsgrade fordert, eng zusammenhängen.

Nun kann es sein, daß zwei Fälle der Forderung nach Unabhängigkeit entgegenstehen (vgl. dazu Bamberg-Coenenberg, 1977, S. 42f., Zangemeister 1976, S. 79ff.):

a) Die Zielerreichungsgrade eines Zieles hängen vom Zielerreichungsgrad der anderen Ziele ab. Es resultiert daraus eine simultane Erfassung der Ergebnisgrößen.
b) Die Unabhängigkeit einzelner Ergebniswerte beginnt erst nach dem Erreichen einer Mindestgrenze anderer Ergebniswerte oder ist nur vor dem Erreichen einer Höchstgrenze anderer Ergebniswerte möglich. Die Ausgaben für Kleidung sind z.B. erst dann von den Ausgaben für die Wohnungseinrichtung unabhängig, wenn eine bestimmte Mindesteinrichtung vorhanden ist. Dieser Fall ist einfach zu berücksichtigen, so daß es sich um keinen ernsthaften Einwand gegen die Forderung nach Unabhängigkeit handelt.

Lexikographische Ordnung

Wenn wir uns weiteren Zielfunktionen zuwenden, die von extremalen Zielen ausgehen, so ist eine häufig verwandte, sehr einfache Zielfunktion, die Zielfunktion der lexikographischen Ordnung (vgl. dazu etwa Mus 1975, S. 107). Als Grundlage dient eine Rangordnung aller Ziele, ohne daß allerdings einzelne Gewichte die Ordnung ausdrücken müßten. Die Ziele in der Entscheidungsmatrix werden nun ihrem Rang entsprechend angeordnet. Das wichtigste Ziel steht in der ersten Spalte, das zweitwichtigste Ziel in der zweiten Spalte usw. Ist beim wichtigsten Ziel eine *eindeutige* optimale Lösung vorhanden, ist das Problem gelöst. Besitzen mindestens zwei Aktionen das gleiche Ergebnis, dann wird das zweitwichtigste Ziel verwendet, um aus diesen Aktionen weiter auswählen zu können. Ist auch hierbei keine eindeutige Entscheidung möglich, folgt das Ziel, das in der Rangfolge der Ziele an dritter Stelle steht usw. Die Zielfunktion hat ihren Namen daher, daß alle Aktionen analog einer alphabetischen Anordnung von Worten in einem Lexikon geordnet werden. Für eine Entscheidungsmatrix der Abb. 115 mit vier maximalen Zielen ergibt sich die optimale Aktion bei a_2.

Beispiel zur Anwendung der lexikographischen Ordnung

a_i \ z_j	z_1	z_2	z_3	z_4	
a_1	4	2	5	8	
a_2	4	7	6	1	← a_{opt}
a_3	4	7	4	9	
a_4	1	8	3	2	

Abb. 115: Anwendung der Zielfunktion der lexikographischen Ordnung

Zielfunktion der Maximierung des minimalen Zielerreichungsgrades

Eine weitere Zielfunktion, die von extremalen Zielen ausgeht, entspricht in ihrem formalen Aufbau der Maximin-Zielfunktion bei Unsicherheit (vgl. dazu Bamberg-Coenenberg 1977, S. 48 ff., Hettich 1978, S. 486, Körth 1969, S. 184 ff.). Im vorliegenden Fall wird die *Maximierung des minimalen Zielerreichungsgrades* angestrebt. Dazu wird eine neue Größe z_{ij} eingeführt, die als Quotient der mit der betrachteten Aktion verbundenen Zielerreichung und der maximal möglichen Zielerreichung bei der entsprechenden Umweltsituation definiert ist. Die maximal mögliche Zielerreichung bei der entsprechenden Umweltsituation ist e_{hj} mit

Beispiel zur Anwendung der Zielfunktion »Maximierung des minimalen Zielerreichungsgrades«

$$e_{hj} = \max_{k} e_{ij}, \quad k = 1,\ldots,m$$

und

$$z_{ij} = \frac{e_{ij}}{e_{hj}}.$$

z_{ij} wird nicht ganz unmißverständlich als Zielerreichungsgrad bezeichnet. Die Matrix der e_{ij} wird nun in eine Matrix der z_{ij} überführt, was Abb. 116 zeigt. Die Matrix der Abb. 116 (a) geht dabei von maximalen Zielen aus.

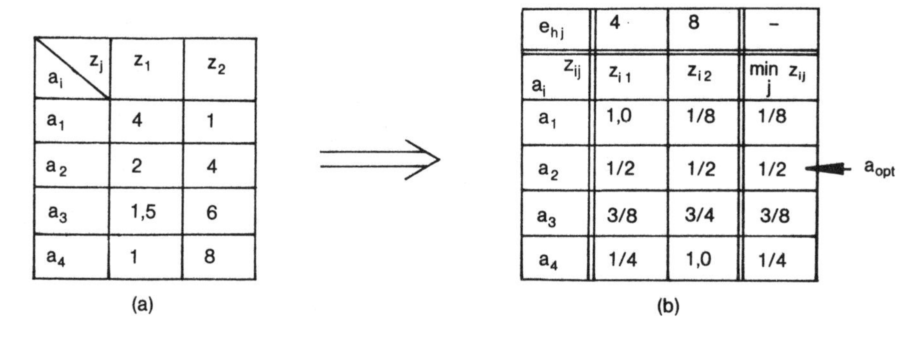

a_i \ z_j	z_1	z_2
a_1	4	1
a_2	2	4
a_3	1,5	6
a_4	1	8

(a)

e_{hj}	4	8	-	
a_i \ z_{ij}	z_{i1}	z_{i2}	$\min\limits_j z_{ij}$	
a_1	1,0	1/8	1/8	
a_2	1/2	1/2	1/2	← a_{opt}
a_3	3/8	3/4	3/8	
a_4	1/4	1,0	1/4	

(b)

Abb. 116: Anwendung der Zielfunktion »Maximierung des minimalen Zielerreichungsgrades«

Die Zielfunktion selbst geht davon aus, daß mit dem minimalen Zielerreichungsgrad zu rechnen ist, woraus dann das Beste zu machen ist. Die Zielfunktion lautet:

$$(6) \quad a_{opt} = \max_i \left[\min_j z_{ij} \right].$$

Die letzte Spalte der Matrix der Abb. 116 (b) zeigt, daß a_2 die optimale Aktion ist. Bei a_2 wird über sämtliche verfolgten Ziele eine Zielerfüllung garantiert, die (mindestens) 50% der jeweils maximal erreichbaren Zielerfüllung beträgt.

1.2.5.2 Zielfunktionen, die extremale Ziele vollständig in satisfizierende Ziele überführen

Zielkonflikte sind auch dadurch zu lösen, daß die vorhandenen extremalen Ziele vollständig durch geeignete satisfizierende Ziele abgelöst werden. Wer für das Beispiel der Abb. 116 (a) behauptet, daß in der Form einer Fixierung das erste Ziel genau 2 Einheiten und das zweite Ziel 4 Einheiten betragen soll, bereinigt den Konflikt. Die Aktion a_2 ist dann optimal. Für das gleiche Beispiel der Abb. 116 (a) sind selbstverständlich auch satisfizierende Ziele in der Form einer Begrenzung aufzustellen. Danach kann etwa das erste Ziel mindestens 2 und das zweite Ziel mindestens 6 Einheiten betragen. Dabei sehen wir eine Schwierigkeit, die uns schon aus früheren Zusammenhängen bekannt ist, daß satisfizierende Ziele auch so formuliert sein können, daß keine Lösung existiert (vgl. dazu S. 65). Es liegt mithin ein Zielkonflikt bei satisfizierenden Zielen vor. Dieser Konflikt ist dann eliminiert, wenn beispielsweise das Ausmaß der zweiten Zielgröße herabgesetzt wird und jetzt »mindestens 4 Einheiten« lautet. Auch mehrdeutige Lösungen können auftauchen, was bei satisfizierenden Zielen sogar häufig vorkommt.

1.2.5.3 Zielfunktionen, die sowohl extremale Ziele als auch satisfizierende Ziele verwenden

Bedeutend ist die Möglichkeit, gemischte Zielausmaße zu verwenden, um Zielkonflikte zu lösen. So ist etwa folgende Vorgehensweise denkbar: n-1 Ziele werden als satisfizierende Ziele vorgegeben und das n-te Ziel wird extremiert. Mit Heinen (1976, S. 158) mag ein Beispiel dafür etwa lauten: »Begrenze alle Ziele bis auf eines und wähle jene Alternative (Aktion, d.V.) ..., die hinsichtlich des unbegrenzten Zieles den höchsten Zielerreichungsgrad aufweist«.

Ziele in linearen Programmen

Vor allem in der linearen Programmierung spielt eine derartige Vorgehensweise eine große Rolle. Das extremale Ziel erscheint in der extremierenden *Zielfunktion* eines linearen Programms und die satisfizierenden Ziele gehen in den Beschränkungsvektor der *Nebenbedingungen* ein. Zwei beispielhaft angeführte lineare Programme sollen diese Vorgehensweise verdeutlichen:

Das *erste* Modell geht davon aus, daß »die Verbesserung der Marktposition das primäre Anliegen der Unternehmung (darstellt), weil angenommen wird, daß die Gewinnentwicklung in der Zukunft vom heutigen Marktanteil oder Umsatzvolumen abhängt« (Kupsch 1979, S. 50). Der Umsatz geht also als Zielvariable in die extremierende Zielfunktion ein, während »das Gewinnstreben ... in einer Nebenbedingung erfaßt (wird), die das Erreichen eines Mindestgewinns sicherstellen soll« (Kupsch 1979, S. 50). Das Modell ist in Abb. 117 enthalten.

Beispiel

$$(1)\quad U = \sum_{j=1}^{m} p_j \cdot x_j \rightarrow \max!$$

$$(2)\quad \sum_{j=1}^{m} p_j \cdot x_j - \sum_{j=1}^{m} \sum_{i=1}^{n} a_{ij} \cdot x_j \cdot k_i \geqq G$$

$$(3)\quad \sum_{j=1}^{m} a_{ij} \cdot x_j \leqq A_i \; (i = 1,\ldots,n)$$

$$(4)\quad x_j \geqq 0$$

Abb. 117: Lineares Programm bei Maximierung einer Zielgröße unter Berücksichtigung eines satisfizierenden Zieles (Quelle: Kupsch 1979, S. 50)

Erklärung der Gleichungen bzw. Ungleichungen

Gleichung (1):

Der Preis des Produktes p_j ist für die Unternehmung ein Datum. Der Gesamterlös E oder Umsatz U entspricht daher der Summe aus den abgesetzten Produktmengen x_j multipliziert mit den Preisen p_j der Produkte:

$$U = E = \sum_{j=1}^{m} p_j \cdot x_j \,.$$

Ungleichung (2):

Die Kosten, die dem Umsatz gegenübergestellt sind, ergeben sich als

$$K = \sum_{j=1}^{m} \sum_{i=1}^{n} a_{ij} \cdot x_j \cdot k_i \,.$$

x_j sind die abgesetzten Produktmengen; a_{ij} ist der (lineare) Produktionskoeffizient. Er gibt den Faktorverbrauch des i-ten Einsatzgutes zur Herstellung einer Einheit der Produktart j an; k_i sind die Kosten für eine Kapazitätseinheit des Einsatzfaktors. Summiert wird in dem Ausdruck über alle Faktor- und Produktarten. Insgesamt besagt (2), daß ein bestimmter Mindestgewinn G nicht unterschritten werden darf.

Ungleichung (3):

»Im Fertigungsbereich stehen der Unternehmung A_i Kapazitätseinheiten (Zeit, Potentialfaktoreinsatzmengen, Repetierfaktoreinsatzmengen) zur Verfügung. Der Koeffizient $a_{ij} = A_i/x_j$ gibt an, wieviel Kapazitätseinheiten des Einsatzfaktors $i = 1,\ldots,m$ für die Erstellung einer Produkteinheit j erforderlich sind:

$$\sum_{j=1}^{m} a_{ij} \cdot x_j \leqq A_i \qquad \text{für alle i« (Kupsch 1979, S. 44).}$$

Ungleichung (4):

Hier handelt es sich um die Nicht-Negativitätsbedingung.

Im *zweiten* Modell wird ein Liquiditätsziel eingefügt. Dieses Modell befindet sich in Abb. 118.

Beispiel

$$(1)\quad L = \sum_{j=1}^{m} l_j p_j \cdot x_j - \sum_{j=1}^{m} r_j \cdot c_j \cdot x_j \rightarrow \max!$$

$$(2)\quad \sum_{j=1}^{m} p_j \cdot x_j - \sum_{j=1}^{m} \sum_{i=1}^{n} a_{ij} \cdot x_j \cdot k_i \geqq G$$

$$(3)\quad \sum_{j=1}^{m} a_{ij} \cdot x_j \leqq A_i \; (i = 1,\ldots,n)$$

$$(4)\quad x_j \geqq X_j$$

Abb. 118: Lineares Programm bei Maximierung einer Zielgröße unter Berücksichtigung eines satisfizierenden Zieles (Quelle: Kupsch 1979, S. 50)

Die Ungleichungen (2) und (3) sind so zu interpretieren wie im ersten Modell. Die Ungleichung (4) ist eine Information über Mindestabsatzmengen X_j. In Gleichung (1) ist das Liquiditätsziel erfaßt. l_j ist der einzahlungswirksame Erlösanteil pro verkaufter Produkteinheit des Produktes j (in %); r_j ist der Ausgabenanteil (in %) der variablen Stückkosten. Das Ziel ist die Maximierung des Einzahlungsüberschusses unter den gegebenen Nebenbedingungen. Das Modell kann kurzfristig, wenn Liquiditätsengpässe vorliegen, Relevanz besitzen.

Standardansatz des goal programming

Eine weitere Zielfunktion geht ebenfalls von extremalen und satisfizierenden Zielausmaßen gemeinsam aus. Zunächst sind *fixierte* Ziele gegeben, die möglichst genau zu erreichen sind. Abweichungen nach oben und unten sind zu *minimieren.* Dabei weist etwa die Zielfunktion diejenige Aktion als optimal aus, »bei der die Summe der absoluten Abweichungen, also die Summe der Über- und Unterschreitungen, ein Minimum annimmt« (Hettich 1978, S. 487, auch Bamberg-Coenenberg 1977, S. 50f., Kupsch 1979, S. 61f.). Die angegebene Zielfunktion führt zum Standardansatz des sog. *»goal programming«* (vgl. dazu Charnes-Cooper 1967, S. 215ff.). Ist e_j^{fix} der quantitative Ausdruck des fixierten Zieles j, so ergibt die Summe der absoluten Abweichungen d_i der Aktion a_i:

$$d_i = \sum_{j=1}^{n} |e_{ij} - e_j^{fix}|,$$

so daß gilt:

$$(7)\quad a_{opt} = \min_i d_i.$$

Beispiel zum Standardansatz des goal programming

Als Beispiel fungiert wiederum die Matrix der Abb. 116 (a). Außerdem ist $e_1^{fix} = 2$ und $e_2^{fix} = 6$, was zu der Abb. 119 führt.

a_i	$\lvert e_{i1} - e_1^{fix} \rvert$	$\lvert e_{i2} - e_2^{fix} \rvert$	d_i
a_1	2	5	7
a_2	0	2	2
a_3	0,5	0	0,5 ← a_{opt}
a_4	1	2	3

Abb. 119: Anwendung der Zielfunktion »Minimierung der Summe der absoluten Abweichungen«

Im Sinne der »Minimierung der Summe der absoluten Abweichungen von den Zielvorgaben« ist a_3 optimal. Selbstverständlich ist die Zielfunktion auch zu verfeinern, so daß Abweichungen gewichtet werden können. »Die *Gewichtungsfaktoren* können nach Maßgabe der Abweichungsrichtung (Über- bzw. Unterschreitung) und Wichtigkeit der Zielgröße (Rangordnung der Ziele) bestimmt werden« (Hettich 1978, S. 487).

Mit der Zielfunktion, die zum Standardansatz des »goal programming« gehört, ist die Behandlung ausschließlich *monetärer* Ziele und Ergebnisgrößen abgeschlossen. Im nächsten Kapitel sollen Modelle mit (expliziten) *Nutzengrößen* behandelt werden.

Wiederholungsfragen

1. Wie läßt sich (eine Zielkonzeption) ein Zielsystem geometrisch darstellen? (S. 192 ff.)
2. Welche Zielbeziehungen zwischen zwei Zielen kann man unterscheiden und wie sind diese definiert? (S. 196 ff.)
3. Was sind Zielbeziehungsfunktionen? (S. 197)
4. Worin unterscheiden sich reine von gemischten Zielbeziehungen? (S. 204 ff.)

5. Welche Typen von Zielfunktionen gibt es, um Zielkonflikte zwischen extremalen Zielen zu lösen? (S. 210)
6. Welche Unterfälle gibt es bei der Methode der Zielgewichtung? (S. 211f.)
7. Worin unterscheiden sich konstante und variable Zielgewichte? (S. 213f.)
8. Was besagt die Forderung nach Unabhängigkeit der Zielerreichungsgrade? (S. 215.)
9. Kennzeichnen Sie die Vorgehensweise der lexikographischen Ordnung. (S. 215f.)
10. Wie lautet der Standardansatz des goal programming? (S. 220f.)

Literaturverzeichnis

Bamberg, G. / Coenenberg, A.G. (1977): Betriebswirtschaftliche Entscheidungslehre. 2., verb. Aufl., München 1977.

Charnes, A. / Cooper, W.W. (1967): Management Models and Industrial Applications of Linear Programming. Vol. 1, New York u.a. 1967.

Chmielewicz, K. (1970): Die Formalstruktur der Entscheidung. In: Zeitschrift für Betriebswirtschaft, 40 (1970), S. 239-268.

Gäfgen, G. (1974): Theorie der wirtschaftlichen Entscheidung. Untersuchungen zur Logik und Bedeutung des rationalen Handelns. 3., erw. u. erg. Aufl., Tübingen 1974.

Heinen, E. (1976): Grundlagen betriebswirtschaftlicher Entscheidungen. Das Zielsystem der Unternehmung. 3.Aufl., Berlin 1976.

Hettich, G.O. (1978): Entscheidungsprinzipien und Entscheidungsregeln bei mehrfacher Zielsetzung. In: Wirtschaftswissenschaftliches Studium, 7 (1978), S. 484–487.

Körth, H. (1969): Zur Berücksichtigung mehrerer Zielfunktionen bei der Optimierung von Produktionsplänen. In: Mathematik und Wirtschaft, Bd.6. Berlin 1969, S. 184–201.

Kupsch, P.U. (1979): Unternehmungsziele. Stuttgart/New York 1979.

Mag, W. (1976): Mehrfachziele, Zielbeziehungen und Zielkonfliktlösungen. In: Wirtschaftswissenschaftliches Studium, 5 (1976), S. 49–55.

Mag, W. (1977): Entscheidung und Information. München 1977.

Mus, G. (1975): Zielkombinationen – Erscheinungsformen und Entscheidungsmaximen. Frankfurt am Main/Zürich 1975.

Mus, G. (1978): Entscheidungstheorie. Kurseinheit 2: Entscheidungskonflikte bei Zielkombinationen. Hagen 1978.

Pfohl, H.-C. (1972): Zur Problematik von Entscheidungsregeln. In: Zeitschrift für Betriebswirtschaft, 42 (1972), S. 305–336.

Zangemeister, C. (1976): Nutzwertanalyse in der Systemtechnik. 4.Aufl., München 1976.

2. Entscheidungsmodelle mit (expliziten) Nutzengrößen (Nutzenmodelle)*

2.1. Verschiedene Nutzenkonzeptionen

Die Beschränkung auf Modelle mit monetären Größen hatte eine gewisse Berechtigung, da in den Wirtschaftswissenschaften und speziell in der Betriebswirtschaftslehre monetäre Größen eine bedeutende Rolle spielen. Allerdings sind die damit verbundenen Konsequenzen solcher Modelle aufzuzeigen.

Zunächst einmal ist klar, daß die Modelle in den Fällen versagen, in denen *nicht-monetäre* Ziel- und Ergebnisgrößen (wie Arbeitszufriedenheit, Betriebsklima usw.) wichtig sind. Abgesehen davon ist selbst dann, wenn monetäre Größen vorliegen, u.U. eine unbefriedigende Situation gegeben. Es kann nämlich sein, daß für einen Extremierer höhere Gewinngrößen als immer wertvoller empfunden werden, gleichzeitig aber der Zuwachs an Wertschätzung abnimmt. Genau dieser Sachverhalt kann nun in Modellen mit ausschließlich monetären Größen *nicht* zum Ausdruck gebracht werden. Dort wird vielmehr unterstellt, daß der Zuwachs an Wertschätzung über den gesamten Bereich konstant ist. Gesucht sind deshalb Modelle, die Wertschätzungsgrößen über die Ergebnis*höhe* explizit beinhalten und alle möglichen Vorstellungen darüber ausdrücken können. Derartige Größen der Wertschätzung bzw. Vorziehenswürdigkeit sind nichts anderes als *Nutzengrößen* (vgl. dazu S. 48 f.). Die entsprechenden Modelle heißen *Modelle mit Nutzengrößen* oder *Nutzenmodelle.* Die Messung der Nutzengrößen erfolgt dabei *ohne* die Verwendung von Wahrscheinlichkeiten (vgl. dazu S. 48).

Nutzenmodelle

Daneben gibt es Nutzengrößen, die unter *Berücksichtigung von* Wahrscheinlichkeiten gemessen werden. Derartige Nutzengrößen werden in Entscheidungssituationen unter Risiko relevant. In solchen Situationen ist ebenfalls der Übergang von monetären Modellen zu Nutzenmodellen plausibel zu machen. Zahlreiche Zielfunktionen bei Risiko erlauben es zwar, bereits bei monetären Modellen risikofreudige, risikoscheue sowie risikoneutrale Einstellungen zu berücksichtigen (vgl. dazu S. 160ff.). Es gibt demzufolge eine Fülle höchst heterogener Zielfunktionen. Mit dem Nutzenkonzept haben wir nun die Möglichkeit, *sämtliche Einstellungen* zum Risiko schon über die Nutzengrößen einzufangen und nicht erst in den zahlreich vorhandenen Zielfunktionen. Das Nutzenkonzept bei Risiko stellt also ein *in sich geschlossenes*

Eine spiegelbildliche Diskussion ist mit der Diskussion um Schadensgrößen gegeben. Aus diesem Grunde kann darauf verzichtet werden.

Konzept dar. Die Geschlossenheit des Nutzenmodells wird noch dadurch unter Beweis gestellt, daß nur *eine* Zielfunktion benötigt wird, nämlich diejenige Zielfunktion, die die Maximierung des *Nutzen*erwartungswertes vorschreibt. Diese Zielfunktion und das dazugehörige Nutzenkonzept erlauben so auf eine in sich geschlossene, abgestimmte und elegante Weise, *alle* möglichen Risikoeinstellungen zu integrieren (vgl. dazu Bitz 1980d, S. 30ff., Hax 1974, S. 61, Schneeweiß 1967, S. 61ff.). Demgegenüber wirken die *vielfältigen* Zielfunktionen bei monetären Modellen vergleichsweise unübersichtlich. Sie können übrigens weitgehend durch den Nutzen bei Risiko und seine Zielfunktion adäquat erfaßt werden (vgl. dazu S. 269ff.).

»Höhennutzen« bzw. »Güternutzen«

»Risikonutzen«

Um jeglicher Konfusion zu entgehen, wollen wir gemäß Abb. 120 den Nutzen terminologisch trennen (vgl. dazu ähnlich auch Kupsch 1973, S. 75ff.). Der Nutzen, der *ohne* die Verwendung von Wahrscheinlichkeiten gemessen werden kann, drückt die subjektive Warte zu verschiedenen Ergebnis*höhen* aus. Man kann auch von einem »Höhennutzen« oder »Güternutzen« sprechen. Der Nutzen, zu dessen Messung *Wahrscheinlichkeiten* verwendet werden, berücksichtigt zusätzlich Risikoeinstellungen. Er wird als »Risikonutzen« bezeichnet.

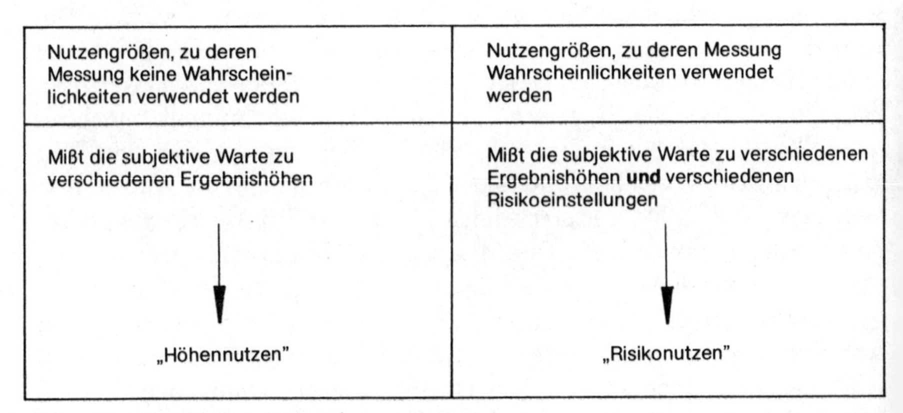

Abb. 120: Verschiedene Nutzenkonzeptionen

Beiden Nutzenkonzepten und den entsprechenden Modellen wenden wir uns im folgenden zu. Dabei können grundsätzlich *eine* Zielgröße oder *mehrere* Zielgrößen zugrunde liegen, wobei wir zunächst von *einer* Zielgröße ausgehen. Es soll sich der Einfachheit halber um eine monetäre Zielgröße handeln, wie etwa Gewinn, Einkommen etc. Diese monetäre Zielgröße wird dann in eine Nutzengröße überführt. Selbstverständlich können jederzeit *nicht-monetäre* Größen Eingang in entsprechende Modelle finden.

Wir beginnen mit der Konzeption des »Höhennutzens« oder »Güternutzens«.

2.2. Nutzenmodelle mit einer Zielgröße

2.2.1 Nutzengrößen, zu deren Messung keine Wahrscheinlichkeiten verwendet werden

Der »Höhennutzen« bzw. »Güternutzen« soll unter zwei Aspekten betrachtet werden. Einmal geht es um die *inhaltliche Dimension* des Nutzens, zum anderen um das *Meß- oder Skalenniveau* des Nutzens. Die Ausführungen werden dabei auf Entscheidungssituationen unter Sicherheit und Unsicherheit bezogen, wobei bei der inhaltlichen Dimension des Nutzens besonders die Entscheidungssituation unter Sicherheit angesprochen ist.

2.2.1.1 Inhaltliche Dimension des Nutzens

Mit Bohnen (1964, S. 30ff.) sollen drei verschiedene inhaltliche Auffassungen vom Nutzenbegriff eingeführt werden. Es handelt sich einmal um die *introspektive Auffassung* vom Nutzenbegriff. Der Nutzen wird hierbei als innere Zufriedenheit erlebt, wenn das Individuum einem bestimmten Ergebnis gegenübersteht. Daneben geht es um die *Verbindung von introspektiven mit behavioristischen Gedankengängen*, etwa wenn die innere Zufriedenheit, die ein Individuum erfährt, sich in beobachtbarem Verhalten niederschlägt. Schließlich handelt es sich um den rein *behavioristischen Nutzenbegriff*, der dann vorliegt, wenn man nur das beobachtbare Verhalten in den Mittelpunkt der Analyse stellt.

Introspektive Auffassung vom Nutzenbegriff

Ganz allgemein gesehen stellt der Nutzen einen »subjektiven« Wert dar, der dem »objektiven« Wert gegenübersteht, der sich in monetären Größen verkörpert. So ist etwa ein Gewinn, der aus dem Verkauf eines bestimmten Produktprogrammes resultiert, ein »objektiver« Wert, da er aus Marktprozessen stammt. Der »subjektive« Wert, den der Gewinn für eine Person besitzt, ist abhängig davon, *wer* die betreffende Person ist und *wie hoch* der Gewinn ausfällt. Im vorliegenden Beispiel ist wohl jedermann an hohen Gewinnen interessiert, wenngleich die Gewinnzuwächse nicht in gleichem Maße zu Zuwächsen an *Wertschätzung, Vorziehenswürdigkeit, Zufriedenheit, Wohlbefinden, Befriedigung* oder gar *Lustgefühlen* führen. Der Manager, der mit steigenden Gewinnen seine Machtposition überdurchschnittlich wachsen sieht, geht von einem progressiven *Nutzenzuwachs* aus. Jede erzielbare Gewinneinheit mehr führt zu einer immer höheren Befriedigung über den Gewinnzuwachs. Ein Gewerkschaftsvertreter im Aufsichtsrat dagegen mag von einem degressiven *Nutzenzuwachs* ausgehen, da er weiß oder auch nur vermutet, daß wachsende Gewinne mit Einbußen an Arbeitszufriedenheit verbunden sind. (Dahinter steht die Annahme, daß der mit dem wachsenden Gewinn verknüpfte Mehreinsatz nur unter großen Mühen erbracht wird. Diese Mühe aber dämpft die Arbeitsfreude.)

Nutzen als Wiedergabe von »Eigenpsychischem«

Die vorgestellte Nutzenauffassung läßt sich mit Hilfe *psychischer* Ausdrükke beschreiben, die auf psychische Sachverhalte eines Individuums abstellen. Der Nutzen ist demnach ein »psychischer« Nutzen und spiegelt das von einem Individuum in seinem »Innern« erlebte Maß an Zufriedenheit, Wohlbefinden usw. wider. Durch ein »Hineinschauen und -hören« in die eigene Psyche kann unmittelbar erlebt werden, was es heißt, Zufriedenheit zu empfinden. Das entspricht der *introspektiven* Auffassung vom Nutzen, die auf die Wiedergabe von »Eigenpsychischem« hinausläuft. Ursprünglich steht diese Konzeption bei den Denkern des englischen Utilitarismus, wie bei Bentham, im Mittelpunkt ihrer Nutzenbetrachtung. Sie ist aber auch noch später, z.B. beim Nationalökonomen Pigou zu finden (vgl. dazu etwa Bohnen 1964, S. 81).

Verbindung von introspektiven und behavioristischen Gedankengängen

Insbesondere Pareto begann, den introspektiv erlebten Nutzen mit beobachtbarem *Verhalten* zu verknüpfen. Das beobachtbare Verhalten eines Individuums kann sich in *verbalen* Reaktionen auf Fragen eines Interviewers zeigen, aber auch in besonderen *Entscheidungsakten* des Individuums, etwa in Kaufakten materieller Güter. Die innere Wertschätzung von Gütern schlägt sich demnach in Käufen nieder. Das läßt sich anhand der von Pareto ausgebauten und für Entscheidungen unter Sicherheit geeigneten *Indifferenzkurvenanalyse* zeigen, die ihrerseits auf Edgeworth zurückgeht (vgl. zur Indifferenzkurvenanalyse Ott 1974, S. 77ff. sowie Bohnen 1964, S. 74).

Indifferenzkurvenanalyse

In dem Indifferenzkurvenschaubild der Abb. 121 sind *auf* den Indifferenzkurven alle diejenigen Mengenkombinationen von x_1 und x_2 abgetragen, die den gleichen Nutzen repräsentieren. Alle Mengenkombinationen darunter (darüber) vermitteln einen niedrigeren (höheren) Nutzen.

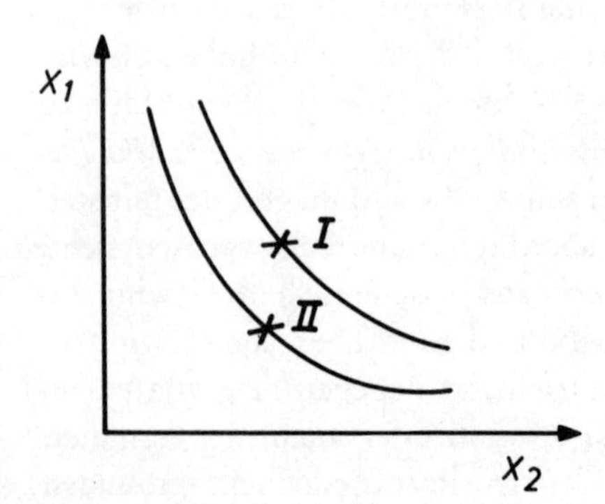

Abb. 121: Indifferenzkurven

Nutzen als »omnipräsenter Motivator«

Daß ein Individuum eine Mengenkombination I *lieber wählt* als eine Mengenkombination II, gilt deshalb, »*weil* ihm I zu einem intensiveren Nutzenerlebnis verhilft als II ... Dieses intensivere Nutzenerlebnis ... ist nichts anderes als das Motiv, das zu seiner Wahlentscheidung geführt hat« (Bohnen 1964, S. 74). Der Nutzen ist dann ein »omnipräsenter Motivator« (vgl. dazu Neuberger 1970, S. 16.). Der Nutzen schlägt sich zwar in Kaufakten nieder, ist aber selbst nicht damit identisch, da er ja eine allgemeine innere Größe darstellt (vgl. dazu auch Bohnen 1964, S. 37).

Wenn man sich diese Erkenntnis zunutze macht, kann man aus den menschlichen Verhaltensweisen, beispielsweise den Kaufakten, den inneren Nutzen *erschließen.* Individuen werden bestimmten realen oder hypothetischen Entscheidungssituationen ausgesetzt, wobei dann der Nutzen aus dem konkreten Entscheidungsverhalten abgeleitet wird. Wenn wieder die Indifferenzkurvenanalyse herangezogen wird, gilt die Aussage: »Daß ein Individuum von zwei verschiedenen Gütermengenkombinationen stets diejenige lieber wählt, die auf einer höheren Indifferenzkurve liegt, ist ein sichtbares Indiz dafür, daß ihm diese Mengenkombination ein stärkeres Befriedigungsgefühl verschafft« (Bohnen, 1964, S. 74). Nimmt man an, daß es sich um ein für das Individuum *typisches* Verhalten handelt, ist sein allgemeines Nutzenkonzept auf diese Weise gefunden. Es kann dann weiteren Entscheidungen zugrundegelegt werden, vorausgesetzt, die Nutzenordnung ändert sich nicht*.

Behavioristische Auffassung vom Nutzenbegriff

Nutzen als reine Präferenz

Wir sind bislang selbst beim behavioristisch erschlossenen Nutzen davon ausgegangen, daß die Verhaltensweisen bei Kaufakten oder sonstigen Entscheidungsakten Ausdruck von *psychischen Zuständen* des Individuums (wie Zufriedenheit, Befriedigung etc.) sind. Diese gilt es ja gerade in einer quantitativen Nutzengröße zu erfassen. Sieht man allerdings von dahinterstehenden psychischen Zuständen ab und betrachtet nur die Akte des Vorziehens oder Gleichbewertens und *sonst nichts,* »ist man bei der vollkommen ... behavioristischen Auffassung von Nutzen im Sinne von reiner Präferenz« (Krelle 1968, S. 25). Bohnen (1964, S. 34) meint dazu: »Man spricht zwar noch vom Nutzen, meint aber Verhalten«. Man stellt allein den *Entscheidungsakt der Person* in den Mittelpunkt, während beim psychologischen Nutzen die *Beziehung* zwischen *Person und Sache* wichtig ist. In diesem Sinne kann auch die Indifferenzkurvenanalyse zur Feststellung reiner Präferenzen verstanden

* Auch der im nächsten Kapitel zu behandelnde Risikonutzen folgt einem methodisch ähnlichen Vorgehen: Aus beobachtbarem Verhalten wird auf (psychische) *Risiko*einstellungen geschlossen (vgl. dazu Bohnen 1964, S. 39ff.).

werden. Die Indifferenzkurven als »Verhaltenslinien« trennen den bevorzugten Bereich vom weniger bevorzugten Bereich. Sie selbst sind nur als solche »Grenzlinien« relevant, da ja in Kaufakten ausschließlich Entscheidungen *für* Mengenkombinationen *beobachtbar* sind, nicht aber eine Indifferenz (Kaufenthaltung). Bevorzugte Vertreter der reinen Präferenz sind etwa Little, Samuelson, aber auch die »New Welfare Economics« (vgl. dazu Bohnen 1964, S. 33f., 75f.).

2.2.1.2 Meß- oder Skalenniveau des Nutzens

Ordinaler Nutzen

Ein weiterer Aspekt, um eine differenzierte Nutzenbetrachtung durchführen zu können, ist mit dem Meß- bzw. Skalenniveau gegeben und führt zu der Unterscheidung in *ordinalen* und *kardinalen* Nutzen (vgl. dazu den Exkurs zur Meßproblematik des Nutzens S. 238ff.)*. Ist der Nutzen ein ordinaler Nutzen, so kann damit nur die *Rangfolge* (Rangordnung) zwischen verschiedenen monetären Größen ausgedrückt werden. Bei drei Gewinngrößen x, y, z mag etwa vorliegen:

$$x \succ y \succ z$$

wenn ›$\succ$‹ das Zeichen für »vorgezogen« bedeutet. Dann gilt sofort:

$$u(x) > u(y) > u(z),$$

da als allgemeine Aussage bei Gewinngrößen gilt:

$x \succsim y$ ist gleichbedeutend mit $u(x) \geqq u(y)$
(vgl. dazu S. 48).

Streng monoton ansteigende Transformation

Dabei ist die ordinale Nutzenzuordnung eindeutig bis auf eine *streng monoton ansteigende Transformation* (vgl. dazu S. 241). D.h. die allgemeine Aussage ist erfüllt, wenn:

$u(x) = 3$
$u(y) = 2$ und
$u(z) = 1$,

vorausgesetzt etwa:

$x = 3000$ DM
$y = 2000$ DM
$z = 1000$ DM.

* Für ein vertieftes Verständnis des Abschnittes ist die Lektüre des Exkurses zu empfehlen; S. 238ff.

Die allgemeine Aussage ist aber auch erfüllt, wenn:

$u^* (x) = 6$
$u^* (y) = 4$ und
$u^* (z) = 2$,

da die u^*-Nutzenwerte durch eine streng monoton ansteigende Transformation aus den u-Nutzenwerten entstanden sind. Diese Transformation ist im vorliegenden Falle:

$u^* = 2 \cdot u.$

Auch die Transformation:

$u^{**} = u^2$

ist eine derartige Transformation. Allgemein gesehen liegt eine streng monoton ansteigende Transformation dann vor, wenn höher eingestufte Ergebniswerte auch immer eine höhere Nutzenzahl zugeordnet bekommen (vgl. S. 241). Eine solche Klasse von Transformationen ist demnach zulässig.

Kardinaler Nutzen

Für die ordinale Nutzenkonzeption sind ohne Einschränkung die schon früher angegebenen *Nutzenaxiome* anwendbar (vgl. S. 47), da in ihnen gerade die Präferenzrelation ›$\gtrsim$‹ enthalten ist. Es handelt sich bei ›$\gtrsim$‹ um eine ordinale Präferenzrelation, die alle Ergebniswerte danach ordnet, ob sie untereinander vorgezogen werden oder indifferent sind. Liegt ein ***kardinaler*** Nutzen im Sinne eines intervallskalierten Nutzens vor (vgl. S. 241 ff.), so kann man zusätzlich auch die *Abstände* (Differenzen) zwischen den Rängen *ordnen.* Dieser Zusammenhang zwischen ordinalem und kardinalem Nutzen sei an einem Beispiel aufgezeigt:

Beispiel der kardinalen Nutzenmessung

Gegeben sind wiederum drei Gewinngrößen x, y, z. Beim ordinalen Nutzenkonzept kann nun relativ leicht eine Rangordnung zwischen den Ergebnisgrößen ermittelt werden, etwa durch einfache Fragen eines Interviewers. Das führt zu der Ordnung:

$x \succ y \succ z$ bzw. $u(x) > u(y) > u(z)$.

Aussagen darüber, *um wieviel mehr* x gegenüber y und y gegenüber z eingeschätzt wird bzw. *um wieviel höher* u(x) gegenüber u(y) und u(y) gegenüber u(z) ist, sind beim ordinalen Nutzenkonzept nicht möglich. Dazu ist ein kardinaler Nutzen nötig. Dieser kann die *Abstände* zwischen den einzelnen Ergebnisgrößen erfassen. So ist der Abstand zwischen den monetären Größen x und y mit (x-y) zu symbolisieren. Der Abstand zwischen y und z kann als (y-z) bezeichnet werden. Die Übergänge von x zu y und von y zu z drükken jeweils eine Nutzenabnahme aus. Ein kardinaler Nutzenansatz erlaubt es nun, die Differenzen (x-y) und (y-z) selbst zu ordnen und ihnen damit Nutzengrößen zuzuordnen. Es ist möglich:

$$(x\text{-}y) \gtrsim\!\!\!\!\!\!\lesssim (y\text{-}z)$$

bzw. $$u(x\text{-}y) \begin{smallmatrix} > \\ = \\ < \end{smallmatrix} u(y\text{-}z)$$

bzw. $$u(x)\text{-}u(y) \begin{smallmatrix} > \\ = \\ < \end{smallmatrix} u(y)\text{-}u(z).$$

Krelle (1968, S. 81 f.) schlägt nun folgendes Verfahren, in das Nutzendifferenzen eingehen, zur Bestimmung von kardinalen Nutzengrößen vor. Unser Ausgangspunkt war die Angabe:

(1) $x \succ y \succ z$ bzw. $u(x) > u(y) > u(z)$.

Im weiteren fragt man, ob die Differenz (x-y) als größer, gleich oder kleiner eingeschätzt wird gegenüber der Differenz (y-z).
Es wird als Antwort gegeben:

$$(x\text{-}y) \succ (y\text{-}z).$$

Das bedeutet nichts anderes als eine Aussage über Nutzendifferenzen:

$$u(x\text{-}y) > u(y\text{-}z)$$

bzw.

(2) $u(x)\text{-}u(y) > u(y)\text{-}u(z)$.

y liegt näher an z als an x. Wir vergrößern jetzt den Ergebniswert von y zu $\bar{y}$ so lange bis gilt:

$$(x\text{-}\bar{y}) \sim (\bar{y}\text{-}z).$$

Das bedeutet wiederum:

$$u(x\text{-}\bar{y}) = u(\bar{y}\text{-}z)$$

bzw.

(3) $u(x)\text{-}u(\bar{y}) = u(\bar{y})\text{-}u(z)$.

Dabei darf die ursprüngliche Rangordnung natürlich nicht verändert werden. Setzen wir nun rein willkürlich $u(x) = 2$ und $u(z) = 1$, so können wir nach (3) auch $u(\bar{y})$ ausrechnen, im konkreten Fall ist $u(\bar{y}) = 1{,}5$. Das läßt sich so zeigen:

$$u(x\text{-}\bar{y}) = u(\bar{y}\text{-}z)$$

bzw.

$$\begin{aligned} u(x)-u(\bar{y}) &= u(\bar{y})-u(z) \\ 2-u(\bar{y}) &= u(\bar{y})-1 \\ -2u(\bar{y}) &= -3 \\ u(\bar{y}) &= 1{,}5. \end{aligned}$$

Auf diese Weise kann also unter Verwendung von Nutzendifferenzen die kardinale Nutzenzahl ermittelt werden. Es wird das *Prinzip der Mittenbildung* verwendet. Dieses besagt, daß es für zwei Größen immer eine dritte gibt, die bezüglich ihres Nutzens genau in der Mitte zwischen beiden liegt (vgl. dazu Schneeweiß 1963, S. 196).
Wird die gesamte Gleichung

$$(3) \quad u(x) - u(\bar{y}) = u(\bar{y}) - u(z)$$

durch ihren rechten Teil dividiert, so gilt:

$$(4) \quad \frac{u(x) - u(\bar{y})}{u(\bar{y}) - u(z)} = 1 .$$

Verhältnisse von Nutzendifferenzen

Ein kardinaler Nutzen im Sinne eines intervallskalierten Nutzens erlaubt also Aussagen über *Verhältnisse von Nutzendifferenzen* (vgl. dazu Gäfgen 1974, S. 156ff.).
Zur Ermittlung von y ist folgendermaßen vorzugehen:
Es muß gelten:

$$(5) \quad x \succ \bar{y} \succ y \succ z.$$

Es wird gefragt, ob die Nutzendifferenz $u(\bar{y}\text{-}y)$ als größer, gleich oder kleiner angesehen wird gegenüber der Nutzendifferenz $u(y\text{-}z)$. Als Antwort liegt etwa vor:

$$(6) \quad u(\bar{y}\text{-}y) = u(y\text{-}z).$$

Dann gilt bei weiterer Gültigkeit von $u(\bar{y}) = 1{,}5$ und $u(z) = 1$:

$$\begin{aligned} 1{,}5 - u(y) &= u(y) - 1 \\ -2u(y) &= -2{,}5 \\ u(y) &= 1{,}25. \end{aligned}$$

Wird die Relation (2) betrachtet, so zeigt sich in der Tat:

(2) $u(x) - u(y) > u(y) - u(z)$
bzw.
(2a) $2 - 1{,}25 > 1{,}25 - 1.$

Wird (2) durch die rechte Seite der Ungleichung dividiert, so gilt:

$$(7) \quad \frac{u(x) - u(y)}{u(y) - u(z)} > 1,$$

bzw.

$$(7a) \quad \frac{2 - 1{,}25}{1{,}25 - 1} = 3.$$

Positive lineare Transformation

Auf diese Weise wird wiederum sichtbar, daß ein kardinaler Nutzen im Sinne eines intervallskalierten Nutzens Aussagen über Verhältnisse von Nutzendifferenzen treffen kann (vgl. dazu auch S. 242). Dabei ist die kardinale Nutzenzuordnung (im Sinne eines intervallskalierten Nutzens) eindeutig bis auf eine *positive lineare Transformation* (vgl. dazu S. 243). Auch

$u^{***}(x) = 8,$
$u^{***}(z) = 5,$
$u^{***}(\bar{y}) = 6{,}5,$
$u^{***}(y) = 5{,}75$

ist eine zulässige Nutzenzuordnung, da sie aus der positiven linearen Transformation

$$u^{***} = 3 \cdot u + 2$$

hervorgegangen ist. Inhaltlich leuchtet das genauso ein; denn durch die eine oder andere Nutzenzuordnung werden die Relationen in (4) und (7) bzw. (7a) nicht verschoben, was durch Einsetzen überprüft werden kann. Wird (7a) zugrundegelegt, so gilt bei Anwendung der obigen Transformation:

$$\frac{8 - 5{,}75}{5{,}75 - 5} = 3.$$

Genau (4) und (7) bzw. (7a) sind auch das Kernstück der kardinalen Nutzenzuordnung (im Sinne eines intervallskalierten Nutzens), nämlich, Nutzendifferenzen anzuordnen. Positive lineare Transformationen ändern Aussagen über Verhältnisse von Nutzendifferenzen nicht, so daß diese Klasse von Transformationen zulässig ist (vgl. S. 243).

Axiome des kardinalen Nutzens

Bei der kardinalen Nutzenkonzeption ist gegenüber der ordinalen Nutzenauffassung von *zusätzlichen* Axiomen auszugehen, da nicht nur Ergebnisgrößen, sondern auch Differenzen zwischen Ergebnisgrößen geordnet werden.

Zu den bereits bekannten Axiomen 1–3 (vgl. S. 47) treten weitere Axiome (vgl. Krelle 1968, S. 10ff., Schneeweiß 1963, S. 194).

Axiome 4–6:

Die Axiome 1–3, die für Ergebnisgrößen gelten, sind auf Differenzen zwischen Ergebnisgrößen zu beziehen. Damit ist gewährleistet, daß die Differenzen ordinal geordnet werden.

Für die weiteren Axiome gilt die bereits bekannte Notation (x–y), wenn ein Übergang von dem Ergebnis x zum Ergebnis y angezeigt werden soll. Es kann ein Nutzenzuwachs vorliegen, wenn $y \succ x$ oder ein Nutzenverlust, wenn $x \succ y$.

Axiom 7:

(a) Aus $(x–y) \succsim (x–y')$ folgt $y \succsim y'$ und umgekehrt
(b) Aus $(x–y) \succsim (x'–y)$ folgt $x' \succsim x$ und umgekehrt.

Dieses Axiom stellt einen konsistenten Zusammenhang zwischen einer Ordnung von Differenzen zwischen Ergebnissen und den Ergebnissen selbst her.

Man macht sich das Axiom im Falle (a) klar, wenn es geometrisch interpretiert wird (Schneeweiß 1963, S. 195): »Nehmen wir an, wir hätten schon eine Meßvorschrift gefunden, die die Elemente (im Sinne von Ergebnissen, d.V.) ... auf die (gerichtete) Zahlengerade abträgt ... Die Strecke $\overline{xy}$ ist größer als die Strecke $\overline{xy'}$ ..., wenn y rechts von y' liegt.

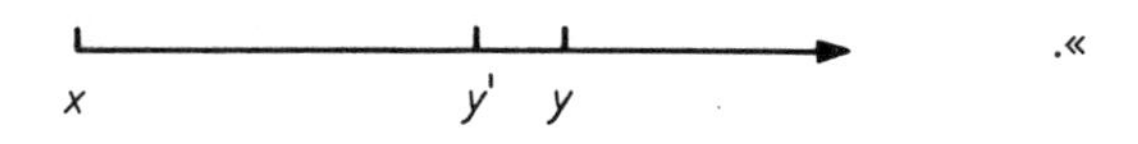

.«

(Die Symbole wurden der vorliegenden Schreibweise angepaßt.)

Axiom 8:

(a) Aus $(x\text{-}y) \succ (x'\text{-}y')$ und
$(y\text{-}z) \succsim (y'\text{-}z')$ folgt $(x\text{-}z) \succ (x'\text{-}z')$
(b) Aus $(x\text{-}y) \succsim (x'\text{-}y')$ und
$(y\text{-}z) \succ (y'\text{-}z')$ folgt $(x\text{-}z) \succ (x'\text{-}z')$

(c) Aus (x-y) ~ (x'-y') und
(y-z) ~ (y'-z') folgt (x-z) ~ (x'-z').

Das Axiom ist verständlich, wenn man es sich anhand von Nutzendifferenzen auf einer Nutzenskala klarmacht. Es besagt in der geometrischen Interpretation im Falle (a):

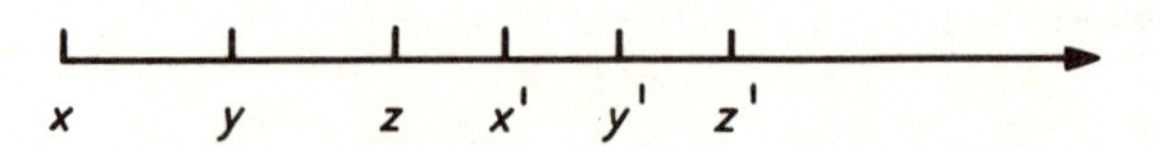

Die Strecke $\overline{xz}$ entsteht durch Addition (Hintereinandersetzen) von $\overline{xy}$ und $\overline{yz}$. Die Strecke $\overline{x'z'}$ entsteht in gleicher Weise aus $\overline{x'y'}$ und $\overline{y'z'}$. $\overline{xz}$ ist größer als $\overline{x'z'}$, weil entsprechendes auch für die Teilstrecken gilt: »Wenn man zwei größere Abschnitte aneinanderfügt, muß das Ergebnis ein größerer Gesamtabschnitt sein, als wenn man zwei kleinere Abschnitte aneinanderfügt« (Krelle 1968, S. 11).

Mit diesen 8 Axiomen ist eine kardinale stetige Nutzenfunktion zu erstellen, vorausgesetzt man akzeptiert noch weitere mathematische Forderungen (Axiome), die aber vom Standpunkt einer inhaltlichen Nutzenzuordnung vernachlässigt werden können, da sie praktisch die Wahlmöglichkeit des Entscheidenden nicht einengen (vgl. Krelle 1968, S. 11f., Schneeweiß 1963, S. 194ff.).

Inhaltliche Dimension des Nutzens und ordinaler bzw. kardinaler Nutzen

Nach der Unterteilung in ordinalen und kardinalen Nutzen wird auch klar, daß die bereits auf S. 225f. formulierte Behauptung über die Größe der Nutzen*zuwächse* nur dann einen Sinn gibt, wenn ein *kardinaler* Nutzen zugrunde liegt. Die ordinale Nutzenkonzeption erlaubt es nicht, derartige Aussagen über Nutzenzuwächse bzw. -differenzen zu treffen. Aus diesem Grunde ist mit einem kardinalen Nutzen auch eine feinere Nutzenanalyse durchzuführen.

An dieser Stelle kann die inhaltliche Dimension des Nutzens mit dem Meß- bzw. Skalenniveau verbunden werden (vgl. dazu Weber–Streißler 1964, S. 10ff.). Der introspektive Nutzen kann sowohl ein ordinaler wie ein kardinaler Nutzen sein. Liegt ein kardinaler Nutzen vor, wird das *Maß* an innerer Zufriedenheit ermittelt (vgl. dazu S. 225f.). Bei einem ordinalen Nutzen dagegen wird nur eine *Rangfolge* innerer Zufriedenheitswerte angegeben. Die Verbindung des introspektiven Nutzens mit einer behavioristischen Auffassung in Paretos Indifferenzkurvenanalyse führt zu einem ordinalen Nutzen, da nur Rangfolgen vorliegen. Wird die reine Präferenz betrachtet, so können wiederum ordinale oder kardinale Nutzenmaße eine Verwendung finden.

Typen von Nutzenfunktionen

Werden zunächst kardinale Nutzenfunktionen unterstellt, so ergeben sich drei Typen von Nutzenfunktionen. Der Verlauf kann *linear, progressiv steigend* oder *degressiv steigend* sein. Die Nutzenfunktion in Abb. 122 ist linear und entspricht sogar der Winkelhalbierenden. In diesem Fall ist die Ergebnismatrix gleich der Entscheidungsmatrix. Der Nutzenzuwachs der monetären Größen entspricht der 1. Ableitung der Nutzenfunktion und wird als *Grenznutzen* bezeichnet. In der Abb. 122 ist $\frac{du}{de} > 0$ und konstant und die 2. Ableitung $\frac{d^2u}{de^2} = 0$.

Lineare Nutzenfunktion

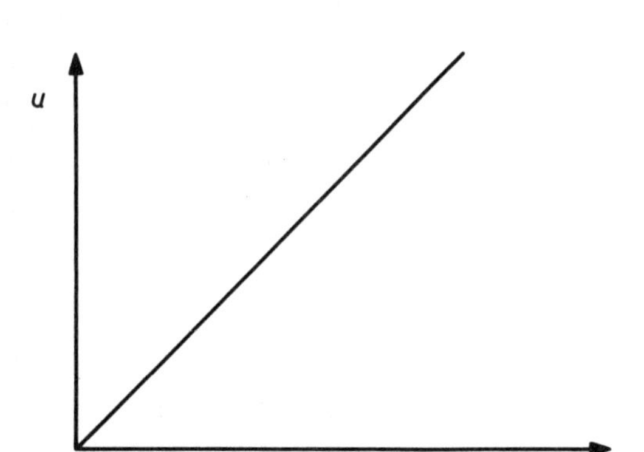

Abb. 122: Lineare Nutzenfunktion

Die Nutzenfunktion der Abb. 123 hat einen progressiv steigenden Verlauf. Der Grenznutzen ist größer als 0, $\frac{du}{de} > 0$ und $\frac{d^2u}{de^2} > 0$. Der Grenznutzen nimmt laufend zu.

Progressiv steigende Nutzenfunktion

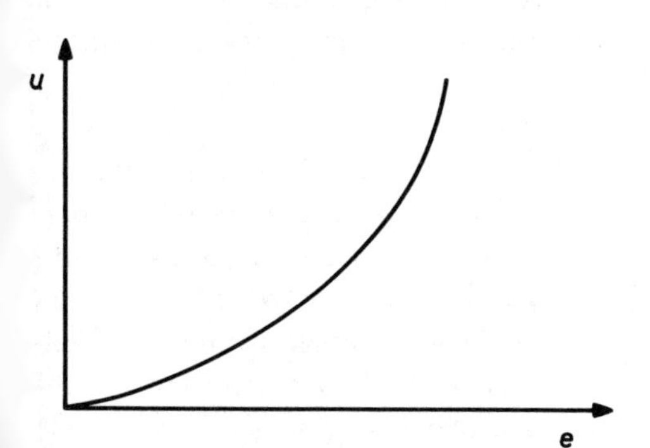

Abb. 123: Progressiv steigende Nutzenfunktion

Degressiv steigende Nutzenfunktion

Die Nutzenfunktion der Abb. 124 hat einen degressiv steigenden Verlauf. Der Grenznutzen ist größer als Null, $\frac{du}{de} > 0$ und $\frac{d^2u}{de^2} < 0$. Der Grenznutzen nimmt laufend ab.

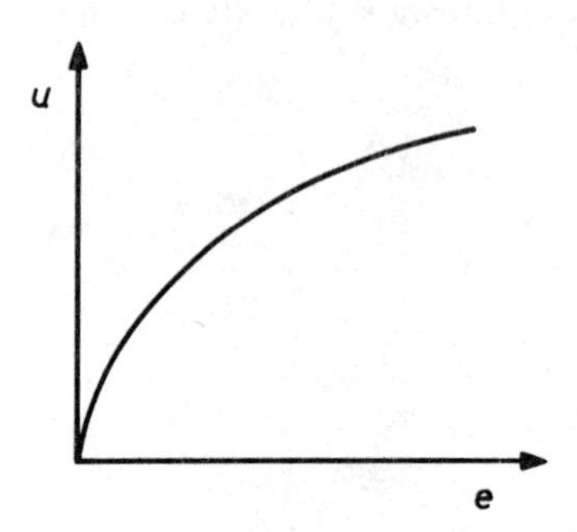

Abb. 124: Degressiv steigende Nutzenfunktion

Sämtliche drei Typen gelten dann, wenn positiv einzuschätzende monetäre Größen vorliegen, wie Gewinne, Einkommen etc.

Es kann an dieser Stelle zurecht die Frage auftauchen, ob kardinale Nutzenfunktionen bei *Sicherheit* überhaupt benötigt werden. Soll eine Zielgröße maximiert (minimiert) werden, reicht in der Tat die ordinale Nutzenmessung aus, da damit ein (maximales) minimales Element identifiziert werden kann. Die Kenntnis der Nutzendifferenzen ist für einen Extremierer bei Sicherheit nicht nötig. Aus diesem Grunde sagt man auch, daß die volkswirtschaftliche Mikroökonomie, soweit sie mit Entscheidungen unter Sicherheit beschäftigt ist, mit einer ordinalen Nutzenmessung auskommt. Die Nutzenfunktionen der Abbildungen sind deshalb für einen Ordinalisten alle gleichwertig; sie drücken jeweils eine steigende Präferenzordnung aus. In Entscheidungssituationen unter *Unsicherheit* (und *Risiko*, auf die wir aber erst auf S. 245 ff. eingehen) kann ein Extremierer dagegen kardinale Nutzengrößen benötigen. Es muß immer dann ein kardinaler Nutzen verwendet werden, wenn eine Zielfunktion bereits einfache arithmetische Operationen des Addierens bzw. Subtrahierens erzwingt. Ansonsten genügt auch hier ein ordinaler Nutzen, wie aus Abb. 125 ersichtlich ist.

Meßniveau des Nutzens / Zielfunktionen	ordinaler Nutzen	kardinaler Nutzen
Maximin-Zielfunktion *	×	
Maximax-Zielfunktion	×	
Savage – Niehans Zielfunktion		×
Zielfunktion des höchsten Frohlockens (Jöhr-Zielfunktion)		×
Laplace-Zielfunktion		×
Hurwicz-Zielfunktion		×

Abb. 125: Meßniveau des Nutzens und Zielfunktionen bei Unsicherheit

Bei *satisfizierenden* Zielen kann von vornherein ein ordinaler Nutzen zugrundegelegt werden. Es gibt nur zwei Präferenzkategorien, solche, die dem satisfizierenden Ziel entsprechen und solche, die dem Ziel nicht entsprechen. Es soll etwa folgender Spaltenvektor mit Gewinnbeträgen in Abb. 126 vorliegen.

Umweltzustand / Aktionen	
a_1	2
a_2	3
a_3	4
a_4	5

Abb. 126: Spaltenvektor bei Sicherheit

* Vgl. dazu aber auch den Hinweis auf S. 175.

Es gilt bei einem satisfizierenden Ziel von G = 4 beispielsweise diese Nutzenfunktion:

$$u(e_i) = \begin{cases} 1, \text{ wenn } e_i = 4 \\ 0 \text{ sonst.} \end{cases}$$

Bei einem Ziel von G ≧ 4 gilt etwa:

$$u(e_i) = \begin{cases} 1, \text{ wenn } e_i \geqq 4 \\ 0, \text{ sonst.} \end{cases}$$

Mit den Aspekten ›inhaltliche Dimension des Nutzens‹ und ›Meß- bzw. Skalenniveau des Nutzens‹ ist eine detaillierte Analyse des Nutzenkonzepts möglich. Leider ist der »Höhen«- oder »Güternutzen« *kein* für alle Entscheidungssituationen *universelles* Konzept. Er ist durch den »Risikonutzen« abzulösen, wenn es gilt, Wahrscheinlichkeiten zu berücksichtigen. Ehe wir uns diesem »Risikonutzen« zuwenden, ist die in diesem Kapitel angesprochene *Meßproblematik* des Nutzens in einem Exkurs zu vertiefen.

2.2.1.3 Exkurs: Meßproblematik des Nutzens

Es bestehe das Problem, verschieden hohe Ergebnisgrößen in Nutzengrößen umzuwandeln. Das ist nichts anderes als ein *spezieller Meßvorgang*, sollen doch Ergebnisse in Nutzengrößen gemessen werden. In der Sprache der Meßtheorie (vgl. dazu Chmielewicz 1970, S. 240 ff., Gäfgen 1974, S. 144 ff., Schneeweiß 1963, S. 178 ff., Stevens 1951, S. 1 ff.) wird also eine Menge empirischer Größen, die Menge der Ergebnisgrößen, in eine andere Menge, die Menge der Nutzengrößen, abgebildet. Die verschiedenartigen *Meßniveaus* oder *Skalenniveaus* des Nutzens, die wir kennen, sind davon abhängig, welche *Anforderungen* wir an die Menge der Ergebnisgrößen richten. Bei der *nominalen* Nutzenmessung werden einander äquivalente Ergebnisgrößen zusammengefaßt. Sollen Rangordnungen zwischen den Ergebnisgrößen ausgedrückt werden, liegt ein *ordinal* gemessener Nutzen vor. Will man auch Nutzendifferenzen zwischen den einzelnen Rängen sichtbar machen, wird ein *kardinal* gemessener Nutzen, genau gesprochen, ein mindestens *intervallskalierter* Nutzen, nötig. Im folgenden wollen wir uns den drei grundsätzlich möglichen Meßniveaus, dem *nominalen* Nutzen, *ordinalen* Nutzen und *kardinalen* Nutzen, detaillierter zuwenden. Der kardinale Nutzen kann dabei alternativ auf einer Intervallskala, einer Verhältnisskala, einer Differenzskala oder einer absoluten Skala gemessen werden.

Nominalskala des Nutzens

Allgemein gilt für eine nominale Messung folgendes: Die Menge X verschiedener Elemente wird so unterteilt, daß alle die Elemente, die *untereinan der gleich* sind, in sog. *Äquivalenzklassen* zusammengefaßt werden. Die Äquivalenzklassen werden dabei mit Hilfe der *Äquivalenzrelation* ›$\sim$‹, also ›x ist gleich y‹, erzeugt. Das wird an einem Beispiel deutlich, in dem die Bäume eines Waldstückes nach der Äquivalenzrelation ›x gehört zur selben Art wie y‹ geordnet werden sollen. Es entstehen Äquivalenzklassen, die Bäume derselben Art enthalten. Die jeweiligen Äquivalenzklassen bekommen nun *Namen* zugeordnet, und zwar den Namen der Baumart, wie Lärchen, Eichen, Buchen, Birken usw. Sämtliche Bäume des Waldstückes werden danach *klassifiziert*. Die Äquivalenzrelation ›$\sim$‹ genügt dabei folgenden Axiomen:

Äquivalenzrelation ›$\sim$‹

1. Reflexivität: $x \sim x$,
2. Symmetrie: wenn $x \sim y$, dann auch $y \sim x$,
3. Transitivität: wenn $x \sim y$ und $y \sim z$, dann auch $x \sim z$.

Für ein Beispiel im Rahmen einer nominalen Nutzenmessung gilt nun folgendes: Unter der Menge X kann etwa ein spezielles Güterbündel verstanden werden*, und zwar die auf den Tisch kommenden Tafeläpfel. Es werden der Reihe nach 1 Apfel, 2 Äpfel, 3 Äpfel usw. betrachtet. Wird ein Apfel mit sich selbst verglichen, so wird er zu sich selbst als gleich gut eingeschätzt. Das Entsprechende gilt, wenn 2 Äpfel mit sich selbst verglichen werden usw. Immer die gleiche Anzahl der Äpfel weist, mit sich selbst verglichen, den gleichen Nutzen auf. Die Äquivalenzrelation ›$\sim$‹ heißt also bei der nominalen Nutzenmessung ›x ist gleich gut wie y‹.

Beispiel

Aus dem Beispiel der Tafeläpfel ist nun abzulesen, daß mit Hilfe eines nominal skalierten Nutzens keine Aussage darüber gemacht werden kann, ob mehr Äpfel weniger Äpfeln *vorgezogen* werden, ob 3 Äpfel *mehr* wert sind als 2 Äpfel. Dazu wird eine ordinale Nutzenkonzeption benötigt.

Ordinalskala des Nutzens

Bei Ordinalskalen sollen Größer-, Kleiner- (und Gleich-) Beziehungen, die zwischen Elementen der Menge X vorliegen, so in Zahlen abgebildet werden, daß diese Beziehungen erhalten bleiben. Die bereits bekannte Präferenzrelation ›$\succsim$‹, die für die Menge X definiert ist und als *schwache Präferenzrelation* bezeichnet wird, führt zu einem ordinalen Nutzen. ›$x \succsim y$‹ heißt, daß x gegenüber y bevorzugt oder gleichbewertet wird. Auch die *starke*

Schwache Präferenzrelation ›$\succsim$‹

Starke Präferenzrelation ›$\succ$‹

* Im speziellen Fall der Ergebnismatrizen wurde die Menge X als Menge E bezeichnet, vgl. dazu S. 36.

Präferenzrelation ›≻‹ definiert einen ordinalen Nutzen. Wenn wir zunächst bei ›≿‹ bleiben, so gelten folgende drei Axiome (vgl. dazu S. 47)*:

1. Vollständigkeit: Für alle x und y aus X gilt: $x \succsim y$ oder $y \succsim x$,
2. Transitivität: wenn $x \succsim y$ und $y \succsim z$, dann $x \succsim z$,
3. Reflexivität: $x \succsim x$.

Vollständig schwache Ordnung – Partielle schwache Ordnung

Sind alle drei Axiome erfüllt, sind die Elemente von X *vollständig schwach geordnet.* Gilt nur das erste Axiom nicht, so handelt es sich um eine *partielle schwache Ordnung.* Das bedeutet, daß es Elemente der Menge X geben kann, die unvergleichbar sind.

Würde man die Präferenzrelation ›≻‹ verwenden, so gelten nur zwei Axiome:

1. Asymmetrie: Es kann nicht zugleich gelten: $x \succ y$ und $y \succ x$,
2. Transitivität: wenn $x \succ y$ und $y \succ z$, dann $x \succ z$.

Partielle Ordnung

Die starke Präferenzrelation definiert eine nur *partielle Ordnung,* da nicht notwendigerweise je zwei Elemente von X in der Ordnungsrelation ›≻‹ stehen müssen. Wir bevorzugen deshalb für unsere axiomatische Fundierung der Nutzentheorie die Relation ›≿‹ mit ihren drei Axiomen.

Hat man jetzt eine mehr oder weniger komplizierte Menge X auf ihre Ordnungsstruktur »reduziert«, so kann die Menge X in eine Zahlenmenge, am zweckmäßigsten in die Menge der reellen Zahlen, abgebildet werden. Die Abbildung erfolgt so, daß die Relation ›≿‹, die zwischen Ergebnisgrößen herrscht, in die Relation ›≧‹ überführt wird, die zwischen reellen Zahlen vorliegt. Wie wir jetzt sehen, wird mit Hilfe einer Meßoperation ein *Meßmodell* gebildet, das eine isomorphe oder homomorphe Abbildung einer Menge X darstellt (vgl. allgemein zu isomorphen bzw. homomorphen Modellen S. 144ff.). Es fällt sofort auf, daß die Menge der reellen Zahlen »eine überaus reiche Struktur (besitzt), von der die Ordnungsrelation ›≧‹ nur einen kleinen Teil ausmacht: man kann komplizierte Rechenoperationen ausführen, man kann Grenzwerte bilden ...« (Schneeweiß 1963, S. 184)**. Für die ordinale Messung aber wird nur die Relation ›≧‹ benötigt, die anderen Relationen werden quasi »unterdrückt«.

Die mittels ›≿‹ erzeugte Rangordnung kann also durch reelle Zahlen u repräsentiert werden, wobei gilt:

$x \succsim y$ ist gleichbedeutend mit $u(x) \geqq u(y)$.

* Zur Definition der Relation ›∼‹ wird die Eigenschaft der Anti-Symmetrie verwendet: $x \sim y$ ist gleichbedeutend mit $x \succsim y$ *und* $y \succsim x$ (vgl. Krelle 1968, S. 124).

** Im Original wird ›≻‹ anstelle von ›≧‹ verwendet.

Streng monoton ansteigende Transformation

Bis zu einem gewissen Grade ist eine solche Nutzenzuordnung willkürlich, da es nur darauf ankommt, daß höher eingestufte Ergebniswerte auch eine höhere Nutzenzahl erhalten, nicht aber darauf, um wieviel diese Nutzenzahl höher ist. Es stehen unendlich viele Abbildungen zur Verfügung, um die Ordnungsrelation ›$\gtrsim$‹ in die Ordnungsrelation ›$\geqq$‹ zu übertragen, sie werden sich nur durch eine streng monoton ansteigende Transformation unterscheiden. Eine solche Transformation ist eine Funktion f mit:

(1) $f(u_1) > f(u_2)$, wenn $u_1 > u_2$
mit $u_1 \equiv u(x)$ und $u_2 \equiv u(y)$.

»Der Meßvorgang ist also nicht eindeutig; doch kann der Umfang der Mehrdeutigkeit genau angegeben werden: die Gruppe der streng monoton steigenden Transformationen« (Schneeweiß 1963, S. 184).

Beispiel

In unserem Beispiel mögen 5 Äpfel höher als 3 Äpfel und diese höher als 1 Apfel bewertet werden:

5 Äpfel > 3 Äpfel > 1 Apfel
mit
u(5 Äpfel) = 5, u(3 Äpfel) = 3, u(1 Apfel) = 1
und
$5 > 3 > 1$.

Gleichermaßen ist auch zulässig:

u(5 Äpfel) = 25, u(3 Äpfel) = 9, u(1 Apfel) = 1.

Die Bedingung (1) ist erfüllt, da $f(u) = (u)^2$.

Da es nicht auf die genaue Höhe der Nutzenzahlen ankommt, spricht man von u als einem *Nutzenindex* (Gäfgen 1974, S. 152f.) und von Funktionen als *Nutzenindexfunktionen* (Ott 1974, S. 75ff.).

Werden neben der Rangordnung zwischen Elementen aus X auch Nutzendifferenzen zwischen Rangplätzen auszudrücken versucht, so ist der Übergang zur Intervallskala gefordert. Eine Intervallskala ist eine kardinale Skala.

Intervallskala des Nutzens

Wer den Nutzen als meßbar auf einer Intervallskala ansieht, richtet folgende Anforderungen an die empirische Menge X: Es ist nicht nur eine Rangordnung zwischen den Ergebnisgrößen, sondern auch eine Rangordnung zwischen der Differenz von Ergebnissen erkennbar. Das führt dazu, daß *Nutzendifferenzen* angegeben werden können. Gilt etwa die Rangordnung:

Beispiel

Äpfel > 3 Äpfel > 1 Apfel,

so ist auch folgende Aussage über Nutzendifferenzen möglich:

$$[u(5 \text{ Äpfel}) - u(3 \text{ Äpfel})] = [u(3 \text{ Äpfel}) - u(1 \text{ Apfel})],$$

was bedeutet, wenn die Gleichung durch ihre rechte Seite dividiert wird:

$$\frac{u(5 \text{ Äpfel}) - u(3 \text{ Äpfel})}{u(3 \text{ Äpfel}) - u(1 \text{ Apfel})} = 1.$$

Selbstverständlich kann ein Individuum auch zu folgender Aussage gelangen:

$$[u(5 \text{ Äpfel}) - u(3 \text{ Äpfel})] > [u(3 \text{ Äpfel}) - u(1 \text{ Apfel})].$$

Das bedeutet, wenn die Ungleichung durch ihre rechte Seite dividiert wird:

$$\frac{u(5 \text{ Äpfel}) - u(3 \text{ Äpfel})}{u(3 \text{ Äpfel}) - u(1 \text{ Apfel})} > 1$$

(vgl. dazu das Beispiel auf S. 232).
Gilt dagegen:

$$[u(5 \text{ Äpfel}) - u(3 \text{ Äpfel})] < [u(3 \text{ Äpfel}) - u(1 \text{ Apfel})],$$

so folgt, wenn die Ungleichung durch ihre rechte Seite dividiert wird:

$$\frac{u(5 \text{ Äpfel}) - u(3 \text{ Äpfel})}{u(3 \text{ Äpfel}) - u(1 \text{ Apfel})} < 1 \text{ (und größer als Null).}$$

Verhältnisse von Nutzendifferenzen

Es gilt dann, wenn $x \succ y \succ z$:

$$\frac{u(x) - u(y)}{u(y) - u(z)} \lesseqgtr 1 \text{ (und größer als Null).}$$

Im Rahmen der Intervallskala sind demnach Aussagen über Verhältnisse von Nutzendifferenzen möglich (zur Bestimmung der Nutzenzahlen mit Hilfe des Prinzips der Mittenbildung vgl. S. 231).

Wie auch immer die Nutzenzuordnung konkret aussehen mag: der *Wert des Quotienten* von Nutzendifferenzen muß erhalten bleiben, um wirklich die wahrgenommenen Nutzenabstände in der Menge X auf die Menge der reellen Zahlen zu übertragen. Ähnlich wurde bei der ordinalen Messung vorgegangen. Die zahlenmäßige Nutzenzuordnung konnte beliebig sein, man war nur gehalten, die Rangordnung zwischen den Elementen nicht zu verändern. Die Gleichung im Beispiel:

$$\frac{u(5 \text{ Äpfel}) - u(3 \text{ Äpfel})}{u(3 \text{ Äpfel}) - u(1 \text{ Apfel})} = 1$$

ist nun erfüllt, wenn willkürlich u(1 Apfel) = 1 und u(3 Äpfel) = 3 gesetzt wird, denn jetzt muß u(5 Äpfel) = 5 sein:

$$\frac{5-3}{3-1} = 1.$$

Der Wert des Quotienten ist desweiteren aufrecht zu erhalten, wenn man zu jedem Wert willkürlich 5 multipliziert und eine willkürliche Konstante 80 addiert. Das Verhältnis der Nutzendifferenzen mit:

$$\frac{105-95}{95-85} = 1$$

ist unverändert. Daraus sehen wir, daß eine Transformation f zugrundelag mit:

$$f(u) = 5 \cdot u + 80.$$

Eine solche Transformation f wird als *positive lineare Transformation* bezeichnet:

Positive lineare Transformation

(2) $f(u) = a \cdot u + b$
$a > 0$, b ist beliebig.

Der Zahlenwert des Quotienten, z.B. 3, besagt dann, daß die Nutzenveränderung (der Grenznutzen) bei einer Veränderung von x nach y 3 mal soviel beträgt wie die Nutzenveränderung von y nach z.

Wer eine Nutzenordnung einer positiven linearen Transformation unterwirft, verändert in keiner Weise die zugrundeliegende Rangordnung der Elemente und die erkannten Nutzendifferenzen (Schneeweiß 1963, S. 185). Da solche Transformationen nur den Nullpunkt und die Maßeinheit der Skala verändern – wie (2) zeigt –, kann man auch sagen, daß eine Nutzenmessung mit der Intervallskala *eindeutig* ist bis auf die Angabe des Nullpunktes und der Maßeinheit. Andere Intervallskalen, die wir aus dem täglichen Leben kennen, sind mit den Temperaturskalen gegeben. So kann man Temperaturgrade von Fahrenheit in Celsius umrechnen, wenn man eine geeignete lineare Transformation verwendet.

Die kardinale Nutzenmessung in der Form einer Intervallskala ist dann, wenn stetige und differenzierbare Nutzenfunktionen vorliegen, durch weitere Axiome gekennzeichnet, die vom inhaltlichen Standpunkt aus gesehen »unschuldig« sind. Aus diesem Grunde soll auf eine Wiedergabe verzichtet werden. Soll dagegen eine noch stärkere kardinale Nutzenmessung gefordert sein, so ist der Übergang zu einer *Verhältnisskala* geboten.

Verhältnisskala des Nutzens

Zusätzlich zu den bisherigen Eigenschaften der Menge X soll nun auch zahlenmäßig das *Verhältnis zwischen Nutzengrößen* erfaßt werden. Zur Erinnerung sei darauf hingewiesen, daß bei der Intervallskala das Verhältnis von Nutzen*differenzen* ausgedrückt wurde, während jetzt Verhältnisse von *Nutzen selbst* im Mittelpunkt stehen. Das führt etwa zu Aussagen wie:

Beispiel

$$\frac{u(5 \text{ Äpfel})}{u(3 \text{ Äpfel})} = \frac{5}{3}$$

wenn $u(5 \text{ Äpfel}) = 5$,
$u(3 \text{ Äpfel}) = 3$.

Auch bei der Verhältnisskala ist die Nutzenzuordnung in gewisser Weise willkürlich. Alle Nutzenzuordnungen sind erlaubt, sofern nur der Wert des Quotienten der Nutzengrößen sich nicht verändert. Transformationen, die diese Bedingung erfüllen, sind sog. *multiplikative Transformationen.* Sie lassen eine *Multiplikation* der beiden Größen mit einer beliebigen Konstanten zu, etwa mit 200. Es gilt dann:

$$\frac{1000}{600} = \frac{5}{3}.$$

Multiplikative Transformation

Bei Verhältnisskalen sind also Transformationen f zulässig,

$$(3) \quad f(u) = a \cdot u, \quad a > 0.$$

(3) zeigt auch: Eindeutig festgelegt ist nur der Nullpunkt, während die Wahl einer Maßeinheit willkürlich bleibt. Wird für eine Nutzenmessung eine Verhältnisskala gewählt, so kann als Nullpunkt etwa der status quo gelten, dem man dann den Nutzen 0 gibt. Er wird als »natürlicher« Nutzennullpunkt eingeführt (Gäfgen 1974, S. 159). Andere verhältnisskalierte Maße sind beispielsweise Gewichts- und Längenmaße. Auch bei ihnen ist ein »natürlicher« Nullpunkt relativ leicht plausibel zu machen (zur Anwendung der Verhältnisskala vgl. S. 285 f.).

Ausgehend von der Intervallskala hat uns der Wunsch nach einer stärkeren kardinalen Messung zur Verhältnisskala geführt. Alternativ dazu ist auch eine *Differenzskala* möglich, die ebenfalls eine stärkere Kardinalität ausdrückt.

Differenzskala des Nutzens

In diesem Fall ist zusätzlich zu den Eigenschaften der Intervallskala auch eine präzise Angabe über die *Differenz* zwischen den Nutzengrößen möglich. Wiederum zur Erinnerung sei darauf hingewiesen, daß bei Intervallskalen

Paare von Nutzendifferenzen untersucht werden. Bei Differenzskalen geht es um *einzelne Nutzendifferenzen selbst.* Möglich sind Aussagen wie:

u(5 Äpfel) − u(3 Äpfel) = 2,

Beispiel

wenn u(5 Äpfel) = 5,
u(3 Äpfel) = 3.

Die Differenzskala ist eindeutig bis auf *additive Transformationen* f der Form:

Additive Transformation

(4) f(u) = u + b.

Wird b rein willkürlich mit 20 festgelegt, gilt im Beispiel:

25 − 23 = 2.

Es sind also Differenzen eindeutig festgelegt, während sich der Nullpunkt verschieben kann. Die letzte Steigerung einer kardinalen Skala ist in der absoluten Skala erreicht.

Absolute Skala

Alle Nutzenzuordnungen sind *eindeutig* festgelegt. »Eine absolute Skala ist also überhaupt nicht mehr transformierbar und völlig eindeutig« (Gäfgen 1974, S. 164). Es gilt etwa:

u(1 Apfel) = 1.

Eine absolute Skala wird ggf. bei der Entscheidungstheorie mit mehreren, vor allem nicht–monetären Zielen, benötigt (vgl. Gäfgen 1974, S. 452 ff.). Zusammenfassend gilt Abb. 127, in die zusätzlich eine vierte Spalte aufgenommen ist. Diese Spalte informiert über einen Einsatz der jeweiligen Nutzenkonzeption in relevanten wirtschaftswissenschaftlichen Theorien (vgl. dazu in ähnlicher Weise Gäfgen 1974, S. 419).

2.2.2 Nutzengrößen, zu deren Messung Wahrscheinlichkeiten verwendet werden

Wenn der Nutzen mit Hilfe von Wahrscheinlichkeiten gemessen werden soll, so entsteht ein »Risikonutzen«, der es erlaubt, verschiedene Einstellungen zum Risiko auszudrücken. Die *Theorie des Risikonutzens* hat ihren systematischen Anfangspunkt in den Untersuchungen von J. von Neumann und O. Morgenstern (1967), wenngleich sich bereits bei D. Bernoulli Ausführun-

Theorie des Risikonutzens

Art der Skala	Form der Präferenzäußerung	Erlaubte Transformation f, um Nutzen ineinander zu überführen	Sinnvoller Einsatz in der Entscheidungstheorie
1. Nominalskala	qualitative Klassenbildung, z. B. Ereignisklassen gleichen Nutzens	nicht sinnvoll	–
2. Ordinalskala	Rangordnungen (Qualitative Klassenbildung ohnehin)	streng monoton steigend mit $f(u_1) > f(u_2)$, wenn $u_1 > u_2$	Individuelle Entscheidungstheorie unter Sicherheit bzw. Unsicherheit, besonders klassische Mikroökonomie
3. Kardinalskala			
a. Intervallskala	Verhältnisse von Nutzendifferenzen (Qualitative Klassenbildung und Rangordnungen ohnehin)	**positiv linear steigend: mit $f(u) = a \cdot u + b$, $a > O$, b ist beliebig**	– Individuelle Entscheidungstheorie unter Unsicherheit – Individuelle Entscheidungstheorie unter Risiko unter Verwendung der Risikonutzentheorie
b. Verhältnisskala	**Verhältnisse von Nutzen (Qualitative Klassenbildung, Rangordnungen und Verhältnisse von Nutzendifferenzen ohnehin)**	**mulitplikativ: $f(u) = a \cdot u$, $a > O$**	– Individuelle Entscheidungstheorie mit mehreren, vor allem nicht-monetären Zielen
c. Differenzskala	**Nutzendifferenzen (Qualitative Klassenbildung, Rangordnungen und Verhältnisse von Nutzendifferenzen ohnehin)**	additiv: $f(u) = u + b$	– Kollektive Entscheidungstheorie mit Zielen mehrerer Individuen (Theorie der Sozialwahlfunktionen)
d. Absolute Skala	einzelne Nutzenzahlen (Qualitative Klassenbildung, Rangordnungen, Verhältnisse v. Nutzendifferenzen, Verhältnisse v. Nutzen u. Nutzendifferenzen ohnehin)	keine: $f(u) = u$	

Abb. 127: Verschiedene Meß- bzw. Skalenniveaus des Nutzens

gen zu den angesprochenen Problemen finden (vgl. dazu etwa Bitz 1980d, S. 16f.). Zu Ehren dieser Forscher heißt die Risikonutzentheorie Neumann-Morgenstern-Nutzentheorie bzw. Bernoulli-Nutzentheorie. Statt des Risikonutzens spricht man deshalb auch vom Neumann-Morgenstern-Nutzen bzw. Bernoulli-Nutzen.

Im folgenden soll gleich in die *axiomatische Fundierung* der Risikonutzentheorie eingeführt werden, was allerdings nicht abstrakt, sondern an einem Beispiel geschieht. Obgleich in der Literatur zahlreiche Axiomensysteme des Risikonutzens vorliegen, wollen wir über weite Strecken das von *Kassouf* verwendete System benutzen (Kassouf 1970, S. 31ff., vgl. dazu in ähnlicher Weise auch Laux 1976a, S. 125ff. und Schneeweiß 1967, S. 73ff.), das von 4 Axiomen ausgeht. Anhand des Axiomensystems und weitgehend beispielhaft mit Verwendung diskreter Wahrscheinlichkeitsverteilungen soll der Risikonutzen entwickelt werden. Zu den Axiomen selbst ist zu bemerken, daß in ihnen Präferenzen *von Aktionen* erfaßt werden. Diese bilden sich indirekt anhand der Präferenzen *von Ergebnissen*, worauf früher schon hingewiesen wurde und was selbstverständlich auch für den Risikonutzen gilt (vgl. S. 53). Trotzdem wird die Darstellung bevorzugt, die von Aktionen ausgeht, um eine elegantere Entwicklung des Risikonutzens skizzieren zu können. Ergebnisse sollen im weiteren positiv einzuschätzende monetäre Größen sein, z.B. Gewinne *oder* Deckungsbeiträge usw. Wir gehen der Einfachheit halber von Gewinnen aus.

2.2.2.1 Axiome des Risikonutzens

Axiom 1 (Ordnungsaxiom)
Für drei beliebige Aktionen a_1, a_2 und a_3, gilt:

(a) $a_1 \gtrsim a_2$ oder $a_2 \gtrsim a_1$,
(b) $a_1 \gtrsim a_2$ und $a_2 \gtrsim a_3$, dann auch $a_1 \gtrsim a_3$,
(c) $a_1 \gtrsim a_1$.

Ordinales Prinzip

Da alle drei Teile (a), (b) und (c) des Axioms auch für den ordinalen Nutzen gelten, wird das Axiom gelegentlich auch als *ordinales Prinzip* bezeichnet.

Liegt mit a_1 eine Aktion bei Risiko vor (›risikobehaftete Aktion‹), so gilt für diese Aktion und ihre Ergebnisverteilung:

$$a_1 \triangleq ((p_1,e_1),(p_2,e_2),\ldots,(p_n,e_n)).$$

Die Ergebnisverteilung enthält *Paare* von DM-Ergebnisgrößen und dazugehörigen Wahrscheinlichkeiten. Die DM-Größen sind dabei nach abnehmender Größe angeordnet. e_1 entspricht dem höchsten, e_n dem niedrigsten Betrag.

Axiom 2 (Stetigkeitsaxiom)

Beispiel

Angenommen, wir verwenden die bereits eingeführte risikobehaftete Aktion a_1 und geben konkrete DM-Beträge an, so gilt etwa:

$$a_1 \triangleq ((p_1, 100\ DM), (p_2, 99\ DM), \ldots, (p_n, 1\ DM)).$$

Es sind die Risikonutzen für die einzelnen DM-Beträge und damit letztlich auch für a_1 zu ermitteln. Dazu bedienen wir uns eines methodischen ›Tricks‹: Jeder Geldbetrag wird zunächst *hypothetisch* als eine sichere Größe aufgefaßt, die man aufgrund einer *sicheren Aktion* (›Aktion bei Sicherheit‹) erzielt. Es gibt insgesamt 100 sichere Aktionen, da 100 Ergebnisgrößen vorhanden sind:

$$a_1^* \triangleq ((1, 100\ DM), (0, 99\ DM), \ldots, (0, 1\ DM)).$$

»Entartete« Ergebnisverteilungen

(Sichere Aktionen und dazu passende, »entartete« Ergebnisverteilungen sind im weiteren immer mit einem hochgestellten Sternchen gekennzeichnet).

Es gilt weiter:

$$\begin{aligned} a_2^* \quad &\triangleq ((0, 100\ DM), (1, 99\ DM), \ldots, (0, 1\ DM)), \\ &\;\vdots \\ a_{100}^* \quad &\triangleq ((0, 100\ DM), (0, 99\ DM), \ldots, (1, 1\ DM)). \end{aligned}$$

Entsprechend dem Axiom 1 können die sicheren Aktionen in einer Präferenzreihenfolge angeordnet werden. Dabei soll a_1^* die am meisten geschätzte Aktion, a_2^* die an zweiter Stelle stehende Aktion und a_{100}^* die am wenigsten geschätzte Aktion sein. Es gilt:

$$a_1^* \succ a_2^* \succ \ldots \succ a_{100}^*$$

oder was das gleiche ist:

$$e_1 \succ e_2 \succ \ldots \succ e_{100}.$$

Jetzt bekommt der am höchsten eingeschätzte Wert, also 100 DM, willkürlich den Nutzen 1 und der am niedrigsten eingeschätzte Wert, also 1 DM, ebenso willkürlich den Nutzen 0 zugeordnet. Das erleichtert unsere Vorgehensweise und hat keinerlei unerwünschte Konsequenzen. Wir werden darauf auch noch später zurückkommen. Im weiteren müssen die *zwischen* den beiden Geldbeträgen liegenden Größen bewertet (gemessen) werden.

Beispiel: Nutzenmessung einer Ergebnisgröße von 25 DM

Definition eines Loses

Soll nun gerade der Risikonutzen von 25 DM ermittelt werden, so wird einem Entscheidungsträger *hypothetisch* in einer Meßsituation ein Los angeboten. Dieses Los verspricht einen Gewinn von 100 DM mit einer bestimmten Wahrscheinlichkeit w und einen Gewinn von 1 DM mit der Gegenwahrscheinlichkeit $1-w$. Um das Los zu bilden, ist also der jeweils *höchste* bzw. *niedrigste* Wert des Ausgangsbeispiels genommen. Der Entscheidungsträger hat nun anzugeben, bei welcher Wahrscheinlichkeit er zwischen der sicheren Aktion a^*_{76} und dem Los *indifferent* ist*. Das Los soll als risikobehaftete Aktion a_w bezeichnet werden. Kassouf (1970, S. 31) spricht von der Aktion a_w als *einfacher gemischter Aktion*.

Einfache gemischte Aktion

Die beiden Aktionen a^*_{76} und a_w können auch graphisch in Abb. 128 dargestellt werden (vgl. dazu Bamberg–Coenenberg 1977, S. 68).

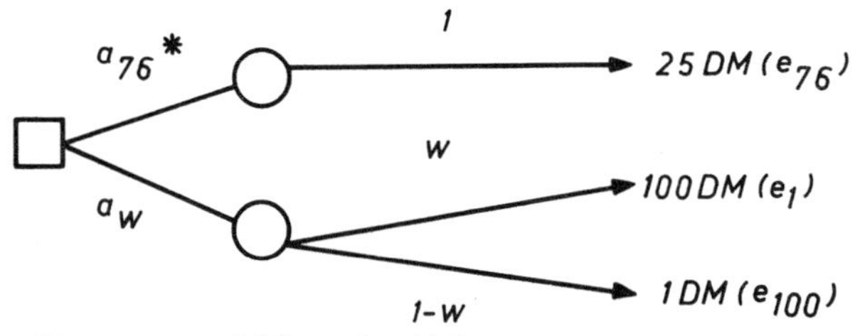

Abb. 128: Vergleich zweier Aktionen

Die Aktion a^*_{76} führt mit Sicherheit zu 25 DM. Die Aktion a_w führt zu 100 DM mit der Wahrscheinlichkeit w und zu 1 DM mit der Wahrscheinlichkeit $(1-w)$. Die Frage lautet: Bei welcher Wahrscheinlichkeit w wird die Aktion a^*_{76} als indifferent mit der Aktion a_w empfunden?
Gilt etwa $w = 0{,}01$, so ist das Los:

$$a_{0,01} \triangleq ((0{,}01,\ 100),\ (0{,}99,\ 1)).$$

Der DM-Betrag von 100 DM kann mit einer Wahrscheinlichkeit von 0,01 gewonnen werden und 1 DM mit einer Wahrscheinlichkeit von 0,99. Für die meisten Individuen gilt in einem solchen Falle, daß sie den sicheren Gewinn von 25 DM gegenüber dem Los bevorzugen:

$$a^*_{76} \succ a_{0,01}.$$

Das bedeutet, daß die meisten einen sicheren Betrag in Höhe von 25 DM einem Los vorziehen, bei dem man nur eine sehr geringe Chance hat, 100 DM zu gewinnen, allerdings fast sicher 1 DM bekommt. Ist dagegen $w = 0{,}99$, so trifft wohl für die meisten zu, daß:

$$a_{0,99} \succ a^*_{76}.$$

* Bei den Wahrscheinlichkeiten w handelt es sich um Wahrscheinlichkeiten im Rahmen einer Meßsituation zur Messung des Risikonutzens. Die Wahrscheinlichkeiten p entsprechen dagegen den Ereigniswahrscheinlichkeiten.

Dazwischen gibt es nun immer eine Wahrscheinlichkeit, bei der ein Entscheidungsträger indifferent zwischen beiden Aktionen ist:

$a^*_{76} \sim a_w$.

Das hängt davon ab, wie hoch die Wahrscheinlichkeit w ist bzw. wie das Los konkret aussieht. Jeder Entscheidungsträger wird sich dabei wohl für eine andere Wahrscheinlichkeit entscheiden, die ihm eine indifferente Einstellung zwischen den beiden Aktionen ermöglicht. Die individuell festgelegte Wahrscheinlichkeit w in einer solchen *hypothetischen Entscheidungssituation*, wie der Vorgang der Nutzenbestimmung auch genannt wird, ist deshalb höchst pedantisch von den Wahrscheinlichkeiten zu unterscheiden, die wir bereits aus dem Grundmodell und aus Modellen unter Risiko kennen. Im vorliegenden Falle sprechen wir von *Indifferenzwahrscheinlichkeiten* (vgl. dazu etwa Laux 1976a, S. 126). Diese kommen immer aufgrund eines subjektiven Präferenzurteils zustande und werden in einer hypothetischen Entscheidungssituation *entwickelt*, während die Wahrscheinlichkeiten aus einer Wahrscheinlichkeitsmatrix oder Wahrscheinlichkeitszeile als *Ereigniswahrscheinlichkeiten* aufzufassen sind. In a_w befinden sich also Indifferenzwahrscheinlichkeiten, während in a_1 Ereigniswahrscheinlichkeiten vorliegen.

Hypothetische Entscheidungssituation

Indifferenzwahrscheinlichkeiten

Ereigniswahrscheinlichkeiten

Wir nehmen im weiteren an, daß als Indifferenzwahrscheinlichkeit w = 0,3 ausgewählt wird und

$a^*_{76} \sim a_{0,3}$

Beispiel einer einfachen gemischten Aktion

gilt. Das bedeutet, daß eine Indifferenz besteht zwischen einem sicheren Gewinn von 25 DM und einem Los, das 100 DM mit w = 0,3 und 1 DM mit 1 – w = 0,7 verspricht:

$a^*_{76} \sim ((0{,}3,\ 100),\ (0{,}7,\ 1))$.

Eine wesentliche Erkenntnis des Risikonutzens ist es, daß Aktionen entsprechend ihrem Erwartungswert des Nutzens geordnet werden. Das wird zwar erst in Axiom 3 und Axiom 4 erläutert, soll aber jetzt schon benützt werden, um die Argumentation einfacher zu gestalten (zu einer abstrakten Vorgehensweise vgl. Kassouf 1970, S. 32). Danach ist der Erwartungswert des Nutzens der Aktion a^*_{76}

$1 \cdot u(25)$

und der Erwartungswert des Nutzens der Aktion $a_{0,3}$

$0{,}3 \cdot u(100) + 0{,}7 \cdot u(1)$

bzw. wenn wir die eingangs getroffene Konvention verwenden:

$0{,}3 \cdot 1 + 0{,}7 \cdot 0$.

Wegen der Indifferenz gilt nun:

$$1 \cdot u(25) = 0{,}3 \cdot 1 + 0{,}7 \cdot 0,$$
$$u(25) = 0{,}3$$
oder
$$u(a^*_{76}) = 0{,}3.$$

Der Nutzen von 25 DM entspricht also gerade der Indifferenzwahrscheinlichkeit $w = 0{,}3$. Nach diesem Vorgehen können wir *sämtliche* restlichen monetären Ergebnisgrößen der beispielhaft eingeführten Aktion a_1 bewerten. Das Instrument der hypothetischen Entscheidungssituation gestattet also die Nutzenermittlung auf eine relativ einfache Weise. Die Indifferenzwahrscheinlichkeit w ist dabei der Nutzen der jeweils zu messenden monetären Ergebnisgröße.

Erste Verallgemeinerung: Nutzenmessung aller Ergebnisgrößen, die zu einer beliebigen risikobehafteten Aktion gehören

Dazu gehen wir von der allgemeinen Schreibweise einer beliebigen Aktion a_1 aus:

$$a_1 \triangleq ((p_1,e_1), (p_2,e_2), \ldots, (p_n,e_n)),$$

wobei die Ergebnisgrößen wiederum nach abnehmender Größe angeordnet sind. e_1 entspricht dabei dem höchsten, e_n dem niedrigsten DM-Betrag. Es soll der Risikonutzen der Elemente e_1 bis e_n ermittelt werden. Für die Zwecke der Nutzenmessung interpretieren wir die Ergebnisgrößen als sichere Größen, so daß insgesamt n sichere Aktionen a^*_j mit $j = 1,\ldots,n$ vorliegen, die zu den sicheren Gewinnen führen:

$$a^*_1 \triangleq ((1, e_1), (0, e_2), \quad \ldots, (0, e_n))$$

$$a^*_2 \triangleq ((0, e_1), (1, e_2), \quad \ldots, (0,e_n))$$

$$\vdots$$

$$a^*_j \triangleq ((0, e_1), (0, e_2), \ldots, (1,e_j), \ldots, (0, e_n))$$

$$\vdots$$

$$a^*_n \triangleq ((0, e_1), (0, e_2), \quad \ldots, (0, e_n)).$$

Der am höchsten eingeschätzte DM-Betrag, also e_1, soll als $\bar{e}$ symbolisiert werden. $\bar{e}$ bekommt den Nutzen 1. Der am niedrigsten eingeschätzte DM-Betrag, also e_n, soll als $\bar{\bar{e}}$ bezeichnet werden. $\bar{\bar{e}}$ erhält den Nutzen 0. Die zu $\bar{e}$ gehörende Aktion kann entsprechend als $\bar{a}$ und die zu $\bar{\bar{e}}$ gehörende Aktion als $\bar{\bar{a}}$ eingeführt werden. Im weiteren sind die zwischen $\bar{e}$ und $\bar{\bar{e}}$ liegenden Geldbeträge bzw. die zwischen $\bar{a}$ und $\bar{\bar{a}}$ liegenden Aktionen zu bewerten (zu messen). Dazu wird das Hilfsmittel der hypothetischen Entscheidungssituation verwendet.

Jede zwischen $\bar{a}$ und $\bar{\bar{a}}$ liegende Aktion a_j^* ist indifferent zu einer einfachen gemischten Aktion a_{wj}, die nur die Elemente $\bar{e}$ und $\bar{\bar{e}}$ enthält. Für ein solches a_j^* gilt:

$$a_j^* \triangleq ((0, \bar{e}), (0, e_2), \ldots, (1, e_j), \ldots, (0, \bar{\bar{e}}))$$

bzw.

$$a_j^* \triangleq (1, e_j).$$

Für a_{wj} gilt:

$$a_{wj} \triangleq ((w_j, \bar{e}), (1 - w_j, \bar{\bar{e}})).$$

a_{wj} ist ein Los, das mit einer Wahrscheinlichkeit w_j den Betrag $\bar{e}$ und mit der Gegenwahrscheinlichkeit $\bar{\bar{e}}$ verspricht. Es gibt also immer eine Wahrscheinlichkeit w_j, so daß:

$$a_j^* \sim a_{wj}$$

oder

$$e_j \sim ((w_j, \bar{e}), (1 - w_j, \bar{\bar{e}})).$$

Die hypothetische Entscheidungssituation kann wiederum graphisch in Abb. 129 dargestellt werden.

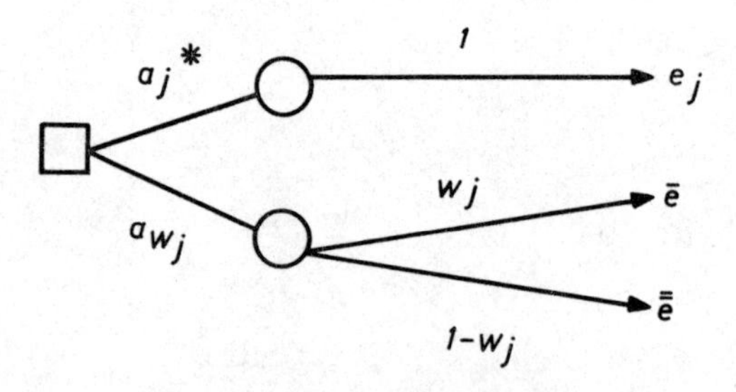

Abb. 129: Vergleich zweier Aktionen (Hypothetische Entscheidungssituation)

Da der Erwartungswert des Nutzens verwendet wird, folgt aus der Indifferenzrelation:

$$(1) \quad 1 \cdot u(e_j) = w_j \cdot u(\bar{e}) + (1-w_j) \cdot u(\bar{\bar{e}}).$$

Aus (1) folgt wegen der Konvention $u(\bar{e}) = 1$ und $u(\bar{\bar{e}}) = 0$:

$$1 \cdot u(e_j) = w_j \cdot 1 + (1-w_j) \cdot 0$$

und

$$u(e_j) = w_j.$$

Da $w_j \equiv w(e_j)$, kann weiter geschrieben werden:

$$u(e_j) = w(e_j).$$

In der letzten Schreibweise wird zum Ausdruck gebracht, daß sowohl der Nutzen als auch die Indifferenzwahrscheinlichkeit von e_j abhängt und sich bei einer Variation von e_j verändert. Noch kürzer kann geschrieben werden:

$$u_j = w_j.$$

Entsprechend der Konvention gilt für die zwischen $\bar{e}$ und $\bar{\bar{e}}$ liegenden Aktionen e_j:

$$\bar{e} > e_j > \bar{\bar{e}}.$$

Ebenso gilt für die Aktionen:

$$\bar{a} > a_j^* > \bar{\bar{a}}.$$

Da auch für die zwischen $u(\bar{e})$ und $u(\bar{\bar{e}})$ liegenden Nutzenwerte $u(e_j)$ gilt

$$u(\bar{e}) > u(e_j) > u(\bar{\bar{e}})$$

sowie

$$u(\bar{e}) = 1$$

und

$$u(\bar{\bar{e}}) = 0,$$

folgt

$$1 > u(e_j) > 0.$$

(Zu anderen Beziehungstypen vgl. Bamberg–Coenenberg 1977, S. 69f. und Schneeweiß 1967, S. 68f.)

Die gefundene Indifferenzwahrscheinlichkeit ist also der Nutzen. In dem Nutzen zeigt sich die Risikoeinstellung, was im Konzept der hypothetischen Entscheidungssituation deutlich wird. Er ist deshalb ein *Risikonutzen* (zu den verschiedenen Einstellungen dem Risiko gegenüber vgl. S. 170ff.). Da $u_j = w_j$, kann man die Indifferenzwahrscheinlichkeit gleich als Nutzen bezeichnen. Diese Schreibweise soll in Axiom 3 und 4 benützt werden, um den Gehalt der Axiome verdeutlichen zu können (vgl. S. 255ff.).

Indifferenzgleichung

Im übrigen wird anhand der *Indifferenzgleichung* (1) klar, warum Normierungen überhaupt notwendig sind. Ohne Normierung ist die Gleichung nicht aufzulösen, da die Gleichung 3 Unbekannte besitzt, nämlich $u(e_j)$, $u(\bar{e})$ und $u(\bar{\bar{e}})$, wenn wir voraussetzen, daß die Indifferenzwahrscheinlichkeit bereits festliegt. Wie die Normierung letztlich getroffen wird, ist unerheblich. Nur erleichtert die vorgeschlagene Normierung die Vorgehensweise. Auf jeden Fall ist wegen des Normierungszwanges der Risikonutzen nur *eindeutig* bis auf 2 vorgegebene Werte. Allgemein gilt, daß der Risikonutzen eindeutig ist, bis auf die Angabe des Nutzennullpunktes und der Nutzendifferenz. Der Risikonutzen ist ein *kardinaler* Nutzen, der auf einer *Intervallskala* gemessen wird. Er ist eindeutig bis auf eine positive lineare Transformation (vgl. S. 243). Um dies zeigen zu können, ist die Indifferenzgleichung (1) in eine Aussage über *Verhältnisse von Differenzen* umzuformen.

Zweite Verallgemeinerung: Nutzenmessung von Ergebnisgrößen, die zu mehreren risikobehafteten Aktionen gehören

Gewöhnlich gehen wir bei Entscheidungen unter Risiko von einer Ergebnismatrix aus, die mehrere risikobehaftete Aktionen enthält, während bislang der Einfachheit halber nur eine risikobehaftete Aktion behandelt wurde. An der bislang skizzierten Vorgehensweise ändert sich allerdings *nichts Wesentliches.* Es kann nur nicht mehr angenommen werden, daß sich der am höchsten bewertete Wert ($\bar{e}$) und der am niedrigsten bewertete Wert ($\bar{\bar{e}}$) bei den Konsequenzen *einer* Aktion befinden. Sie können irgendwo in der Ergebnismatrix vorkommen. Wichtig ist dabei weiterhin, daß alle restlichen Ergebnisse e_{ij} in folgender Reihenfolgenbeziehung stehen:

$$\bar{e} \succ e_{ij} \succ \bar{\bar{e}}.$$

Diese e_{ij}-Werte sind mit Hilfe der bereits skizzierten hypothetischen Entscheidungssituation in Nutzengrößen u_{ij} zu überführen. Es gibt so viele hypothetische Entscheidungssituationen, wie es e_{ij}-Werte gibt, die zwischen $\bar{e}$ und $\bar{\bar{e}}$ liegen. Das wird an einem Beispiel gezeigt, das bei der Diskussion des nächsten Axioms eingeführt wird.

Abschließend ist zu bemerken, daß der methodische »Trick«, der hinter dem Axiom 2 steht, in der Verwendung von hypothetischen Entscheidungssituationen zu sehen ist. Mit ihnen wird das komplexe Bewertungsproblem in einfache Entscheidungssituationen zerlegt. Dabei wird dem Entscheidungsträger ein außerordentlich feines Unterscheidungsvermögen abverlangt, um die Indifferenzwahrscheinlichkeiten genau zu erkennen.

Um auf eine einfache Weise zu einer Gesamtbewertung der Aktionen zu gelangen, wird Axiom 3 benötigt.

Axiom 3 (Unabhängigkeits- oder Substitutionsaxiom)

Wenn im weiteren von einer Ergebnismatrix ausgegangen werden soll, so gilt für die erste Aktion, wenn handlungsunabhängige Wahrscheinlichkeiten vorliegen:

$$a_1 \triangleq ((p_1,e_{11}), (p_2,e_{12}), \ldots, (p_n,e_{1n})).$$

Das Axiom besagt nun, daß *jede* Ergebnisgröße durch eine einfache Wahrscheinlichkeitsverteilung ersetzt werden kann, die nur die Elemente $\bar{e}$ und $\bar{\bar{e}}$ enthält. Derartige Wahrscheinlichkeitsverteilungen widerspiegeln das Ergebnis von hypothetischen Entscheidungssituationen, so daß auf diese Weise die entsprechenden Nutzengrößen festgelegt sind. Es gilt dann*:

$$a_1 \triangleq \{p_1[(u_{11},\bar{e}),(1-u_{11},\bar{\bar{e}})],p_2[(u_{12},\bar{e}),(1-u_{12},\bar{\bar{e}})],\ldots,$$
$$p_n[(u_{1n},\bar{e}),(1-u_{1n},\bar{\bar{e}})]\}.$$

Zusammengesetzte gemischte Aktion

Die eckigen Klammern enthalten die Resultate der hypothetischen Entscheidungssituationen und ersetzen die jeweilige Ergebnisgröße**. Kassouf (1970, S. 33) bezeichnet eine derartige Aktion als *zusammengesetzte gemischte Aktion.*

Unabhängigkeit der Ergebnisgrößen

Die Bewertung der einzelnen Ergebnisgrößen ist dabei *unabhängig*

- von allen anderen Ergebnisgrößen und
- von der Höhe der den Ergebnisgrößen zugeordneten *Ereigniswahrscheinlichkeiten* (vgl. zum letzten Punkt etwa Drucarczyk 1975, S. 98, 114 f.),

so daß die Bezeichnung des Axioms gerechtfertigt ist (das Unabhängigkeitsaxiom wird gelegentlich in zwei Teilaxiome zerlegt, vgl. dazu Laux 1976 a, S. 126 f.).

* Da gemäß der hypothetischen Entscheidungssituation die Indifferenzwahrscheinlichkeit mit dem Nutzen identisch ist, soll die Indifferenzwahrscheinlichkeit gleich als Nutzen bezeichnet werden, vgl. dazu den Hinweis auf S. 254.

** Sind $\bar{e}$ und $\bar{\bar{e}}$ Ergebnisgrößen der relevanten Aktion selbst, so ist ihr Nutzen bereits normiert und braucht nicht mehr über hypothetische Entscheidungssituationen ermittelt zu werden. Aus Gründen formaler Einheitlichkeit wird aber die angegebene Schreibweise beibehalten. Der Fall tritt bei der Aktion a_2 auf S. 257 f. ein.

Beispiel

Zur Verdeutlichung dient ein Beispiel mit Gewinngrößen, das in Abb. 130 erfaßt ist.

a_i \ s_j / p_j	s_1	s_2	s_3
	$p_1 = \frac{1}{4}$	$p_2 = \frac{1}{2}$	$p_3 = \frac{1}{4}$
a_1	10	40	80
a_2	100	1	20

Abb. 130: Ergebnismatrix unter Risiko

Ehe wir zeigen, welche Aktion als optimal zu bezeichnen ist, muß der Risikonutzen der Ergebnisse und Aktionen ermittelt werden. Dazu werden die bisherigen Axiome verwendet. Nach Axiom 1 kann man das günstigste Ergebnis der Matrix $\bar{e}$ und das ungünstigste Ergebnis $\bar{\bar{e}}$ herausfiltern. Der Konvention entsprechend ist $u(\bar{e}) = 1$ und $u(\bar{\bar{e}}) = 0$. Da $\bar{e} = 100$ und $\bar{\bar{e}} = 1$, folgt daraus, daß $u(100) = 1$ und $u(1) = 0$. Die Nutzenzahlen der restlichen vier Ergebnisgrößen liegen zwischen 1 und 0. Es wird zunächst a_1 betrachtet. Wir vermuten folgende Ergebnisse der drei hypothetischen Entscheidungssituationen:

$$10 \sim ((0{,}3,\ 100),\ (0{,}7,\ 1))$$
$$40 \sim ((0{,}7,\ 100),\ (0{,}3,\ 1))$$
$$80 \sim ((0{,}9,\ 100),\ (0{,}1,\ 1)).$$

Beispiel einer zusammengesetzten gemischten Aktion

Das führt zu einer zusammengesetzten gemischten Aktion:

$$a_1 \triangleq \{\tfrac{1}{4}[(0{,}3,\ 100),\ (0{,}7,\ 1)],\ \tfrac{1}{2}[(0{,}7,\ 100),\ (0{,}3,\ 1)],\ \tfrac{1}{4}[(0{,}9,\ 100),\ (0{,}1,\ 1)]\}.$$

Die Einsetzung zeigt, daß nur noch die günstigsten und ungünstigsten Ergebnisse enthalten sind. Mit einer Wahrscheinlichkeit von $\frac{1}{4}$ gilt ein Los, das mit einer Wahrscheinlichkeit von 0,3 zu 100 DM und mit einer Wahrscheinlichkeit von 0,7 zu 1 DM führt. Es wirken also zwei Zufallsmechanismen. Das sieht man auch an den anderen Elementen der zusammengesetzten gemischten Aktion. Graphisch hat diese Aktion das in Abb. 131 wiedergegebene Aussehen, was den zweistufigen Charakter des Zufallsmechanismus ausdrückt.

Die Zusammenfassung folgt nun einfachen Annahmen der Wahrscheinlichkeitsrechnung. Die Wahrscheinlichkeit, daß 100 DM eintritt, ist

(2) $\frac{1}{4} \cdot 0{,}3 + \frac{1}{2} \cdot 0{,}7 + \frac{1}{4} \cdot 0{,}9 = 0{,}65.$

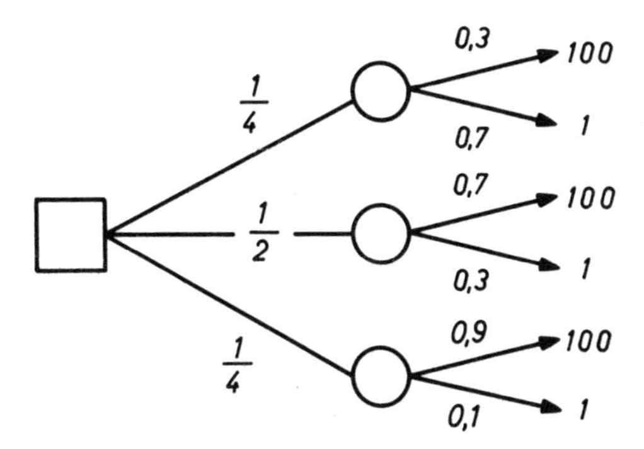

Abb. 131: Zweistufiger Wahrscheinlichkeitsmechanismus

Die Wahrscheinlichkeit, daß 1 DM gewonnen wird, ist

(3) $\frac{1}{4} \cdot 0{,}7 + \frac{1}{2} \cdot 0{,}3 + \frac{1}{4} \cdot 0{,}1 = 0{,}35.$

Die ursprüngliche zusammengesetzte gemischte Aktion ist äquivalent mit der reduzierten Aktion a_1:

$a_1 \triangleq ((0{,}65,\ 100),\ (0{,}35,\ 1)).$

Graphisch gilt jetzt die Abb. 132 a.

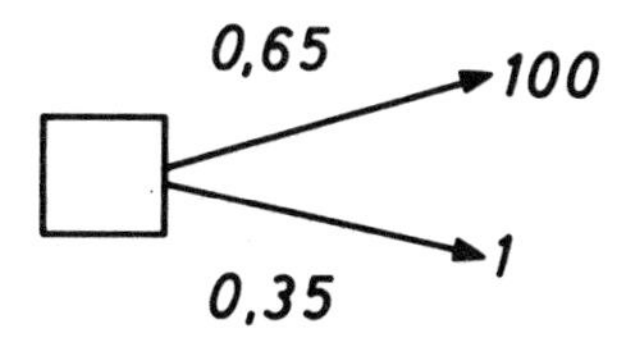

Abb. 132 a: Ergebnisse der Aktion a_1

Die Abb. 131 und 132 a zeigen dieselben Sachverhalte.

Auch a_2 ist in der beschriebenen Weise zu ersetzen. In der hypothetischen Entscheidungssituation möge ermittelt worden sein:

$20 \sim ((0{,}5,\ 100),\ (0{,}5,\ 1),$

Beispiel für eine zusammengesetzte gemischte Aktion

was zur zusammengesetzten gemischten Aktion führt:

$a_2 \triangleq \{\frac{1}{4}[(1, 100), (0, 1)], \frac{1}{2}[(0, 100), (1, 1)],$
$\frac{1}{4}[(0{,}5, 100), (0{,}5, 1)]\}.$

Für die Wahrscheinlichkeit, daß 100 DM eintritt, gilt:

(4) $\frac{1}{4} \cdot 1 + \frac{1}{2} \cdot 0 + \frac{1}{4} \cdot 0{,}5 = 0{,}375.$

Die Wahrscheinlichkeit, daß 1 DM gewonnen werden kann, ist:

(5) $\frac{1}{4} \cdot 0 + \frac{1}{2} \cdot 1 + \frac{1}{4} \cdot 0{,}5 = 0{,}625.$

Zusammengefaßt führt das zur reduzierten Aktion:

$a_2 \triangleq ((0{,}375, 100), (0{,}625, 1))$

mit der Darstellung in Abb. 132b.

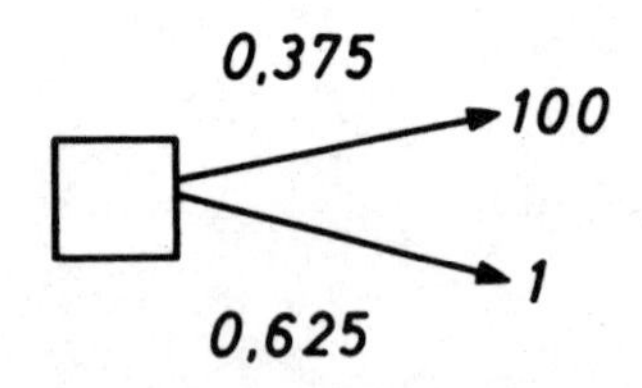

Abb. 132b: Ergebnisse der Aktion a_2

Der Vergleich beider Aktionen wird nun durch Axiom 4 ermöglicht.

Axiom 4 (Dominanzaxiom)
Die Aktion:

$a_1 \triangleq ((q_1, \bar{e}), ((1-q_1), \bar{\bar{e}}))$

wird der Aktion:

$a_2 \triangleq ((q_2, \bar{e}), ((1-q_2), \bar{\bar{e}}))$

vorgezogen, wenn $q_1 > q_2$ und $\bar{e} > \bar{\bar{e}}$.

Ermittlung des Nutzenerwartungswertes

Danach ist in unserem Beispiel $a_1 > a_2$, da $q_1 = 0{,}65$ und $q_2 = 0{,}375$; $\bar{e} = 100$ und $\bar{\bar{e}} = 1$. Auf diese Weise werden die Aktionen nach ihrem Erwartungswert bewertet. Denn 0,65 ist nichts anderes als der Erwartungswert des Nutzens der Aktion a_1; 0,375 ist nichts anderes als der Erwartungswert des Nutzens der Aktion a_2. Es gilt deshalb:

$q_1 = p_1 \cdot u_{11} + p_2 \cdot u_{12} + p_3 \cdot u_{13}.$

Der konkrete Wert für q_1 ist durch die Gleichung (2) gegeben. (2) zeigt, wie der Erwartungswert des Nutzens für die Aktion a_1 mit Hilfe des 3. Axioms zustande kam. Für q_2 ergibt sich:

$$q_2 = p_1 \cdot u_{21} + p_2 \cdot u_{22} + p_3 \cdot u_{23}.$$

Der konkrete Wert für q_2 wird über die Gleichung (4) ermittelt.

Das zunächst überraschende Ergebnis, daß q_1 der Erwartungswert des Nutzens für die Aktion a_1 und q_2 der Erwartungswert des Nutzens für die Aktion a_2 ist, kann anhand der Nutzenmatrix der Abb. 133 überprüft werden.

a_i \ s_j / p_j	s_1 $p_1 = \frac{1}{4}$	s_2 $p_2 = \frac{1}{2}$	s_3 $p_3 = \frac{1}{4}$	μ_i
a_1	0,3	0,7	0,9	0,65 ← a_{opt}
a_2	1	0	0,5	0,375

Abb. 133: Nutzenmatrix unter Risiko

Zusammenfassung der Axiome 3 und 4

Es gilt deshalb zusammenfassend:

1. Es wird eine Aktion mit der dazugehörigen Wahrscheinlichkeitsverteilung betrachtet, etwa die Aktion a_1:

   $$a_1 \triangleq ((p_1,e_{11}), (p_2,e_{12}),\ldots,(p_n,e_{1n})).$$

2. An die Stelle jeder Ergebnisgröße wird eine einfache Wahrscheinlichkeitsverteilung gesetzt, die aus einer hypothetischen Entscheidungssituation resultiert:

   $$a_1 \triangleq \{p_1 [(u_{11},\overline{e}),(1-u_{11},\overline{\overline{e}})], p_2 [(u_{12},\overline{e}),(1-u_{12},\overline{\overline{e}})], \ldots, p_n [(u_{1n},\overline{e}),(1-u_{1n},\overline{\overline{e}})]\}.$$

3. Anschließend werden die Wahrscheinlichkeiten zusammengefaßt, wobei automatisch eine Bewertung der gesamten Aktion nach der Maßzahl der mathematischen Erwartung entsteht:

   $$\mu(a_1) = p_1 \cdot u_{11} + p_2 \cdot u_{12} + \ldots + p_n \cdot u_{1n}.$$

   Es handelt sich um den erwarteten Nutzen (expected utility).

4. Eine Aktion ist dann optimal, wenn sie den maximalen Erwartungswert des Nutzens aufweist. Die der Risikonutzentheorie entsprechende allgemeine Zielfunktion, die auch Bernoulli-Prinzip genannt wird, lautet:

   $$(6) \quad a_{opt} = \max_i \left[\sum_{j=1}^{n} u(e_{ij}) \cdot p_j \right].$$

Aus der allgemeinen Zielfunktion wird eine konkrete Zielfunktion, wenn eine konkrete Nutzenfunktion festgelegt ist (Schneeweiß 1967, S. 64).

Ein wichtiges Resultat der axiomatischen Analyse des Risikonutzens ist darin zu sehen, daß es eine und nur eine zum Risikonutzen gehörende Zielfunktion gibt, eben den maximalen Erwartungsnutzen (vgl. dazu auch Schneeweiß 1967, S. 76). Wir werden weiter unten das Problem aufzeigen, ob die bereits auf S. 166 eingeführten Zielfunktionen *diesem* Prinzip entsprechen oder nicht. Die Bernoulli-Zielfunktion wird dabei als Referenzpunkt angesehen, an dem die bereits bekannten Zielfunktionen zu messen sind. Sie hat eine »Polarsternfunktion«, da sie eine axiomatische Fundierung des Risikonutzens »aus einem Guß« zu entwerfen gestattet.

2.2.2.2 Kritik an den Axiomen des Risikonutzens

Kritik an Axiom 1

Gegen sämtliche vier Axiome sind Einwände denkbar. Besonders die Forderung nach *Transitivität* (Axiom 1) erscheint bei der Indifferenzrelation ›~‹ als problematisch. Als Beispiel gelte etwa folgende »Weinprobe«: In einem Feinschmecker-Restaurant ist ein Gast indifferent zwischen einem Weißwein Silvaner Tuniberg Spätlese 1976 und einem Weißherbst Silvaner Oberrottweil Kabinett 1979: Tuni ~ Ober. Außerdem ist der Oberrottweiler indifferent mit einem weißen Württemberger Schwaigerner Kerner Qualitätswein 1975: Ober ~ Schwaigern. Leider gilt nun aber Tuni ≻ Schwaigern. Dahinter steckt eine Annahme, die davon ausgeht, daß schon Unterschiede zwischen »Tuni« und »Ober« bestehen, Tuni ≻ Ober. Allerdings ist der Unterschied so gering, daß er nicht wahrgenommen wird. Auch der Unterschied Ober ≻ Schwaigern liegt unter einer *Fühlbarkeitsschwelle* (zu dem Begriff vgl. Krelle 1968, S. 21 ff.). Erst wenn »Tuni« und »Schwaigern« verglichen werden, addieren sich quasi die Unterschiede und überschreiten in ihrer Summe die Fühlbarkeitsschwelle.

Kritik an Axiom 2

Auch das *Stetigkeitsaxiom* (Axiom 2) ist keine Selbstverständlichkeit. Jedermann wird wohl die Rangordnung aufstellen:

2 Pfennige ≻ 1 Pfennig ≻ Tod.

Aber kaum jemand wird bereit sein, einen Pfennig als gleichviel einschätzen wie ein Los, in dem 2 Pfennige zu gewinnen sind oder das Leben verloren werden kann, wie beliebig klein auch die Wahrscheinlichkeit für den Tod ist. Eine Indifferenzwahrscheinlichkeit w läßt sich in diesem Falle nicht finden (Schneeweiß 1967, S. 115, vgl. auch ein anderes Beispiel bei Bitz 1980 d, S. 53 f.).

Kritik an Axiom 3

In ähnlicher Weise ist das *Unabhängigkeits- bzw. Substitutionsaxiom* (Axiom 3) zu kritisieren. Für unseren Feinschmecker gelte etwa, daß er die

Kombination ›Wildschweinsteak und Rotwein‹ gegenüber ›Hummer und Rotwein‹ bevorzugt:

(W & R) > (H & R)

Schätzt er nun ein Glas Rotwein als gleich einem obergärigen bayerischen Weißbier, also R ~ B, so könnte sich allerdings die Relation *umkehren*:

(H & B) > (W & B),

was – entsprechend auf Wahrscheinlichkeitsverteilungen übertragen – dem Unabhängigkeits- bzw. Substitutionsaxiom widerspricht. Dahinter steckt die Annahme, daß sich aus dem Zusammenfügen zweier Faktoren ein anderes Ergebnis einstellen kann, als es eigentlich sein dürfte. Bitz spricht in diesem Zusammenhang von *Komplementaritätseffekten*, die aus der *Kombination* von Faktoren resultieren können (Bitz 1980d, S. 55f.). Solche Komplementaritätseffekte aber möchte das Axiom gerade ausschließen.

Spezielle Kritik an Axiom 3

Gelegentlich wird behauptet, das Unabhängigkeitsaxiom führe dazu, daß die Bernoulli-Nutzentheorie im Grunde nur eine risikoneutrale Einstellung auszudrücken vermöge. Dabei wird folgendermaßen argumentiert: Es wird darauf hingewiesen, daß nach dem Unabhängigkeitsaxiom die Nutzenwerte unabhängig von den Ereigniswahrscheinlichkeiten sind. Beispielsweise ist der Nutzen des Ereignisses e_{11}, das zu der Aktion a_1 gehört, unabhängig von der entsprechenden Ereigniswahrscheinlichkeit. Das aber zeige die neutrale Einstellung zum Risiko an. Die Bernoulli-Nutzentheorie sei demzufolge durch eine risikoneutrale Einstellung gekennzeichnet. Bislang sind wir allerdings davon ausgegangen, daß die Bernoulli-Nutzentheorie sowohl risikofreudige, risikoscheue als auch risikoneutrale Haltungen erfassen kann. Wie ist dieser Widerspruch aufzulösen?
In der Auseinandersetzung werden implizit zwei verschiedene Begriffe der Risikoneutralität verwendet. Es steht ohne Zweifel fest, daß in hypothetischen Entscheidungssituationen risikoneutrale Einstellungen gemessen werden können und zwar dann, wenn SÄ = μ *(Risikoneutralität I)**. Der Sachverhalt, daß das Unabhängigkeitsaxiom gilt, wird von manchen Autoren als Hinweis auf eine risikoneutrale Einstellung verstanden *(Risikoneutralität II)*. Risikoneutralität I ist natürlich in keiner Weise zwingend für die Bernoulli-Nutzentheorie, denn SÄ < μ bedeutet Risikoscheu, und SÄ > μ impliziert Risikofreude. Risikoneutralität II allerdings ist charakteristisch für die Ber-

* Vgl. dazu S. 172 und S. 263.

noulli-Nutzentheorie. Diese Risikoneutralität kann nur aufgegeben werden, wenn das Unabhängigkeitsaxiom suspendiert und die *isolierte* Bewertung von Ergebnissen zugunsten einer *»zusammengesetzten«* Bewertung verlassen wird. In einem solchen Falle kann auch die Streuung eine Rolle für die Bewertung von Aktionen bzw. Ergebnissen spielen. Krelle (1968, S. 148ff.) führt ein neues Streuungspräferenzaxiom ein. Damit ist natürlich die Bernoulli-Nutzentheorie verlassen.

(Zur Diskussion um den risikoneutralen Status der Bernoulli-Nutzentheorie vgl. Bitz–Rogusch 1976, S. 853ff., Coenenberg–Kleine–Döpke 1975, S. 663ff., Drukarcyk 1975, Hieronimus 1979, Jacob–Leber 1978, S. 978ff., Krelle 1976, S. 522f. und 1978, S. 490ff., Sieben–Schildbach 1980, S. 62)

Kritik an Axiom 4

Gegen das *Dominanzaxiom* (Axiom 4) schließlich ist das bekannte Bergsteigerbeispiel vorzubringen (vgl. Laux 1976a, S. 127, Schneeweiß 1967, S. 74). Ein Bergsteiger zieht das Leben (L) dem Tod (T) vor ($L > T$). Allerdings wird eine riskante Bergbesteigung $((p,L),(1-p,T))$ höher als das sichere Leben bewertet:

$$((p,L),(1-p,T)) > L.$$

Das aber widerspricht dem Dominanzaxiom, da L darstellbar ist als

$$((p^*,L),(1-p^*,T)), \text{ mit } p^* = 1.$$

Laux weist darauf hin, daß die Argumentation nicht stichhaltig ist. Man muß zwischen 2 Gestaltungsformen des Lebens unterscheiden, nämlich Leben bei erfolgreicher Bergbesteigung (L_1) und Leben unter Verzicht auf Bergbesteigung (L_2). Für unseren Bergsteiger gilt $L_1 > L_2 > T$. Im Falle der Bergbesteigung gilt nun $((p,L_1),(1-p,T) > L_2$, was nicht mehr im Widerspruch zu Axiom 4 steht.

Trotz aller bisher vorgebrachter Einwände soll mit der »herrschenden Mehrheit« im Bereich der Entscheidungstheorie an der Bernoulli-Nutzentheorie festgehalten werden, da es an einem Alternativ-Konzept fehlt, das es an *Geschlossenheit* mit der Bernoulli-Nutzentheorie aufnehmen könnte (vgl. dazu Hax 1974, S. 61).

2.2.2.3 Verschiedene Risikoeinstellungen

Begriff des Sicherheitsäquivalents

Es wurde schon darauf hingewiesen, daß die Wahl der Indifferenzwahrscheinlichkeit im Rahmen einer hypothetischen Entscheidungssituation ein

Ausdruck der ***subjektiven*** Einstellung zum Risiko ist. Je nachdem, wie diese Entscheidung ausfällt, wird ein anderes Los als gleichviel wert einer sicheren monetären Größe angesehen. Da ein Los aber nichts anderes als eine einfache Wahrscheinlichkeitsverteilung ist, geht es um die Gleichstellung einer sicheren monetären Größe mit einer Wahrscheinlichkeitsverteilung. Wenn nun nach einem *Maß* für die subjektive Risikoeinstellung gefragt ist, können wir direkt an der hypothetischen Entscheidungssituation anknüpfen. Gegeben sind 3 Größen $\bar{e}$, e_{ij} und $\bar{\bar{e}}$ mit $\bar{e} > e_{ij} > \bar{\bar{e}}$; gesucht ist eine Indifferenzwahrscheinlichkeit w_{ij}, $0 < w_{ij} < 1$. Es gilt die bekannte Indifferenzrelation:

$$e_{ij} \sim ((w_{ij},\bar{e}), (1-w_{ij}, \bar{\bar{e}})).$$

e_{ij} ist nun identisch mit dem bereits auf S. 170ff. eingeführten Begriff des *Sicherheitsäquivalents* SÄ. Wir erinnern uns: Ein Sicherheitsäquivalent ist eine sichere monetäre Größe, die dem Entscheider gleichviel wert ist wie die Wahrscheinlichkeitsverteilung selbst. Das Maß für die Risikoeinstellung ergibt sich aus einem Vergleich des Sicherheitsäquivalents SÄ mit dem Erwartungswert μ der Verteilung, die ja monetäre Größen enthält. Wichtig ist, daß das Sicherheitsäquivalent mit dem *monetären Erwartungswert* und nicht mit dem *Nutzenerwartungswert* verglichen werden darf. Wir können dann 3 Fälle unterscheiden:

Sicherheitsäquivalent SÄ

SÄ $> \mu \rightarrow$ Risikofreude
SÄ $< \mu \rightarrow$ Risikoscheu
SÄ $= \mu \rightarrow$ Risikoneutralität.

Risikofreude
Risikoscheu
Risikoneutralität

Da sich an der Begründung der drei Fälle nichts geändert hat, sei auf S. 171f. verwiesen. Zur praktischen Demonstration der Risikoscheu, -freude und -neutralität kann das Beispiel verwendet werden, das auf S. 256 eingeführt wurde. Für alle hypothetischen Entscheidungssituationen ist eine *risikoscheue* Einstellung des Entscheiders charakteristisch, da:

10,00 DM < 30,70 DM
20,00 DM < 50,50 DM
40,00 DM < 70,30 DM
80,00 DM < 90,10 DM.

Anhand einer hypothetischen Entscheidungssituation lassen sich leicht Aussagen über Sicherheitsäquivalente ableiten. Vorausgesetzt, es gibt überhaupt ein Sicherheitsäquivalent (Bedingung: Gültigkeit des Axioms 2), so gilt:

$$SÄ \sim ((w_{ij},\bar{e}), (1-w_{ij},\bar{\bar{e}})).$$

Da Wahrscheinlichkeitsverteilungen durch den Erwartungswert des Nutzens substituiert werden können, ergibt sich weiterhin:

$$1 \cdot u(SÄ) = w_{ij} \cdot u(\bar{e}) + (1-w_{ij}) \cdot u(\bar{\bar{e}}).$$

Erfolgt eine Rückabbildung des Nutzens des Sicherheitsäquivalentes in die Menge der monetären Größen, so ergibt sich:

$$SÄ = u^{-1}\,(w_{ij} \cdot u(\overline{e}) + (1 - w_{ij}) \cdot u(\overline{\overline{e}}))$$

oder:

$$SÄ - u^{-1}\,(\mu(u(\overline{e}), u(\overline{\overline{e}}))).$$

u^{-1} ist das Zeichen für die Rückabbildung oder Umkehrabbildung (Umkehrfunktion). u^{-1} existiert immer eindeutig, sofern u eine stetige, streng monoton steigende Funktion ist (vgl. Schneeweiß 1967, S. 62).

Verschiedene Arten von Nutzenfunktionen

Welche formelmäßige Darstellung und graphische Repräsentation ergibt sich nun bei risikoscheuen, risikofreudigen und risikoneutral verlaufenden Nutzenfunktionen? Dabei werden wir für den Fall positiv zu bewertender Sachverhalte voraussetzen, daß über den relevanten Definitionsbereich der Nutzenfunktion bei gegebener Differenzierbarkeit

$$\frac{du}{de} > 0$$

gilt. Die Nutzenfunktion soll also einen streng monoton steigenden Verlauf aufweisen.

Für eine risikoscheu verlaufende Nutzenfunktion gilt zusätzlich zur 1. Ableitung:

$$\frac{d^2u}{de^2} < 0.$$

Sie verläuft degressiv steigend und ist beispielhaft in Abb. 134 dargestellt.

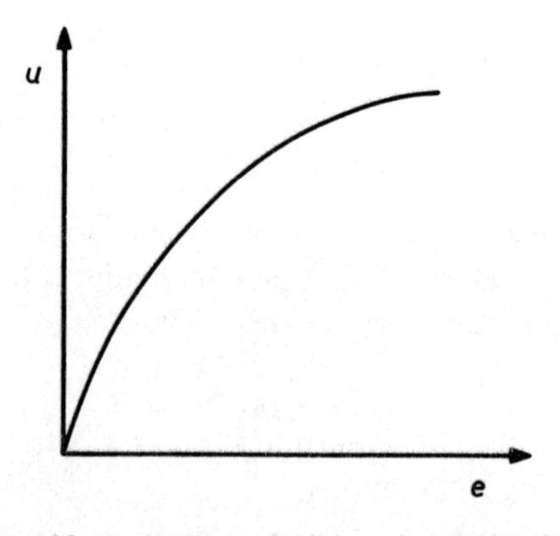

Abb. 134: Nutzenfunktion, die Risikoscheu ausdrückt

Für eine *risikofreudig* verlaufende Nutzenfunktion gilt zusätzlich zur 1. Ableitung:

$$\frac{d^2u}{de^2} > 0.$$

Sie verläuft progressiv steigend und ist beispielhaft in Abb. 135 dargestellt.

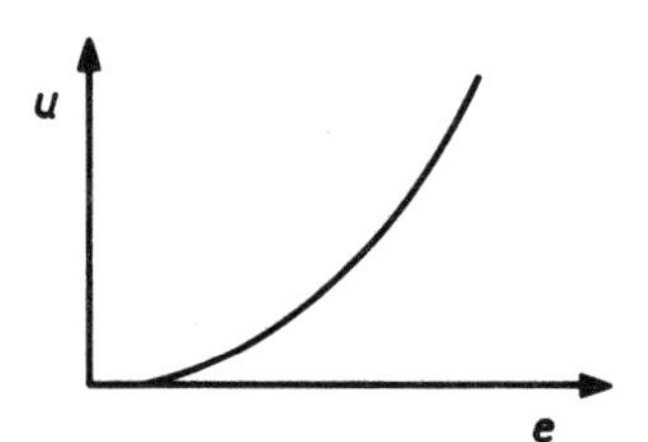

Abb. 135: Nutzenfunktion, die Risikofreude ausdrückt

Für eine *risikoneutral* verlaufende Nutzenfunktion ergibt sich schließlich zusätzlich zur 1. Ableitung:

$$\frac{d^2u}{de^2} = 0.$$

Sie verläuft *linear* und ist beispielhaft in Abb. 136 dargestellt.

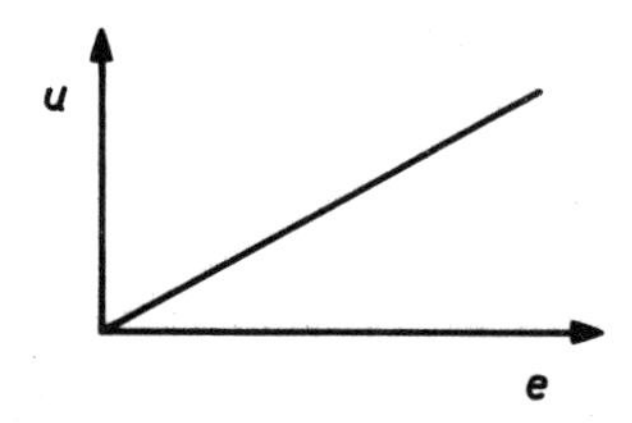

Abb. 136: Nutzenfunktion, die Risikoneutralität ausdrückt

Die drei geometrischen Formen der Risikonutzenfunktion tauchten bereits auf S. 235f. auf, wo Nutzenfunktionen eingeführt wurden, die auf anderen Nutzengrößen aufbauen. Es handelt sich um Nutzengrößen, zu deren Messung keine Wahrscheinlichkeiten verwendet werden. Aus diesem Grunde darf die gleiche geometrische *Form* nicht darüber hinwegtäuschen, daß jeweils andere *inhaltliche* Nutzenvorstellungen zugrundeliegen.

Beispiel für eine Nutzenfunktion, die Risikoscheu ausdrückt

Beispiel

Es soll nun mit Hilfe der für das Sicherheitsäquivalent angegebenen Zusammenhänge beispielhaft gezeigt werden, daß eine degressiv steigende Nutzenfunktion eine risikoscheue Einstellung impliziert (vgl. dazu für das Beispiel Bitz 1980d, S. 30ff. und allgemein Schneeweiß 1967, S. 62f.). Ein Entscheidungsträger hat sich zwischen 2 Aktionen zu entscheiden:

a_1 erbringt mit Sicherheit einen Gewinn von 45,40 DM,
a_2 erbringt einen Gewinn von 100 DM mit der Wahrscheinlichkeit 0,4 bzw. einen Gewinn von 9 DM mit der Gegenwahrscheinlichkeit 0,6:

$$a_2 \triangleq ((p_{21},e_{21}),(p_{22},e_{22})) = ((0{,}4,\ 100),(0{,}6,\ 9))$$

Der Erwartungswert von a_2 beträgt ebenfalls 45,40 DM. Die Risikostruktur beider Aktionen ist jedoch deutlich verschieden.
Für eine durchgängig risikoscheu verlaufende Funktion gelte nun*:

$$u(e_{ij}) = \sqrt{e_{ij}}, \quad e_{ij} \geqq 0.$$

Für den Nutzenerwartungswert von a_1 gilt:

$$PRÄ(a_1) = \sqrt{45{,}4} = 6{,}73795.$$

Für den Nutzenerwartungswert von a_2 gilt:

$$PRÄ(a_2) = 0{,}4\sqrt{100} + 0{,}6\sqrt{9} = 5{,}8.$$

Daraus folgt:

$$a_{opt} = a_1.$$

Für eine risikoscheue Einstellung muß erfüllt sein:

$$SÄ(a_2) < \mu(a_2).$$
$$\mu(a_2) = 45{,}40 \text{ DM}$$

und

$$SÄ(a_2) = u^{-1}(\mu(u(a_2))) = 33{,}64 \text{ DM},$$

also

$$SÄ(a_2) < \mu(a_2).$$

Auch graphisch läßt sich beispielhaft zeigen, daß eine degressiv steigende Nutzenfunktion eine risikoscheue Einstellung bedeutet. Dazu soll das Beispiel weiterhin verwendet werden (vgl. dazu Abb. 137).

* Die Funktion wurde der Einfachheit halber gewählt. Damit wird allerdings die bislang verwendete Normierungsvorschrift verletzt. Sollte diese Vorschrift weiterhin gelten, so ist die beispielhaft verwendete Nutzenfunktion zu verändern.

Zunächst einmal ist der Nutzen der sicheren Aktion a_1 einzutragen. Das ist der Punkt A. Der Nutzen der risikobehafteten Aktion a_2 kann auf folgende Weise ermittelt werden: Auf der Kurve sind zunächst die einzelnen Nut-

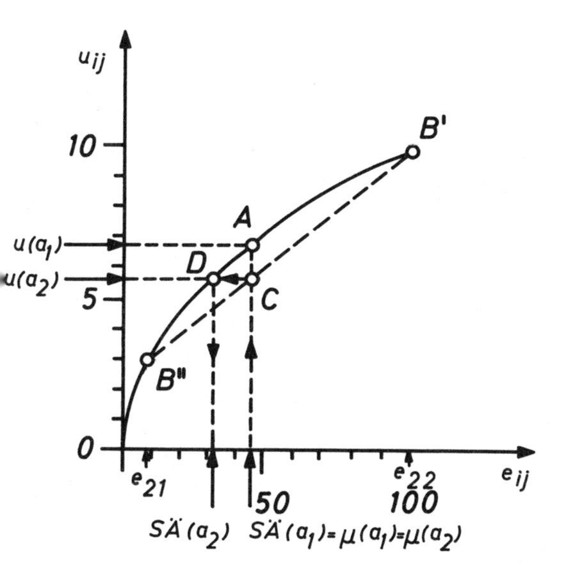

Abb. 137: Nutzenfunktion, die Risikoscheu ausdrückt (Quelle: In Anlehnung an Bitz 1980d, S. 31)

zen von 100 DM und 1 DM einzutragen. Das ergibt die Punkte B′ und B″. Die Stelle $\mu(a_2)$ teilt die Strecke $\overline{e_{21}e_{22}}$ im Verhältnis $p_{21}/p_{22} = \frac{2}{3}$. $\mu(a_2)$ ist dabei der Erwartungswert der monetären Größen. $\mu(a_2)$ liegt selbstverständlich auf der Strecke $\overline{e_{21}e_{22}}$. Auch die Linie $\overline{B'B''}$ wird im Verhältnis der Wahrscheinlichkeiten geteilt. Der Punkt, der die Linie $\overline{B'B''}$ teilt, ist der Punkt C. Er liegt senkrecht über $\mu(a_2)$. Geht man von C horizontal bis zur Kurve der Nutzenfunktion, so erhält man den Nutzenerwartungswert $\mu(u(e_{ij}))$. Das ist der Punkt D. Der Nutzenerwartungswert liegt nicht auf der Linie $\overline{B'B''}$, da die Nutzenfunktion $u(e_{ij}) = \sqrt{e_{ij}}$ gilt. Geht man von D lotrecht zur x-Achse – das ist eine Operation, die der Rückabbildung u^{-1} entspricht –, dann gelangt man zum Sicherheitsäquivalent SÄ. Dieses liegt erkennbar links vom Erwartungswert der monetären Größen, was zu zeigen war. Eine degressiv verlaufende Nutzenfunktion impliziert also eine risikoscheue Einstellung. Für alle degressiv verlaufenden Nutzenfunktionen liegt die Verbindungslinie zweier Punkte (vgl. $\overline{B'B''}$) stets *unterhalb* von A. Ebenso liegt der für die Bestimmung des Sicherheitsäquivalentes maßgebliche Punkt D stets *links* vom Punkt C.

Eine progressiv steigende Funktion impliziert eine risikofreudige Einstellung, was prinzipiell in gleicher Weise demonstriert werden könnte. Darauf soll allerdings verzichtet werden, da sich an der Logik des Beweisganges nichts ändert. Vielmehr soll die linear ansteigende Nutzenfunktion betrachtet werden, die eine risikoneutrale Einstellung ausdrückt.

Nutzenfunktionen, die Risikoneutralität ausdrücken

Verwendet der Entscheidungsträger eine linear ansteigende Nutzenfunktion, würde sich an der Präferenzordnung der Aktionen nichts ändern, ginge er *gleich* von der *Bayes-Zielfunktion* aus, die nur monetäre Größen verwendet. Das ist zu zeigen (vgl. dazu Bitz 1980d, S. 33f.). Bei einer linearen Nutzenfunktion gilt allgemein:

$$u_{ij} = b + a \cdot e_{ij}, \quad a > 0$$

sowie

$$PRÄ(a_i) = \sum_{j=1}^{n} u_{ij} \cdot p_j.$$

Daraus folgt weiterhin:

$$PRÄ(a_i) = \sum_{j=1}^{n} (b + a \cdot e_{ij}) \cdot p_j,$$

$$PRÄ(a_i) = b \sum_{j=1}^{n} p_j + a \sum_{j=1}^{n} e_{ij} \cdot p_j,$$

$$(7) \quad PRÄ(a_i) = b + a \cdot \mu(a_i), \quad a > 0.$$

Der Präferenzwert ergibt sich also aus einer positiven linearen Transformation des *monetären* Erwartungswertes (vgl. dazu Bitz 1980d, S. 33f.). Zu beweisen ist deshalb folgende Aussage:

(8) $\mu(a_i) > \mu(a_k)$ ist gleichbedeutend mit $PRÄ(a_i) > PRÄ(a_k)$.

Setzt man nun in (8) die Definition des Präferenzwertes ein, so folgt:

$\mu(a_i) > \mu(a_k)$ ist gleichbedeutend mit $b + a \cdot \mu(a_i) > b + a \cdot \mu(a_k)$.

Ist $a > 0$, so folgt:

$\mu(a_i) > \mu(a_k)$ ist gleichbedeutend mit $\mu(a_i) > \mu(a_k)$.

Im Falle einer linearen Nutzenfunktion ist es deshalb bequemer, gleich von vornherein die Bayes-Zielfunktion zu verwenden.

Kombinierte Arten von Nutzenfunktionen

Bislang wurden die »reinen« Formen von Nutzenfunktionen vorgestellt. Selbstverständlich sind aber auch kombinierte denkbar. Von Friedman–Savage (1948, S. 279ff.) stammt eine konkav-konvexe Nutzenfunktion, die sowohl Risikofreude als auch Risikoscheu auszudrücken gestattet. Das ist in Abb. 138 dargestellt.

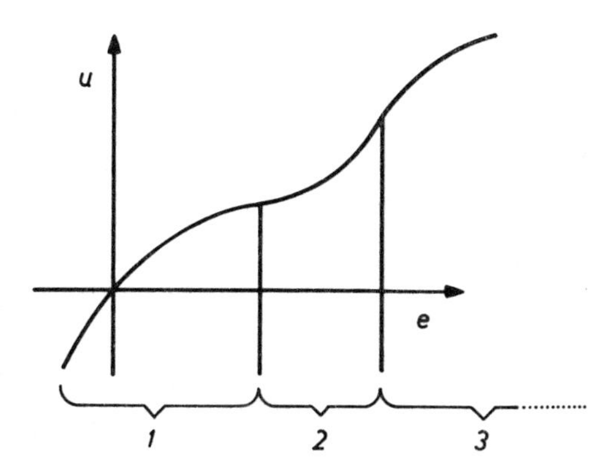

Abb. 138: Kombinierte Nutzenfunktion (Quelle: Bamberg–Coenenberg 1977, S. 74 in Anlehnung an Friedman–Savage 1948, S. 207)

Der stark abfallende konkave Ast (Bereich 1) erklärt die Abschlüsse von Versicherungsverträgen, der anschließende konvexe Teil (Bereich 2) die Teilnahme an Glücksspielen. Das schließliche Abflachen (Bereich 3) erklärt etwa, warum eine Lotterie nicht »durch die Einführung eines riesigen, aber entsprechend unwahrscheinlichen Gewinns beliebig attraktiv gemacht werden kann.« (Bamberg–Coenenberg 1977, S. 74). Danach muß die Nutzenfunktion also beschränkt sein. Die Forderung nach einer beschränkten Nutzenfunktion resultiert auch daraus, eine paradoxe Situation abzuwehren, die in der Literatur als Petersburger Paradoxon bekannt ist (vgl. dazu auch Kassouf 1970, S. 29f. und 38ff.).

Rationalitätsanalyse im Licht der Risikonutzentheorie

Akzeptiert man die Risikonutzentheorie als grundlegenden theoretischen Ansatz bei Risiko, so sind die auf S. 166ff. vorgestellten Zielfunktionen auf ihre *Verträglichkeit* mit dieser Theorie zu überprüfen. Schneeweiß diskutiert die damit angesprochene Problematik sehr ausführlich unter dem Stichwort Rationalitätsanalyse von Zielfunktionen auf rein monetärer Basis im Lichte der Risikonutzentheorie (Schneeweiß 1967, S. 89ff., auch Bitz 1980d,

S. 59 ff.). Wir wollen ausschließlich eine μ-σ-Zielfunktion herausgreifen und zeigen, daß dieser Zielfunktion eine spezielle Risikonutzenfunktion zugrundeliegt (vgl. zur Bayes-Zielfunktion, S. 268 f.). Dazu betrachten wir eine quadratische Nutzenfunktion der Form:

$$u_{ij} = e_{ij} - \alpha \cdot e_{ij}^2, \quad \alpha > 0.$$

Da das Bernoulli-Prinzip gilt, kann für PRÄ(a_i) formuliert werden:

$$\begin{aligned} \text{PRÄ}(a_i) &= \sum_{j=1}^{n} (e_{ij} - \alpha \cdot e_{ij}^2) \cdot p_j \\ &= \underbrace{\sum_{j=1}^{n} e_{ij} \cdot p_j}_{= \mu_i^*} - \alpha \cdot \underbrace{\sum_{j=1}^{n} e_{ij}^2 \cdot p_j}_{= \mu_i^2 + \sigma_i^2} \end{aligned}$$

Der zweite Summenausdruck läßt sich so entwickeln:

$$\begin{aligned} \sigma_i^2 &= \sum_{j=1}^{n} (e_{ij} - \mu_i)^2 \cdot p_j \\ &= \sum_{j=1}^{n} (e_{ij}^2 - 2e_{ij} \cdot \mu_i + \mu_i^2) \cdot p_j \\ &= \sum_{j=1}^{n} e_{ij}^2 \cdot p_j - 2\mu_i \cdot \underbrace{\sum_{j=1}^{n} e_{ij} \cdot p_j}_{= \mu_i} + \mu_i^2 \cdot \underbrace{\sum_{j=1}^{n} p_j}_{= 1} \\ &= \sum_{j=1}^{n} e_{ij}^2 \cdot p_j - 2 \cdot \mu_i^2 + \mu_i^2 \\ \sigma_i^2 &= \sum_{j=1}^{n} e_{ij}^2 \cdot p_j - \mu_i^2 \\ &\sum_{j=1}^{n} e_{ij}^2 \cdot p_j = \mu_i^2 + \sigma_i^2 \end{aligned}$$

Daraus folgt:

$$\text{PRÄ}(a_i) = \Phi(\mu_i, \sigma_i) = \mu_i - \alpha \cdot (\mu_i^2 + \sigma_i^2), \quad \text{mit } \alpha > 0,$$

was nichts anderes als eine Verknüpfungsfunktion in (8) auf S. 166 ist. Das aber heißt, daß das Bernoulli-Prinzip bei Verwendung der angegebenen quadratischen Nutzenfunktion mit einer speziellen μ-σ-Zielfunktion übereinstimmt, derjenigen, die auf S. 166 als Zielfunktion (8) eingeführt wurde. Eine

* Statt $\mu(a_i)$ wird im weiteren μ_i verwendet.

Voraussetzung ist dabei allerdings noch zu machen: Die quadratische Nutzenfunktion ergibt folgende Kurve der Abb. 139.

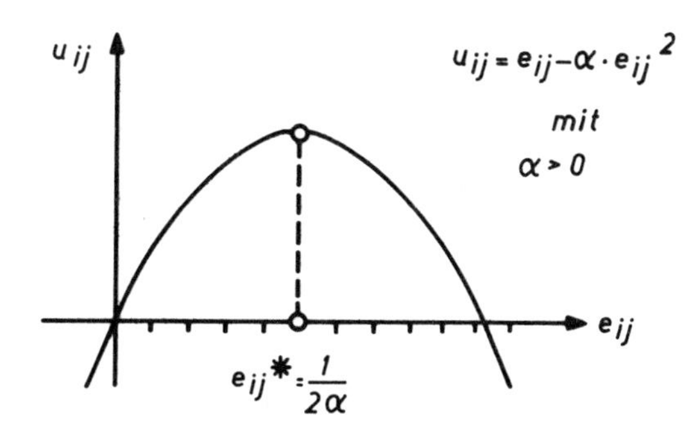

Abb. 139: Quadratische Nutzenfunktion (Quelle: Bitz 1980d, S. 63)

Soll unsere Bedingung (vgl. S. 264) $u_{ij}' > 0$ weiterhin erfüllt sein, so ist nur der ansteigende Ast der quadratischen Nutzenfunktion zulässig. Das ist so zu erklären:

$$u_{ij}' = -2\,\alpha \cdot e_{ij} + 1.$$

Es sind jetzt 3 Fälle zu unterscheiden, wobei $e_{ij}^* = \frac{1}{2\alpha}$:

$$e_{ij} < e_{ij}^* \rightarrow u_{ij}' > 0$$
$$e_{ij} = e_{ij}^* \rightarrow u_{ij}' = 0$$
$$e_{ij} > e_{ij}^* \rightarrow u_{ij}' < 0.$$

Aus diesem Grunde darf nur der ansteigende Ast der Nutzenparabel verwendet werden, bis zu

$$e_{ij}^* = \frac{1}{2\alpha} \qquad i = 1,\ldots,m;\ j = 1,\ldots,n.$$

Dann ist die Verknüpfungsfunktion auf der *Basis rein monetärer Größen:*

$$\Phi\,(\mu_i,\sigma_i) = \mu_i - \alpha \cdot (\mu_i + \sigma_i^2) \qquad \text{mit}\ \alpha > 0$$

vollständig »rational« im Sinne des Bernoulli-Prinzips. Allerdings setzt es durchgängig *Risikoscheu* voraus.

Bislang wurde gezeigt, wie mit Hilfe der Bernoulli-Nutzentheorie monetäre Größen in Nutzengrößen überführt werden können. Dabei wurden monetäre Größen einer Art, nämlich Gewinngrößen, verwendet. Es lag also nur *eine monetäre* Zielgröße zugrunde, wobei natürlich zusätzlich auch *nicht-monetäre* Handlungskonsequenzen in hypothetische Entscheidungssituationen eingehen können. Nutzenmodelle erlauben es auch, *mehrere*, monetäre *und* nicht-monetäre, Zielgrößen zuzulassen. Um die Problematik derartiger Modelle »unverfälscht« aufdecken zu können, wollen wir uns im folgenden auf *sichere* Entscheidungssituationen beschränken.

Wiederholungsfragen

1. Worin unterscheidet sich der Höhen- bzw. Güternutzen vom Risikonutzen? (S. 223 f.)
2. Durch welche Merkmale ist die introspektive und behavioristische Auffassung vom Höhennutzen gekennzeichnet? (S. 225 ff.)
3. Der Nutzen kann wahlweise auf einer Nominal-, Ordinal-, Intervall-, Differenz- oder absoluten Skala gemessen werden. Was ist darunter zu verstehen? Welche zulässigen Transformationen existieren für jede Skala? (S. 228 ff., 238 ff.)
4. Welche Typen von Nutzenfunktionen kennen Sie? (S. 235 f., 264 f.)
5. Welche Nutzenmessung reicht bei Entscheidungen unter Sicherheit aus? (S. 236)
6. Für welche Zielfunktionen unter Unsicherheit reicht die ordinale Nutzenmessung aus? (S. 237)
7. Was versteht man unter dem Stetigkeitsaxiom im Rahmen der Bernoulli-Nutzentheorie? Warum hat es eine große Bedeutung? (S. 248 ff.)
8. Wie ist eine hypothetische Entscheidungssituation definiert? (S. 250)
9. Was sind Indifferenzwahrscheinlichkeiten? (S. 249 f.)
10. Was ist unter einer Indifferenzgleichung zu verstehen? (S. 253 f.)
11. Was ist eine einfache gemischte Aktion bzw. eine zusammengesetzte gemischte Aktion? (S. 249, 255)
12. Was besagt das Dominanzaxiom? (S. 258 f.)
13. Welchen Gehalt besitzt das Unabhängigkeits- bzw. Substitutionsaxiom? (S. 255 ff.)
14. Welche Kritik an den einzelnen Axiomen der Bernoulli-Nutzentheorie kennen Sie? (S. 260 ff.)
15. Was versteht man unter dem Begriff des Sicherheitsäquivalentes? (S. 262 f.)
16. Welche Arten der Risikoeinstellung gibt es? (S. 262 ff.)

Literaturverzeichnis

BAMBERG, G. / COENENBERG, A. G. (1977): Betriebswirtschaftliche Entscheidungslehre. 2., verb. Aufl., München 1977.

BITZ, M. (1980 d): Entscheidungstheorie. Kurseinheit 4: Das Bernoulli-Prinzip. Hagen 1980.

BITZ, M. / ROGUSCH, M. (1976): Risiko-Nutzen, Geldnutzen und Risikoeinstellung. Zur Diskussion um das Bernoulli-Prinzip. In: Zeitschrift für Betriebswirtschaft, 46 (1976), S. 853–868.

BOHNEN, A. (1964): Die utilitaristische Ethik als Grundlage der modernen Wohlfahrtsökonomik. Göttingen 1964.

CHMIELEWICZ, K. (1970): Die Formalstruktur der Entscheidung. In: Zeitschrift für Betriebswirtschaft, 40(1970), S. 239–268.

COENENBERG, A. G. / KLEINE-DÖPKE, R. (1975): Zur Abbildung der Risikopräferenz durch Nutzenfunktionen. Stellungnahme zur Kritik Jacobs und Lebers am Bernoulli-Prinzip. In: Zeitschrift für Betriebswirtschaft, 45 (1975), S. 663–665.

DRUKARCZYK, J. (1975): Probleme individueller Entscheidungsrechnung. Kritik ausgewählter normativer Aussagen über individuelle Entscheidungen in der Investitions- und Finanzierungstheorie. Wiesbaden 1975.

FRIEDMAN, M. / SAVAGE, L. J. (1948): The Utility Analysis of Choices Involving Risk. In: Journal of Political Economy, 56 (1948), S. 279–304.

GÄFGEN, G. (1974): Theorie der wirtschaftlichen Entscheidung. Untersuchungen zur Logik und Bedeutung des rationalen Handelns. 3., erw. u. erg. Aufl., Tübingen 1974.

HAX, H. (1974): Entscheidungsmodelle in der Unternehmung. Einführung in Operations Research. Reinbek bei Hamburg 1974.

HIERONIMUS, A. (1979): Einbeziehung subjektiver Risikoeinstellungen in Entscheidungsmodelle. Ein Beitrag zur Bernoulli-Nutzentheorie. Thun/Frankfurt am Main 1979.

JACOB, H. / LEBER, W. (1978): Bernoulli-Prinzip und rationale Entscheidung bei Unsicherheit. Ergänzung und Weiterführung. In: Zeitschrift für Betriebswirtschaft, 48 (1978), S. 978–993.

KASSOUF, S. (1970): Normative Decision Making. Englewood Cliffs 1970.

KRELLE, W. (1968): Präferenz- und Entscheidungstheorie. Tübingen 1968.

KRELLE, W. (1976): Einige Bemerkungen zu Jacobs und Lebers »Rationaler Entscheidung bei Unsicherheit«. In: Zeitschrift für Betriebswirtschaft, 46 (1976), S. 522–523.

KRELLE, W. (1978): Replik zur Erwiderung von Jacob und Leber auf meine Bemerkungen zu ihrem Artikel »Rationale Entscheidungen bei Unsicherheit«. In: Zeitschrift für Betriebswirtschaft, 48 (1978), S. 490–498.

KUPSCH, P. U. (1973): Das Risiko im Entscheidungsprozeß. Wiesbaden 1973.

LAUX, H. (1976 a): Das Bernoulli-Kriterium. In: Wirtschaftswissenschaftliches Studium, 5 (1976), S. 125–129.

NEUBERGER, O. (1970): Psychologische Aspekte der Entscheidung. Eine kritische Analyse der vorliegenden Ansätze. Dissertation, München 1970.

v. NEUMANN, J. / MORGENSTERN, O. (1967): Spieltheorie und wirtschaftliches Verhalten. 2., unveränderte Aufl., Würzburg 1967.

OTT, A.E. (1974): Grundzüge der Preistheorie. 2., durchges. Aufl., Göttingen 1974.

SCHNEEWEISS, H. (1963): Nutzenaxiomatik und Theorie des Messens. In: Statistische Hefte, 4 (1963), S. 178–220.

SCHNEEWEISS, H. (1967): Entscheidungskriterien bei Risiko. Berlin/Heidelberg/New York 1967.

SIEBEN, G. / SCHILDBACH, T. (1980): Betriebswirtschaftliche Entscheidungstheorie. 2., überarb. u. erw. Aufl., Düsseldorf 1980.

STEVENS, S.S. (1951): Mathematics, Measurement, and Psychophysics. In: Stevens, S.S. (Hrsg.): Handbook of Experimental Psychology. New York/London/Sydney 1951, S. 1–49.

WEBER, W. / STREISSLER, E. (1964): Nutzen. In: v. Beckerath, E. u.a. (Hrsg.): Handwörterbuch der Sozialwissenschaften, Band 8. Stuttgart/Tübingen/Göttingen 1964, S. 1–19.

2.3. Nutzenmodelle mit mehreren monetären und nicht-monetären Zielgrößen unter Sicherheit

2.3.1 Einführung in die Nutzwertanalyse

Die bedeutendste Unterscheidung zu Modellen mit monetären Zielgrößen liegt darin, daß die Ergebnismatrix jetzt höchst heterogene Einträge aufweist und die Ergebnisgrößen nicht nur monetäre Dimensionen besitzen. Das soll anhand eines Beispiels gezeigt werden (vgl. dazu Mag 1977, S. 25f.).

Beispiel

Beispiel I:

Ein Privatmann überlegt sich, welchen Neuwagen er kaufen soll. Er wählt dazu insgesamt 4 in Frage kommende Wagen aus, die durch 5 Zielgrößen beurteilt werden sollen. Das erste Ziel bezieht sich auf die Leistung, gemessen in PS-Zahlen. Das zweite Ziel geht vom Benzinverbrauch, gemessen in Litern pro 100 km nach der DIN-Norm aus. An dritter Stelle stehen die Anschaffungskosten des PKWs in DM. Schließlich interessiert die jährliche Belastung, die aus Kfz-Versicherung und -steuer resultiert. Außerdem wird die erzielbare Geschwindigkeit berücksichtigt. Über die Zielwirkungen der einzelnen Wagentypen informiert dann Abb. 140.

Wenn wir für alle fünf Ziele jeweils ein extremales Zielausmaß unterstellen, so ist es erkennbar unmöglich, alle fünf Ziele gemeinsam mit einer Aktion zu erreichen. Es liegt ein partieller *Zielkonflikt* vor. Die umrandeten Zahlen in Abb. 140 kennzeichnen den jeweils extremalen Zielerreichungsgrad.

Zielgröße / Aktionen	z_1 (PS)	z_2 (l/100 km)	z_3 (DM)	z_4 (DM/Jahr)	z_5 (km/Std.)
Wagentyp 1	70	7,5	(9000)	850	120
Wagentyp 2	60	(7)	9500	800	125
Wagentyp 3	75	9	13000	(730)	(140)
Wagentyp 4	(110)	10,5	14000	900	135

Abb. 140: Ergebnismatrix bei mehreren monetären und nicht-monetären Zielgrößen

Definition der Nutzwertanalyse

Um ausgehend von der Ergebnismatrix der Abb. 140 eine optimale Entscheidung ableiten zu können, sind umfangreiche entscheidungstheoretische Operationen durchzuführen, die die Entscheidungstheorie immer schon behandelt hat, seit 1970 von Zangemeister aber unter dem Begriff *»Nutzwertanalyse«* zusammengefaßt werden (vgl. Zangemeister 1976). Die Nutzwertanalyse ist danach »die Analyse einer Menge komplexer Handlungsalternativen mit dem Zweck, die Elemente dieser Menge entsprechend den Präferenzen des Entscheidungsträgers bezüglich eines *multidimensionalen* Zielsystems zu ordnen. Die Abbildung dieser Ordnung erfolgt durch die Angabe der Nutzwerte (Gesamtwerte) der Alternativen« (Zangemeister 1976, S. 45). Nutzwerte entsprechen in unserer Bezeichnung den Präferenzwerten der Aktionen.

Das vorgestellte Beispiel soll nun im weiteren so aufbereitet werden, daß es einer Lösung zugänglich ist. Dabei bedienen wir uns der Nutzwertanalyse, um die *Logik* des Vorgehens zu zeigen. Die Logik der Nutzwertanalyse findet sich in Abb. 141. Allerdings finden die sehr differenzierten und deshalb teilweise unübersichtlich wirkenden sprachlichen Bezeichnungen innerhalb der Nutzwertanalyse *keine* Verwendung und wurden deshalb auch nicht in die Abb. 141 aufgenommen. Die Abbildung zeigt, daß es sich beim nutzwertanalytischen Vorgehen um »normale« entscheidungstheoretische Schritte handelt.

Für die Erläuterung der Abb. 141 gelten folgende 3 Schritte:

1. Schritt: Es ist eine Ergebnismatrix aufzustellen.
2. Schritt: Die Ergebnismatrix ist in eine Entscheidungsmatrix zu überführen. Um den Gesamtnutzen von Aktionen ermitteln zu können, wird eine *Folge von Teilbewertungen* nötig, wobei es so viele Teilbewertungen gibt, wie

1. Schritt:

Aktionen \ Zielgrößen	z_1	z_2	…	z_j	…	z_n
a_1	e_{11}	e_{12}	…	e_{1j}	…	e_{1n}
a_2	e_{21}	e_{22}	…	e_{2j}	…	e_{2n}
⋮	⋮	⋮	…	⋮	…	⋮
a_i	e_{i1}	e_{i2}	…	e_{ij}	…	e_{in}
⋮	⋮	⋮	…	⋮	…	⋮
a_m	e_{m1}	e_{m2}	…	e_{mj}	…	e_{mn}

⇐ Ergebnismatrix (e_{ij}) – Abbildung der Aktionen im Zielsystem durch Zielerreichungsgrade

Bewertung

2. Schritt:

Aktionen \ Zielgrößen	z_1	z_2	…	z_j	…	z_n
a_1	u_{11}	u_{12}	…	u_{1j}	…	u_{1n}
a_2	u_{21}	u_{22}	…	u_{2j}	…	u_{2n}
⋮	⋮	⋮	…	⋮	…	⋮
a_i	u_{i1}	u_{i2}	…	u_{ij}	…	u_{in}
⋮	⋮	⋮	…	⋮	…	⋮
a_m	u_{m1}	u_{m2}	…	u_{mj}	…	u_{mn}

⇐ Entscheidungsmatrix (u_{ij}) – Abbildung der Aktionen in Wertsystemen durch n eindimensionale Präferenzordnungen

Wertsynthese von n Präferenzordnungen mit Hilfe einer Zielfunktion

3. Schritt:

Aktionen	Nutzwerte
a_1	N_1
a_2	N_2
⋮	⋮
a_i	N_i
⋮	⋮
a_m	N_m

⇐ Nutzwertmatrix (N_i) – Abbildung der Aktionen im Wertsystem durch eine n dimensionale Präferenzordnung

Abb. 141: Logik der Nutzwertanalyse

Ziele bzw. Spalten vorhanden sind. Anstatt die Gesamtnutzen (Nutzwerte) der Aktionen direkt durch einen globalen Urteilsakt zu erfassen, in den die n Zielgrößen gleichzeitig eingehen, wird also anders vorgegangen: Die Aktionen werden *schrittweise*, für jedes der n Ziele *gesondert*, gegeneinander abgewogen und geordnet. Durch *eindimensionale* Bewertungsakte, die spaltenweise erfolgen, wird jedem Ergebniswert e_{ij} ein (dimensionsloser) Nutzen u_{ij} zugeordnet. Durch diesen methodischen »Trick« entstehen *einzelne* Probleme, die völlig ähnlich den Problemen sind, die wir aus Entscheidungsmodellen bei Sicherheit und *einer* Zielgröße kennen. Das Ergebnis ist, daß man insgesamt *n eindimensionale* Präferenzordnungen erhält.

n eindimensionale Präferenzordnungen

Das Vorgehen, für das wir uns entscheiden, ist also folgendermaßen gekennzeichnet: Man geht die an und für sich simultan vorgegebenen Ziele nacheinander durch und bewertet die Aktionen für jedes einzelne Ziel *unabhängig* von den übrigen n – 1 Zielen. Dahinter steht die bereits diskutierte Annahme, daß die der Bewertung zugrundeliegenden Ziele voneinander *unabhängig* sind (vgl. dazu S. 215). Die eindimensionalen Teilurteile sind also nur zulässig, »wenn die Zuordnung eines Teilnutzens u_{ij} aufgrund eines Ergebniswertes e_{ij} unabhängig von den übrigen Ergebnissen der Aktion a_i vorgenommen werden kann. Es muß also gewährleistet sein, daß der Ergebniswert e_{ij} für sich allein und nicht erst in Verbindung mit anderen Ergebniswerten einen Beitrag zum Nutzwert (Präferenzwert, d.V.) der Aktion liefert« (Zangemeister 1976, S. 77, mit den hier mit Text verwendeten Begriffen).

3. Schritt: Zuletzt erfolgt die Zusammenfassung der einzelnen Nutzen zu einem die betreffende Aktion kennzeichnenden Nutzwert. Zangemeister (1976, S. 70ff.) spricht hier von Wertsynthese. Die Wertsynthese erlaubt es, eine Rangordnung der einzelnen Aktionen aufzustellen und so die optimale Aktion abzuleiten. Das bedeutet nichts anderes als die insgesamt vorliegenden *n eindimensionalen* Präferenzordnungen so zusammenzufassen, daß *eine n-dimensionale* Präferenzordnung entsteht.

Eine n-dimensionale Präferenzordnung

Die skizzierten Schritte der Nutzwertanalyse sollen im folgenden auf das Beispiel I übertragen werden. Da die Ergebnismatrix bereits in Abb. 141 vorliegt, ist diese in eine Entscheidungsmatrix zu überführen. Im Anschluß daran soll mit Hilfe verschiedenartiger Zielfunktionen eine optimale Aktion ausgesondert werden. Auf diese Weise wird die Wertsynthese vollzogen.

2.3.2 Zielfunktionen zur Lösung von Zielkonflikten

2.3.2.1 Zielfunktionen bei extremalen Zielen und bei ordinalem Nutzen

Eine mögliche Entscheidungsmatrix ist in Abb. 142 wiedergegeben.

Zielgröße / Aktionen	z_1	z_2	z_3	z_4	z_5
a_1	2	3	(4)	2	1
a_2	1	(4)	3	3	2
a_3	3	2	2	(4)	(4)
a_4	(4)	1	1	1	3

Abb. 142: Entscheidungsmatrix bei mehreren Zielen

Die Nutzengrößen der einzelnen Zielerreichungsgrade sind *ordinale* Nutzengrößen und werden sukzessive für jedes Ziel getrennt ermittelt. Die Nutzengrößen können als Rangziffern verstanden werden. Je höher die Ziffer, desto höher (besser) der Rang. Umrandete Zahlen weisen auf den jeweils besten Rang hin. Auch die Abb. 142 enthüllt, daß eine partielle konfliktäre Beziehung vorliegt*. Im weiteren soll es nun darum gehen, mit Hilfe von verschiedenartigen Zielfunktionen die optimale Aktion auszusondern und den Konflikt zu lösen.

Majoritätsregel

Die Majoritätsregel, die von fünfzigprozentigen Mehrheiten ausgeht, ist eine bedeutende Zielfunktion. Der Grundgedanke ist, daß bei jeweils zwei Aktionen diejenige die optimale ist, die von der Mehrheit vorgezogen wird. Es ist ein vollständiger Paarvergleich der Aktionen durchzuführen. Für jeweils zwei Aktionen a_i und a_k lautet die Regel:

$$\left.\begin{array}{l} a_i \succ a_k \\ a_i \sim a_k \\ a_i \prec a_k \end{array}\right\} \text{ wenn } \sum_{j=1}^{n} D_{ik,j} \left\{\begin{array}{l} > 0 \\ = 0 \\ < 0 \end{array}\right.$$

* Zielbeziehungen können somit bei rein monetären Zielgrößen, aber auch bei Nutzengrößen konstatiert werden.

mit $i = 1,\ldots,m$
$k = 1,\ldots,m$
$i \neq k$
$j = 1,\ldots,n$

$$\text{und } D_{ik,j} = \begin{Bmatrix} +1 \\ 0 \\ -1 \end{Bmatrix} \quad \text{falls } (u_{ij} - u_{kj}) \begin{cases} > 0 \\ = 0 \\ < 0 \end{cases}$$

(vgl. dazu Gäfgen 1974, S. 427, Zangemeister 1976, S. 260 f.).
Für unser Beispiel gilt:

Beispiel zur Anwendung der Majoritätsregel

$a_2 > a_1$, da $\sum_{j=1}^{5} D_{21,j} > 0$

$a_3 > a_1$, da $\sum_{j=1}^{5} D_{31,j} > 0$

$a_1 > a_4$, da $\sum_{j=1}^{5} D_{14,j} > 0$

$a_3 > a_2$, da $\sum_{j=1}^{5} D_{32,j} > 0$

$a_2 > a_4$, da $\sum_{j=1}^{5} D_{24,j} > 0$

$a_3 > a_4$, da $\sum_{j=1}^{5} D_{34,j} > 0$.

Die Vorgehensweise sei am ersten Vergleich demonstriert:

	z_1	z_2	z_3	z_4	z_5
$D_{21,j}$	−1	+1	−1	+1	+1

Daraus folgt dann, daß

$\sum_{j=1}^{5} D_{21,j} > 0$ ist.

Für die 6 Vergleiche gilt weiterhin:

$a_2 > a_1 > a_4$

und

$a_3 > a_2 > a_4$

sowie

$a_3 \succ a_2 \succ a_1 \succ a_4$.

Damit ist a_3 die optimale Aktion.

Die Majoritätsregel liefert eine vollständige, nicht aber immer auch eine transitive Präferenzordnung. Das zeigt das Beispiel II der Abb. 143. Die Zahlen stellen wiederum Rangplätze dar.

Ziele / Aktionen	z_1	z_2	z_3
a_1	3	1	2
a_2	2	3	1
a_3	1	2	3

Abb. 143: Anwendung der Majoritätsregel

$$a_1 \succ a_2, \text{ da } \sum_{j=1}^{3} D_{12,j} > 0,$$

$$a_2 \succ a_3, \text{ da } \sum_{j=1}^{3} D_{23,j} > 0.$$

Wegen der Gültigkeit transitiver Präferenzordnungen müßte eigentlich vorliegen:

$a_1 \succ a_3$, tatsächlich gilt aber

$$a_1 \prec a_3, \text{ da } \sum_{j=1}^{3} D_{13,j} < 0.$$

Die Anwendung der Majoritätsregel kann also zu intransitiven Präferenzordnungen führen. Wie diese unerwünschte Situation unter Beibehaltung der Majoritätsregel behoben werden kann, wird auf S. 296f. skizziert.

Copeland-Zielfunktion

Verwendet man nun eine besondere Mehrheitsregel, mit der man zählt, *wie oft* eine Aktion den anderen überlegen ist, so benützt man Vorzugshäufigkeiten. Diese *Zielfunktion der Summierung von Mehrheitsurteilen* oder

Copeland-Zielfunktion (Copeland 1951) geht ebenfalls von $\sum_{j=1}^{n} D_{ik,j}$ aus. Ist aber

$$\sum_{j=1}^{n} D_{ik,j} \quad \begin{Bmatrix} >0 \\ =0 \\ <0 \end{Bmatrix}, \text{ so gilt dafür } \begin{cases} +1 \\ \;\;0 \\ -1 \end{cases}.$$

Das wird durch die Vorzeichenfunktion $\operatorname{sgn}\left(\sum_{j=1}^{n} D_{ik,j}\right)$ ausgedrückt.

Anschließend wird untersucht, wie oft a_i im Vergleich mit den übrigen $(m-1)$ Aktionen bevorzugt wird. Das ergibt endgültig:

$$PRÄ(a_i) = \sum_{k=1}^{m} \operatorname{sgn}\left(\sum_{j=1}^{n} D_{ik,j}\right).$$

Der Präferenzwert liegt in dem Intervall:

$$-(m-1) \leqq PRÄ(a_i) \leqq (m-1).$$

Die Zielfunktion lautet:

$$(1) \quad a_{opt} = \max_{i} \left[\sum_{k=1}^{m} \operatorname{sgn}\left(\sum_{j=1}^{n} D_{ik,j}\right)\right].$$

Beispiel zur Anwendung der Copeland-Zielfunktion

Im Beispiel I gilt:

$PRÄ(a_1) = -1$
$PRÄ(a_2) = +1$
$PRÄ(a_3) = +3$
$PRÄ(a_4) = -3$ mit $a_3 \succ a_2 \succ a_1 \succ a_4$.

Die Vorgehensweise wird für das Beispiel I bei der Ermittlung von $PRÄ(a_1)$ gezeigt. a_1 wird mit a_2, a_3 und a_4 verglichen.

– Für den *Vergleich a_1 mit a_2* gilt:

$$\sum_{j=1}^{5} D_{12,j} < 0$$

und

$$\operatorname{sgn}\left(\sum_{j=1}^{5} D_{12,j}\right) = -1.$$

– Für den *Vergleich a_1 mit a_3* gilt:

$$\sum_{j=1}^{5} D_{13,j} < 0$$

und

$$\operatorname{sgn}\left(\sum_{j=1}^{5} D_{13,j}\right) = -1.$$

– Für den *Vergleich a_1 mit a_4* gilt:

$$\sum_{j=1}^{5} D_{14,j} > 0$$

und

$$\operatorname{sgn}\left(\sum_{j=1}^{5} D_{14,j}\right) = +1.$$

Wird über alle Vergleiche summiert, so ergibt sich $PRÄ(a_i) = -1$.
Im Beispiel II gilt:

$PRÄ(a_1) = 0$
$PRÄ(a_2) = 0$
$PRÄ(a_3) = 0$ mit $a_1 \sim a_2 \sim a_3$.

Damit vermeidet die Copeland-Zielfunktion intransitive Präferenzordnungen (vgl. Zangemeister 1976, S. 264, Gäfgen S. 432), ohne im speziellen Fall des Beispiels II allerdings *eine* optimale Aktion auszusondern. Wichtig bei der Copeland-Regel ist, daß sie schon gewisse *kardinale* Maße verwendet, nämlich Vorzugshäufigkeiten. Sie zählt, wie oft eine Aktion anderen Aktionen gegenüber vorgezogen wird.

Austin-Sleight-Zielfunktion

Eine andere Majoritätsregel berücksichtigt nun, *wie groß* die Mehrheit für ein Urteil $a_i > a_k$ in den n Zieldimensionen ist. Damit wird wiederum ein *kardinales* Maß, der Grad der Mehrheit, erfaßt, der bei der Copeland-Zielfunktion vernachlässigt wird. Die Austin-Sleight-Zielfunktion (Austin-Sleight 1951) läuft darauf hinaus, die insgesamt von einer Aktion erzielten Vorzugshäufigkeiten zu summieren. Jeder Vorzug, den eine Aktion erzielt, geht dabei mit dem gleichen Gewicht in den Nutzwert ein. Die Austin-Sleight-Zielfunktion unterscheidet sich von der Copeland-Zielfunktion nur dadurch, »daß anstelle der Vorzeichenfunktion einfach die Summe der positiven abzüglich der negativen Stimmen tritt« (Gäfgen 1974, S. 435). Damit gilt diese Zielfunktion:

$$(2) \quad a_{opt} = \max_{i} \left[\sum_{k=1}^{m} \sum_{j=1}^{n} D_{ik,j} \right].$$

Für unser Beispiel I gilt:

Beispiel zur Anwendung der Austin-Sleight-Zielfunktion

$PRÄ(a_1) = -1$
$PRÄ(a_2) = +1$
$PRÄ(a_3) = +5$
$PRÄ(a_4) = -5$ mit $a_3 > a_2 > a_1 > a_4$.

Simon-Zielfunktion

Besonders bei satisfizierenden Zielen wird die Entscheidungsmatrix der Abb. 142 anders aussehen. Deshalb ist in diesem Falle eine neue Entscheidungsmatrix zu erstellen. Die Nutzengrößen sind wiederum *spaltenweise* zu ermitteln, etwa für die 1. Spalte mit:

$$u_{i1} = \begin{cases} 1, \text{ wenn } e_{i1} \text{ befriedigend ist} \\ 0, \text{ wenn } e_{i1} \text{ nicht befriedigend ist.} \end{cases}$$

In gleicher Weise werden auch die restlichen Spalten betrachtet. Für die Ermittlung der Präferenzwerte der einzelnen Aktionen gilt nun:

$$PRÄ(a_i) = \begin{cases} 1, \text{ wenn } \sum_{j=1}^{n} u_{ij} = n \\ 0, \text{ wenn } \sum_{j=1}^{n} u_{ij} < n \end{cases}$$

und

$$(3) \quad a_{opt} = \max_{i} \left[PRÄ(a_i) \right].$$

Die Zielfunktion wird *Regel der einstimmig befriedigenden Lösung* oder *Simon-Zielfunktion* genannt (vgl. Zangemeister 1976, S. 256f., Gäfgen 1974, S. 421, Simon 1957). Danach ist eine Lösung nur optimal, wenn sie allen Anspruchsniveaus genügt (vgl. auch S. 63f.). Andernfalls liegen Zielkonflikte vor (vgl. zu ihrer Lösung S. 209).

Hält ein Entscheidungsträger es für möglich, die Werte der Ergebnismatrix der Abb. 141 in *kardinale* Nutzengrößen zu überführen, können wir uns einer weiteren Klasse von Zielfunktionen zuwenden.

2.3.2.2 Zielfunktionen bei extremalen Zielen und bei kardinalem Nutzen

Für die im Rahmen des Beispiels I zu behandelnden Zielfunktionen wird zunächst eine entsprechende Entscheidungsmatrix gebildet, die unter Beibehaltung der in Abb. 142 ausgedrückten Rangordnung kardinale Nutzenziffern einführt. Dann gilt beispielsweise folgende neue Entscheidungsmatrix der Abb. 144.

Ziele / Aktionen	z_1	z_2	z_3	z_4	z_5
a_1	5	11	(13)	5	3
a_2	1	(16)	9	9	7
a_3	9	8	5	(13)	(14)
a_4	(13)	4	2	1	9

Abb. 144: Entscheidungsmatrix bei mehreren Zielen

Die Überführung der ordinalen Nutzen in kardinale Nutzen kann für das erste Ziel etwa mit Hilfe des folgenden Schemas erfolgen:

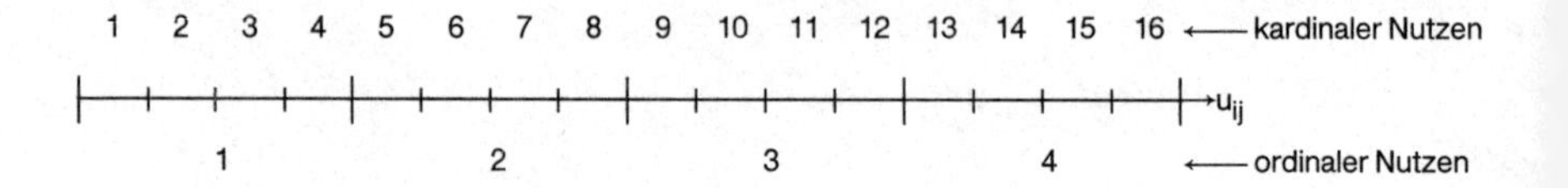

In ähnlicher Weise ist für die weiteren Ziele vorzugehen.

Man kann an sich davon ausgehen, daß die n kardinalen Skalen als Intervallskalen vorliegen (vgl. dazu Gäfgen 1974, S. 444), wobei im allgemeinen der Nullpunkt und die Maßeinheit bei den n Skalen voneinander abweichen. Im weiteren sind nun die Intervallskalen *vergleichbar* zu machen, um eine optimale Aktion ableiten zu können. Das geschieht dadurch, daß die Skalen zusätzlichen Einschränkungen unterworfen werden. Dazu stehen mehrere Möglichkeiten zur Verfügung (vgl. dazu Gäfgen 1974, S. 444 ff., Strebel 1972, S. 107 ff., bes. 109 ff. und Zangemeister 1976, S. 271 ff.).

Am einfachsten ist es, wenn die Intervallskalen so eingeengt werden, daß in allen Skalen ein gleicher Nullpunkt und eine gleiche Maßeinheit (Standard-Nutzeneinheit) vorliegen. Die Abstände vom Nullpunkt werden also in Standard-Nutzeneinheiten ausgedrückt. Es handelt sich um absolute Skalen (vgl. dazu S. 245). Eine Transformation der Skalen ist demnach nicht möglich. Liegt des weiteren Nutzenunabhängigkeit vor (vgl. dazu S. 215, 277), so können die einzelnen Nutzengrößen, die zu einer Aktion gehören, addiert werden. Es gilt demnach folgende Zielfunktion:

$$(4) \quad a_{opt} = \max_{i} \sum_{j=1}^{n} \left[u'_{ij} \right]$$

(u'_{ij} = Nutzen in Standard-Nutzeneinheiten).

Handelte es sich bei den Nutzenskalen der Abb. 144 um absolute Skalen, so kann die Zielfunktion angewendet werden und führt zu folgender Reihenfolge der Aktionen:

PRÄ(a_1) = 37
PRÄ(a_2) = 42
PRÄ(a_3) = 49
PRÄ(a_4) = 29 mit $a_3 > a_2 > a_1 > a_4$.

Ein praktisches Beispiel ist dann gegeben, wenn die Standard-Nutzeneinheit in DM Gewinn ausgedrückt wird. Das bedeutet, daß die einzelnen Zielerreichungsgrade gleich in DM Gewinneinheiten abgebildet werden, die ihrerseits dann zum Gesamtwert addiert werden können.

Wenn Standard-Nutzeneinheiten nicht schon gegeben sind, so kann es doch möglich sein, die vorliegenden Nutzengrößen in solche Standard-Nutzeneinheiten zu überführen. Dazu müssen die einzelnen Nutzenskalen Verhältnisskalen sein, für die zusätzlich ein einheitlicher Nullpunkt vorliegen muß, aber verschiedene Maßeinheiten existieren. Will man nun die Maßeinheiten in die Standard-Nutzeneinheiten umrechnen, so sind Gewichtungsfaktoren einzuführen. Diese Gewichtungsfaktoren dienen dazu, die verhältnisskalierten Nutzengrößen in Standard-Nutzeneinheiten umzurechnen. Jetzt gilt folgende Zielfunktion:

$$(5) \quad a_{opt} = \max_{i} \sum_{j=1}^{n} \left[u_{ij} \cdot g_j \right] = \max_{i} \sum_{j=1}^{n} \left[u'_{ij} \right].$$

Zweckmäßigerweise werden die Gewichtungsfaktoren auf 1 normiert*. Enthält die Matrix der Abb. 144 entsprechende Nutzenskalen, so ist diese Zielfunktion anzuwenden. Liegen folgende Zielgewichte vor:

$g_1 = 0{,}15$ $\quad g_2 = 0{,}2$ $\quad g_3 = 0{,}3$
$g_4 = 0{,}2$ $\quad g_5 = 0{,}15$,

* Um Zielgewichte praktisch zu bestimmen, vgl. Zangemeister 1976, S. 209ff.

so ergibt sich folgende Reihenfolge der Aktionen:

$PRÄ(a_1) = 8{,}3$
$PRÄ(a_2) = 8{,}9$
$PRÄ(a_3) = 9{,}15$
$PRÄ(a_4) = 4{,}9$ mit $a_3 > a_2 > a_1 > a_4$.

Sind die Verhältnisskalen so geartet, daß die Nutzengrößen nicht in Standard-Nutzeneinheiten transformiert werden können, so ist auch keine Addition der Nutzengrößen erlaubt. Da Verhältnisskalen vorliegen, können diese durch eine zulässige multiplikative Transformation verändert werden (vgl. dazu S. 244). Eine Zielfunktion soll deshalb berücksichtigen, daß sich durch eine multiplikative Transformation einer Verhältnisskala die Präferenzordnung der Aktionen nicht ändert. Das wird durch folgende Zielfunktion erreicht:

$$(6) \quad a_{opt} = \max_i \left[\prod_{j=1}^{n} u_{ij} \right].$$

Für das Beispiel der Abb. 144 würde in diesem Fall gelten:

$PRÄ(a_1) = 10\,725$
$PRÄ(a_2) = 9\,072$
$PRÄ(a_3) = 65\,520$
$PRÄ(a_4) = 936$ mit $a_3 > a_1 > a_2 > a_4$.

Da jeweils eine Verhältnisskala vorliegt, sind die Nutzenzuordnungen eindeutig bis auf eine *multiplikative Transformation.* Liegt eine solche Transformation etwa bei z_3 vor mit:

$f(u_{i3}) = 2 \cdot u_{i3}$,

so ändert sich nichts an der Reihenfolge der Aktionen:

$PRÄ^*(a_1) = 21\,450$
$PRÄ^*(a_2) = 18\,144$
$PRÄ^*(a_3) = 131\,040$
$PRÄ^*(a_4) = 1\,872$ mit $a_3 > a_1 > a_2 > a_4$.

Andererseits kann sich die Präferenzreihenfolge verschieben, wenn etwa eine additive Transformation durchgeführt wird. Wird z_1 einer besonderen additiven Transformation unterzogen, so gilt etwa folgendes:

$f(u_{i1}) = u_{i1} + 40$

und

$PRÄ^*(a_1) = 96525$
$PRÄ^*(a_2) = 371952$
$PRÄ^*(a_3) = 356720$
$PRÄ^*(a_4) = 3816$ mit $a_2 \succ a_3 \succ a_1 \succ a_4$.

Abschließend ist zu bemerken, daß sämtliche auf S. 209ff. behandelten Zielfunktionen zur Lösung von Zielkonflikten auch in Nutzenmodellen verwendet werden können. Das haben wir teilweise getan, so etwa wenn die Methode der Gewichtung aufgegriffen wurde. Umgekehrt gilt natürlich auch, daß die in diesem Kapitel eingeführten Zielfunktionen, wie etwa die Majoritätsregel, bei monetären Modellen sinnvoll sein können.

Die bisher behandelten Zielfunktionen sind zur Lösung von Zielkonflikten geeignet. Wie aus der systematischen Einordnung dieses Kapitels hervorgeht, handelt es sich um *intraindividuelle* Zielkonflikte. Im nächsten Kapitel II sollen nun *interindividuelle* Konflikte behandelt werden, die zu der Theorie der Sozialwahlfunktionen (Kap. II.2) und der Theorie der Spiele (Kap. II.3) führen. Die interindividuellen Konflikte führen weg von *Modellen der Individualentscheidung* und werden in *Modellen der Kollektiventscheidung* erfaßt.

Wiederholungsfragen

1. Welche Schritte umfaßt die Nutzwertanalyse? (S. 275ff.)
2. Welche Zielfunktionen sind bei ordinalem bzw. kardinalem Nutzen möglich? (S. 278ff., 284ff.)
3. Welche Voraussetzungen sind bei denjenigen Zielfunktionen zu beachten, die von einem kardinalen Nutzen ausgehen? (S. 284ff.)

Literaturverzeichnis

Austin, T.R. / Sleight, R.B. (1951): Aesthetic Preference for Isosceles Triangles. In: Journal of Applied Psychology, 35 (1951), S. 430–431.

Copeland, A.H. (1951): A »Reasonable« Social Welfare Function. University of Michigan Seminar on Application of Mathematics to the Social Sciences, 1951 (Vervielfältigtes Manuskript (Angabe nach Gäfgen (1974)).

Gäfgen, G. (1974): Theorie der wirtschaftlichen Entscheidung. Untersuchungen zur Logik und Bedeutung des rationalen Handelns. 3., erw. u. erg. Aufl., Tübingen 1974.

MAG, W. (1977): Entscheidung und Information. München 1977.
SIMON, H.A. (1957): Models of Man. New York/London 1957.
STREBEL, H. (1972): Zur Gewichtung von Urteilskriterien bei mehrdimensionalen Zielsystemen. In: Zeitschrift für Betriebswirtschaft, 42 (1972), S. 89–128.
ZANGEMEISTER, C. (1976): Nutzwertanalyse in der Systemtechnik. 4.Aufl., München 1976.

II. Entscheidungsmodelle der Kollektiventscheidung

1. Typen kollektiver Entscheidungen

Kollektive Entscheidungssituationen liegen vor, wenn mehrere Individuen gemeinsam in einer Entscheidungssituation stehen. Dabei kann man zwei Typen der kollektiven Entscheidung auseinanderhalten (vgl. dazu Gäfgen 1974, S. 184). Der erste Typ geht davon aus, daß die Individuen *zusammen* mit einem Problem konfrontiert sind oder etwa »ein Spiel zusammen spielen«, wobei jedes Individuum seine eigene Entscheidung (ggf. als Ergebnis einer Interaktion) trifft und für sich *allein* handelt. Jedes aus der alltäglichen Lebenssituation bekannte Spiel im eigentlichen Sinne des Wortes ist ein Beispiel für diesen Typ der kollektiven Entscheidung. So sind etwa bei »Mensch ärgere dich nicht« mindestens 2 Spieler gemeinsam beteiligt, wobei jeder Spieler für sich allein spielt. Allerdings muß er schon die anderen Spieler in seinen Entscheidungskalkül einbeziehen. Kann man nämlich davon ausgehen, daß die anderen Spieler ihren eigenen Vorteil im Spiel nicht immer zu erkennen vermögen, ergibt sich eine andere Verhaltensweise des betreffenden Spielers als bei vollständig rational handelnden Gegenspielern. Entscheidungssituationen dieser Art führen zu der *Spieltheorie,* die im Kapitel 3 behandelt wird. Gerade an »Mensch ärgere dich nicht« ist auch zu zeigen, daß in der Spieltheorie *Koalitionen* von Spielern untereinander eine Rolle spielen können. So ist es denkbar, daß sich 2 Spieler gegen 2 andere Spieler verbünden und jene, wenn immer möglich, hinauswerfen, sich selbst aber schonen. Allerdings hört im Beispiel die kollektive Solidarität dann auf, wenn es gilt, den eigenen Vorteil durchzusetzen. Wichtig ist nur, daß es auch Spielsituationen gibt, in denen man sich untereinander verabreden kann. Trotz derartiger Verabredungen (oder »konzertierter« Aktionen) trifft jeder Entscheidungsträger immer noch seine eigene Entscheidung.

Anders ist es dagegen beim zweiten Typ kollektiver Entscheidungssituationen. Dort kann eine Entscheidungssituation nur gemeistert, ein Problem nur gelöst werden, wenn *eine gemeinsame* Entscheidung resultiert. Am Ende des sozialen Entscheidungsprozesses steht also immer eine kollektive Aktion, die es auszuführen gilt. Beispiele liegen etwa in Entscheidungsgremien vor, die *als Gruppe* einen Vorschlag zu beurteilen haben. So muß sich etwa eine Berufungskommission auf eine Liste der Professoren bzw. Privatdozenten einigen, eine Forschungskommission auf eine Rangfolge förderungswürdiger Projekte und ein Investitionsprüfungsausschuß auf eine Prioritätenliste erfolgversprechender Investitionen. Im Unterschied zur Spieltheorie handeln die beteiligten Individuen zusammen quasi als ein Einzelaktor. Man bezeichnet die Gruppe deshalb auch als Quasi-Aktor. Die zugrundeliegende Theorie ist die Theorie der *Sozialwahlfunktionen.* Ihr wollen wir uns zunächst in Kapitel 2 zuwenden, da sie eine starke formale Verwandtschaft zur zuletzt behandelten individuellen Entscheidungstheorie bei intra-individuellen Konflikten besitzt.

2. Ermittlung einer rationalen kollektiven Präferenzordnung: Theorie der Sozialwahlfunktionen

Charakteristisch für die im folgenden Kapitel zu behandelnden Probleme ist es, daß n Individuen in einer Entscheidungsgemeinschaft oder auch abstrakter: in einer ganzen Gesellschaft gegeben sind, die jeweils *ein* Ziel verfolgen, wobei die Ziele untereinander konfliktär sind. Man kann also nicht die Ziele der n Individuen gemeinsam realisieren, da interindividuelle Zielkonflikte vorliegen. Es ist vielmehr eine *kollektive Präferenzordnung* zu suchen, die die Konflikte lösen kann und eine optimale Aktion ausweist. Die kollektive Präferenzordnung wird mit Hilfe einer *Sozialwahlfunktion* entwikkelt. Die Sozialwahlfunktion beansprucht, einen *sozialen* Abstimmungsprozeß zu normieren, in dem eine optimale Aktion *ausgewählt* werden soll. Gelegentlich spricht man auch von Schlichtungsregel, Konstitution oder Präferenzen aggregierende Funktion (vgl. dazu Gäfgen 1974, S. 117, 413ff., Bamberg–Coenenberg 1977, S. 185).

Es ist zunächst zu zeigen, daß das Problem der Bestimmung einer Sozialwahlfunktion nichts anderes ist als das schon bekannte Problem, Zielfunktionen zur Lösung von intraindividuellen Zielkonflikten auszuwählen. Dazu bemerkt Zangemeister:

»Dieser Analogie entsprechend können bei der Nutzwertanalyse die n eindimensionalen Präferenzordnungen der Entscheidungsmatrix als individuelle Präferenzordnungen der Mitglieder eines Entscheidungsgremiums bezüglich der $i = 1, \ldots, m$ zur Wahl stehenden Aktionen interpretiert werden. Das Sozialproblem besteht dann darin, aus den n individuellen (eindimensionalen) Präferenzordnungen eine kollektive (n-dimensionale) Präferenzordnung ... zu bestimmen ... Die dazu erforderlichen Sozialwahlregeln – oft auch Sozialwahlfunktionen genannt – sind nichts anderes als Abstimmungsmechanismen, die den Zielfunktionen bei der Nutzwertanalyse entsprechen« (Zangemeister 1976, S. 253, wobei die hier üblichen Begriffe in das Zitat eingesetzt wurden, vgl. auch Bamberg–Coenenberg 1977, S. 184).

Sämtliche im vorigen Kapitel verwendeten Zielfunktionen könnten demnach auch jetzt eingesetzt werden. Allerdings ist ein bedeutender Unterschied zu beachten: Wird etwa die Zielgewichtung als Lösung von Zielkonflikten ausgewählt, so werden in *demokratischen* Gremien die Gewichte aller n Individuen *gleich* sein. Das ist ein Gebot des Gleichheitsgedankens, der in den meisten Demokratien auch verfassungsrechtlich verankert ist. Selbstverständlich können verschiedene Gewichte dann zugrundegelegt werden, wenn das Gremium schon eine unterschiedliche Gewichtung kennt, so z.B. in einer Hauptversammlung von Aktionären.

2.1. Axiome einer rationalen kollektiven Präferenzordnung (Präferenzrelation)

Um dem *inhaltlichen* Problem der Festlegung einer Sozialwahlfunktion gerecht zu werden, sind besondere *Forderungen (Axiome)* zu beachten, die für die Bildung einer Sozialwahlfunktion relevant sind. Davor ist das Beispiel I einzuführen, um die nachfolgenden Axiome besser demonstrieren zu können. Es sollen drei Aktionen a, b, c *kollektiv geordnet* werden. Gesucht ist also eine kollektive ordinale Präferenzordnung R, die mit Hilfe einer Sozialwahlfunktion F generiert wird. Gegeben sind n individuelle ordinale Präferenzordnungen R_j, $j = 1, \ldots, n$. Um das Axiom 1 einführen zu können, ist zunächst die Menge L aller logisch möglichen Präferenzordnungen festzustellen (Arrow 1976, S. 96, ›condition 1‹). Im vorliegenden Fall hat L 13 Elemente, was Abb. 145 zeigt. In dieser Abbildung sind gleichbewertete Aktionen auf eine Zeile geschrieben; höher bewertete Aktionen stehen auf einer oberen Zeile. Die Nr. 6 besagt etwa, daß c vor b und b vor a eingestuft wird.

Beispiel

Kollektive ordinale Präferenzordnung – Individuelle ordinale Präferenzordnungen/ Menge aller logisch möglichen Präferenzordnungen

Nr.	1	2	3	4	5	6	7	8	9	10	11	12	13
	a b c	b c a	c a b	a c b	b a c	c b a	a bc	b ac	c ab	bc a	ac b	ab c	abc

Abb. 145: Mögliche Präferenzordnungen des Beispiels I

Aus der Menge L »entstehen« nun – bedingt durch die jeweilige Situation – die individuellen Präferenzordnungen. Sind etwa drei Individuen am kollektiven Entscheidungsprozeß beteiligt, so resultieren 3 individuelle Präferenzordnungen. Faßt man diese in einem 3-Tupel zusammen, so entsteht ein *Präferenzordnungsprofil* (R_1,R_2,R_3) oder allgemein $(R_1,R_2,\ldots,R_n)$ (Bamberg–Coenenberg 1977, S. 184). Es leuchtet ein, daß es zahlreiche mögliche Präferenzordnungsprofile gibt, die alle von der Menge L ausgehen.

Präferenzordnungsprofil

In unserem Fall werden die möglichen, auf 3 Individuen abstellenden Präferenzordnungsprofile vom kartesischen Produkt:

Menge aller Präferenzordnungsprofile

$$L \times L \times L$$

erzeugt. Es soll L^3 heißen:

$$L^3 = L \times L \times L.$$

Bei n Individuen gilt:

$$L^n = L \times L \times \ldots \times L \text{ (n Glieder)}.$$

Die Bildung der möglichen Präferenzordnungsprofile soll nun am Beispiel II verdeutlicht werden.

Gibt es beispielsweise nur 2 Aktionen zu ordnen, die mit a, b bezeichnet werden, so umfaßt die Menge L 3 Elemente:

Beispiel

Nr.	1	2	3
	a b	b a	ab

Sind 2 Personen beteiligt, besteht jedes Präferenzordnungsprofil aus 2 Elementen (R_1,R_2). R_1 ist die Präferenzordnung des ersten Individuums, R_2 die Präferenzordnung des zweiten Individuums. Die möglichen Präferenzordnungsprofile ergeben sich aus $L \times L$, was im konkreten Fall bedeutet, daß 9

mögliche Präferenzordnungsprofile existieren. Diese sind in Abb. 146a erfaßt.

	R_1 kann sein	R_2 kann sein
Profil 1	Nr. 1	Nr. 1
Profil 2	Nr. 1	Nr. 2
Profil 3	Nr. 1	Nr. 3
Profil 4	Nr. 2	Nr. 1
Profil 5	Nr. 2	Nr. 2
Profil 6	Nr. 2	Nr. 3
Profil 7	Nr. 3	Nr. 1
Profil 8	Nr. 3	Nr. 2
Profil 9	Nr. 3	Nr. 3

Abb. 146a: Mögliche Präferenzordnungsprofile des Beispiels II

Sozialwahlfunktion

Die kollektive Präferenzordnung wird nun ebenfalls aus der Menge L stammen. Es ist die zentrale Frage, wie man zu der kollektiven Präferenzordnung gelangt. Wie wir bereits wissen, ist das die Aufgabe einer Sozialwahlfunktion F. Eine Sozialwahlfunktion F gibt demnach an, wie aus einem Präferenzordnungsprofil eine kollektive Präferenzordnung folgt. Werden alle möglichen Präferenzordnungsprofile zugrundegelegt, so ergibt sich deshalb:

$F: L^n \rightarrow L.$

Axiom 1

Axiom 1 heißt jetzt endgültig: Die Sozialwahlfunktion F ist auf der Menge L^n aller Präferenzordnungsprofile definiert. Das Axiom 1 ist deshalb so allgemein formuliert, um F auf alle Präferenzordnungsprofile beziehen zu können. Dabei ist zu beachten, daß sowohl die individuellen Präferenzordnungen als auch die kollektive Präferenzordnung transitiv und vollständig geordnet sind (vgl. dazu Gäfgen 1974, S. 429, Reber 1973, S. 47). Selbstverständlich ist eine Sozialwahlfunktion nur dann nicht-trivial, wenn nicht alle individuellen Präferenzordnungen gleich sind. Liegt eine derartige Entscheidungssituation vor, so bezeichnen wir die Entscheidungsgemeinschaft als *Team* (vgl. dazu Gäfgen 1974, S. 187).

Axiom 2

Nach *Axiom 2* soll eine kollektive Präferenzordnung unabhängig sein von irrelevanten Aktionen (Gäfgen 1974, S. 429; Bamberg–Coenenberg 1977, S. 188, 193f.). Da zu diesem Axiom bereits auf S. 178f. eingegangen wurde, soll keine erneute Diskussion darüber stattfinden.

Axiom 3

Dem *Axiom 3* entsprechend soll eine kollektive Präferenzordnung »positiv auf Wertungen der Individuen reagieren, d.h. die Präferenzrichtung zwischen zwei Alternativen (Aktionen, d.V.) nicht umkehren, wenn bei den Individuen die entsprechende Präferenzrichtung gleichbleibt oder sich verstärkt« (Gäfgen 1974, S. 430).

Axiom 4

Nach dem *Axiom 4* dürfen keine aufgezwungenen Sozialwahlfunktionen existieren. Dadurch würde die Souveränität der Individuen mißachtet. In unserem Falle der Abb. 146a liegen aufgezwungene Sozialwahlfunktionen dann vor, wenn jedem möglichen Präferenzordnungsprofil (R_1,R_2) dieselbe kollektive Präferenzordnung zugeordnet wäre. Es gibt insgesamt 3 aufgezwungene Sozialwahlfunktionen. Die Abbildung:

$$F: L^n \rightarrow L$$

entartet zu einer konstanten Abbildung.

Axiom 5

Das *Axiom 5* schließlich verbietet ein diktatorisches Individuum, das seine eigene Präferenzordnung zur kollektiven Präferenzordnung erklärt, ohne Rücksichtnahme auf die Beschaffenheit der anderen individuellen Präferenzordnungen. In der Sprache der individuellen Entscheidungstheorie handelte es sich um Zieldominanz. Es gibt so viele mögliche diktatorische Sozialwahlfunktionen wie das Entscheidungsgremium Mitglieder besitzt.

Beispiele für Sozialwahlfunktionen

Die 3 aufgezwungenen und die 2 diktatorischen Sozialwahlfunktionen F des Beispiels II sind in Abb. 146b wiedergegeben. Die Sozialwahlfunktionen F_1, F_2, F_3 stellen aufgezwungene, die Sozialwahlfunktionen F_4, F_5 diktatorische Sozialwahlfunktionen dar. Die Sozialwahlfunktionen ordnen jedem möglichen Präferenzordnungsprofil eine kollektive Präferenzordnung zu.

	R_1 kann sein (Präferenzordnung des ersten Individuums)	R_2 kann sein (Präferenzordnung des zweiten Individuums)	F_1	F_2	F_3	F_4	F_5
Profil 1	Nr. 1	Nr. 1	Nr. 1	Nr. 2	Nr. 3	Nr. 1	Nr. 1
Profil 2	Nr. 1	Nr. 2	Nr. 1	Nr. 2	Nr. 3	Nr. 1	Nr. 2
Profil 3	Nr. 1	Nr. 3	Nr. 1	Nr. 2	Nr. 3	Nr. 1	Nr. 3
Profil 4	Nr. 2	Nr. 1	Nr. 1	Nr. 2	Nr. 3	Nr. 2	Nr. 1
Profil 5	Nr. 2	Nr. 2	Nr. 1	Nr. 2	Nr. 3	Nr. 2	Nr. 2
Profil 6	Nr. 2	Nr. 3	Nr. 1	Nr. 2	Nr. 3	Nr. 2	Nr. 3
Profil 7	Nr. 3	Nr. 1	Nr. 1	Nr. 2	Nr. 3	Nr. 3	Nr. 1
Profil 8	Nr. 3	Nr. 2	Nr. 1	Nr. 2	Nr. 3	Nr. 3	Nr. 2
Profil 9	Nr. 3	Nr. 3	Nr. 1	Nr. 2	Nr. 3	Nr. 3	Nr. 3

Abb. 146b: Aufgezwungene und diktatorische Sozialwahlfunktionen des Beispiels II

Sämtliche Axiome lassen sich zusammenfassend darstellen:

Axiom 1: Definition der Sozialwahlfunktion Axiom 2: Unabhängigkeit von irrelevanten Aktionen	»Technische« Axiome
Axiom 3: Positive Assoziation individueller und kollektiver Präferenzordnungen Axiom 4: Souveränität der Individuen Axiom 5: Verbot eines Diktators	»Demokratische« Axiome

Unmöglichkeitstheorem

Arrow hat bereits 1951 gezeigt, daß es keine Sozialwahlfunktion geben kann, die alle 5 Axiome gleichzeitig erfüllt (Arrow 1976, S. 97 ff.). Das Arrowsche *Unmöglichkeitstheorem* besagt demnach, daß es logisch unmöglich ist, eine Sozialwahlfunktion zu entwerfen, die die 5 Axiome befriedigt. Voraussetzung für die Gültigkeit des Unmöglichkeitstheorems ist dabei, daß die Anzahl der Aktionen mindestens 3 ist. Liegen nur 2 Aktionen vor, so ist die bereits bekannte *Majoritätsregel* eine Sozialwahlfunktion, die alle 5 Axiome erfüllt (Arrow 1976, S. 46 ff.). Arrow erblickt darin eine gewisse logische Begründung des anglo-amerikanischen Zwei-Parteiensystems. Ansonsten gerät bei mindestens 3 Aktionen die Majoritätsregel auch in die Falle des Unmöglichkeitstheorems. Die Majoritätsregel ist vereinbar mit den Axiomen 4 und 5, widerspricht aber der in Axiom 1 enthaltenen Forderung nach Transitivität der kollektiven Präferenzordnung.

Das wird in Abb. 147 deutlich. Die individuellen Präferenzordnungen von 3 Individuen sind der Reihe nach der Abb. 145 entnommen. Es sind also 3 Aktionen zu ordnen. Eine höhere Zahl entspricht einer höheren Rangplazierung (vgl. Abb. 143).

Wählerparadoxon

Der dabei entstehende paradoxe Effekt, daß durch Mehrheitsentscheidungen transitive individuelle Präferenzordnungen in intransitive kollektive Präferenzordnungen überführt werden können, wird auch als *Wählerparadoxon* oder *Condorcet-Effekt* bezeichnet. Condorcet hat den zugrundeliegenden Sachverhalt bereits 1785 beschrieben.

2.2. Änderung der eingeführten Axiome

Um trotzdem zu »vernünftigen« Sozialwahlfunktionen zu gelangen, bleibt keine andere Möglichkeit, als die Axiome so zu verändern, daß »vernünftige« Sozialwahlfunktionen resultieren. Davon wird in verschiedener Form Gebrauch gemacht, wobei etwa an den »technischen« Axiomen 1 und 2 ange-

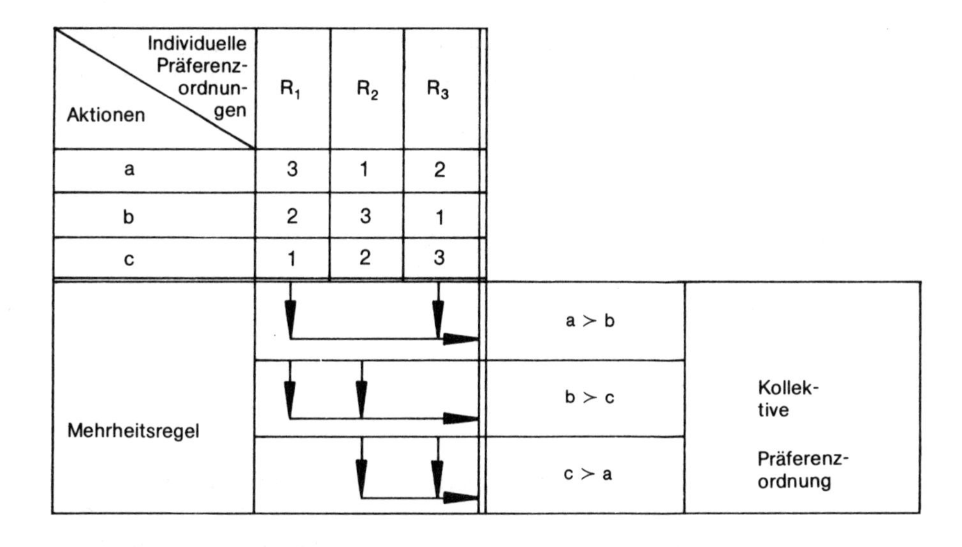

Abb. 147: Darstellung des Wählerparadoxons

knüpft wird, während beispielsweise die »demokratischen« Axiome 3, 4 und 5 unverändert bleiben. Dabei lassen sich etwa 3 Strategien unterscheiden:

- Einschränkung des Definitionsbereiches von F,
- Aufgabe der Bedingung, daß die kollektive Präferenzordnung eine vollständige und transitive Ordnung der Aktionen erreichen müsse,
- Einführung kardinaler individueller Präferenzordnungen.

Einschränkung des Definitionsbereiches von F

Eingipfelbedingung

Wenn nur sog. *eingipflige* Präferenzordnungsprofile zugelassen werden, so kann das Unmöglichkeitstheorem umgangen werden, sofern die Majoritätsregel zugrundegelegt wird und die Gremiumsgröße n ungerade ist (Bamberg–Coenenberg 1977, S. 190 ff.). »Ein Präferenzordnungsprofil genügt einer Eingipfelbedingung, wenn die Aktionen so angeordnet werden können, daß jedes Gremienmitglied beim Übergang von einer Aktion zur nächsten bis zu einer bestimmten Aktion (die für jedes Mitglied eine andere sein kann) stets zu einer präferierten und von dieser bestimmten Aktion ab stets zu einer weniger präferierten Aktion gelangt« (Bamberg–Coenenberg 1977, S. 190 f., im Original wird anstelle des Begriffes »Aktion« der Begriff »Alternative« verwendet). Die Eingipfelbedingung ist sehr gut auch graphisch darzustellen. Werden die Aktionen auf der Abszisse eines Koordinatensystems angeordnet, was unproblematisch ist, wenn sie eindimensional meßbar sind, so muß der Graph der jeweiligen Präferenzordnung immer eine eingipfelige Kurve sein. Beim Wählerparadoxon wird dagegen verstoßen, was Abb. 148 zeigt.

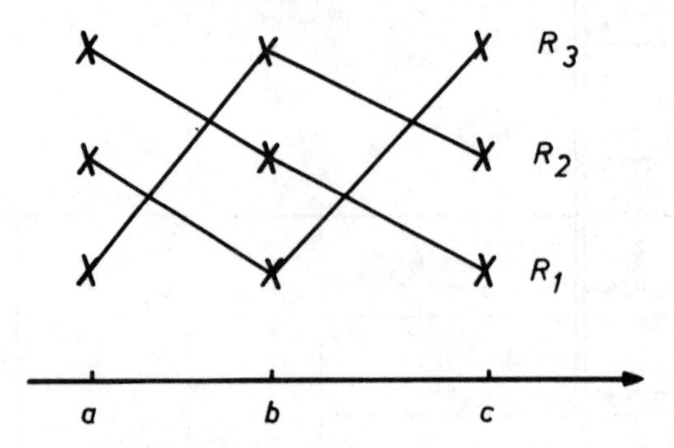

Abb. 148: Graphische Darstellung von drei individuellen Präferenzordnungen

Der zu R_3 gehörende Graph weist entgegen der Bestimmung zwei Gipfel auf, nämlich bei a und bei c.

Wird n als gerade angenommen, so ist die kollektive Präferenzordnung nicht mehr transitiv:

R_1	R_2
a	b
b	c
c	a

Die Majoritätsregel ergibt $c \sim a$ und $a \sim b$ und $b > c$ anstelle von $b \sim c$.

Aufgabe der Vollständigkeit und Transitivität der kollektiven Präferenzordnung

Praktische Majoritätsregel

Bei einer vollständigen Bewertung der Aktionen kann die Anwendung der Majoritätsregel zu Intransitivitäten führen. Derartige Intransitivitäten werden aber *nicht* sichtbar, wenn unvollständig bewertet wird. Diese Erkenntnisse macht sich eine im praktischen Leben bekannte Majoritätsregel zunutze: Aktionen werden der Reihe nach paarweise zur Abstimmung geführt. Die siegreiche Aktion wird mit einer dritten Aktion konfrontiert usw. Die übrigbleibende Aktion schließlich wird realisiert. Benutzt man jetzt diese Regel und legt die Präferenzordnungen aus dem Beispiel des Wählerparadoxons zugrunde (vgl. S. 295), so folgt etwa:

1. – a wird mit b bewertet: $a > b$; b scheidet aus.
   Dann:
   – a wird mit c bewertet: $c > a$; c gewinnt, a scheidet aus.

Es entsteht erkennbar keine intransitive Beziehung, da die Bewertung unvollständig ist. Wird allerdings der zu einer vollständigen Anordnung noch fehlende Bewertungsakt ›b wird mit c verglichen‹ herangezogen, ist die Intransitivität evident. Nach der Majoritätsregel ist b > c, obwohl c > b gelten müßte.

Allerdings gilt jetzt, daß der Ausgang der Abstimmung davon abhängig ist, in welcher *Reihenfolge* die Aktionen zur Wahl gestellt werden. Es werden im Beispiel immer die beiden Aktionen besiegt, die in jeweils einem Prozeß zuerst zur Wahl anstehen:

2. – a wird mit c bewertet: c > a; a scheidet aus.
   Dann:
   – c wird mit b bewertet: b > c; b gewinnt, c scheidet aus.

3. – b wird mit c bewertet: b > c; c scheidet aus.
   Dann:
   – b wird mit a bewertet: a > b; a gewinnt, b scheidet aus.

Die im Sinne der kollektiven Präferenzordnung optimale Aktion ist also ein Ergebnis des politischen Taktierens in Entscheidungsgremien. Wer seine Aktion zum Schluß in den Abstimmungsprozeß einbringen kann, gewinnt.

Modifiziert man nun das Axiom 1 und verzichtet auf Vollständigkeit bei der Bewertung und Transitivität der kollektiven Präferenzordnung sowie auf die angesprochenen Manipulationstechniken, so gibt es allerdings trotzdem keine »vernünftige« Sozialwahlfunktion. Auch in diesem Falle existiert ein Unmöglichkeitstheorem (vgl. dazu Bamberg–Coenenberg 1977, S. 196).

Einführung kardinaler individueller Präferenzordnungen

Ein formal sehr eleganter Ausweg aus dem Unmöglichkeitstheorem besteht darin, die individuellen Präferenzordnungen als *kardinale* Nutzenfunktionen einzuführen (vgl. dazu auch Gäfgen 1974, S. 431).

3. Ermittlung einer optimalen Strategie in Spielen: Theorie der Spiele (Spieltheorie)

Die für die Spieltheorie typischen Probleme und Lösungsansätze lassen sich an alltäglichen Beispielen verdeutlichen. Aber auch zahlreiche ökonomische Probleme besitzen eine Spielstruktur. Darauf werden wir allerdings erst später eingehen, da es bei der Einführung in die Spieltheorie hilfreicher ist, von einfachen Spielen, ja sogar Kinderspielen, auszugehen. Dies gilt um so mehr, als die »Termini der Theorie ... wie eine Fremdsprache gelernt werden (müssen)« (Reber 1973, S. 61).

3.1. Grundbegriffe der Spieltheorie

Strategische Spiele

In der Spieltheorie werden nur sog. *strategische* Spiele behandelt. Diese unterscheiden sich von Glücksspielen dadurch, daß der Ablauf der Spiele nicht ausschließlich von Zufallsereignissen bestimmt ist, sondern auch durch die Verhaltensweisen von rational handelnden Spielern. Bei Schach etwa ist überhaupt kein Zufallsmoment vorhanden, während bei den meisten Kartenspielen sowohl Zufall als auch rationale Entscheidungen eine Rolle spielen. In strategischen Spielen stehen sich also *rational* handelnde Spieler gegenüber, die ihren Vorteil zu realisieren wissen. Trotzdem ist das Ergebnis des Spiels für die einzelnen Spieler *indeterminiert*; denn sie wissen nicht, wie die anderen Spieler im Verlauf des Spiels reagieren. Da aber jeweils Rationalität unterstellt wird, spricht man davon, daß in der Spieltheorie *Entscheidungen bei rationaler Indeterminiertheit* analysiert werden (Gäfgen 1974, S. 177).

Spielregeln

In der Anwendung der *Spielregeln* beispielsweise passiert rationalen Spielern kein Fehler. Spielregeln gehören im übrigen zu jedem Spiel. Man kann sogar sagen, daß ein Spiel durch die Summe seiner Spielregeln definiert ist (vgl. dazu Szyperski–Winand 1974, S. 109). Unter Spielregeln kann sich auch jeder etwas vorstellen, der bereits irgendein Spiel gespielt hat, so daß der Hinweis darauf genügt.

Begriff der Strategie

Besonders wichtig ist der Begriff der *Strategie.* Er meint zwar nichts anderes als der uns schon seit langem vertraute Begriff der Aktion, wird jedoch mit Besonderheiten der Spieltheorie versehen. Bei der Analyse eines Spiels sind alle möglichen Situationen zu erfassen, denen sich ein Spieler ausgesetzt sehen könnte und die ein Handeln erfordern. Eine Strategie eines Spieles ist dann ein *vollständiger Verhaltensplan,* der für jede mögliche Situation, in die ein Spieler im Verlaufe eines Spiels gelangen kann, die in dieser Situation zu ergreifende Handlung festlegt (vgl. dazu auch Burger 1966, S. 10). Bereits bei relativ einfachen Spielen existieren zahlreiche Strategien; bei Dame etwa schätzt man 10^{40} mögliche Strategien, bei Schach dagegen 10^{120} mögliche Strategien (vgl. dazu Reber 1973, S. 160f., 309).

Extensive Form eines Spiels

Zeigt man den Verlauf des Spiels in seinen einzelnen Runden und verwendet eine Graphik, die die *Abfolge* eines Spiels erkennen läßt, so stellt man das Spiel in seiner *extensiven Form* dar. Als Hilfsmittel werden graphentheoretische Darstellungen (sog. Baumstrukturen) verwendet. Auf diese Form wollen wir im weiteren nicht eingehen und verweisen dazu auf die Literatur (Shubik 1965, S. 29ff., Bamberg–Coenenberg 1977, S. 135f.).

Partie

Greift nun jeder Spieler aus seinen ihm insgesamt zur Verfügung stehenden Strategien eine heraus, so ist »schlagartig« das ganze Spiel festgelegt und eine *Partie* des Spiels gespielt. Wenn immer etwa im Schachspiel eine Partie gespielt werden soll, müssen zu Beginn des Spiels die Spieler unabhängig voneinander irgendeine Strategie, die sich über alle Runden und auf alle möglichen Situationen bezieht, auswählen. Solche Spiele werden als *Spiele in Normalform* bezeichnet. Bei ihnen geht der dynamische Aspekt eines Spieles verloren, da nur *eine* Strategie festgelegt, quasi nur ein Zug ausgeführt wird. Danach ist die Partie beendet. Jede Partie ist eine einzige Realisierung eines Spiels, das unbegrenzt häufig realisiert werden kann. Das beispielhaft verwendete Schachspiel etwa läßt sich immer wieder spielen.

Normalform eines Spiels

Werden Spiele mit 2 Spielern betrachtet, so lassen sich Spiele in Normalform in einer Matrix darstellen, wenn die Strategiemenge der 2 Spieler endlich ist. Es handelt sich dann um *Matrixspiele*, wie sie in Abb. 149 dargestellt werden. Ihnen wenden wir uns nun zu (vgl. dazu Bamberg–Coenenberg 1977, S. 142).

Matrixspiele

Spieler B / Spieler A	Strategie $s_1^{(B)}$	$s_2^{(B)}$	. . .	$s_n^{(B)}$
Strategie $s_1^{(A)}$				
$s_2^{(A)}$				
. . .				
$s_m^{(A)}$				

Abb. 149: Matrixspiel

Die Matrix verdeutlicht, welch gewaltiger Abstraktionsvorgang geleistet werden mußte, um zu dieser vergleichsweise einfachen Formulierung zu gelangen. In der Bezeichnung »$s_1^{(A)}$« etwa und allen anderen Strategien der beiden Spieler ist jeglicher Ablaufaspekt ausgeblendet. Dieser kann zwar jederzeit wieder eingeführt werden, wenn die Strategien ähnlich wie eine »black box« geöffnet werden. Da die Matrix aber gerade Komplexität reduzieren soll, ist dieser Schritt unnötig.

Die Matrix der Abb. 149 verdeutlicht, daß jedes Aufeinandertreffen von zwei Strategien zu einer Auszahlung für die zwei Spieler führt. Die Auszahlung wird durch die Auszahlungsfunktion festgelegt. In jeder Zelle der Matrix stehen also zwei Werte: Ein Auszahlungswert für Spieler A und ein Auszahlungswert für Spieler B. Wir haben in der vorliegenden Abbildung allerdings darauf verzichtet, Auszahlungswerte einzutragen. Auszahlungswerte in Kartenspielen sind monetäre Werte, wie Spielgewinne bzw. Verluste. Allgemein gesehen, sind Auszahlungswerte als Nutzengrößen zu betrachten, wo-

Auszahlungen

bei ordinale *oder* kardinale Nutzengrößen vorliegen können. Es ist später zu zeigen, in welchen Fällen das eine oder andere Meßniveau Anwendung findet. Die Auszahlungsmatrix wird auch als *payoff-Matrix* und die Auszahlungsfunktion als *payoff-Funktion* bezeichnet.

Wichtig ist, daß für die Analyse der Entscheidungssituationen die Auszahlungsmatrix und alle ihre Bestandteile gegeben sind, also:

- die Strategien aller Spieler,
- die Auszahlungsfunktionen aller Spieler und damit
- die Auszahlungsmatrix.

Für den Fall eines Matrixspieles gilt nun in allgemeiner Formalsprache: Eine Partie wird beschrieben durch:

$$(s_i^{(A)}, s_j^{(B)}) \text{ mit } \begin{cases} s_i^{(A)} \in S^{(A)}, & \text{wobei } S^{(A)} \text{ die Menge aller Strategien von A} \\ & \text{ist, } i = 1, \ldots, m \\ s_j^{(B)} \in S^{(B)}, & \text{wobei } S^{(B)} \text{ die Menge aller Strategien von B} \\ & \text{ist, } j = 1, \ldots, n. \end{cases}$$

Da jeder Spieler bei einer Partie eine bestimmte (Nutzen-) Auszahlung erhält, existieren insgesamt 2 Auszahlungsfunktionen u_A, u_B mit:

$$u_A = u_A (s_i^{(A)}, s_j^{(B)})$$

und

$$u_B = u_B (s_i^{(A)}, s_j^{(B)}).$$

Die Verallgemeinerung der eben getroffenen Aussagen für n-Personen-Spiele ($n \geqq 3$) ist möglich, soll aber unterbleiben (vgl. dazu Bamberg-Coenenberg 1977, S. 137), da auch später diese n-Personenspiele nur in ihren Grundzügen behandelt werden.

Da schon implizit auf Zweipersonenspiele hingewiesen wurde, werden im folgenden solche und andere Spielarten systematisiert.

3.2. Arten von Spielen

Zweipersonenspiele – Mehrpersonenspiele

In der Spieltheorie trennt man *Zweipersonenspiele* ($n = 2$) von *Mehrpersonenspielen* ($n \geqq 3$). Das Schachspiel ist ein Zweipersonenspiel, während »Mensch ärgere dich nicht« als Mehrpersonenspiel konzipiert ist. Auch im ökonomischen Bereich gibt es oft Mehrpersonenspiele, so wenn mehrere Anbieter in einem Markt durch ihren Einsatz von Marktstrategien um Käufer »kämpfen«.

Nullsummenspiele – Nichtnullsummenspiele

Eine andere Trennung von Spielarten kommt zu *Nullsummenspielen* und *Nichtnullsummenspielen.* Nullsummenspiele liegen vor, wenn etwa bei Zweipersonenspielen immer der eine das gewinnt, was der andere verliert. Es gilt also für jede Partie

$(s_i^{(A)}, s_j^{(B)})$,

daß die Auszahlungssumme

$u_A (s_i^{(A)}, s_j^{(B)}) + u_B(s_i^{(A)}, s_j^{(B)}) = 0.$

Als Beispiel ist folgende Matrix der Abb. 150 anzuführen, die an dieser Stelle nur mit ihren Zahlen interessiert. Eine Interpretation wird auf S. 303f. nachgeliefert (zu dem Beispiel vgl. Szyperski–Winand 1974, S. 110).

Spieler B / Spieler A	$s_1^{(B)}$	$s_2^{(B)}$
$s_1^{(A)}$	+5, −5	−3, +3
$s_2^{(A)}$	+2, −2	−1, +1

Abb. 150: Nullsummenspiel

Die erste Zelle der Matrix enthält die Auszahlungswerte der Partie $(s_1^{(A)}, s_1^{(B)})$:

$u_A (s_1^{(A)}, s_1^{(B)}) = +5$

und

$u_B (s_1^{(A)}, s_1^{(B)}) = -5.$

In jeder Zelle der Matrix stehen übrigens zuerst die Auszahlungswerte für Spieler A und dann für Spieler B. Die Auszahlungssumme beider Spieler ist Null:

$u_A (s_1^{(A)}, s_1^{(B)}) + u_B(s_1^{(A)}, s_1^{(B)}) = 0.$

Diese Bedingung gilt für alle Partien, so daß ein Nullsummenspiel vorliegt.

Ergeben die aufsummierten Auszahlungswerte für jede Partie eine von Null abweichende konstante Zahl, so liegt ein *Konstantsummenspiel* vor. Ein solches Spiel ist in Abb. 151 wiedergegeben, wobei der konstante Wert 6 ist.

Konstantsummenspiele - Nichtkonstantsummenspiele

Konstantsummenspiele gehören zu den Nichtnullsummenspielen. Diese liegen allgemein gesehen immer dann vor, wenn nicht für alle Partien die aufsummierten Auszahlungen Null werden. Nach diesem Verständnis ist die Klasse der Nichtnullsummenspiele umfassender als die Klasse der Konstantsummenspiele. Dazu gehören auch die *Nichtkonstantsummenspiele*, bei denen die für alle Partien aufsummierten Auszahlungen keinen konstanten Wert ergeben. Es gilt also Abb. 152 (vgl. dazu Szyperski–Winand 1974, S. 117).

Spieler B / Spieler A	$s_1^{(B)}$	$s_2^{(B)}$
$s_1^{(A)}$	+11, −5	+3, +3
$s_2^{(A)}$	+ 8, −2	+5, +1

Abb. 151: Konstantsummenspiel

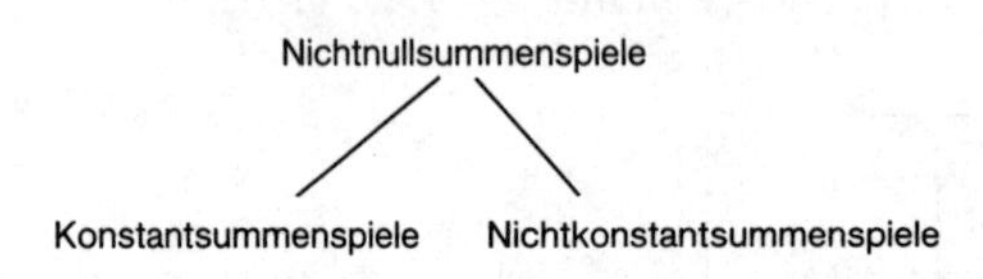

Abb. 152: Arten der Nichtnullsummenspiele

Strikte Opposition – partielle Interessenübereinstimmung/ Spiele mit Kommunikation – Spiele ohne Kommunikation

Weitere Spiele können danach unterschieden werden, ob die Spieler *strikt oppositionell* handeln (streng kompetitiv) oder ob eine *partielle Interessenübereinstimmung* vorliegt (partiell kompetitiv). Außerdem unterteilt man Spiele in solche *mit Kommunikation* zwischen den Spielern und solche *ohne Kommunikation*. Spiele mit Kommunikation werden als kooperative Spiele, Spiele ohne Kommunikation als nichtkooperative Spiele bezeichnet (Reber 1973, S. 67).

Für unsere Zwecke reichen diese Spielarten aus, die in Abb. 153 zusammengefaßt sind (zu einer weiteren Unterteilung vgl. Szyperski-Winand 1974, S. 114f.).

Aus Abb. 153 lassen sich nun durch die Kombination einzelner Unterscheidungsmerkmale komplexe Spielarten entwickeln. Einzelnen solcher Spielarten wollen wir uns nun ausführlich zuwenden.

- *Zweipersonen-Nullsummenspiele:* Sie sind durch strikte Opposition gekennzeichnet.
- *Nichtkooperative Zweipersonen-Nichtkonstantsummenspiele:* Bei diesen Spielen liegt eine partielle Interessenüberlagerung vor, allerdings ohne daß kommuniziert wird.
- *Kooperative Zweipersonen-Nichtkonstantsummenspiele:* Die partielle Interessenüberlagerung kann durch Kooperation realisiert werden.
- *Kooperative Mehrpersonenspiele:* Mehrpersonenspiele sind durch die Beteiligung von drei und mehr Personen gekennzeichnet.

Unterscheidungsmerkmal	Spielarten	
Anzahl der Spieler	Mehrpersonenspiele	Zweipersonenspiele
Summe der Auszahlungen	Nullsummenspiele	Nichtnullsummenspiele: Konstantsummenspiele / Nichtkonstantsummenspiele
Art der Interessen	strikte Oppositionsspiele	Spiele einer partiellen Interessenüberlagerung
Zulässigkeit der Kommunikation	Kooperative Spiele (mit Kommunikation)	Nichtkooperative Spiele (ohne Kommunikation)

Abb. 153: Arten von Spielen

3.3. Zweipersonen-Nullsummenspiele

Zur Verdeutlichung dieser Spielart eignet sich die Matrix der Abb. 150, die deshalb noch einmal wiedergegeben und als Abb. 154 bezeichnet wird.

A \ B	$s_1^{(B)}$	$s_2^{(B)}$
$s_1^{(A)}$	+5, −5	−3, +3
$s_2^{(A)}$	+2, −2	−1, +1

Abb. 154: Nullsummenspiel

Dahinter steht folgendes Beispiel:

Beispiel

Spieler A und Spieler B sind zwei Unternehmer, die einen Markt vollständig beherrschen. Jeder Unternehmer kann nun jeweils alternativ 2 Werbeprogramme einsetzen, die in sich höchst differenziert sind und verschiedene Einzelmaßnahmen vorsehen. Damit soll der Marktanteil, der in Umsatzeinheiten (in 100 000 DM) gemessen wird, vergrößert werden. Die Vergrößerung des Marktanteils hängt nicht nur von den eigenen Strategien, sondern auch von den Strategien des Gegners ab. Die Marktform des Dyopols bedingt es, daß ein Zuwachs an Umsatz für A eine entsprechend hohe Einbuße an Umsatz für B nach sich zieht. Da die monetären Einheiten als Nutzenwerte verwendet werden sollen, liegt eine lineare Nutzenfunktion vor.

Wenn die Voraussetzungen dieser Spielart zusammengefaßt werden, so gilt:

- Es gibt nur zwei Spieler.
- Der Nutzenzuwachs des einen Spielers ist der Nutzenverlust des anderen Spielers. Es handelt sich um ein striktes Oppositionsspiel.
- Ist die Anzahl der Strategien beider Spieler endlich, so liegt ein Matrixspiel vor.
- Für beide Spieler ist die Auszahlungsmatrix bekannt.
- Wenn jeder Spieler unabhängig vom Gegner eine Strategie ausgewählt hat, ist eine Partie des Spiels gespielt. Man wählt gleichzeitig.
- Beide Spieler verhalten sich rational.

Die Rationalitätsannahme bei Zweipersonen-Nullsummenspielen soll im weiteren analysiert werden. Dazu trennen wir die Spiele in solche mit einem Sattelpunkt und in solche ohne einen Sattelpunkt.

Zweipersonen-Nullsummenspiele mit Sattelpunkt

Anwendung der Maximin-Zielfunktion

Da derartige Spiele durch ein strikt oppositionelles Verhalten der einzelnen Spieler gekennzeichnet sind, liegt es nahe, die uns schon seit langem bekannte Maximin-Zielfunktion einzusetzen. Ihre Verwendung soll nun begründet werden.

Stellen wir uns zunächst auf den Standpunkt des Spielers A. Er geht davon aus, daß ihm der andere Spieler den *höchsten Schaden* zufügen will; denn dann bekommt B die höchste Auszahlung. Es ist klar, daß A aus den schlechtesten Werten das Beste zu machen versucht. Der beste aus den schlechtesten Werten ist −1. Um das zu zeigen, schreiben wir die Matrix aus der Sicht von A, was zu Abb. 155 führt.

B / A	$s_1^{(B)}$	$s_2^{(B)}$	$\min_j u_{ij}$	
$s_1^{(A)}$	+5	−3	−3	
$s_2^{(A)}$	+2	−1	−1	← $\max_i \min_j u_{ij}$

Abb. 155: Auszahlungsmatrix aus der Sicht des A

Genau die gleichen Überlegungen führt B durch, was zu einer Matrix aus der Sicht des B führt, die in Abb. 156 wiedergegeben ist.

B \ A	$s_1^{(A)}$	$s_2^{(A)}$	$\min_j u_{ij}$
$s_1^{(B)}$	−5	−2	−5
$s_2^{(B)}$	+3	+1	+1 ← $\max_i \min_j u_{ij}$

Abb. 156: Auszahlungsmatrix aus der Sicht des B

Aus beiden Matrizen ist zu erkennen, daß sowohl A als auch B die zweite Strategie wählen. Damit ist die Lösung des Spieles festgelegt. Führt man die Matrizen der Abb. 155 und 156 wieder zusammen, so gelangt man zur Matrix der Abb. 154. Auch daraus erkennt man die Lösung des Spieles, und zwar an den oval umrandeten Zahlenwerten.

Oft führt man die vorstehenden Überlegungen nur an *einer* Matrix der beiden Abb. 155 und 156 durch, was letztlich einfacher ist. Man wählt dazu etwa die Matrix aus der Sicht des A, was zur Abb. 157 führt. An dieser Matrix wird jetzt die Eigenschaft der Lösung erklärt.

A \ B	$s_1^{(B)}$	$s_2^{(B)}$	$\min_j u_{ij}$
$s_1^{(A)}$	+5	−3	−3
$s_2^{(A)}$	+2	−1	−1
$\max_i u_{ij}$	+5	−1	

Abb. 157: Auszahlungsmatrix aus der Sicht des A

A wendet wiederum die Maximin-Zielfunktion an und sucht das Maximum der Spaltenminima. B »dreht« nun die Maximin-Zielfunktion »um« und benützt die Minimax-Zielfunktion. Das ist deshalb notwendig, da die Ziffern für B eigentlich mit einem negativen Vorzeichen zu versehen sind (vgl. dazu Abb. 154). B sucht also das Minimum der Zeilenmaxima. Ist das

Maximum der Spaltenminima = Minimum der Zeilenmaxima,

hat das Spiel eine Lösung. In unserem Beispiel gibt es eine Lösung.

Die Maximin-Zielfunktion führt selbstverständlich nur dann zu einem rationalen Ergebnis, wenn jeder Spieler den Voraussetzungen solcher Spiele entspricht. Es muß unterstellt werden, »daß der Gegner nicht nur darauf abzielt, soviel Schaden wie möglich zuzufügen, sondern auch, daß er intelligent ist und in jeder Situation seinen Vorteil auf das genaueste zu finden weiß. Sollte es im voraus bekannt sein, daß der Gegner von falschen Vorstellungen ausgeht, Fehler macht oder im allgemeinen etwas dumm ist, dann ist es nicht unbedingt das beste, dieser normativen Theorie zu folgen« (Shubik 1965, S. 28 f.).

Gleichgewicht

Für unsere folgenden Überlegungen eignet sich nun besonders die Matrix der Abb. 154: Der Auszahlungswert $(-1, +1)$ und die dazugehörige optimale Strategie $(s_2^{(A)}, s_2^{(B)})$ haben eine besondere Eigenschaft. Der Auszahlungswert $(-1, +1)$ ist eine *Gleichgewichtsauszahlung*, und die Strategie $(s_2^{(A)}, s_2^{(B)})$ wird als *Gleichgewichtspunkt (Gleichgewichtspartie)* bezeichnet. Beide Spieler befinden sich in einem Gleichgewicht, wenn sie diese Partie spielen. Weicht nun jeweils ein Spieler *allein* vom Gleichgewichtspunkt ab und ergreift eine andere Strategie, so kann er sich *nicht verbessern*, sofern der andere Spieler am Gleichgewichtspunkt festhält. Würde sich nämlich A verändern und B bleiben, so verschlechtert sich A von -1 zu -3. Würde sich dagegen B verändern und A bleiben, so verschlechtert sich B von $+1$ zu -2*.

Definition des Gleichgewichtspunktes

Es gilt, wenn wir etwa weiterhin die Matrix der Abb. 154 verwenden:

$(s_h^{(A)}, s_k^{(B)})$ ist ein Gleichgewichtspunkt,

wenn aus der Sicht des A bei *gegebenem* $s_k^{(B)}$ für alle $s_i^{(A)}$:

$$u_{hk}^{(A)} \geqq u_{ik}^{(A)} \qquad (i = 1,\ldots,m)$$

und

wenn aus der Sicht des B bei *gegebenem* $s_h^{(A)}$ für alle $s_j^{(B)}$:

$$u_{hk}^{(B)} \geqq u_{hj}^{(B)} \qquad (j = 1,\ldots,n)$$

(vgl. dazu Hax 1974, S. 196).

Gleichgewichtspunkte und Maximin-Strategien fallen in Nullsummenspielen der betrachteten Art zusammen (Bamberg–Coenenberg 1977, S. 145). So wie es dann mehrere optimale Maximin-Strategien geben kann, können auch mehrere Gleichgewichtspunkte vorliegen.

Stabiles Gleichgewicht

Ein Gleichgewichtspunkt ist *stabil*, wenn man unterstellt, daß die Abweichung eines Spielers von seiner Gleichgewichtsstrategie den anderen Spieler nicht darin beirrt, an seiner Gleichgewichtsstrategie festzuhalten. Diese Stabilität kann bei Nullsummenspielen angenommen werden. Das läßt sich daran

* Erkennbar wird bei Gleichgewichtspunkten nur ein ordinaler Nutzen benötigt.

zeigen, daß ein instabiles Verhalten zu unerwünschten Konsequenzen führt. Zunächst geht man in der Abb. 154 mit A davon aus, daß B an $s_2^{(B)}$ festhält, wenn A sich zu $s_1^{(A)}$ verändert. Geht nun aber B tatsächlich zu $s_1^{(B)}$ über, so würde der Punkt ($s_1^{(A)}$, $s_1^{(B)}$) realisiert, was B aber nicht will, so daß er an $s_2^{(B)}$ festhält. Umgekehrt glaubt B daran, daß A bei $s_2^{(A)}$ bleibt, wenn er sich zu $s_1^{(B)}$ verändert. Ginge aber A zu $s_1^{(A)}$, so würde B mit $s_2^{(B)}$ kontern, was A nicht genehm ist. Also bleibt A in der Tat bei $s_2^{(A)}$. Demnach ist die Stabilität der Gleichgewichtslösung gegeben.

Gleichgewichtspunkte in Zweipersonen-Nullsummenspielen werden auch als *Sattelpunkte* bezeichnet (vgl. dazu auch allgemein Bamberg–Coenenberg 1977, S. 147, Fußnote 1). Da nicht in allen Nullsummenspielen Gleichgewichtspunkte existieren, gibt es auch Nullsummenspiele ohne Sattelpunkt. Ihnen wenden wir uns deshalb zu.

Zweipersonen-Nullsummenspiele ohne Sattelpunkt

Es soll die Matrix der Abb. 158 zugrundegelegt werden (vgl. Luce–Raiffa 1957, S. 69).

Beispiel

A \ B	$s_1^{(B)}$	$s_2^{(B)}$
$s_1^{(A)}$	+3, −3	+1, −1
$s_2^{(A)}$	+2, −2	+4, −4

Abb. 158: Nullsummenspiel

Die Anwendung der Maximin-Zielfunktion führt dazu, daß A die Strategie $s_2^{(A)}$ und B die Strategie $s_1^{(B)}$ wählt. Allerdings gibt es keinen Gleichgewichtspunkt und deshalb auch keinen Sattelpunkt. Aus diesem Grund wird es bei diesem Spiel sehr schwierig sein, zu einem passenden Strategienpaar zu gelangen, das den Rationalitätsvorstellungen beider Spieler entspricht. Da A denkt, daß B entsprechend der Maximin-Zielfunktion die Strategie $s_1^{(B)}$ wählt, antwortet A natürlich auch mit $s_1^{(A)}$. B denkt ebenfalls, daß A so denkt und setzt dann $s_2^{(B)}$ ein. Jetzt wiederum kontert A mit $s_2^{(A)}$. In diesem Falle wählt B die Strategie $s_1^{(B)}$. Damit ist der Kreis der Argumentation abgeschlossen und die Überlegungen könnten von *neuem* beginnen. Diese »zyklischen« Argumente kann man natürlich auch bei Nullsummenspielen mit Sattelpunkt anstellen. Nur beendet bei diesen Spielen die Maximin-Zielfunktion die Drehung im Kreis, während bei Nullsummenspielen ohne Sattelpunkt die Maximin-Zielfunktion nicht als Stoppregel angesehen werden kann (vgl. dazu Reber 1973, S. 63).

Reine Strategien – gemischte Strategien

In diesem Fall entstehen die optimalen Strategien aus einer Kombination der bisherigen Strategien. Die bisher betrachteten Strategien werden als *reine* Strategien bezeichnet, während ihre Kombination zu *gemischten* Strategien führt. Gemischte Strategien sind dadurch charakterisiert, daß jede reine Strategie eines Spielers mit einer bestimmten Wahrscheinlichkeit belegt wird. Als Beispiel gilt etwa:

$(\frac{1}{4}\, s_1^{(A)}, \frac{3}{4}\, s_2^{(A)})$.

Das Konzept der gemischten Strategien setzt implizit voraus, daß ein Spiel wiederholt gespielt wird und die reinen Strategien so häufig auftreten, wie es ihre Wahrscheinlichkeiten vorschreiben (Szyperski–Winand 1974, S. 121). Die Wahrscheinlichkeiten der gemischten Strategien repräsentieren dabei ein *optimales* Kombinationsverhältnis der reinen Strategien. Die optimalen Wahrscheinlichkeiten führen dann dazu, daß der Nutzenerwartungswert maximiert wird*. Die optimale gemischte Strategie ist ebenfalls ein Gleichgewichtspunkt.

Auf die Ermittlung der Wahrscheinlichkeiten soll allerdings nicht eingegangen werden. In einfachen Zweipersonenspielen mit jeweils zwei Strategien kann man sich einer graphischen Methode bedienen. Allgemein steht die lineare Programmierung zur Verfügung (vgl. dazu Bamberg–Coenenberg 1977, S. 149f., 178ff. und Szyperski–Winand 1974, S. 121f.).

3.4. Nichtkooperative Zweipersonen-Nichtkonstantsummenspiele

Spiele vom Typ »Gefangenendilemma«

Als Prototyp dieser Spielart bezeichnet Reber (1973, S. 98) die Spiele vom Typ *»Gefangenendilemma«*. Dem »Gefangenendilemma« liegt etwa die Matrix in Abb. 159 zugrunde.

A \ B	$s_1^{(B)}$	$s_2^{(B)}$
$s_1^{(A)}$	−2, −2	−10, 0
$s_2^{(A)}$	0, −10	−6, −6

Abb. 159: Konkrete Auszahlungsmatrix des ursprünglichen Gefangenendilemmas

* Die Nutzengrößen bei gemischten Strategien sind zwingend kardinale Nutzengrößen.

Beispiel

Zwei eines Mordes Verdächtige werden gefangengenommen, getrennt inhaftiert und getrennt vernommen. Beide haben die Möglichkeit zu leugnen ($s_1^{(A)}$, $s_1^{(B)}$) oder zu gestehen ($s_2^{(A)}$, $s_2^{(B)}$). Leugnen beide, so bekommen beide wegen unerlaubten Waffenbesitzes usw. nur eine relativ geringfügige Haftstrafe, nämlich 2 Jahre. Gestehen beide, so bekommen sie zwar wegen ihres Geständnisses gewisse mildernde Umstände, aber immer noch 6 Jahre. Leugnet einer und gesteht der andere, so wird derjenige, der gesteht, als Kronzeuge vor Gericht auftreten. Er wird freigesprochen. Der andere dagegen muß 10 Jahre ins Gefängnis. In der Matrix der Abb. 159 sind die Zahlen mit einem negativen Vorzeichen enthalten, weil Gefängnisjahre einen negativen Nutzen vermitteln.

Ein betriebswirtschaftliches Beispiel des »Gefangenendilemmas« ist durch die Matrix der Abb. 160 gegeben. Es ist eine diskrete Variante eines Einprodukt-Preisdyopols (vgl. dazu Bamberg–Coenenberg 1977, S. 151).

A \ B	$s_1^{(B)}$	$s_2^{(B)}$
$s_1^{(A)}$	+6 , +6	0, +10
$s_2^{(A)}$	+10, 0	+2, +2

Abb. 160: Konkrete Auszahlungsmatrix eines betriebswirtschaftlichen Beispiels des »Gefangenendilemmas«

($s_1^{(A)}$, $s_1^{(B)}$) bedeutet, daß die 2 beteiligten Unternehmen ihren Preis beibehalten, während ($s_2^{(A)}$, $s_2^{(B)}$) bedeutet, daß die Unternehmungen ihren Preis um eine Einheit senken. Die beiderseitige Preissenkung ist ungünstiger als die beiderseitige Beibehaltung des Preises. Eine einseitige Preissenkung ist jedoch am günstigsten. Es findet keine Absprache über die Verhaltensweisen statt.

Allgemein gesehen wird das »Gefangenendilemma« durch eine besondere Anordnung der Zahlen definiert. Ein »Gefangenendilemma« liegt immer dann vor, wenn Abb. 161 gilt (vgl. Bamberg-Coenenberg 1977, S. 151).

A \ B	$s_1^{(B)}$	$s_2^{(B)}$
$s_1^{(A)}$	β, β	δ, α
$s_2^{(A)}$	α, δ	γ, γ

mit $\alpha > \beta > \gamma > \delta$

Abb. 161: Allgemeine Struktur des »Gefangenendilemmas«

Wie soll man sich nun im »Gefangenendilemma« verhalten? Dazu legen wir die Matrix der Abb. 160 zugrunde. Es besteht auf jeden Fall eine partielle Interessenübereinstimmung, denn A bewertet seine Eintragungen wie folgt:

A: $e_{21} > \boxed{e_{11} > e_{22}} > e_{12}$.

Dagegen bewertet B in folgender Weise:

B: $e_{12} > \boxed{e_{11} > e_{22}} > e_{21}$.

Die Bezirke der *Übereinstimmung* sind umrandet. Die anderen Felder der Matrix sind durch eine strikte *Opposition* gekennzeichnet. Wir wollen nun im folgenden zwei Einstellungen dazu diskutieren. Einmal könnte man fordern, die Bereiche der partiellen Übereinstimmung auszuschöpfen. Zum anderen könnte verlangt werden, die auch vorhandene Situation einer strikten Opposition auszunützen. Gehen wir zunächst davon aus, daß die Interessenüberlappung die Handlung der Spieler bestimmen soll. Nur: wie kommen A und B dazu, e_{11} zu realisieren? Da ja voraussetzungsgemäß keine Kommunikation besteht, können sich A und B gerade nicht absprechen, ($s_1^{(A)}$, $s_1^{(B)}$) einzusetzen. Es wäre im Gegenteil derjenige besonders schlimm dran, der im bloßen Vertrauen darauf, daß der andere s_1 wählt, selbst s_1 einsetzt. Glaubt etwa A daran, daß B die Strategie $s_1^{(B)}$ einsetzt und im Glauben daran ebenfalls $s_1^{(A)}$ realisiert, so kann nun B – »schlitzohrig« wie er ist – $s_2^{(B)}$ anwenden und A »über's Ohr hauen«, da er 10 Auszahlungseinheiten »einschiebt«. Wir wollen deshalb jetzt davon ausgehen, daß A und B – wie sie es aus Nullsummenspielen gewohnt sind – ihre individuellen Ziele verfolgen und mithin die Maximin-Zielfunktion anwenden. Man kann diese Vorgehensweise damit rechtfertigen, daß das Spiel immerhin auch gewisse Züge einer strikten Opposition kennt. Die optimale Strategie ist dann ($s_2^{(A)}$, $s_2^{(B)}$). Dieser Punkt ist auch ein Gleichgewichtspunkt. Verhalten sich also A und B nach ihrer *individuellen Rationalität* (da sie die Maximin-Zielfunktion anwenden und nach Gleichgewichtspunkten suchen), so kommen sie zum Punkt ($s_2^{(A)}$, $s_2^{(B)}$), also zur Zelle e_{22} der Matrix. Aufgrund ihrer Präferenzen bewerten sie e_{22} aber geringer als e_{11}. Daraus sehen wir nun selbst in dem Falle, in dem die Spieler ausschließlich ihre individuellen Vorteile verfolgen wollen, daß sie letztlich doch wieder dazu kommen, e_{11} höher als e_{22} einzustufen. Nur: wie müssen sich A und B verhalten, um e_{11} auch wirklich zu realisieren? Wir erkennen an dieser Frage, daß sich die Überlegungen wiederholen.

Individuelle Rationalität

Auch aus einem anderen Grund ist e_{22} keine sinnvolle Lösung, obwohl es sich um einen Gleichgewichtspunkt handelt*. Dieser ist nämlich nicht stabil. »Da ... beide Spieler ein Interesse daran haben, den Gleichgewichtspunkt ... zu verlassen, kann man ihn wohl kaum als die Lösung des Spiels betrachten« (Bamberg–Coenenberg 1977, S. 152). Alles drängt nach e_{11}, ohne zu wissen, wie man e_{11} erreicht. Das ist ja gerade das Dilemma. Damit sehen wir endgültig, daß wegen der Struktur des »Gefangenendilemmas« keine Lösung möglich ist, die versucht, die vorhandenen Gemeinsamkeiten auszuloten. Der Übergang zu einer *kollektiven Rationalität*, also die Wahl von e_{11}, ist aus bloßer Kenntnis der Matrix allein nicht möglich. Das »Gefangenendilemma« besitzt also keine *spielbedingte Lösung***. Eine *persönlichkeitsbedingte* Lösung, die zu e_{11} führt, ist zwar möglich, setzt jedoch rigide Verhaltensannahmen voraus (zu beiden Lösungsarten vgl. Krelle 1968, S. 201), etwa dergestalt, daß es sich um absolut vertrauenswürdige Spieler handelt.

Kollektive Rationalität/ Spielbedingte Lösung – Persönlichkeitsbedingte Lösung

Spiele vom Typ »Kampf der Geschlechter«

Auch eine andere Spielart ist den gleichen Einwänden ausgesetzt wie das »Gefangenendilemma«. Es handelt sich um Spiele vom Typ *»Kampf der Geschlechter«* (vgl. dazu Bamberg–Coenenberg 1977, S. 153 ff. und Luce–Raiffa 1957, S. 90 ff.). Der strukturelle Aufbau zeigt sich in Abb. 162.

A \ B	$s_1^{(B)}$	$s_2^{(B)}$
$s_1^{(A)}$	α, β	γ, γ
$s_2^{(A)}$	γ, γ	β, α

mit $\alpha > \beta > \gamma$

Abb. 162: Allgemeine Struktur des Spiels »Kampf der Geschlechter«

Als Beispiel gilt etwa Abb. 163, wenn $\alpha = +2, \beta = +1, \gamma = -1$:

Beispiel

A \ B	$s_1^{(B)}$	$s_2^{(B)}$
$s_1^{(A)}$	+2, +1	−1, −1
$s_2^{(A)}$	−1, −1	+1, +2

Abb. 163: Konkrete Auszahlungsmatrix des Spiels »Kampf der Geschlechter«

* Zur Definition des Gleichgewichtspunktes vgl. S. 306.

** Auch gemischte Strategien besitzen keine spielbedingte Lösung.

Die Standardinterpretation geht davon aus, daß die Ehefrau A und der Ehemann B abends ausgehen wollen. Es finden zwei Veranstaltungen statt, eine Theateraufführung und ein Profi-Boxkampf. Während des Tages kaufen sie sich unabhängig voneinander eine Theaterkarte (jeweils s_1) oder eine Eintrittskarte für den Boxkampf (jeweils s_2). Ein getrenntes Ausgehen bewerten beide als ungünstig, nämlich mit $(-1, -1)$. Differenzen gibt es erst darüber, wohin sie gemeinsam gehen sollen. Die Ehefrau bewertet einen gemeinsamen Theaterabend hoch, der Ehemann einen gemeinsam besuchten Boxkampf. Wohin sollen sie gehen?

Eine betriebswirtschaftliche Interpretation geht davon aus, daß zwei Versicherungsgesellschaften eine Reklamekampagne erwägen. s_1 bezieht sich auf jeweils eine Werbung für Krankenversicherungen, s_2 bezieht sich auf eine Werbung für Lebensversicherungen. Nur eine gemeinsame Werbung für dieselbe Art von Versicherung ist erfolgversprechend. Allerdings sind die Chancen ungleich verteilt. A gewinnt am meisten, wenn sich die Nachfrage nach Krankenversicherungen erhöht, B, wenn sich die Nachfrage nach Lebensversicherungen vergrößert.

Spiele mit ungleichen Chancen

Spiele vom Typ »Kampf der Geschlechter« sind Spiele mit *ungleichen Chancen* (vgl. dazu Szyperski–Winand 1974, S. 126). Auch für derartige Spiele gibt es keine spielbedingte Lösung. Das zeigt sich daran, daß man die partielle Interessenübereinstimmung aus der Kenntnis der Matrix allein nicht in eine Handlung umsetzen kann. Im Sinne der partiellen Interessenübereinstimmung gilt für beide Spieler:

$$(e_{11} \text{ oder } e_{22}) > (e_{21} \text{ und } e_{12}).$$

Die teilweise Interessenüberlappung legt es nahe, entweder e_{11} oder e_{22} zu realisieren. Doch welcher Punkt soll nun tatsächlich erreicht werden? Können A und B kommunizieren, ist eine Lösung möglich, da über bestimmte Ausgleichszahlungen (von A an B oder umgekehrt) eine der beiden Zellen attraktiv gemacht werden kann. Wenn allerdings keine Kommunikation zugelassen wird, ist es nicht sicher, daß der Bezirk der Interessenüberlappung ausgeschöpft wird. Das gleichgerichtete Handeln, das dazu erforderlich wäre, ist nicht automatisch gegeben. Auch die Auskunft, daß es sich bei $(s_1^{(A)}, s_1^{(B)})$ und $(s_2^{(A)}, s_2^{(B)})$ jeweils um einen Gleichgewichtspunkt handelt, bringt uns keiner Lösung näher, da die Punkte zu verschiedenen Auszahlungen führen und jeweils einen Spieler einseitig begünstigen. Daß die Anwendung der Maximin-Zielfunktion sinnlos ist, zeigt sich daran, daß *alle* 4 möglichen Strategienpaare Maximin-Strategien sind. Außerdem sehen wir, daß die Maximin-Zielfunktion nicht zwingend zum Gleichgewicht führt.

Anforderungen an Gleichgewichtslösungen

Auch an dem Spiel »Kampf der Geschlechter« erkennt man, daß aus der Kenntnis der Matrix allein keine Lösung sinnvoll erscheint. Das Spiel besitzt ebenso wie das vorhergehende keine spielbedingte, sondern höchstens eine persönlichkeitsbedingte Lösung. Allerdings besteht noch eine Möglichkeit, zu einer spielbedingten Lösung zu gelangen. Dazu ist ein Ergebnis von Nash aufzugreifen. Nach Nash (1951, S. 286ff.) besitzen alle Matrixspiele einen oder mehrere Gleichgewichtspunkte, zumindest in gemischten Erweiterungen. Werden an Gleichgewichtslösungen weitere Anforderungen gerichtet, so ist es dadurch möglich, spielbedingte Lösungen für solche Spiele zu finden, die diesen Anforderungen genügen. Ist man allerdings zu anspruchsvoll, so gibt es nur wenig lösbare, aber viele unlösbare Spiele. An zusätzlichen Anforderungen sind denkbar:

- Gleichgewichtspunkte sollen vertauschbar sein. (Im Typ »Kampf der Geschlechter« sind die Gleichgewichtspunkte nicht vertauschbar. Werden an den Gleichgewichtspunkten ($s_1^{(A)}$, $s_1^{(B)}$) und ($s_2^{(A)}$, $s_2^{(B)}$) Vertauschungen vorgenommen, so sind die neuen Punkte ($s_1^{(A)}$, $s_2^{(B)}$) bzw. ($s_2^{(A)}$, $s_1^{(B)}$) keine Gleichgewichtspunkte mehr)
- Die Gleichgewichtsauszahlung soll für alle Spieler gleich sein.
- Die Gleichgewichtsauszahlung soll pareto-optimal oder effizient sein (zur Pareto-Optimalität siehe S. 314; vgl. auch Bamberg–Coenenberg 1977, S. 159). Eine Lösung im Sinne der 3 Axiome enthält das Spiel der Abb. 164. Die umrandete Zelle der Matrix ist die Lösung.

A \ B	$s_1^{(B)}$	$s_2^{(B)}$
$s_1^{(A)}$	+8, +8	+4, +5
$s_2^{(A)}$	+6, +7	+3, +3

Abb. 164: Spezielle Gleichgewichtslösung eines Matrixspiels

Auf eine ganz andere Lösungsmöglichkeit derartiger Spiele wird auf S. 347ff. hingewiesen. Laborexperimente zur Spieltheorie könnten Aufschlüsse darüber geben, wie sich Personen in labormäßig hergestellten Spielsituationen verhalten.

3.5. Kooperative Zweipersonen-Nichtkonstantsummenspiele

Kennzeichnend für diese Spiele ist es, daß jetzt die Gelegenheit besteht, *vor* den Spielentscheidungen Informationen unter den Spielern auszutauschen und ein Verhalten abzusprechen. Dabei soll gelten, daß:

(1) alle Informationen ohne Störungen übermittelt werden,
(2) alle Absprachen als bindend angesehen werden und
(3) die Bewertung der Spielergebnisse nicht durch die Verhandlungsergebnisse verändert wird (Reber 1973, S. 76f.).

Schwache Kooperation

Eine *schwache* Form der Absprache besteht darin, alle diejenigen Auszahlungspunkte wegzulassen, bei denen sich beide Spieler schlechter stehen. Es handelt sich um *ineffiziente* Auszahlungen. Die dann verbleibende Menge an Auszahlungspunkten wird als Menge pareto-optimaler Resultate bezeichnet. Sie enthält nur *effiziente* Auszahlungen. Es liegt mithin eine *schwache Kooperation* vor (Gäfgen 1974, S. 181), da die pareto-optimalen Resultate zu keiner eindeutigen Lösung führen. Das sieht man auch an den beiden Beispielen des vorigen Abschnitts in Abb. 165. Dabei ist die Menge pareto-optimaler Resultate umrandet.

A \ B	$s_1^{(B)}$	$s_2^{(B)}$
$s_1^{(A)}$	+ 6, +6	0, +10
$s_2^{(A)}$	+10, 0	+2, + 2

A \ B	$s_1^{(B)}$	$s_2^{(B)}$
$s_1^{(A)}$	+2, +1	−1, −1
$s_2^{(A)}$	−1, −1	+1, +2

Abb. 165: Menge pareto-optimaler Resultate der Matrizen

Die schwache Kooperation entspricht der klassischen von Neumann-Morgenstern-Lösung für kooperative Zweipersonen-Nichtkonstantsummenspiele (siehe dazu auch Reber 1973, S. 76ff.).

Starke Kooperation

Die *starke* Kooperation versucht nun, aus der pareto-optimalen Menge eine eindeutige Lösung auszusondern. Dazu können z. B. beim Typ »Kampf der Geschlechter« 2 Fälle betrachtet werden:

(1) Jeder Spieler kann seinem Mitspieler *kompensierende Zahlungen* (sog. Seiten- oder Nebenzahlungen) verbindlich versprechen, wenn dieser eine bestimmte Strategie einsetzt.
(2) Man kann nur verbindliche Absprachen treffen, ohne Seitenzahlungen zuzulassen.

Zu (1): Spieler A könnte etwa Spieler B die Zahlung von 0,5 versprechen, wenn dieser s_1 realisiert. Die Auszahlung der Partie ($s_1^{(A)}$, $s_1^{(B)}$) *und* der anschließenden Seitenzahlung ist für

A: 2 − 0,5 = 1,5
und für
B: 1 + 0,5 = 1,5.

Der Auszahlungspunkt scheint eine akzeptable Lösung des Spiels zu sein. Wenn Seitenzahlungen zugelassen sind, werden die Probleme des interpersonellen Nutzenvergleichs und Nutzentransfers besonders wichtig. Man muß die Frage beantworten können, wie hoch der Nutzenzuwachs etwa für Spieler B ist, wenn ihm Spieler A eine Einheit seines Nutzens überträgt und umgekehrt. Meist wird vereinfachend angenommen, daß die Auszahlung von B um eine Einheit vergrößert wird, wenn ihm Spieler A eine Einheit seiner Auszahlung transferiert.

Zu (2): Man kann sich darauf einigen, die eine Partie ($s_1^{(A)}$, $s_1^{(B)}$) *oder* die andere Partie ($s_2^{(A)}$, $s_2^{(B)}$) zu spielen, so daß die ineffizienten Aktionen auch tatsächlich ausgeschaltet werden. Um keinen Spieler zu benachteiligen, muß jeder Gleichgewichtspunkt die gleiche Chance haben, gewählt zu werden. Darüber kann beispielsweise ein Münzwurf entscheiden. Der Nutzenerwartungswert dieses Vorgehens ist für jeden Spieler 0,5 (2 + 1) = 1,5. Der Auszahlungspunkt ist (1,5, 1,5).

In der Literatur sind mehrere *formale* Lösungsansätze für Spiele dieser Art diskutiert worden. Darauf können wir nur hinweisen (vgl. dazu Bamberg–Coenenberg 1977, S. 163 ff.). Auf S. 347 ff. sollen wiederum *empirische* Ergebnisse dargestellt werden, die in Laborexperimenten mit kooperativen Zweipersonen-Nichtkonstantsummenspielen gewonnen wurden.

3.6. Kooperative Mehrpersonenspiele

Im Vordergrund dieses Abschnitts steht das Bemühen, zentrale Probleme der kooperativen Mehrpersonenspiele zu skizzieren, ohne schon detailliert Lösungsansätze dazu zu entwickeln.

Bei kooperativen Mehrpersonenspielen kann man davon ausgehen, daß sich mehrere Personen zu einer *Koalition* zusammenschließen, um gegenüber

Koalition

Außenstehenden »gemeinsam« aufzutreten. Man darf allerdings nicht vergessen, daß im tatsächlich ablaufenden Spiel jeder Spieler *seine* Strategie fährt, wenngleich sie im Rahmen der Koalition abgesprochen ist. Wenn letztlich die Gründung einer Koalition abgeschlossen ist, so ergibt sich die Situation eines Zweipersonenspieles, wenn der Koalition eine Gegen-Koalition gegenübersteht. Darauf sind dann die bereits bekannten Ergebnisse der Spieltheorie anwendbar. Das eigentlich Neue besteht darin, den Prozeß der Koalitionsbildung und die Aufteilung der erzielten Auszahlungen an die Koalitionsmitglieder zu studieren.

Wenn man nach allen möglichen Koalitionen K sucht, die eine gegebene Menge von n Spielern erlaubt, so gelangt man zu 2^n möglichen Koalitionen. Jeder dieser für möglich gehaltenen Koalitionen kann eine gemeinsam erzielbare Auszahlung *zugeordnet* werden. Man bezeichnet die Zuordnung v als *charakteristische Funktion* eines Spieles. Sind etwa 3 Spieler 1, 2, 3 gegeben, so ist folgendes Beispiel einer Zuordnung denkbar (vgl. dazu Hax 1974, S. 216):

Charakteristische Funktion

$v\{0\} = 0$
$v\{1\} = v\{2\} = v\{3\} = 0$
$v\{1, 2\} = v\{2, 3\} = v\{1, 3\} = 1$
$v\{1, 2, 3\} = 1, 2$
$2^n = 8.$

Die charakteristische Funktion hat eine grundlegende Eigenschaft bezüglich der Koalitionen K: »Wenn sich ... zwei Koalitionen, die kein Mitglied gemeinsam haben, zusammenschließen, erzielen sie gemeinsam mindestens soviel wie die Summe der Koalitionsgewinne« (Hax 1974, S. 214):

$$v(K_1 \cup K_2) \geqq v(K_1) + v(K_2).$$

Ein relevantes Problem der Koalitionsbildung entsteht aber nur dann, wenn es mindestens ein Paar von solchen Koalitionen gibt, die kein Mitglied gemeinsam haben und für die gilt:

$$v(K_1 \cup K_2) > v(K_1) + v(K_2).$$

Wesentliche Spiele

In diesen Fällen spricht man von einem *wesentlichen* Spiel. Gilt dagegen immer:

$$v(K_1 \cup K_2) = v(K_1) + v(K_2),$$

Unwesentliche Spiele

so liegen *unwesentliche* Spiele vor. Durch Koalitionsbildung ist offensichtlich nichts zu gewinnen.

Bei der Koalitionsbildung im Rahmen wesentlicher Spiele ist gleich mitzubedenken, wie die erzielbaren Auszahlungen verteilt werden könnten. Dazu sind 3 Axiome zu formulieren (Hax 1974, S. 215):

Rationalität bezüglich der »großen« Koalition:

Axiome

1. Die Summe der verteilten Beträge muß bei einer »großen« Koalition gleich der gemeinsam erzielten Gesamtauszahlung sein, also im Beispiel $v\{1, 2, 3\} = 1,2$. Man will bei der Verteilung nichts »verschenken«.

Rationalität bezüglich jeden Spielers:

2. Jeder Spieler wird im Rahmen einer Koalition keine geringere Auszahlung akzeptieren, als er alleine erzielen kann.

Rationalität bezüglich aller Koalitionen (außer der »großen« Koalition und der Ein-Mann-Koalition):

3. Für jede beliebige Gruppe von Spielern gilt, daß diese nur dann mit anderen Spielern kooperieren wird, wenn die Spieler der Gruppe dann mindestens soviel erhalten, wie sie schon jetzt als Koalition gewinnen können.

Ist nun y_i, mit $i = 1, 2, 3$, die (verteilte) Auszahlung des i-ten Spielers im Rahmen einer Koalition, so lauten die 3 Bedingungen für unser Beispiel:

(1) $y_1 + y_2 + y_3 = 1,2$
(2) $y_1 = y_2 = y_3 \geqq 0$
(3) $y_1 + y_2 \geqq 1$
$y_2 + y_3 \geqq 1$
$y_1 + y_3 \geqq 1.$

Werden in einem Spiel alle 3 Bedingungen erfüllt, so heißen die Auszahlungsvektoren, die ihnen genügen, der *Kern* (core) des Spiels (siehe dazu auch Szyperski–Winand 1974, S. 142). In unserem Beispiel ist der Kern eine leere Menge, da die Bedingung (3) der Bedingung (1) widerspricht (vgl. dazu Hax 1974, S. 216):

Kern

Addiert man nämlich die zu (3) gehörigen 3 Ungleichungen, so ergibt sich:

$$2y_1 + 2y_2 + 2y_3 \geqq 3$$

oder

$$y_1 + y_2 + y_3 \geqq 1,5,$$

was im Widerspruch zu (1) steht. Läßt man die sehr einschränkende Bedingung (3) wegfallen, so gelangt man zur von Neumann-Morgenstern-Lösung (vgl. dazu etwa Szyperski-Winand 1964, S. 143f.). Die Auszahlungsvektoren, die die Bedingungen (1) und (2) erfüllen, werden *Imputationen* genannt.

Imputationen

Damit soll die Einführung in die »Fremdsprache« Spieltheorie abgeschlossen sein. Wir sind uns dabei bewußt, nur einige einführende Lektionen in dieses Gebiet gegeben zu haben. Für einen weiterführenden Kursus wird auf die entsprechende Literatur verwiesen (vgl. dazu etwa Bamberg–Coenenberg 1977, S. 132ff. sowie Hax 1974, S. 192ff. und besonders von Neumann–Morgenstern 1967).

Mit der Spieltheorie ist die Darstellung des Aufbauaspektes der normativen Entscheidungstheorie abgeschlossen. Im nächsten Kapitel geht es um den Ablaufaspekt. Dabei sollen »moderne« Ansätze des ablauforientierten Grundmodells behandelt werden (vgl. dazu auch S. 111ff.).

Wiederholungsfragen

1. Welche Typen kollektiver Entscheidungen kennen Sie? (S. 288f.)
2. Warum wird eine kollektive Präferenzordnung benötigt? (S. 289f.)
3. Welche Axiome gibt es für eine rationale kollektive Präferenzordnung? (S. 292f.)
4. Was versteht man unter dem Wählerparadoxon? (S. 294f.)
5. Was sind strategische Spiele? (S. 298)
6. Wie ist der Begriff der Strategie eingeführt? (S. 298)
7. Inwiefern unterscheiden sich Spiele in extensiver Form von Spielen in Normalform? (S. 298f.)
8. Was sind Nullsummenspiele und Nichtnullsummenspiele, Konstantsummenspiele und Nichtkonstantsummenspiele? (S. 301ff.)
9. Wodurch unterscheiden sich kooperative Spiele von nichtkooperativen Spielen? (S. 302)
10. Durch welche Merkmale sind Nullsummenspiele mit und ohne Sattelpunkt gekennzeichnet? (S. 304ff.)
11. Was ist ein Gleichgewichtspunkt? (S. 306f.)
12. Welche Struktur besitzt der Spieltyp »Gefangenendilemma«? (S. 309)
13. Warum sagt man, der Spieltyp »Gefangenendilemma« besitze keine spielbedingte Lösung? Was besagt demgegenüber die Vorstellung einer persönlichkeitsbedingten Lösung? (S. 310f.)
14. Unterscheiden Sie kollektive und individuelle Rationalität. (S. 310f.)
15. Welche Struktur besitzt der Spieltyp »Kampf der Geschlechter«? (S. 311)
16. Was versteht man unter starker und schwacher Kooperation? (S. 314f.)
17. Wie ist die Menge pareto-optimaler Resultate definiert? (S. 314)
18. Was ist eine charakteristische Funktion? (S. 317)
19. Wann wird ein Mehrpersonenspiel als wesentlich bezeichnet? (S. 317)
20. Kennzeichnen Sie Rationalitätsanforderungen bei Mehrpersonenspielen. (S. 317f.)

Literaturverzeichnis

ARROW, K.J. (1976): Social Choice and Individual Values. 2.Aufl., New Haven/London 1976.

BAMBERG, G. / COENENBERG, A.G. (1977): Betriebswirtschaftliche Entscheidungslehre. 2., verb. Aufl., München 1977.

BURGER, E. (1966): Einführung in die Theorie der Spiele. Mit Anwendungsbeispielen, insbesondere aus Wirtschaftslehre und Soziologie. 2., durchges. Aufl., Berlin 1966.

GÄFGEN, G. (1974): Theorie der wirtschaftlichen Entscheidung. Untersuchungen zur Logik und Bedeutung des rationalen Handelns. 3., erw. u. erg. Aufl., Tübingen 1974.

HAX, H. (1974): Entscheidungsmodelle in der Unternehmung. Einführung in Operations Research. Reinbek bei Hamburg 1974.

LUCE, R. D. / RAIFFA, H. (1957): Games and Decisions, Introduction and Critical Survey. New York/London/Sydney 1957.

NASH, J.F. (1951): Non-Cooperative Games. In: Annals of Mathematics, 54 (1951), S. 286–295.

v. NEUMAN, J. / MORGENSTERN, O. (1967): Spieltheorie und wirtschaftliches Verhalten. 2., unveränderte Aufl., Würzburg 1967.

REBER, G. (1973): Personales Verhalten im Betrieb: Analyse entscheidungstheoretischer Ansätze. Stuttgart 1973.

SHUBIK, M. (Hrsg.) (1965): Spieltheorie und Sozialwissenschaften. Hamburg 1965.

SZYPERSKI, N. / WINAND, U. (1974): Entscheidungstheorie. Stuttgart 1974.

ZANGEMEISTER, C. (1976): Nutzwertanalyse in der Systemtechnik. 4.Aufl., München 1976.

D. Ablauforientierte »Entscheidungsmodelle«

Die »modernen« ablauforientierten Ansätze im Rahmen der normativen Entscheidungstheorie sind dadurch gekennzeichnet, daß sie die Enge der »klassischen« Entscheidungstheorie zu überwinden trachten. Diese sieht alle Entscheidungsprämissen als gegeben an, während die »modernen« Ansätze u.a. auch die Bestimmung der Entscheidungsprämissen selbst einer Analyse unterwerfen. Dabei können wir zwei Richtungen unterscheiden, den Ansatz der *Meta-Entscheidungstheorie* und den Ansatz einer *entscheidungstheoretischen Methodologie.* Die Meta-Entscheidungstheorie benützt das bekannte Instrumentarium der Entscheidungstheorie, um in der Art einer Selbst-Anwendung der Modelle und Methoden die optimale Gestalt (Komplexion) von Entscheidungsmodellen zu bestimmen. *Vor* der eigentlichen Anwendung eines Entscheidungsmodells liegt die Konstruktion eines Meta-Entscheidungsmodells. Der Output des Meta-Entscheidungsmodells ist das eigentliche Modell (vgl. dazu S. 111 f.). Der Ansatz einer entscheidungstheoretischen Methodologie dagegen löst sich vom strengen entscheidungstheoretischen Formalismus und versucht auf normativem (und teilweise empirischem) Wege, den gesamten Entscheidungsprozeß zu strukturieren. Er formuliert Handlungsanweisungen, die zeigen, wie sich die Modellbauer und Modellanwender während des Entscheidungsprozesses zweckmäßigerweise zu verhalten haben. Damit werden der Entscheidungsprozeß und seine einzelnen Phasen mit »Vorschriften« durchsetzt (vgl. dazu S. 113 ff.).

I. Der Ansatz der Meta-Entscheidungstheorie

Es soll anhand eines Beispiels die Vorgehensweise der Meta-Entscheidungstheorie gezeigt werden. Gesucht ist die optimale Komplexion eines Modells, wobei wir etwa der Frage nachgehen, wieviele Aktionen und Umweltzustände in ein Modell eingehen sollen*. Dabei handelt es sich um ein Beispiel einer *mengenmäßigen* Änderung des Entscheidungsfeldes (Mag 1977, S. 127). Außerdem interessiert etwa der Präzisionsgrad der Wahrscheinlichkeitsannahmen. Es liegt eine *wertmäßige Änderung* des Entscheidungsfeldes vor (Mag 1977, S. 127). Die Vorzugswürdigkeit einer bestimmten Modellkomplexion messen wir an der zugrunde gelegten, meist monetären Zielgröße. Es sind Vorteile und Nachteile der Komplexion zu berücksichtigen. Die Vorteile schlagen sich in erhöhten Zielerreichungsgraden nieder, etwa weil eine neue Aktion neue Gewinnmöglichkeiten erschließt. Die Nachteile reduzieren die Zielerreichungsgrade, etwa weil die Kosten der Modellveränderung zu berücksichtigen sind. Gerade neue Aktionen erfordern eine weitreichende und Güter verbrauchende Informationstätigkeit, ebenso die Suche nach präzisen Daten. Der Übergang von einem gegebenen Modell zu einem verbesserten Modell ist dann lohnend, wenn die Vorteile die Nachteile übersteigen. Die Abb. 166 informiert über die Einordnung der angesprochenen Probleme.

Mengenmäßige Änderung des Entscheidungsfeldes – Wertmäßige Änderung des Entscheidungsfeldes

Ausgehend von Modellen mit variablem Informationsstand sind zwei Modelltypen zu unterscheiden. Einmal kann *ein* gegebener Informationsstand mit *einer* Informationsaktivität verglichen werden. So können etwa 2 Entscheidungsmodelle miteinander verglichen werden, die sich durch die Anzahl der Aktionen unterscheiden mögen. Die Meta-Entscheidungstheorie zeigt dann auf, ob es sich lohnt, das eine oder das andere Modell seinen Entschei-

* Genaugenommen müssen Aktionsparameter und Umweltparameter betrachtet werden, vgl. zu diesen Begriffen S. 27, 29.

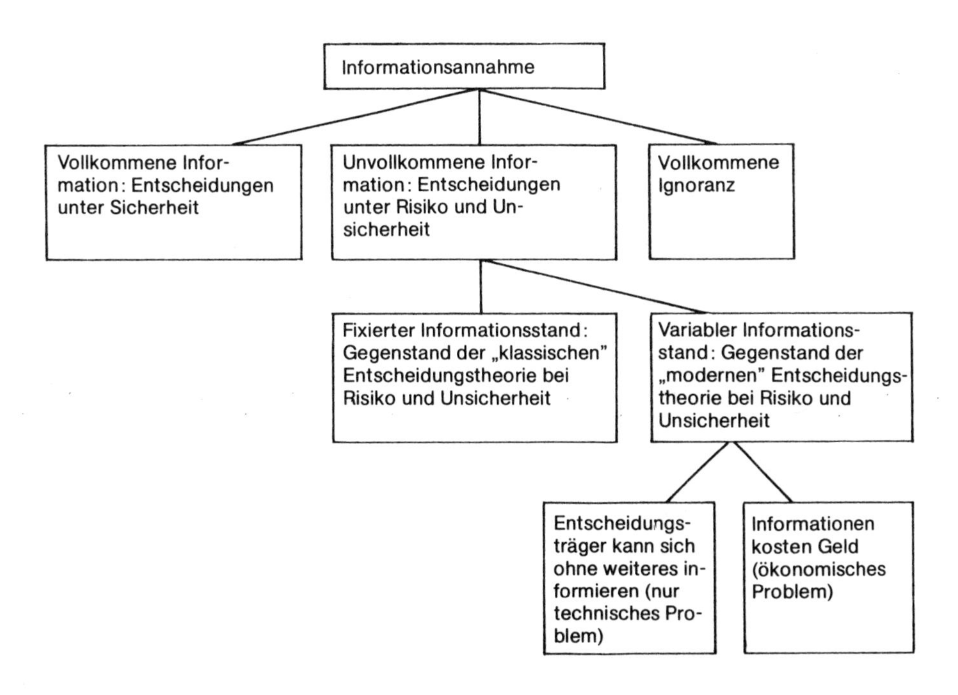

Abb. 166: Verschiedene Informationsannahmen (Quelle: In Anlehnung an Mag 1977, S. 125)

dungen zugrunde zu legen. *Eine* gegebene Anzahl an Aktionen wird mit *einer* anderen gegebenen Anzahl an Aktionen verglichen. Es liegt eine *einstufige* Informationsentscheidung vor (Mag 1977, S. 161f.). Werden *mehrere* Informationsaktivitäten nacheinander (sequentiell, sukzessiv) geprüft, so liegen Modelle mit einer *mehrstufigen* Informationsentscheidung vor (Mag 1977, S. 161f.). Als Beispiel dient etwa das Problem der Stellungssuche eines Hochschulabsolventen (Mag 1977, S. 243f.). Nach jeder Registrierung eines potentiellen Brötchengebers muß der frischgebackene Diplom-Kaufmann entscheiden, ob er die eben gefundene Lösungsmöglichkeit oder eine frühere Lösung ergreift oder aber die Suche nach weiteren Stellen fortsetzt. Die informatorischen Suchaktivitäten sollen zu einem optimalen Informationsstand führen. Eine Art Stoppregel beendet den Prozeß.

Einstufige Informationsentscheidung – Mehrstufige Informationsentscheidung

Der Einfachheit halber werden im weiteren einstufige Informationsentscheidungen betrachtet. Außerdem wollen wir in einem Beispiel davon ausgehen, daß eine Risikosituation vorliegt und der Entscheidungsträger risikoneutral ist. Als Zielgrößen liegen Gewinne zugrunde. Die Komplexion des Modells (Kalküls) ist dann optimal, »wenn man eine Entscheidung treffen kann, deren Erwartungswert größer ist als der Erwartungswert der Entscheidung,

Optimale Komplexion

Beispiel

die man bei einem Verzicht auf die Komplexion des Kalküls getroffen hätte« (Teichmann 1972, S. 533). Am Beispiel soll nun konkret gezeigt werden, wie ein Urteil über die Komplexion eines Modells zu bilden ist (vgl. dazu Teichmann 1972, S. 535 ff.). Dazu sind zwei Entscheidungsmatrizen einzuführen, die in Abb. 167 und 168 erfaßt sind.

a_i \ s_j / p_j	s_1 $p_1 = 0{,}3$	s_2 $p_2 = 0{,}4$	s_3 $p_3 = 0{,}3$	Erwartungswert
a_1	50	50	50	50
a_2	40	70	40	52
a_3	50	20	100	53

Abb. 167: Entscheidungsmatrix 1 bei gegebenem Informationsstand (Quelle: Nach Teichmann 1972, S. 535)

I

a_i \ s_j / p_j	s_1 $p_1 = 0{,}3$	s_2 $p_2 = 0{,}4$	s_3 $p_3 = 0{,}3$	μ_i
a_1	49	49	49	49
a_2	39	69	39	51
a_3	49	19	99	52
a_4	10	88	66	58

II

a_i \ s_j / p_j	s_1 $p_1 = 0{,}1$	s_2 $p_2 = 0{,}2$	s_3 $p_3 = 0{,}2$	s_4 $p_4 = 0{,}2$	s_5 $p_5 = 0{,}25$	s_6 $p_6 = 0{,}05$	μ_i
a_1	49	49	49	49	49	49	49
a_2	36	46	66	75	40	40	53
a_3	52	46	18	20	90	110	50

III

a_i \ s_j / p_j	s_1 $p_1 = 0{,}2$	s_2 $p_2 = 0{,}6$	s_3 $p_3 = 0{,}2$	μ_i
a_1	49	49	49	49
a_2	39	69	39	57
a_3	49	19	99	41

Abb. 168: Entscheidungsmatrix 2 nach einer Informationsaktivität (Quelle: Nach Teichmann 1972, S. 535)

Die Matrix 1 der Abb. gibt den bisherigen Kalkül wieder, Matrix 2 den komplexen Kalkül.

Zu I der Entscheidungsmatrix 2: Der Aktionsraum von Matrix 2 ist gegenüber dem Aktionsraum von Matrix 1 erweitert, und zwar um Aktion a_4. Der Kalkül wäre ansonsten unverändert, wenn seine Erweiterung nichts gekostet hätte. Die monetären Konsequenzen der Aktionen a_1, a_2, a_3 sind in der Matrix 2 aber um eine Einheit niedriger; die Kalkülerweiterung verursachte Kosten in dieser Höhe.

Zu II der Entscheidungsmatrix 2: Sind mehr Umweltzustände ausgewiesen, so ändert sich die Wahrscheinlichkeitsverteilung. Außerdem können sich die Ergebnisverteilungen ändern. Eine derartige Veränderung ergibt sich, wenn die monetären Konsequenzen genauer fixiert werden. Das gilt für die Aktionen a_2 und a_3. Zusätzlich verursacht die Verfeinerung des Modells wiederum Kosten in Höhe einer Einheit.

Zu III der Entscheidungsmatrix 2: Jetzt ergibt sich ausschließlich eine veränderte Wahrscheinlichkeitsverteilung der Umweltzustände gegenüber der Verteilung der Matrix 1. Die monetären Größen sind wiederum um eine Einheit verändert, da die Kosten der Kalkülerweiterung zu beachten sind.

Wenn wir die Matrix 1 und bei der Matrix 2 den Fall III betrachten, so ist folgendes festzuhalten:

(a) Die optimale Aktion des verbesserten Kalküls ist a_2. Es ist die Aktion, deren Erwartungswert mit 57 am größten ist. Die Variante III ist genauer und deshalb »näher« an der Wahrheit als die Matrix 1.

(b) Die optimale Aktion des bisherigen Kalküls ist a_3. Der Entscheidungsträger würde a_3 realisieren, wenn er den Kalkül nicht verbessern würde. Da aber auch bei einer Realisierung von a_3 *im Grunde* die Daten des Falles III zutreffen, so würde er einen Erwartungswert von 42 erwirtschaften. Dies gilt deshalb, da Fall III wahrheitsähnlicher ist, also bei der Berechnung des Erwartungswertes zugrunde zu legen ist. Der Erwartungswert errechnet sich dann aus den noch nicht um die Komplexionskosten reduzierten monetären Größen des Falles III. Dieser Erwartungswert von 42 widerspiegelt die Vorteilhaftigkeit der Entscheidung, die sich bei einem Verzicht auf die Kalkülverbesserung gezeigt hätte.

(c) Da die Differenz der beiden Erwartungswerte > 0 ist, nämlich $57 - 42 = 15$, ist die Komplexion des Kalküls lohnend. Die im verbesserten Kalkül ermittelte optimale Aktion ist besser als die in das verbesserte Kalkül eingesetzte optimale Aktion des bisherigen Kalküls. Die Komplexion lohnt sich nicht, wenn die Differenz der so errechneten Erwartungswerte < 0 ist. Ist die Differenz $= 0$, ist die Komplexion des Kalküls so gut wie ein Verzicht auf sie.

Wichtig ist vor allem die Überlegung, die hinter den Schritten (b) und (c) zu erkennen ist. Es wäre demnach falsch, den Erwartungswert der optimalen Aktion des verbesserten Kalküls (hier: 57) mit dem Erwartungswert der vor der Komplexion optimalen Aktion (hier: 53) zu vergleichen. Eine Komplexion wäre demnach lohnend, wenn diese Differenz größer Null ist. Ein Beispiel zeigt jedoch, daß eine solche Verhaltensweise als falsch empfunden wird. Es soll weiter die Matrix 1 gelten; der Fall III wird durch eine neue Matrix des Falles III a ersetzt. Es gilt Abb. 169.

III a

s_j	s_1	s_2	s_3	μ_i
a_i \ p_j	$p_1 = 0{,}225$	$p_2 = 0{,}55$	$p_3 = 0{,}225$	
a_1	45	45	45	45
a_2	35	65	35	51,50
a_3	45	15	95	39,75

Abb. 169: Entscheidungsmatrix nach einer Informationsaktivität

Jetzt ist die Wahrscheinlichkeitsverteilung eine andere geworden; außerdem betragen die Komplexionskosten 5 Einheiten. Nach dem falschen Kriterium ist der Erwartungswert der besten Aktion des verbesserten Kalküls abzüglich des Erwartungswertes der besten Aktion des ursprünglichen Kalküls negativ, denn 51,50 − 53 = − 1,5. Danach müßte man a_3 wählen, weil die Erweiterung des Kalküls nicht lohnt. Aufgrund der Gedankengänge in (b) und (c) wissen wir aber, daß a_3 tatsächlich nur den Erwartungswert von 44,75 erbringt. Danach ist a_2 die optimale Aktion und die Komplexion wäre lohnend. Damit gilt abschließend die Richtigkeit der Schritte (a), (b) und (c) zur Ermittlung der optimalen Komplexion (vgl. dazu auch Teichmann 1972, S. 533 f., Bitz 1977, S. 423 ff., Mag 1977, S. 150 ff.).

Wir sind bislang bei unserem Beispiel der Matrix 2 stillschweigend davon ausgegangen, daß der Entscheidungsträger entweder den Fall I oder den Fall II oder den Fall III mit Sicherheit zugrunde legen kann*. In einer solchen Situation ist das Urteil über eine Kalkülerweiterung relativ einfach zu treffen.

Doppelt mehrwertige Entscheidungsmatrix

In der Regel kann nun aber ein Entscheidungsträger nicht mit Sicherheit das Aussehen der Matrix 2 vorhersagen. Er hat allenfalls risikobehaftete Informationen darüber, ob Fall I oder II oder III eintreffen mag. Er hat bloße Vermutungen darüber. Die Matrix, die seine Erwartung über das Aussehen der Matrix 2 enthält (soweit Situationen und ihre Wahrscheinlichkeiten über-

* In allen 3 Fällen erweist sich übrigens die Kalkülerweiterung als vorteilhaft.

prüft werden), ist deshalb *doppelt mehrwertig* und ist in Abb. 170 wiedergegeben.

Situationen / Aktionen	s_1			p_1				s_2 p_2	…	s_j p_j	…	s_n p_n	$\sum p_j = 1$
	s_1 p_1	s_2 p_2	… …	s_j p_j	… …	s_n p_n	$\sum p_j = 1$	s_1 s_2 … p_1 p_2 …					
a_1													
a_2													
.													
.													
a_i													
.													
.													
a_m													

Abb. 170: Doppelt mehrwertige Entscheidungsmatrix (Quelle: Nach Teichmann 1972, S. 537)

Der Entscheidungsträger kann jetzt in ähnlicher Weise *sukzessiv* vorgehen und Vorteile bzw. Nachteile einer Kalkülverbesserung gegenüberstellen. An der Logik der Schritte (a), (b) und (c) ändert sich nichts (Teichmann 1972, S. 537 f.). Damit kann man entscheiden, ob ein gegebener Kalkül durch einen komplexeren ersetzt werden soll. Enthält die Matrix der Abb. 170 alle für möglich gehaltenen Verbesserungen, so ist es endgültig möglich, zu einer optimalen Komplexion zu gelangen.

Allerdings stehen der Bestimmung der optimalen Komplexion eine Reihe von Einwendungen gegenüber:

1. »Es bestehen keine Möglichkeiten, die mit einer bestimmten Modellvariation verbundenen Auswirkungen auf die Planungskosten und die Qualität der entsprechenden Handlungsempfehlungen im voraus hinreichend exakt zu ermitteln« (Bitz 1977, S. 429).
2. »Auch die Ansätze, das Komplexionsproblem selbst zum Gegenstand eines vereinfachenden und vergröbernden Modells zu machen, um auf diese Weise den optimalen Kalkültyp wenigstens annähernd zu bestimmen, verschieben das Problem nur auf die nächste Stufe, lösen es jedoch nicht« (Bitz 1977, S. 429).

Warum geht man etwa im Beispiel der Matrix 2 nur von 3 Fällen oder mehr Fällen aus? Diese Anzahl der Fälle ist *gegeben* und könnte selbst wieder zum Gegenstand eines Meta-Meta-Entscheidungsmodells erhoben werden *usw.* Der Ansatz der Meta-Entscheidungstheorie führt somit zu einem *un-*

Unendlicher Regreß

endlichen Regreß, da er eine unendliche Kette aneinandergereihter Metamodelle konstituiert. Da ein derartiger unendlicher Regreß nicht realisiert werden kann, ist an irgendeiner Stelle der Abbruch der unendlichen Kette zu vollziehen. Das bedeutet, daß jedes Meta-Entscheidungsmodell in gleicher Weise von irgendwelchen *gegebenen* Entscheidungsprämissen auszugehen hat, wie die Entscheidungsmodelle, die wir in Kapitel C kennengelernt haben (zum Problem des unendlichen Regresses vgl. auch Bretzke 1978, S. 137, Zentes 1976, S. 249). »Die Auswahl des zur Lösung eines bestimmten konkreten Entscheidungsproblems heranzuziehenden Modelltyps muß somit letztlich dem subjektiven Ermessen des Entscheidenden, Erfahrungen und Fingerspitzengefühl, persönlichem Geschmack und Intuition überlassen bleiben« (Bitz 1977, S. 430).

Die Theorie der Meta-Entscheidungsmodelle ist damit für die praktische Lösung der Frage, wie Entscheidungsmodelle optimal zu gestalten sind, nur höchst eingeschränkt zu verwenden (Bitz 1977, S. 428f., Pfohl 1981, S. 146). Einen von der Selbst-Anwendung der Entscheidungstheorie unterschiedlichen Weg schlägt deshalb der nächste Ansatz ein.

II. Der Ansatz einer entscheidungstheoretischen Methodologie bzw. einer Methodologie des Operations Research

Der Ansatz einer entscheidungstheoretischen Methodologie (bei Müller-Merbach 1977, S. 11ff. auf Operations Research und bei Hanssmann 1978 auf die Systemforschung bezogen) gibt dem Modellbauer und dem Modellanwender für alle Phasen des Entscheidungsprozesses eine Hilfestellung. Nachfolgend wird in 2 Abbildungen der Entscheidungsprozeß aus der Sicht dieser Methodologie dargestellt (vgl. dazu die Abb. 171 und 172). Außerdem sollen in Anlehnung an Hanssmann einige Probleme innerhalb des Entscheidungsprozesses und ihre Lösungsmöglichkeiten behandelt werden. Dabei werden gelegentlich auch andere Vorstellungen mit einbezogen.

Probleme bei der Wahl passender Entscheidungskriterien (Phase 2)

Hanssmann (1978, S. 53) bemerkt, daß zur *Phase 2* die Bestimmung der Zielgrößen (oder in seiner Sprache »Entscheidungskriterien«) gehört. Kein Entscheidungsträger sei aber dazu imstande, *vor* der Entscheidung anzugeben, nach welcher Zielfunktion er sich entscheiden wolle. Der Entscheidungsträger kann demnach vor der Entscheidung kein vollständiges Ziel formulieren (vgl. zu diesem Begriff S. 40ff.). Deshalb gehören die Zielfunktionen auch nicht zu den Entscheidungsprämissen. Dazu gehört im wesentlichen nur die Ergebnismatrix (Ergebnistabelle).

Formulierung der Entscheidungsalternativen (Phase 3)

Mögliche Aktionen in allgemeinen sozio-technischen Systemen, die in *Phase 3* entwickelt werden, können sein (vgl. dazu Hanssmann 1978, S. 57 f.):

- technologische oder Investitionsaktionen,
- Forschungs- oder Entwicklungsaktionen,
- logistische Aktionen,
- Finanzierungsaktionen.

Heuristische Prinzipien zur Bildung von Aktionen

Es stehen nun zahlreiche heuristische Prinzipien zur Bildung von Aktionen zur Verfügung (vgl. Hanssmann 1978, S. 58 f., wo auch zahlreiche Beispiele angeboten werden):

- Eine breite Definition des Problems erzeugt einen breiten Aktionsraum.
- Die zahlreiche Berücksichtigung von Nebenbedingungen erzeugt einen engen Aktionsraum. »Im Extremfall können sogar so viele Randbedingungen aufgebaut werden, daß im wesentlichen nur noch eine einzige Alternative offenbleibt, nämlich diejenige, die der Auftraggeber (oder man selbst, d.V.) aus irgendeinem Grunde favorisiert ... Für solche Situationen gilt der etwas bittere Satz: ›Es existiert immer ein System von Restriktionen, für das die gegenwärtige Politik optimal ist‹« (Hanssmann 1978, S. 59). Hanssmann empfiehlt deshalb, nicht alle Randbedingungen so ohne weiteres zu akzeptieren, selbst wenn dies zu Auseinandersetzungen mit dem Auftraggeber führen kann.
- Es kann der Übergang von taktischen Maßnahmen zu strategischen Maßnahmen geboten sein. Das bedeutet in der Regel, daß kurzfristig wirkende Aktionen zugunsten längerfristiger Aktionen ersetzt werden sollen. (In gleicher Weise kann das umgekehrte Prinzip gelten)
- Es können Umweltfaktoren, die als konstante Randbedingungen vorliegen, in Entscheidungsvariable verwandelt werden. So kann eine Groß-Unternehmung evtl. über einen Verband Einfluß auf die Gesetzgebung zu nehmen versuchen. Umgekehrt werden möglicherweise Variablen zu Konstanten, etwa wenn der Einfluß darauf als sehr gering angesehen wird. So müssen Konsumenten i.d.R. die Preise der Güter als gegeben hinnehmen.
- Eine weitere Möglichkeit besteht darin, eine diskrete Variable als kontinuierlich zu betrachten. Ein Beispiel hierfür ist die Betrachtung der diskreten Lagerabgänge beim Lagerhaltungsproblem als kontinuierlich, etwa als kontinuierliche Lagerabgangsrate in einer Periode. Umgekehrt kann eine kontinuierliche Variable auch als diskret betrachtet werden. Dies geschieht beispielsweise häufig bei Prozessen, bei denen die Zeit zwischen den Ereignissen eine wesentliche Variable darstellt. Man nimmt an, daß alle Ereignisse, die tatsächlich innerhalb einer Periode stattfinden, entweder auf den Anfang oder das Ende der Periode gelegt werden.

- Ein besonderes Vorgehen ist die Konstruktion sog. *robuster erster Schritte* (Aktionen) Diese Methode kommt bei Entscheidungsproblemen mit mehreren Zeitabschnitten vor. Es ist oft möglich, solche gemeinsamen Teilaktionen bei allen Aktionen zu finden, die *unabhängig* von der Umweltentwicklung »gute« Ergebnisse bringen. Diese »robusten Schritte« werden isoliert an den Anfang der Aktionsfolge gestellt, an die sich die restlichen Aktionen anschließen. Zuerst werden also die robusten Schritte realisiert, womit auf jeden Fall eine Fehlentscheidung vermieden wird. Die anschließend notwendigen Aktionen können noch zusätzlich gewonnene Informationen verarbeiten (vgl. dazu Hanssmann 1978, S. 64f.; Szyperski–Winand 1980, S. 56f.).

*Modellkonstruktion und Modellvalidierung (Phase 5)**

In der Phase der Modellkonstruktion und Modellvalidierung *(Phase 5)* soll zunächst die Modellkonstruktion im Mittelpunkt stehen. Der Prozeß der *Modellkonstruktion* ist nicht nur ein formaler Prozeß, sondern hat von Anfang an den Modellbenutzer mit einzubeziehen. Modelle sollen demnach *benutzerfreundlich* sein, d.h. leicht handhabbar konstruiert werden. An benutzerfreundliche Modelle werden zurückgehend auf *Little* insbesondere folgende Anforderungen formuliert (Little 1970, S. B–466ff.; siehe dazu auch Naert/Leeflang 1978, S. 99ff. sowie die Paradigmen der Modellbildung bei Schultz/Slevin 1975, S. 31ff.).

Elemente der Benutzerfreundlichkeit bei der Modellkonstruktion

Einfachheit von Entscheidungsmodellen

Modelle sollten von den Entscheidungsträgern verstanden werden können. Das bedeutet nicht, die Modelle so zu konstruieren, daß der Entscheidungsträger das Modell in allen seinen formalen Einzelheiten versteht. Notwendig ist lediglich die Möglichkeit des Verstehens der Logik, die der Modellkonstruktion zugrundeliegt sowie des richtigen Einschätzens der Möglichkeiten, die das Modell zur Unterstützung seiner Entscheidungsfindung bietet. Sind diese beiden Möglichkeiten gegeben, so ist ein Modell einfach für den Entscheidungsträger. Die Beantwortung der Frage, ob ein Modell für einen Entscheidungsträger einfach ist, wird auch davon abhängen, auf welche Weise er an der Modellkonstruktion beteiligt wird.

Schrittweise Modellentwicklung

Der grundlegende Gedanke einer schrittweisen Modellentwicklung besteht darin, ein Modell nicht sofort in dem für das abzubildende Problem eigentlich erforderlichen Komplexionsgrad zu konstruieren. Zunächst wird der

* Siehe zu folgendem Pfohl 1981, S. 151ff.

»Die folgende Rahmen-Methodologie enthält 13 Schritte, die nicht unbedingt in der Reihenfolge ihrer Numerierung ablaufen müssen, sondern teilweise miteinander vertauscht werden können, teilweise zyklisch wiederholt werden müssen. Diese Rahmen-Methodologie bezieht sich insbesondere auf *einmalig* zu treffende Entscheidungen. Für sich *routinemäßig wiederholende* Entscheidungen (beispielsweise die Bestimmung optimaler Produktionsprogramme) sind einzelne Schritte zu ändern.

Schritt 1 – Identifikation eines Problems bzw. einer Entscheidungssituation: Was ist ein Problem? Wie entsteht ein Problem? Wie erkennt man ein Problem? Welche formalen Hilfsmittel (der OR-Technologie) können eingesetzt werden, um Probleme frühzeitig zu erkennen? Etc.

Schritt 2 – Definition des Problems bzw. der zu treffenden Entscheidung: Wie läßt sich ein System, über das eine Entscheidung zu treffen ist, von der Systemumwelt abgrenzen? Wie läßt sich ein Problem in Unterprobleme gliedern . . .? Wie läßt sich ein Problem systematisch einengen und von seinen Symptomen abgrenzen . . .? Etc.

Schritt 3 – Untersuchung des organisatorischen Rahmens: Wie ist die Entscheidungskompetenz zusammengesetzt? Gibt es informelle Machtstrukturen, die mit den formalen Machtverteilungen nicht übereinstimmen? In welcher Reihenfolge werden welche Entscheidungen getroffen (Beispiel: Die mit der Besetzung von Professuren befaßten Entscheidungsgremien an Universitäten)? Etc.

Schritt 4 – Entscheidungskriterien: Welche Interessengruppen werden von der Entscheidung betroffen? Welche Ziele, Wertesysteme und Wünsche haben diese Gruppen? Inwieweit verlaufen die Ziele komplementär bzw. inwieweit konkurrieren sie? Sind Zielkompromisse zwischen den Interessengruppen möglich? Lassen sich die Ziele in einer Zielfunktion zusammenfassen oder lassen sich aus den Zielen operationale Entscheidungskriterien entwickeln . . .? Etc.

Schritt 5 – Entwicklung der Systemwelt: Wie werden sich die relevanten Parameter der Systemumwelt entwickeln? Welche Verfahren (OR-Technologie) lassen sich verwenden? Wie zuverlässig sind die Ergebnisse? Sind Delphi-Techniken einsetzbar oder Kreativitäts- und Klassifizierungstechniken? Ist das Schreiben von Szenarios erforderlich und welche EDV-Programmiersprachen eignen sich dazu? Etc.

Schritt 6 – Freiheitsgrade: Welche Freiheitsgrade bestehen für die Lösung bzw. wodurch ist der Bereich der zulässigen Lösungen eingeschränkt? Welche gesetzlichen, vertraglichen, technischen, naturwissenschaftlichen, ökonomischen Bedingungen oder Regeln sind einzuhalten? Etc.

Schritt 7 – Entscheidungsalternativen: Welche Entscheidungsalternativen bestehen? Lassen sie sich durch geeignete Modelle (OR-Technologie) in einem *konvexen Bereich* (oder *wenigen* konvexen Bereichen) abbilden? Inwieweit sind Kreativitäts- und Klassifizierungstechniken sinnvoll einzusetzen. Etc.

Schritt 8 – Modellbau: Welche Modelle eignen sich zur Abbildung des Systems (vgl. Schritt 2)? Auf welche Weise lassen sich solche Modelle schnell und fehlerfrei entwickeln? Etc.

Schritt 9 – Datenbeschaffung: Welche Daten werden für das Modell benötigt? Welche Qualität haben sie? Wie müssen Datenbanken aufgebaut sein, damit im Einzelfall die relevanten Daten abgerufen werden können? Etc.

Schritt 10 – Algorithmenauswahl bzw. Algorithmenentwurf (mit EDV-Programm): Welche Algorithmen zur mathematischen Untersuchung des Modells sind in der Literatur behandelt worden? Wie effizient sind sie? Gibt es für sie Standardprogramme oder müssen eigene EDV-Programme geschrieben werden? Nach welcher Programmiersprache sollen eigene Programme geschrieben werden? Wie lassen sich eigene Algorithmen entwikkeln, falls die Literatur keine geeigneten Algorithmen aufweist (Diese Frage ist besonders bei kombinatorischen Problemen von großer Bedeutung) . . .? Etc.

Schritt 11 – Durchführung der Rechnungen am Modell: Wie viele Rechnungen sollen durchgeführt werden: welche Daten sollen für Alternativrechnungen eingesetzt werden? Etc.

Schritt 12 – Auswertung und Interpretation der Rechenergebnisse: Welche postoptimalen Rechnungen erhöhen die Aussagekraft? Wie lassen sich die wichtigen Ergebnisse von den weniger wichtigen trennen? Deuten die Ergebnisse auf »robuste nächste Schritte« hin . . .? Wie sind die Ergebnisse zu einer Entscheidungsunterlage bzw. einem Entscheidungsvorschlag zusammenzustellen? Etc.

Schritt 13 – Entscheidungsprozeß: Wer nimmt an dem Entscheidungsprozeß teil, und zwar mit welchen Zielsetzungen (vgl. auch Schritt 3)? Welche Argumente werden am stärksten durchschlagen (Rückwirkung auf Schritt 12)? Welche Koalitionen können sich bilden? In welcher Reihenfolge sollen einzelne Argumente vorgetragen werden? Etc.«

Abb. 171: Rahmen-Methodologie des Operations Research (Quelle: Müller–Merbach 1978, S. 19f.)

»*1. Allgemeine Orientierung über das Problem.* Ist einem Wissenschaftler (oder wissenschaftlichen Team) der Auftrag zuteil geworden, ein konkretes Systemproblem zu studieren, so muß er damit beginnen, sich ein gewisses Tatsachenwissen über das fragliche System anzueignen und seine Zusammenhänge zu verstehen. Da er nicht auf allen Gebieten selbst Fachmann sein kann, werden oft erhebliche Lücken zu schließen sein. Andererseits sind die in den einzelnen Teilsystemen tätigen Fachleute nicht von sich aus in der Lage, die Systemzusammenhänge im Sinne der Systemforschung zu bewältigen. Das relevante Fachwissen sollte in jedem Fall im Team vertreten sein, was notwendige Lernprozesse in der Orientierungsphase beschleunigt. Besonderer Wert ist auf eine Ist-Aufnahme des existierenden Systems zu legen, die so weit getrieben werden sollte, daß die derzeitige Funktionsweise des Systems verständlich wird und nachvollzogen werden kann. Eine so weit getriebene Ist-Aufnahme wird auch als »Systemanalyse« bezeichnet.

2. Wahl passender Entscheidungskriterien. Ausgehend von den Erkenntnissen der Orientierungsphase muß nun eine genügend konkrete Definition des Gesamtziels der Organisation erarbeitet werden. Es sind geeignete quantitative Entscheidungskriterien zu formulieren, die das Gesamtziel meßbar machen und später zur vergleichenden Bewertung von Entscheidungsalternativen herangezogen werden können. Es geht also um die Definition der Größen E.

3. Formulierung der Entscheidungsalternativen. Die in einer konkreten Situation existierenden Entscheidungsalternativen liegen selten vollständig auf der Hand. Gerade die besten Alternativen müssen oft regelrecht »erfunden« werden. Dies erfordert kreative Arbeit aller Beteiligten. Erst wenn ein genügend großer Vorrat von Handlungsalternativen erkannt und formuliert ist, können diese Alternativen mit Hilfe von Entscheidungsvariablen X genauer beschrieben werden.

4. Auswahl relevanter Umweltfaktoren. Die Umwelt jedes begrenzten Systems ist theoretisch das gesamte Universum, das sich nur durch eine Unzahl von Umweltfaktoren beschreiben ließe. Aus dieser Unzahl gilt es eine kleine Zahl relevanter Umweltfaktoren auszuwählen. Als relevant gelten diejenigen Parameter, die einen nennenswerten Einfluß auf die Ergebnisse E der unter Punkt 3 betrachteten Entscheidungsalternativen X haben. Die Menge der als relevant erkannten Umweltfaktoren wird mit Y bezeichnet.

5. Modellkonstruktion und Modellvalidierung. Nachdem die Modellbausteine E, X und Y erarbeitet sind, sind sie durch einen funktionalen Zusammenhang f zu verknüpfen. Die Formulierung eines derartigen funktionalen Zusammenhangs in konkreter Form bezeichnen wir als Modellkonstruktion. Unlösbar damit verknüpft ist die Modellvalidierung, die den Nachweis zu erbringen hat, daß die gewählte funktionale Abhängigkeit ein genügend getreues Abbild der Realität darstellt.

6. Schätzung und Prognose der Modellparameter. In dieser Phase sind die Parameter Y mit geschätzten oder prognostizierten Zahlenwerten zu versehen. Mit Rücksicht auf die Unsicherheit sind in der Regel mehrere Werte des einzelnen Parameters zu erarbeiten. Durch verschiedene Kombinationen der Werte einzelner Parameter entstehen alternative Umweltkonstellationen, die die Spalten der Ergebnistabelle konkret definieren.

7. Deduktion von Informationen aus dem Modell. Erst jetzt kann mit dem Modell gerechnet werden. Insbesondere läßt sich für jede betrachtete Entscheidungsalternative X die zugehörige Zeile der Ergebnistabelle berechnen. Die vollständige Tabelle wird wegen der Vielzahl der Entscheidungsalternativen häufig nicht darstellbar sein, doch läßt sich eine reduzierte Tabelle zusammenstellen, deren Zeilen besonders interessanten Alternativen entsprechen. Die reduzierte Ergebnistabelle faßt die wichtigsten entscheidungsrelevanten Informationen zusammen, die aus dem Modell deduziert wurden.

8. (Präsentation der Informationen, d. V.). Die in der Ergebnistabelle enthaltenen Informationen müssen nun so dargestellt und dem Entscheidungsträger übermittelt werden, daß sie als Entscheidungshilfe wirksam werden können. Dazu ist auch eine entsprechende ausführliche Diskussion der Ergebnisse notwendig. Dies alles sollte nicht nur in einem schriftlichen Bericht oder einer einmaligen mündlichen »Präsentation« geschehen. Idealerweise sollten vielmehr diejenigen Wissenschaftler, die die Studie durchgeführt und die Ergebnisse produziert haben, in den Prozeß der Entscheidungsfindung, wenn auch selbstverständlich in beratender Kapazität, mit eingeschaltet werden. So wird auch Fehlern und Mißverständnissen bei der Anwendung der Ergebnisse der Studie vorgebeugt. Häufig wird sich in dieser Phase herausstellen, daß der Entscheidungsträger weitere Informationen, die Betrachtung zusätzlicher, bisher übersehener Entscheidungsalternativen oder die Veränderung gewisser Annahmen wünscht. Auf diese Weise kommt es zu Iterationen einzelner Phasen der Studie, ehe schließlich eine Entscheidung fällt.

9. Implementierung und Kontrolle. Auch wenn eine Entscheidung für eine bestimmte Alternative gefallen ist, sollten die Wissenschaftler nicht aus dem weiteren Geschehen ausscheiden. Soll die gewählte Entscheidung die durch die Studie in Aussicht gestellten Ergebnisse zeitigen, so muß die Implementierung sorgfältig kontrolliert werden. Allzuleicht schleichen sich Abweichungen und Modifikationen der auf dem Papier gewählten Alternative ein, die gravierende Auswirkungen auf die Ergebnisse haben können. Schließlich können sich auch die Umweltverhältnisse im Laufe der Zeit so verändern, daß eine Modifikation der Lösung aus diesem Grunde notwendig wird. Es liegt auf der Hand, daß die Wissenschaftler, die die gewählte Alternativlösung im einzelnen erarbeitet haben, bei diesem Prozeß beteiligt sein sollten.

Die beschriebenen Phasen einer Systemstudie sind selbstverständlich nicht scharf voneinander zu trennen. Sie laufen auch nicht in jedem Falle zeitlich hintereinander ab, sondern sind durch zahlreiche Wechselbeziehungen und Iterationsschleifen miteinander verbunden. Dennoch sind sie in jeder Systemstudie klar identifizierbar . . .

Hinsichtlich der Aufwandsverteilung zwischen den neun Phasen sollte man eine realistische Vorstellung behalten. Die Phasen 1–6 weisen eine innere Zusammengehörigkeit auf: sie lassen sich als Schritte eines Prozesses auffassen, durch den eine reale Situation auf eine abstrakte Modellstruktur abgebildet wird. Sie lassen sich daher unter dem Oberbegriff der Modellierung zusammenfassen . . .

Dagegen unterscheidet sich Phase 7 in ihrem Wesen deutlich von den bisherigen Schritten: sie dient der deduktiven Gewinnung von Aussagen aus dem einmal erstellten Modell . . .

Der deutliche Einschnitt nach Phase 6 besteht darin, daß Phase 7 keinen direkten Bezug auf die Realität nehmen muß. Gemessen am Gesamtproblem kann die deduktive Phase relativ mechanisch ablaufen. Selbstverständlich können dabei komplizierte mathematische Aglorithmen und elektronische Rechenmaschinen zum Einsatz kommen. Dies sollte jedoch nicht darüber hinwegtäuschen, daß die Modellierungsphasen 1–6 im Rahmen des Gesamtproblems den weitaus größeren und in gewissem Sinne auch wichtigeren Aufwand erfordern. Eine unvollkommene Modellierung dürfte im allgemeinen gravierendere Folgen haben als eine unvollkommene mathematische Lösung, z. B. eine Näherungslösung statt einer exakten Optimallösung. Hinsichtlich des Aufwands innerhalb der Phasen 1–7 legt die Erfahrung die Faustregel nahe, daß die Modellierungsphasen 95 %, die rechnerisch-deduktive Phase dagegen nur 5 % des Aufwands beanspruchen. Diese Tatsache steht in krassem Gegensatz zu dem Bild, das viele Fachzeitschriften bieten, in denen fast ausschließlich mathematisch-deduktive Darbietungen veröffentlicht werden. Das wahre Aufwandsverhältnis sollte bei der Planung und Beurteilung einer Studie im Auge behalten werden. Über die Implementierungsphasen 8–9 läßt sich weniger Allgemeingültiges sagen. Der Aufwand kann sehr verschieden ausfallen, doch gibt es Fälle, in denen sich der Implementierungsprozeß über Jahre hinzieht.«

Abb. 172: Phasen einer Systemstudie (Quelle: Hanssmann 1978, S. 19ff.)

Entscheidungsträger in den Prozeß der Modellkonstruktion einbezogen und ein solches Modell konstruiert, daß er das Modell ohne Schwierigkeiten versteht und sich mit dem Modell identifiziert, da es in gewisser Weise »sein« Modell ist. Dadurch wird der Entscheidungsträger dazu motiviert, das Modell zur Unterstützung seiner Entscheidungsfindung heranzuziehen und gewinnt dann Erfahrung mit der modellunterstützten Entscheidungsfindung. Er wird dann auch feststellen können, welche wesentlichen Variablen und Beziehungen im Modell nicht erfaßt sind. Das Modell kann auf diese Weise schrittweise weiterentwickelt werden. Der Entscheidungsträger wird aber die schrittweise Steigerung des Komplexionsgrades eines Modells verstehen, da er selbst die Mängel des ursprünglichen Modells festgestellt hat.

Vollständigkeit (Genauigkeit) von Entscheidungsmodellen

Die Notwendigkeit zur Steigerung des Komplexionsgrades eines Modells resultiert aus der Tatsache, daß ein Entscheidungsträger ein Modell nur dann als eine nützliche Unterstützung zur Entscheidungsfindung betrachtet, wenn es die Variablen und Beziehungen enthält, die er als wesentlich ansieht. Das Modell sollte also das Realproblem so vollständig (genau) abbilden, wie es der Entscheidungsträger für erforderlich hält*.

* Der Konflikt, der zwischen der Forderung nach einem einfachen Modell und der Forderung nach einem vollständigen (genauen) Modell besteht, läßt sich zumindest teilweise durch das geschilderte schrittweise Vorgehen bei der Modellentwicklung lösen.

Anpassungsfähigkeit von Entscheidungsmodellen

Wird ein Modell zur Unterstützung von Wiederholungsentscheidungen eingesetzt, so sollte es sich an die Veränderung der Problemsituation anpassen lassen. Relativ einfach ist z.B. eine Anpassung an geänderte Umweltdaten, da sie lediglich eine Änderung der Parameter erfordert. Schwieriger ist dagegen eine Änderung der Problemstruktur, die eine Änderung bei den Variablen und Beziehungen zwischen den Variablen notwendig macht. Erleichtert wird die strukturelle Anpassung eines Modells durch einen modularen Aufbau, also eine Zusammensetzung des Gesamtmodells aus Teilmodellen. Bei Änderungen in Problembereichen brauchen dann nur die entsprechenden Module und nicht das Gesamtmodell geändert werden.

Einfachheit der Modellanalyse

Die Modellhandhabbarkeit wird nicht zuletzt von der Einfachheit der Durchführung einer Modellanalyse abhängen. Deshalb wird gefordert, daß der Entscheidungsträger mit den Modellen leicht kommunizieren kann, d.h. daß er ohne Einschaltung von Experten die Modellanalyse, möglichst im direkten Dialog, durchführen kann. Ein solcher Dialog setzt häufig eine geeignete Unterstützung durch die elektronische Datenverarbeitung voraus, worauf an dieser Stelle aber nicht eingegangen werden kann (vgl. dazu Pfohl 1981, S. 180ff.).

Arten der Modellvalidierung

Bei der *Modellvalidierung* geht es vor allem darum, die Ergebnismatrix bzw. die Ergebnisfunktion als empirisch gültig nachzuweisen. Auch das ist eine Erweiterung gegenüber der klassischen Vorgehensweise, die die Ergebnismatrix als gegeben voraussetzt. Wir unterscheiden folgende Methoden der Modellvalidierung: Retrospektiver Test, Rückgriff auf gesichertes Wissen und prospektiver Test.

Retrospektiver Test

Immer dann, wenn es sich um wiederholbare Vorgänge handelt, kann die Ergebnismatrix *retrospektiv* getestet werden. Dazu verschiebt man die Anwendung der Ergebnismatrix in die Vergangenheit und fragt, ob zu einem in der Vergangenheit liegenden Zeitpunkt ebenfalls aus a_i und s_j ein e_{ij} folgt. Man vergleicht dann das mit Hilfe der Matrix gewonnene Prognoseergebnis mit dem tatsächlich eingetretenen historischen Wert. Ein Modell wird als valide bezeichnet, wenn die prognostizierten Werte E und die historischen Werte E′ nahe beieinanderliegen. Als statistisches Maß gilt:

$$\alpha = 1 - \mathrm{Var}\,(E' - E)/\mathrm{Var}\,E'.$$

Dieser Vergleich der Varianz der historischen Ergebnisse E′ mit der Varianz der Differenz von E′ und E wird »statistischer Erklärungsgrad« der Ergebnismatrix genannt. Liegt dieser nahe an 1, so wird die Ergebnismatrix als valide bezeichnet.

Ein weiterer statistischer Test ist der *Signifikanztest*, mit dem sich signifikante Variablen ausscheiden lassen. Besonders bekannte Methoden, die beim Signifikanztest eingesetzt werden, sind die Regressions- und Varianzanalyse.

Wird das gesamte Entscheidungsmodell überprüft, so ist darauf zu achten, ob die aufgenommenen Ziele den Zielen entsprechen, die in einer realen Problemsituation angestrebt werden. Der retrospektive Test des gesamten Entscheidungsmodells besteht darin, das Entscheidungsmodell auf vergangene Probleme anzuwenden, um die mit Hilfe des Entscheidungsmodells getroffenen Entscheidungen mit den historischen Entscheidungen zu vergleichen. Liegen genügend Vergleichsdaten vor, so kann ebenfalls ein α-Wert entsprechend der obigen Formel errechnet werden. α ist jetzt ein »statistischer Grad der Güte des gesamten Entscheidungsmodells«. Ein Beispiel ist der Vergleich einer Lagerhaltungspolitik, die sich aus einem Lagerhaltungsmodell ergibt, mit der in der Vergangenheit tatsächlich realisierten Lagerhaltungspolitik. Der Sinn des retrospektiven Tests liegt darin, daß die Ergebnisfunktion bzw. die anderen Entscheidungsprämissen aufgrund der Testergebnisse geändert werden können.

Rückgriff auf gesichertes Wissen

Dieses Prinzip legt es nahe, die gesammelte Erfahrung anderer zu verwenden. Dabei kann es sich einmal um *persönliche* Erfahrungen anderer Personen handeln, die schon mit gleichen oder ähnlichen Problemen konfrontiert waren. Eine besondere Qualität wird demgegenüber das erfahrungswissenschaftliche Wissen aufweisen, das die *Wissenschaften* bereitstellen. Dazu gehören besonders allgemein akzeptierte Gesetzesaussagen und Theorien. Als Beispiel dient etwa die Produktions- und Kostentheorie und die darin enthaltenen Aussagen. Allerdings wird gelegentlich darauf hingewiesen, daß in der Betriebswirtschaftslehre Theorien noch nicht in ausreichendem Maße zur Verfügung stehen (vgl. Braun 1977, S. 166 ff.). Aus diesem Grunde spielt das »weichere« Erfahrungswissen anderer Personen für die Begründung der Ergebnisfunktion eine bedeutende Rolle. Wir sprechen dann von einer »plausiblen« oder »logischen« Begründung. Auch für diese Art von Begründung können wissenschaftliche Ergebnisse herangezogen werden, wenngleich es sich dabei nicht um abgesicherte Theorien handeln muß.

Prospektiver Test

»Hat man durch Heranziehung retrospektiver Tests und gesicherten Wissens das Mögliche getan, so können trotzdem Zweifel verbleiben, ob die schließlich akzeptierten Relationen auch für die Zukunft gültig bleiben«

(Hanssmann 1978, S. 84). Wenn wir uns nur auf die Ergebnisfunktion beziehen, so werden jetzt Ergebnisse für die Zukunft prognostiziert. Dann wartet man das Eintreten der Ergebnisse ab, um sie mit dem Prognosewert zu vergleichen. Beim Vergleich lassen sich dieselben statistischen Verfahren einsetzen wie beim retrospektiven Test, doch wird dies nicht so häufig vorkommen, da die Zahl der prospektiven Beobachtungen in aller Regel klein sein wird. Wird ein prospektiver Test durchgeführt, so können die Vergleichsergebnisse eine Veränderung der Ergebnisfunktion bewirken. Handelt es sich um einmalige Entscheidungssituationen, so scheiden sowohl der retrospektive als auch der prospektive Test aus. In diesem Falle muß das »gesicherte« Wissen die ganze Last der Überprüfung tragen.

Deduktion von Informationen aus dem Modell (Phase 7)

In der *Phase 7* werden die Ableitungen aus dem Modell vollzogen. Dabei wird deutlich, welchen Stellenwert Hanssmann (1978, S. 105ff.) den Zielfunktionen beimißt. Sie sind grundsätzlich vom Entscheidungsträger selbst zu entwickeln und auf eine Ergebnismatrix anzuwenden. Allerdings kann der Modellbauer mit ihrer Hilfe eine *Vorauswahl* aus zahlreichen Aktionen treffen, um dem Entscheidungsträger »interessante« Aktionen zur Verfügung zu stellen. Dazu werden mehrere Zielfunktionen benützt. Auf diese Weise führt die Vorauswahl zu einer *reduzierten* Ergebnismatrix. Da diese nur quantifizierte Zielgrößen enthält, ist eine Spalte mit verbalen Zusatzinformationen beizufügen. Sie sollte insbesondere Hinweise auf »Imponderabilien« geben, deren Quantifizierung im Rahmen der Analyse nicht gelungen ist. Den letzten Schritt, die Auswahl *einer* optimalen Aktion, vollzieht ausschließlich der Entscheidungsträger. Im Zuge einer Empfindlichkeitsanalyse ist die optimale Aktion zu überprüfen, ob sie immer noch optimal ist, wenn sich Änderungen ergeben. Ändert sich die optimale Aktion sehr stark, so muß sie als empfindlich bezeichnet werden. Im gegenteiligen Falle liegt eine unempfindliche Aktion vor (zur Empfindlichkeitsanalyse vgl. etwa Dinkelbach 1969).

Empfindlichkeitsanalyse

Neben der Vorauswahl der Aktionen erwähnt Hanssmann auch eine Vorauswahl der Umweltsituationen. Es können dann optimistische, mittlere und pessimistische Konstellationen in Betracht gezogen werden.

Präsentation der Ergebnisse (Phase 8)

Die *Phase 8* der Präsentation der Informationen muß stark anwendungsorientiert sein. Der Bericht der Modellbauer muß so ausgestaltet sein, daß der Entscheidungsträger in die Lage versetzt wird, fundierte Entscheidungen treffen zu können (vgl. Hanssmann 1978, S. 115ff.).

Implementierung und Kontrolle (Phase 9)

Auf die *Phase 9*, in der insbesondere Probleme der Implementation im Mittelpunkt stehen, soll an dieser Stelle noch nicht eingegangen werden. Da hierbei in hohem Maße empirische Ergebnisse miteinbezogen werden müssen, verweisen wir auf S. 490 ff.

Wiederholungsfragen

1. Worin unterscheiden sich die Ansätze der Meta-Entscheidungstheorie und entscheidungstheoretischen Methodologie? (S. 319 f.)
2. Was ist unter der mengenmäßigen und wertmäßigen Änderung des Entscheidungsfeldes zu verstehen? (S. 320)
3. Was ist eine einstufige bzw. mehrstufige Informationsentscheidung? (S. 320 f.)
4. Wie errechnet man die optimale Komplexion eines Entscheidungsmodelles? (S. 321 ff.)
5. Welcher Kritik ist die Meta-Entscheidungstheorie ausgesetzt? (S. 325 f.)
6. Welche heuristischen Prinzipien können zur Bildung von Aktionen verwendet werden? (S. 327 f.)
7. Was sind robuste erste Schritte? (S. 328)
8. Wann kann ein Entscheidungsmodell als benutzerfreundlich bezeichnet werden? (S. 328, 331 f.)
9. Welche Tests zur Überprüfung von Entscheidungsmodellen kennen Sie? (S. 332 ff.)
10. Welche Aufgabe leistet die Empfindlichkeitsanalyse? (S. 344)

Literaturverzeichnis

BITZ, M. (1977): Die Strukturierung ökonomischer Entscheidungsmodelle. Wiesbaden 1977.

BRAUN, G.E. (1977): Methodologie der Planung. Eine Studie zum abstrakten und konkreten Verständnis der Planung. Meisenheim am Glan 1977.

BRETZKE, W.-R. (1978): Die Formulierung von Entscheidungsproblemen als Entscheidungsproblem. In: Die Betriebswirtschaft, 38 (1978), S. 135–143.

DINKELBACH, W. (1969): Sensitivitätsanalysen und parametrische Programmierung. Berlin/Heidelberg/New York 1969.

HANSSMANN, F. (1978): Einführung in die Systemforschung. München 1978.

LITTLE, J.D.C. (1970): Models and Managers: The Concept of a Decision Calculus. In: Management Science, 16 (1970), S. B-466–B-485.

MAG, W. (1977): Entscheidung und Information. München 1977.

MÜLLER-MERBACH, H. (1977): Quantitative Entscheidungsvorbereitung. In: Die Betriebswirtschaft, 37 (1977), S. 11–23.

NAERT, P. / LEEFLANG, P. (1978): Building Implementable Marketing Models. Leiden/Boston 1978.

PFOHL, H.-C. (1981): Planung und Kontrolle. Stuttgart/Berlin/Köln/Mainz 1981.

SCHULTZ, R.L. / SLEVIN, D.P. (1975): A Program of Research on Implementation. In: Schultz, R.L. / Slevin, D.P. (Hrsg.): Implementing Operations Research/Management Science. New York/London/Amsterdam 1975, S. 31–51.

SZYPERSKI, N. / WINAND, U. (1980): Grundbegriffe der Unternehmungsplanung. Stuttgart 1980.

TEICHMANN, H. (1972): Die optimale Komplexion des Entscheidungskalküls. In: Zeitschrift für betriebswirtschaftliche Forschung, 24 (1972), S. 519–539.

ZENTES, J. (1976): Die Optimalkomplexion von Entscheidungsmodellen. Köln 1976.

3. Kapitel: Empirische Analyse zu ausgewählten Teilen der normativen Entscheidungstheorie

A. Empirische Analyse und ihre Verarbeitung im Rahmen der normativen Entscheidungstheorie

Kritikpositionen an der normativen Entscheidungstheorie

Die normative Entscheidungstheorie *kann* grundsätzlich jede empirisch begründete Kritik abwehren. Zeigt sich etwa, daß Menschen laufend intransitive Bewertungen vornehmen, so ist damit auf keinen Fall das Axiom der Transitivität »widerlegt«. Ein normativer Entscheidungstheoretiker wird also in einer empirisch untermauerten Kritik »keine Widerlegung seiner Auffassung, sondern die Konstatierung einer allgemein verbreiteten *irrationalen* menschlichen Verhaltensweise erblicken« (Stegmüller 1973 a, S. 304). Ein aus »hartem Holze geschnitzter« normativer Entscheidungstheoretiker ist demnach für empirische Kritik »taub«.

Eine etwas *liberalere* Position nehmen diejenigen normativen Entscheidungstheoretiker ein (wie etwa Krelle 1968), die unter dem Einfluß empirisch geführter Kritik bereit sind, ihre Axiome gegebenenfalls zu ändern oder anders zu interpretieren. Damit wird auf keinen Fall der Ansatz der normativen Entscheidungstheorie verlassen, da nach wie vor mathematische Entscheidungsmodelle konstruiert werden. Nur werden diese komplexer und erlauben es dadurch, gewisse empirische Kritikpunkte aufzunehmen und in veränderte Modelle umzusetzen. Kennzeichnend ist dabei, daß die empirische Kritik aufgegriffen und so »zurechtgebogen« wird, daß sie für einen normativen Entscheidungstheoretiker mit seinen Hilfsmitteln handhabbar erscheint.

Wird unter Bezugnahme auf das empirische Entscheidungsverhalten der *Ansatz* der normativen Entscheidungstheorie verlassen, so ist die empirische Kritik eine *totale* Kritik. Diese führt dann geradewegs zur deskriptiven Entscheidungstheorie, die als vollständig konträrer *Ansatz* aufgefaßt werden kann. Auf die deskriptive Entscheidungstheorie wird in Kapitel 4 eingegangen. An dieser Stelle wird die empirische Analyse und Kritik dazu verwendet, auf Schwachstellen bei den einzelnen Entscheidungsprämissen der normativen Entscheidungstheorie aufmerksam zu machen. Eine totale Kritik an der normativen Entscheidungstheorie ist nicht beabsichtigt.

Die empirische Kritik kann sämtliche Entscheidungsprämissen treffen, wobei im folgenden die *(Ereignis-)Wahrscheinlichkeiten* und *Ergebnis-* bzw. *Nutzengrößen* relevant sein sollen. Dabei kann auf empirische Weise der Entstehungsprozeß von Wahrscheinlichkeitsurteilen studiert werden. Die normative Entscheidungstheorie »übersetzt« nun empirische Fragestellungen so, daß sie normativ nutzbar gemacht werden können. Es interessiert besonders die Frage, wie man einzelne Personen zu *vernünftigen Schätzungen* von Wahrscheinlichkeiten anhalten kann. Dabei wird der »klassische« Ansatz verlassen, bei dem nur die Wahrscheinlichkeitsziffern als solche relevant waren, ohne auf ihre Entstehung zu achten.

Bei den Ergebnis- und Nutzengrößen stehen die Axiome der Bewertung im Mittelpunkt. Die grundlegenden Axiome der Vollständigkeit und der Transitivität sind dabei empirischen Einwänden ausgesetzt. Eine besondere Betrachtung verdienen die restlichen Axiome der Bernoulli-Nutzentheorie, die gleichfalls mit empirischen Ergebnissen konfrontiert werden können. Wir werden weiter unten die empirischen Argumente und ihre »Übersetzung« in die normative Entscheidungstheorie kennenlernen.

Die aufgeführten Probleme werden im folgenden näher betrachtet: Einmal geht es um das Problem der vernünftigen Schätzung von subjektiven Wahrscheinlichkeiten. Zum anderen handelt es sich um die Axiome bei der Bewertung von Ergebnisgrößen. Zusätzlich soll gesondert auf die *Spieltheorie* eingegangen werden, da sie der Teil der normativen Entscheidungstheorie ist, der eine Fülle empirischer Untersuchungen provoziert hat (vgl. dazu Reber 1973, S. 61 ff.). Gerade im angelsächsischen Raum wurde versucht, die *formal* argumentierende Spieltheorie durch eine *empirisch* sich verstehende Spieltheorie zu ergänzen.

B. Subjektive und objektive Wahrscheinlichkeiten

Arten der Wahrscheinlichkeit

Für den Formalismus der normativen Entscheidungstheorie genügte ein wahrscheinlichkeitstheoretischer Kalkül, der den Wahrscheinlichkeitsbegriff ganz *allgemein* einführte (vgl. dazu S. 31 ff.). *Spezielle* Wahrscheinlichkeitsauffassungen wurden nicht benötigt. Allerdings soll jetzt zwischen *objektiver* und *subjektiver* Wahrscheinlichkeit unterschieden werden. Beide Wahrscheinlichkeiten erfüllen die Kolmogoroff-Axiome und sind darüber hinaus durch zusätzliche Eigenschaften zu kennzeichnen. Anhand der Abb. 173 sind diese Eigenschaften zu erklären.

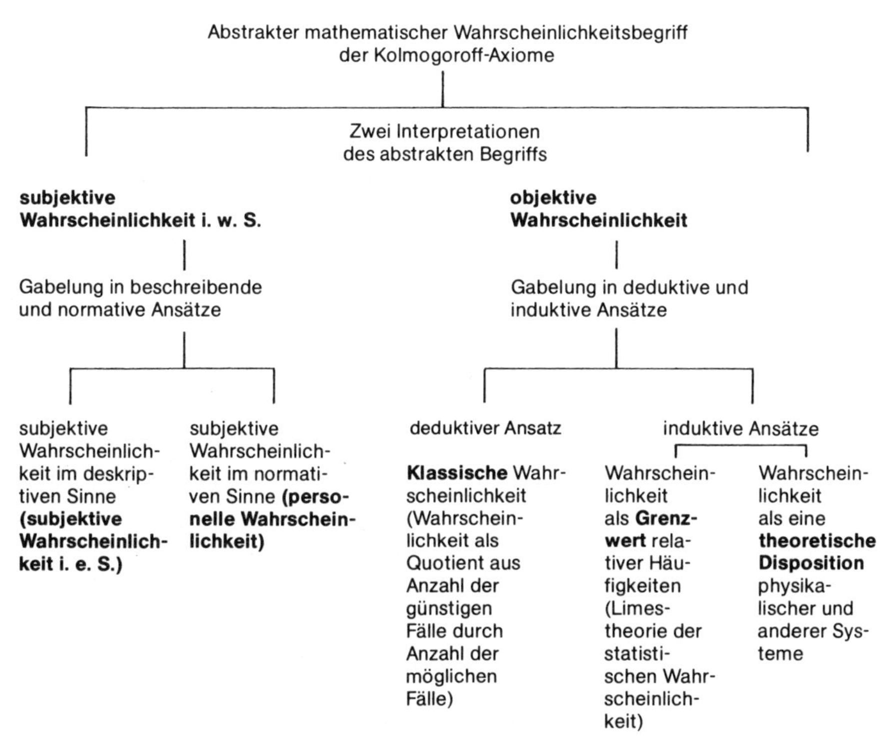

Abb. 173: Arten der Wahrscheinlichkeit (Quelle: In Anlehnung an Stegmüller 1973a, S. 133)

Klassische Wahrscheinlichkeit

Der *klassische* Wahrscheinlichkeitsbegriff führt die Wahrscheinlichkeit als Anzahl der günstigen Fälle dividiert durch Anzahl der möglichen Fälle ein. Da etwa das Ereignis des Auftretens einer geraden Zahl in einem Würfelversuch 3 Fälle von insgesamt 6 umfaßt, ist die Wahrscheinlichkeit für dieses Ereignis 3:6 = 0,5. Die deduktive Herleitung objektiver Wahrscheinlichkeiten ist nur in solchen Situationen möglich, in denen von der Gleichwahrscheinlichkeit des Auftretens von Elementarereignissen ausgegangen werden kann. Beim Würfeln mit einem idealen Würfel oder beim Werfen einer idealen Münze beispielsweise laufen Zufallsprozesse ab, bei denen solche Gleichwahrscheinlichkeiten allgemein akzeptiert werden und demzufolge objektive Wahrscheinlichkeiten a priori zu berechnen sind, ohne daß der Würfel oder die Münze in der Realität geworfen werden müssen (vgl. dazu Pfohl 1977b, S. 25).

Wahrscheinlichkeit als Grenzwert relativer Häufigkeiten

Werden Wahrscheinlichkeiten als *Grenzwert* relativer Häufigkeiten ermittelt, so liegt eine a posteriori Berechnung vor. Wird etwa ein Zufallsexperiment wie Würfeln häufig genug wiederholt, so läßt sich feststellen, daß die relative Häufigkeit des Auftretens eines Ereignisses auf einen bestimmten

Grenzwert hin konvergiert. Gewisse Schwierigkeiten verlangen nun, die Limestheorie der Wahrscheinlichkeiten aufzugeben (vgl. Stegmüller 1973b, S. 29ff.). Wahrscheinlichkeiten sollen also nicht mehr durch Definition mit Hilfe bereits bekannter *Beobachtungsgrößen* eingeführt werden. Der Begriff der induktiven Wahrscheinlichkeit soll vielmehr als eine nicht definierbare *theoretische* Größe verstanden werden. Wahrscheinlichkeiten sollen nach der propensity-interpretation als Eigenschaften von experimentellen Anordnungen gelten (vgl. dazu Popper 1959/60, S. 25ff., Stegmüller 1973b, S. 245ff.).

Wahrscheinlichkeit als theoretische Größe

Subjektive Wahrscheinlichkeiten können einmal empirisch ermittelt oder normativ vorgegeben werden. Dabei bedeutet subjektive Wahrscheinlichkeit ganz allgemein den partiellen Glauben, daß bestimmte Ereignisse eintreffen. Es handelt sich um einen partiellen Glauben, da ja keine Gewißheit herrscht. Der Grad der subjektiven Wahrscheinlichkeit ist dann der Grad des partiellen Glaubens. Wenn nun ein Entscheidungsträger T einem möglichen Ereignis x eine subjektive Wahrscheinlichkeit p zuschreibt, so kann man dies in der Weise deuten, *daß T im Grade p an das Eintreffen von x glaubt.* Nach der normativen Interpretation bezeichnet die Wahrscheinlichkeit den Überzeugungsgrad, den eine rationale Person haben sollte; wir sprechen dann von einer *personellen* Wahrscheinlichkeit. In der deskriptiven Interpretation ist die Wahrscheinlichkeit ein Glaubensgrad, den ein existierender (also rationaler oder irrationaler) Entscheidungsträger *tatsächlich* hat (vgl. dazu Stegmüller 1973a, S. 131). Zur besseren Unterscheidung soll hier von einer *subjektiven* Wahrscheinlichkeit i.e.S. die Rede sein.

Personelle Wahrscheinlichkeit

Subjektive Wahrscheinlichkeit i.e.S.

Subjektive Wahrscheinlichkeit im deskriptiven Sinne

Betrachtet man zuerst den deskriptiven Ansatz, so ist folgende Problemstellung interessant: Wenn objektive Wahrscheinlichkeiten vorliegen, so kann es sein, daß die Entscheidungsträger bei ihren subjektiven Schätzurteilen der Wahrscheinlichkeiten davon abweichen. Objektive Wahrscheinlichkeiten können überbewertet oder unterbewertet werden. Da auf diese Weise eine Form der *Risikoeinstellung* erfaßt werden kann, soll von einer wahrscheinlichkeitstheoretischen Interpretation der Risikoeinstellung gesprochen werden. »Die Überschätzung objektiver Wahrscheinlichkeitswerte kann als Indiz für Risikofreude, die Unterbewertung als Risikoabneigung interpretiert werden, während bei Übereinstimmung der subjektiven mit der objektiven Wahrscheinlichkeit Risikoindifferenz herrscht« (Kupsch 1973, S. 97). *Wahrscheinlichkeitsfunktionen* erlauben es nun, Risikoeinstellungen aufzuzeigen, was in Abb. 174 erfaßt ist. Dabei fungieren die objektiven Wahrscheinlichkeiten (p) als unabhängige und die subjektiven Wahrscheinlichkeiten (p^+) als abhängige Variablen,

Wahrscheinlichkeitsfunktionen

$p_1^+(p)$ = wechselnde Risikoeinstellung mit anfänglicher Überschätzung,
$p_2^+(p)$ = wechselnde Risikoeinstellung mit anfänglicher Unterschätzung,
$p_3^+(p)$ = generelle Risikoaversion,
$p_4^+(p)$ = generelle Risikofreude.

$p_1^+(p)$ ist dabei die experimentell am häufigsten bestätigte Wahrscheinlichkeitsfunktion. Differenzen bestehen allerdings über den genauen Verlauf der Funktion. Insgesamt sind bezüglich der Verallgemeinerungsfähigkeit der Aussagen einige Zweifel anzubringen, da es sich um Laborexperimente handelt, die zudem recht einfach strukturiert sind (zu kritischen Bemerkungen vgl. auch Kupsch 1973, S. 97ff.).

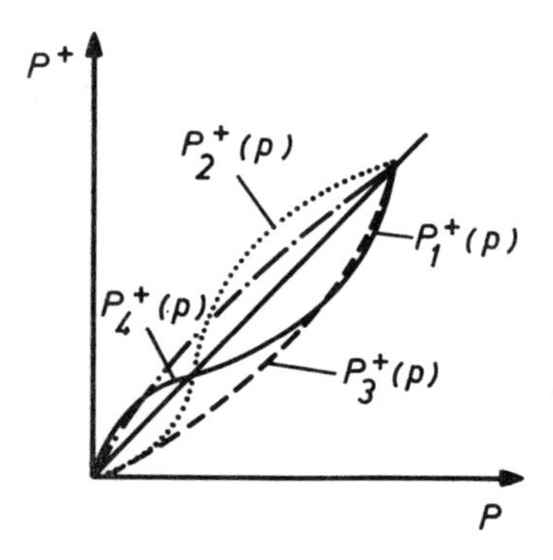

Abb. 174: Arten von Wahrscheinlichkeitsfunktionen (Quelle: Kupsch 1973, S. 98)

Subjektive Wahrscheinlichkeit im normativen Sinne

Die Tatsache, daß subjektive Schätzurteile von den objektiven Wahrscheinlichkeiten abweichen können, wird auch von der normativen Entscheidungstheorie aufgegriffen. An die Stelle der subjektiven Wahrscheinlichkeiten i.e.S., die empirisch ermittelt werden, treten jetzt allerdings *personelle* Wahrscheinlichkeiten. Die *personelle* Wahrscheinlichkeitsauffassung führt gegenüber den Kolmogoroff-Axiomen weitere axiomatische Festlegungen ein. Diese Axiome legen fest, unter welchen Bedingungen ein Wahrscheinlichkeitsschätzer als *rational* angesehen werden darf. *Carnap* entwickelt sogar ein umfangreiches Axiomensystem der personalistischen Wahrscheinlichkeitsauffassung (vgl. dazu Stegmüller 1973a). Der Grundgedanke zur Messung personeller Wahrscheinlichkeiten ist dabei relativ einfach (vgl. dazu Stegmüller 1973a, S. 302; auch Pfohl 1977b, S. 33) und läßt sich auf Ramsey (1931) und de Finetti (1964) zurückführen.

Wir sind davon ausgegangen, daß die personelle Wahrscheinlichkeit des Entscheidungsträgers T den Grad p angibt, mit dem dieser an das Eintreffen von x glaubt. Obwohl nun Glaubensakte keine Handlungen sind, so manifestieren sie sich doch unter geeigneten Bedingungen in Handlungen. Für unsere Zwecke reicht es aus, die *Einstellung* von T zu verschiedenen möglichen *Handlungen* zu testen. Dabei konzentrieren wir uns auf bestimmte Typen von Handlungen: auf das *Wettverhalten* mit *kleinen Geldbeträgen* und auf das Urteil der handelnden Personen über die *Fairneß von Wetten.* Kleinere Geldbeträge unter 1 DM sind deshalb günstig, da risikoscheue bzw. risikofreudige Verhaltensweisen damit weitgehend ausgeschaltet werden können. Wir gehen also von Risikoneutralität aus*.

Angenommen, T glaube im Grad 0,4 daran, daß es morgen schneien wird. Was soll das heißen? T ist bereit, höchstens 0,40 DM gegen 0,60 DM darauf zu wetten, daß es morgen schneien wird. Er ist also bereit, 0,40 DM als Einsatz zu zahlen und nichts zu bekommen, wenn es nicht schneit, jedoch 1,00 DM zu erhalten, wenn es schneit. Allgemein kann der Glaubens- oder Überzeugungsgrad bzw. die personelle Wahrscheinlichkeit als *Wettquotient* interpretiert werden: Einem Ereignis x eine Wahrscheinlichkeit p zuzuschreiben, heißt nichts anderes als p DM zu bezahlen, um 1,00 DM zu erhalten, wenn x eintrifft, dagegen nichts zu erhalten, wenn x nicht zutrifft. Für den Nutzenerwartungswert der Wette gilt nun folgendes:

Personelle Wahrscheinlichkeit als fairer Wettquotient

$$\mu = p \cdot u(\text{schneien}) + (1 - p) \cdot u(\text{nicht schneien}).$$

Da Risikoneutralität vorausgesetzt wurde, ist:

$$u(\text{schneien}) = 1{,}00 \text{ DM} - 0{,}40 \text{ DM} = 0{,}60 \text{ DM}$$

und

$$u(\text{nicht schneien}) = -\ 0{,}40 \text{ DM}.$$

Außerdem soll die sog. *Fairneß der Wette* ihren Niederschlag finden. Eine Wette ist dann fair, wenn ihr Erwartungswert Null ist. In einem solchen Falle hat jeder Wettpartner eine faire Chance, die Wette zu gewinnen. In unserem Beispiel heißt dies, daß T sowohl bereit ist, mit p auf das Eintreffen von x zu wetten, wie auch mit (1 − p) darauf zu wetten, daß x nicht eintritt.
Jetzt gilt endgültig:

$$\mu = p \cdot 0{,}60 + (1 - p) \cdot (-\ 0{,}40) = 0$$

und

$$p = 0{,}4.$$

* Für den allgemeinen Fall, der alle Risikoeinstellungen zuläßt, vgl. Laux 1976 b, S. 61 ff.

Neben diesem Grundgedanken, der auf isolierten Wetten beruht, werden auch *Systeme* solcher Wetten betrachtet. Damit gelingt es, alle wahrscheinlichkeitstheoretischen Axiome, auch solche, die aus dem Kolmogoroff-System bekannt sind, vollkommen entscheidungstheoretisch zu interpretieren. Das Axiomensystem der personellen Wahrscheinlichkeit ist das Axiomensystem einer »entscheidungstheoretischen Wahrscheinlichkeit«.

C. Axiome des rationalen Entscheidens

Die für eine Bewertung der Zielerreichungsgrade grundlegenden Axiome der *Vollständigkeit* und *Transitivität* wurden einer weitgehenden empirischen Kritik unterzogen (zu den Axiomen vgl. S. 47). In der Darstellung der Kritikpunkte folgen wir im weiteren Reber (1973, S. 174ff. und 1975, S. 21ff.). Im Anschluß daran soll auf Eigenschaften eingegangen werden, die für die Bernoulli-Nutzentheorie typisch sind und für die sich empirische Kritikpunkte finden lassen. Dazu beziehen wir uns auf Kupsch (1973, S. 93ff.).

Axiom der Vollständigkeit

Das Axiom der Vollständigkeit fordert, daß ein rational Bewertender in der Lage sein muß, anzugeben, ob er Ergebnis x dem Ergebnis y oder Ergebnis y dem Ergebnis x vorzieht, oder ob er zwischen beiden Ergebnissen indifferent ist*. Man spricht deshalb auch vom Axiom der *Entscheidungsklarheit.* Das Indifferenzurteil soll dabei näher untersucht werden. Es ist in zweierlei Hinsicht zu verstehen (vgl. Gäfgen 1974, S. 247f.). Einmal wird von Indifferenz dann gesprochen, wenn ein Subjekt nur unter großen Schwierigkeiten sich für x oder y entscheiden kann. Diese Indifferenz kann u.U. mit Hilfe einer Stoppuhr gemessen werden, um den Zeitraum des personalen Zögerns zu erfassen. Reber bezeichnet diese Indifferenz im Falle des Zögerns als *»unentschiedene« Indifferenz.* Es wird auf einen Zustand Bezug genommen, der *vor* der Entscheidungsklarheit liegt (vgl. Reber 1973, S. 247). Andererseits kann ein Subjekt sehr oft mit der gleichen Bewertungssituation konfrontiert werden, und es wird gemessen, wie oft das Subjekt x dem y vorzieht oder y dem x vorzieht. Indifferenz in diesem Sinne liegt vor, wenn in 50% der Fälle x vorgezogen wird und in 50% der Fälle y. Da jeweils ein *abgeschlossener* Entscheidungsprozeß vorliegt, handelt es sich um eine *»entschiedene«* Indifferenz. Unter empirischem Vorzeichen ist besonders die »unentschiedene« Indifferenz interessant, da in ihr ein Subjekt »eine multivalente, d.h. eine mehrere

»Unentschiedene« Indifferenz

»Entschiedene« Indifferenz

* Wir gehen in dieser Formulierung von der starken Präferenz aus, vgl. zu diesem Begriff S. 47.

Möglichkeiten enthaltende und in mehrfache Richtung auffordernde Situation (erlebt)« (Reber 1973, S. 247). Es geht um intraindividuelle *Konflikte* und ihre Handhabung. Der Fall der »unentschiedenen« Indifferenz ist also der Ausgangspunkt für sozialwissenschaftliche *Konflikt-* und *Konflikthandhabungstheorien* (vgl. dazu S. 408 ff.).

Liegt ein das Subjekt stark berührender Konflikt vor, kann es sein, daß das Stadium der »unentschiedenen« Indifferenz nicht verlassen wird. Das Axiom der Vollständigkeit würde seine Gültigkeit verlieren, da es natürlich eine Entscheidung zur Präferenz oder zur »entschiedenen« Indifferenz voraussetzt. Wovon der normative Entscheidungstheoretiker dann ausgehen kann, ist, daß eine Entscheidung erzwungen wird, die dann etwa zufällig zustande kommen und bei mehreren Aktionen durchaus zu intransitiven Bewertungen führen kann. Allerdings sind diese Intransitivitäten streng auf den Bereich der Indifferenz begrenzt. Eine ähnliche Vorgehensweise findet sich auch in der Kritik am nächsten Axiom.

Axiom der Transitivität

Auch das Axiom der Transitivität kann mit empirischen Gegenbeispielen konfrontiert werden. Gerade in relativ komplizierten Situationen, in denen Ergebnisse unter *mehreren* Gesichtspunkten zu bewerten sind, finden sich *intransitive Bewertungsmuster* (vgl. Reber 1975, S. 27 ff.). Edwards (1953 a, S. 447) fordert deshalb auf, empirisch detailliert zu zeigen, welche Bedingungen transitive Entscheidungen fördern bzw. hemmen. Krelle (1968, S. 21 ff.) dagegen greift einen Gedanken auf, um beobachtbare Intransitivitäten trotzdem in das Axiomengebäude der normativen Entscheidungstheorie einzufügen. Er geht zunächst davon aus, daß die Transitivität der starken Präferenz nicht angetastet wird:

$x \succ y$ und $y \succ z$, dann $x \succ z$.

Allerdings kann man gewisse beobachtbare Intransitivitäten dadurch erklären, daß die Transitivität bei indifferenten Urteilen fallengelassen wird. Was ist darunter zu verstehen? Ist mir etwa ein Auto x gleichviel wert wie eine neue Wohnungseinrichtung y, $x \sim y$, so müßte diese Indifferenz zu beseitigen sein, wenn der Autohändler *oder* die Möbelfirma beliebig kleine Preiszugeständnisse macht. Dies setzt allerdings ein außerordentlich feines Urteilsvermögen voraus, was in der Realität nicht immer gegeben ist. In der Regel werden Ereignisse, die sich nur unmerklich voneinander unterscheiden, nicht wahrgenommen, sie bleiben »unfühlbar«. Das bedeutet, daß weiterhin eine indifferente Beziehung vorliegt. Wird das Angebot des Möbelhändlers weiterhin mit y und das Angebot des Autohändlers, das auf einem kleineren Preiszugeständnis beruht, mit x_1 bezeichnet, so gilt $y \sim x_1$. Wird ein weiterer relativ geringer Preisnachlaß beim Auto gegeben, der zu dem Angebot x_2 führt, ändert sich wiederum nichts an der Einschätzung. Diese Überlegung kann fortgesetzt werden. Es ändert sich nichts an der indifferenten Einschätzung von benachbarten Zuständen:

$$y \sim x_1 \sim x_2 \sim x_3 \sim \ldots \sim x_n.$$

Wird jetzt allerdings das *zuerst* genannte Angebot für die Möbeleinrichtung mit dem *zuletzt* vorgeschlagenen Preis für das Auto verglichen, so ***kann*** ein Unterschied wahrgenommen werden. Obwohl bisher galt:

$$y \sim x_1 \sim x_2 \sim x_3 \sim \ldots \sim x_n,$$

ist jetzt $x_n \succ y$ möglich, was bedeutet, daß das Auto der Möbeleinrichtung vorgezogen wird. Unser Unterscheidungs- und Wertungsvermögen setzt also erst bei gewissen Unterschieden ein; »Kleinigkeiten« werden nicht beachtet. Wir bezeichnen diesen Sachverhalt als *Schwellenwert der Fühlbarkeit* (Krelle 1968, S. 21 ff.). Dieser Schwellenwert ist dafür »verantwortlich«, daß die transitive Ordnung bei indifferenten Beziehungen »umkippt« in eine intransitive Ordnung. Eigentlich müßte nämlich aus:

Schwellenwert der Fühlbarkeit

$$y \sim x_1 \sim x_2 \sim x_3 \sim \ldots \sim x_n$$

folgen

$$y \sim x_n.$$

Da sich aber jetzt die einzelnen geringfügig vorhandenen Unterschiede »aufsummieren«, gilt:

$$x_n \succ y.$$

Durch die Einführung eines entsprechenden Schwellenwertes der Fühlbarkeit kann ein *breiter Indifferenzbereich* entstehen. Jeweils »benachbarte« Zustände werden als gleich empfunden, während sich nach Erreichung des »kritischen« Schwellenwertes Präferenzbeziehungen ergeben können. Dabei entstehende Intransitivitäten bleiben aber streng innerhalb des Indifferenzbereiches. Die von vornherein bestehende Transitivität der Präferenzen wird nicht angetastet. Mit Hilfe des Schwellenwertes der Fühlbarkeit können also intransitive Bewertungen erklärt werden.

Stochastische Präferenzen

Eine andere Erklärung von beobachteten Intransitivitäten geht davon aus, daß sich die Präferenzen über die Zeit gesehen verändern können. Dazu kann man einen anderen formalen Ansatz verwenden. Es handelt sich um das Konzept sog. *stochastischer Präferenzen.* Während die bislang bekannten Axiome alle auf einer *eindeutigen* Bevorzugung beruhen, steht hierbei die *sto-*

chastische Bevorzugung im Mittelpunkt. In einer Serie von Entscheidungen wird ein Ergebnis einem anderen Ergebnis nur mit einem bestimmten Wahrscheinlichkeitsgrad vorgezogen. Die sich ergebende Präferenzrelation wird bei *Tversky* (1969, S. 31 ff.) so definiert:

$$x \gtrsim y \leftrightarrow p(x \gtrsim y) \geqq \frac{1}{2},$$

p ist die Vorzugswahrscheinlichkeit und

$$p(x \gtrsim y) + p(y \gtrsim x) = 1.$$

Danach heißt die neue Formulierung der Transitivität:

aus $p(x \gtrsim y) \geqq \frac{1}{2}$ und $p(y \gtrsim z) \geqq \frac{1}{2}$

folgt

$$p(x \gtrsim z) \geqq \frac{1}{2}.$$

Es handelt sich um eine schwache stochastische Transitivität (vgl. dazu auch Lee 1977, S. 117). Werden neben dem Axiom der Transitivität auch die anderen Axiome der veränderten Problemsituation angepaßt, so ergibt sich eine *stochastische Nutzentheorie* (vgl. dazu Lee 1977, S. 116 ff.).

*Axiome der Bernoulli-Nutzentheorie**

Neben den Axiomen der Vollständigkeit und Transitivität, die als grundlegend zu betrachten sind, ist es für die Bernoulli-Nutzentheorie kennzeichnend, daß sie die *Maßzahl der mathematischen Erwartung des Nutzens* verwendet (vgl. dazu S. 258 ff.). Eine Schwäche darauf aufbauender Modelle ist nun darin zu sehen, daß bei Aktionen mit gleichem Erwartungswert keine Präferenzordnung angegeben werden kann. Dies würde im Grunde auch nicht notwendig sein, falls der Entscheidungsträger, der mehrmals mit der gleichen Entscheidungssituation konfrontiert wird, seine Auswahl zufällig trifft. Tatsächlich aber zeigen Wahlexperimente, daß auch bei gleichen Erwartungswerten Präferenzen für bestimmte Aktionen bestehen. Diese können auf *Wahrscheinlichkeits-, Varianz- und Schiefepräferenzen* beruhen (vgl. dazu im folgenden Kupsch 1973, S. 109 ff.)**.

Wahrscheinlichkeits-, Varianz-, Schiefepräferenzen

So hat etwa Edwards als erster bereits 1953 signifikante Hinweise dafür gefunden, daß Wahrscheinlichkeitspräferenzen existieren (Edwards 1953 b, S. 349 ff. sowie weitere Literaturangaben bei Kupsch 1973, S. 103, Fußnote

* vgl. auch S. 247 ff.

** Die im weiteren angegebenen Experimente beziehen sich zwar auf Entscheidungsmodelle mit monetären Größen. Die dabei gefundenen Schwächen gelten aber in gleichem Maße auch für explizite Nutzenmodelle.

76). Es zeigte sich in Experimenten, daß solche Aktionen regelmäßig bevorzugt wurden, die mit bestimmten Wahrscheinlichkeitsgraden verknüpft waren. Auf diese Weise konnte eine »optimale« Aktion ausgesondert werden, obwohl die Erwartungswerte der Aktionen sich nicht unterschieden. Die Existenz von Wahrscheinlichkeitspräferenzen wurde auch von anderen Autoren bestätigt. Allerdings weichen die gefundenen Wahrscheinlichkeitspräferenzen erheblich voneinander ab. Wenn wir den Gedanken herausgreifen, daß die Varianz Entscheidungen beeinflußt, so ist wiederum auf die erste empirische Untersuchung im Jahre 1954 von Edwards hinzuweisen, der Belege dafür fand, daß in der Tat Entscheidungsträger mit einer gewissen Regelmäßigkeit entweder niedrige oder hohe Varianzen bevorzugen (Edwards 1954, S. 441 ff.). Liegen also Aktionen mit demselben Erwartungswert vor, so ist eine eindeutige Auswahl möglich, da Varianzpräferenzen existieren.

Sowohl Wahrscheinlichkeits-, Varianz- als auch Schiefepräferenzen werden bei der Bernoulli-Nutzentheorie vernachlässigt, wenn es etwa um die *Prognose* von Entscheidungen geht. Bei Aktionen mit dem gleichen Nutzen-Erwartungswert kann die Bernoulli-Nutzentheorie überhaupt keine Prognose über das Verhalten eines Entscheidungsträgers abgeben. »Ex ante« ist also das Problem der angesprochenen Präferenzen nicht zu erfassen. Allerdings können »ex post« die Präferenzen unschwer in die Nutzentheorie integriert werden. Die Wahrscheinlichkeits-, Varianz- und Schiefepräferenzen können ohne weiteres auf *Nutzenvergleiche* reduziert werden und spezifizieren so den Verlauf der Nutzenfunktionen. Dies ist möglich, da die Bernoulli-Nutzentheorie den Verlauf der Nutzenfunktionen ja völlig offengelassen hat. »Die Freiheit des Verlaufs von Nutzenkurven bewirkt eine große Modellelastizität« (Kupsch 1973, S. 115).

D. Empirische Analyse der Spieltheorie

Neben den bereits dargestellten *formalen* Ansätzen in der Spieltheorie ist auch eine *empirische* Untersuchung spieltheoretischer Probleme möglich (vgl. dazu Reber 1973, S. 61 ff.). Gerade bei solchen Spielen, die keine spielbedingte Lösung aufweisen, sondern durch eine persönlichkeitsbedingte Lösung gekennzeichnet sind, können empirische *Labor-Experimente* wertvolle Hinweise auf typische Verhaltensweisen geben. Deshalb wollen wir auf Ansätze einer *empirischen Spieltheorie* eingehen und dazu nichtkooperative und kooperative Zweipersonen-Nichtkonstantsummenspiele herausgreifen. Charakteristisch für die Experimente ist, daß von *einmalig* gespielten Spielen zu einer *Serie* von Spielen übergegangen wird.

In einem Experiment von *Dencik/Wiberg* (1967, S. 209ff.) führten 23 Spielerpaare 150mal das gleiche Spiel in der Struktur des Gefangenendilemmas aus, wobei keine Kommunikation zugelassen war. Im Durchschnitt wurde in 42% aller insgesamt 150 Spiele nicht nach einer individualistischen Strategie verfahren, sondern Strategien einer kollektiven Rationalität eingesetzt. In einem anderen Experiment von *Deutsch* (1960, S. 138ff.) wurde den möglichen Ursachen eines derartigen Verhaltens nachgegangen. Die Analyse der Spielerpersönlichkeiten stand im Vordergrund. Dabei waren die Spieler mit Hilfe eines Testes einige Wochen vor dem eigentlichen Experiment in »vertrauensvolle« bzw. »mißtrauische« Persönlichkeiten eingeteilt. Als Ergebnis zeigte sich dann, daß das Verhalten im Spieltyp des Gefangenendilemmas den vorherrschenden Persönlichkeitsmerkmalen entsprach. Allerdings haben Dencik/Wiberg (1967, S. 209ff.) in ihrem bereits erwähnten Experiment auch gezeigt, daß neben den Persönlichkeitseigenschaften die *Interaktion* zwischen den Spielern das strategische Verhalten der Einzelnen bestimmt. Es ergab sich, daß »aufgeschlossene« Spieler sensibler und anpassungsfähiger gegenüber dem Verhalten der Mitspieler waren als »rigide« Spieler. Dencik/Wiberg führen darauf das beobachtete schlechtere Abschneiden der »rigiden« Spieler zurück. »Was essentiell für die schlechtere Situation verantwortlich ist, in die sozial rigide Entscheider ... neigen hineinzugeraten, liegt nicht darin, daß sie per se weniger kooperativ, oder weniger gutwillig sind, sondern daß sie weniger sensibel/entsprechungsbereit ... auf das kooperative Verhalten der anderen Entscheider, wenn dies auftritt, reagieren« (Dencik/Wiberg 1967, S. 228f. in der Übersetzung von Reber 1973, S. 74). Aus diesem und anderen Laborexperimenten kann der Schluß gezogen werden, daß sich eine Lösung des Gefangenendilemmas erst dann abzeichnet, »wenn auf möglichst umfassende Kenntnisse der Personenstruktur *und* ihrer Aktualisierung und Veränderung im sozialen Interaktionsprozeß im Rahmen spezifischer Aufgabenstrukturen zurückgegriffen werden kann« (Reber 1973, S. 76). Die formale Spieltheorie hat dabei das *Problembewußtsein* für Spiele etwa des Typs Gefangenendilemma geschaffen, während die empirische Spieltheorie auf empirische Weise in Laborexperimenten abgesicherte *Verhaltensmuster* für derartige Spiele erforscht.

Gibt man im weiteren bei Spielen des Typs Gefangenendilemma die *Gelegenheit* zur Kommunikation, so ist eine Intensivierung des kooperativen Verhaltens, eine stärkere kollektive Rationalität also, zu beobachten. Darauf weist etwa Reber (1973, S. 80) hin. Allerdings betonen *Deutsch/Krauss* (1965, S. 352), daß Personen, die regelmäßig mit der Lösung von Konflikten befaßt sind, möglicherweise geringere Schwierigkeiten haben, eine kooperative Vereinbarung zu erzielen, als Personen, die darin völlig unerfahren sind. Daraus ergibt sich dann die Bedeutung von *Vermittlungs- und Schlichtungshilfen*, die etwa von Dritten ausgeführt werden können.

Empirische Analyse der Macht

Andererseits hat bei Spielen mit Kommunikation besonders auch das Phänomen des *Drohens* ein theoretisches und empirisches Interesse gefunden. Swingle (1970, S. 121 ff.) zeigt dabei in seinen Experimenten, daß die Glaubwürdigkeit einer Drohung nicht mit dem dahinter stehenden *Machtpotential* linear ansteigt, sondern auch vom aktuellen *Machtverhalten* abhängt. Er kam zu interessanten Ergebnissen, daß

»1. Versuchspersonen einen machtvollen Gegenspieler, der von seiner Macht keinen Gebrauch machte und »unkonventionell« kooperativ spielte, häufiger ausbeuteten als gleich starke oder schwächere Mitspieler.
2. eine nur geringe Machtanwendung in der Form des Einsatzes vereinzelter nicht-kooperativer Strategien nach vorausgehender ausschließlich kooperativer Spielweise die Situation in ihr Gegenteil veränderte: nicht die stärkste, sondern die schwächste Gegenpartei wurde am häufigsten ausgebeutet.
3. nach vorangehendem Machteinsatz eine Zunahme der kooperativen Spielweise eine zunehmende Ausbeutung des Stärkeren durch den Schwächeren zur Folge hatte« (Reber 1973, S. 82).

Diese Tatbestände versucht Swingle (1970, S. 131 f. in der Übersetzung von Reber 1973, S. 82) zu erklären:

»... Macht kann ihre Herausforderer anreizen, da eine Person glauben kann, daß ein sehr machtvoller Gegenspieler damit zögert, eine schädigende Reaktion auszuführen ... Ein Effekt einer zunehmenden Macht ... besteht in der reduzierten Bereitschaft, ihre Kapazität zu nutzen, was wiederum die Glaubwürdigkeit von Drohungen reduziert. Unglücklicherweise kann eine überaus kooperative Strategie eines extrem machtvollen Gegners nicht als ein Wunsch zur Kooperation angesehen werden, sondern eher als ein Zögern aus Furcht und Gewissensbissen über den Anwendungseffekt einer solchen Macht. Ein Opponent, der als Zauderer angesehen wird, kann ausgebeutet werden, da die Glaubwürdigkeit der Anwendung seiner potenten Bestrafungskapazität reduziert ist«.

Auch bei kooperativen Zweipersonen-Nichtkonstantsummenspielen zeigt sich demnach, daß formale Ansätze der Spieltheorie durch empirische Ansätze zu ergänzen sind.

Wiederholungsfragen

1. Worin unterscheiden sich subjektive Wahrscheinlichkeiten von objektiven Wahrscheinlichkeiten? (S. 338 ff.)
2. Inwiefern unterscheiden sich subjektive Wahrscheinlichkeiten im deskriptiven Sinne von subjektiven Wahrscheinlichkeiten im normativem Sinne? (S. 340 ff.)
3. Was ist ein fairer Wettquotient? (S. 342)
4. Was versteht man unter »unentschiedener« und »entschiedener« Indifferenz? (S. 343)
5. Was ist ein Schwellenwert der Fühlbarkeit? (S. 344 f.)
6. Was bedeuten stochastische Präferenzen? (S. 345 f.)
7. In welchem Zusammenhang sind Wahrscheinlichkeits-, Varianz- und Schiefepräferenzen relevant? (S. 346 f.)
8. Welche Bedeutung besitzen Labor-Experimente im Rahmen der empirischen Analyse der Spieltheorie? (S. 347)
9. Welche Ergebnisse zeigen empirische Untersuchungen zum Spieltyp »Gefangenendilemma«? (S. 348)
10. Welche Ergebnisse zeigen empirische Untersuchungen zur Tatsache des Drohens in Spielen mit Kommunikation? (S. 349)

Literaturverzeichnis

DENCIK, L. / WIBERG, H. (1967): Strategic Thinking as a Function of Social Attitudes: An Experiment with Prisoner's Dilemma. In: Fisk, G. (Hrsg.): The Psychology of Management Decision. Lund 1967, S. 209–230.

DEUTSCH, M. (1960): Trust, Trustworthiness and the F-Scale. In: Journal of Abnormal and Social Psychology, 61 (1960), S. 138–140.

DEUTSCH, M. / KRAUSS, R. M. (1965): Untersuchungen über interpersonelle Verhandlungen. In: Shubik, M. (Hrsg.): Spieltheorie und Sozialwissenschaften. Hamburg 1965, S. 339–353.

EDWARDS, W. (1953 a): Diskussionsbeitrag. In: Econometrica, 21 (1953), S. 477.

EDWARDS, W. (1953 b): Probability-Preferences in Gambling. In: The American Journal of Psychology, 66 (1953), S. 349–364.

EDWARDS, W. (1954): Variance Preferences in Gambling. In: The American Journal of Psychology, 67 (1954), S. 441–452.

DE FINETTI, B. (1964): Foresight: Its Logical Laws, Its Subjective Sources. In: Kyburg jun., H. E. / Smokler, H. E. (Hrsg.): Studies in Subjective Probability. New York 1964, S. 93–158.

GÄFGEN, G. (1974): Theorie der wirtschaftlichen Entscheidung. Untersuchungen zur Logik und Bedeutung des rationalen Handelns. 3., erw. u. erg. Aufl., Tübingen 1974.

KRELLE, W. (1968): Präferenz- und Entscheidungstheorie. Tübingen 1968.
KUPSCH, P.U. (1973): Das Risiko im Entscheidungsprozeß. Wiesbaden 1973.
LAUX, H. (1976b): Zur Entscheidung bei Fehlen objektiver Wahrscheinlichkeiten. In: Zeitschrift für Betriebswirtschaft, 46 (1976), S. 59–68.
LEE, W. (1977): Psychologische Entscheidungstheorie. Eine Einführung. Weinheim/Basel 1977.
PFOHL, H.-C. (1977b): Messung subjektiver Wahrscheinlichkeiten. In: Pfohl, H.-C./Rürup, B. (Hrsg.): Wirtschaftliche Meßprobleme. Köln 1977, S. 23–35.
POPPER, K.R. (1959/60): The Propensitiy Interpretation of Probability. In: The British Journal for the Philosophy of Science, 10 (1959/60), S. 25–42.
RAMSEY, F.P. (1931): The Foundations of Mathematics. London 1931.
REBER, G. (1973): Personales Verhalten im Betrieb: Analyse entscheidungstheoretischer Ansätze. Stuttgart 1973.
REBER, G. (1975): Wie rational verhält sich der Mensch im Betrieb? Ein Plädoyer für eine verhaltenswissenschaftliche Betriebswirtschaftslehre. Wien/New York 1975.
STEGMÜLLER, W. (1973a): Personelle und statistische Wahrscheinlichkeit. Erster Halbband: Personelle Wahrscheinlichkeit und rationale Entscheidung. Berlin/Heidelberg/New York 1973.
STEGMÜLLER, W. (1973b): Personelle und statistische Wahrscheinlichkeit. Zweiter Halbband: Statistisches Schließen – Statistische Begründung – Statistische Analyse. Berlin/Heidelberg/New York 1973.
SWINGLE, P.G. (1970): Exploitative Behavior in Non-Zero-Sum Games. In: Journal of Personality and Social Psychology, 16 (1970), S. 121–132.
TVERSKY, A. (1969): Intransitivity of Preferences. In: Psychological Review, 76 (1969), S. 31–48.

4. Kapitel: Ausgewählte ablauforientierte Modelle aus der deskriptiven Entscheidungstheorie

A. Gesamtüberblick

Die Grundlage für die im weiteren zu behandelnden Modelle ist im Kapitel 1 gelegt. Dort wurde auf den S. 116ff. in das ablauforientierte Grundmodell der deskriptiven Entscheidungstheorie eingeführt, dessen Elemente nun vertieft werden sollen. Dabei ergibt sich für das 4. Kapitel die folgende Gliederung, die in Abb. 175 erfaßt ist.

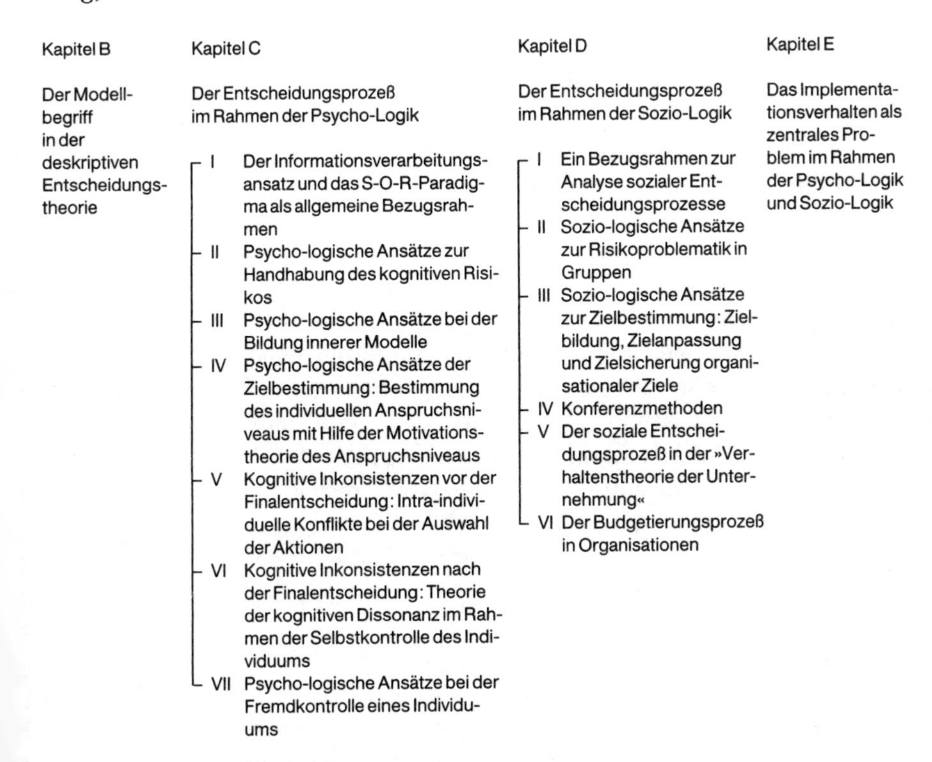

Abb. 175: Gliederung des 4. Kapitels

B. Der Modellbegriff in der deskriptiven Entscheidungstheorie

Modellbegriff

Unterschiede zur normativen Entscheidungstheorie

Für die Zwecke der normativen Entscheidungstheorie wurde ein Modellbegriff eingeführt, der ein Modell als isomorphe oder homomorphe Abbildung eines Ausschnittes aus der Realität versteht (vgl. S. 144ff.). Dieser Modellbegriff ist so allgemeingültig, daß er zunächst ohne weitere Bedenken auch in der deskriptiven Entscheidungstheorie verwendet werden kann. Allerdings lassen sich einige Unterschiede in seiner Anwendung feststellen: In der normativen Entscheidungstheorie werden faktische und wertende Tatbestände der Realität in ein Modell abgebildet. Methodische Entscheidungsprämissen, wie etwa ein Algorithmus zur Lösung eines linearen Programms, beanspruchen im allgemeinen nicht, reale Zusammenhänge abzubilden. In der deskriptiven Entscheidungstheorie dagegen ist der Abbildungsaspekt auch auf die methodischen Entscheidungsprämissen auszudehnen. Die bereits vorgestellten Suchmethoden, Strukturierungsmethoden, Methoden der Zielbestimmung und Lösungsmethoden (S. 93ff.) wollen als solche Methoden verstanden werden, die im realen, individuellen und organisationalen Entscheidungsprozeß auftreten. Das reale methodische Verhalten erscheint so in der deskriptiven Entscheidungstheorie weitgehend strukturgleich abgebildet.

Darüberhinaus ist auch ein Unterschied bei den faktischen Entscheidungsprämissen zu vermerken. Die Ergebnisfunktion etwa *kann* in der normativen Entscheidungstheorie einer realwissenschaftlichen Gesetzmäßigkeit entsprechen, wenn eine besonders günstige Wissenssituation vorliegt. Ansonsten werden subjektive Vermutungen über reale Zusammenhänge wiedergegeben. Nach der deskriptiven Entscheidungstheorie entsprechen faktische Zusammenhänge, so wie sie etwa in einer Lösungshypothese erscheinen, *immer* subjektiven Vermutungen individueller oder organisationaler Entscheidungsträger, wenngleich diese natürlich durch wissenschaftliche Argumente gestützt sein können. Das wichtigste aber in der deskriptiven Entscheidungstheorie sind die methodischen Entscheidungsprämissen, die einem realen Verhalten entsprechen.

Modellarten

Beschreibungsmodell – Erklärungsmodell

Die bereits bekannten Modellarten (vgl. dazu S. 147ff.) lassen sich auch in der deskriptiven Entscheidungstheorie feststellen. In einem *Beschreibungsmodell* kann die Ist-Situation festgehalten werden, die als unbefriedigend empfunden wird und so ein Entscheidungsproblem hervorruft. Im *Erklärungsmo-*

dell erfaßt der individuelle oder organisationale Entscheidungsträger seine Überzeugung, die er von faktischen Zusammenhängen besitzt, was zu einer Lösungshypothese führt. Das Erklärungsmodell im Rahmen der normativen Entscheidungstheorie ist demgegenüber weit umfassender, da es sich auf die gesamte Ergebnismatrix bezieht. Lösungshypothesen beinhalten nur einen Ausschnitt aus einer Ergebnismatrix. Ein *Entscheidungsmodell* in der deskriptiven Entscheidungstheorie hat, wie in der normativen Entscheidungstheorie, zweierlei Bedeutung. Das Entscheidungsmodell kann sich auf den Aufbauaspekt und den Ablaufaspekt beziehen. Zum *aufbauorientierten* Entscheidungsmodell gehören die bereits bekannten faktischen, wertenden und methodischen Entscheidungsprämissen, die in ihrer Gesamtheit ein Entscheidungsmodell bilden. Diese Prämissen wurden im Rahmen des aufbauorientierten (statischen) Grundmodells der deskriptiven Entscheidungstheorie schon erörtert (vgl. S. 74 ff.). Sie bilden quasi einen *Zustand* des realen Entscheidungsverhaltens ab, einen Zustand, in dem die Entscheidungsprämissen aus der Realität »ausgeschnitten« werden. Daneben ist mit dem Begriff des Entscheidungsmodells auch eine Wiedergabe des realen *Ablaufs* gemeint, in dem die faktischen und wertenden Entscheidungsprämissen erst mit Hilfe der methodischen Entscheidungsprämissen erzeugt werden. Dazu müssen auch die zahlreichen im individuellen und organisationalen Entscheidungsprozeß wirkenden sonstigen Faktoren berücksichtigt werden. Diese wurden im ablauforientierten (dynamischen) Grundmodell der deskriptiven Entscheidungstheorie behandelt (vgl. dazu S. 116 ff.). Dort wurde ein *ablauforientiertes* »Entscheidungsmodell« entwickelt. Im Rahmen des ablauforientierten »Entscheidungsmodells« dominiert der *erklärende* Aspekt, der darüber informiert, *warum* Entscheidungen real betrachtet so und nicht anders zustande kommen. Aus diesem Grunde könnte man auch von »Erklärungsmodellen des realen Entscheidungsverhaltens« sprechen. Um jedoch eine Begriffsverwirrung zu vermeiden, soll vom einheitlichen Begriff des Entscheidungsmodells ausgegangen werden. Dabei sind nur seine zwei Bedeutungen zu beachten.

Entscheidungsmodell

Im folgenden sollen ablauforientierte »Entscheidungsmodelle« der deskriptiven Entscheidungstheorie dargestellt werden. Das aufbauorientierte Modell wurde in diesem Zusammenhang schon verschiedentlich als ein Zustandsbild angesehen, das aus realen Entscheidungsabläufen entnommen ist. Die Entscheidungsabläufe besitzen demnach eine gewisse Priorität.

C. Der Entscheidungsprozeß im Rahmen der Psycho-Logik

I. Der Informationsverarbeitungsansatz und das S-O-R-Paradigma als allgemeine Bezugsrahmen

1. Einführung in den Informationsverarbeitungsansatz und das S-O-R-Paradigma

1.1. Ursprüngliche Konzeption des Informationsverarbeitungsansatzes und S-O-R-Paradigmas

IV-Ansatz

Der Informationsverarbeitungsansatz (IV-Ansatz) geht von der These aus, daß der Mensch im Rahmen des Entscheidungsprozesses als ein Informationsverarbeitungssystem angesehen werden kann (vgl. dazu Newell–Simon 1972, S. 788). Ein derartiges System verarbeitet relativ zielstrebig aus der Umwelt eingehende Informationen mit Hilfe seiner inneren Mechanismen und gibt diese an die Umwelt weiter bzw. veranlaßt ein Handeln. Wenn dieses Schema im folgenden weiter betrachtet werden soll, so gilt ausführlicher: Aus der Menge der auf uns einwirkenden Reize wählen wir nur bestimmte aus, die uns als relevant erscheinen. Es sind *Wahrnehmungsprozesse*, die zeigen, wie aus einer undifferenzierten Masse auf uns eindringender Reize sinnvolle Informationen werden. Die Weiterverarbeitung der Informationen geschieht durch *Erinnerungs-*, *Denk-* und *Lernprozesse.* Sämtliche Informationsverarbeitungsprozesse werden in den *kognitiven Prozessen* zusammengefaßt, die einen wesentlichen Bestandteil des Informationsverarbeitungssystems (IV-Systems) darstellen. Damit kognitive Prozesse ablaufen können, müssen sie von *kognitiven Programmen* gesteuert oder organisiert werden. Kognitive Programme enthalten Vorschriften, die ein bestimmtes »inneres« Verhalten vorschreiben. Kognitive Programme der Wahrnehmung etwa erlauben es, relevante Informationen von irrelevanten Daten zu trennen. Der IV-Ansatz geht davon aus, daß der Mensch zahlreiche kognitive Programme der Wahrnehmung, des Denkens, der Erinnerung und des Lernens besitzt, die in einem Repertoire an Programmen gespeichert sind und im Bedarfsfalle »abgerufen« werden können. Kognitive Prozesse und kognitive Programme gehören zusammen und können als zwei Seiten derselben Medaille angesehen werden. Der IV-Ansatz bleibt allerdings nicht bei relativ *komplexen* kognitiven Programmen stehen, wie sie bei Programmen der Wahrnehmung, des Denkens usw. vorliegen. Gesucht sind elementare kognitive Programme, die elementare Informationsverarbeitungsprozesse determinieren. Elementare

Kognitive Prozesse

Kognitive Programme

Programme sind als Bausteine der Informationsverarbeitung anzusehen. Newell–Simon zählen etwa Programme für Vergleiche, Programme zum Schreiben, Lesen und Speichern von Sprachsymbolen zu derartigen elementaren Programmen (vgl. dazu Newell–Simon 1972, S. 20, 29f. sowie auch im vorliegenden Text S. 94).

In Prozessen werden also aufgrund von Programmen zahlreiche Informationen verarbeitet. Diese Informationen haben in einem IV-System ihren systematischen Platz im *Gedächtnis*. Informationen werden demnach im Gedächtnis gespeichert. Dabei ist das *Kurzgedächtnis* vom *Langgedächtnis* zu unterscheiden. Im Kurzgedächtnis befinden sich die unmittelbar für einen konkreten Informationsverarbeitungsprozeß relevanten Informationen, die realistischerweise verarbeitet werden können. Im Kurzgedächtnis werden auch die für einen besonderen Fall benötigten kognitiven Programme gespeichert. Programme selbst können also als eine spezielle Informationsart gedeutet werden. Das Langgedächtnis dagegen enthält alle die von einem Individuum im Laufe seiner Entwicklung gesammelten und gespeicherten Informationen.

Kurzgedächtnis – Langgedächtnis

Zusammenfassend gelten also kognitive Prozesse bzw. kognitive Programme und das Gedächtnis als zentrale Faktoren eines IV-Systems (in Anlehnung an Newell–Simon 1972, S. 20ff.). Sie repräsentieren zusammen genom-

S-O-R-Paradigma

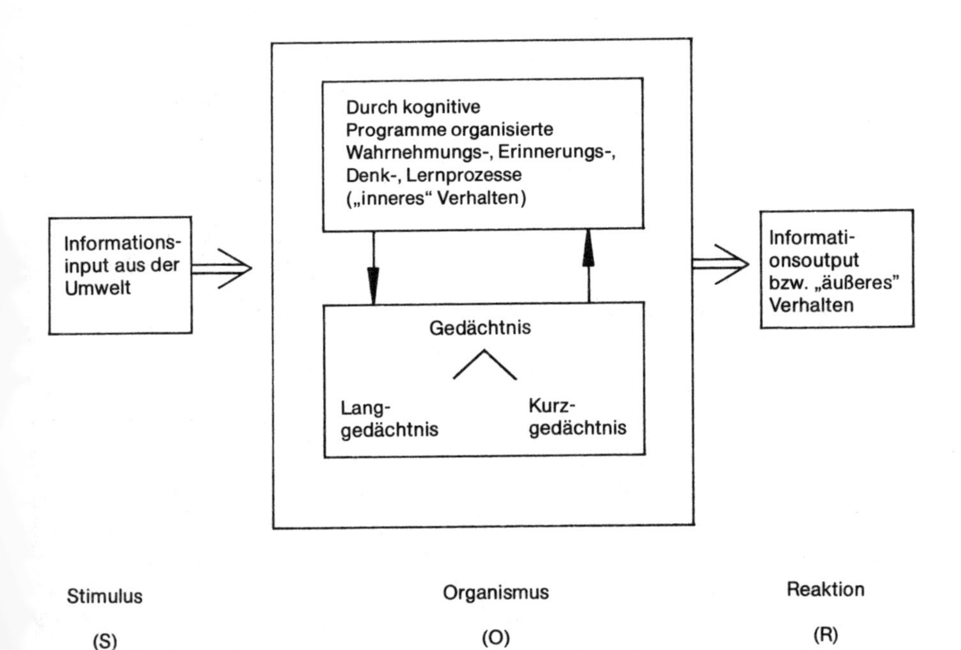

Abb. 176: Das S-O-R-Paradigma und der Informationsverarbeitungsansatz (Ursprüngliche Konzeption)

men den inneren Mechanismus des IV-Systems und können als eine Beschreibung des IV-*Organismus* interpretiert werden. Informationen sind dabei die Objekte, die verarbeitet werden. Wenn sie einen Stimulus verkörpern, aktivieren sie den inneren Mechanismus. Und wenn sie an die Umwelt abgegeben werden, so sind sie als *Resultat* der Informationsverarbeitung aufzufassen. In diesem Sinne ist das Stimulus-Organismus-Reaktions-Paradigma (S-O-R-Paradigma) der allgemeine Bezugsrahmen, der die Vorgehensweise des IV-Ansatzes verdeutlicht. Das S-O-R-Paradigma ist in Abb. 176 wiedergegeben.

1.2. Neutraler und reiner Informationsverarbeitungsansatz

Ausgehend von der Abb. 176 kann nach gewissen Verbindungen zwischen der *menschlichen* Informationsverarbeitung und der *maschinellen* Informationsverarbeitung bei Anlagen der elektronischen Datenverarbeitung (EDV) gefragt werden. Dabei ist insbesondere an den kognitiven Programmen anzuknüpfen, die sich in der Form eines speziellen *Computerprogramms* aufschreiben lassen. Besonders wichtig sind in diesem Zusammenhang die elementaren kognitiven Programme, wie Programme zum Vergleich oder zum Speichern von Symbolen. Auch diese elementaren kognitiven Programme finden einen formalen Niederschlag im Computerprogramm.

Bei derartigen für den IV-Ansatz relevanten (Computer-) Programmen spielen sog. *Listen* eine bedeutende Rolle. Listen sind Informationsstrukturen, deren Elemente durch die Beziehung »Element b ist das nächste Element nach Element a« verbunden sind. Wörter, Sätze und Texte stellen Listen dar, aber auch einfache Instruktionen oder Befehlsfolgen können als Listen geschrieben werden (vgl. dazu Kupsch 1973, S. 233, Newell–Simon 1972, S. 28).

Werden die kognitiven Programme in Computerprogramme umgesetzt, so lassen sich kognitive Prozesse auf dem Computer simulieren, wenn bestimmte Informationen als Input eingegeben werden. Die Literatur kennt zahlreiche Computerprogramme, mit denen die menschliche Problemlösung bzw. Entscheidung simuliert werden kann. Besondere Popularität haben Programme gewonnen, die sich auf das Schachspielen beziehen. Im Rahmen des IV-Ansatzes ist der »Logic Theorist« bzw. dessen Verallgemeinerung im »General Problem Solver« (GPS) zu erwähnen (vgl. dazu Kirsch 1971a, S. 169ff. und Newell–Simon 1972). Der GPS ist ein Modell menschlichen Entscheidungsverhaltens, bei dem die Zweck-Mittel-Analyse und die Planungsmethode Anwendung finden (vgl. zu diesen Methoden S. 96f.).

Neutraler IV-Ansatz

Es gibt zwei entgegengesetzte Auffassungen zu dem Vorgehen, kognitive Programme durch Computerprogramme zu präzisieren. Nach der ersten Auffassung *bedient* sich der IV-Ansatz lediglich der EDV und ihrer Methodik, um Computerprogramme zu erstellen. Doch ist auf keinen Fall gesagt, daß die im menschlichen IV-System vorhandenen Programme die gleiche Struktur besitzen wie Computerprogramme. Computerprogramme sind nur gewisse Hilfsmittel, um kognitive Programme zu formalisieren. Allerdings wird ein Vergleich durchgeführt, ob das Computerprogramm die gleichen Leistungen hervorbringt wie ein Mensch in einer entsprechenden Situation. Es findet also ein Ergebnistest statt (vgl. dazu Klein 1971, S. 75). Kirsch bezeichnet diesen Ansatz als *neutralen IV-Ansatz*, der keinerlei Parallelen zwischen den kognitiven Programmen des Menschen *und* ihrer Darstellung in Computerprogrammen impliziert (vgl. dazu Kirsch 1971 a, S. 46 f.). Wichtig ist allein, daß der oben beschriebene Ergebnistest positiv ausfällt.

Reiner IV-Ansatz

Die andere Position betont, daß die Präzisierung von kognitiven Programmen in Computerprogrammen *inhaltliche* Konsequenzen besitzt. Man geht davon aus, »daß mit der spezifischen Struktur der gewählten Programmsprache implizite psychologische Annahmen verbunden sind. Aspekte der Computer-Software werden gleichsam in den menschlichen Organismus hineinprojiziert« (Kirsch 1971 a, S. 47). Die einzelnen Elemente und Beziehungen in dem gewählten Computerprogramm verfügen also über ein Pendant im menschlichen Organismus. Insbesondere stimmen die *elementaren* menschlichen und maschinellen Informationsverarbeitungsprozesse, die durch *elementare* (kognitive) Programme gesteuert werden, überein. Um noch einmal zu betonen: Programme des Vergleichens, Lesens und Schreibens von Symbolen sind demnach universell und für menschliche und maschinelle IV-Systeme charakteristisch. Man spricht dann davon, daß es sich um den *reinen IV-Ansatz* handelt (vgl. dazu Kirsch 1971 a, S. 47 f.). Für den reinen IV-Ansatz soll natürlich der Ergebnistest im oben beschriebenen Sinne ebenfalls positiv ausfallen. Zusätzlich aber werden die Computerprogramme und ihre Einzelheiten mit den kognitiven Programmen und ihren Details verglichen. Der *Programm-* oder *Methodenvergleich* soll dann zu einer Übereinstimmung beider Programme führen (vgl. zum Methodenvergleich Klein 1971, S. 75). Das Computerprogramm kann in diesem Falle als realistisches Abbild (Modell) des kognitiven Programms fungieren. Das »innere« Verhalten des Menschen wird in einem EDV-Programm »veröffentlicht«. Dabei ist eines noch hervorzuheben: Die materielle Basis der menschlichen und maschinellen IV-Verarbeitung ist verschieden. Die elementaren kognitiven Programme aktivieren *neurale* Vorgänge im zentralen Nervensystem, während die elementaren Computerprogramme durch *technische* Operationen realisiert werden.

1.3. Theorien des »inneren« Verhaltens

Das »innere« Verhalten war schon immer ein Bereich, für den sich die Psychologie interessiert hat. In die Auseinandersetzungen über die »Wirklichkeit« dieses »inneren« Verhaltens greift nun der IV-Ansatz ein (vgl. dazu Kirsch 1971a, S. 24ff.). Der *klassische Behaviorismus* stellt in diesen Auseinandersetzungen den einen Gesprächspartner dar. Er behauptet, daß die beobachtbaren Stimuli und Reaktionen des Menschen das einzig Reale seien. Mentale Konzepte rücken in den Hintergrund. Der *Neo-Behaviorismus* betrachtet zwar die im Kopf des Menschen ablaufenden Prozesse, die als Zwischenglieder zwischen Stimulus und Reaktion eingeschoben werden, verbleibt aber im allgemeinen Denkansatz des Behaviorismus. So werden die internen Vorgänge ebenfalls als eine Abfolge jetzt interner Stimuli und Reaktionen angesehen. Zusätzlich geht man davon aus, daß sie aus dem beobachtbaren, also »äußeren« Verhalten, quasi erschlossen werden können. Eine bestimmte Entscheidung läßt also Rückschlüsse zu über die zugrundeliegenden Überzeugungen, Werteinstellungen, kognitiven Programme usw. Der *Kognitivismus* als weitere Konzeption geht demgegenüber von der »Realität« des Bewußtseins und seiner Vorgänge aus, die man unmittelbar in Erlebnissen erfahren könne. Die »inneren« Vorgänge (die intervenierenden Prozesse) gewinnen gegenüber dem Neo-Behaviorismus eine größere Bedeutung. Eine stattliche Anzahl an intervenierenden Variablen versetzt die kognitivistische Psychologie in die Lage, den Organismus O differenziert abzubilden.

Klassischer Behaviorismus

Neo-Behaviorismus

Kognitivismus

Der *IV-Ansatz* kann nun als eine gewisse *Synthese* zwischen Neo-Behaviorismus und Kognitivismus angesehen werden. Er geht einerseits von dem Begriffspaar ›Stimulus-Reaktion‹ aus und wäre insofern eher dem Behaviorismus zuzurechnen. Auch die Verwendung einer Reihe informationstechnologischer und kybernetischer Begriffe ordnet ihn dieser Konzeption zu. Demgebenüber wird im Bewußtsein und seiner differenzierten Erfassung ein Schwerpunkt der Untersuchung gesehen, so daß ein kognitivistischer Grundzug vorherrscht. Obwohl also grundsätzlich der IV-Ansatz als eine Synthese zwischen beiden Richtungen angesehen werden kann, ist es nicht einfach, zu einem abschließenden Urteil zu gelangen, da es oft von Anhängern des IV-Ansatzes versäumt wird, den eigenen Standpunkt klar zu machen.

IV-Ansatz als Bezugsrahmen

Obwohl der IV-Ansatz zahlreiche Computermodelle hervorgebracht hat, die zu einer Erklärung und Prognose menschlichen Entscheidungsverhaltens geeignet erscheinen (vgl. dazu Kirsch 1971a, S. 59ff.), ist es zweckmäßig, den IV-Ansatz und das dazugehörige S-O-R-Paradigma eher als theoretischen *Bezugsrahmen* und weniger als *reife Theorie* zu verstehen. Zu einem theoretischen Bezugsrahmen gehört eine Reihe grundlegender Begriffe, die eine spezielle Sicht des zugrundeliegenden Sachverhalts ermöglichen. Das wird mit der Idee der *Informationsverarbeitung* erreicht. Zusätzlich enthält ein Bezugsrahmen eine Reihe allgemeiner Hypothesen, die etwa in der Funktionsweise eines kognitiven Programms erscheinen. Sowohl Begriffe als auch Hypothesen eines Bezugrahmens sind heuristisch wertvoll, da sie die weitere Forschung anzuregen vermögen.

1.4. Erweiterung des Informationsverarbeitungsansatzes und S-O-R-Paradigmas

Der IV-Ansatz bzw. das S-O-R-Paradigma, so wie sie bislang beschrieben wurden, erzwingen geradezu eine Ergänzung. Um das reale Entscheidungsverhalten strukturähnlicher abbilden zu können, sind weitere Faktoren in den Organismus einzuführen. Dazu gehören zunächst einmal sog. *demographische* Merkmale, die sich etwa auf das Geschlecht des Entscheiders und sein Alter beziehen können. Beide Sachverhalte sind zu berücksichtigen, da sie im Zusammenhang mit anderen Faktoren das »innere« und »äußere« Verhalten beeinflussen können. Auf eine gravierende Vernachlässigung eines Faktorenbündels hat Reber (1976, S. 112ff.) aufmerksam gemacht. Der IV-Ansatz geht von relativ zielstrebigem »inneren« Verhalten zur Erfüllung einer Aufgabe bzw. eines Problems aus. Das IV-System wird also weitgehend *instrumentell* gesehen. Eine Betrachtung des IV-Systems »für sich« findet nicht statt, so daß die dort wirkenden Kräfte unberücksichtigt bleiben. Dazu gehören nach Reber etwa *Emotionen* oder die von Individuum zu Individuum verschiedenen *Motive* bzw. *Bedürfnisse* (zu den Emotionen vgl. auch Dörner 1976, S. 141). Beide Sachverhalte vermögen die instrumentelle Absicht eines IV-Systems zu »durchkreuzen« und bestimmen ebenfalls mit anderen Faktoren zusammen das »innere« und »äußere« Verhalten des Entscheiders (vgl. dazu auch Kirsch 1973, S. 563). (Zu Emotionen vgl. im Text S. 369, zu Motiven bzw. Bedürfnissen S. 373ff.)

Demographische Merkmale

Emotionen, Motive bzw. Bedürfnisse

Obwohl wir psychologische Ansätze beschreiben, die das Entscheidungsverhalten eines Individuums zum Gegenstand haben, darf im Grunde die *soziale* Dimension auch des individuellen Verhaltens nicht ausgeklammert bleiben. Soziale Einflüsse lassen sich etwa bei der Wahrnehmung beobachten, wonach sozial verfestigte Wahrnehmungsmuster (Stereotypen, Attituden) das individuelle Wahrnehmen lenken können. Allgemein ist auch die Tatsache von Bedeutung, daß Individuen in Gruppen agieren, die gleichfalls das einzelne Verhalten prägen. Zusammenfassend gilt deshalb, daß soziale Faktoren die kognitiven Prozesse, die im Organismus ablaufen, mit beeinflussen. Sie

Soziale Dimension

sind deshalb unter systematischem Aspekt in das S-O-R-Paradigma zu integrieren, wenngleich sie an anderer Stelle erst behandelt werden (vgl. dazu S. 426ff.). Auf diese Weise entsteht das S-O-R-Muster der Abb. 177, das als relativ umfassend angesehen werden kann und einen erweiterten IV-Ansatz spezifiziert (vgl. auch S. 120).

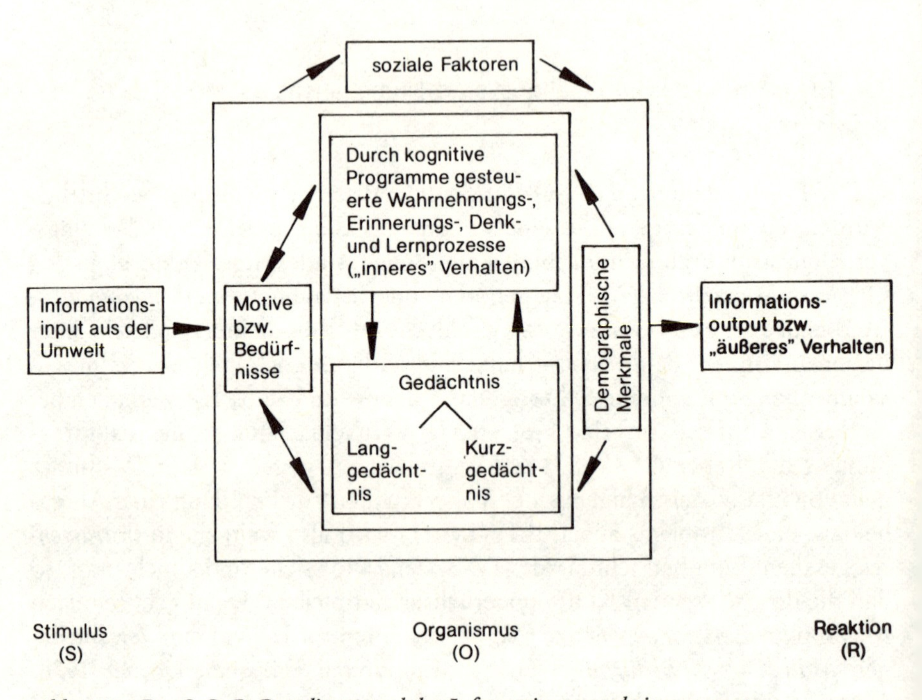

Abb. 177: Das S-O-R-Paradigma und der Informationsverarbeitungsansatz (Erweiterte Konzeption)

Im nächsten Kapitel sollen die Elemente des IV-Ansatzes detailliert dargestellt werden. Dabei werden das *Gedächtnis* und die damit zusammenhängenden Sachverhalte betrachtet sowie die im Gedächtnis gespeicherten *Informationen*, wozu faktische Informationen, wertende Informationen und kognitive Programme (methodische Informationen) gehören. Außerdem sind die *Bedürfnisse* bzw. *Motive* zu behandeln. Schließlich interessieren die durch kognitive Programme gesteuerten *kognitiven Prozesse* der Wahrnehmung, des Denkens und Lernens (vgl. dazu weitgehend Kirsch 1971a, Newell–Simon 1972, S. 787ff., Kupsch 1973, S. 215ff.).

2. Elemente des Informationsverarbeitungsansatzes und S-O-R-Paradigmas

2.1. Das Gedächtnis

Das interne Gedächtnis oder der interne Zustand ist in ein *Kurzgedächtnis* und ein *Langgedächtnis* zu unterscheiden. Die im Langgedächtnis gespeicherten Informationen bilden in ihrer Gesamtheit die kognitive *Persönlichkeit* des Individuums. Die aus dem Langgedächtnis zu einem bestimmten Zeitpunkt abgerufenen Informationen entsprechen der *momentanen Einstellung* des Individuums und sind im Kurzgedächtnis gespeichert. Persönlichkeit und momentane Einstellung sind dabei streng voneinander zu trennen. Daneben könnte auch ein externes Gedächtnis betrachtet werden, das sich etwa auf die in Büchern und ganzen Bibliotheken gespeicherten Informationen bezieht. Das externe Gedächtnis soll allerdings zugunsten der mit dem internen Gedächtnis zusammenhängenden Sachverhalte vernachlässigt werden.

Persönlichkeit

Momentane Einstellung

2.1.1 Das Kurzgedächtnis

Im Kurzgedächtnis befinden sich die Informationen, die unmittelbar und vollständig für den IV-Prozeß zu einer gegebenen Zeit zur Verfügung stehen. Hier laufen die bewußten IV-Prozesse ab. Dabei ist die Kapazität des Kurzgedächtnisses recht begrenzt. Gewöhnlich geht man davon aus, daß es 7 Einheiten (sog. chunks) enthält. »7, plus oder minus 2«, wie die berühmte Formulierung von George A. Miller (1956, S. 81 ff.) lautet. Werden »chunks« im Kurzgedächtnis aktiv verarbeitet, so scheint die Kapazität des Gedächtnisses sogar eher bei 2 »chunks« zu liegen. Ein »chunk« ist ein elementares Symbol, aber es kann auch eine »Superstruktur« von elementaren Symbolen bedeuten. Das hängt von der Fähigkeit des Individuums ab, elementare Symbole sinnvoll »zusammenzufassen«. Diese Fähigkeit kann erlernt werden. Beim Schachspiel ist etwa eine Stellung einer Figur ein »chunk«, während für einen geübten Schachspieler eine Figurenkombination, die etwa als »große Rochade« bekannt ist, ebenfalls ein »chunk« darstellt.

Chunks

Die Tatsache der begrenzten Kapazität des Kurzgedächtnisses hat zwei Konsequenzen. Der größte Teil des individuellen Wissens befindet sich *nicht* im Kurz-, sondern im Langgedächtnis. Das Wissen wird über das Kurzgedächtnis in den Organismus aufgenommen und in das Langgedächtnis abgeschoben. Dabei benötigt der Speichervorgang im Langgedächtnis für eine neue Superstruktur circa 5–10 Sekunden. Daneben bedeutet die begrenzte Kapazität des Kurzgedächtnisses, daß der IV-Prozeß *seriell* organisiert ist.

Aufgaben können demnach nur in einer Serie hintereinander geschalteter Denkakte gelöst werden.

2.1.2 Das Langgedächtnis

Der IV-Ansatz geht davon aus, daß das Langgedächtnis eine unbegrenzte Kapazität besitzt. Im Langgedächtnis befindet sich der größte Teil des individuellen Wissens, der die gesamte Geschichte und Entwicklung des Individuums verkörpert und so einen »Erfahrungsschatz« beinhaltet. Nur ein geringer Teil wird dabei hervorgerufen und geht als »Einstellung« bewußt in den IV-Prozeß ein. Das Langgedächtnis repräsentiert demnach den »vorbewußten« bzw. »unterbewußten« Teil des IV-Prozesses. Man kann auch von seiner »Tiefenstruktur« sprechen.

Auch im Langgedächtnis sind Symbole und Symbolstrukturen (»Superstrukturen«) gespeichert. Darauf bezieht sich eine weitere Annahme des IV-Ansatzes, die vermuten läßt, daß die Symbole und Symbolstrukturen *assoziativ* untereinander verbunden sind. In der Form assoziativer Verknüpfungen werden demnach Symbole und Symbolstrukturen gespeichert und in der gleichen Weise neugebildet und abgerufen. So kommt etwa der Kostenbegriff durch die Assoziation mehrerer Elemente wie »Geld«, »Leistung«, »Bewertung«, »Verzehr«, »Sachgüter und Dienstleistungen« zustande und führt zu der Definition, wonach Kosten der in Geld bewertete Verzehr von Sachgütern und Dienstleistungen zur Erstellung betrieblicher Leistung sind.

2.1.3 Momentane Einstellung und Definition der Situation

Das Hervorrufen (evoking) der Informationen aus dem Langgedächtnis führt zur Bildung der momentanen Einstellung (set). Dabei bildet die Einstellung nur einen kleinen Ausschnitt aus der gesamten kognitiven Persönlichkeit. Werden die im Verlauf des Entscheidungsprozesses immer wieder neu hervorgerufenen Informationen betrachtet, so enthalten diese auch irrelevante Aspekte. Nicht alle hervorgerufenen Informationen sind so gesehen für die Lösung des Entscheidungsproblems relevant und werden zu Prämissen der Entscheidung. Die in der Definition der Situation enthaltenen Entscheidungsprämissen entsprechen demnach nur zu einem Teil den im Verlauf des Entscheidungsprozesses hervorgerufenen Informationen. Andererseits können Entscheidungsprämissen so umfangreich sein, daß sie die Kapazität des Kurzgedächtnisses sprengen. Der IV-Ansatz geht dann davon aus, daß die nicht im Kurzgedächtnis gespeicherten Entscheidungsprämissen in das Langgedächtnis abgeschoben werden, woraus sie jederzeit kurzfristig aber wieder abrufbar sind.

Die für eine konkrete Entscheidung relevanten Entscheidungsprämissen können vom Individuum auch nach Beendigung des Problemlösungsvorganges im Langgedächtnis gespeichert werden. Dies geschieht immer dann, wenn die Entscheidungsprämissen als besonders wichtig angesehen werden. So kann das innere Modell der Umwelt gespeichert werden, da es die wahrgenommenen Zusammenhänge der Realität erfaßt. Bei neuen Entscheidungssituationen wird es im Bedarfsfalle wieder hervorgerufen. Die Speicherung von Entscheidungsprämissen im Langgedächtnis ist so gesehen ein »ökonomischer« Vorgang, da nicht jedesmal Entscheidungsprämissen neu entwickelt werden müssen, sondern quasi als fix und fertiger »Bausatz« zur Verfügung stehen.

2.2. Die gespeicherten Informationen

Die im Langgedächtnis gespeicherten Informationen beziehen sich auf faktisches, wertendes und methodisches Wissen. Die Wissenselemente sind miteinander verknüpft, so daß das Gedächtnis durch ein geordnetes *Netzwerk* miteinander verbundener Wissenselemente beschrieben werden kann*. Die Verknüpfung der Wissenselemente im Langgedächtnis geschieht *assoziativ* und wird mit Hilfe spezieller IV-Prozesse, wie Denk- und Lernprozesse, geschaffen. Allgemein gesehen bringt eine assoziative Verbindung zum Ausdruck, daß die Verbindung zweier oder mehrerer Wissenselemente auf nicht zufallsbedingte Weise geschieht, sondern »methodisch« geleitet ist. Das bedeutet, daß auch im Langgedächtnis kognitive Programme eine Rolle spielen.

Assoziative Verknüpfung

2.2.1 Faktische Informationen

Im folgenden soll eine Informationsstruktur skizziert werden, die sich auf faktisches Wissen bezieht (vgl. dazu Kupsch 1973, S. 221 ff.). Das Informations-Netzwerk enthält bestimmte Punkte (Knoten) und Verbindungen zwischen den Knoten. Es gibt Konzeptknoten und Aktivitätsknoten**. Konzeptknoten beziehen sich auf Objekte realer oder ideeller Art; Aktivitätsknoten beziehen sich auf Aktivitäten. Konzeptknoten werden im einfachsten Fall durch Substantive, Aktivitätsknoten durch Verben repräsentiert. Konzepte und Aktivitäten zusammen bilden ein Ereignis. »So repräsentiert der Satz ›Durch Rationalisierungsinvestitionen hat die Unternehmungsleitung die va-

Informations-Netzwerk

* Die Wissenselemente können dabei nicht nur in einer unproblematischen (konsonanten) Beziehung stehen, sondern auch in einer gegensätzlichen (dissonanten) Beziehung (vgl. dazu S. 408 ff. und S. 412 ff.).

** Bei Kupsch 1973, S. 221, werden die Aktivitätsknoten als Ereignisknoten bezeichnet.

riablen Kosten des Produktes X gesenkt‹ ein Ereignis um die Aktion ›senken‹. Der Satz, der dieses Ereignis beschreibt, ordnet eine Konzeptmenge mit Hilfe der Aktion ›senken‹, die als Relation zwischen den Konzepten Unternehmungsleitung, variable Kosten des Produkts X und Rationalisierungsinvestition fungiert« (Kupsch 1973, S. 221). Graphisch verdeutlicht Abb. 178 das Beispiel.

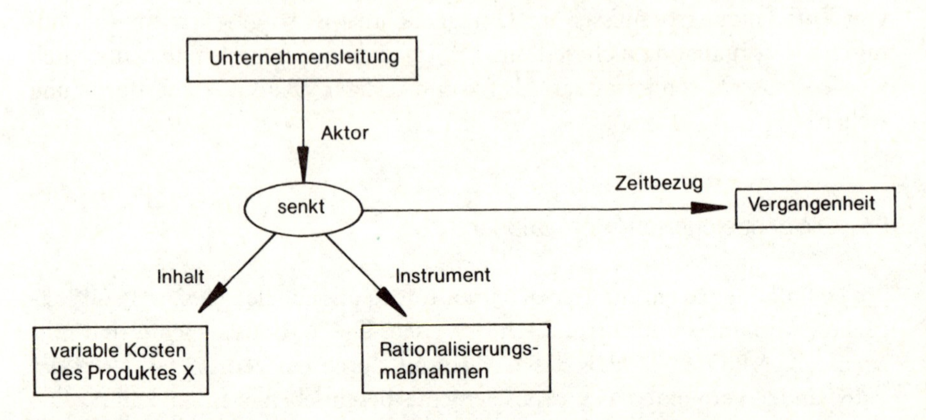

Abb. 178: Beispiel eines Informationsnetzwerkes (Quelle: Nach Kupsch 1973, S. 222)

Konzeptknoten werden durch Rechtecke, Aktivitätsknoten durch ovale Figuren symbolisiert.

Regeln (Methoden)

Die Aktivitäts- und Konzeptknoten können gewissen Regeln (Methoden, kognitiven Programmen) unterworfen sein. Bei Aktivitätsknoten gibt es etwa eine

- Äquivalenzregel
  Beispiel: An die Stelle des Aktivitätsknotens »senken« tritt der Aktivitätsknoten »herabdrücken«.
- Spezialisierungsregel
  Beispiel: An die Stelle des Aktivitätsknotens »ändern« tritt der Aktivitätsknoten »senken«. Dabei können sich im Gefolge der Regel auch Konzeptknoten ändern.
- Amalgamationsregel
  Beispiel: Die Aktivitätsknoten aus einem Satz werden mit Aktivitätsknoten aus einem anderen Satz verbunden. Der Aktivitätsknoten »rechnen« wird mit dem Aktivitätsknoten »schreiben« durch die Konjunktion »und« verbunden. Das bedeutet, daß auch die Ereignisse, die sich um die Aktionen bilden, miteinander verknüpft werden. Es gibt eine Reihe von Amalgamationsoperatoren, wie »falls«, »dann« usw.

Bei Konzeptknoten gibt es etwa eine:

- Qualifikationsregel
  Beispiel: Aus dem Konzeptknoten »Mitarbeiter« wird mit Hilfe des Qualifikationsoperators »jung« der neue Konzeptknoten »Lehrling«.
- Quantifikationsregel
  Beispiel: Aus dem Konzeptknoten »Anbieter« wird mit Hilfe des Quantifikationsoperators »Ein« ein neuer Konzeptknoten »Monopolist«.
- Präpositionsregel
  Beispiel: Aus dem Konzeptknoten »Selbstkosten« wird mit Hilfe der Präposition »unter« ein neuer Konzeptknoten »Unter den Selbstkosten«.

Mit Hilfe von Konzept- und Aktivitätsknoten sowie den angegebenen Regeln lassen sich nun kognitive Informationsstrukturen beschreiben. Die Regeln können dabei als gewisse elementare kognitive Programme verstanden werden (vgl. dazu auch Kupsch 1973, S. 232). Amalgamationsregeln etwa beziehen sich auf elementare Programme des Anfügens.

In kognitiven Informationsstrukturen lassen sich Regeln feststellen, die eine *definitorische* Beziehung zwischen Wissenselementen begründen. Man spricht in einem solchen Fall häufiger davon, daß ***kognitive Kategorien*** über eine Definition eingeführt werden. Der zu definierende Begriff stellt einen *Begriffsknoten* dar, der durch Merkmale definiert wird, die in *Merkmalsknoten* festgehalten sind. Gegenstände einer Definition können sowohl Konzepte wie Aktivitäten sein.

Kognitive Kategorien

Neben definitorischen Beziehungen gibt es auch ***epistemische Beziehungen*** oder *Überzeugungen*. Sie bestehen zwischen kognitiven Kategorien und beruhen auf der Einschätzung realer Zusammenhänge. Während die Definition der Kosten zu einer kognitiven Kategorie führt, drückt der Satz, daß die Kosten gesunken sind, eine Überzeugung aus. Überzeugungen können sich auf einzelne Sachverhalte, aber auch auf reale Gesetzmäßigkeiten beziehen. Allerdings ist die Unterscheidung zwischen kognitiven Kategorien und Überzeugungen nicht immer leicht, zumal ein Individuum einen Sachverhalt als Ausdruck einer kognitiven Kategorie und ein anderes Individuum als Überzeugung verstehen kann. Für unsere weiteren Überlegungen ist deshalb die Unterscheidung zwischen kognitiven Kategorien und Überzeugungen nur von relativer Bedeutung.

Epistemische Beziehungen

2.2.2 Wertende Informationen

Im Rahmen des IV-Ansatzes lassen sich Werte ohne weiteres in das kognitive Netzwerk einfügen. Werte sind als Begriffe spezieller Art einzuführen. Man muß dazu Begriffe durch zusätzliche Attribute anreichern, die eine *posi-*

tive oder *negative* Stellungnahme des Entscheidungsträgers zum Ausdruck bringen. Handelt es sich bei dem zugrundeliegenden Konzept etwa um »Konflikte«, so zeigt sich die wertende Stellungnahme in einer zustimmenden oder ablehnenden Haltung den Konflikten gegenüber. Der Entscheidungsträger kann demnach zu den *Werturteilen* »Konflikte sind gut« oder »Konflikte sind schlecht« gelangen.

Werturteile

Werte lassen sich unter verschiedenen Gesichtspunkten ordnen: Werte können einmal *generelle* oder *singuläre* Werte sein. Generelle Werturteile beziehen sich auf eine Klasse von Objekten, wie »Routineentscheidungen sind zu vermeiden«; singuläre Werturteile erstrecken sich auf ein Objekt, wie »Der Vorschlag X ist gut«. Werte können darüber hinaus Elemente einer gesamten *Hierarchie* von Werten sein. Das bedeutet, daß einzelne Werte sich auch auf andere Werte zurückführen lassen. So mag der spezielle Wert ›Konflikte zwischen Abteilungen sind abzulehnen‹ auf dem allgemeinen Wert ›Konflikte sind abzulehnen‹ beruhen. Diejenigen Werte, die sich nicht weiter auf andere Werte zurückführen lassen, werden gelegentlich auch als »letzte« Werte oder Basiswerte bezeichnet. Werte können auch unter dem Aspekt eingeteilt werden, ob sie relativ lange Geltung beanspruchen oder nicht. In einem Fall liegen *dauerhafte* Werte vor, während es sich im anderen Fall um *zeitlich begrenzte* Werte handelt. Schließlich liegen Werte als *kulturell* verfestigte (tradierte) Werte vor oder als Werte, die als Ergebnis der persönlichen *Entwicklungsgeschichte* eines Individuums zu verstehen sind. Ein Zusammenhang zwischen beiden Arten besteht etwa darin, daß kulturell überlieferte Werte im Rahmen eines meist langjährigen Prozesses einem Individuum vermittelt werden. Man kann diesen Prozeß als *Sozialisation* bezeichnen (vgl. dazu auch S. 428 f.).

Generelle Werte – Singuläre Werte

Hierarchie von Werten

Dauerhafte Werte – Zeitlich begrenzte Werte

Gerade der zuletzt angesprochene Sachverhalt macht es deutlich, daß Werte nicht einfach aus einem »platonischen Wertehimmel« entnommen sind, sondern einen realen Hintergrund besitzen, der es in gewisser Weise verständlich macht, warum sie verfochten werden. Werte sind demnach das Ergebnis von Erfahrungen. Es gibt eine interdisziplinäre *Theorie der Werte* oder *Werteforschung*, die es sich zur Aufgabe gemacht hat, Werte zu erklären bzw. ihre Veränderung zu prognostizieren (vgl. dazu Kmiecak 1976 und 1978).

Der ursprüngliche IV-Ansatz unterstellt, daß das »innere« und »äußere« Verhalten instrumentell zur Erfüllung einer gegebenen Aufgabe angesehen wird. Auch Werte sind demzufolge auf die Aufgabenerfüllung bezogen und drücken die positive oder negative Stellungnahme zu aufgabenrelevanten Sachverhalten aus. Im Beispiel der Klausurvorbereitung wird eine bestimmte Note als wertvoll angesehen und spezifiziert so einen relevanten *Wert*, der aber streng auf die zu lösende Aufgabe ausgerichtet ist. Andere Werte, die ebenfalls dem Individuum eigen sind, wie Werte der persönlichen Sicherheit, der Anerkennung, der Selbstentfaltung usw. werden vernachlässigt, da sie nicht in einem instrumentellen Bezug zum Entscheidungsproblem stehen. Gleichwohl aber wirken sie real und sind für das »innere« und »äußere« Verhalten mit maßgebend, wovon auch der erweiterte IV-Ansatz ausgeht. Auf diese im IV-System wirkenden Werte soll deshalb auf S. 373 ff. unter dem Stichwort »Motive« bzw. »Bedürfnisse« eingegangen werden. Für *alle* Werte zusammen gelten natürlich die in diesem Kapitel gemachten Ausführungen weiterhin.

Werthaltung eines Individuums

Sämtliche Werte sind eine wichtige Größe im kognitiven Netzwerk eines Individuums und können weitere Größen beeinflussen. Mit Oerter (1973, S. 227 ff.), der im folgenden weitgehend zugrunde gelegt wird, gehen wir davon aus, daß Werte die persönliche *Haltung* der Umwelt gegenüber zu steuern vermögen. Man kann deshalb auch von der *Werthaltung* eines Individuums sprechen*. Die Werthaltung kann aus drei Komponenten zusammengesetzt gedacht werden: einer kognitiven, einer affektiven (emotionalen) und einer Handlungskomponente. Werte können einmal Wahrnehmungen und Überzeugungen lenken (kognitive Komponente). Werte können ein Individuum in einen Zustand affektiver Erregung versetzen (affektive Komponente), und sie vermögen, das offen zutage tretende Handeln zu bestimmen (Handlungskomponente). Werthaltungen stellen demnach einen *Komplex* verschiedener Elemente dar.

Drei Komponenten der Werthaltung

Damit ein *Wert*, wie »Konflikte *sind* schlecht«, das Handeln reguliert, muß er zu einer *Handlungsanweisung* werden, wie »Konflikte sollen geregelt werden«. Derartige Handlungsanweisungen können auch als *Ziele* verstanden werden. Ein ökonomisch relevantes Ziel ist etwa in der Formulierung gegeben »man soll den Gesamtdeckungsbeitrag maximieren.«

Werthaltung als Disposition

Bei einer Werthaltung handelt es sich um eine *Verhaltensdisposition*, die grundsätzlich im Individuum vorhanden ist. Geeignete Stimuli aus der Umwelt sind dann in der Lage, entsprechende Werte bzw. Werthaltungen zu aktivieren und zu einer beobachtbaren Reaktion zu führen. Aus einer Verhaltens*disposition* wird ein *aktualisiertes* Verhalten.

Ehe auf die Motive bzw. Bedürfnisse einzugehen ist, werden zuvor die kognitiven Programme als weitere im Gedächtnis gespeicherte Informationen behandelt.

* Diese kann auch als *Attitude* oder *Einstellung* bezeichnet werden, wenngleich hervorzuheben ist, daß es keine einheitliche begriffliche Festlegung gibt. Die Einstellung im Sinne einer Werthaltung darf nicht mit der Einstellung im Sinne der momentanen Einstellung verwechselt werden.

2.2.3 Kognitive Programme (methodische Informationen)

Kognitive Programme sind ebenfalls im Gedächtnis des Individuums gespeichert. Sie enthalten Vorschriften (präskriptive Informationen), wie man in einer geordneten Weise vorzugehen hat, um Informationen zielgerichtet zu verarbeiten. Durch ein Programm wird ein Prozeß organisiert (vgl. dazu S. 356). Es liegt auf der Hand, kognitive *Programme* mit *Methoden* zu identifizieren, was auch aufgrund bisheriger Ausführungen einleuchtet (vgl. dazu S. 94 und S. 356f., siehe auch Newell–Simon 1972, S. 835). Sowohl Programme als auch Methoden sind darüber hinaus mit einem kognitiven *Plan* identisch, den sich ein Individuum von seinem (»inneren«) Verhalten macht (vgl. zu diesem Begriff Miller–Galanter–Pibram 1973). Aufgrund der Gleichsetzung von Methoden und Programmen kann die Einteilung der S. 94 übernommen werden. Danach gibt es:

- allgemeine – spezielle Programme
- algorithmische – heuristische Programme
- komplexe – elementare Programme.

Ein Individuum verfügt über sämtliche Programmarten, wenngleich *allgemeine* Programme (solche, die nicht auf ein bestimmtes Problem beschränkt sind), *heuristische* Programme (solche, die in relativ kurzer Zeit über die Anwendung von Faustregeln zu relativ befriedigenden Ergebnissen führen) und *elementare* Programme (solche, die als Bausteine des IV-Systems gelten) besonders relevant sind.

Formale Struktur eines elementaren Programms in der Form einer TOTE-Einheit

Die *formale* Struktur eines elementaren Programms läßt sich seit Miller–Galanter–Pibram (1973, S. 34ff.) durch eine sog. *TOTE-Einheit* beschreiben. TOTE ist dabei ein Akronym für Test-Operate-Test-Exit. Zuerst wird dahingehend *getestet, ob der gewünschte Zustand vorliegt. Wenn nein, so ist eine Operation* auszuführen. Das Ergebnis wird wiederum *getestet.* Wenn es positiv ist, so ist die Handlung abzubrechen. In graphischer Darstellung ergibt eine TOTE-Einheit ein Flußdiagramm, wie es in Abb. 179 dargestellt ist.

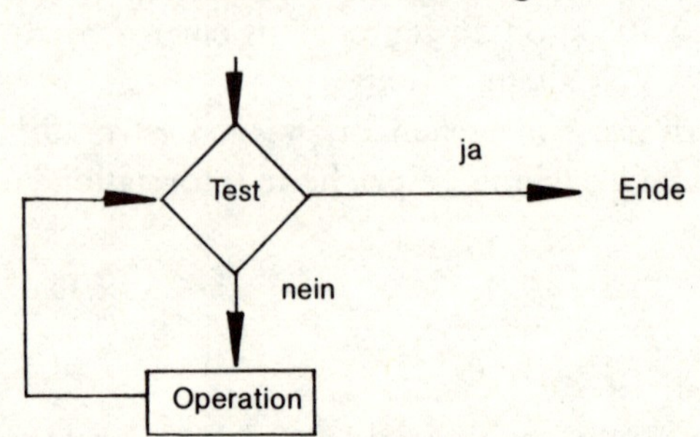

Abb. 179: Schema einer TOTE-Einheit

Als einfaches Beispiel für eine TOTE-Einheit führen Miller–Galanter–Pibram das Einschlagen eines Nagels an, was zur Abb. 180 führt. Dabei handelt es sich um ein Programm zur Steuerung einer *manuellen* Handlung.

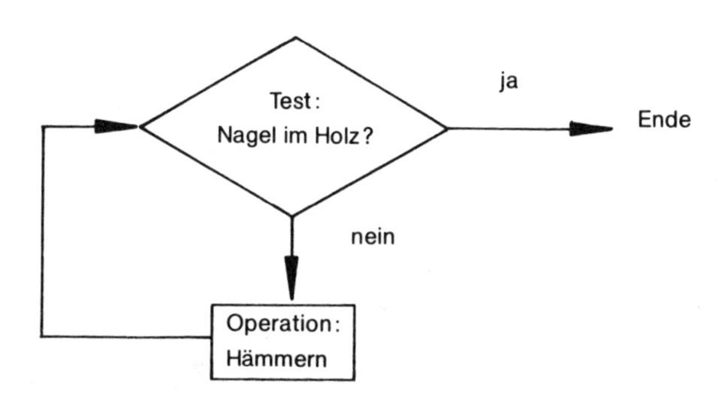

Abb. 180: Beispiel einer TOTE-Einheit (Quelle: Kirsch 1971 a, S. 131)

Die TOTE-Einheit entspricht einem *Regelkreis.* Es wird eine Regelgröße angenommen, die realisiert sein soll. »Besteht auf Grund irgendwelcher Störgrößen eine Abweichung zwischen Soll- und Istwert der Regelgröße, so ruft dies eine Aktion hervor, die über eine der jeweiligen Störgröße angepaßte Veränderung der sogenannten Stellgröße eine Kongruenz zwischen Soll- und Istwert der Regelgröße herstellen soll« (Kirsch 1971 a, S. 129 f.).

Eine einfache TOTE-Einheit läßt sich beliebig *verfeinern,* indem die Operationsphase ihrerseits aus einer TOTE-Einheit oder mehreren TOTE-Einheiten bestehen kann. Das wiederum bedeutet, daß feinere Operationen eingeführt werden, die in hierarchischer Folge miteinander verzahnt sind. Als Beispiel dient noch einmal das Einschlagen eines Nagels, was in Abb. 181 wiedergegeben ist.

Eine Reihe hintereinandergeschalteter Operationen entspricht einer *Kaskadenorganisation* von Programmen (vgl. dazu Dörner 1976, S. 41). Das Konzept der TOTE-Einheit eignet sich demnach auch zur Repräsentation von komplexen Programmen, die durch zahlreiche Unterprogramme und verschiedene Operationen gekennzeichnet sind.

Die Operationen in kognitiven Programmen unterscheiden sich natürlich von Operationen, wie sie beispielhaft dargestellt wurden. In kognitiven Programmen geht es um die »innere« Manipulation von Symbolen und Symbolstrukturen. *Formal* gesehen lassen sich aber »innere« und »äußere« Manipulationen von Objekten durch TOTE-Einheiten wiedergeben. *Inhaltlich* gesehen gibt es beträchtliche Differenzen. So handelt es sich im IV-Ansatz um Operationen, die sich auf Wahrnehmung, Erinnerung, Denken und Lernen beziehen; Objekte sind Informationen, die symbolisch erfaßt sind. »Äußere« Manipulationen dagegen beziehen sich auf physische Objekte.

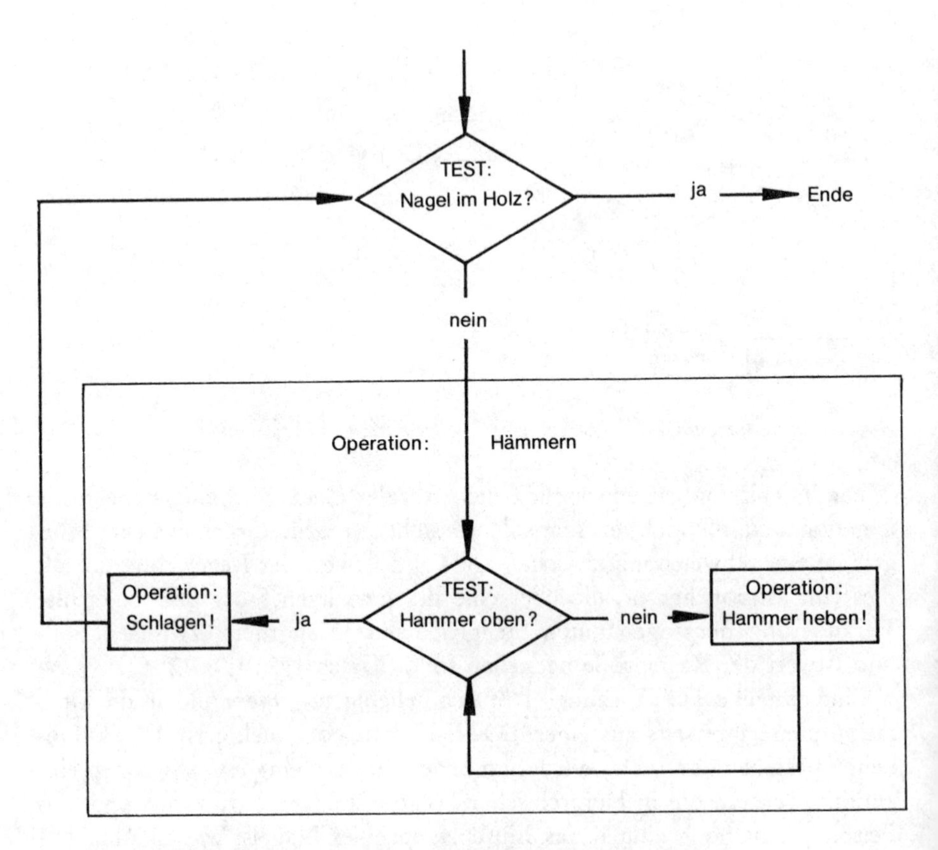

Abb. 181: Beispiel für eine hierarchisch strukturierte TOTE-Einheit (Quelle: Kirsch 1971 a, S. 132)

Inhaltliche Dimensionen der kognitiven Programme sind schon mit dem Hinweis auf Wahrnehmung, Erinnerung, Denken und Lernen eingeführt. Bei diesen Bereichen kognitiver Programme handelt es sich um solche Programme, die weiter in ihre Bausteine oder Elementarteile zerlegt werden können (vgl. dazu S. 94). Die Bestimmung der elementaren kognitiven Programme gehört demnach zu einer wichtigen Aufgabe innerhalb des IV-Ansatzes. Hat man nämlich elementare kognitive Programme identifiziert, so lassen sich durch Kombination dieser Programme (neue) komplexe Programme bilden. Es erfolgten bereits Hinweise auf Dörner (1976, S. 24) und Newell–Simon

(1972, S. 29f.), die elementare Programme vorstellen (vgl. dazu S. 94 und S. 356f.). Allerdings scheint es kein allgemein akzeptiertes Schema der elementaren Programme zu geben.

Die im Langgedächtnis gespeicherten kognitiven Programme bilden ein *Repertoire von Programmen*, aus dem relevante Programme zur Handhabung von Problemen abgerufen werden können. Was ein relevantes Programm ist, bestimmt dabei das Problem selbst. Ausgehend von einem Entscheidungsproblem lassen sich Programme auch in *Problemlösungsprogramme* und *Ausführungsprogramme* unterscheiden. Problemlösungsprogramme steuern die Erarbeitung einer Lösung, während Ausführungsprogramme in der vorgeschlagenen Lösung selbst zu sehen sind. Problemlösungsprogramme können auch als *Metaprogramme* und Ausführungsprogramme als *Objektprogramme* bezeichnet werden. Liegt ein Problem vor, bei dessen Formulierung sofort ein Ausführungsprogramm assoziiert werden kann, so handelt es sich um ein *Routineproblem* bzw. eine *Routineentscheidung*. Ist das Ausführungsprogramm nicht unmittelbar gegeben, liegt aber ein Lösungsprogramm vor, so sprechen wir von einem *adaptiven Problem* bzw. einer *adaptiven Entscheidung* (Anpassungsentscheidung). Hier kann die Erfahrung mit einfließen, die man bereits mit ähnlichen Problemen gemacht hat, so daß »nur« noch eine Anpassung an die neue Situation zu erfolgen hat. Kann weder auf ein Ausführungsprogramm noch auf ein Problemlösungsprogramm zurückgegriffen werden, so dreht es sich um ein *innovatorisches* Problem bzw. eine *innovatorische Entscheidung*. Ein Problemlösungsprogramm muß also erst erstellt werden. Auch dafür hat das Individuum Programme zur Verfügung, die als Metaprogramme höherer Ordnung fungieren.

Problemlösungsprogramme – Ausführungsprogramme/

Metaprogramme – Objektprogramme

Routineentscheidung – Adaptive Entscheidung

Innovatorische Entscheidung

Zusätzlich zu den beschriebenen Informationsarten, die im Rahmen des IV-Ansatzes als relevant ausgewiesen werden, ist auf »Motive« bzw. »Bedürfnisse« einzugehen, die in der Realität ebenfalls eine Rolle spielen.

2.3. Motive bzw. Bedürfnisse

Definition von Motiven bzw. Bedürfnissen

Auch andere als die »offiziell« im ursprünglichen IV-Ansatz »zugelassenen« individuellen Faktoren sind für die Erklärung und Prognose des »inneren« und »äußeren« Verhaltens zu beachten. Gemeint sind Motive oder Bedürfnisse. Für unsere Zwecke sollen beide Begriffe dasselbe bezeichnen (vgl. dazu auch Schanz 1978, S. 32). Sie beziehen sich auf Objekte, die das Individuum besitzen möchte. Objekte können dabei physische Objekte sein, etwa wenn jemand hungrig oder durstig ist. Es kann sich auch um solche Gegenstände handeln, die Sicherheit und Schutz des Individuums vermehren. Schließlich sind damit Sachverhalte angesprochen, wie etwa der Wunsch,

Liebe, Freundschaft und Kameradschaft zu erlangen. Das menschliche Streben kann auf derartige materielle und immaterielle Objekte gerichtet sein. Ein Motiv bzw. ein Bedürfnis drückt demnach eine Verhaltensbereitschaft aus, materielle und/oder immaterielle Objekte zu erwerben. (Man könnte auch geneigt sein, von individuellen *Zielen* oder Werten zu sprechen, wobei es sich bei den Bedürfnissen meist um relativ unpräzise Ziele handelt, die sich auf eine Klasse von Objekten erstrecken. Das Bedürfnis, satt zu sein, bezieht sich danach eher auf dafür geeignete Lebensmittel als schlechthin auf bestimmte Lebensmittel, wie Obst oder Kuchen (vgl. zu dieser Auffassung Paul–Scholl 1975, S. 11 ff.))

Monothematische, athematische, polythematische Auffassung

Das Problem der Motivarten steht dabei im Mittelpunkt der Motivforschung. Es sind Erkenntnisse darüber gesucht, wieviele und welche Motive es gibt. Grundsätzlich stehen drei Möglichkeiten dafür zur Verfügung. Sie können als die *monothematische, athematische* und *polythematische* Auffassung bezeichnet werden (vgl. dazu Kupsch 1973, S. 175 f.). Nach der monothematischen Auffassung lassen sich alle Motivarten auf ein Zentralmotiv zurückführen, das das menschliche Streben erklärt. Dem steht die athematische Konzeption gegenüber, die zwar von zahlreichen Motiven ausgeht, es aber als ein aussichtsloses Unterfangen ansieht, Motive klar voneinander abzugrenzen und zu systematisieren. Die polythematische Auffassung erkennt eine Vielzahl voneinander unterscheidbarer Motive, wobei in der Literatur konkurrierende Vorschläge dazu existieren. Die in jüngster Zeit wohl bekannteste Systematisierung ist in der Motiv- oder Bedürfnishierarchie von Maslow gegeben (vgl. dazu Maslow 1977). Maslow unterscheidet insgesamt fünf Arten von Bedürfnissen, die hierarchisch angeordnet sind. Das bedeutet, daß die Bedürfnisse in einer bestimmten Reihenfolge wirksam werden. Zuerst müssen die physiologischen Bedürfnisse erfüllt werden, erst dann werden die Bedürf-

Motiv- oder Bedürfnishierarchie von Maslow

Abb. 182: Die Maslow-Pyramide

nisse nach individueller Sicherheit auftreten, danach die sozialen Bedürfnisse, die Bedürfnisse nach Wertschätzung, und zuguter Letzt die Bedürfnisse nach persönlicher Selbstverwirklichung. Dieser Zusammenhang wird häufig wie in Abb. 182 in Gestalt einer Pyramide dargestellt.

Der dynamische Charakter des Ansatzes zeigt sich in der Abfolge der einzelnen Bedürfnisse. Um eine mechanistische Interpretation zu vermeiden, sollten allerdings Rücksprünge jederzeit zugelassen werden. Erkennt etwa ein sich selbst verwirklichendes Individuum, daß es chronisch hungrig ist, wird es sich kaum seinen Möglichkeiten zur Selbstverwirklichung weiterhin widmen können. Außerdem ist es denkbar, daß mehrere Bedürfnisse gleichzeitig befriedigt werden können, so daß auch dieser Hinweis zu berücksichtigen ist. Aus diesem Grunde ist davon auszugehen, daß einzelne Bedürfnisse zwar dominieren, gleichzeitig aber andere Bedürfnisse trotzdem auch verwirklicht werden können. Das zeigt Abb. 183.

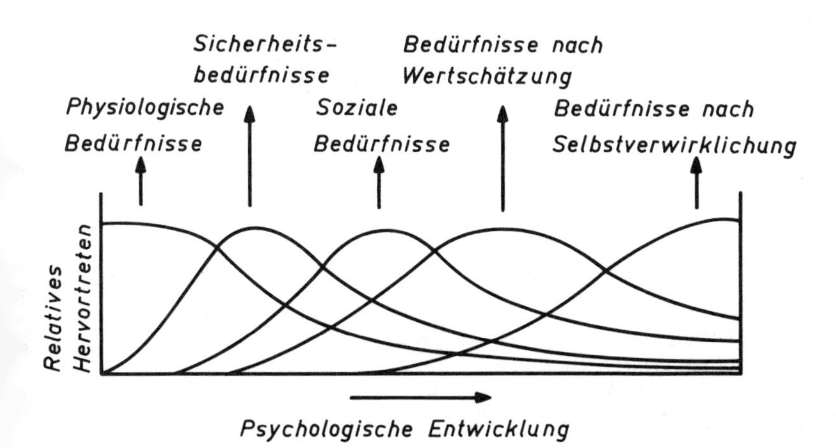

Abb. 183: Relative Dominanz der Maslow-Bedürfnisse (Quelle: Nach Krech–Crutchfield 1974, S. 416)

Insgesamt gesehen erweist sich der Ansatz von Maslow als ein heuristisch wertvoller Bezugsrahmen, um Bedürfnisse ordnen zu können. Seine vollständige empirische Bewährung ist demgegenüber offen (vgl. dazu Schanz 1978, S. 37). Zusammenfassend sind die Maslow-Bedürfnisse in Abb. 184 erfaßt. Ihnen ist eine andere Einteilung von Alderfer (1972, S. 25) gegenübergestellt, die nur drei Bedürfnisarten umfaßt.

Bedürfnisklassifizierung nach **Maslow**	Bedürfnisklassifizierung nach **Alderfer**
Physiologische Bedürfnisse (Physiological needs) Hunger, Durst, Sex, Ruhe, Bewegung, Schutz vor den Elementen, Obdach	Existenzbedürfnisse (Existence needs)
Sicherheitsbedürfnisse (Safety needs) Schutz vor Krankheit und Schmerz, Versicherung gegen Alter und Arbeitslosigkeit, Bedürfnis nach Wohnung, Heim	Existenzbedürfnisse (Existence needs)
Schutz vor Bedrohung, Beraubung, Diskriminierung, Beschimpfung und Wutausbrüchen anderer	Interpersonelle Beziehungsbedürfnisse (Relatedness needs)
Soziale Bedürfnisse (Belongingness and love needs) Bedürfnis nach Gesellschaft, Kontakt nach Aufnahme bei seinesgleichen, Bedürfnis nach Liebe, Freundschaft, Kameradschaft	Interpersonelle Beziehungsbedürfnisse (Relatedness needs)
Geltungsbedürfnisse (Ichbezogene Bedürfnisse) (Esteem needs) a) Anerkennung durch andere Bedürfnis nach Status, Aufmerksamkeit, Anerkennung	Interpersonelle Beziehungsbedürfnisse (Relatedness needs)
b) Selbsteinschätzung Bedürfnis nach Leistung, Können, Wissen, Bedürfnis nach Selbständigkeit, Bedürfnis nach Unabhängigkeit und Freiheit, Bedürfnis nach Selbstvertrauen	Individuelle Wachstumsbedürfnisse (Growth needs)
Selbstverwirklichungsbedürfnisse (Need for self-actualization) Bedürfnis nach Entfaltung der Persönlichkeit	Individuelle Wachstumsbedürfnisse (Growth needs)

Abb. 184: Bedürfnisarten nach Maslow und Alderfer (Quelle: Baumgarten 1975, S. 72)

Der Ausgangspunkt unserer Überlegungen war, Motive bzw. Bedürfnisse zu betrachten, da sie einen Einfluß im Entscheidungsprozeß besitzen. So kann das Bedürfnis, eine gute Leistung zu erbringen, weil es einem selbst Freude bereitet, das Verhalten steuern. Ein derart leistungsorientiertes Individuum wird sich anders verhalten als ein ängstliches Individuum, das ausschließlich darauf achtet, nicht aufzufallen und keinen Fehler zu machen. Beide Individuen werden sich beispielsweise andere Ziele (Anspruchsniveaus) suchen, die sie sich zu erreichen zutrauen*. Andere Bedürfnisse, wie Bedürfnisse nach Wertschätzung und Selbstverwirklichung, können ebenfalls verhaltensrelevant sein. Soziale Bedürfnisse etwa vermögen die Wahrnehmung zu lenken, so daß nur dasjenige wahrgenommen wird, was eine relevante Bezugsgruppe als wahrnehmungswert definiert. Steht die Selbstverwirklichung aller im Zentrum, so kann eine besondere partnerschaftliche Form der Zusammenarbeit im Entscheidungsprozeß resultieren.

Nachdem die beeinflussenden Faktoren des »inneren« und »äußeren« Verhaltens erläutert wurden, soll abschließend auf die kognitiven Prozesse selbst eingegangen werden.

2.4. Die kognitiven Prozesse**

2.4.1 Wahrnehmung

Ursprung und Ausgangspunkt der kognitiven Prozesse ist die Wahrnehmung. Aus einer Fülle von Reizen wählt das Individuum die für sich relevanten aus. Es werden nur diejenigen Reize wahrgenommen, die zu den im Kurzgedächtnis gespeicherten Informationen »passen«. Es muß ein »fit« vorliegen. Nicht entsprechende Wahrnehmungsreize werden abgewehrt, unterdrückt, als unbedeutend eingestuft oder gar nicht erst empfunden. Die momentane Einstellung im Kurzgedächtnis steuert also die Wahrnehmung. Die in diesem Sinne wahrgenommenen Reize sollen als *Stimuli* bezeichnet werden, da sie den weiteren IV-Prozeß anregen. Umgekehrt wird die momentane Einstellung von den Stimuli geprägt; denn diese können nach weiteren In-

Stimuli

* Diese Problematik wird deshalb auf S. 395 ff. unter dem Stichwort »Motivationstheorie des Anspruchsniveaus« näher betrachtet.

** Die Erinnerungsprozesse werden im weiteren nicht betrachtet, da sie eng zum Gedächtnis gehören, vgl. dazu S. 363 ff.

formationen im Langgedächtnis verlangen, die dann hervorgerufen werden. Die hervorgerufenen Informationen erlauben es wiederum, weitere Stimuli zu identifizieren usw. Die Wahrnehmung ist demnach ein komplexer Informationsidentifizierungs- und verarbeitungsprozeß. Dabei werden relevante Informationen aus der Gesamtheit aller Reize (Daten) »herausgefiltert«, so daß die Wahrnehmung als *selektiv* zu bezeichnen ist. Die im Kurzgedächtnis gespeicherten Informationen (und mittelbar die im Langgedächtnis vorhandenen Informationen) bilden dabei den subjektiven Bezugsrahmen für Wahrnehmungen. Dasjenige wird wahrgenommen, was diesen Informationen entspricht. Ein religiöser Fanatiker wird anderes wahrnehmen als ein Atheist, ein Marxist anderes als ein Konservativer. Man kann es auch so umschreiben, daß wahrgenommen wird, was wahrgenommen werden darf und kann. Das bezieht sich nicht nur auf die Steuerung der Wahrnehmung durch kognitive Kategorien, Überzeugungen und Werte. Auch Gefühle, Stimmungen, Triebe und Bedürfnisse, ja sogar die soziale Verankerung des Individuums, prägen die Wahrnehmung. Es sind dies Sachverhalte, die zusätzlich in den IV-Ansatz integriert werden müssen, um seine reale Erklärungs- und Prognosekraft zu erhöhen.

Selektive Wahrnehmung

Auf Entscheidungsprobleme übertragen bedeutet das Prinzip u.a.: Es gilt nicht die eine *objektive Sicht* eines Entscheidungsproblems, sondern es gelten die zahlreichen *subjektiven Vorstellungen* darüber, was als Problem anzusehen ist. Das Problem zunehmender Arbeitsgerichtsklagen in einer Unternehmung etwa ist jeweils für den Ökonomen, Soziologen, Psychologen und Juristen ein anderes Problem. Die Beurteilung einer möglichen Investition stellt sich für den Kostenrechner, den Finanzmanager, den Betriebsrat, den Marketingmanager jeweils anders dar. Eine Diskussion über verschiedene Problemsichten kann dabei initiiert werden, wenn man sich bemüht, die Selektionsmechanismen der Wahrnehmung offenzulegen. Ein Bemühen, das sicherlich seine Grenzen besitzt.

Gestalt-orientierte Wahrnehmung

Neben dem Prinzip der selektiven Wahrnehmung ist ein weiterer Mechanismus in der *gestaltorientierten* Wahrnehmung zu sehen. Informationen werden nicht nur gefiltert, sondern auch strukturiert und ergänzt. Das Individuum erfaßt nicht nur eine Summe von Einzelelementen, sondern eine Gestalt von bestimmter Struktur. Aus den Teilen wird ein Ganzes (vgl. dazu S. 391f.). So sieht etwa ein Ökonom bei auftretenden Arbeitsgerichtsklagen nicht nur diese allein, sondern vermag sie hinsichtlich ihrer Konsequenzen in die betriebliche Erfolgsrechnung einzuordnen.

Zusammenfassend gelten nun *Selektion* und *Ordnung* als zentrale Prinzipien der Wahrnehmung. Jedes Individuum hat seine eigenen kognitiven Programme, die festlegen, was Selektion und Ordnung im Konkreten bedeuten.

2.4.2 Denken

Denken kann als »Probehandeln« (Was wäre, wenn ...) oder – im Zusammenhang des IV-Ansatzes besonders einleuchtend – als »innere« Manipulation von Symbolen und Symbolkomplexen beschrieben werden (vgl. dazu etwa Kirsch 1971 a, S. 134). Dabei sind kognitive Programme bedeutsam, die Denkprozesse organisieren. Besonders die Zweck-Mittel-Analyse und die Planungsmethode sind als wichtige Programme anzuführen (vgl. S. 96 f.). Mit der Zweck-Mittel-Analyse wird man auf zentrale Kategorien des Problemlösens aufmerksam gemacht: auf Ziele, Zwischenziele und geeignete Mittel. Man kann vorwärts- oder rückwärtsschreiten. Mit der Planungsmethode dagegen wird der Blick auf das Wesentliche gerichtet. Trotz derartiger Methoden aber, die das Denken zu »ordnen« vermögen, gibt es verschiedene *Denktypen* oder *Denkstile*, die ein Problem verschieden angehen, quasi die Zweck-Mittel-Analyse und die Planungsmethode verschieden anwenden. In der Denkpsychologie werden schon seit langem dichotomisch zwei Typen oder Stile unterschieden (siehe zum Folgenden Pfohl 1981, S. 86 ff. und die dort angegebene Literatur). Der eine Stil wird als konvergent, vertikal, diskursiv, logisch, analytisch, linear oder sequentiell und der andere Stil als divergent, lateral, intuitiv, heuristisch, holistisch, relational oder simultan bezeichnet. »Sehr vereinfacht können die beiden Denkweisen wie folgt umschrieben werden:

Denktypen oder Denkstile

- Das *konvergente Denken* ist geordnet, diszipliniert, systematisch, gradlinig, der formalen Logik gehorchend. Es kann auch als »gebunden« bezeichnet werden.
- Das *divergente Denken* ist demgegenüber ungeordnet, undiszipliniert, sprunghaft, dementsprechend das Blickfeld immer wieder wechselnd, die formale Logik ignorierend. Es kann auch als »frei« bezeichnet werden« (Brauchlin 1978, S. 60).

Konvergentes Denken

Divergentes Denken

Divergente kognitive Prozesse setzen im Vergleich zu konvergenten kognitiven Prozessen eine geringere explizite Informiertheit voraus und können aufgrund sehr vager bzw. sehr komplexer Informationen ablaufen. Konvergente kognitive Prozesse eignen sich also zur Wahrnehmung und Weiterverarbeitung *»harter« Informationen*, während divergente kognitive Prozesse zur Wahrnehmung und Weiterverarbeitung *»weicher« Informationen* geeignet sind. Da der erste Typ von kognitiven Prozessen offenbar primär in der linken Gehirnhälfte abläuft, der zweite Typ dagegen primär in der rechten, hängt es von der Entwicklung der beiden Gehirnhälften ab, welche Art der Wahrnehmung und Weiterverarbeitung von Informationen (Art des kognitiven Stils) ein Mensch bevorzugt.

Einen guten Ansatzpunkt für die Verdeutlichung des Einflusses kognitiver Stile auf die Informationsverarbeitung bietet die Unterscheidung von *Persönlichkeitstypen nach Jung* (vgl. dazu Pfohl 1980a, S. 611f.). In Abb. 185 sind die vier kognitiven Merkmale dieser Persönlichkeitstypen zusammengestellt. Sie ergeben sich daraus, daß man bei der Informationsverarbeitung zwischen der Wahrnehmung von Informationen und der Weiterverarbeitung dieser Informationen unterscheidet und diese beiden Phasen der Informationsverarbeitung mit den beiden kognitiven Stilen kombiniert.

Bei der Informationswahrnehmung wird zwischen »sinnesbezogener« und »intuitiver« Wahrnehmung unterschieden. Aufgrund der *sinnesbezogenen Wahrnehmung* erfaßt ein Mensch seine Umwelt mit einer Fülle von Detailinformationen. Er orientiert sich an realistischen Fakten, konkreten Ereignissen usw. und hat eine Vorliebe für eindeutig definierte Probleme. Die der *intuitiven Wahrnehmung* zuneigenden Persönlichkeitstypen ziehen demgegenüber die weniger eindeutig definierten Probleme vor. Sie erfassen die Situationen in ihrer Umwelt als vage Ganzheiten und haben eine Abneigung dagegen, sich mit einer Fülle harter Fakten zu belasten.

Kognitive Stile / Phasen der Informationsverarbeitung	Konvergenz	Divergenz
Wahrnehmung von Informationen	Sinnesbezogene Wahrnehmung (Sensation) „S"	Intuitive Wahrnehmung (Intuition) „I"
Weiterverarbeitung von Informationen (Ziehen von Schlußfolgerungen)	Logisches Denken (Thinking) „T"	Fühlen (Feeling) „F"

Abb. 185: Kognitive Merkmale der Persönlichkeitstypen nach Jung

Bei der Weiterverarbeitung der wahrgenommenen Informationen wird zwischen »logischem« Denken und Fühlen unterschieden. Der *»logisch« denkende Typ* zieht seine Schlußfolgerungen aus den wahrgenommenen Informationen durch Anwendung »logischer« Ableitungsregeln. Der *fühlende Typ* wird dagegen bei seinen Schlußfolgerungen stark durch seine Triebe, Wünsche und Werthaltungen beeinflußt.

Durch eine Kombination der vier kognitiven Merkmale ergeben sich in idealtypischer Weise die vier Persönlichkeitstypen ST, SF, IT und IF. Eine derartige Unterscheidung ist auch für die deskriptive Entscheidungstheorie relevant, die nach dem realen Auftreten der Persönlichkeitstypen forschen kann. SF-Typen und IT-Typen werden dabei vergleichsweise wenig vorkommen. Vor allem die divergierenden kognitiven Prozesse sind bisher wenig erforscht; in der betriebswirtschaftlichen Literatur steht man divergierendem Denken teilweise sogar negativ gegenüber und qualifiziert es als »unwissenschaftlich« ab.

2.4.3 Lernen

Mit Oerter (1973, S. 64f.) und weiten Teilen der Lernpsychologie wollen wir immer dann von einem Lernen sprechen, wenn eine *Veränderung* des Verhaltens oder ein *neues* Verhalten zu beobachten ist, das aus Erfahrung und Übung resultiert. Demnach kann sich das Lernen auf das »äußere« Verhalten erstrecken, genauso gut aber ist das »innere« Verhalten angesprochen. So mag das Individuum veränderte oder neue kognitive Programme bzw. Prozesse als Ergebnis von Lernprozessen ansehen. Die Lernprozesse ihrerseits sind durch spezielle Lernprogramme gesteuert.

Allgemein gesehen können wir das *einfache* Lernen und das *intelligente* Lernen unterscheiden (vgl. zu dieser Unterscheidung Kirsch 1971a, S. 63). Beim einfachen Lernen kann das Lernen durch *Nachahmung* gemeint sein, aber auch dasjenige Lernen, das auf dem Prinzip der *Konditionierung* beruht. Bei der *klassischen* Konditionierung geht man davon aus, daß der Mensch und auch das Tier bestimmte angeborene Reflexe besitzen, mit denen sie auf bestimmte Reize reagieren. So hat der »berühmte« Hund im Experiment von Pawlow mit vermehrtem Speichelfluß reagiert, als ihm Futter als Stimulus angeboten wurde. Es handelt sich um einen unbedingten Reflex. Wird gleichzeitig mit dem Futter ein neutraler Stimulus angeboten, der nicht mit dem Speichelfluß zusammenhängt, etwa ein Klingelton, so kann nach einiger Zeit erwartet werden, daß der Klingelton allein den Speichelfluß auslöst. Der Speichelfluß wird dadurch zum bedingten Reflex. Das Tier hat gelernt.

Klassische Konditionierung

Die *instrumentelle* oder *operante* Konditionierung wird auch als Bekräftigungslernen bezeichnet. Man setzt voraus, daß der Organismus unbefriedigte Bedürfnisse besitzt. Jetzt wird irgendein Stimulus hervorgerufen, auf den der Organismus irgendwie reagiert. Bestimmte Reaktionen werden durch eine Befriedigung des Bedürfnisses belohnt. Geschieht das häufiger, so lernt der Organismus, sich »richtig« zu verhalten, da es zu angenehmen Konsequenzen führt. Das operante Konditionieren kann bereits in den Bereich des intel-

Instrumentelle oder operante Konditionierung

ligenten Lernens hineinreichen. Das Individuum versucht systematisch, die für sich erfolgversprechenden Verhaltensweisen herauszufinden, wobei heuristische Programme eine bedeutende Rolle spielen.

Damit sind der Informationsverarbeitungsansatz und das S-O-R-Paradigma als psychologischer Bezugsrahmen entwickelt. Im folgenden sollen einzelne Ansätze herausgegriffen werden, die ausgewählte Probleme aus dem individuellen Entscheidungsprozeß thematisieren. Dabei spielen die Elemente des Bezugsrahmens eine gewichtige Rolle, wenngleich nicht immer explizit auf sie eingegangen werden kann. Zunächst geht es um psycho-logische Ansätze *individueller Risikohandhabung* (Kapitel II). Im Anschluß daran werden Vorgehensweisen bei der *Bildung innerer Modelle* vorgestellt (Kapitel III). Außerdem handelt es sich um psycho-logische Ansätze der *individuellen Zielbestimmung* (Kapitel IV). Daran anschließend sind *kognitive Inkonsistenzen* vor der *Finalentscheidung* (Kapitel V) und *kognitive Inkonsistenzen nach der Finalentscheidung* (Kapitel VI) zu behandeln. Zum Schluß wenden wir uns den psycho-logischen Ansätzen bei der *Fremdkontrolle* (Kapitel VII) eines Individuums zu.

Wiederholungsfragen

1. Was versteht man unter dem S-O-R-Paradigma? (S. 357 f.)
2. Welche Elemente besitzt die ursprüngliche bzw. erweiterte Konzeption des Informationsverarbeitungsansatzes? (S. 357, 362)
3. Worin unterscheiden sich der neutrale und reine Informationsverarbeitungsansatz? (S. 358 f.)
4. Welche Theorien des »inneren« Verhaltens kennen Sie? (S. 360 f.)
5. Inwiefern unterscheidet sich das Kurzgedächtnis vom Langgedächtnis? (S. 363 f.)
6. Was versteht man unter der momentanen Einstellung? (S. 364 f.)
7. Was ist ein Netzwerk kognitiver Elemente? (S. 365 ff.)
8. Wie sind Werturteile zu definieren? (S. 367 ff.)
9. Welche Komponenten gehören zur Werthaltung (Attitude) eines Individuums? (S. 369)
10. Was versteht man unter kognitiven Programmen? (S. 370 ff.)
11. Beschreiben Sie die formale Struktur eines elementaren kognitiven Programmes. (S. 370 f.)
12. Worin unterscheiden sich Routineprobleme von adaptiven Problemen und innovatorischen Problemen? (S. 373)

13. Wie lautet die Bedürfnis- oder Motivhierarchie von Maslow? Welche Probleme sind damit verbunden? (S. 374 f.)
14. Kognitive Prozesse der Wahrnehmung sind durch eine selektive Wahrnehmung sowie durch eine gestaltorientierte Wahrnehmung gekennzeichnet. Was ist darunter zu verstehen? (S. 377 f.)
15. Wie heißen zwei entgegengesetzte Denktypen oder Denkstile? Welche Bedeutung besitzen sie in der Psycho-Logik? (S. 379 ff.)
16. Inwiefern unterscheidet sich die klassische Konditionierung von der instrumentellen oder operanten Konditionierung? (S. 381 f.)

Literaturverzeichnis

Alderfer, C.P. (1972): Existence, Relatedness, and Growth. Human Needs in Organizational Settings. New York/London 1972.

Baumgarten, R. (1975): Das Maslow-Konzept: Wunschbild oder Wirklichkeit? In: Zeitschrift für Organisation, 44 (1975), S. 72–78.

Brauchlin, E. (1978): Problemlösungs- und Entscheidungsmethodik. Eine Einführung. Bern/Stuttgart 1978.

Dörner, D. (1976): Problemlösen als Informationsverarbeitung. Stuttgart/Berlin/Köln/Mainz 1976.

Kirsch, W. (1970): Entscheidungsprozesse, 1. Bd.: Verhaltenswissenschaftliche Ansätze der Entscheidungstheorie. Wiesbaden 1970.

Kirsch, W. (1971 a): Entscheidungsprozesse, 2. Bd.: Informationsverarbeitungstheorie des Entscheidungsverhaltens. Wiesbaden 1971.

Kirsch, W. (1973): Auf dem Weg zu einem neuen Taylorismus? In: IBM-Nachrichten, 23 (1973), S. 561–566.

Klein, H.K. (1971): Heuristische Entscheidungsmodelle. Neue Techniken des Programmierens und Entscheidens für das Management. Wiesbaden 1971.

Kmiecak, P. (1976): Wertstrukturen und Wertwandel in der Bundesrepublik Deutschland. Grundlagen einer interdisziplinären empirischen Wertforschung mit einer Sekundäranalyse von Umfragedaten. Göttingen 1976.

Kmiecak, P. (1978): Symposium Werteinstellung und Wertwandel. 25.–27. Mai 1978 in Paderborn. Vorbereitungs- und Diskussionsreader. Paderborn 1978.

Krech, D. / Crutchfield, R.S. (1974): Grundlagen der Psychologie. 6. Aufl., Bd. 1, Weinheim–Basel 1974.

Kupsch, P.U. (1973): Das Risiko im Entscheidungsprozeß. Wiesbaden 1973.

Maslow, A.H. (1977): Motivation und Persönlichkeit. Freiburg i. Br. 1977.

Miller, G.A. (1956): The Magical Number Seven, Plus or Minus Two: Some Limits on Our Capacity for Processing Information. In: Psychological Review, 63 (1956), S. 81–97.

Miller, G.A. / Galanter, E. / Pibram, K.H. (1973): Strategien des Handelns: Pläne und Strukturen des Verhaltens. Stuttgart 1973.

NEWELL, A. / SIMON, H.A. (1972): Human Problem Solving. Englewood Cliffs 1972.
OERTER, R. (1973): Moderne Entwicklungspsychologie. 13. Aufl., Donauwörth 1973.
PAUL, G. / SCHOLL, W. (1975): Der Einfluß von Partizipation und Mitbestimmung auf unternehmenspolitische Entscheidungsprozesse. Arbeitspapier, München 1975. In: DBW-Depot 77-1-8.
PFOHL, H.-C. (1980a): Methodische und verhaltenswissenschaftliche Grundlagen der Problemdefinition. In: Schwarze, J./v. Dobschütz, L./Fleischmann, B./Schneeweiß, C./Steckhan, H. (Hrsg.): Proceedings in Operations Research 9. Vorträge der DGOR-Jahrestagung 1979. Würzburg/Wien 1980, S. 607–614.
PFOHL, H.-C. (1981): Planung und Kontrolle. Stuttgart/Berlin/Köln/Mainz 1981.
REBER, G. (1976): Zur Möglichkeit dysfunktionaler Folgen des »Informationsverarbeitungsansatzes«. In: Wirtschaftswissenschaftliches Studium, 5 (1976), S. 112–118.
SCHANZ, G. (1978): Verhalten in Wirtschaftsorganisationen. Personalwirtschaftliche und organisationstheoretische Probleme. München 1978.

II. Psycho-logische Ansätze zur Handhabung des kognitiven Risikos

Im Organismus des Individuums sind spezielle kognitive Mechanismen vorhanden, die eine Handhabung des Risikos ermöglichen. Der Risikobegriff kann dabei als kognitives Risiko interpretiert werden und auf die allgemeine Gefahr eines *Beurteilungsfehlers* hinweisen, der sich z.B. in falschen Modellannahmen und Programmen konkretisiert. Dieser Sachverhalt wird als *Risikobezogenheit* einer subjektiv definierten Entscheidungssituation bezeichnet (vgl. dazu Kupsch 1973, S. 242f., 276f.). Die Risikoeinstellung eines Individuums zeigt sich dann darin, inwieweit es bereit ist, ein kognitives Risiko einzugehen.

Risikobezogenheit

Um die psycho-logischen Vorgehensweisen der Risikohandhabung zu verdeutlichen, sollen 4 Problembereiche dargestellt werden, die weitgehend prozessual angeordnet sind. Dabei orientieren wir uns an Kupsch (1973, S. 241–281), der zahlreiche empirische Studien zum psycho-logischen Risikoverhalten darstellt. Diese Studien begründen allerdings noch keine *empirische Theorie* des individuellen Risikoverhaltens, da der Fundus an bewährten Ergebnissen dafür noch nicht ausreicht. Die Psycho-Logik des Risikoverhaltens untersucht dabei im einzelnen:

(1) die Risikohandhabung bei der erstmaligen Festlegung einer Entscheidungssituation,
(2) die Risikohandhabung bei der Präzisierung einer Entscheidungssituation,
(3) die Risikohandhabung durch Informationssuche,
(4) die Risikoeinstellung in kognitiven Programmen der Informationsverarbeitung.

Zu (1): Risikohandhabung bei der erstmaligen Festlegung einer Entscheidungssituation

Man kann davon ausgehen, daß der Umfang von Vereinfachungen und Auslassungen bei der Definition der Situation von der Komplexität der kognitiven Informationsstruktur abhängt, über die das Individuum in seinem Organismus verfügt. Die Komplexität hängt dabei von den gespeicherten Entscheidungsprämissen ab, von den vorhandenen faktischen und wertenden Informationen und dem Repertoire an methodischen Entscheidungsprämissen. Personen mit geringer Komplexität in ihrer Informationsstruktur sind durch größere Vereinfachungen bei der Festlegung ihrer subjektiven Definition der Situation gekennzeichnet. Sie werden als ***konkrete Personen*** bezeichnet. Ihr Ausmaß des kognitiven Risikos ist begrenzt, da es wenige einfache »Grundwahrheiten« gibt. Im Gegensatz dazu gelangen Individuen mit komplexen Informationsstrukturen zu einer differenzierten Definition der Situation. Es handelt sich um ***abstrakte Personen****. Abstrakte Personen entwickeln beispielsweise mehr Aktionen mit umfangreicheren Ergebnisvektoren, um die Sprache der normativen Entscheidungstheorie an dieser Stelle zu verwenden. Insgesamt gesehen gehen abstrakte Personen mehr kognitives Risiko ein, da sie durch eine differenzierte Wahrnehmung gekennzeichnet sind. Dazu benötigen abstrakte Personen mehr Informationen und kompliziertere Methoden; letztere beanspruchen auch mehr Zeit.

Konkrete Personen

Abstrakte Personen

Zu (2): Risikohandhabung bei der Präzisierung einer Entscheidungssituation

Bei der Präzisierung und Änderung der subjektiven Sicht einer Entscheidungssituation gibt es zwei entgegengesetzte kognitive Stile der Individuen, die idealtypisch zu verstehen sind**. Sie unterscheiden sich durch verschiedene Arten der *Kategorisierung* (Begriffsbildung, Hypothesenbildung usw.). Es stehen sich der *»Narrow Categorizer«* und der *»Broad Categorizer«* gegenüber. Der Narrow Categorizer ist sensibel gegenüber Unterschieden und entwickelt deshalb zahlreiche Kategorien mit einer nur geringen Breite. Die Kategorien beanspruchen eine hohe Genauigkeit. Vereinfacht kann gesagt werden, daß ein reicher Wortschatz vorliegt, der zu einer präzisen Beschreibung der Situation führt. Der Narrow Categorizer geht ein hohes kognitives Risiko ein, was zu einer häufigen Präzisierung und Änderung der wahrgenommenen Situation führt, obwohl dazu oft kein Anlaß besteht. Er zieht deshalb das Spezialisierungsrisiko einem Verallgemeinerungsrisiko vor. Umgekehrt

»Narrow Categorizer« – »Broad Categorizer«

* Vgl. dazu auch die kognitiven Denkstile des divergenten und konvergenten Denkens, S. 379ff. Diese Stile sind umfassender, während es hier nur um Fragen der erstmaligen Festlegung einer Entscheidungssituation geht.

** Vgl. dazu auch die kognitiven Denkstile des konvergenten und divergenten Denkens, S. 379ff. Diese Stile sind umfassender angelegt, während es hier nur um Fragen der Kategorisierung geht.

tendiert der Broad Categorizer dazu, Unterschiede zwischen Kategorien zu negieren. Es werden zahlreiche Ähnlichkeitsbeziehungen gesehen, was zu wenigen Kategorien führt, die global angelegt sind. Das bedeutet eine gewisse Stabilität der einmal definierten Situation, da es relativ leicht fällt, neue Informationsstimuli in die bestehenden Kategorien einzuordnen. Einem Broad Categorizer gelingt es, die Vereinbarkeit mehrerer Informationen mit seinen vorhandenen zu betonen. Er zieht das Verallgemeinerungsrisiko gegenüber dem Spezialisierungsrisiko vor.

Kognitive Risikoscheu – Kognitive Risikofreude

Man könnte geneigt sein, die bisherigen Unterteilungen als Indikatoren für risikofreudiges bzw. risikoscheues Verhalten zu interpretieren. Konkrete Personen, die anschließend die Situation unter Verwendung einer großen Kategorienbreite präzisieren, könnten als solche Individuen bezeichnet werden, die eine kognitive Risikoscheu besitzen. Als Begründung ließe sich anführen, daß auf diese Weise wenig geändert werden braucht, wenn sich neue Informationsstimuli ergeben. Umgekehrt ist eine abstrakte Informationsverarbeitung und eine geringe Kategorienbreite ein Zeichen für eine kognitive Risikofreude. Es werden mehr kognitive Risiken in Kauf genommen und damit zusammenhängend mehr Teilentscheidungen zur Korrektur der Definition der Situation. Das führt dazu, daß ein risikofreudiges Individuum häufiger seine Definition der Situation ändern muß, wenn neue Informationen auftauchen.

Zu (3): Risikohandhabung durch Informationssuche

Eine mögliche Form dieser Risikohandhabung ist die *gezielte* Informationssuche, um kognitive Risiken zu eliminieren. Kupsch (1973, S. 253) betont dazu: »Dieses Bestreben zur Ausschaltung von Spannungen wegen Informationsmängeln wird als Bedürfnis nach eindeutiger Verhaltensorientierung, need for cognition oder Ambiguitätsintoleranz bezeichnet«. Daneben betreibt das Individuum auch eine *ungezielte* Informationssuche, die auf einem allgemeinen Bedürfnis nach Informationssammlung (Exploration) beruht und nicht durch eine spezielle Risikosituation ausgelöst wird.

Zu (4): Risikoeinstellung in kognitiven Programmen der Informationsverarbeitung

Darüber, wie kognitive Programme risiko-behaftete Informationen verarbeiten, ist nur sehr wenig bekannt (vgl. dazu Kirsch 1977, S. 212ff., Kupsch 1973, S. 258). In einer experimentellen Studie zur Begriffsbildung haben allerdings *Bruner–Goodnow-Austin* (1966) kognitive Programme beschrieben, die sich teilweise durch eine Einstellung zum kognitiven Risiko kennzeichnen lassen. Die im Rahmen dieser Studie diskutierten kognitiven Programme sollen deshalb vorgestellt werden, zumal der Vorgang der Begriffsbildung gewisse Analogien zum Vorgang der Modellbildung besitzt. In beiden Fällen entwickelt nämlich das Individuum Hypothesen über den »richtigen« Begriff bzw. die »richtigen« Annahmen, die anschließend durch weitere Informationen überprüft werden. Dazu muß aber zunächst die experimentelle Vorgehensweise skizziert werden.

Experiment

In dem Experiment werden den Versuchspersonen Karten vorgelegt, die unterschiedliche Figuren (z. B. Quadrate, Kreise) in unterschiedlicher Zahl sowie verschiedener Farbe und Umrandung aufweisen. Die Versuchspersonen sollen nun einen bestimmten Begriff herausfinden. Dieser Begriff, z. B. »3 rote Quadrate, stark umrandet«, ist nur dem Leiter des Experimentes bekannt. Allerdings wird durch die Vorlage einer Karte eine gewisse Vorstellung des Begriffes gegeben, da diese Karte Merkmale des Begriffes enthält. Die Versuchsperson kann nun aus den Karten sukzessive solche Karten auswählen, von denen sie glaubt, sie würden den Begriff »treffen«. Nach der Wahl einer Karte wird der Versuchsperson mitgeteilt, ob die gewählte Karte tatsächlich ein positives oder negatives Beispiel darstellt. Auf diese Weise können die Versuchspersonen induktiv den Begriff ermitteln. Dieser ergibt sich aus den Gemeinsamkeiten der als positiv bewerteten Karten. (In Anlehnung an Kirsch 1970, S. 86 f. und Kupsch 1973, S. 259 ff.)

Bruner u. a. beschreiben vier mögliche kognitive Programme der Begriffsbildung. Es handelt sich um die Strategie des »simultanen Prüfens« (simultaneous scanning), die Strategie des »sukzessiven Prüfens« (successive scanning), die Strategie des »konservativen Fokussierens« (conservative focussing) und schließlich die Strategie des »zufälligen Fokussierens« (focus gambling).

Strategie des simultanen Prüfens

Das Individuum entwickelt aufgrund der Kenntnis der ersten Karte *alle möglichen* Hypothesen über den Begriff. Liegen zahlreiche Merkmale eines Begriffs vor, gibt es sehr viele Hypothesen, deren Bildung ein nahezu unbegrenztes Speicher- und Kombinationsvermögen voraussetzt. Aus diesem Grunde entwickeln die Versuchspersonen andere kognitive Programme.

Strategie des sukzessiven Prüfens

Es wird aufgrund der ersten Karte nur *eine* Hypothese gebildet. Das Individuum wählt aus der Menge der Karten eine Karte aus, von denen es sich eine Bestätigung oder Falsifizierung seiner Hypothese verspricht. Wird die Hypothese widerlegt, wird eine neue gebildet. Die Strategie verwendet nicht alle Informationen, die mit einer ausgewählten Karte zur Verfügung stehen. Außerdem kann eine Karte mehrfach ausgewählt werden, um damit eine jeweils andere Hypothese zu testen.

Strategie des konservativen Fokussierens

Das Individuum wählt ein positives Beispiel (z.B. »4 gelbe Kreise«) der ersten Karte als Hypothese. *Ein* Merkmal wird nun verändert (z.B. die Zahl, was zu dem Begriff »3 gelbe Kreise« führt) und durch die Auswahl von vermutlich geeigneten Karten getestet. Bleibt durch die Veränderung des Merkmals die Wertigkeit des Beispiels erhalten, so ist das Merkmal für den Begriff nicht relevant. Verkehrt sich das ursprünglich positive Beispiel ins Negative, so liegt ein relevantes Begriffsmerkmal vor.

Strategie des zufälligen Fokussierens

Hier variiert das Individuum mehr als ein Merkmal der ursprünglichen Hypothese. Wird im Rahmen des Tests der positive Charakter des Beispiels nicht berührt, so können mehrere Merkmale als für den Begriff irrelevant ausgeschlossen werden. Das Individuum kommt schneller zum Ziel. Wird allerdings das Beispiel ins Negative verändert, so weiß man nicht, welches der geänderten Merkmale hierfür verantwortlich zu machen ist. Man muß sich weitere Informationen beschaffen. Häufen sich negative Beispiele, so kann der Erfolg der Strategie begrenzt sein. Da die Strategie des simultanen Prüfens zu heroische Anforderungen stellt und die Strategie des sukzessiven Prüfens eher einem Raten gleicht, sollen die Strategien des Fokussierens betrachtet werden. Dazu ist folgendes festzuhalten: Beide Strategien des Fokussierens sind durch unterschiedliche Formen der Risikoeinstellung gekennzeichnet. Das läßt sich auch an der Abb. 186 verdeutlichen. Diese zeigt auf, wie die Informationsgewinne ausfallen, wenn positive oder negative Beispiele für die einmal gewählte Hypothese auftreten.

Entscheidungs-alternativen	Antizipierte Ereignisse und Ergebnisse	
	Positives Beispiel	Negatives Beispiel
Konservatives Fokussieren (ein Merkmal wird geändert)	Mäßiger Informationsgewinn, kein großer Lösungsfortschritt	Mäßiger Informationsgewinn, kein großer Lösungsfortschritt
Zufälliges Fokussieren (Veränderung mehrerer Merkmale)	Beträchtlicher Informationsgewinn, großer Lösungsfortschritt	Kein oder geringer Informationsgewinn, kein oder geringer Lösungsfortschritt

Abb. 186: Entscheidungsmatrix für das kognitive Programm des Fokussierens (Quelle: Kupsch 1973, S. 260)

Das konservative Fokussieren ermöglicht in jedem Falle einen Informationsgewinn, wenngleich er als mäßig bezeichnet werden muß. Das zufällige Fokussieren kann bei positiven Beispielen sehr schnell zum Ziel führen, während bei negativen Beispielen, vor allem wenn sie sich häufen, der Erfolg ausbleiben kann. Grundsätzlich kann deshalb davon ausgegangen werden, daß das konservative Fokussieren auf eine Art der Risikoscheu und das zufällige Fokussieren auf eine Art der Risikofreude hindeutet. In der Auswahl eines der beiden kognitiven Programme zeigt sich also die Risikoeinstellung des Individuums.

Kognitive Risikoscheu – Kognitive Risikofreude

Wiederholungsfragen

1. Was versteht man unter kognitivem Risiko? (S. 384)
2. Worin unterscheiden sich konkrete und abstrakte Personen bei der erstmaligen Festlegung einer Entscheidungssituation? (S. 385)
3. Worin unterscheidet sich der »Narrow Categorizer« vom »Broad Categorizer« bei der Präzisierung einer Entscheidungssituation? (S. 385 f.)
4. Welche Strategien gehören zum Experiment von Bruner–Goodnow–Austin (1966) über die Begriffsbildung? (S. 387 ff.)
5. In welchen Strategien zeigt sich Risikofreude bzw. Risikoscheu? (S. 389)

Literaturverzeichnis

Bruner, J.S. / Goodnow, J.J. / Austin, G.A. (1966): A Study of Thinking. 4.Aufl., New York 1966.

Kirsch, W. (1970): Entscheidungsprozesse, 1.Bd.: Verhaltenswissenschaftliche Ansätze der Entscheidungstheorie. Wiesbaden 1970.

Kirsch, W. (1977): Einführung in die Theorie der Entscheidungsprozesse. 2., durchges. u. erg. Aufl. der Bände 1 bis 3 als Gesamtausgabe, Wiesbaden 1977.

Kupsch, P.U. (1973): Das Risiko im Entscheidungsprozeß. Wiesbaden 1973.

III. Psycho-logische Ansätze bei der Bildung innerer Modelle

Inneres Modell

Die Bildung innerer Modelle ist als wesentliche Aktivität im IV-System vorhanden. Innere Modelle gehören zu den faktischen Entscheidungsprämissen und konstituieren einen Teil der Definition der Situation (vgl. dazu S. 87). Sie werden für eine Entscheidungsfindung benötigt, da sie dem Individuum erlauben, sich ein »Bild« von seiner Umwelt zu machen. Aufgrund dieses »Bildes« kann dann begründet entschieden und durch eine Aktion in die Umwelt eingegriffen werden. Innere Modelle sind auch im Langgedächtnis gespeichert und stehen als »Bausatz« zur Verfügung, auf die das Individuum bei seinen einzelnen Entscheidungsproblemen zurückgreifen kann.

Innere Modelle erfassen hauptsächlich Zusammenhänge der Umwelt. Es sind subjektive Erklärungs- bzw. Prognosemodelle, die die »Weltorientierung« des Individuums erleichtern (vgl. dazu auch Kirsch 1971a, S. 139). Welche Möglichkeiten, die »Welt« zu erfassen, stehen dabei dem Individuum zur Verfügung? Gefragt wird also nach Methoden oder kognitiven Programmen, die für die Bildung von inneren Modellen eingesetzt werden können. Es handelt sich meist um heuristische Methoden, da sie einen bestimmten Erfolg nicht garantieren können, wohl aber im Durchschnitt gesehen zu guten Ergebnissen führen (vgl. dazu auch S. 94). Darauf versucht beispielsweise Dörner (1976 und 1977, S. 97ff.), eine Antwort zu geben. Um Methoden zu finden, die der Modellkonstruktion dienen, muß man an der Umwelt selbst anknüpfen, da sie den (externen) Bezugspunkt der Modellbildung darstellt. Dazu sollen die Umwelt oder Teile der Umwelt als *System* verstanden werden. Ein System setzt sich gewöhnlich aus Elementen und Verknüpfungen zwischen Elementen zusammen (vgl. dazu Klaus 1969, S. 634ff.). Das gesamte Umweltsystem oder einzelne Umweltsysteme können durch einzelne Dimensionen charakterisiert werden, die allerdings nicht den Anspruch auf Vollständigkeit erheben. Zu den Dimensionen gehören:

(1) Komplexität,
(2) Dynamik,
(3) Risiko und Unsicherheit.

Zu (1): Die Komplexität bezieht sich einmal auf die Anzahl der Elemente, die in einem System unterschieden werden können. Daneben ist die Vielzahl der Verknüpfungen zu beachten. In diesem Sinne ist eine Volkswirtschaft wohl komplexer als eine einzelne Betriebswirtschaft, die im folgenden weitgehend berücksichtigt werden soll.

An Methoden, um die Komplexität eines gegebenen Systems zu reduzieren und damit den Bau seines inneren Modells zu erleichtern, stehen dem Individuum zur Verfügung:

- Abstraktion,
- Komplexbildung,
- Reduktion,
- Nebenwirkungsanalyse,
- Erkennen freier Komponenten.

Abstraktion

Unter *Abstraktion* soll das Erkennen des Wesentlichen und die Ausschaltung des Unwesentlichen verstanden werden*. Dazu müssen einzelne Elemente oder auch Verknüpfungen zwischen den Elementen vernachlässigt bzw. ausgeschaltet werden, um so zu einem den »Kern« treffenden Modell zu gelangen. So geschieht der Übergang des

realen Systems »Hund« = { klein, weiß, vierbeinig, fellbedeckt, kläffend }

zu dem

formalen System des Modells, das man sich vom »Hund« macht = { X,X, vierbeinig, fellbedeckt, kläffend }

durch Abstraktion. X steht in diesem Zusammenhang für »gleichgültig«.

Grundsätzlich gibt es wohl zwei Vorgehensweisen, um die wesentlichen von den unwesentlichen Merkmalen zu trennen. Einmal kann man vergleichen, welche Merkmale ein System mit anderen Systemen gemeinsam hat und welche nicht. Die gemeinsamen Merkmale dienen zur Festlegung der wesentlichen Merkmale. Alle Bälle sind rund, was als wesentliches Merkmal gilt. Die Farbe, das Material, die Haltbarkeit usw. sind demgegenüber irrelevant. Daneben kann man ein System in seinem funktionalen Zusammenhang betrachten. Wesentliche Merkmale einer Unternehmung sind demnach etwa die Befriedigung der Konsumentenbedürfnisse sowie der Bedürfnisse anderer »externer« Interessierter an der Unternehmung, etwa durch Steuerzahlungen an den Staat. Außerdem geht es um die Bedürfnisbefriedigung der »in« der Unternehmung Tätigen. Das wird klar, wenn man sich die Funktion der Unternehmung betrachtet, die sie in der Gesellschaft zu erfüllen hat.

Komplexbildung

Unter *Komplexbildung* ist die Zusammenfassung einzelner Teile zu einem Ganzen gemeint, das dann unzergliedert betrachtet wird. Das Individuum formt dabei eine »Gestalt« (vgl. dazu S. 378).

Die Zusammenfassung von Sternen zu Sternbildern, von Bildteilen zu einem ganzen Bild, von Tönen zu einer Melodie sind Beispiele dafür. Auch das Erkennen von Regelkreisen im realen Umfeld gehört dazu. Komplexe kön-

* Im Grunde ist die sog. Planungsmethode angesprochen, die genau den gleichen Zweck verfolgt (vgl. dazu S. 96 f.).

nen durch einen geringen Auflösungsgrad beschrieben werden. Es liegt ein geringer Auflösungsgrad vor, da die Komplexe gerade nicht durch ihre isolierten Elemente, sondern durch einen ganzheitlichen Ansatz erfaßt werden. Wird etwa eine Unternehmung als Komplex aufgefaßt, so kann »das« unternehmerische Entscheidungszentrum im Mittelpunkt stehen. Der Auflösungsgrad ist in der Tat gering. Wird dagegen in der Unternehmung ein System pluralistischer Entscheidungszentren gesehen, die sich beispielsweise in Abteilungen verkörpern und relativ unabhängig voneinander sind, so ist der Auflösungsgrad höher. Die Wahl des richtigen Auflösungsgrades stellt eine nicht unwichtige (Vor-) Entscheidung des Individuums bei der Entwicklung seines inneren Modells dar. Die Gestaltbildung kann auch als eine spezielle Form der Abstraktion angesehen werden. In der Entscheidung für einen bestimmten Auflösungsgrad zeigen sich nämlich die für wesentlich gehaltenen Merkmale eines Systems.

Reduktion

Bei der *Reduktion* geht es darum, einzelne Merkmale auf ein Grundmerkmal zurückzuführen und sie dadurch zu erklären. So können in einer Unternehmung Arbeitsgerichtsklagen, ein hoher Krankheitsstand der Mitarbeiter, zahlreiche Kündigungen usw. als Ausdruck eines als unbefriedigend empfundenen Betriebsklimas angesehen werden. Dieses seinerseits kann durch eine »unbefriedigende« Gehaltsstruktur und einen »unzeitgemäßen« Führungsstil verursacht sein. Die Methode der Reduktion besteht also in nichts anderem, als Ursache-Wirkungs-Zusammenhängen auf die Spur zu kommen. Betrachtet man nur wenige verursachende Variablen, sog. »Kernvariablen«, so können wir wiederum von einer speziellen Form der Abstraktion sprechen.

Ist es möglich, zu den verursachenden Elementen in einem System vorzustoßen, so ist das System transparent. In einem solchen Fall ist es gelungen, in die »Tiefe« eines Systems vorzudringen. Die Transparenz ist demgegenüber gering, wenn es schwierig oder gar unmöglich ist, die »wahren« *Ursachen* zu ermitteln. Dann bleibt nichts anderes übrig, als auf *Symptome* zurückzugreifen. Symptome beziehen sich auf beobachtbare Sachverhalte, Ursachen dagegen oft auf latent wirksame Sachverhalte. Wenn man etwa die Ursachen eines unbefriedigenden Betriebsklimas nicht kennt, so kann an den Symptomen angesetzt werden. Dazu zählen beispielsweise die bereits erwähnten Arbeitsgerichtsklagen. Gelingt es, diese allein zu verringern, so kann von einem gewissen Erfolg gesprochen werden, obwohl die Ursachen dafür nicht bekannt sind. Der Erfolg rührt daher, daß eine mehr oder weniger hohe Korrelation von Symptom und Ursache besteht. Die Korrelation selbst ist natürlich nicht bekannt, sonst wüßte man ja über die Ursache Bescheid, sondern wird nur vermutet. Wird mit der Kenntnis von Symptomen allein eine Grenze der Steuerungsfähigkeit des Systems erreicht, so ist eine verstärkte Suche nach Ursachen allerdings unerläßlich.

Nebenwirkungsanalyse

Die *Nebenwirkungsanalyse* berücksichtigt einen besonderen Aspekt der Komplexität. Dieser zeigt sich in der Vernetztheit der Elemente. Beeinflußt man ein Element des Systems, so hat das Konsequenzen für andere Elemente des Systems. Aus diesem Grunde sind Nebenwirkungen bewußt in das innere Modell einzufügen. Faßt man die Nebenwirkungsanalyse als ein Instrument auf, die Komplexität zu reduzieren, so wird man sich auf ausgewählte, besonders wichtige Nebenwirkungen beschränken.

Erkennen freier Komponenten

Das *Erkennen freier Komponenten* schließlich zielt darauf ab, austauschbare Elemente in einem System zu identifizieren. Austauschbare Elemente haben bei einem Versagen des Systems den Vorteil, daß sie einfach durch neue Elemente ersetzt werden können. An der Stelle einer u.U. zeitraubenden Analyse des Versagens, einer u.U. zeitraubenden Korrektur »defekter« Stellen, erlauben freie Komponenten ein problemloses Auswechseln. Wird etwa bei einem Absatzrückgang eines Produktes die Ursache im unzureichenden Verhalten eines Außendienstmitarbeiters erblickt, so stellt dieser Mitarbeiter eine freie Komponente dar, wenn er durch einen anderen Außendienstmitarbeiter komplikationslos ersetzt werden kann. Generell bedeuten wenige freie Komponenten eine Verminderung des Auflösungsgrades von Systemen.

Zu (2): Die Dynamik stellt darauf ab, daß ein System sich ändern kann, auch ohne daß ein Entscheider oder Planer bzw. Wissenschaftler eingreift. Diese Eigenschaft kann wohl bei den meisten realen Systemen unterstellt werden. Das Schachspiel dagegen ist statisch. Bei dynamischen Systemen kommt es darauf an, die Eigengesetzlichkeiten zu erkennen und bei unerwünschten Konsequenzen einzuschreiten. Es muß dabei so rechtzeitig eine Gegenmaßnahme ergriffen werden, daß negative Konsequenzen vermieden werden können. Um das zu erreichen, müssen Entscheidungen oft unter Zeitdruck gefällt werden. In einem solchen Falle erweisen sich Methoden, um die Komplexität eines Systems zu reduzieren, als besonders bedeutend.

Zu (3): Risiko und Unsicherheit eines Systems zeigen sich besonders bei der Prognose zukünftiger Systemzustände. Auf die individuelle Handhabung risikobehafteter und unsicherer Informationen wurde bereits auf den S. 85f. und S. 384ff. eingegangen, so daß an dieser Stelle auf eine weitere Betrachtung verzichtet werden kann.

Dörner (1976, S. 116ff.) weist darauf hin, daß die in diesem Kapitel vorgestellten Methoden, die zur Bildung eines inneren Modells der Umwelt beitragen, systematisch in Schulungen trainiert werden können. Durch ein solches *Denktraining* kann die Problemlösungsfähigkeit des Individuums in einem bestimmten Bereich verbessert werden. Außerdem zeigt ein Denktraining möglicherweise die Grenzen einer Verbesserung der Problemlösungsfähigkeit auf.

Wiederholungsfragen

1. Was versteht man unter inneren Modellen? (S. 390)
2. Anhand welcher Dimensionen lassen sich Systeme beschreiben? (S. 390)
3. Welche Methoden stehen dem Individuum bei der Bildung innerer Modelle zur Verfügung, um die Komplexität der Umwelt zu reduzieren? (S. 391 ff.)
4. Worin unterscheiden sich Ursachen von Symptomen? (S. 392)
5. Welche Bedeutung besitzen die in diesem Kapitel vorgestellten Methoden für ein Denktraining? (S. 393)

Literaturverzeichnis

DÖRNER, D. (1976): Problemlösen als Informationsverarbeitung. Stuttgart/Berlin/Köln/Mainz 1976.

DÖRNER, D. (1977): Vernetztes Denken – Strategie zur Problembewältigung. In: Bild der Wissenschaft, 14 (1977) 3, S. 97–102.

KIRSCH, W. (1971 a): Entscheidungsprozesse, 2. Bd.: Informationsverarbeitungstheorie des Entscheidungsverhaltens. Wiesbaden 1971.

KLAUS, G. (Hrsg.) (1969): Wörterbuch der Kybernetik, Bd. 1 und 2. Frankfurt am Main/Hamburg 1969.

IV. Psycho-logische Ansätze der Zielbestimmung: Bestimmung des individuellen Anspruchsniveaus mit Hilfe der Motivationstheorie des Anspruchsniveaus

1. Einführung

Die Ziele, die ein Individuum verfolgt, sind gewöhnlich satisfizierende Ziele. Derartige Ziele sind mehr oder weniger schwierig zu erreichen. Dieser »Schwierigkeitsgrad des Zieles, wonach eine Person strebt« (Lewin 1963, S. 123) kann als Anspruchsniveau bezeichnet werden. Anspruchsniveaus sind nun nicht vorgegeben, sondern vom Individuum erst zu entwickeln und dann später ggf. neuen Situationen anzupassen. Aus diesem Grunde unterscheiden wir auch Prozesse der *Anspruchsniveausetzung* und *Anspruchsniveauanpassung*. Beide Prozesse sollen im Rahmen der komplexen *Motivationstheorie des Anspruchsniveaus* erklärt werden, die sich auf Atkinson zurückführen läßt (vgl. etwa Atkinson 1975 und Atkinson–Feather 1966 sowie die Darstellung bei Ackermann 1972, S. 125ff., 148ff. und Reber 1973, S. 107ff.)*.

Anspruchsniveausetzung – Anspruchsniveauanpassung

Die Theorie geht davon aus, daß ein Individuum frei unter mehreren Aufgaben auswählen kann, die sich nur durch ihren Schwierigkeitsgrad unterscheiden. Mit der Wahl einer Aufgabe ist dann ein bestimmtes Anspruchsniveau oder Ziel festgelegt. Jede Aufgabe kann zu zwei möglichen Konsequenzen führen, die sich aber gegenseitig ausschließen: Die Aufgabe wird gelöst (= Erfolg) oder nicht gelöst (= Mißerfolg). Es gibt nun Individuen, die sich gern erfolgreiche Situationen wünschen und eine entsprechende Leistung erbringen möchten. Das sind *leistungsorientierte* Individuen. Daneben kann bei anderen Individuen der Wunsch vorhanden sein, auf keinen Fall einen Mißerfolg zu erleben: Ihr Handeln ist darauf ausgerichtet, so daß eine *Mißerfolgs-* oder *Fehlervermeidungsorientierung* vorliegt. Beide individuellen Motive, das *Leistungsmotiv* und das *Fehlervermeidungsmotiv*, werden in Atkinsons Theorie erfaßt. Sie werden zusammen als *intrinsische* Motive oder Primärmotive bezeichnet, da sie sich auf die Aufgabe als solche beziehen. Die Aufgabe wird als Selbstzweck oder um ihrer selbst willen vollbracht. Es handelt sich um eine »ideale leistungsbezogene Situation«. *Extrinsische* Motive oder Sekundärmotive dagegen beziehen sich auf Situationen, in denen soziale Beziehungen wirksam werden. Diese sollen im weiteren ausgeklammert werden (vgl. zu intrinsischen und extrinsischen Motiven Ackermann 1972, S. 150f.).

Leistungsmotiv – Fehlervermeidungsmotiv

Intrinsische Motive – Extrinsische Motive

* Zu weiteren Theorien vgl. Wunderer-Grunwald (1980), S. 195ff.

Das Leistungsmotiv kann als relativ stabile Eigenschaft (Disposition) von bestimmten Individuen angesehen werden. Leistungsmotivierte Individuen wollen einen Erfolg erreichen. Ihr Handeln ist durch das Streben nach Leistung gekennzeichnet, nach Überwindung von Schwierigkeiten, die dem gesetzten Leistungsziel entgegenstehen. Charakteristisch ist ein gewisser optimistischer Grundzug. Das Motiv, Mißerfolge zu vermeiden, ist dem Leistungsmotiv diametral entgegengesetzt. Auch dieses Motiv ist bei mißerfolgsorientierten Individuen als eine relativ stabile Disposition zu verstehen. Derartige Individuen wollen um keinen Preis negativ auffallen und besitzen Angst, einen Mißerfolg zu erzielen. Sie sind insgesamt sehr vorsichtig orientiert und pessimistisch eingestellt (vgl. auch Kupsch 1973, S. 186 ff.). Wichtig ist, daß die Ausprägung der beiden intrinsischen *Motive* die Wahl des Anspruchsniveaus steuert. Ein leistungsorientierter Student wird sich ein anderes Ziel setzen als ein mißerfolgsorientierter Student.

Erwartungen

Daneben ist für die Wahl des Anspruchsniveaus auch die *Erwartungskomponente* bedeutsam. Beziehen sich die Motive auf persönlichkeitsabhängige Eigenschaften, so ist die Erwartung, einen Erfolg oder Mißerfolg zu erzielen, als eine situationsabhängige Variable zu betrachten. Die Erwartung schlägt sich dabei in subjektiven Wahrscheinlichkeiten nieder, mit der ein Individuum erwartet, eine Aufgabe lösen zu können oder nicht. Die Höhe der Wahrscheinlichkeit ist ein Bestimmungsgrund für die Festsetzung des Anspruchsniveaus. Bei einer hohen Wahrscheinlichkeit für die Erreichung eines schwierigen Zieles wird eher das schwierige Ziel erreicht als bei einer niederen Wahrscheinlichkeit.

Anreizwert

Schließlich ist der *Nutzen* oder *Anreizwert* oder *Befriedigungswert* zu betrachten, der von einem möglichen Erfolg oder Mißerfolg ausgeht. Auch er ist für das Anspruchsniveau relevant.

Damit bestimmen alle drei Variablen die Höhe des Anspruchsniveaus. Es gilt somit die Hypothese:

Höhe des Anspruchsniveaus = f (Motive, Erwartungen, Anreize).

Diese Hypothese soll im weiteren präzisiert werden, wobei der Darstellung bei Ackermann (1972, S. 125 ff.) gefolgt wird. Mit Atkinson gehen wir davon aus, daß ein bestimmtes Ziel (= eine bestimmte Aufgabe) *gleichzeitig* einen Leistungswillen und einen Fehlervermeidungswillen hervorrufen kann. Das bedeutet nichts anderes, als daß im Individuum zwei widerstreitende Motive vorhanden sein können. Ein und dieselbe Aufgabe wird unter verschiedenen Aspekten betrachtet. Ein Individuum kann also sowohl leistungsorientiert sein als auch Angst vor einem Mißerfolg haben. Betrachten wir zunächst das Leistungsmotiv, und damit verbunden die Wahrscheinlichkeitsschätzung, einen Erfolg zu erzielen, sowie den Anreizwert eines Erfolges.

2. Theorie der Leistungsmotivation

Bestimmung der Leistungsmotivation

Aus einem Leistungsmotiv M_S, der Erfolgserwartung P_S und dem Anreizwert des Erfolgs I_S folgt *zusammen*, daß das Individuum motiviert ist, eine bestimmte Aufgabe auszuführen. Atkinson spricht von der *Leistungsmotivation* (Zuwendungsmotivation), die eine Tendenz im Individuum verkörpert, eine erfolgversprechende Aktion zu realisieren. Die Leistungsmotivation T_S ergibt sich dabei aus den drei Variablen, die multiplikativ miteinander verknüpft sind:

Hypothese

$$T_S = M_S \cdot P_S \cdot I_S$$

mit

M = motive,
P = probability,
I = incentive,
T = tendency,
S = success.

Dabei ist streng zwischen M_S und T_S zu unterscheiden. Das Leistungsmotiv bedeutet die relativ stabile Disposition eines Individuums und hat überdauernden Charakter. Die Leistungsmotivation T_S dagegen ist die in einer entsprechenden Situation aktualisierte Motivation. Motive sind demnach psychische Einheiten, die auf Dauer angelegt sind; Motivationen aber werden in konkreten Situationen hervorgerufen (vgl. auch Kupsch 1973, S. 174, 186).

Das Leistungsmotiv M_S

Das Leistungsmotiv ist eine subjektive Konstante, die individuell unterschiedlich ausgeprägt ist. Je stärker (schwächer) M_S ist, desto stärker (schwächer) ist ceteris paribus die aktualisierte Motivation für eine Leistungsorientierung.

Das Leistungsmotiv wird mit Hilfe des in der Psychologie bekannten »thematischen Apperzeptionstests« (TAT) gemessen. Bei dem Test handelt es sich um ein Deutungsverfahren. Aus Phantasiegeschichten, die ein Individuum aus Bildern entwickelt, wird auf seine Einstellungen und Gefühle geschlossen (vgl. dazu Kupsch 1973, S. 190f.).

Die Erfolgswahrscheinlichkeit P_S

P_S ist die Wahrscheinlichkeit, mit der ein Individuum den Eintritt eines Erfolges S erwartet. In Übereinstimmung mit Lewin ist davon auszugehen, daß die subjektive Erfolgswahrscheinlichkeit um so höher (geringer) ist, je geringer (höher) die Schwierigkeit ist, die Aufgabe zu erledigen.

Der Anreizwert des Erfolges I_S

Auch hierbei wird mit Lewin davon ausgegangen, daß der Anreizwert von der Erfolgswahrscheinlichkeit abhängt. Es gilt:

$$I_S = 1 - P_S.$$

Je höher (niedriger) also die Erfolgswahrscheinlichkeit ist, desto niedriger (höher) ist der Anreizwert. Solche Erfolge, die mit Sicherheit ($P_S = 1$) erreicht werden können, besitzen keinen Anreizwert (keinen Nutzen). Bei unwahrscheinlichen Erfolgen ($P_S = 0$) ist dagegen der Anreizwert am höchsten.

Die Stärke der Leistungsmotivation T_S

Da

$$I_S = 1 - P_S,$$

läßt sich die Hypothese:

$$T_S = M_S \cdot P_S \cdot I_S$$

neu schreiben:

$$T_S = M_S \cdot P_S \cdot (1 - P_S).$$

Beispiel

Die Leistungsmotivation hängt demnach nur von einem subjektiven Faktor (M_S) und einem situativen Faktor (P_S) ab. Dies soll an einem einfachen Zahlenbeispiel der Abb. 187 gezeigt werden:

Verhaltens-alternativen (= Aufgaben)	P_S	$I_S = 1 - P_S$	$T_S = M_S \cdot P_S \cdot I_S$		
			$M_S = 1$	$M_S = 2$	$M_S = 3$
A	0,90	0,10	0,09	0,18	0,27
B	0,70	0,30	0,21	0,42	0,63
C	0,50	0,50	0,25	0,50	0,75
D	0,30	0,70	0,21	0,42	0,63
E	0,10	0,90	0,09	0,18	0,27

Abb. 187: Konkrete Zahlenwerte zur Leistungsmotivation (Quelle: Ackermann 1972, S. 152)

In der Abb. 188 ist die Leistungsmotivation T_S als Funktion der Erfolgswahrscheinlichkeiten P_S für alternative Werte von M_S eingetragen:

Aus den Abb. 187 und 188 ist zu erkennen, daß die *maximale* Leistungsmotivation T_S bei Aufgaben mit einem *mittleren* Schwierigkeitsgrad (P_S =

0,5) vorliegt. Das gilt unabhängig von der Stärke des Leistungsmotives M_S. Die maximale Leistungsmotivation T_S ist bei einem stark ausgeprägten Leistungsmotiv M_S allerdings vergleichsweise hoch.

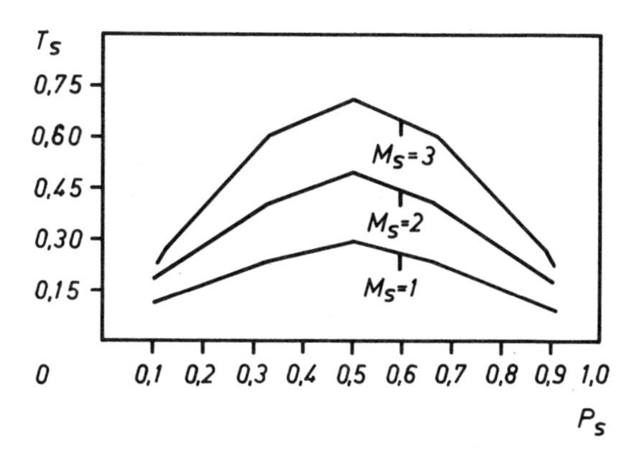

Abb. 188: Kurven der Leistungsmotivation (Quelle: Ackermann 1972, S. 153)

Neben der Leistungsmotivation T_S, die eine bestimmte Aufgabe freisetzen kann, ist auch die Fehlervermeidungsmotivation T_F vorhanden.

3. Theorie der Fehlervermeidungsmotivation

Bestimmung der Fehlervermeidungsmotivation

Die Fehlervermeidungsmotivation (Abwendungsmotivation) T_F ist eine innere Tendenz, solche Aktionen zu meiden, die vermutlich zu einem Mißerfolg führen. T_F folgt aus dem Vermeidungsmotiv M_F, der Mißerfolgswahrscheinlichkeit P_F und dem Anreizwert des Mißerfolges I_F. Es gilt folgende Hypothese:

Hypothese

$$T_F = M_F \cdot P_F \cdot I_F$$

mit

F = Failure.

Das Fehlervermeidungsmotiv M_F

Es ist analog dem Leistungsmotiv zu verstehen und ebenfalls eine dispositionelle Eigenschaft, die subjektiv verschiedenartig vorhanden sein kann. Je stärker (schwächer) M_F ist, desto stärker (schwächer) ist ceteris paribus die aktualisierte Motivation, einen Mißerfolg zu vermeiden.

Aussagen über die Stärke des Vermeidungsmotivs werden mit Hilfe verschiedener Fragebögen gewonnen, die eine »Testangst« messen (vgl. Kupsch 1973, S. 190f.).

Die Mißerfolgswahrscheinlichkeit P_F

P_F ist die Wahrscheinlichkeit, mit der ein Individuum erwartet, daß der Mißerfolg F eintritt. Unter der Annahme, daß:

$$P_S + P_F = 1,$$

gilt:

$$P_F = 1 - P_S.$$

Je höher (geringer) P_S ist, desto geringer (höher) ist P_F. Ist $P_S = 1$, so erreicht P_F sein Minimum ($P_F = 0$). Ist $P_S = 0$, so erreicht P_F sein Maximum ($P_F = 1$).

Der Anreizwert des Mißerfolges I_F

Der Ausgangspunkt der Überlegungen ist es, daß ein Fehlschlag bei einer schwierigen Aufgabe (P_S ist relativ gering) weniger stark als Mißerfolg bewertet wird als ein Fehlschlag bei einer leichteren Aufgabe (P_S ist relativ hoch). Das wird durch folgende Hypothese ausgedrückt:

$$I_F = - P_S.$$

Der Anreizwert des Mißerfolges ist dabei stets negativ.

Die Stärke der Fehlervermeidungsmotivation

Wegen

$$P_F = 1 - P_S$$

und

$$I_F = - P_S$$

gilt für

$$T_F = M_F \cdot P_F \cdot I_F$$

nun

$$T_F = M_F \cdot (1 - P_S) \cdot (- P_S).$$

Beispiel

Die Fehlervermeidungsmotivation ist nur eine Funktion eines subjektiven Faktors (M_F) und eines situativen Faktors (P_S). Das soll wiederum an einem einfachen Beispiel der Abb. 189 demonstriert werden.

Verhaltens-alternativen (= Aufgaben)	$-P_S = I_F$	$1 - P_S = P_F$	$T_F = M_F \cdot P_F \cdot I_F$		
			$M_F = 1$	$M_F = 2$	$M_F = 3$
A	– 0,90	0,10	– 0,09	– 0,18	– 0,27
B	– 0,70	0,30	– 0,21	– 0,42	– 0,63
C	– 0,50	0,50	– 0,25	– 0,50	– 0,75
D	– 0,30	0,70	– 0,21	– 0,42	– 0,63
E	– 0,10	0,90	– 0,09	– 0,18	– 0,27

Abb. 189: Zahlenwerte zur Fehlervermeidungsmotivation (Quelle: Ackermann 1972, S. 155)

In die Abb. 188 kann auch die Fehlervermeidungsmotivation T_F als Funktion der Erfolgswahrscheinlichkeit P_S für alternative Werte von M_F eingetragen werden. Dazu müssen nur die Werte für T_F, die auf der Ordinate abgetragen werden, negativ sein.

Aus der Abb. 189 ist ersichtlich, daß die *maximale* Vermeidungsmotivation T_F dann vorliegt, wenn die *leichteste* ($P_S = 0{,}9$) oder *schwierigste* ($P_S = 0{,}1$) Aufgabe gewählt wird. Auf die Interpretation dieser Aussage wird im nächsten Abschnitt eingegangen. An dieser Stelle kann festgehalten werden, daß die Aussage unabhängig von der Stärke des Vermeidungsmotives gilt. Allerdings ist die maximale Vermeidungsmotivation relativ hoch, wenn das Vermeidungsmotiv gering ist.

4. Theorie der Anspruchsniveausetzung

Bestimmung der »Netto«-Motivation

Das Anspruchsniveau kann dann festgelegt werden, wenn die »Netto«-Motivation T aus der Leistungsmotivation T_S und der Vermeidungsmotivation T_F ermittelt wird:

$$T = T_S + T_F$$

oder

Hypothese

$$T = (M_S \cdot P_S \cdot I_S) + (M_F \cdot P_F \cdot I_F)$$

oder

$$T = [M_S \cdot P_S \cdot (1 - P_S)] - [M_F \cdot (1 - P_S) \cdot P_S].$$

Die »Netto«-Motivation oder resultierende Motivation T hängt ausschließlich von der relativen Stärke des Leistungsmotives M_S und des Vermeidungsmotives M_F ab. Dabei sind drei Fälle denkbar:

$M_S > M_F$,
$M_F > M_S$,
$M_S = M_F$.

Es wird unterstellt, daß ein Individuum nach der maximalen resultierenden Motivation strebt.

Wahl des Anspruchsniveaus im Falle $M_S > M_F$

Wenn wir von unserem Beispiel ausgehen, so ist die resultierende Motivation T *positiv.* (Für die Fälle $P_S = 0$ und $P_S = 1$ ist die resultierende Motivation Null.) Das zeigt sich etwa, wenn $M_S = 3$ und $M_F = 1$ gewählt wird. Es müssen zur Berechnung von T die beiden Abb. 187 und 189 verwendet werden:

	T
A	0,18
B	0,42
C	0,50
D	0,42
E	0,18

Unterstellen wir nun, daß ein Individuum solche Aktionen auswählt, die eine *maximale* resultierende Motivation ergeben, so wird die Aktion C ergriffen, die einen Schwierigkeitsgrad von $P_S = 0,5$ besitzt.

Allgemein gilt für leistungsorientierte Individuen, deren Leistungsmotiv also das Fehlervermeidungsmotiv übersteigt, daß sie Aufgaben mit einem Schwierigkeitsgrad von $P_S = 0,5$ wählen. Das bedeutet, daß solche Aufgaben (= Ziele) bevorzugt werden, die als schwierig zu bezeichnen sind. Ihr Schwierigkeitsgrad von $P_S = 0,5$ läßt allerdings die Möglichkeit eines Erfolges zu. Der Erfolg kann sich aufgrund individueller Leistung einstellen. »Die Größe der Differenz $M_S - M_F$ hat offenbar keinen Einfluß auf die Wahl des Anspruchsniveaus, sondern lediglich auf die Stärke der Motivation, mit der ein Individuum das Anspruchsniveau anstrebt. T ist um so stärker (schwächer), je größer (geringer) die Differenz $M_S - M_F$ ist« (Ackermann 1972, S. 156f. mit unseren Symbolen).

Wahl des Anspruchsniveaus im Falle $M_F > M_S$

Die resultierende Motivation T unseres Beispiels ist *negativ.* (Für die Fälle $P_S = 0$ und $P_S = 1$ ist die resultierende Motivation Null.) Wählen wir etwa $M_F = 3$ und $M_S = 1$ aus, so sind für die Berechnung von T die beiden Abb. 187 und 189 zu verwenden:

	T
A	– 0,18
B	– 0,42
C	– 0,50
D	– 0,42
E	– 0,18

Die resultierende Motivation ist negativ und führt dazu, daß eigentlich gar keine Aufgabe ausgewählt wird. Muß jedoch entschieden werden, so werden Aufgaben (= Ziele) mit dem *geringsten* ($P_S = 0{,}9$) bzw. *höchsten* ($P_S = 0{,}1$) Schwierigkeitsgrad bestimmt. Daß solche Personen, die Angst vor einem Mißerfolg haben, eine außerordentlich leichte Aufgabe wählen, leuchtet dabei ein. Doch auch eine extrem schwierige Aufgabe kann ausgewählt werden. In einem solchen Falle kann bei einem vermutlich eintretenden Mißerfolg leicht die Schuld auf die Aufgabe selbst geschoben werden. Es hängt dabei vom konkreten Einzelfall ab, wie sich der Entscheidungsträger bei der Wahl seines Anspruchsniveaus verhält.

Wahl des Anspruchsniveaus im Falle $M_S = M_F$

Wie die Abb. 187 und 189 zeigen, ist für alle Aufgaben die resultierende Motivation gleich Null. Eine eindeutige Aussage über die Bestimmung des Anspruchsniveaus ist deshalb nicht möglich.

5. Theorie der Anspruchsniveauanpassung nach Erfolg und Mißerfolg

Auch bei einer Anspruchsniveauanpassung können wir drei Fälle unterscheiden, die sich auf die Motive beziehen:

$M_S > M_F$,
$M_F > M_S$,
$M_S = M_F$.

Es ist davon auszugehen, daß ein Individuum die maximale resultierende Motivation anstrebt.

Anspruchsniveauanpassung im Falle $M_S > M_F$

Es liegen hierbei sog. »typische« Anpassungsreaktionen vor, da nach einem Erfolg das Anspruchsniveau *angehoben* und nach einem Mißerfolg das Anspruchsniveau *gesenkt* wird. Nach einem Erfolg wird das Individuum zunächst seine Wahrscheinlichkeiten revidieren, mit denen es glaubt, seine Aufgabe erfüllen zu können. Es wird optimistischer und traut sich mehr zu. Bislang als relativ schwierig angesehene Aufgaben werden als leichter realisierbar eingeschätzt. Genau umgekehrt ist es bei einem Mißerfolg. Dort traut man sich nicht mehr so viel zu und korrigiert die Wahrscheinlichkeit nach unten. Über beide Vorgehensweisen informiert Abb. 190a, wobei unterstellt wird, daß nach einem Erfolg P_S um einen gleich hohen Betrag $\Delta P_S = 0{,}2$ erhöht, bei einem Mißerfolg um den gleichen Betrag gesenkt wird*.

Alternativen (= Aufgaben)	Erfolgswahrscheinlichkeiten P_S		
	Ausgangs-situation	Nach Erfolg	Nach Mißerfolg
A	0,90	1,00	0,70
B	0,70	0,90	[0,50]
C	[0,50]	0,70	0,30
D	0,30	[0,50]	0,10
E	0,10	0,30	0

Abb. 190a: Anspruchsniveauanpassung bei $M_S > M_F$ (Quelle: Ackermann 1972, S. 158)

Nach Erfolg wird die Aktion D gewählt. Aus der Sichtweise der Ausgangssituation bedeutet das, daß eine früher als schwieriger bezeichnete Aktion bestimmt wird. Das Anspruchsniveau ist gestiegen. Nach Mißerfolg wird Aktion B gewählt. Aus der Sichtweite der Ausgangssituation wird jetzt eine früher als leichter eingestufte Aktion festgelegt. Das Anspruchsniveau ist gesunken.

Anspruchsniveauanpassung im Falle $M_F > M_S$

Dazu wollen wir von der Abb. 190b ausgehen, in der unterstellt ist, daß P_S nach Erfolg um $\Delta P_S = +\,0{,}2$ und nach Mißerfolg um $\Delta P_S = -\,0{,}2$ verändert wird*. Außerdem soll $M_S = 1$ und $M_F = 3$ sein.

Um nun die Anpassungsreaktion angeben zu können, bedarf es zusätzlicher Informationen darüber, wie sich das Individuum in der Ausgangssitua-

* Diese Aussage gilt nicht für A nach Erfolg und E nach Mißerfolg, da $0 \leqq P_S \leqq 1$.

Alternativen (= Aufgaben)	Resultierende Motivation T								
	Ausgangssituation			Nach Erfolg			Nach Mißerfolg		
	M_S–M_F	P_S	T	M_S–M_F	P_S	T	M_S–M_F	P_S	T
A	−2	0,9	−0,18	−2	1,0	0	−2	0,7	−0,42
B	−2	0,7	−0,42	−2	0,9	−0,18	−2	0,5	−0,50
C	−2	0,5	−0,50	−2	0,7	−0,42	−2	0,3	−0,42
D	−2	0,3	−0,42	−2	0,5	−0,50	−2	0,1	−0,18
E	−2	0,1	−0,18	−2	0,3	−0,42	−2	0	0

Abb. 190b: Anspruchsniveauanpassung bei $M_F > M_S$ (Quelle: Ackermann 1972, S. 159)

tion verhalten hat. Wurde in der Ausgangssituation ein *extrem niedriges* Anspruchsniveau (Aufgabe A) gewählt, so sind gemäß Abb. 190b zwei Fälle zu unterscheiden:

(1) Tritt ein relativ wahrscheinlicher Erfolg ein, so wird weiterhin an der gleichen Aufgabe A, am gleichen Anspruchsniveau, festgehalten. Aus der Sichtweise der Ausgangssituation hat sich nichts geändert.
(2) Tritt ein relativ unwahrscheinlicher Mißerfolg ein, so ist eine »atypische« Reaktion zu beobachten. Das Anspruchsniveau wird sprunghaft erhöht und Aufgabe E festgelegt. In einem solchen Falle ist daher das Individuum geneigt, bei »Verlusthinnahmen größere Risiken einzugehen« (Kupsch 1973, S. 207).

Wurde in der Ausgangssituation ein *extrem hohes* Anspruchsniveau (Aufgabe E) ausgewählt, so sind auch jetzt nach Abb. 190b zwei Fälle zu unterscheiden:

(1) Tritt ein relativ unwahrscheinlicher Erfolg ein, so wird das Anspruchsniveau sprunghaft gesenkt und Aufgabe A bestimmt. Das Individuum ist bereit, »bei Gewinnen den Umfang der Risikoübernahme einzuschränken« (Kupsch 1973, S. 207). Es handelt sich um eine »atypische« Anpassungsreaktion.
(2) Tritt ein relativ wahrscheinlicher Mißerfolg ein, so bleibt das Anspruchsniveau unverändert. Es wird weiterhin die Aufgabe E gelöst.

Die Anspruchsniveauanpassung ist unbestimmt, wenn $M_S = M_F$. Es ist keine eindeutige Aussage über die Wahl des Anspruchsniveaus möglich.

6. Kritik an der Motivationstheorie des Anspruchsniveaus

Kritikpunkte

Die Motivationstheorie des Anspruchsniveaus erlaubt es, Setzung und Anpassung von Anspruchsniveaus zu erklären und zu prognostizieren. Damit müssen satisfizierende Ziele nicht mehr als gegeben hingenommen werden. Allerdings ist abschließend auf insgesamt 5 Kritikpunkte hinzuweisen, die in der Literatur u.a. gegen die Motivationstheorie ins Feld geführt werden, so daß diese Theorie weiterer empirischer Untersuchungen bedarf (vgl. dazu Ackermann 1972, S. 163ff., Kupsch 1973, S. 189ff.).

(1) Der ausschließliche Bezug auf die intrinsischen Motive (Primärmotive) ist zu überwinden. Bereits Atkinson hat dem durch die Einführung von Sekundärmotiven, die sich auf soziale Elemente beziehen, Rechnung getragen (vgl. dazu Atkinson–Feather 1966).

(2) Die Motivationstheorie geht davon aus, daß die Motive, die Wahrscheinlichkeiten und die Anreizwerte keine Einflüsse aufeinander ausüben. Sie sind quasi unabhängig voneinander. Demgegenüber stehen aber gewisse empirische Untersuchungen, die z.B. von einer motivationalen Verzerrung der Wahrscheinlichkeitsurteile berichten. Erfolgsmotivierte Personen tendieren dazu, Wahrscheinlichkeiten zu überschätzen. Allerdings geht Atkinson davon aus, daß derartige Verzerrungen mit zunehmender Erfahrung der Individuen zurückgehen und dann ganz verschwinden.

(3) Die Motivationstheorie erklärt nicht, von welchen Einflußfaktoren die Motive M_S und M_F abhängen. Außerdem wird die Subtrahierbarkeit beider Motive unterstellt. M_S und M_F sind also unabhängige Größen, die unabhängig voneinander ermittelt werden können. Gerade aber die zur Messung von M_S verwendete TAT-Methode läßt Zweifel an der Unabhängigkeitsthese aufkommen. Die TAT-Methode mißt nämlich beide Motive simultan. Ein möglicher Ausweg daraus ist es, von vornherein davon auszugehen, daß nur die Differenz $M_S - M_F$ erfaßt wird.

(4) Die Wahrscheinlichkeiten P_S und P_F addieren sich zu Eins. Das setzt ein sensibles Urteilsvermögen voraus, so daß Überschätzungen in der einen Richtung durch eine gleichgroße Unterschätzung in der anderen Richtung ausgeglichen werden können.

(5) Zwischen den Anreizwerten und den Wahrscheinlichkeiten besteht eine ausschließlich *lineare* Beziehung:

$$I_S = 1 - P_S$$

und

$$I_F = - P_S.$$

Wiederholungsfragen

1. Wie ist der Begriff des Anspruchsniveaus zu verstehen? (S. 395)
2. Worauf beziehen sich intrinsische und extrinsische Motive? (S. 395 f.)
3. Diskutieren Sie die drei Variablen der »Motivationstheorie des Anspruchsniveaus«: Motive (M), Erwartungen (P) und Anreize (I). (S. 395 ff.)
4. Erklären Sie die Gleichung:
   $T_S = M_S \cdot P_S \cdot I_S$
   bzw.
   $T_F = M_F \cdot P_F \cdot I_F$.
   (S. 397 ff., 399 ff.)
5. Worin unterscheidet sich das Leistungsmotiv M_S (Fehlervermeidungsmotiv M_F) von der Leistungsmotivation T_S (Fehlervermeidungsmotivation T_F)? (S. 397)
6. Warum wählen erfolgsorientierte Individuen ($M_S > M_F$) relativ schwierige Aufgaben? (S. 402)
7. Warum wählen mißerfolgsorientierte Individuen ($M_F > M_S$) entweder sehr leichte oder extrem schwierige Aufgaben? (S. 403)
8. Wie vollzieht sich die Anpassung des Anspruchsniveaus im Falle $M_S > M_F$ bzw. $M_F > M_S$? (S. 403 ff.)
9. Durch welche Tests werden das Leistungsmotiv M_S und das Fehlervermeidungsmotiv M_F gemessen? (S. 397, 400)
10. Die »Motivationstheorie des Anspruchsniveaus« unterstellt die Unabhängigkeit der Motive, Wahrscheinlichkeiten und Anreize. Diskutieren Sie diese Annahme. (S. 406)

Literaturverzeichnis

Ackermann, K.-F. (1972): Anspruchsniveautheoretische Grundlagen der betrieblichen Personalpolitik. In: Braun, W./Kossbiel, H./Reber, G. (Hrsg.): Grundfragen der betrieblichen Personalpolitik. Wiesbaden 1972, S. 125–175.

Atkinson, J.W. (1975): Einführung in die Motivationsforschung. Stuttgart 1975.

Atkinson, J.W. / Feather, N.T. (Hrsg.) (1966): A Theory of Achievement Motivation. New York/London/Sydney 1966.

Kupsch, P.U. (1973): Das Risiko im Entscheidungsprozeß. Wiesbaden 1973.

Lewin, K. (1963): Feldtheorie in den Sozialwissenschaften. Bern/Stuttgart 1963.

Reber, G. (1973): Personales Verhalten im Betrieb: Analyse entscheidungstheoretischer Ansätze. Stuttgart 1973.

Wunderer, R. / Grunwald, W. unter Mitarbeit von P. Moldenhauer (1980): Führungslehre, Bd. I: Grundlagen der Führung. Berlin/New York 1980.

V. Kognitive Inkonsistenzen vor der Finalentscheidung: Intra-individuelle Konflikte bei der Auswahl von Aktionen

Kognitive Inkonsistenzen

Intra-individuelle Konflikte können in sämtlichen Phasen des Entscheidungsprozesses auftreten. Sie liegen ganz allgemein gesehen immer dann vor, wenn es einem Individuum schwer fällt, sich für eine bestimmte Handlung oder eine bestimmte Aktion zu entscheiden (vgl. dazu etwa Kirsch 1970, S. 96). Die im »Inneren« ablaufenden informationsverarbeitenden Prozesse vermögen es nicht, eine bestimmte Handlung oder eine Aktion auszuzeichnen. Das bedeutet etwa, daß *kognitive Inkonsistenzen* dafür verantwortlich sind*. Für Phasen vor der eigentlichen Entscheidung, der Finalentscheidung, gilt etwa: Ist eine entsprechende Aktion durch vorteilhafte *und* unvorteilhafte Konsequenzen gekennzeichnet, die beide gleich stark »Eindruck machen«, so entsteht eine Beziehung der Unverträglichkeit zwischen kognitiven Elementen, die eine Wahl der Aktion verhindern kann. Das IV-System ist also momentan nicht in der Lage, ein Resultat hervorzubringen. Da aber in der Regel von dritter Seite oder vom Individuum selbst eine Entscheidung erwartet wird, entsteht ein Zustand der »inneren« (An-)Spannung, der zu einer Entladung drängt, wenn er nicht behoben wird. Sichtbare Zeichen einer solchen Entladung können affektive oder motorische Reaktionen des Individuums sein. Andererseits stehen dem Individuum auch kognitive Handhabungsformen (kognitive Programme) zur Verfügung, um Konflikte bei der Wahl von Aktionen »intern« regeln zu können und kognitive Inkonsistenzen abzubauen. Dabei sprechen wir bewußt von einer *Regelung* derartiger Konflikte und nicht von ihrer endgültigen *Lösung*. Solche Konflikte lassen sich nach unserer Auffassung nie endgültig lösen, sondern nur vorläufig regeln; sie können an anderer Stelle und evtl. in anderer Form jederzeit wieder auftreten (vgl. dazu auch die Ausführungen zu sozialen Konflikten, S. 438 f.). Dasselbe gilt auch für kognitive Inkonsistenzen.

Demgegenüber scheint die normative Entscheidungstheorie zu suggerieren, daß sich eine besondere Form der Konflikte, die Zielkonflikte, endgültig lösen ließe. Etwa durch die Angabe von Gewichtungsfaktoren könnte es in eleganter Weise möglich sein, Konflikte »aus der Welt zu rechnen« (vgl. dazu S. 210 ff.). In der deskriptiven Entscheidungstheorie ist aber realistischerweise von einer andauernden Existenz der Konflikte auszugehen.

* Nach der hier vertretenen Auffassung können also kognitive Inkonsistenzen und intra-individuelle Konflikte in *allen* Phasen des individuellen Entscheidungsprozesses auftreten. Kognitive Inkonsistenzen beziehen sich dabei auf die kognitive Komponente, Konflikte dagegen auf die Handlungskomponente. Diese These gilt unabhängig davon, *wie* diesen Inkonsistenzen bzw. Konflikten begegnet wird, ob »kritisch« oder »unkritisch«. Vgl. dazu in Abgrenzung etwa Schanz (1978, S. 57). In diesem Kapitel geht es um Phasen vor der Finalentscheidung, im nächsten Kapitel um Phasen nach der Finalentscheidung.

Ein besonderes Interesse verdienen nun diejenigen Konflikte, die vor der Finalentscheidung angesiedelt sind. Es handelt sich vor allem um Konflikte bei der Auswahl von Aktionen. Mit Kirsch (1970, S. 106ff.) und March–Simon (1976, S. 107ff.) unterscheiden wir dabei:

Arten der Konflikte

(1) Konflikte der Nichtakzeptierbarkeit,
(2) Konflikte der Unsicherheit,
(3) Konflikte der Nichtvergleichbarkeit.

Hinter den drei Konfliktarten stehen wiederum Unverträglichkeiten zwischen kognitiven Elementen.

Konflikte der Nichtakzeptierbarkeit

Zu (1): Konflikte der Nichtakzeptierbarkeit treten dann auf, wenn sich ein traditionsgemäßes Verhalten des Individuums als nicht (mehr) zufriedenstellend erweist. Es erweist sich deshalb als nicht (mehr) zufriedenstellend, da neue Zielgrößen bzw. Anspruchsniveaus sich durchzusetzen beginnen. Deshalb herrscht auch eine Gegensätzlichkeit zwischen den immer noch traditionell verankerten und den sich neu ankündigenden Zielen und Anspruchsniveaus. Daraus resultierende Konflikte werden zwar immer wieder auftreten, trotzdem aber können sie im einzelnen Fall gehandhabt werden. Das Individuum wird zuerst nach neuen Aktionen *suchen*, die akzeptiert werden können. Es wird dazu ein mehr oder weniger komplexes Entscheidungsproblem formulieren und gegebenenfalls positiv lösen. Werden allerdings keine befriedigenden Aktionen gefunden, so besteht die Möglichkeit, die Zielgrößen oder das Anspruchsniveau zu verändern. Durch das Senken des Anspruchsniveaus, d.h. das Setzen eines neuen, wahrscheinlich weniger schwierig zu erreichenden Zielwertes, können zureichende Aktionen gefunden werden.

Konflikte der Unsicherheit

Zu (2): Konflikte der Unsicherheit bestehen darin, daß die Konsequenzen von Aktionen nicht mit der Genauigkeit prognostiziert werden können, die der Entscheidungsträger als erforderlich ansieht, um eine Entscheidung treffen zu können. Es besteht eine Gegensätzlichkeit zwischen dem tatsächlich vorhandenen und dem gewünschten Informationsniveau. Der Entscheidungsträger handhabt den daraus resultierenden Konflikt in der Weise, daß er nach zusätzlichen Informationen *sucht*, die die Prognosequalität in der gewünschten Richtung zu verbessern geeignet sind. Gelingt ihm das nicht, so kann er sich nicht entscheiden und *sucht* deshalb nach neuen Aktionen, die das gewünschte, subjektiv für ausreichend erachtete Qualitätsniveau der Prognose aufweisen. Findet er auch in diesem Falle keine zufriedenstellenden Aktionen, so wird er seine Vorstellungen über die Prognosegenauigkeit revidieren müssen. Sein Anspruchsniveau im Bereich der Informationsqualität wird gesenkt.

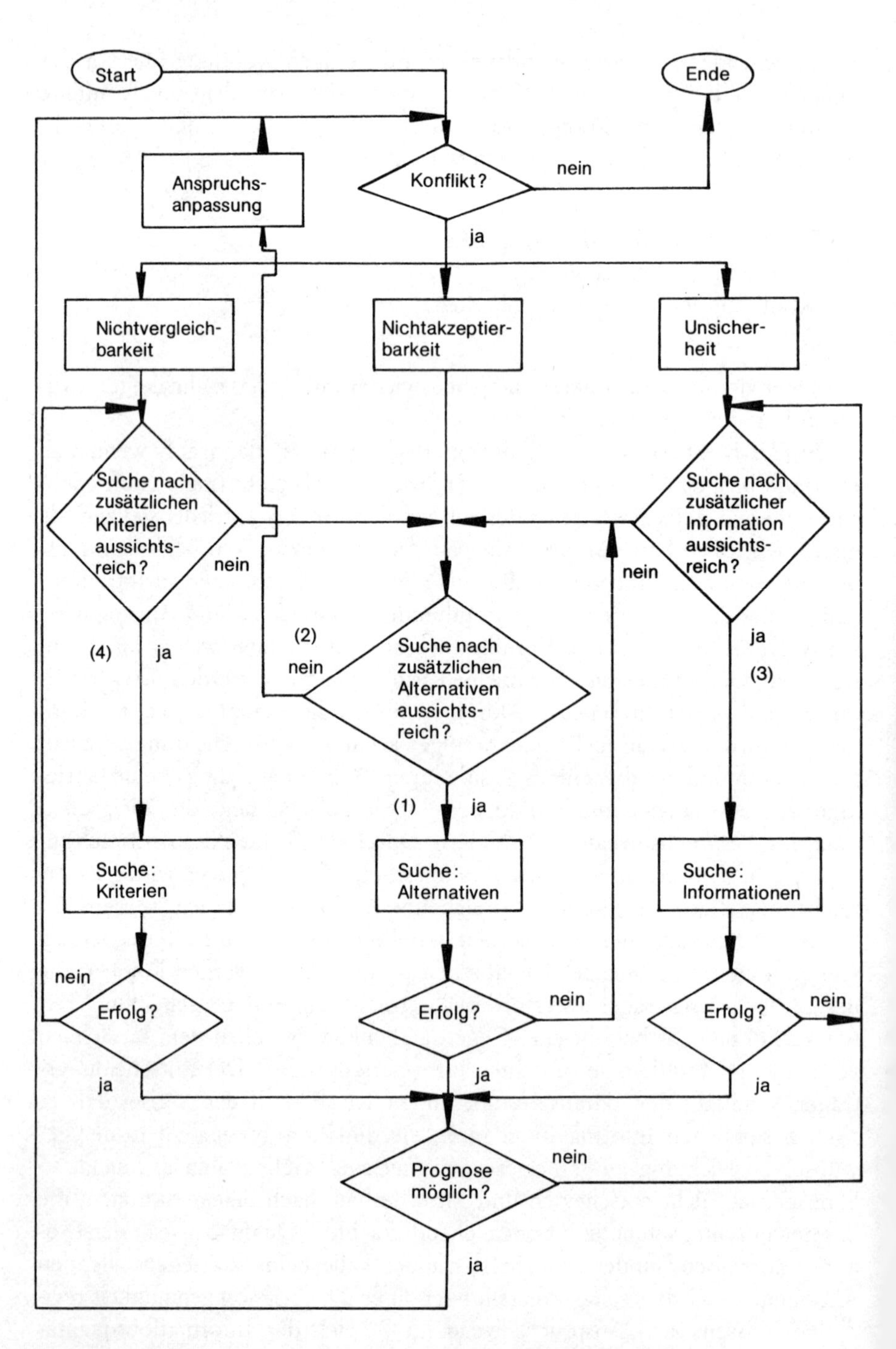

Abb. 191: Handhabung intra-individueller Konflikte (Quelle: Kirsch 1970, S. 117)

Konflikte der Nichtvergleichbarkeit

Zu (3): Handelt es sich um einen Konflikt der Nichtvergleichbarkeit, so bestehen immer mehrere Aktionen, aus denen der Entscheidungsträger keine beste Aktion auswählen kann. Die Aktionen können dabei alle gleich gut sein, weil sie alle Ziele erfüllen. Sie können aber auch alle gleich schlecht sein, weil sie keines der Ziele erfüllen. Es liegt eine Unverträglichkeit vor zwischen dem Wunsch, eine optimale Aktion zu bestimmen und der tatsächlichen Situation. Um den daraus entstehenden Konflikt zu handhaben, empfiehlt es sich, neue Zielgrößen zu *finden*, die es dann möglich machen, eine beste Aktion auszuwählen. Allerdings ist es auch denkbar, statt von neuen Zielgrößen von veränderten Anspruchsniveaus auszugehen. Sind alle Aktionen gleich gut, so kann das Anspruchsniveau hinaufgesetzt werden, um eine beste Aktion auszuzeichnen. Sind alle Aktionen gleich schlecht, so empfiehlt sich eine Herabsetzung des Anspruchsniveaus, um dadurch eine beste Aktion auswählen zu können. Versagen beide Strategien – Bestimmung neuer Zielgrößen und veränderter Zielausmaße – so sind neue Aktionen zu suchen, um den Konflikt der Nichtvergleichbarkeit zu handhaben. Zusammenfassend ist zu bemerken, daß im Entscheidungsprozeß alle drei Konflikttypen auftreten können. Ihre Handhabungsformen wurden bereits beschrieben, sollen allerdings noch einmal in Abb. 191 erfaßt werden.

Zur Handhabung der Konflikte der Nichtakzeptierbarkeit gehören die Strategien (1), (2) und (4). Zur Handhabung der Konflikte der Unsicherheit sind die Strategien (3) und (1) bedeutsam. Letztlich kann auch (2) eine Rolle spielen. Bei Konflikten der Nichtvergleichbarkeit schließlich sind die Strategien (4), (1) und (2) anzuwenden. Die Abbildung zeigt, wie einige dieser Strategien untereinander verbunden sind und nacheinander wirksam werden können. Die Strategien (1), (3) und (4) werden von Kirsch als *Suchstrategien* bezeichnet. Es handelt sich um Konfliktregelung durch Suchverhalten. Die Strategie (2) bezieht sich auf die *Anspruchsanpassung* und wird als Konfliktregelung durch Anspruchsanpassung bezeichnet.

Wiederholungsfragen

1. Was versteht man unter intra-individuellen Konflikten und kognitiven Inkonsistenzen? (S. 408)
2. Worin unterscheiden sich Konflikte der Nichtakzeptierbarkeit von Konflikten der Unsicherheit und Konflikten der Nichtvergleichbarkeit? (S. 409 ff.)
3. Welche Bedeutung besitzen Suchstrategien und die Anspruchsanpassung bei der Regelung von Konflikten? (S. 411)

Literaturverzeichnis

KIRSCH, W. (1970): Entscheidungsprozesse, 1. Bd.: Verhaltenswissenschaftliche Ansätze der Entscheidungstheorie. Wiesbaden 1970.

MARCH, J.G. / SIMON, H.A. (1976): Organisation und Individuum. Menschliches Verhalten in Organisationen. Wiesbaden 1976.

SCHANZ, G. (1978): Verhalten in Wirtschaftsorganisationen. Personalwirtschaftliche und organisationstheoretische Probleme. München 1978.

VI. Kognitive Inkonsistenzen nach der Finalentscheidung: Zur Theorie der kognitiven Dissonanz im Rahmen der Selbstkontrolle des Individuums

Hat sich ein Individuum zu einem Entschluß durchgerungen und ist bereit, die daraus auf sich zukommenden Verpflichtungen zu übernehmen, so können gewisse Unverträglichkeiten (kognitive Inkonsistenzen) in seinem »inneren« Netzwerk kognitiver Elemente auftreten. Es handelt sich um Inkonsistenzen *nach* der Finalentscheidung, im Gegensatz zu Inkonsistenzen *vor* der Finalentscheidung. *Kognitive* Inkonsistenzen nach der Entscheidung und daraus resultierende Spannungen werden als *kognitive Dissonanzen* bezeichnet. Damit setzt sich die empirisch relativ bewährte sozialwissenschaftliche *Theorie der kognitiven Dissonanz* von *Leon Festinger* auseinander, auf die im folgenden eingegangen werden soll (vgl. dazu Festinger 1978, Irle 1971, S. 145ff., Kirsch 1970, S. 118ff., Kupsch 1973, S. 272ff., Schanz 1978, S. 53ff.).

Kognitive Dissonanzen

Zunächst ist zu klären, was unter kognitiven Dissonanzen genauer zu verstehen ist. Ein Individuum kann sich nach seiner Entscheidung fragen, ob die einmal getroffene Entscheidung auch die richtige war. Eine Inkonsistenz besteht dann zwischen den Einwendungen gegen eine Entscheidung und der immer noch vorhandenen Überzeugung, »richtig« entschieden zu haben. Beide Überzeugungen, die neu aufkommende Vermutung, möglicherweise »falsch« entschieden zu haben, aber auch die weiterhin existierende Überzeugung, »zutreffend« gehandelt zu haben, sind im Gedächtnis repräsentiert. Sie stellen kognitive Elemente dar, die in einer *dissonanten Beziehung* stehen. Abstrakt gesprochen sind zwei *Kognitionen* miteinander in einer dissonanten Weise verknüpft. Eine Dissonanz zwischen zwei kognitiven Elementen bedeutet dabei, daß aus einem kognitiven Element das Gegenteil dieses Elementes folgt. In unserem Beispiel heißt das, daß die Überzeugung, die Entscheidung sei »gut«, das genaue Gegenteil der anderen Überzeugung dar-

Dissonante Beziehung

stellt, die Entscheidung sei »schlecht«. Derartige Dissonanzen erzeugen im Individuum eine gewisse Spannung oder »inneren« (kognitiven) Streß. Sowohl die Tatsache, daß zwei oder mehrere Kognitionen in einem dissonanten Verhältnis stehen als auch das dadurch induzierte Vorliegen einer psychischen Spannung wird als kognitive Dissonanz bezeichnet.

Konsonante Beziehung

Daneben gibt es auch *konsonante Beziehungen* zwischen zwei Kognitionen, etwa dann, wenn sich zwei oder mehrere Überzeugungen gegenseitig entsprechen oder stützen. Sowohl bei einer dissonanten als auch bei einer konsonanten Beziehung muß freilich vorausgesetzt werden, daß die Kognitionen in einer *relevanten Beziehung* stehen. Ein Beispiel für eine *irrelevante Beziehung* ist mit den zwei Überzeugungen gegeben, daß es im nächsten Sommer regnet und daß die politische Entwicklung in einem speziellen Land abzulehnen ist. Irrelevante Beziehungen sollen im weiteren ausgeklammert werden.

Relevante Beziehung – Irrelevante Beziehung

Die Theorie kognitiver Dissonanz geht also davon aus, daß nach der Finalentscheidung kognitive Dissonanzen beim Entscheidungsträger auftreten. Dabei sind zwei Fälle zu unterscheiden. Die Dissonanz kann sich sofort nach der Entscheidung bemerkbar machen, noch ehe diese ausgeführt ist (vgl. dazu Hinweise bei Kirsch 1970, S. 171, Sieben–Schildbach 1980, S. 127). Hat etwa ein Individuum einen Kaufvertrag für einen PKW unterschrieben, so kann sich die kognitive Dissonanz im anschließenden Gespräch mit anderen herausbilden. Andererseits kann die kognitive Dissonanz auch erst nach der Ausführung offenbar werden (vgl. dazu etwa das Beispiel bei Irle 1971, S. 138 sowie S. 151). In unserem Beispiel hat etwa der Käufer den Kaufvertrag unterschrieben und holt den PKW einige Zeit später vom Lager ab. Kognitive Dissonanzen machen sich nun in der Zeit danach bemerkbar. Im Beispiel des PKW-Kaufes treten sie etwa in der Form auf, daß gewisse Nachteile des speziellen Wagentyps augenscheinlich auffallen, wie ein zu kleiner Kofferraum, zu geringe Beschleunigung usw. Diese Nachteile waren dem Käufer zwar vor der Entscheidung meistens schon bekannt, er hat sie jedoch zugunsten anderer, positiver Merkmale verdrängt. Andererseits treten weitere Mängel auf, die der Käufer nicht antizipiert hat. Welcher Fall auch immer vorliegen mag, wichtig ist, daß kognitive Dissonanzen existieren.

Bedauern nach der Entscheidung

Kognitive Dissonanzen führen dazu, was in der Literatur als *»Bedauern nach der Entscheidung«* beschrieben ist. Es handelt sich im Grunde um eine besondere Form eines intra-individuellen Konfliktes: Es fällt einem Entscheider schwer, zu seiner Entscheidung zu stehen. Das Individuum sieht plötzlich wieder die Aktionen, die es im Zuge seiner Entscheidungsvorbereitung als nicht überzeugend bereits ausgeschieden hat. Sie drängen nach ihrer Aufwertung und werden in mehr oder weniger starkem Maße wieder attraktiv. Das bedeutet, daß man nicht mehr voll »hinter seiner Entscheidung stehen kann«. Man ist nicht mehr so einfach in der Lage, seine einmal getroffene Entschei-

Mangelnde Rechtfertigung der Entscheidung

dung (und gegebenenfalls die Ausführung) vor sich selber und auch dritten Personen gegenüber zureichend *rechtfertigen* zu können. Das Bedauern nach der Entscheidung mündet so in eine ungenügende oder mangelnde Rechtfertigung der Entscheidung.

Stärke der kognitiven Dissonanz

Kognitive Dissonanzen können in unterschiedlicher Stärke auftreten. Allgemein läßt sich behaupten, daß kognitive Dissonanzen um so intensiver sind,

(1) je bedeutender die Entscheidung für das Individuum ist,
(2) je attraktiver die verworfenen Aktionen im Vergleich zur gewählten Aktion waren,
(3) je größer die Bedeutung und die Zahl der inkonsistenten Kognitionen sind,
(4) je weniger andere Personen die getroffene Entscheidung für gut befinden,
(5) je größer die tatsächliche oder nur empfundene Entscheidungsfreiheit des Individuums war
(vgl. dazu Kirsch 1971 a, S. 121).

Bedürfnis zur Reduktion der kognitiven Dissonanz

Ein wesentlicher Punkt der Theorie ist, wie sich das Individuum der kognitiven Dissonanz gegenüber verhält. Allgemein wird der Auffassung gefolgt, daß das Individuum konsonante Beziehungen gegenüber dissonanten Beziehungen bevorzugt*. Irle (1971, S. 148) formuliert dazu: »Kognitive Dissonanz erzeugt ein *Bedürfnis zur Reduktion der kognitiven Dissonanz*«. Dazu stehen mehrere Strategien zur Verfügung. Das Individuum wird zunächst bemüht sein, seine einmal getroffene Entscheidung (und gegebenenfalls die Ausführung) so lange wie möglich aufrechterhalten zu können. Die »Kontrolle« der Entscheidung kann demnach als eine »unkritische« Kontrolle bezeichnet werden. Die Entscheidung wird nicht in Frage gestellt. Um sie als »harter Kern« wird ein »Schutzwall« rechtfertigender Informationen errichtet. Der bereits erwähnte PKW-Käufer wird – nach anfänglichem Zweifel an der Richtigkeit seines Kaufes – nur nach bestätigenden Informationen dafür suchen. Es ist empirisch nachgewiesen, daß Eigentümer von neugekauften PKWs dazu tendieren, mehr Werbung über ihre Wagen als über andere Typen zu lesen. Dadurch werden sie in die Lage versetzt, so ihre kognitive Dissonanz zu reduzieren, daß die Kaufentscheidung kognitiv stabilisiert wird. Zusätzlich vermeiden sie es, Werbung über solche Typen zu lesen, die sie zwar in Betracht gezogen, aber nicht gekauft haben (vgl. dazu Irle 1971,

* Das gilt für alle Theorien der kognitiven Konsistenz, vgl. dazu etwa Schanz (1978, S. 53) und Kupsch (1973, S. 265). Die Theorie der kognitiven Dissonanz ist nur *eine* Theorie aus der Familie dieser Theorien.

S. 151). Informationen werden also *selektiv* ausgewählt, um die kognitive Dissonanz zu verringern*.

Dabei kann nach *neuen*, die Entscheidung bestätigenden Informationen gesucht werden, handele es sich nun um faktische Information – wie im Beispiel – oder um wertende Information. So kann etwa der PKW-Käufer die im nachhinein erst bemerkte unzureichende Beschleunigung dadurch rechtfertigen, daß er behauptet, genau dies gewollt zu haben, um nicht als »Raser« zu erscheinen. Andererseits können *bereits bekannte* Informationen so uminterpretiert werden, daß sie sich zu einer Stützung der Entscheidung eignen. Die bereits bekannten positiven Eigenschaften des PKWs werden verstärkt, ebenso die negativen Eigenschaften der nicht gekauften Typen. Auf jeden Fall geht es darum, durch eine selektive »Informationspolitik« die Entscheidung zu rechtfertigen. Man spricht auch von einem *rechtfertigenden Informationsverhalten.*

Ganz im Gegenteil dazu unterstellt die normative Entscheidungstheorie ein *kritisches* Informationsverhalten. Es geht nicht um eine Stützung der einmal getroffenen und vollzogenen Entscheidung, sondern um ihre kritische Betrachtung. Soll-Ist-Abweichungen werden höchst pedantisch ermittelt, um gegebenenfalls die Entscheidung korrigieren zu können.

Mit Schanz (1978, S. 55f.) kann deshalb auf einen wichtigen Tatbestand aufmerksam gemacht werden: »Die Theorie der kognitiven Dissonanz geht nicht davon aus, daß der Mensch ein rationales Wesen ist. Es wird vielmehr angenommen, daß wir es mit einem *rationalisierenden* Wesen zu tun haben, das versucht, in den Augen anderer und vor sich selbst rational zu *erscheinen*«. Erst dann, wenn diese »Informationspolitik« nicht mehr in der Lage ist, die kognitive Dissonanz zu reduzieren, greift das Individuum zu anderen Mitteln: Der Autokäufer wird seinen PKW verkaufen. Das aber ist die letzte Möglichkeit. Zuerst werden die Kognitionen reduziert, die eine geringere Resistenz gegen Änderungen besitzen. Erst danach wird durch eine Handlung, d.h. durch eine Revision des Entschlusses, die kognitive Dissonanz beseitigt.

Kognitive Dissonanzen nach und vor der Finalentscheidung

Die Theorie der kognitiven Dissonanz bezieht sich – so wie sie hier dargestellt ist – auf Phasen *nach* der Finalentscheidung. Diese Vorgehensweise entspricht wohl einer gewissen »Standardinterpretation« der Theorie und ist von Festinger so gebilligt. Andererseits hat z.B. Irle (1971, S. 153ff.) darauf auf-

* Die Selektivität des Informationsverhaltens zeigte sich schon bei der *Wahrnehmung* und bei der Entwicklung *innerer Modelle* der Umwelt (vgl. dazu S. 378, 390ff.). Auf diese Weise kann die Selektivität als wesentliches Merkmal des individuellen Informationsverhaltens bezeichnet werden.

merksam gemacht, daß uns nichts davon abhält, kognitive Dissonanzen und das Bemühen um ihre Beseitigung auch in Phasen *vor* der Finalentscheidung zu erblicken. Der Geltungsbereich der Theorie wird also ausgedehnt. Vor der Finalentscheidung werden ebenfalls laufend »kleinere« Entscheidungen getroffen, wie das Akzeptieren einer Prognose, das Ausschließen einer irrelevanten Information usw. Sobald ein Entschluß darüber gefallen ist, können kognitive Dissonanzen auftreten und ein Bedürfnis nach Beseitigung hervorrufen. Das bedeutet natürlich nichts anderes, als zuzugeben, daß auch das Informationsverhalten *vor* der Finalentscheidung *selektiv* ist. Selektives Informationsverhalten aber ist uns bereits im Zusammenhang mit der Wahrnehmung und auch bei der Bildung innerer Modelle begegnet, so daß der Hinweis nicht überraschend kommt. Anhand experimenteller Untersuchungen weist Irle (1971, S. 156 ff.) auf die Tatsache selektiven Informationsverhaltens vor der Finalentscheidung hin.

Beispiel

Nachdem schon verschiedentlich auf das Beispiel des PKW-Käufers eingegangen wurde, das in der Literatur eine gewisse Berühmtheit erlangt hat, soll abschließend das Beispiel in seinem Zusammenhang vorgestellt werden. Dazu soll die äußerst amüsante Formulierung von Irle (1971, S. 138 ff.) dienen:

»Unter den Lesern wird kaum jemand sein, der nicht schon privat mit dem Problem konfrontiert war, einen neuen Pkw zu kaufen. Der alte Wagen rührt sich altersschwach nicht mehr von der Stelle, ist durch einen Unfall zerstört, genügt nicht mehr als Symbol des gestiegenen Sozialstatus oder verursacht einfach extrem steigende Unterhaltskosten. Wie immer, das Problem, einen neuen Pkw zu kaufen, ist formuliert. Wir unterstellen den Fall, daß es sich nicht um eine Routine-Entscheidung handelt: Sobald diese und jene Daten auftreten, ist der bisherige Pkw durch ein neues Exemplar des gleichen Typs (oder Fabrikats) zu ersetzen. Wir unterstellen, daß alternative Angebote am Markt durch Informations-Suche geprüft werden. Es soll nicht diese Suche analysiert werden, die schon selektiv einer bestimmten Hypothese folgen kann, und auch nicht der Vergleich und die Bewertung von Alternativen. Der Käufer faßt seinen Entschluß; er entscheidet sich für ein bestimmtes Modell; er wählt eine Alternative. Er unterstellt, daß er nach bestem Wissen einen optimalen Entschluß gefaßt hat; seine Wahl ist die richtige. Er implementiert und leitet den Kauf ein. Es folgt die Exekution des Entschlusses: Er fährt den neuen Wagen. Er benötigt die gesamte Garantiefrist, um Mängel in mehreren Werkstattbesuchen beheben zu lassen. Er entdeckt diese oder jene konstitutionellen Fehler des Typs, die durch keine Mängelrüge zu beseitigen sind. Er fühlt sich zunehmend in die Ecke gedrängt, eine Niete gezogen zu haben. Die Kontrolle von Soll mit Ist müßte jetzt ergeben, daß sein Entschluß nicht optimal war, daß er sogar falsch war, da die Toleranzgrenzen der Zielabweichung überschritten werden. Was tun? Wer sich für absolut unbegabt hält,

Autos seinen Ansprüchen entsprechend zu kaufen, sich also auf gutes Glück dem Zufall überläßt (also nicht einen Entscheidungsprozeß durchgemacht hat, sondern bewußt einer Laune gefolgt ist) und so betucht und snobistisch ist, daß er beim ersten Überlaufen des gefüllten Aschenbechers den Wagen zugunsten eines Nachfolgers abzustoßen bereit ist, wird umgehend seinen Quasi-Entschluß korrigieren und einen anderen Wagen zum Nachfolger bestellen. Dieser Fall existiert vermutlich nur als Anekdote gegen weiblichen Unverstand, gepaart mit Super-Starallüren (womit man gleich zwei Vorurteile, gegen Frauen im allgemeinen und Hollywoodstars im besonderen, pflegen kann).

Unter anderen Ausgangsbedingungen fühlt sich der Entscheider kompetent. Das Ergebnis verletzt nicht nur die Richtigkeit seines Entschlusses, sondern auch seinen Kompetenzanspruch (nahezu 100% der Autofahrer halten sich nicht nur für gute Könner, sondern auch für gute Kenner). Das Modell wurde gewählt, weil es – nach Alternativenbewertung – erheblich mehr positive und erheblich weniger negative Konsequenzen erwarten ließ als jede andere Alternative; oder, gemessen an den individuellen Zielvorstellungen, war dieses die richtige Wahl. Der Entschluß zeugte von Entscheidungsfähigkeit. *Negative Informationen im Vergleich von Soll und Ist stören das Gleichgewicht.* Die positiven Eigenschaften der Entschluß-Alternative überwiegen nicht mehr ausreichend die bekannten positiven Eigenschaften der Konkurrenz-Alternativen. Negative Eigenschaften der Entschluß-Alternative sind lawinenartig im Vergleich zu bekannten negativen Eigenschaften der Konkurrenz-Alternative angewachsen.

Was tun?! Selten ist diese Dissonanz so stark, daß man in den extrem sauren Apfel beißt und den Entschluß nach wenigen Monaten korrigiert, zumal man doch kein weiblicher Filmstar oder männlicher Playboy ist. Öfter ist der Entschluß unkorrigierbar, nicht nur aus finanziellen Gründen! Das Informations-Gleichgewicht nach dem Entschluß muß wieder hergestellt werden. Dazu bieten sich Informationen in Massenkommunikationsmedien an: a) Werbung für den eigenen Wagentyp mit ausschließlich hochpositiven Informationen (das überragende Fahrwerk, die ungefrierbare Luft zum Kühlen, die Rallye-Siegerschaften des 4sitzigen Coupés usf.) und b) Testberichte (seltener in Fachzeitschriften), die jedem das seine geben. Genügt das nicht, um das Gleichgewicht als kompetenter Entscheider wiederzuerlangen, so kann man selbst Benzin-Latein am Stammtisch produzieren. Genügt das immer noch nicht, so kann man gar selbst in Massenmedien kommunizieren. Da sinkt dann unter der Sparte »Lesererfahrungen« der Verbrauch weit unter den Normverbrauch laut Herstellerangabe; da steigt die Spitzengeschwindigkeit weit über die Drehzahlfähigkeit nach den Kennwerten des Motors; da werden Fahrer der gefährlichsten Alternative zu aggressiven Bestien oder zu

Blindschleichen; da werden Werkstattbesuche erquicklicher als Freizeitunternehmungen; da werden alle Macken ausgeglichen durch die Freude am Fahren, denn er läuft und läuft unter einem guten Stern. Merkwürdigerweise geht das gut, weil die Konkurrenzentscheider eifrig verschleiern, von welchem Schicksal sie verfolgt werden.«

Wiederholungsfragen

1. Nach der Finalentscheidung können kognitive Dissonanzen auftreten. Was ist darunter zu verstehen? (S. 412)
2. Beschreiben Sie die Sachverhalte, die mit »Bedauern nach der Entscheidung« bzw. »mangelnde Rechtfertigung der Entscheidung« beschrieben werden. (S. 413 f.)
3. Von welchen Faktoren hängt die Stärke der kognitiven Dissonanz ab? (S. 414)
4. Was bedeutet die Aussage, wonach kognitive Dissonanzen ein Bedürfnis zu ihrer Reduktion erzeugen? (S. 414 f.)
5. Können kognitive Dissonanzen auch vor der Finalentscheidung auftreten? (S. 415 f.)

Literaturverzeichnis

FESTINGER, L. (1978): Theorie der kognitiven Dissonanz. Hrsg.: M. Irle und V. Möntmann. Bern/Stuttgart/Wien 1978.

IRLE, M. (1971): Macht und Entscheidungen in Organisationen. Studie gegen das Linie-Stab-Prinzip. Frankfurt am Main 1971.

KIRSCH, W. (1970): Entscheidungsprozesse, 1. Bd.: Verhaltenswissenschaftliche Ansätze der Entscheidungstheorie. Wiesbaden 1970.

KUPSCH, P.U. (1973): Das Risiko im Entscheidungsprozeß. Wiesbaden 1973.

SCHANZ, G. (1978): Verhalten in Wirtschaftsorganisationen. Personalwirtschaftliche und organisationstheoretische Probleme. München 1978.

SIEBEN, G. / SCHILDBACH, T. (1980): Betriebswirtschaftliche Entscheidungstheorie. 2., überarb. u. erw. Aufl., Düsseldorf 1980.

VII. Psycho-logische Ansätze bei der Fremdkontrolle eines Individuums*

Selbstkontrolle – Fremdkontrolle

Die unkritische Reduktion einer kognitiven Dissonanz, wie sie im vorigen Kapitel beschrieben wurde, wird möglich, weil sich das Individuum *selbst* kontrolliert und so kritische Einwendungen gegen eine Entscheidung relativ leicht abwehren kann. Demgegenüber existiert in Organisationen neben der *Selbstkontrolle* auch die Form der *Fremdkontrolle*, bei der andere Individuen, vor allem Vorgesetzte, in kritischer Weise die Entscheidung des Betroffenen betrachten. Die psycho-logischen Hintergründe einer Fremdkontrolle sollen im weiteren betrachtet werden.

Fremdkontrolle kann das individuelle Leistungsverhalten durch ihre bloße Existenz positiv beeinflussen, indem sie präventiv Soll-Ist-Abweichungen verhindert (vgl. Treuz 1974, S. 52). Wenn ein Individuum weiß, daß es kontrolliert wird, so richtet es möglicherweise sein Leistungsverhalten darauf aus, die vorgegebenen Soll-Werte zu realisieren. Erzeugt die Kontrolle ein solches Leistungsverhalten, dann erfüllt sie eine *»Verhütungsfunktion«*. Es ist jedoch auch möglich, daß die Kontrolle das Individuum dazu anregt, die Kontrollinformationen so zu manipulieren, daß eine Soll-Ist-Abweichung formal nicht auftritt. Bevor auf diese *dysfunktionale Wirkung* von Kontrollen eingegangen wird, soll noch auf den engen Zusammenhang zwischen Motivation und Kontrolle und Lernprozessen und Kontrolle hingewiesen werden.

Motivation und Kontrolle, Lernprozesse und Kontrolle

Kontrollinformationen, die ein Individuum während der Realisierung seiner Aufgabe erhält, geben ihm Hinweise, ob sein Leistungsverhalten geeignet ist, die Soll-Werte zu erreichen. Diese Kontrollinformationen können also das Leistungsverhalten auf die gewünschte Aufgabenerfüllung ausrichten. Kontrollinformationen nach der Realisierung der Aufgabe zeigen dagegen nur an, daß das Leistungsverhalten möglicherweise nicht ausreichend war, um die Soll-Werte zu realisieren. Mit Hilfe dieser Kontrollinformationen läßt sich demnach nur das *Leistungsverhalten* bei der *Realisierung zukünftiger Aufgaben* beeinflussen, indem sie motivierend wirken oder Lernprozesse auslösen (vgl. Höller 1978, S. 178ff. sowie Siegwart/Menzl 1978, S. 192f.). Nur wenn ein Individuum Kontrollinformationen über die von ihm erzielte Leistung erhält, hat es die Möglichkeit zu lernen, sein zukünftiges Leistungsverhalten in der erforderlichen Weise auf die Führungsgrößen auszurichten. Die Kontrollinformationen sind aber auch zur intrinsischen Motivation des Individu-

* Siehe zum Folgenden Pfohl 1981, S. 92ff.

ums notwendig. Denn nur die Kenntnis der erzielten Leistung kann die Bedürfnisbefriedigung vermitteln, eine Aufgabe erfolgreich erfüllt zu haben.

Persönliche Haltung zur Kontrolle

Inwieweit Kontrollinformationen das Leistungsverhalten entweder über *Lernprozesse* oder über *Motivationswirkungen* positiv beeinflussen, hängt von Einflußfaktoren ab, die entweder in der Person des Kontrollierten oder in seiner Umwelt liegen. Als wesentlichster persönlichkeitsabhängiger Einflußfaktor ist die *Haltung des Kontrollierten* gegenüber der Kontrolle zu sehen (vgl. Siegwart/Menzl 1978, S. 221 ff.). In Abb. 192 sind grundsätzliche Haltungen des Kontrollierten und ihre Konsequenzen ohne Berücksichtigung seiner Umwelt zusammengefaßt. Dysfunktionales Kontrollverhalten, also ein Verhalten, das sich im Widerspruch zu den Zielen der Organisation befindet, entwickelt sich am ehesten dort, wo ein Mitarbeiter durch die Aufgabenerfüllung in der Unternehmung vorwiegend seine eigenen Ziele zu erreichen sucht (vgl. zu Individualzielen und Zielen der Organisation S. 458 ff.). Die Erreichung des Sachziels steht bei ihm im Hintergrund und intrinsische Motivation spielt kaum eine Rolle. Eine solche vorwiegend an den eigenen Interessen orientierte Einstellung führt beim Auftreten bzw. bei der Erwartung einer Soll-Ist-Abweichung mit hoher Wahrscheinlichkeit zu einem dysfunktionalen Verhalten, da eine solche Abweichung die Erreichung der eigenen Ziele gefährdet.

Neben der Haltung des Kontrollierten gegenüber der Kontrolle wirkt seine Umwelt, die Kontrollsituation, in der er sich befindet, auf sein Kontrollverhalten ein. Die Merkmale zur Charakterisierung der Kontrollsituation werden in Anlehnung an den Begriff »Betriebsklima« auch unter dem Begriff *»Kontrollklima«* zusammengefaßt. Ein positives Kontrollklima fördert die funktionale Wirkung von Kontrollinformationen, ein negatives Kontrollklima unterstützt dagegen die dysfunktionalen Wirkungen. Das Kontrollklima läßt sich im wesentlichen durch folgende Einflußfaktoren beschreiben (vgl. dazu Höller 1978, S. 184 ff., Siegwart/Menzl 1978, S. 200 ff. und S. 228 ff., Treuz 1974, S. 105 ff.):

Kontrollklima

Kontrollklima und Führungsstil

Die Wirkung des Kontrolliertwerdens hängt zunächst von dem in einer Unternehmung praktizierten Führungsstil und den dadurch geprägten zwischenmenschlichen Beziehungen ab. Mit dem gewählten Führungsstil ist immer eine bestimmte Art von Kontrolle verbunden. Durch eine autoritäre Kontrolle fühlt sich der Mitarbeiter unterdrückt, beobachtet und bespitzelt. Denn er wird nicht über den Sinn und die Notwendigkeit von Kontrollen aufgeklärt und hat die Richtigkeit der Kontrollinformationen nicht in Zweifel zu ziehen. Das wird eine etwa vorhandene negative Einstellung zur Kontrolle verstärken bzw. eine positive Einstellung abschwächen und zu einer ablehnenden Haltung gegenüber der Kontrolle führen. Bei einer kooperativen Kontrolle wird der Kontrollierte dagegen über Zweck und Notwendigkeit von Kontrollen aufgeklärt* und der Kontrollierte hat die Möglichkeit, sich von der Richtigkeit der Kontrollinformationen zu überzeugen**. Dysfunktionale Wirkungen der Kontrolle werden auch dann gefördert, wenn die Legitimation zur Kontrolle im wesentlichen auf organisatorischer und nicht auf sachbezogener Autorität beruht.

Kontrollklima und zeitliche Merkmale der Kontrollinformationen

Aufgrund der lerntheoretischen Interpretation der Verhaltenswirkung von Kontrollinformationen kann angenommen werden, daß die Leistungswirksamkeit von Kontrollinformationen mit ihrer Häufigkeit zunimmt. Empirisch konnte dies insbesondere für Mitarbeiter mit geringem Selbstbewußtsein festgestellt werden, die offensichtlich eine ständige Rückkopplung über die von ihnen erbrachte Leistung benötigen. Die zeitliche Verzögerung, mit der ein Mitarbeiter Kontrollinformationen über seine Leistung erhält, darf nicht zu groß werden. Denn lern- und motivationstheoretische Überlegungen lassen darauf schließen, daß Kontrollinformationen ihre Leistungswirkung nur erzielen können, wenn das Verhalten und die Rückmeldung über das Ergebnis dieses Verhaltens als zusammengehörig wahrgenommen werden.

Kontrollklima und Darstellungsform der Kontrollinformationen

Wie empirisch nachgewiesen wurde, ist die Verhaltenswirkung neutraler Kontrollinformationen – das sind Kontrollinformationen, die lediglich das Leistungsergebnis wiedergeben – geringer als die Verhaltenswirkung kommentierter Kontrollinformationen. Der Kommentar besteht nicht etwa darin, eingetretene Abweichungen zu bagatellisieren, sondern Hinweise auf mögliche Ursachen und Anreize zur Überwindung der Abweichungen zu geben. Noch nicht hinreichend geklärt ist die Frage, wie sich eine zusätzliche Kommentierung der Kontrollinformation in Form von Hinweisen zu bestimmten Bezugsgrößen wie etwa der Durchschnittsleistung einer Gruppe oder der Leistung des erfolgreichsten Mitarbeiters auswirkt. Die Angabe eines solchen »sozialen Bezugsrahmens« birgt möglicherweise die Gefahr in sich, tendenziell die erzielten Leistungen auf einem mittleren Niveau zu nivellieren.

* Bei der Anwendung der kooperativen Kontrolle sind allerdings die Möglichkeit des Auftretens kognitiver Dissonanzen und deren Auswirkungen zu beachten. Siehe dazu S. 412ff.

** Im einzelnen erfolgt eine Offenlegung der Kontrollgrundsätze bezüglich der Fragen, warum und wie kontrolliert wird, wie die Abweichungen beurteilt werden und welche Kontrollinformationen erwünscht sind.

Kontrollklima und Kontrollgegenstand

Aus Aufwandsgründen und aus Gründen der Reduktion der Komplexität stellt sich in einer Unternehmung das Problem zu entscheiden, was kontrolliert werden soll. Es geht also um die Auswahl geeigneter Kontrollgegenstände (Kontrollobjekte, Kontrollkriterien), die das Leistungsverhalten bzw. dessen Ergebnis erfassen. Insbesondere bei einer eindimensionalen Kontrolle, bei der die Leistung nur durch eine Größe (z. B. Umsatz) gemessen wird, besteht die Gefahr, daß für die Beurteilung der Zielerreichung relevante Kontrollgegenstände vernachlässigt werden. Das kann sich in zweierlei Weisen dysfunktional äußern. Einerseits richtet sich das Leistungsverhalten einseitig nach den ausgewählten Kontrollgegenständen (z. B. Messung der Leistung am Beitrag zur kurzfristigen Gewinnerzielung). Zweitens verschlechtert sich das Kontrollklima, wenn der Kontrollierte subjektiv der Meinung ist, daß durch den ausgewählten Kontrollgegenstand seine Leistung nicht richtig gemessen wird. Positiv auf das Kontrollklima wird sich also eine mehrdimensionale Kontrolle auswirken, die das Leistungsverhalten bzw. dessen Ergebnis durch mehrere Kontrollgegenstände zu erfassen versucht (z. B. kurzfristige Gewinnerzielung *und* langfristige Sicherung der Marktstellung einer Unternehmung).

Kontrollklima und Kritik bzw. Anerkennung

Werden durch Kontrollinformationen einseitig negative Abweichungen wiedergegeben, so übt das einen negativen Einfluß auf das Leistungsverhalten aus. Eine solche einseitige Ausrichtung der Kontrollinformationen bietet lediglich die Basis zur Kritik und vernachlässigt die Anerkennung. Durch eine ständig negative Rückkopplung werden die Mißerfolgserlebnisse des Individuums verstärkt und führen schließlich zu einer Senkung des Anspruchsniveaus.

Die Wirkung negativer Einstellungen des Kontrollierten gegenüber der Kontrolle und die Wirkung eines negativen Kontrollklimas, das *dysfunktionale Kontrollverhalten*, äußern sich in der Erzeugung von »Organizational Slacks«*, in der Manipulation von Kontrollinformationen und in der Anpassung an die Kontrollgegenstände (vgl. dazu Höller 1978, S. 227 ff. sowie auch Siegwart/Menzl 1978, S. 225 ff.).

Erzeugung von »Organizational Slacks«

Ein »Organizational Slack« entsteht dann, wenn das Anforderungsniveau eines einem Mitarbeiter als Führungsgröße vorgegebenen Soll-Wertes unter dem Wert liegt, den der Mitarbeiter bei seiner Aufgabenerfüllung selbst für

* Vgl. dazu S. 476.

realisierbar hält und den er gegebenenfalls als Führungsgröße auch akzeptieren würde. Die Differenz zwischen den beiden Werten, die als eine beabsichtigte Verfälschung einer Führungsgröße interpretiert werden kann, bezeichnet man als »Organizational Slack«. Solche »Slacks« sind *Reserven* oder *Puffer*, die durch bewußt überhöhte Schätzungen des Ressourcenbedarfs (z. B. überhöhte Personalanforderungen) und Unterschätzungen der zu erwartenden Leistungen (z. B. niedrige Umsatzvorgaben) gebildet werden und beim Mitarbeiter die Sicherheit für eine erfolgreiche Realisierung der ihm übertragenen Aufgaben erhöhen. »Slacks« können allerdings in einem bestimmten Fall im Hinblick auf die Erreichung der Unternehmungsziele auch als funktional betrachtet werden; nämlich dann, wenn durch die gebildeten Puffer oder Reserven in der Planung nicht vorhergesehene Störungen kompensiert werden.

Manipulation von Kontrollinformationen

Durch eine Manipulation von Kontrollinformationen sollen aufgetretene Soll-Ist-Abweichungen vertuscht werden. Dies kann dadurch geschehen, daß Kontrollberichte gefälscht und Informationen zurückgehalten bzw. mit einer zeitlichen Verzögerung oder auch entsprechend den eigenen Interessen »gefiltert« weitergegeben werden. Die Manipulation der Kontrollinformationen kann sich auch auf die Form der Darstellung (z. B. Manipulation von Diagrammen durch die Wahl des Maßstabes der Koordinaten) erstrekken, um eingetretene Abweichungen schwerer erkenntlich zu machen.

Anpassung des Leistungsverhaltens an die Kontrollgegenstände

Kontrolle kann nie umfassend sein, sondern sich immer nur auf die für die Erreichung der Unternehmungsziele als relevant erachteten Schlüsselgrößen beziehen. Dadurch wird, wie schon beim Problem der eindimensionalen Kontrolle aufgezeigt wurde, eine einseitige Anpassung an die ausgewählten Kontrollgegenstände gefördert. Die Mitarbeiter vernachlässigen dann mehr oder weniger die Bereiche, die nicht kontrolliert werden. Die Anpassung an die Kontrollgegenstände kann sich auf den Inhalt, auf den zeitlichen Bezug und auf den Verantwortungsbereich erstrecken. Eine inhaltliche Anpassung besteht z. B. in der einseitigen Ausrichtung des Leistungsverhaltens an quantitativen Zielen und der Vernachlässigung qualitativer Ziele. Die Anpassung an den zeitlichen Bezug erfolgt im allgemeinen durch Ausrichtung des Leistungsverhaltens auf Maßnahmen zur Erreichung kurzfristiger Ziele unter Vernachlässigung der Langfristziele der Unternehmung. Wird ein Mitarbeiter ausschließlich danach beurteilt, inwieweit er die seinem Verantwortungsbereich vorgegebenen Führungsgrößen realisiert, wird die Gefahr der Verselbständigung von Teilzielen, der Suboptimierung, gefördert. Die Anpas-

	Haltungen	
	vorwiegend *(eigen-) interessenorientiert*	vorwiegend *sachorientiert*
bevorzugt angestrebtes Ziel in der Kontrollsituation:	auf jeden Fall gut dastehen	das gesteckte Sachziel muß erreicht werden
zum Ausdruck gelangte Haltung in der Kontrollsituation:	eher mißtrauisch Neigung, Fehler zu vertuschen und die eigene Leistung herauszustellen	im Grunde positiv Bereitschaft zu korrigieren Bereitschaft zu lernen
angestrebtes Ergebnis:	– extrinsische Belohnung – Vermeidung persönlicher Nachteile	– intrinsische Belohnung – erneute Sicherstellung der Zielerreichung – ev. extrinsische Belohnung
Aus der Haltung resultierendes Verhalten:		
bei Übereinstimmung im Soll-Ist-Vergleich:	funktionales Verhalten: Ausrichtung auf die zu erwartende Belohnung	funktionales Verhalten; anspornende Wirkung hinsichtlich der Zielerreichung
bei Abweichung im Soll-Ist-Vergleich:	*hohe Wahrscheinlichkeit dysfunktionalen Verhaltens*	funktionales Verhalten, sofern Zielidentifikation besteht.

Abb. 192: Grundsätzliche Haltungen des Kontrollierten gegenüber der Kontrolle und ihre Konsequenzen (ohne Berücksichtigung dominierender situativer Einflüsse)
(Quelle: Siegwart/Menzl 1978, S. 224)
(Im Original wird statt von Haltungen von Einstellungen gesprochen)

sung des Leistungsverhaltens an den jeweiligen Verantwortungsbereich führt dazu, daß mögliche negative Auswirkungen dieses Leistungsverhaltens auf andere Teilsysteme der Unternehmung nicht berücksichtigt werden. Dadurch wird einem Ressort-Egoismus Vorschub geleistet, und intraorganisationale Konflikte werden ausgelöst oder verstärkt.

Wiederholungsfragen

1. Inwiefern treten kognitive Dissonanzen bei der Selbstkontrolle des Individuums auf? (S. 419)
2. Welche funktionalen bzw. dysfunktionalen Wirkungen kennen Sie bei der Fremdkontrolle? (S. 419 ff.)
3. Welche grundsätzlichen Haltungen zur Fremdkontrolle sind möglich? (S. 420, 424)
4. Was ist unter dem Kontrollklima zu verstehen und durch welche Faktoren ist es geprägt? (S. 420 ff.)
5. Was versteht man unter »organizational slack«? (S. 422 f.)

Literaturverzeichnis

HÖLLER, H. (1978): Verhaltenswirkungen betrieblicher Planungs- und Kontrollsysteme. Ein Beitrag zur verhaltensorientierten Weiterentwicklung des betrieblichen Rechnungswesens. München/Florenz 1978.

PFOHL, H.-C. (1981): Planung und Kontrolle. Stuttgart/Berlin/Köln/Mainz 1981.

SIEGWART, H. / MENZL, I. (1978): Kontrolle als Führungsaufgabe. Führen durch Kontrolle von Verhalten und Prozessen. Bern/Stuttgart 1978.

TREUZ, W. (1974): Betriebliche Kontroll-Systeme. Struktur und Verhalten in der Betriebspraxis sowie ihre Bedeutung für die Unternehmungsführung. Berlin 1974.

D. Der Entscheidungsprozeß im Rahmen der Sozio-Logik

I. Ein Bezugsrahmen zur Analyse sozialer Entscheidungsprozesse

1. Einführung

Wir sind bereits auf einen möglichen Bezugsrahmen zur Analyse sozialer Elemente im Entscheidungsprozeß eingegangen (vgl. S. 121 ff.). Dieser Bezugsrahmen soll im weiteren vertieft werden, wozu er zunächst noch einmal vorgestellt werden soll:

Interaktionen

An erster Stelle ist auf *Interaktionen* zwischen den Elementen einer Organisation hinzuweisen. Zu den Elementen gehören Individuen und Gruppen. Es ist eine allgemeine Erfahrungstatsache unserer alltäglichen Umwelt und der Ausgangspunkt gewisser sozialwissenschaftlicher Ansätze und Theorien, daß *Konflikte* zwischen Individuen und zwischen Gruppen oder zwischen beiden eine bedeutende Rolle spielen und nicht wegzudenken sind. Konflikte sind ubiquitär (allumfassend)*. Sie können etwa entstehen, weil unterschiedliche Ziele von Individuen vorhanden sind. Außerdem prallen auch divergierende Ziele von Gruppen aufeinander. Um die entstehenden Konflikte zu *regeln* – nicht um sie dauerhaft *lösen* zu wollen, was gar nicht möglich erscheint – bieten sich zahlreiche *Konflikthandhabungsformen* an, die ebenfalls vorgestellt werden sollen. Der Einsatz solcher Regelungsformen hängt letztlich von der Machtposition derjenigen ab, die in den Konflikt involviert sind. Zusätzlich ist *Macht* ein derartig zentraler Sachverhalt, daß er an verschiedenen Stellen des gesamten Entscheidungsprozesses auftreten kann. Zusammenfas-

Konflikte

Konfliktregelung

Macht

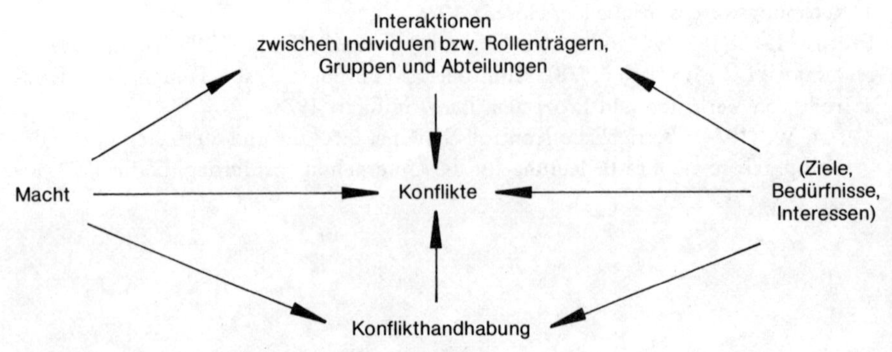

Abb. 193: Elemente des sozialen Entscheidungsprozesses

* Dieser Ausgangspunkt ist charakteristisch für alle in irgendeiner Weise dem *liberalistischen* Gedankengut verhafteten Theorien und Ansätze (vgl. dazu Braun 1979 a, S. 89 ff.).

send gibt die Abb. 193 die Elemente des Bezugsrahmens wieder (vgl. auch S. 123).

Auf soziale Interaktionen, Ziele von Individuen und Ziele von Gruppen, auf Konflikt- und Machtbeziehungen soll in den folgenden Kapiteln eingegangen werden.

2. Interaktionen zwischen Individuen und Gruppen

2.1. Individuen als Rollenträger

Individuen in einer Organisation erfüllen organisationsspezifische *Aufgaben*. Die Aufgaben ergeben sich dabei letztlich aus dem allgemeinen Zweck der Organisation und lassen sich daraus ableiten (vgl. dazu Kosiol 1980, Sp. 181). Um seine Aufgaben erfüllen zu können, hält das Individuum eine *Position* (Stelle) in der Organisation inne, etwa Abteilungsleiter, Buchhalter etc. Weil es eine Position einnimmt und weil es spezifische Aufgaben zu realisieren hat, ist die Umgebung des Individuums in der Lage, das Verhalten des betreffenden Individuums abzuschätzen. Man hegt bestimmte gleichförmige Erwartungen an den Inhaber der Position (vgl. dazu Scheuch-Kutsch 1972, S. 73). Man geht mit anderen Worten davon aus, daß das Individuum eine *Rolle* verkörpert. Von der Umwelt her gesehen ist eine Rolle das Bündel von Erwartungen, das an das Verhalten des Positionsinhabers angelegt wird. Von dem Positionsinhaber selbst aus betrachtet ist eine Rolle diejenige Menge von Erwartungen, die er seiner aufgabenspezifischen Umwelt gegenüber zu erfüllen hat*. Eine Rolle ist dabei eng mit Normen, Standards, Vorschriften oder Regelungen verkörpert. So erwartet man ein bestimmtes Verhalten, das der Rolleninhaber ausüben *soll* oder aber ein solches Verhalten, das er *nicht* an den Tag legen *soll* (vgl. dazu auch Kirsch 1971b, S. 102). Meist wird mit dem Rollenbegriff auch die Vorstellung von *Saktionen* verbunden. Diese können von der Umwelt ergriffen werden, wenn die Erwartungen nicht zufriedenstellend erfüllt sind. In diesem Sinne wird auf die äußere Kontrolle von Verhaltensweisen eines Positionsinhabers besonderer Wert gelegt**.

Position

Rolle

Sanktionen

Es ist wichtig, festzuhalten, daß eine Position losgelöst von einem realen Individuum existiert. Die Position des »Abteilungsleiters in der Finanzbuch-

* Der Erwartungsaspekt ist nach Scheuch-Kutsch (1972, S. 73) kennzeichnend für das Rollenverständnis der amerikanischen Soziologie.

** Der äußere Kontrollaspekt in der Art einer »juristischen« Kontrolle ist nach Scheuch-Kutsch (1972, S. 73) kennzeichnend für das Rollenverständnis in der deutschen Soziologie.

haltung« z.B. ist unabhängig von Herrn X, der in einem bestimmten Zeitpunkt Leiter dieser Abteilung ist. Das gleiche gilt auch für eine Rolle. Die Erwartungen, die gehegt werden, sind unabhängig vom konkreten Rollenträger. Es ist im Gegenteil so, daß man ein Individuum dann einschätzen kann, wenn man weiß, welche Rolle es spielt. Position und Rolle sind demnach von konkreten Individuen getrennte Sachverhalte. Während die Position dabei auf einen *statischen* Aspekt verweist (man »ist« Abteilungsleiter), wird mit der Rolle eine *dynamische* Betrachtungsweise eingeführt (man »spielt« die Rolle in Raum und Zeit). Rolle ist also der dynamische Aspekt einer Position (vgl. dazu Scheuch–Kutsch 1972, S. 75).

Formale Betrachtung – Informale Betrachtung

Bislang sind wir in unseren Ausführungen von *organisatorischen* oder *formalen* Positionen bzw. Rollen ausgegangen, da sie für unsere Zwecke besonders relevant erscheinen. Daneben gibt es andere Positionen und Rollen, die vor allem in einer soziologischen Betrachtung nicht vernachlässigt werden dürfen. Es handelt sich um *informale* Positionen und Rollen, die auch aus dem täglichen Leben bekannt sind. Eine umfassende soziologische Analyse hat die gesamten *Rollenzumutungen* zu beachten, die an ein Individuum gerichtet werden. Dabei können nämlich *Rollenwidersprüche* entstehen, die zu beobachtbaren *Rollenkonflikten* führen können (vgl. zu diesen Begriffen Scheuch–Kutsch 1972, S. 79ff.).

Sozialisation

Für das Individuum ist charakteristisch, daß Rollen sämtlicher Art im Rahmen eines *sozialen Lernvorgangs* gelernt werden. Auch die Mutterrolle beispielsweise entsteht durch einen solchen Lernvorgang, in dem gesellschaftlich als wertvoll angesehene Eigenschaften übernommen werden. Allgemein gesehen kann jeder soziale Lernvorgang, der das individuelle Aneignen von Rollen, von allgemeinen Erwartungen also, zum Ziel hat, als Prozeß der *Sozialisation* verstanden werden. So lernt das Kind, was es heißt, »Tochter«, »Schwester«, »Schüler« oder »Freund« zu sein. Und der Abteilungsleiter der Finanzbuchhaltung lernt in der Schule oder anderen Ausbildungsstätten bzw. in der Unternehmung, was man von ihm als Abteilungsleiter erwartet. Man erwartet beispielsweise Kenntnisse des Bilanzabschlusses. Man erwartet aber auch u.U. ein moralisches Verhalten, das Manipulation jeder Art verbietet.

Primäre Sozialisation – Sekundäre Sozialisation

Solche Sozialisationsprozesse, in denen ein Kind zu einer Person wird, können als *primäre* Sozialisationsprozesse bezeichnet werden. »Die *sekundäre* Sozialisierung richtet sich an das bereits zur Person gewordene Individuum, lehrt es, eine Position wahrzunehmen und Rollen auszufüllen« (Rüegg 1969, S. 95). Beide Arten der Sozialisation sind einander zeitlich nachgeordnet und auch in ihrer Qualität unterschiedlich zu beurteilen.

Der sekundäre Sozialisationsprozeß baut auf dem primären Prozeß auf. Übernimmt ein Individuum im Rahmen eines Sozialisationsprozesses die allgemeinen Erwartungen rein »äußerlich«, mit einem bestimmten Grad von

»innerer« Distanz, so soll eine *Anpassung* vorliegen. Um eine *Internalisierung* handelt es sich demgegenüber, wenn die allgemeinen Erwartungen als Teil der eigenen Person übernommen werden (vgl. dazu Scheuch–Kutsch 1972, S. 101).

Anpassung – Internalisierung

Rollen sind ein (analytisches) Bindeglied zwischen den Individuen als Rollenträgern und einer Organisation oder Gesellschaft. Wenn Individuen sich nämlich entsprechend ihren Rollen verhalten, so übernehmen sie *allgemeine* Erwartungen einer Organisation oder Gesellschaft. Wenn wir uns zukünftig auf organisatorische Rollen beschränken, so zeigt sich in ihnen ganz besonders die Verschränkung von Individuum und Organisation. Organisatorische Rollen werden im Langgedächtnis des Individuums gespeichert. Sie können deshalb als kognitive Informationen verstanden werden, die unter normativen Gesichtspunkten die Interaktion in einer Organisation regeln. Unter bestimmten Bedingungen werden sie bei der Lösung eines anstehenden Problems in die Definition der Situation überführt und so zu Entscheidungsprämissen. Immer dann, wenn es bei der Lösung eines Problems darum geht, den Erwartungen der anderen Positionsinhaber zu entsprechen, werden die Rolleninformationen hervorgerufen und über die momentane Einstellung in die Definition der Situation überführt. »Rollen bzw. Rolleninformationen sind somit ... *potentielle Entscheidungsprämissen*« (Kirsch 1971b, S. 105).

2.2. Arten von Rollen

Im weiteren sollen zwei für den sozialen Entscheidungsprozeß bedeutende Rollen herausgegriffen werden. Es handelt sich um die Rollen »Promotoren und Opponenten« im Entscheidungsprozeß*.

Promotoren und Opponenten

In seiner Untersuchung innovativer sozialer Entscheidungsprozesse konnte Witte die Existenz von Bewegungskräften feststellen, die den Prozeßverlauf hemmen oder fördern (Witte 1976). Gefördert durch aktive und intensive Unterstützung wird der Prozeßverlauf durch Personen, die die Rolle von Promotoren spielen. Erfolgt die Förderung aufgrund des Fachwissens einer Person, so wird ihre Rolle als *Fachpromotor* definiert. Treibt eine Person den Informationsverarbeitungsprozeß dagegen aufgrund ihres hierarchischen Potentials voran, so wird ihre Rolle als *Machtpromotor* definiert**.

Fachpromotor – Machtpromotor

* Siehe zum Folgenden Pfohl 1981, S. 106f. sowie zu weiteren Rollen im Entscheidungsprozeß S. 482f. des vorliegenden Textes.

** Hier wird also ein enger Machtbegriff zugrunde gelegt, da er nur die Macht aufgrund der hierarchischen Position umfaßt (vgl. zur Macht S. 443ff.).

Im Gegensatz zu den Promotoren übernehmen Personen, die den Informationsverarbeitungsprozeß verzögern bzw. behindern, die Rolle von Opponenten. Gelingt den Personen dieses Rollenverhalten aufgrund ihrer fachlichen Argumente, so werden sie *Fachopponenten* genannt. Als *Machtopponenten* werden diejenigen Personen bezeichnet, die den Informationsverarbeitungsprozeß durch ihr hierarchisches Potential bremsen. Die Existenz von Opponenten konnte zwar empirisch belegt werden, aber ihre Wirkungsweise ließ sich nicht so klar wie die der Promotoren identifizieren. Dies liegt daran, daß die Opponenten nicht so aktiv wie die Promotoren sind und häufig im Hintergrund bleiben. Die Opponenten können jedoch ihre Bremserfunktion gerade auch durch ihre passive, »abwartende« Haltung übernehmen. Sie haben z. B. keine Zeit für die Mitarbeit im Informationsverarbeitungsprozeß, sie sind gegen die Einberufung von Konferenzen, gegen die Bestellung eines externen Beraters oder gegen die Einführung neuer Informationsverarbeitungstechniken.

Fachopponent – Machtopponent

Effizienz der Prozeßförderung

Bezüglich der *Effizienz der Prozeßförderung* durch Promotoren konnte nachgewiesen werden, daß sich das gleichzeitige Auftreten von Fachpromotoren und Machtpromotoren am günstigsten auswirkt. Werden hierbei die beiden Rollen von verschiedenen Personen *(Promotorengespann)* wahrgenommen, ist dies effizienter als im Fall der Personalunion von Macht- und Fachpromotor.

Die Opponenten wirken keineswegs nur negativ auf die Effizienz des Informationsverarbeitungsprozesses. Denn ihre Bremserfunktion kann auch darin bestehen, daß sie wenig ausgereifte Lösungsvorschläge der Promotoren verwerfen, vorgelegte Prognosen anzweifeln oder die Nachteile erzielter Vereinbarungen mit Dritten aufdecken. Sie verkörpern dann Risikobewußtsein und Sicherheitsstreben. Es läßt sich deshalb vermuten, daß die prozeßfördernde Leistung von Promotoren in diesem Falle größer sein muß als im Falle des Fehlens von Opponenten. Witte formuliert deshalb die Hypothese, daß im Falle der Interaktion von Promotorengespann und Opponentengespann die Effizienz von Entscheidungsprozessen vergleichsweise höher ist als im Falle der ausschließlichen Förderung durch ein Promotorengespann.

2.3. Gruppen

Bereits wenn Rollenträger untereinander agieren, kann eine Gruppe entstehen. So bilden etwa Fach- und Machtpromotoren in einem Promotorengespann eine Gruppe. Sie treten gemeinsam für eine (innovative) Entscheidung ein und versuchen, sie gegen u. U. auftretenden Widerstand durchzusetzen. Schon an diesem Beispiel wird sichtbar, was unter einer Gruppe verstanden werden kann. Eine Gruppe besteht aus zwei oder mehreren Personen, zwischen denen systematische Formen der Interaktion existieren. Außerdem ist es von zentraler Bedeutung, daß eine Gruppe ein Bewußtsein ihrer eigenen Identität, ein WIR-Bewußtsein, entwickelt (vgl. dazu Scheuch–Kutsch 1972, S. 48 ff. sowie v. Rosenstiel 1980, Sp. 793 ff.). Dieses WIR-Bewußtsein wird im Beispiel des Promotorengespanns dadurch erzeugt, daß beide Promotoren gemeinsam »für eine Sache eintreten« und sie gegebenenfalls auch gegen Widerstand zu realisieren versuchen. Dabei ist zu beachten: Es gibt kein Gruppenbewußtsein als solches, sondern nur persönliche Bewußtseinslagen, die sich z. B. auf andere richten können*.

Formale Gruppen – Informale Gruppen

Für unsere Zwecke ist besonders die Einteilung in *formale* und *informale* Gruppen interessant (zu anderen Einteilungsmöglichkeiten vgl. Scheuch–Kutsch 1972, S. 50 ff.). Formale Gruppen sind durch die formalen Rollen der Organisationsteilnehmer bestimmt; in erwerbswirtschaftlichen Organisationen gibt es etwa als formale Gruppen Abteilungen, Unterabteilungen bzw. auch Divisionen. Sie unterscheiden sich lediglich in ihrer Größe. Auch Kollegialorgane, die Entscheidungsbefugnisse besitzen, wie der Vorstand einer AG, sind demnach formale Gruppen. Informale Gruppen bilden sich demgegenüber spontan und ungeplant; sie sind nicht als Zusammenfassung formaler Rollen, sondern als Ausdruck persönlicher Beziehungen zwischen den Individuen zu verstehen (vgl. dazu auch Kirsch 1971 b, S. 40).

Primärgruppen – Sekundärgruppen

Eine weitere relevante Unterteilung ist mit *Primärgruppen* und *Sekundärgruppen* gegeben (vgl. dazu und für das Folgende Scheuch–Kutsch 1972, S. 50 f.). In Primärgruppen stehen alle Personen in unmittelbarem Kontakt. Dazu gehören etwa die Familie und der Freundeskreis, aber auch (teil-) autonome Arbeitsgruppen im Produktionsbereich von Unternehmungen. Sekundärgruppen demgegenüber sind durch Interaktionen gekennzeichnet, die über Zwischenglieder verlaufen. So tritt in einer Partei das Individuum über die Einheit »Ortsverein« mit der Einheit »Partei« in Beziehung. Ganze Unternehmungen sind demnach ebenfalls Sekundärgruppen.

Quasi-Gruppen

Für Gruppierungen von Menschen nach einem bestimmten Merkmal wie »Arbeitnehmer«, »Konsumenten des Produktes X« usw. wird aber der Begriff der Gruppe problematisch. Wir gehen mit Scheuch–Kutsch (1972, S. 51) davon aus, derartige Gruppierungen nach klassifikatorischen Merkmalen als *Quasi-Gruppen* zu bezeichnen. Das Individuum gehört diesen Kollektiva als Kategorie und nicht als Person an. Auch wenn Gruppen ihrerseits zu derartigen Kollektiva gezählt werden können, soll von Quasi-Gruppen gesprochen werden. So sind Unternehmungen als ganze zu der Quasi-Gruppe der »Lieferanten« oder »Kunden« zu rechnen. Aus Quasi-Gruppen entstehen Grup-

* Zu theoretischen und empirischen Untersuchungen über Gruppen vgl. von Rosenstiel (1980, Sp. 793 ff.).

pen dann, wenn sich etwa »Konsumenten« in einem »Verbraucherverband« und »Gläubiger« in einem »Gläubigerschutzverband« zusammenschließen.

2.4. Das Koalitionsmodell der Unternehmung

Um die Vielzahl der an einer Organisation beteiligten Individuen und Gruppen sowie Quasi-Gruppen ordnen zu können, ist auf das *Koalitionsmodell* von Cyert–March (1963, S. 27) zu verweisen. Es versteht sich zwar als ein Ansatz, der nur für erwerbswirtschaftliche Organisationen formuliert wurde, kann aber grundsätzlich auch für nicht-erwerbswirtschaftliche Organisationen eine Gültigkeit beanspruchen. Nach dieser Sichtweise wird die Unternehmung als eine *Koalition* aus verschiedenen Individuen und Gruppen bzw. Quasi-Gruppen verstanden. Als Teilnehmer sind diejenigen Individuen und Gruppen bzw. Quasi-Gruppen zu bezeichnen, die in einer bestimmten Beziehung zur Unternehmung stehen. Man wird zu einem Koalitionsmitglied, wenn man in der Unternehmung ein Instrument zur Erreichung der eigenen Ziele sieht und auch die Möglichkeit besitzt, seine Ziele durchzusetzen (vgl. dazu auch Weitzig 1979, S. 103 ff.)*. Aufgrund der angegebenen Merkmale »Interesse an der Unternehmung« und »Möglichkeiten der Einflußnahme auf die Unternehmungspolitik« erweist es sich, daß dem Anspruch auf Koalitionszugehörigkeit kaum Grenzen gesetzt sind. Zu den Koalitionsteilnehmern gehören demnach die Mitarbeiter, die Geschäftsleitung, die Kunden, die Lieferanten, die Banken als Kreditgeber, die Aktionäre und der Fiskus. Die Unternehmung im Sinne einer Koalition zeigt sich als ziemlich umfassend. Es wird dadurch auf eine explizite Trennung zwischen der Unternehmung und ihrer Umwelt verzichtet; alle relevanten Individuen und Gruppen sowie Quasi-Gruppen werden vielmehr als Teilnehmer der Koalition »Unternehmung« betrachtet (vgl. dazu Kubicek–Thom 1976, Sp. 3981 f.).

Koalition

Die Koalitionsteilnehmer verfolgen eine Vielzahl unterschiedlicher (pluraler) Ziele, so daß gelegentlich die Unternehmung als *interessen- oder zielpluralistisches System* verstanden wird. Es ist charakteristisch für den Koalitionsansatz, daß er dabei von einer prinzipiellen Gleichberechtigung aller Teilnehmer der Koalition ausgeht, an den Prozessen der Zielbestimmung mitzuwirken. Er unterstellt eine symmetrische Behandlung der einzelnen Individuen und Gruppen und Quasi-Gruppen an Zielbestimmungsprozessen. Diese Prämisse kann jedoch keine empirische Gültigkeit beanspruchen, da es »machtlose« und »mächtige« Koalitionsteilnehmer gibt (vgl. dazu Weitzig 1979, S. 105 ff. sowie im Text S. 443 ff.).

* Vgl. auch die Anreiz-Beitrags-Theorie, die als ein Ergänzungsstück des Kaolitionsmodells aufgefaßt werden kann. Diese Theorie macht Aussagen über den Eintritt bzw. Austritt in einer Koalition. Vgl. dazu S. 459 f.

Individuen, Gruppen und Quasi-Gruppen als Mitglieder der Koalition »Unternehmung« treten mit verschiedenen Zielen in die Koalition ein. Darauf soll im nächsten Kapitel detailliert Bezug genommen werden.

3. Ziele von Individuen und Gruppen

Individuen und Gruppen bzw. Quasi-Gruppen sind durch die von ihnen vertretenen Ziele zu kennzeichnen. Es ist im realen Entscheidungsprozeß zu beobachten, daß präzise formulierte Ziele neben relativ vage formulierten Zielen auftreten. Kombiniert man die Art der Zielformulierung mit den Subjekten der Zielformulierung, so läßt sich die in Abb. 194 dargestellte Matrix entwickeln:

Art der Zielformulierung \ Subjekte der Zielformulierung	Individuen	Gruppen bzw. Quasi-Gruppen
präzise Ziele	präzise Individualziele	präzise Gruppenziele
unpräzise Ziele	unpräzise Individualziele	unpräzise Gruppenziele

Abb. 194: Arten von Zielen

Bedürfnisse – Interessen

Paul–Scholl (1975, S. 11ff.) sprechen dabei von *Bedürfnissen*, wenn es sich um unpräzise, mehr globale Individualziele handelt und von *Interessen*, wenn unpräzise, mehr allgemein gehaltene Gruppenziele vorliegen (vgl. dazu auch S. 374 und S. 92).

Beispiele

Es wurde schon gezeigt, daß die Unternehmung als ein zielpluralistisches System verstanden werden kann. Individuen, Gruppen und Quasi-Gruppen bringen präzise und unpräzise Ziele ein, die untereinander konkurrieren können. Beispielsweise sind folgende relativ unpräzise Ziele einzelner Individuen, Gruppen und Quasi-Gruppen denkbar (vgl. dazu Paul–Scholl 1975, S. 22):

Arbeitnehmer Einkommenserzielung Arbeitsplatzsicherung bessere Arbeitsbedingungen	*Kunden* preiswerte, qualitativ hochwertige Waren
Großaktionäre langfristige Leistungskraft Einfluß auf die Unternehmungspolitik Kurssteigerung	*Kleinaktionäre* hohe Gewinnausschüttung Kurssteigerung
	Staat Steuererhebung Arbeitsplatzsicherheit Preisstabilität
Gläubiger sichere Anlagen hohe Verzinsung	*Lieferanten* kontinuierliche Abnahme möglichst große Liefermengen

Institutionenthese der Unternehmung

Grundsätzlich kann ein gemeinsames, allgemeines Ziel vermutet werden, das alle Koalitionsteilnehmer vertreten. Es besteht in der Erhaltung der Leistungskraft der Unternehmung. Diese ist nämlich Voraussetzung für die Sicherstellung der einzelnen Ziele. Das bedeutet, daß die Unternehmung als leistungsfähige Institution erhalten bleiben soll (vgl. zu der institutionellen Sicht der Unternehmung Chmielewicz 1975, S. 52ff.). Ein weiterer Konsens liegt auch darin, daß es in einer Koalition unmöglich ist, einzelne Leistungen (Anreize) langfristig auf Kosten anderer zu maximieren. Darüberhinaus existieren aber konkurrierende Ziele einzelner Individuen, Gruppen und Quasi-Gruppen. Ein möglicher Zielkonflikt kann sich z.B. auf den Anteil an der Wertschöpfung bzw. auf die Art der Gewinnverwendung erstrecken.

Es kann desweiteren untersucht werden, wie aus den Zielen der Individuen, Gruppen und Quasi-Gruppen letztlich die Ziele *der* Organisation werden. Dazu ist der Prozeß der Zielbildung bzw. auch Zielanpassung und Zielsicherung zu studieren, worauf auf S. 457ff. näher eingegangen werden soll. An dieser Stelle ist nur hervorzuheben, daß ein Zielbildungsprozeß und mit ihm der gesamte soziale Entscheidungsprozeß durch *Konflikte* mannigfaltiger Art gekennzeichnet ist.

4. Konflikte in Organisationen*

4.1. Das Schema einer Konfliktepisode

Der Konfliktbegriff wird nicht einheitlich verwendet**. Nach Esser–Kirsch (1975, Sp. 1118) scheint aber ein Konsens darüber zu bestehen, »daß von einem Konflikt gesprochen wird, wenn die Beteiligten nicht gleichzeitig die von ihnen präferierten Handlungen bzw. Entscheidungen realisieren können«*. Da dieses Zitat aber nur gewisse Teile von Konfliktsituationen aufzeigt, soll auf einen Vorschlag *Pondys* eingegangen werden, der alle im Zusammenhang der Konfliktproblematik relevanten Begriffe zu einer Begriffsfamilie zusammenfügt (vgl. dazu Pondy 1975, S. 235ff.). Die einzelnen Begriffe repräsentieren dabei Ausschnitte aus einem Konfliktprozeß, der von Pondy als *Konfliktepisode* verstanden wird. Das Schema einer Konfliktepisode ist in Abb. 195 dargestellt.

Konfliktepisode

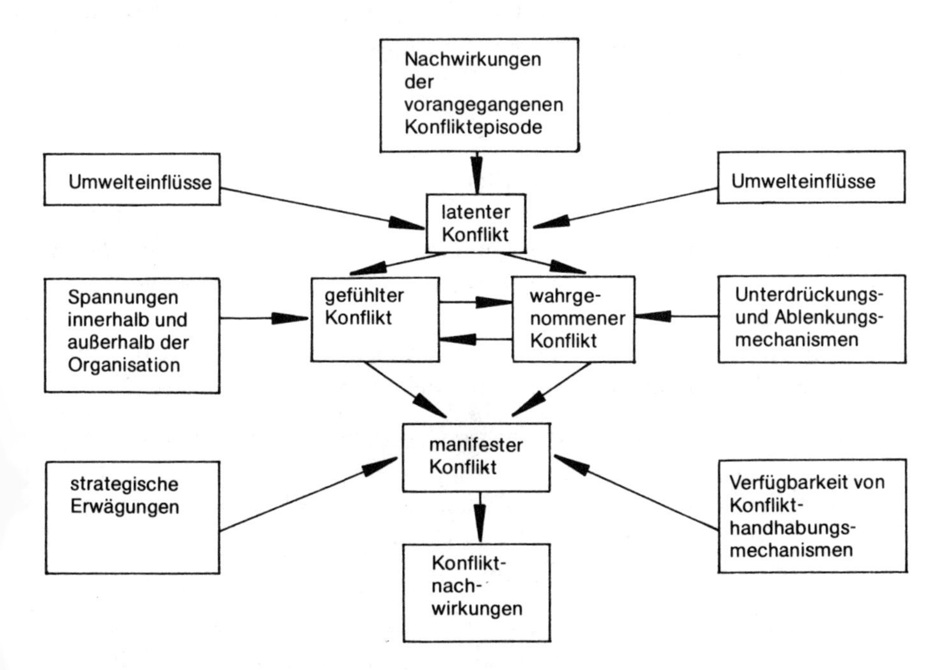

Abb. 195: Schema einer Konfliktepisode (Quelle: Esser–Kirsch 1975, Sp. 1119)

* Siehe zu Folgendem Braun (1979a, S. 89ff.).

** Diese Feststellung gilt auch für manche andere der in diesem Buch eingeführten sozialwissenschaftlichen Begriffe. Dies ist ein Zeichen für die mangelnde *Reife* der Sozialwissenschaften, etwa verglichen mit dem Zustand der theoretischen Physik.

Latente Konflikte

Latente Konflikte verweisen auf Sachverhalte, die objektiv (im Urteil Dritter) bestehen, wie Zielkonflikte zwischen Beteiligten, etwa Zielkonflikte zwischen Individuen oder Zielkonflikte zwischen Abteilungen. Solche objektiv existierenden Gegebenheiten werden oft von den Beteiligten nicht wahrgenommen, so daß latente Konflikte vorliegen können. Nur unter bestimmten Bedingungen werden latente Konflikte in *wahrgenommene Konflikte* überführt. Dazu gehört etwa die »innere« Bereitschaft der beteiligten Individuen, die aber eine entsprechende Haltung voraussetzt. Andererseits gibt es auch wahrgenommene Konflikte, denen kein objektiver Sachverhalt zugrundeliegt. Das hat seine Ursache darin, daß jede Wahrnehmung subjektiv und deshalb selektiv ist und so oft Konflikte erblickt werden, die gar keine objektiven Ursachen besitzen. Daneben können wahrgenommene Konflikte in *emotionale Konflikte* übergehen, was wiederum eine »innere« Disposition der beteiligten Individuen impliziert. Schließlich erreicht die Konfliktepisode den Zustand *manifester Konflikte*, wenn ein beobachtbares Konfliktverhalten zwischen verschiedenen Personen oder Gruppen bzw. Quasi-Gruppen erkennbar ist. Das Schema der Abb. 195 zeigt, wie der Weg von latenten Konflikten über wahrgenommene und/oder emotionale Konflikte zu manifesten Konflikten führt.

Wahrgenommene Konflikte

Emotionale Konflikte

Manifeste Konflikte

4.2. Konfliktursachen und Konfliktarten

Geht man von den manifesten Konflikten aus, so sind deren *Ursachen* in den Gefühlen und Wahrnehmungen der Beteiligten und in objektiven Gegebenheiten zu sehen. Vor allem die objektiven Sachverhalte besitzen dabei eine besondere Qualität als Konfliktursache. Mit Krüger (1972, S. 25) können wir vier objektive *Basis*ursachen in Unternehmungen unterscheiden*:

Basisursachen

»– die Diskrepanz zwischen Motiven resp. Zielvorstellungen und den Möglichkeiten der Motivbefriedigung resp. Zielerreichung
– die Multipersonalität und Komplexität des Systems Unternehmung
– die Umweltverbundenheit der Unternehmung
– die Unvollkommenheit der Information«.

Werden die Basisursachen weiter konkretisiert, so erhalten wir *spezielle* Ursachen. Im Bereich der Geschäftsleitung von Unternehmungen können dann etwa folgende spezielle Ursachen für Konflikte vorliegen, die in Abb. 196 enthalten sind. Sie zeigt, wie sich die generellen Ursachen Krügers konkretisieren und zu speziellen Ursachen führen.

* Diese Basisursachen gelten für Organisationen jeglicher Art und können sich untereinander beeinflussen.

Ursachen von Meinungsverschiedenheiten	% (n = 40 – 43)
1. Unterschiedliche Interessen aufgrund unterschiedlicher Funktionszugehörigkeit	36,3
2. Unterschiedliche Auffassung über zukünftige Entwicklungen	30,5
3. Unterschiedliche Risikobereitschaft	26,3
4. Unterschiedliche persönliche Ziele und Präferenzen	24,4
5. Unterschiedlicher Informationsstand	20,5
6. Unterschiedliche Auffassungen über die Möglichkeiten des Unternehmens	19,7
7. Persönliche Differenzen	2,6
8. Sonstige Gründe	9,4

Abb. 196: Ursachen von Konflikten im Bereich der Geschäftsleitung (Quelle: Kirsch – Gabele – Bamberger u. a. 1975, S. 22)

Konfliktarten

Gerade die Ursachen der Konflikte lassen es auch zu, verschiedene *Konfliktarten* zu identifizieren. Danach gibt es, ausgehend von der Abb. 196:

- Konflikte aufgrund verschiedener betrieblicher Funktionen, die ihre eigenen Interessen vertreten,
- Konflikte über mögliche Annahmen der Zukunft,
- Konflikte wegen verschiedener Einstellungen zum Risiko,
- Konflikte wegen unterschiedlicher persönlicher Ziele und Interessen,
- Konflikte wegen unterschiedlicher Informationen,
- Konflikte über zukünftige Entwicklungsmöglichkeiten der Unternehmung,
- Konflikte wegen persönlicher Differenzen.

Weitere Konfliktarten lassen sich gewinnen, wenn man die Informationen analysiert, über die ein Dissens besteht. Danach gibt es Konflikte im Bereich der wertenden Informationen, und zwar Konflikte über Werte, Normen oder Ziele (sog. *Zielkonflikte*), Konflikte bei faktischen Informationen über Sachverhalte der Realität (sog. *Überzeugungskonflikte*) und schließlich auch *Konflikte im methodischen Bereich*, etwa wenn es um die Anwendung von Methoden geht.

Eine grundlegende Einteilung der Konfliktarten geht davon aus, wer als Beteiligter in der Konfliktepisode anzusehen ist. Handelt es sich bei den Beteiligten um Individuen, so wird von einem *interpersonalen* Konflikt gesprochen. Besteht eine konfliktäre Interaktion zwischen Gruppen oder Quasi-Gruppen, so liegt ein *Intergruppenkonflikt* vor. Ein spezieller Fall von Intergruppenkonflikten ist gegeben, wenn Organisationen als ganze miteinander in konfliktärer Weise kommunizieren. Derartige Konflikte sollen als *interorganisationale* Konflikte bezeichnet werden, wobei sie im weiteren zu vernachlässigen sind (vgl. zu dieser Einteilung Schanz 1979, S. 80).

4.3. Funktionale und dysfunktionale Konflikte

Es konnte bislang der Eindruck entstehen, als ob *alle* Konflikte schädlich seien und die Erreichung (betrieblicher) Ziele störten. Diese Position leuchtet unmittelbar ein, wenn etwa tätliche Auseinandersetzungen am Montageband betrachtet werden, da sie nicht zu einem gewünschten Ausstoß pro Zeiteinheit beitragen. Auch unterschiedliche Auffassungen über zukünftige Entwicklungen des Unternehmens können die Entschlußkraft in der Geschäftsleitung eines Unternehmens lähmen und sind dann sicherlich unerwünscht. Wir sprechen in diesem Zusammenhang von *dysfunktionalen Konflikten.* Diese Konflikte sind zu regeln, wenn sie sich nicht schon (naturwüchsig) von selbst lösen.

Daneben existieren auch Konflikte, die zu Produktivität, Kreativität und Wandel anregen und damit als *»funktional«* betrachtet werden müssen. Sachliche Konflikte in teamorientierten Problemlösungsgruppen vergrößern zum Beispiel die Chance, zu neuartigen Lösungsvorschlägen zu gelangen und sind damit erwünscht. Das gleiche gilt auch für die Matrix-Organisation, in der von der Struktur her Konflikte erzeugt werden, in der Hoffnung, daß sich diese für die Zielerreichung günstig auswirken. Funktionale Konflikte sind demnach zu erzeugen, wenn sie sich nicht schon selbst (naturwüchsig) einstellen.

4.4. Der Ansatz der liberalistischen Konflikttheorie

Wenn wir uns auf die dysfunktionalen Konflikte beschränken, so lautet eine zentrale Feststellung, ob sich solche Konflikte endgültig lösen lassen oder nur vorläufig zu regeln sind, weil sie immer wieder auftreten und dann von neuem gehandhabt werden müssen. Mit der sog. *liberalistischen Konflikttheorie* (vor allem Dahrendorf, aber auch andere, vgl. dazu Braun 1979a, S. 91, 97f.) gehen wir davon aus, daß Konflikte ›allgegenwärtig‹ und deshalb nicht aufhebbar sind. Immer (wieder) gibt es Konflikte und damit auch immer (wieder) dysfunktionale Konflikte. Der Wunsch, ihre Ursachen zu beseitigen, ist folglich eine Grundfigur utopischen Denkens und jeder darauf gerichtete Versuch abzulehnen. Wird ein solcher Versuch einer endgültigen Konfliktlösung trotzdem unternommen, so gerät derjenige »bald in die gefährliche Versuchung, unter Anwendung von Gewalt den Eindruck zu erwecken, daß ihm jene ›Lösung‹ gelungen ist, die ihm der Natur der Sache nach nicht gelingen konnte. Für solche Unterdrückung unter dem Mäntelchen der ›Lösung‹ von Konflikten sind die ›Volksgemeinschaft und die ›klassenlose Gesellschaft‹ nur zwei von vielen Beispielen« (Dahrendorf 1972, S. 41). Wenn schon aber Konflikte nicht gelöst werden können, so sollen wenigstens ihre Erscheinungsformen durch institutionelle Mechanismen und allgemein akzeptierte Spielregeln geregelt werden. Wenn beispielsweise der konfliktreiche Gegensatz zwischen Arbeitgebern und Arbeitnehmern nicht auflösbar ist, so sollen doch Institutionen geschaffen werden (z.B. Schlichter bei Tarifverhandlungen), in denen nach juristisch kodifizierten und/oder sozial normierten Spielregeln Konflikte funktional ausgetragen werden. Da eine Lösung unmöglich ist, bleibt allein die Regelung.

Die Unterdrückung von Konflikten mag allenfalls kurzfristig und partiell gelingen, letztlich aber nehmen sie »an potentieller Virulenz zu,... bis keine Macht der Erde mehr in der Lage ist, die ihres Ausdrucks beraubten Konfliktenergien niederzuhalten: Durch die ganze Geschichte der Menschheit hin liefern Revolutionen bittere Beweise für diese These« (Dahrendorf 1972, S. 40). Eine naturwüchsige Entwicklung von Konflikten zuzulassen in der Hoffnung, daß sich diese von selbst lösen, verbietet sich ebenfalls, da Konflikte oft die Tendenz haben, in Destruktionen zu entarten.

Prinzipien der liberalistischen Konflikttheorie

Damit sind zwei grundlegende Prinzipien gefunden, die auch in sozialen Entscheidungsprozessen bedeutend sind:

(1) Konflikte sind allgegenwärtig.
(2) Von vier Möglichkeiten, Konflikten zu begegnen, nämlich sie zu lösen, zu unterdrücken, sich naturwüchsig entwickeln zu lassen bzw. zu regeln, ist die Regelung im beiderseitigen Interesse vorzuziehen. M. Deutsch (1976, S. 98) betont dazu: »Die Institutionalisierung und Regulierung des Konflikts vermindert die Wahrscheinlichkeit, daß der Konflikt einen zerstörerischen Verlauf nimmt.« Über eine Zusammenstellung der 4 Möglichkeiten informiert auch Abb. 197.

An die Stelle der Konfliktlösung treten also die Konfliktregelung, Konflikthandhabung oder das Konfliktmanagement (vgl. dazu auch Kirsch 1971b, S. 73, Krüger 1972, S. 28).

4.5. Ausgewählte Studien der Konfliktforschung

Ein besonderes Interesse haben in der Literatur zwei Untersuchungen gefunden, die sich mit verschiedenen Möglichkeiten beschäftigen, Konflikten

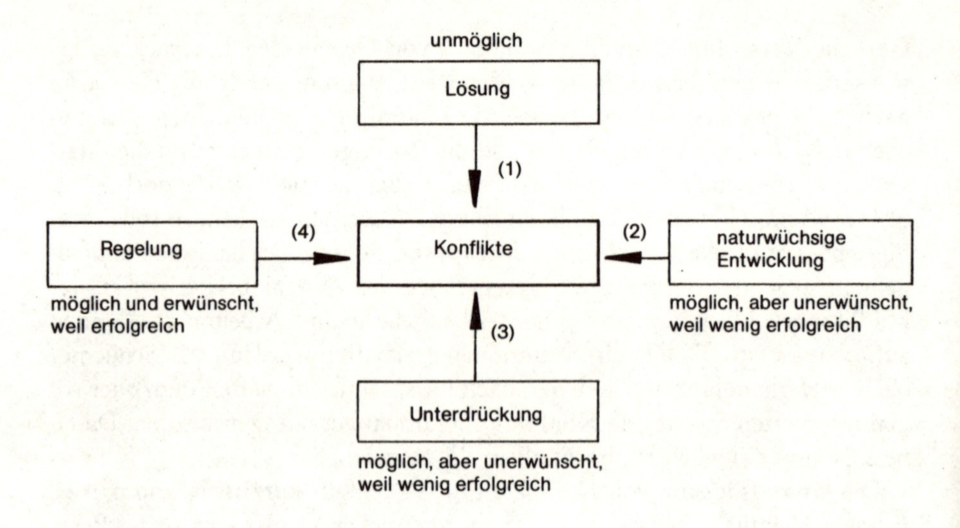

Abb. 197: Vier Möglichkeiten, um Konflikte zu bewältigen (Quelle: Braun 1979a, S. 100)

zu begegnen. In der Studie von *Blake–Shepard–Mouton* (1964) werden in mehr *theoretischer* Weise neun verschiedene Formen betrachtet, sich mit Konflikten auseinanderzusetzen. In der Untersuchung von *Lawrence-Lorsch* (1967) dagegen dominiert das *empirische* Interesse daran, ob und in welchem Maße einzelne Möglichkeiten der Auseinandersetzung mit Konflikten auch wirklich sinnvoll sind. Dabei wird sich in der Tat eine Überlegenheit der Regelung von Konflikten herausstellen.

Analyse von Blake–Shepard–Mouton

Blake–Shepard–Mouton gehen von besonderen Situationen aus, die durch vier Fragen erfaßt werden können:

– Ist ein Konflikt umgehbar?	ja – nein
– Ist ein Interessenausgleich möglich?	ja – nein
– Wie ist das Konfliktverhalten?	aktiv – passiv
– Wie stark ist das zugrunde liegende Interesse am Problem?	stark – schwach

Entsprechend den gewonnenen Situationen lassen sich insgesamt neun verschiedene Möglichkeiten finden, um Konflikte »in den Griff zu bekommen«. Diese Möglichkeiten sind in Abb. 198 erfaßt.

Die neun Formen sollen kurz anhand von Beispielen erläutert werden: Gewinn- und Verlustmachtkämpfe (1) führen zu einem Nullsummenspiel, »bei dem jede Partei ihre Vorstellungen auf Kosten der anderen durchzusetzen versucht« (Esser 1975, S. 123). Dazu können Verhaltensweisen von Vorge-

	Konflikt unumgehbar Interessenausgleich unmöglich	Konflikt umgehbar Interessenausgleich unmöglich	Konflikt unumgehbar Interessenausgleich möglich	
aktiv	Gewinn-Verlust-Macht-kämpfe (forcing) (1)	Rückzug (withdrawel) (4)	Problemlösen (confrontation) (7)	starkes Interesse
↕	Dritt-Parteien-Urteil (2)	Isolation (5)	Teilen des Streitwertes (compromise) (8)	↕
passiv	Zufallsurteil (3)	Indifferenz bzw. Ignoranz (6)	Friedliche Koexistenz (smoothing) (9)	schwaches Interesse

Abb. 198: Neun Möglichkeiten, Konflikte zu bewältigen (nach Blake–Shepard–Mouton) (Quelle: Braun 1979a, S. 106)

setzten bei vertikalen Konflikten gehören. Ein Dritt-Parteien-Urteil (2) meint z.B. die Rolle des Schlichters bei Tarifkonflikten zwischen Arbeitgebern und Arbeitnehmern, während bei dem Zufallsurteil (3) etwa das Los als entscheidungsfindende Instanz bemüht wird. Bei Rückzug und Isolation werden Beziehungen zwischen agierenden Einheiten abgebrochen, was sich bei der Form des Rückzugs (4) als Kontaktvermeidung, Versetzung oder Ausscheiden aus der Unternehmung konkretisieren kann. »Die Verhaltensform des Rückzugs ist bevorzugt bei solchen Konfliktparteien anzutreffen, die aus früheren oder vorangegangenen Machtkämpfen als Verlierer hervorgingen« (Krüger 1972, S. 104). Isolation (5) dagegen wird typischerweise von der Position eines Gewinners aus betrieben. »Es findet eine Abschirmung gegen potenitelle Gegner statt...« (Krüger 1972, S. 105), z.B. dann, wenn ›Abteilungszäune‹ aufgestellt werden. Bei indifferenten Verhaltensweisen werden Konflikte bewußt verleugnet, während sie bei Ignoranz (unbewußt) gar nicht erst identifiziert werden (6). Beim Problemlösen (7) geht es um eine rationale Auseinandersetzung mit Konflikten, bei dem Teilen des Streitwertes (8) um eine kompromißhafte Form der Handhabung und schließlich bei der friedlichen Koexistenz (9) um ein friedliches Zusammenleben von Konfliktpartnern dergestalt, daß keine Diskussion über die Streitpunkte stattfindet. Diese werden bewußt überspielt und Freundlichkeiten da gesucht, wo es am einfachsten ist. Zwischen den Formen gibt es mannigfache Beziehungen, auf die an dieser Stelle aber nicht eingegangen werden kann.

Wenn an der Abb. 197 über die vier grundsätzlichen Möglichkeiten angeknüpft wird, so ist folgendes festzuhalten: Das Problemlösen ist der Versuch,

Probleme *vernünftig zu regeln*; bei Gewinn-Verlust-Machtkämpfen handelt es sich um Formen der *Unterdrückung*; die Verhaltensweisen der Indifferenz oder Ignoranz schließlich können zu einem *naturwüchsigen Weiterentwickeln* der Konflikte führen. Kritisch ist zu der Abb. 198 zu bemerken, daß sie suggeriert, daß es für eine Situation jeweils nur *eine* Form gibt. Außerdem findet keine empirische Absicherung statt; es wird keine Auskunft darüber gegeben, ob die einzelnen Formen wirkungsvoll sind oder nicht.

Analyse von Lawrence–Lorsch

Demgegenüber sind *Lawrence–Lorsch* um eine empirische Überprüfung bemüht. Sie beziehen sich auf Intergruppenkonflikte zwischen betrieblichen Abteilungen. Dabei untersuchen sie 6 Unternehmungen der Plastikindustrie und je 2 Unternehmungen der Nahrungsmittel- bzw. Containerindustrie (vgl. Braun 1979a, S. 108). An speziellen Formen werden von Lawrence–Lorsch das Problemlösen (als Regelungsform), das Erzwingen von Entscheidungen (als Unterdrückungsmaßnahme) und das Zusammenleben nach der Art der friedlichen Koexistenz (als Gewährenlassen der Konflikte) betrachtet. Es zeigte sich, daß das Problemlösen gegenüber den beiden anderen Formen eher zu einer Erfüllung gewünschter Ziele führt. Lawrence–Lorsch (1967, S. 76ff.) kommen zu dem Ergebnis, daß Plastikunternehmungen in dynamischer und komplexer Umwelt mit hoher ökonomischer Leistungsfähigkeit signifikant stärker die Regelungsform der Problemlösung anwenden als die beiden anderen Formen. Man kann daraus einen allgemeinen Schluß ziehen und folgende Hypothese aufstellen: Wenn Unternehmungen die Methode des Problemlösens zur Regelung von Konflikten anwenden, dann wird ihre ökonomische Leistungsfähigkeit steigen, vorausgesetzt sie agieren in komplexen und dynamischen Umwelten. Allerdings handelt es sich dabei um eine relativ schwach empirisch fundierte Hypothese, da das empirische Material der Lawrence–Lorsch-Studie wohl kaum ausreicht, um die Hypothese im strengen Sinne zu bewähren. Gerade die direkte Ursache-Wirkung-Beziehung zwischen Problemlösen und hoher Leistungsfähigkeit ist problematisch, da auch der umgekehrte Zusammenhang denkbar ist, wonach es sich leistungsfähige Unternehmungen leisten können, diese Methode einzusetzen.

Die konkrete Auswahl von Mechanismen der Konfliktbewältigung und ihre innere Ausgestaltung ist u.a. von der Machtposition der Konfliktpartner abhängig. Ein *mächtiger* Konfliktpartner etwa könnte versucht sein, den Konflikt im Sinne eines Gewinn-Verlust-Kampfes zu beenden und die Meinung des anderen zu unterdrücken, was sich allerdings auf die Dauer gesehen kaum auszahlt, so daß auch hier Formen der Konfliktregelung eine Bedeutung besitzen. Demgegenüber werden *gleich mächtige* Konfliktpartner schon von vornherein eher Formen der vernünftigen Regelung in beiderseitigem Interesse einsetzen. Damit sind Machtfragen angeschnitten, die im nächsten Kapitel vertieft werden.

5. Macht in Organsiationen*

Im Rahmen des sozialen Entscheidungsprozesses ist Macht darauf gerichtet, Entscheidungen in eine erwünschte Richtung zu lenken, unabhängig davon, ob es sich um die Finalentscheidung oder »kleinere« oder »größere« Entscheidungen in irgendeiner Phase des Entscheidungsprozesses handelt. Ein Individuum oder eine Gruppe hat demnach *Macht* über ein anderes Individuum, »wenn sie das Individuum dazu veranlassen kann, seinen Entscheidungen Informationen als Entscheidungsprämissen zugrunde zu legen, die es sonst nicht in seine Definition der Situation aufnehmen würde« (Kirsch 1971b, S. 186). Folgendes ist über das Zitat hinaus zu bemerken: Auch eine Gruppe kann das Objekt der Machtaktivitäten sein, etwa wenn es beabsichtigt ist, ein Entscheidungskollegium zur Übernahme bestimmter Informationen zu bewegen, so daß die Informationen in die gruppenspezifische »Definition der Situation« aufgenommen werden. Sowohl diejenigen, die Macht ausüben (Machthaber), als auch diejenigen, die den Machtaktivitäten unterworfen sind (Machtunterworfene), können demnach Individuen oder Gruppen sein. Wichtig ist auch, darauf hinzuweisen, daß dem Machthaber nur dann Macht zugesprochen werden soll, wenn er in bewußter Weise, also beabsichtigt oder zielorientiert, den Machtunterworfenen zur Akzeptanz bestimmter Entscheidungsprämissen bewegen kann.

Definition der Macht

Die Annahme der Entscheidungsprämissen erreicht der Machthaber durch den Einsatz von *Machtmitteln***. Diese sind an die Verfügbarkeit von *Machtgrundlagen* (oder Machtbasen) gebunden. Im allgemeinen können *vier* Machtgrundlagen unterschieden werden, aufgrund derer unterschiedliche Machtmittel eingesetzt werden können (vgl. dazu auch teilweise Steinle 1978, S. 130ff., Kirsch 1971b, S. 183ff., Lindblom 1965, S. 66ff.).

Machtmittel – Machtgrundlagen

5.1. Machtgrundlagen

Macht durch Sanktionen

Bei der Macht durch Sanktionen weiß der Machtunterworfene, »daß die Annahme bzw. Ablehnung der potentiellen Entscheidungsprämissen mit positiven bzw. negativen Sanktionen, d.h. mit Belohnungen oder Bestrafungen,

* Siehe zu Folgendem Braun (1980, S. 245ff.).

** Mit dem Einsatz von Machtmitteln liegt eine *Manipulation* des Machtunterworfenen im weiteren Sinne vor. Manipulation im engeren Sinne ist dann gegeben, wenn der Machtunterworfene die Manipulation nicht bemerkt oder aber nicht weiß, wer ihn beeinflußt bzw. welche Methoden dieser anwendet (vgl. dazu Kirsch 1971b, S. 196).

Potentielle Macht

verbunden ist« (Kirsch 1971b, S. 207). Eine derartige Sanktionsmacht kann schon wirksam werden, wenn der Machtunterworfene nur vermutet, daß sie vorliegt. Es handelt sich um *potentielle Macht* durch Sanktionen. Sie kann z.B. in hierarchischen Positionen bzw. Kompetenzen verkörpert sein. Daneben können positive Sanktionen durch Versprechungen und negative Sanktionen durch Drohungen angekündigt werden. In einem solchen Falle liegt eine *angekündigte Sanktionsmacht* vor. Wurden schon längere Zeit keine Drohungen bzw. Versprechungen mehr in die Realität umgesetzt, so muß die Macht durch Sanktionen aktiviert werden, um die Glaubwürdigkeit nicht zu verlieren. Damit ist die *aktivierte Macht* angesprochen. Werden schließlich die Drohungen und Versprechungen wahrgemacht und die Belohnungen und Bestrafungen vollzogen, so spricht man von *aktueller Macht.*

Angekündigte Macht

Aktivierte Macht

Aktuelle Macht

Bedingte Kompensationen – Unbedingte Kompensationen

Die Bestrafungen und Versprechungen sind als *bedingte Kompensationen* aufzufassen. Sie werden vollzogen, *wenn* sich der Machtunterworfene entsprechend verhält. Demgegenüber sind auch *unbedingte Kompensationen* möglich (vgl. dazu Kirsch 1971b, S. 219f.). Man gewährt etwa Entwicklungshilfe ohne jede Bedingung in der Hoffnung, daß trotzdem der Machtunterworfene (das Empfängerland) eine vom Machthaber (dem Geberland) gewünschte Entscheidung trifft. Insofern können sich unbedingte Kompensationen im nachhinein trotzdem wieder als bedingte Kompensationen erweisen.

Reziprozitätsnorm

Eng mit Versprechungen verknüpft ist auch die sog. *Reziprozitätsnorm*, die eine allgemeine Anerkennung findet. Man gibt danach eine Leistung und weiß, daß der andere diese Leistung nur akzeptiert, weil er zu einer gegebenen Zeit selbst eine Gegenleistung zu geben sich verpflichtet fühlt. Darauf kann man als Machthaber bauen. Hat der Machthaber früher eine Leistung erbracht, so kann der Machtunterworfene daran erinnert werden. Andererseits kann zum gegenwärtigen Zeitpunkt eine Konzession vom Machtunterworfenen erwartet werden, wobei der Machthaber zu verstehen gibt, daß er die Reziprozitätsnorm akzeptiert und zukünftig danach handelt.

Wenn die vier angesprochenen »Aggregatzustände der Macht« (Krüger 1976, S. 7f.) zusammengefaßt werden, so gilt Abb. 199. Diese informiert über die sachliche Verknüpfung der vier »Aggregatzustände«.

Die vier »Aggregatzustände der Macht« sind grundsätzlich auch bei den weiteren Machtgrundlagen anzuwenden, ohne daß dies allerdings im Detail vollzogen werden soll.

Wenn die Kosten der Machtmittel eine Rolle spielen, so kann eines vermutet werden, nämlich daß die Kosten der Machtmittel, die zur potentiellen oder angekündigten Macht gehören, niedriger sein werden als die Kosten der Machtmittel, die für die aktivierte und aktuelle Macht typisch sind (vgl.

dazu auch Krüger 1976, S. 134ff.). Drohungen und Versprechungen auszusprechen ist billiger als Drohungen und Versprechungen wahr zu machen.

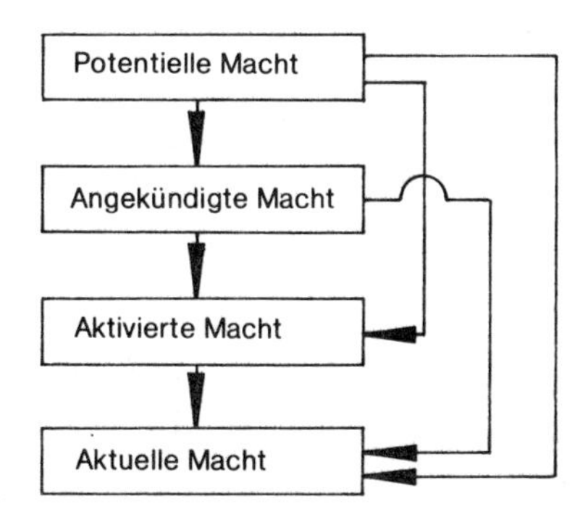

Abb. 199: »Aggregatzustände der Macht«

Macht durch Verfügung über Informationen

Die nächste Machtgrundlage ist mit der *Macht durch Verfügung über Informationen* gegeben. Der Machthaber (der Experte) besitzt ein Wissen, das eine Rolle im Entscheidungsprozeß spielen kann. Unter anderem kann man es benützen, um den Machtunterworfenen zu überzeugen bzw. zu überreden. Von *Überzeugung* kann dann gesprochen werden, wenn es dem Experten gelingt, die anstehenden Entscheidungsprämissen »als solche« plausibel zu machen. Dazu können sog. Primärinformationen weitergeleitet werden. Diese stellen eine Verbindung zwischen den potentiellen Entscheidungsprämissen und dem Wissen her, das der zu Überzeugende bereits besitzt. Man versucht, die potentiellen Entscheidungsprämissen in sein Netzwerk kognitiver Elemente einzuordnen. Von *Überreden* kann demgegenüber gesprochen werden, wenn zusätzliche Informationen Verwendung finden, die sich auf die Person des Machthabers und auf spezielle Umstände des Ortes, der Zeit usw. beziehen. Es handelt sich dann um Sekundärinformationen (vgl. dazu Kirsch 1971b, S. 202, 222f.).

Überzeugung

Überredung

Macht durch Legitimation

Ist Legitimation die Machtgrundlage des Machthabers, dann konzediert ihm der Machtunterworfene das Recht auf Machtausübung und ist bereit, seinen Anordnungen zu folgen. Legitime Macht kann vor allem Positionsinhabern in einer Organisation, aber auch Experten zugeschrieben werden. In diesem Fall verkörpern *»Positionsmacht«* und *»Expertenmacht«* eine legitime

Macht. Bei der Expertenmacht ist eine enge Beziehung der Macht zur Verfügung über Informationen gegeben. Bei der Positionsmacht liegt eine enge Verbindung zur Macht durch Sanktionen vor.

Autorität

Es kann davon ausgegangen werden, daß legitime Macht ihren Vertretern *Autorität* zuweist. Kommt von derartigen »Autoritäten« eine Information, so kann sie vom Machtunterworfenen routinemäßig akzeptiert werden (vgl. dazu Kirsch 1971b, S. 203). Der Hinweis auf den Absender der Information stellt so gesehen ein Machtmittel dar, um die Akzeptanz der Entscheidungsprämissen zu erhöhen.

Macht durch Identifikation

Bei der Macht durch Identifikation resultiert die Bereitschaft, potentielle Entscheidungsprämissen zu akzeptieren, daraus, den Machthaber als Vorbild anzuerkennen und ihm nachzueifern.

Wechselseitige Manipulationen

Verhandlungen

Debatte

Aushandeln

Integrative Verhandlungen – Distributive Verhandlungen

Bislang wurde unterstellt, daß der Machtunterworfene seine Rolle akzeptiert. Er kann aber auch selbst versuchen, zum Machthaber zu avancieren und manipulative Gegenmaßnahmen zu ergreifen. Solche Prozesse *wechselseitiger* Manipulation können nacheinander vollzogen werden, aber auch mehr oder weniger simultan erfolgen. In einem solchen Falle finden *Verhandlungen* statt (vgl. dazu Lindblom 1965, S. 71). Verhandlungen können durch die Anwendung zahlreicher und unterschiedlicher Machtmittel gekennzeichnet sein. Sonderformen der Verhandlung liegen vor, wenn die Beteiligten die gleichen Taktiken verwenden. Eine *Debatte* oder eine *parteiische Diskussion* ist dann gegeben, wenn man sich der Taktik des Überzeugens oder Überredens bedient. Das *Aushandeln* (bargaining) bezieht sich dagegen auf den Einsatz von Drohungen und Versprechungen. Während es bei Debatten möglich erscheint, einen gewissen Konsens zu erreichen, kann das Aushandeln zum Auseinanderstreben der Meinungen führen. In diesem Sinne sind Debatten als *integrative* Verhandlungen zu verstehen, während das Aushandeln zu *distributiven* Verhandlungen gehört.

5.2. Macht und Konflikt

Es liegt auf der Hand, nach einer Verknüpfung der Macht mit einem anderen bedeutenden sozialwissenschaftlichen Begriff, dem des Konfliktes, zu fragen. Geht man dabei von der Definition des Machtbegriffes aus, so wird man informiert, daß Entscheidungsprämissen über den Einsatz von Machtmitteln zustande kommen sollen, die so nicht zustande gekommen wären. Das bedeutet natürlich, daß ein *Konflikt* vorliegt zwischen dem, was der

Machtunterworfene eigentlich tun will oder tut und dem, was der Machthaber intendiert, daß es der andere tun sollte. Um den Konflikt in dem Sinne des Machthabers zu beenden, setzt dieser dann seine Machtmittel ein. Machtmittel sind demnach auch als spezielle Formen zu verstehen, Konflikten zu begegnen. Sie führen zu einer »Unterwerfung« des Machtlosen. Konflikte sind demnach eine notwendige Voraussetzung für das Bestehen einer Machtbeziehung, wobei diese Konflikte dann im Sinne des Machthabers beendet werden. Es ist allerdings zu vermuten, daß es zu einer von allen Konfliktpartnern akzeptierten dauerhaften *Regelung von Konflikten* nur kommt, wenn die beteiligten Personen

- mehrere Rollen spielen und sowohl Machthaber als auch Machtunterworfene sein können, so daß mehrere Sieger die Verhandlung verlassen können,
- neben dem Einsatz von Machtmitteln auch zu anderen Instrumenten der Konfliktauseinandersetzung, d. h. zu speziellen Regelungsformen, greifen.

Bisher wurde gezeigt, daß Konflikte notwendige Bedingungen für das Bestehen einer Machtbeziehung und demzufolge Machtmittel auch als spezielle Form der Konfliktauseinandersetzung zu bewerten sind. Darüber hinaus kann das Bestehen einer Konfliktsituation aber auch die Folge einer Machtbeziehung sein. Das ist der Fall, der sogar ausdrücklich in *Dahrendorfs* Konflikttheorie vorgesehen ist (vgl. dazu Dahrendorf 1972, S. 26). Konflikte zwischen rangungleichen Partnern liegen nach Dahrendorf deshalb vor, da Herrschaftsbeziehungen bestehen. Herrschaft aber ist nichts anderes als institutionalisierte, im System verfestigte Macht. Zusammenfassend gilt deshalb, daß Machtmittel zur Bewältigung *von* Konflikten verwendet werden und gleichzeitig eine Quelle *für* Konflikte sein können.

5.3. Empirische Untersuchungen zur Macht im Stab-Linie-Modell*

Im weiteren soll an einer besonderen Organisationsform der Entscheidungsvorbereitung, dem Stab-Linie-Modell, die Wirkung der Macht im sozialen Entscheidungsprozeß gezeigt werden. Dazu beziehen wir uns auf Irle (1971).

Das Stab-Linie-Modell als eine spezielle Organisationsform der Entscheidungsvorbereitung behauptet eine personelle Trennung zwischen dem Entscheider und dem Entscheidungsvorbereiter. Stäbe sind Leitungs*hilfs*stellen (Kosiol) oder *Hilfsinstrumente* der Linie (Irle). Die Linie selbst trifft die end-

Stäbe

* Weitere empirische Untersuchungen zur Macht in Planungs- bzw. Entscheidungsprozessen sind bei Braun (1980, S. 257 ff.) beschrieben.

gültigen Entschlüsse. Zusätzlich zu diesen Merkmalen, die wohl eine Minimaldefinition des Stab-Linie-Modells ergeben, geht man davon aus, daß Stäbe, weil sie eine dienende Funktion besitzen, keinerlei Macht im Entscheidungsprozeß ausüben.

Irle zeigt nun, daß das in dieser Richtung verstandene Stab-Linie-Modell ein organisatorisches Prinzip darstellt, das so nicht realisierbar ist. Die Praxis widerlegt das Modell, da es Sachverhalte gibt, die im Lichte des Modells nicht sein dürfen. Anhand von drei empirischen Untersuchungen (mit Interviews, als casehistories und als Laborexperimente) wird eine (im Lichte des Prinzips) *illegitime Macht der Stäbe* festgestellt, die eine informationelle Abhängigkeit der Linie von Stab bewirkt. Es handelt sich um eine Macht, die auf Informationen gegründet ist (Informations- oder Expertenmacht) und zur Wahl einer Handlungsalternative bei der Linie führt, die »den Intentionen einer Instanz folgt, die nicht mit dem Entschließenden identisch ist« (Irle 1971, S. 210). Wichtig ist hierbei das Vorfeld der Entscheidungsvorbereitung, wo es um die Definition der Situation geht und um die Selektion von Informationen. Eine Selektion ist automatisch gegeben, da der Planer im Prozeß der Entscheidungsvorbereitung zahlreiche Teilentschlüsse trifft, die ihn in seinem weiteren Vorgehen binden und so den *Finalentschluß* der Linie im Grunde stark bestimmen. Irle plädiert deshalb für eine Ablösung des mit unerwünschten Konsequenzen verbundenen Stab-Linie-Modells durch die Konzeption einer *Task force*. Danach wirken alle Positionsinhaber, die als Experten gelten können, gleichberechtigt in einem Problemlösungsteam mit. Entschlüsse fallen in diesem Gremium, also dort, »wo das Informationsniveau optimal ist« und nicht in Stäben, die eine »illegitime informationelle soziale Macht« verkörpern.

Illegitime Macht der Stäbe

Irle hat in der Tat nachgewiesen, daß im Stab-Linie-Modell *potentielle Macht* für den Stab verkörpert ist, da dieser einen informatorisch bedingten Einfluß ausüben kann. Darüber hinaus hat er gezeigt, daß die potentielle Macht der Stäbe zu ihrer Aktualisierung »drängt«. Zu fragen ist natürlich, ob der Vorwurf der »illegitimen Informations-Macht« nicht als *abstufbar* gedacht werden muß und einige *Formen* des Stab-Linie-Modells mehr und andere weniger trifft. Hart wird dadurch die sogenannte completed-staff-work getroffen, die der Linie nur eine reine ja-nein-Entscheidung beläßt. Gibt es aber eine andere Form der Arbeitsteilung zwischen Stab und Linie, etwa dergestalt, daß mehrere Alternativpläne präsentiert werden, die darüber hinaus noch mit den zugrunde liegenden Prämissen an die Linie weitergegeben werden, so trifft der Vorwurf weniger zu. Gerade in diesem Falle ist jederzeit ein Rückverweis an den Stab möglich und zwar dann, wenn bestimmte Prämissen, etwa über zukünftige Entwicklungen, unplausibel erscheinen (vgl. zu Formen des Stab-Linie-Modells Braun 1979d, S. 6ff.).

Formen des Stab-Linie-Modells

Was ist nun letztlich mit den Ergebnissen von Irle bewiesen? Doch nur die Aussage, daß sich das Stab-Linie-Modell, so wie es von Irle dargestellt wird, als unrealisierbar erwiesen hat. Man kann nicht das Stab-Linie-Modell haben, ohne gleichzeitig die informationelle Macht der Stäbe. Die Tests von Irle sind also Tests auf Realisierbarkeit. Effektivitäts- oder Effizienztests sind damit – wie Irle aber nahezulegen scheint (Irle 1971, S. 209f.) – nicht verbunden. Man erhält keine Auskunft darüber, ob das Ergebnis der Entscheidung in irgendeiner Weise gut oder schlecht ist. Es kann ja durchaus sein, daß die von den Stäben geleistete »Reduktion der Komplexität« inhaltlich so vollzogen ist, daß gesamtunternehmungsbezogene Ziele erfüllt werden. Die »illegitime« Informationsmacht der Stäbe hätte also *funktionale* Konsequenzen. Macht ist demnach in diesem Falle positiv.

Mit der Darstellung des Stab-Linie-Modells und seiner Beziehung zu Machtproblemen im sozialen Entscheidungsprozeß sind die Elemente des Bezugsrahmens entwickelt. Im weiteren geht es darum, einzelne Ansätze herauszugreifen, die sich mit ausgewählten Problemen aus dem sozialen Entscheidungsprozeß auseinandersetzen. Dabei spielen die Elemente des Bezugsrahmens eine bedeutende Rolle, wenngleich nicht immer explizit auf sie eingegangen werden kann. Zunächst geht es um sozio-logische Ansätze der *Risikohandhabung in Gruppen* (Kapitel II) und um sozio-logische Ansätze der *Zielbestimmung in Organisationen* (Kapitel III). Es schließt sich die Analyse von *Konferenzmethoden* an, deren Kenntnis besonders bei der Abstimmung über die Finalentscheidung relevant wird (Kapitel IV). Außerdem sollen zwei in sich geschlossene Modelle vorgestellt werden, die den sozialen Entscheidungsprozeß mehr oder weniger in seiner Gesamtheit thematisieren: Gemeint ist die *Verhaltenstheorie der Unternehmung* von Cyert–March (1963, 1976, 1977) und das *Modell des Budgetierungsprozesses* in Anlehnung an Bamberger (1971) und Wildavsky (1964) (Kapitel V und VI).

Wiederholungsfragen

1. Was sind formale Positionen und formale Rollen in Organisationen? (S. 427ff.)
2. Welche Bedeutung besitzen Sozialisationsprozesse? (S. 428f.)
3. Worin unterscheiden sich Gruppen von Quasi-Gruppen? (S. 431f.)
4. Von welchen Annahmen geht das Koalitionsmodell der Unternehmung aus? (S. 432f.)
5. Welche Stufen sind für das Schema einer Konfliktepisode charakteristisch? (S. 435f.)
6. Welche Arten von Konflikten kennen Sie? (S. 436ff.)

7. Warum unterscheidet man zwischen funktionalen und dysfunktionalen Konflikten? (S. 438)
8. Durch welche Prinzipien ist die liberalistische Konflikttheorie gekennzeichnet? (S. 439)
9. Welche Möglichkeiten kennen Blake–Shepard–Mouton (1966), um Konflikte zu bewältigen? (S. 440 ff.)
10. Wie lautet die Definition der Macht im Rahmen der deskriptiven Entscheidungstheorie? (S. 443)
11. Erläutern Sie das Konzept der Machtgrundlagen. (S. 443 ff.)
12. Wie lauten die vier »Aggregatzustände der Macht«? (S. 444 f.)
13. Wodurch sind Verhandlungen gekennzeichnet? (S. 446)
14. In welcher Beziehung stehen Macht und Konflikt? (S. 446 f.)
15. Warum besitzen Stäbe eine illegitime Informationsmacht? (S. 448 f.)

Literaturverzeichnis

BAMBERGER, I. (1971): Budgetierungsprozesse in Organisationen. Dissertation, Mannheim 1971.

BLAKE, R.R. / SHEPARD, H.A. / MOUTON, J.S. (1964): Managing Intergroup Conflict in Industry. Houston 1964.

BRAUN, G.E. (1979a): Das liberalistische Modell als konzeptioneller Bezugsrahmen für Konfliktanalyse und Konflikthandhabung. In: Dlugos, G. (Hrsg.): Unternehmungsbezogene Konfliktforschung. Stuttgart 1979, S. 89–114.

BRAUN, G.E. (1979d): Der klassische Ansatz und der situative Ansatz in der Organisation der Planung. Diskussionsbeiträge Nr. 6 aus dem Fachbereich Wirtschaftswissenschaften, Universität Essen-GHS. Essen 1979.

BRAUN, G.E. (1980): Macht im Planungsprozeß – Ansätze und Kritik. In: Reber, G. (Hrsg.): Macht in Organisationen. Stuttgart 1980, S. 245–270.

CHMIELEWICZ, K. (1975): Arbeitnehmerinteressen und Kapitalismuskritik in der Betriebswirtschaftslehre. Reinbek bei Hamburg 1975.

CYERT, R.M. / MARCH, J.G. (1963): A Behavioral Theory of the Firm. Englewood Cliffs 1963.

CYERT, R.M. / MARCH, J.G. (1976): Die behavioristische Theorie der Unternehmung: Eine Verbindung von Verhaltensforschung und Wirtschaftswissenschaft. In: Grochla, E. (Hrsg.): Organisationstheorie, 2. Teilband. Stuttgart 1976, S. 360–372.

CYERT, R.M. / MARCH, J.G. (1977): Verhaltenstheorie der Unternehmung. In: Witte, E./Thimm, A. (Hrsg.): Entscheidungstheorie. Texte und Analysen. Wiesbaden 1977, S. 127–141.

DAHRENDORF, A. (1972): Konflikt und Freiheit. Auf dem Weg zur Dienstleistungsgesellschaft. München 1972.

DEUTSCH, M. (1976): Konfliktregelung. Konstruktive Prozesse und destruktive Prozesse. München 1976.

ESSER, W.-M. (1975): Individuelles Konfliktverhalten in Organisationen. Stuttgart/Berlin/Köln/Mainz 1975.

ESSER, W.-M. / KIRSCH, W. (1975): Konflikte im Betrieb. In: Gaugler, E. (Hrsg.): Handwörterbuch des Personalwesens. Stuttgart 1975, Sp. 1118–1125.

IRLE, M. (1971): Macht und Entscheidungen in Organisationen. Studie gegen das Linie-Stab-Prinzip. Frankfurt am Main 1971.

KIRSCH, W. (1971b): Entscheidungsprozesse, 3. Bd.: Entscheidungen in Organisationen. Wiesbaden 1971.

KIRSCH, W. / GABELE, E. / BAMBERGER, I., u.a. (1975): Planung und Organisation in Unternehmen. Bericht aus einem empirischen Forschungsprojekt. München 1975.

KOSIOL, E. (1980): Aufbauorganisation. In: Grochla, E. (Hrsg.): Handwörterbuch der Organisation. 2., völlig neu gest. Aufl., Stuttgart 1980, Sp. 179–187.

KRÜGER, W. (1972): Grundlagen, Probleme und Instrumente der Konflikthandhabung in der Unternehmung. Berlin 1972.

KRÜGER, W. (1976): Macht in der Unternehmung: Elemente und Strukturen. Stuttgart 1976.

KUBICEK, H. / THOM, N. (1976): Umsystem, betriebliches. In: Grochla, E./Wittmann, W. (Hrsg.): Handwörterbuch der Betriebswirtschaft. 4., völlig neu gest. Aufl., Stuttgart 1976, Sp. 3977–4017.

LAWRENCE, P.R. / LORSCH, J.W. (1967): Organization and Environment. Managing Differentiation and Integration. Boston 1967.

LINDBLOM, C.E. (1965): The Intelligence of Democracy. Decision Making through Mutual Adjustment. New York/London 1965.

PAUL, G. / SCHOLL, W. (1975): Der Einfluß von Partizipation und Mitbestimmung auf unternehmenspolitische Entscheidungsprozesse. Arbeitspapier, München 1975.

PFOHL, H.-C. (1981): Planung und Kontrolle. Stuttgart/Berlin/Köln/Mainz 1981.

PONDY, L.R. (1975): Organisationaler Konflikt: Konzeptionen und Modelle. In: Türk, K. (Hrsg.): Organisationstheorie. Hamburg 1975, S. 235–251.

v. ROSENSTIEL, L. (1980): Gruppen und Gruppenbeziehungen. In: Grochla, E. (Hrsg.): Handwörterbuch der Organisation. 2., völlig neu gest. Aufl., Stuttgart 1980, Sp. 793–804.

RÜEGG, W. (1969): Soziologie. Frankfurt am Main/Hamburg 1969.

SCHANZ, G. (1979): Konflikt in Wirtschaftsorganisationen: Methodische und theoretische Perspektiven. In: Dlugos, G. (Hrsg.): Unternehmungsbezogene Konfliktforschung. Stuttgart 1979, S. 69–87.

SCHEUCH, E.K. / KUTSCH, T. (1972): Grundbegriffe der Soziologie. Bd. 1: Grundlegung und elementare Phänomene. Stuttgart 1972.

STEINLE, C. (1978): Führung. Grundlagen, Prozesse und Modelle der Führung in der Unternehmung. Stuttgart 1978.

WEITZIG, J.K. (1979): Gesellschaftsorientierte Unternehmenspolitik und Unternehmensverfassung. Berlin/New York 1979.

WILDAVSKY, A. (1964): The Politics of the Budgetary Process. Boston 1964.

WITTE, E. (1976): Kraft und Gegenkraft im Entscheidungsprozeß. In: Zeitschrift für Betriebswirtschaft, 46 (1976), S. 319–326.

II. Sozio-logische Ansätze zur Risikoproblematik in Gruppen

Ein bedeutendes Problem einer sozial-psychologischen bzw. sozio-logischen Theorie des kollektiven Risikoverhaltens ist mit der *Risikohandhabung in Gruppen* gegeben (vgl. dazu Kupsch 1973, S. 151 und S. 282f. sowie Köhler 1976, S. 245ff.). Dabei wird unterstellt, daß die Gruppe eine wichtige Entscheidungseinheit in der Organisation bzw. der Unternehmung darstellt. Diese Ansicht wird beispielsweise von Heinen (1974b, S. 97ff.) geteilt, der Gruppen als wichtige betriebliche Grundeinheiten betrachtet.

Mit der Risikohandhabung in Gruppen ist der Sachverhalt gemeint, daß auch Gruppen eine Einstellung zum Risiko ausdrücken können, was sich in entsprechenden Entscheidungen niederschlagen kann. Wenn wir dabei Risikoeinstellungen bei Gruppenentscheidungen mit Risikoeinstellungen bei Individualentscheidungen vergleichen, so lassen sich drei mögliche Hypothesen entwickeln:

(1) Die Risikoeinstellung der Gruppe widerspiegelt den *Durchschnitt* derjenigen Risikoeinstellungen, die von den Entscheidungsträgern bei einer individuellen Problemlösung gewählt worden wären. Oder anders formuliert: Gruppenentscheidungen sind durch eine solche Risikoeinstellung gekennzeichnet, wie sie dem Durchschnitt der individuellen Werte entspricht.

Risikoschub bzw. Risikoverschiebung

Abgesehen von (1) kann auch der Sachverhalt eines *Risikoschubs* bzw. einer *Risikoverschiebung* auftreten. Eine Risikoverschiebung liegt dann vor, wenn sich die Gruppenentscheidungen durch eine andere Risikoeinstellung auszeichnen, als es dem Durchschnitt der individuellen Werte entspricht. Hypothesen über Risikoverschiebungen können einmal lauten:

(2) Gruppenentscheidungen sind risikofreundlicher als Individualentscheidungen

oder

(3) Gruppenentscheidungen sind risikoscheuer als Individualentscheidungen.

Alle drei Hypothesen sind im folgenden auf ihre empirische Bewährung zu überprüfen. Da es bislang keine bewährte Theorie des kollektiven Risikoverhaltens gibt, handelt es sich bei den vorgetragenen Argumenten allenfalls um Plausibilitätsargumente. Zur Stützung der Hypothese (1) geht man davon aus, daß in Gruppen die einzelnen vorgetragenen Meinungen und Ideen einem gegenseitigen kritischen Diskussionsprozeß ausgesetzt sind. Die Gruppe übt so eine Kontroll- und Ausgleichsfunktion aus (»check and balance«-Effekt), die eine Nivellierung der vorhandenen Risikoeinstellungen bewirkt. Danach sind vor allem diejenigen Argumente einer besonders kritischen Gruppendiskussion ausgesetzt, die stark von einer »durchschnittlichen« Risikoeinstellung abweichen. Ein allgemeines Konformitätsstreben wird also für die Unterstützung der Hypothese (1) angeführt.

Demgegenüber informieren die meisten experimentellen Untersuchungen, daß sich in Gruppen *signifikante Risikoverschiebungen* beobachten lassen (vgl. dazu Kupsch 1973, S. 294 und die dort angegebene Literatur). Oft ist es auch der Fall, daß sich im Gefolge derartiger Risikoverschiebungen die Risikoeinstellungen der einzelnen Gruppenmitglieder bei nachfolgenden Individualentscheidungen ändern. Die Risikoverschiebung in Gruppen bewegt sich in der Richtung, zunehmend risikofreudiger zu sein, wenngleich auch signifikante Verschiebungen zur Risikoscheu hin festgestellt werden konnten. Die Verschiebung zur Risikoscheu tritt allerdings in einer geringeren Häufigkeit auf.

Um die experimentell gewonnenen Ergebnisse zur Risikoverschiebung theoretisch zu ordnen, bieten sich theoretische Erklärungsmuster an, die sich untereinander teilweise ergänzen können. Eine in sich geschlossene und untereinander abgestimmte Theorie des kollektiven Risikoverhaltens aber gibt es gleichwohl nicht. Zur Erklärung einer Risikoverschiebung in Richtung zunehmender Risikofreude eignen sich drei Ansätze: Risikoverschiebung durch *Verantwortlichkeitsdiffusion*, durch *Problemgewöhnung* und durch risikofreudige *Gruppenführer. Werttheorien* dagegen vermögen beide Arten von Risikoverschiebungen zu erklären. Im folgenden sollen die theoretischen Ansätze dargestellt werden (vgl. dazu Kupsch 1973, S. 300ff., der die Ansätze auch kritisch beleuchtet).

Risikoverschiebung durch Verantwortlichkeitsdiffusion

Dieser Ansatz setzt voraus, daß es in Gruppen nicht gelingt, die Verantwortung (optimal) zu verteilen. Es liegt vielmehr eine mehr unstrukturierte Gruppe vor, in der die einzelnen Gruppenmitglieder ein gewisses Gefühl der Anonymität bezüglich der Verantwortlichkeit empfinden. Das Individuum kommt zu dem Schluß, daß alle Gruppenmitglieder an der Entscheidung mitgewirkt haben, so daß die eigene Verantwortlichkeit herabgesetzt wird. Das Argument »alle haben zur Entscheidung beigetragen« und »alle haben die Verantwortung zu tragen« aber verstärkt die Neigung, risikofreudige Entschlüsse einzugehen. Im Falle eines Mißerfolges ist eben nicht *ein* Gruppenmitglied verantwortlich zu machen, sondern entsprechend der Verantwortlichkeitsdiffusion die *gesamte* Gruppe, was auch immer das heißen mag. Es entsteht ein Wir-Gefühl der Gruppenmitglieder (Universalitätsempfinden), das Hand in Hand mit der Herabsetzung der individuellen Verantwortlichkeit geht (Deindividualisierung). Dieses Wir-Gefühl entsteht dabei in Gruppendiskussionen, die eine affektive Bindung an die Gruppe erzeugen. Gruppendiskussionen sind deshalb nach diesem Ansatz notwendig, um die Risikoverschiebung in Richtung stärkerer Risikofreude zu erreichen.

Risikoverschiebung durch Problemgewöhnung

Man geht davon aus, daß eine Gruppendiskussion die Mitglieder mit den anstehenden Problemen und Themen immer vertrauter macht. Man »gewöhnt« sich daran, daß Ungewißheiten und Mehrdeutigkeiten reduziert werden. Die Gruppenmitglieder bekommen einen immer zuverlässigeren, präziseren Überblick über die Thematik. Die Folge ist, daß sich die Gruppe risikofreudigere Entscheidungen zutraut, weil die Verlustgefahr besser abgeschätzt werden kann. So plausibel dieser Ansatz zunächst ist, so gefährlich ist seine Voraussetzung: Es kann nämlich nicht davon ausgegangen werden, daß die Verlustgefahren stets in eine für den Entscheidungsträger günstige Richtung präzisiert werden können oder Aktionen durch die Problemgewöhnung stets vorteilhafter als am Anfang erscheinen. Aus diesem Grunde ist der Erklärungswert dieses Ansatzes für die Risikoverschiebung kritisch zu betrachten.

Risikoverschiebung durch Gruppenführer

Eine Risikoverschiebung ist auch dahingehend zu erklären, daß risikofreudige Gruppenführer bei Kollektiventscheidungen letztlich dominieren. Allerdings stehen sich drei gegensätzliche Auffassungen in der Frage gegenüber, warum eine risikofreudige Person zum Gruppenführer wird. Die eine Position behauptet: Gruppenführer wird ein risikofreudiges Individuum, wenn es entsprechende persönliche Führungseigenschaften aufweist. Es handelt sich um die *Eigenschaftstheorie der Führung* (vgl. zu dieser Theorie in kritischer Weise Neuberger 1977, S. 87 ff.). Demgegenüber besagt die *Konfidenztheorie der Führung*, daß ein Individuum Gruppenführer wird, weil es grundlegende Gruppennormen akzeptiert und diese besser zum Ausdruck bringen und vertreten kann als andere Gruppenmitglieder. Der Gruppenführer besitzt das Vertrauen der anderen. Die Konfidenztheorie ist nun besonders in der Lage, den Gruppendiskussionen Rechnung zu tragen, die bereits als bedeutend herausgestellt werden. Es kann sich nämlich erst in einer Diskussion herausstellen, ob ein Gruppenmitglied das Vertrauen der anderen besitzt.

Eigenschaftstheorie der Führung

Konfidenztheorie der Führung

Eine dritte Auffassung schließlich kann als *»Theorie der Rhetorik des Risikos«* bezeichnet werden. Dieser Ansatz geht davon aus, daß aufgrund unserer Sprache Argumente für risikoreiche Handlungen mehr überzeugen als Vorsichtsargumente. »Zumindest in westlichen Kulturen erscheint diese ›Rhetorik des Risikos‹ dramatischer und reichhaltiger hinsichtlich der Wortwahl als die ›Rhetorik der Vorsicht‹« (Kelly–Thibaut 1969, S. 82 in der Übersetzung von Kupsch 1973, S. 307). Individuen, die risikoreiche Argumente vertreten,

»Theorie der Rhetorik des Risikos«

sind demnach mächtiger, weil sie allgemeine Werte vertreten, die besonders akzeptiert sind. Nach der »Theorie der Rhetorik des Risikos« wird man zum Gruppenführer, wenn man die in der Sprachstruktur enthaltene hohe Wertigkeit einer Risikofreude artikuliert.

Da die Führungstheorie primär auf Risikofreude als Gruppennorm eingestellt ist und auch die anderen vorgestellten Ansätze die Verschiebung zur Risikoscheu nicht berücksichtigen, ist eine Konzeption vorzustellen, die beiden Risikoverschiebungen gerecht zu werden vermag.

Risikoverhalten in den Werttheorien

Die werttheoretischen Konzeptionen gehen davon aus, daß die Gruppe zu der Risikoeinstellung findet, die von den meisten Mitgliedern dieser Gruppe schon als Individuen für wertvoll gehalten wird. Gibt es von den meisten Gruppenmitgliedern eine positive Einstellung zu einer hohen Risikoübernahme, so findet sich eine Risikoverschiebung in Richtung Risikofreude. Umgekehrt kann auch die Risikoverschiebung zur Risikoscheu hin erklärt werden, wenn bei den einzelnen Individuen überwiegend risikoscheue Einstellungen vorherrschen. Aus den verschiedenen Werttheorien sollen die *Überzeugungstheorie* und die *Theorie sozialer Vergleiche* herausgegriffen werden (vgl. dazu Kupsch 1973, S. 311 ff.).

Überzeugungstheorie

Die Überzeugungstheorie stellt die Gruppendiskussion in den Mittelpunkt. In der Diskussion werden überzeugende Argumente der jeweilig vertretenen Risikoeinstellung eingebracht. Auf diese Weise wird eine bereits vorhandene Mehrheit für einen bestimmten Wert verstärkt, in die gewünschte Richtung fortzufahren. Bestimmte Argumente in der Diskussion sind nicht deshalb attraktiv, weil die Sprachstruktur Vorteile setzt (wie etwa für die Risikofreude nach der Rhetoriktheorie), sondern weil die Mehrheit der einzelnen Mitglieder bestimmte Werte bevorzugt. Die ursprünglich vorhandenen Mehrheiten für Risikofreude oder -scheu werden verstärkt, weil die Diskussionsteilnehmer ihre eigene Position vertreten und die jeweils zustimmenden Argumente der anderen belohnen. Das führt wiederum dazu, daß immer mehr unterstützende Beispiele für den bevorzugten Wert eingebracht werden. Neben dieser Wertdominanz gehören aber auch weitere Faktoren dazu, wie Überzeugungstechniken, Verhandlungsprozesse und spezielle Kommunikationssituationen, die letztlich auf die Überzeugbarkeit der Gruppenmitglieder einwirken (vgl. dazu auch S. 446).

Theorie sozialer Vergleiche

Nach der Theorie sozialer Vergleiche beurteilt sich ein Individuum im Verhältnis zu seinen Vergleichspersonen. Dabei schätzt man sich meist etwas besser ein als die Bezugspersonen. Ein Individuum schätzt sich demnach bei einer hohen Wertigkeit der Risikoübernahme risikofreudiger ein als andere risikofreudige Personen. Bei positiv beurteiltem Vorsichtswert hält sich ein

Individuum für vorsichtiger als seine auch vorsichtigen Gruppenkollegen, die ja als Vergleichspersonen fungieren. In den Gruppendiskussionen erfolgt ein Informationsaustausch über die zugrundeliegenden Risikoeinstellungen. Dabei resultiert die Korrektur des ursprünglichen Urteils, wonach sich etwa die risikofreudigen Personen für risikofreudiger halten als andere. Sie werden zwar ihre ursprüngliche Risikoeinstellung (wegen der Vergleichsprozesse) bewahren, wenngleich auf einem reduzierten Niveau. Umgekehrt werden die anderen Personen, die sich mit ihrer Risikoeinstellung in der Minderheit befinden, durch Vergleichsprozesse dazu gebracht, den Standpunkt der Mehrheit einzunehmen. Auf diese Weise erklären die Werttheorien beide Ausprägungen einer Risikoverschiebung in Gruppen, obgleich nicht geklärt ist, unter welchen Bedingungen von vornherein eine Mehrheit der Individuen für Risikofreude bzw. Risikoscheu als erwünschter Wert eintritt.

Wiederholungsfragen

1. Was versteht man unter dem Sachverhalt der Risikoverschiebung in Gruppen? (S. 452)
2. Die Risikoverschiebung kann durch verschiedene theoretische Ansätze erklärt werden. Welche Ansätze gibt es und worin unterscheiden sie sich? (S. 453 ff.)
3. Welcher theoretische Ansatz erscheint Ihnen am fundiertesten? (S. 453 ff.)

Literaturverzeichnis

Heinen, E. (1974 b): Neue Denkansätze in der entscheidungsorientierten Betriebswirtschaftslehre. In: Der österreichische Betriebswirt, 24 (1974), S. 97–107.

Kelley, H.H. / Thibaut, J.W. (1969): Group Problem Solving. In: Lindzey, G./ Aronson, E. (Hrsg.): The Handbook of Social Psychology, Bd. 4, 2. Aufl., Massachusetts u. a. 1969, S. 1–101.

Köhler, H. (1976): Die Effizienz betrieblicher Gruppenentscheidungen. Bochum 1976.

Kupsch, P.U. (1973): Das Risiko im Entscheidungsprozeß. Wiesbaden 1973.

Neuberger, O. (1977): Organisation und Führung. Stuttgart/Berlin/Köln/Mainz 1977.

III. Sozio-logische Ansätze der Zielbestimmung: Zielbildung, Zielanpassung und Zielsicherung organisationaler Ziele

1. Einführung

Die sich auf eine gesamte Organisation beziehenden Ziele sind nicht einfach gegeben, sondern entstehen in einem umfassenden Prozeß. Daneben wandeln sie sich und werden notwendigen Entwicklungen angepaßt. In beiden Fällen müssen Ziele auch gegen widerstreitende Tendenzen abgesichert werden. *Zielbildung, Zielanpassung* und *Zielsicherung* sind so die zentralen Themen sozio-logischer Ansätze der Zielbestimmung. Unter Zielbildung oder Zielsetzung sind diejenigen Prozesse zusammengefaßt, die zu einer Zielvorstellung bzw. zu einem Zielsystem führen. Es ist dabei zu klären, wie Organisationsteilnehmer zusammenwirken, so daß letztlich Ziele der Organisation resultieren. Das Problem bei der Zielanpassung besteht darin, herauszufinden, wie sich die einmal gefundenen Ziele im Zeitablauf ändern. Dabei soll untersucht werden, wie sich die Anspruchsniveaus von gegebenen Zielgrößen verschieben. In erwerbswirtschaftlichen Organisationen ist etwa der Gewinn eine besondere Steuerungsgröße, die einen zeitlich überdauernden Charakter besitzt. Veränderungen dagegen sind bei der jährlichen Fixierung der Höhe des Zielausmaßes zu beobachten. Diese Veränderung gilt es deshalb zu erklären. Ein zusätzlicher Sachverhalt ist mit der Zielsicherung angesprochen. Darunter soll der Prozeß verstanden werden, der auf die Absicherung von Zielen gegen konfligierende Ziele anderer unter Einsatz bestimmter Strategien hinausläuft (vgl. dazu und für das Folgende Dlugos–Dorow–Grunwald–Lilge–Wondracek 1979, S. 4ff.). Die Zielsicherung ist dabei ein Mechanismus, der sowohl bei der Zielentstehung als auch bei der Zielanpassung wirksam wird und der deshalb gesondert herausgestellt werden soll. Es gilt, die *politische* Dimension von Zielsicherungsprozessen zu erkennen. Die in diesem Zusammenhang aufgeworfenen Probleme stimmen weitgehend mit den konstitutiven Problemen der Politologie überein: der Absicherung von individuellen Zielen und Gruppenzielen sowie Zielen des Staates gegen kollidierende Verhaltensweisen anderer und der Einsatz von Macht- und Konfliktstrategien dazu. Die politische Dimension ist für den gesamten Prozeß der Zielbestimmung bedeutsam. Auf diese Weise wird deutlich, daß die Festlegung der wertenden Entscheidungsprämissen als Teil des gesamten Entscheidungsprozesses von politischen Faktoren durchsetzt ist.

Zielbildung

Zielanpassung

Zielsicherung

Bei der Analyse der Zielbestimmung ist eines bedeutsam: Ein auf die gesamte Organisation ausgerichtetes Ziel entsteht im Zusammenspiel der einzelnen Organisationsteilnehmer und nicht als Ausfluß *der* Organisation. Wir

Kollektivismus – Individualismus

grenzen uns damit von einem (methodologischen) *Kollektivismus* ab und gehen bei der Analyse der Zielsetzung, aber auch bei Zielanpassung und Zielsicherung von einzelnen Individuen aus. Es handelt sich um den (methodologischen) *Individualismus.* Das Adjektiv ›methodologisch‹ weist daraufhin, daß der Individualismus zur Richtschnur der Analyse wird (vgl. dazu Schanz 1977, S. 67 ff. und kritisch Reber 1978, S. 83 ff.). An der Zweckmäßigkeit des (methodologischen) Individualismus ändert sich auch nichts, wenn wir später Gruppen als Zwischenglieder in den Zielbildungsprozeß zwischen Individuen und der Organisation »einschieben«. Denn auch Gruppen gibt es nicht »an sich«, sondern nur durch die Beteiligung der Gruppenmitglieder.

2. Prozeß der Zielbildung

Im Prozeß der Zielbildung sind 3 verschiedene Arten von Zielen *in der* Organisation zu unterscheiden (vgl. dazu Kirsch 1971 b, S. 129, 142). Zunächst einmal gehören die individuellen Ziele der Organisationsteilnehmer dazu, die in engem Zusammenhang mit ihren unbefriedigten Bedürfnissen stehen. Sie können als *Individualziele* bezeichnet werden. Entsprechend dem methodologischen Individualismus werden im weiteren Ziele der Individuen eine bedeutende Rolle spielen.

Individualziele

Um dafür Sorge zu tragen, daß die Individualziele erfüllt werden, richten die Organisationsteilnehmer Forderungen an die Organisation. Die Organisation ihrerseits soll danach bestimmte Ziele anstreben, die letztlich garantieren sollen, daß Individualziele befriedigt werden können. Diese Forderungen sind *Ziele für die Organisation.* Zu offiziellen *Zielen der Organisation* aber werden sie erst, wenn dazu legitimierte Kernorgane der Organisation sie autorisieren und als verbindlich erklären. In dem organisationalen Prozeß der Zielbildung werden dabei Konflikte und Machtprozesse erkennbar. Der Prozeß selbst ist in Abb. 200 dargestellt.

Ziele für die Organisation – Ziele der Organisation

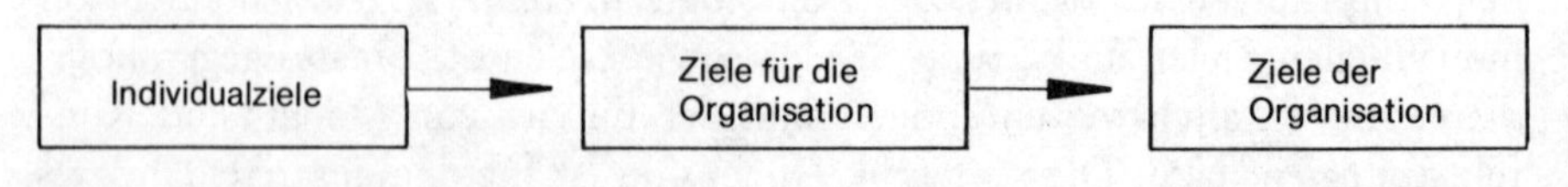

Abb. 200: Zielarten

Es kann davon ausgegangen werden, daß ein Einfluß der Individuen in der Organisation um so eher erfolgversprechend ist, je mehr die Individuen in besondere Gruppen eingebettet sind und als Gruppenmitglieder handeln. Dabei können wir *formal* von der Organisation und der Unternehmungs- oder Organisationsverfassung vorgesehene Gruppen von *informalen* Gruppen unterscheiden. Zu formalen Gruppen gehören etwa Abteilungen in Unternehmungen, aber auch die Organe nach dem geltenden Betriebsverfassungs- bzw. Mitbestimmungsgesetz. Informale Gruppen dagegen entwickeln sich spontan in einer Organisation und beruhen auf persönlicher Beziehung ihrer Mitglieder.

Individualziele

Bei allen Gruppen lassen sich ebenfalls die 3 Zielbegriffe unterscheiden, die wir bereits kennen (vgl. dazu auch Kirsch 1971b, S. 140f.). Das Individuum hat weiterhin *Individualziele.* Es versucht, seine Individualziele in den Gruppenprozeß einzubringen und *fordert* die Gruppe auf, solche Ziele zu vertreten, die letztlich dazu führen, daß die Individualziele realisiert werden können. Das Individuum formuliert also *Ziele für die Gruppe*, die gegebenenfalls zu *Zielen der Gruppe* werden. Versteht sich ein Individuum als Gruppenmitglied, so hat es eine größere Macht, seine Individualziele in der Organisation durchzusetzen. Zu beachten ist deshalb, daß sich in den Prozeß der organisationalen Zielbildung, so wie er in Abb. 200 erfaßt ist, Gruppenprozesse »einschieben«*. Das zeigt auch Abb. 201.

Ziele für die Gruppe – Ziele der Gruppe

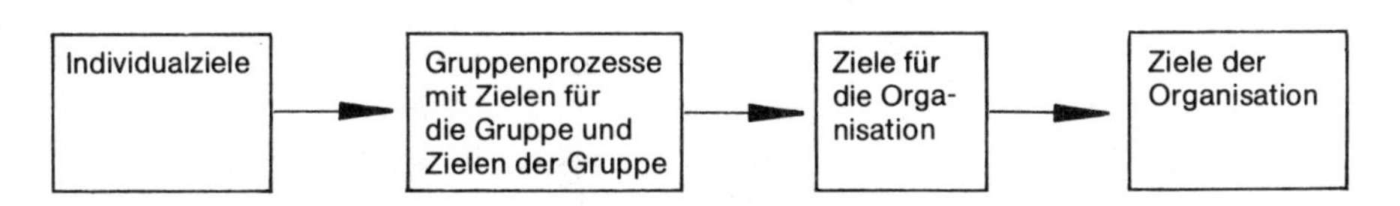

Abb. 201: Zielarten

Dadurch wird der gesamte Zielbildungsprozeß komplizierter, da weitere Prozeßbeteiligte existieren. Jetzt kann das Individuum zusammen mit einer Gruppe versuchen, Ziele für die Organisation zu formulieren.

Im folgenden soll auf die Arten der Ziele näher eingegangen werden.

Individualziele

Anreiz-Beitrags-Theorie

Jedes Individuum in einer Organisation oder Koalition** empfängt *monetäre Anreize*, wie etwa Geld, bzw. *nicht-monetäre Anreize*, wie etwa Anerkennung. Daneben aber sieht sich das Individuum gezwungen, *Beiträge* in der Organisation zu leisten. Im Lichte seiner Individualziele, die sich auf die Organisation beziehen, werden Anreize positiv, Beiträge dagegen negativ eingeschätzt. Nach der Anreiz-Beitrags-Theorie ist das Individuum bestrebt, zwi-

* Quasi-Gruppen werden im Zielbildungsprozeß nur dann eine Rolle spielen, wenn sich jemand zu ihrem Sprachrohr erklärt. So beanspruchen etwa die Gewerkschaften (als Gruppe), die Ziele der Arbeitnehmer (als Quasi-Gruppe) zu vertreten.

** Zum Koalitionsbegriff vgl. S. 432 f.

schen Anreizen und Beiträgen ein Gleichgewicht herzustellen. Das geht auch aus einer allgemeinen Charakterisierung der Anreiz-Beitrags-Theorie hervor (Simon–Smithburg–Thompson 1974, S. 381 f. in der Übersetzung von Kirsch 1971 b, S. 31)*:

»1. Eine Organisation besteht aus einem System sich wechselseitig beeinflussender sozialer Verhaltensweisen von Personen, die wir die Teilnehmer der Organisation nennen.
2. Jeder Teilnehmer und jede Gruppe von Teilnehmern erhält von der Organisation Anreize. Dafür leisten sie an die Organisation Beiträge.
3. Jedes Mitglied wird seine Teilnahme an der Organisation nur so lange fortsetzen, als die ihm angebotenen Anreize so groß oder größer sind – gemessen in Einheiten seiner Werte und der ihm zur Verfügung stehenden Alternativen – als die von ihm geforderten Beiträge.
4. Die Beiträge, die die verschiedenen Gruppen der Organisation leisten, sind die Quelle, der die Organisation die den Mitgliedern angebotenen Anreize entnimmt.
5. Eine Organisation ist folglich nur so lange ›solvent‹ und existenzfähig, als die Beiträge in genügendem Maße ausreichen, Anreize zu gewähren.«

Ist das Anreiz-Beitrags-Gleichgewicht aufgrund von Veränderungen vor allem in der Organisation gestört, so versucht das Individuum, Gegenmaßnahmen mit dem Ziel einzuleiten, das Gleichgewicht wiederherzustellen. Eine mögliche Maßnahme könnte darin bestehen, Einfluß auf die Organisation zu nehmen, um auf diese Weise das Gleichgewicht wiederzugewinnen (vgl. dazu Kirsch 1971 b, S. 130 ff.). Das Individuum möchte also die Organisation dahingehend beeinflussen, daß zukünftig seine Individualziele wieder erfüllt werden und das Anreiz-Beitrags-Gleichgewicht wieder existiert. Dazu meldet es Forderungen an die Organisation an, die oben als *Ziele für die Organisation* eingeführt wurden. Das Individuum kann dabei von Gruppen unterstützt werden.

Ziele für die Organisation

Kernorgane oder Kerngruppen

Diese Ziele richten sich an das Kernorgan oder die Kerngruppe einer Organisation. *Kernorgane* oder *Kerngruppen* sind solche Personen oder Personengruppen einer Organisation, die von der Unternehmungs- oder Organisationsverfassung speziell dazu legitimiert sind, abschließende Entscheidungen zu treffen und als verbindlich zu deklarieren (vgl. dazu Kirsch 1971 b, S. 55 f.). In unserem Fall geht es darum, daß aus *vorgeschlagenen* wertenden Entscheidungsprämissen *offizielle* wertende Entscheidungsprämissen entste-

* Die Anreiz-Beitrags-Theorie kann grundsätzlich auch auf Gruppen bzw. Quasi-Gruppen umgedeutet werden. Zu dem Begriff der Gruppe bzw. Quasi-Gruppe vgl. S. 430 ff.

hen. Zu Kernorganen bzw. Kerngruppen in einer Unternehmung gehören etwa Aufsichtsrat und Vorstand bei einer AG und allgemein gesehen die Geschäftsführung. Ergänzend zu den Kernorganen bzw. Kerngruppen gehören die *Satelliten* oder *Satellitengruppen*. Diese formulieren u. a. Ziele für die Organisation und leiten sie zur Genehmigung weiter. Satelliten bzw. Satellitengruppen besitzen kein offiziell legitimiertes Entscheidungsrecht.

Satelliten oder Satellitengruppen

Ziele der Organisation

Das Kernorgan ist als Zentrum von Konfliktaustragungs-, Macht- und Konflikthandhabungsaktivitäten anzusehen. Verschiedene im allgemeinen konkurrierende Ziele für die Organisation (Forderungen) werden an das Kernorgan gerichtet. In ihm ereignen sich dann Prozesse zur Regelung dieser Konflikte, die u. a. von der Machtposition der Beteiligten abhängen. Da also im Kernorgan solche Prozesse ablaufen (wie Bedürfnis- und Interessenartikulation, Konfliktregelungsprozesse, Machtprozesse), die als politische Prozesse begriffen werden können, gehört das Kernorgan zum *politischen System* einer Organisation (zur Konzeption des politischen Systems, die auch für Organisationen geeignet ist, siehe Easton 1965 sowie Kirsch 1971 b, S. 121 ff.). In das politische System werden *Inputs* »eingespeist«, die weiter oben als Forderungen von Individuen und Gruppen bezeichnet wurden (Ziele für die Organisation). Der *Output* ist dann durch die autorisierten und für verbindlich erklärten Entscheidungen (Ziele der Organisation) gegeben. Daneben ist eine weitere wichtige Inputvariable zu betrachten, die in das System eingegeben wird. Eine Organisation kann sich nur dann im Zeitablauf erhalten und damit überleben, wenn ihre Mitglieder bereit sind, *Unterstützung* zu geben. »Objekte der Unterstützung können einzelne Forderungen bzw. die dahinter stehenden Personen oder Gruppen, aber auch einzelne autorisierte Entscheidungen, die Verfassung, die Mitglieder des politischen Systems oder die Organisation als ›politische Gemeinschaft‹ sein« (Kirsch 1971 b, S. 124). Unterstützung ist somit die zweite globale Inputvariable des politischen Systems, die neben den Forderungen steht. Sie wird auch als kritische Variable bezeichnet, da Forderungen leichter erhoben, während Unterstützungen schwerer gegeben werden. Zusammenfassend gilt für das politische System nach Easton die Abb. 202.

Politisches System einer Organisation

Die autorisierten (Ziel-)Entscheidungen stellen Beschränkungen dar, die das ausführende Handeln von Individuen und Gruppen mehr oder weniger stark einengen. Verbleibt ein Spielraum für das Handeln, so liegen *offene* Beschränkungen vor, ansonsten wird von *eindeutigen* Beschränkungen gesprochen. Offene Beschränkungen können dann durch verschiedenartige Handlungsweisen *geschlossen* werden (vgl. zu dem Konzept der Beschränkungen Kirsch 1971 a, S. 142, 148 ff. und Reitmann 1965, S. 144).

Beschränkungen

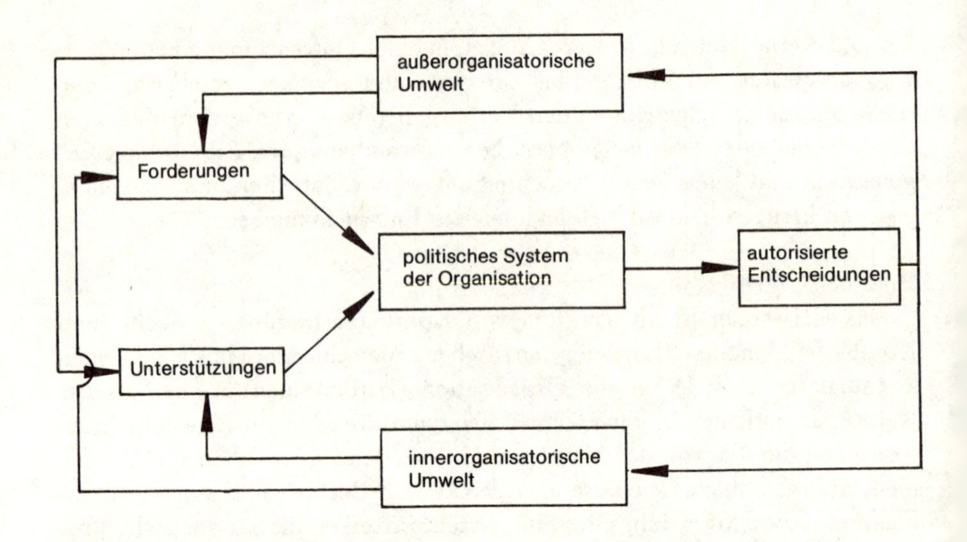

Abb. 202: Das politische System der Organisation (Quelle: Kirsch 1971 b, S. 122)

Es kann sein, daß die autorisierten Ziele von den am politischen Prozeß Beteiligten übernommen und verinnerlicht werden. Auf diese Weise besteht also eine Rückkopplung von den Zielen der Organisation zu Individualzielen bzw. Gruppenzielen. Individuen etwa betrachten dann diese Ziele als ihre eigenen und legen sie ihrem zukünftigen politischen Handeln zugrunde. Das könnte schließlich dazu führen, daß sich Individual- und Gruppenziele mehr und mehr überlappen, wenngleich immer von Differenzen und Konflikten ausgegangen werden muß.

Autorisierte Ziele der Organisation verkörpern meistens Anspruchsniveaus. Extremalziele sind weniger häufig (vgl. dazu auch für erwerbswirtschaftliche Organisationen Cyert–March 1976, S. 362 und für kommunale Organisationen Crecine 1969, S. 14 ff.).

Anspruchsniveaus – Extremalziele

Das hat eine »erfreuliche« Konsequenz: Bei Anspruchsniveaus der auf die Organisation bezogenen Ziele können konkurrierende Individual- und Gruppenziele leichter befriedigt werden als bei Extremalzielen*. Das soll an einem Beispiel gezeigt werden. Liegt als Extremalziel das Ziel »Maximiere den Gewinn« vor, so gibt es in der Regel eine *eindeutige* Vorschrift über die optimale Aktion und damit eine *eindeutige* Aufteilung der Ressourcen auf die

* Der Begriff des Anspruchsniveaus bezieht sich in diesem Zusammenhang darauf, daß das Ziel eine Mindestforderung beinhaltet, wie etwa in dem Ziel »Es soll ein bestimmter Mindestgewinn erzielt werden«, vgl. demgegenüber den Begriff des Anspruchsniveaus im Rahmen der »Motivationstheorie des Anspruchsniveaus« S. 395 ff.

einzelnen Abteilungen, um damit das Extremalziel zu erfüllen. Konkurrierende Abteilungsziele über die Verteilung der Ressourcen werden damit zwar formal elegant und rigoros ›aufgelöst‹, die Konflikte selber aber können in der Realität in voller Stärke weiterbestehen. Wird demgegenüber ein Anspruchsniveau formuliert: »Der Gewinn soll x DM überschreiten«, so gibt es *viele* Handlungsmöglichkeiten, dieses Ziel zu erreichen, da das Ziel als Untergrenze formuliert ist. Daneben verbleiben Spielräume für Abteilungen und Individuen, ihre eigenen Ziele zu erfüllen. Außerdem ist ein Kompromiß in der Aufteilung der Ressourcen leichter zu realisieren. Abteilungen sind demnach eher zufriedenzustellen und gleichzeitig damit auch die dort tätigen Mitarbeiter. Auf diese Weise sind Anspruchsniveaus bei den *Zielen der Organisation* ein Instrument zur Konfliktregelung von konfliktären *Individual-* und *Gruppenzielen.* Konflikte werden dabei nicht durch einen formalen Mechanismus ›aus der Welt gerechnet‹, sondern im Einzelfall geregelt, wobei sie an anderer Stelle wieder auftreten können. Es handelt sich also bei der Formulierung von Anspruchsniveaus nur um eine *Quasi-Lösung* von Konflikten (vgl. dazu und zu weiteren Eigenschaften der Quasi-Lösung von Konflikten Cyert–March 1976, S. 362 sowie im vorliegenden Text auch S. 475 f.). Daneben können natürlich auch die gesamtorganisatorischen Ziele selbst in einer konfliktären Beziehung stehen.

3. Prozeß der Zielanpassung

Im folgenden soll die Anpassung der Anspruchsniveaus vorgestellt werden. Dieser Prozeß kann grundsätzlich auch so ablaufen wie der im vorigen Abschnitt beschriebene Prozeß der Zielbildung. Mit Cyert–March (1976, S. 366 f.) sollen nun zusätzlich weitere Punkte identifiziert werden, an denen sich die Teilnehmer am Anpassungsprozeß orientieren können. Die Höhe des neu zu bestimmenden Anspruchsniveaus richtet sich demnach *inkremental* an Daten der vorausgegangenen Periode aus. Eine Rolle spielen dabei:

- die Höhe des Anspruchsniveaus der vorangegangenen Periode, mit dem Symbol G_{t-1} bezeichnet,
- die Realisierung des vorgegebenen Anspruchsniveaus der vorangegangenen Periode, mit dem Symbol E_{t-1} bezeichnet und
- die Erfolge vergleichbarer Organisationen in Bezug auf dieselbe Zieldimension in der vorangegangenen Periode. Hierbei wird das Symbol C_{t-1} verwendet.

»Anspruchsniveaugleichung«

Damit ergibt sich die Höhe des neuen Anspruchsniveaus aus dem gewogenen arithmetischen Mittel dieser Größen:

$$G_t = a_1G_{t-1} + a_2E_{t-1} + a_3C_{t-1}.$$

Die Gewichtungsfaktoren a_1, a_2 und a_3 stellen subjektive Verhaltensparameter der Beteiligten dar. a_1 gibt Auskunft darüber, wie stark die Höhe des früheren Anspruchsniveaus das heutige Anspruchsniveau prägen soll. a_2 zeigt den subjektiv gewünschten Einfluß der Zielrealisierung in der Vorperiode auf das neu festzulegende Anspruchsniveau. Während hohe Werte von a_1 auf eine Orientierung an Zielen hindeuten, sind hohe Werte von a_2 ein Zeichen für eine realistische Anpassung. a_3 schließlich »spiegelt das Maß der Sensitivität gegenüber der Leistung von Wettbewerbern oder anderen vergleichbaren Organisationen wider« (Cyert–March 1976, S. 366). Es gilt $a_1 + a_2 + a_3 = 1$.

Es lassen sich nun soviele »Anspruchsniveaugleichungen« aufstellen, wie es Beteiligte am Anpassungsprozeß gibt. Jede »Anspruchsniveaugleichung« ist dann eine Forderung an das politische System der Organisation, das neue Anspruchsniveau in der vorgeschlagenen Weise festzusetzen. Der Einfachheit halber wird in der Literatur oft gleich von vornherein von einer typischen Gleichung ausgegangen, obwohl damit politische Prozesse einfach unterschlagen werden. Genauso wie sich die Anspruchsniveaus aufgrund der ›Anspruchsniveaugleichung‹ ändern, können sich auch die Parameter der Gleichung selbst ändern. Das geschieht ebenfalls in politischen Prozessen der Organisation und kann mittel- bis langfristig gesehen dazu führen, daß die wichtigsten Mitarbeiter und Gruppen in der Organisation zufriedengestellt werden. Kurzfristig gesehen können sich allerdings einzelne Mitarbeiter und Gruppen benachteiligt sehen.

4. Prozeß der Zielsicherung

Sowohl bei der Zielbildung als auch bei der Zielanpassung sind politische Prozesse der Zielsicherung zu beachten, worauf in diesem Kapitel immer wieder hingewiesen wurde. Die Zielsicherung ist darauf gerichtet, die verschiedenartigsten Ziele, also Individual- bzw. Gruppenziele, Ziele für die Organisation und Ziele der Organisation, gegen Angriffe zu sichern. Widerstreitende Ziele müssen dazu im Sinne der eigenen Ziele »neutralisiert« werden. Die Hauptaufgabe der Zielsicherung kann demnach in der »Determinierung kollidierender Handlungsspielräume« gesehen werden (vgl. dazu Dlugos–Dorow–Grunwald–Lilge–Wondracek 1979, S. 6 sowie Dlugos 1974, S. 39 ff. und Dlugos 1976, Sp. 4093 ff.). Um dabei optimal vorzugehen, ist ein eigenständiges Entscheidungsproblem der Zielsicherung zu formulieren und

Hauptaufgabe der Zielsicherung

zu lösen. Das Entscheidungsproblem der Zielsicherung enthält u. a. Ziele und Aktionen der Zielsicherung. Besondere Aktionen der Zielsicherung liegen mit *organisatorischen* Instrumenten und der Ausgestaltung der *Unternehmungsverfassung* oder allgemeiner der Organisationsverfassung vor. Beide Aktionen sind strukturelle Aktionen der Zielsicherung (vgl. dazu Dlugos–Dorow–Grunwald–Lilge–Wondracek 1979, S. 22ff. und S. 25ff. sowie Remer 1980). Neben organisatorischen Maßnahmen der Erzeugung eines organisatorischen Aufbaus legen insbesondere Unternehmungsverfassungen oder Organisationsverfassungen die Machtposition von Individuen bzw. Rollenträgern und Gruppen in der Unternehmung bzw. in der Organisation auf formale, gegebenenfalls legalistisch (gesetzgeberisch) abgesicherte Weise fest. Organisatorische Maßnahmen sind dabei leichter durch unternehmungsinterne Aktoren zu steuern als verfassungspolitische Maßnahmen, die ein Zusammenwirken von zahlreichen gesellschaftlich relevanten Kräften erfordern.

Wiederholungsfragen

1. Worin unterscheiden sich Zielbildung, Zielanpassung und Zielsicherung? (S. 457)
2. Inwiefern lassen sich der methodologische Kollektivismus und der methodologische Individualismus voneinander abgrenzen? (S. 457 f.)
3. Im Zielbildungsprozeß spielen Individualziele, Ziele für die Organisation und Ziele der Organisation eine große Rolle. Welche Sachverhalte sind mit diesen Zielarten angesprochen? (S. 458 ff.)
4. Durch welche Annahmen läßt sich die Anreiz-Beitrags-Theorie beschreiben? (S. 359 f.)
5. Welche Inputs bzw. Outputs sind für das politische System einer Organisation typisch? (S. 461 f.)
6. Was versteht man unter einer »Anspruchsniveaugleichung«? (S. 463 f.)

Literaturverzeichnis

Crecine, J. P. (1969): Governmental Problem-Solving. Chicago 1969.

Cyert, R. M. / March, J. G. (1976): Die behavioristische Theorie der Unternehmung: Eine Verbindung von Verhaltensforschung und Wirtschaftswissenschaft. In: Grochla, E. (Hrsg.): Organisationstheorie, 2. Teilband, Stuttgart 1976, S. 360–372.

Dlugos, G. (1974): Unternehmungspolitik als betriebswirtschaftlich-politologische Teildisziplin. In: Wild, J. (Hrsg.): Unternehmungsführung. Festschrift für Professor E. Kosiol. Berlin 1974, S. 39–73.

DLUGOS, G. (1976): Unternehmungspolitik. In: Grochla, E./Wittmann, W. (Hrsg.): Handwörterbuch der Betriebswirtschaft. 4., völlig neu gest. Aufl., Stuttgart 1976, Sp. 4093–4103.

DLUGOS, G. / DOROW, W. / GRUNWALD, W. / LILGE, H.-G. / WONDRACEK, J. (1979): Unternehmungspolitisches Forschungsspektrum. Forschungsinteressen der Fachrichtung Unternehmungspolitik am Fachbereich Wirtschaftswissenschaft der Freien Universität Berlin. Arbeitspapier 27/1979. Berlin 1979.

EASTON, D. (1965): A Framework for Political Analysis. Englewood Cliffs 1965.

KIRSCH, W. (1971 a): Entscheidungsprozesse, 2. Bd.: Informationsverarbeitungstheorie des Entscheidungsverhaltens. Wiesbaden 1971.

KIRSCH, W. (1971 b): Entscheidungsprozesse, 3. Bd.: Entscheidungen in Organisationen. Wiesbaden 1971.

REBER, G. (1978): Individuum, Individuum über alles... Gibt es in der verhaltensorientierten Betriebswirtschaftslehre eine Objekt-Krise ähnlich wie in der Sozialpsychologie? In: Die Betriebswirtschaft, 38 (1978), S. 83–102.

REITMANN, W.R. (1965): Cognition and Thought. New York/London/Sydney 1965.

REMER, A. (1980): Strukturelle Instrumente unternehmenspolitischer Entscheidungen. Charakterisierung und kritische Würdigung von Unternehmensverfassung, formaler Organisation und personaler Gestaltung als generelle Ansatzpunkte der unternehmenspolitischen Prozeßgestaltung. Habilitationsschrift, Bd. 1 und 2. Essen 1980.

SCHANZ, G. (1977): Grundlagen der verhaltenstheoretischen Betriebswirtschaftslehre. Tübingen 1977.

SIMON, H.A. / SMITHBURG, D.W. / THOMPSON, V.A. (1974): Public Administration. New York 1974.

IV. Konferenzmethoden*

1. Einführung

Konferenzen in einer Organisation beanspruchen die knappe Ressource »Zeit« der an ihr Beteiligten in starkem Maße. Das gilt sowohl für private Unternehmungen wie Organisationen der öffentlichen Verwaltung und ganz besonders für die universitäre Selbstverwaltung der modernen Gruppenuniversität. Wenn wir uns auf private Unternehmungen beschränken, so hat 1972 das Bonner Institut für Kommunikationsplanung in einer Studie über »Zeitökonomie im Management« folgendes festgestellt: Von einer durchschnittlichen 60-Stunden-Woche eines Managers fallen auf Besprechungen,

* In diesem Kapitel werden Konferenzmethoden vorgestellt, die grundsätzlich auch im Rahmen einer Sub-Methodologie des Entscheidungsprozesses eingeführt werden könnten, vgl. dazu S. 113. Da aber im folgenden auch empirische Fragestellungen eine Rolle spielen, ist ihre Behandlung an dieser Stelle gerechtfertigt.

Konferenzen und Vorträge allein 25,8 Stunden. Außerdem wurde ermittelt, daß der Manager um so mehr Zeit dafür aufwenden muß, je höher seine Position in der Hierarchie ist (vgl. dazu Kevenhörster / Schönbohm (1974). Trotzdem – oder gerade deswegen? – aber stehen nach Altmann (1979, S. 239f.) vor allem die Vorwürfe der *Ergebnislosigkeit* und des *Zeitverlustes* im Mittelpunkt einer vorhandenen Konferenzkritik. Die Folge davon ist eine *mangelnde Motivation* zu einer weiteren Arbeit in Konferenzen, so daß schließlich wieder ein frustrierendes Konferenzergebnis zustande kommt. Aus diesem Grunde gebührt der methodischen Vorbereitung und Durchführung von Konferenzen die besondere Aufmerksamkeit. Die Konferenzmethoden oder Konferenztechniken sollen deshalb im weiteren behandelt werden.

Unter Konferenzen sollen Zusammenkünfte mehrerer Personen verstanden werden, »die ihre Erfahrungen, Ideen und Meinungen zu einem gemeinsamen Problem mündlich austauschen. Dieser Austausch geschieht durch eine *Diskussion*« (Bleicher 1960, S. 11). Nach den Zwecken, die mit dem Einsatz von Konferenzen verfolgt werden, lassen sich verschiedene Arten von Konferenzen unterscheiden. Konferenzen dienen einmal der Steuerung einer Organisation und werden als *Steuerungskonferenzen* bezeichnet. Daneben sind Konferenzen dazu geeignet, Mitarbeiter auszubilden. Es handelt sich um *Ausbildungskonferenzen* (vgl. dazu Bleicher 1960, S. 20). Die Abb. 203 informiert über eine weitere Aufteilung der Steuerungs- und Ausbildungskonferenzen.

Steuerungskonferenzen – Ausbildungskonferenzen

Steuerungskonferenzen

- Konferenzen vor einer Entscheidung
  a. Konferenzen zur Sammlung von Informationen
  b. Konferenzen zur Beratung
- Konferenzen zur Entscheidung
- Konferenzen nach einer Entscheidung
  a. Konferenzen zur Interpretation von Entscheidungen
  b. Konferenzen zur Akzeptierung von Entscheidungen

Ausbildungskonferenzen

- Konferenzen zur Erarbeitung von Wissensstoff
- Konferenzen zur Entwicklung von Fähigkeiten
  a. Konferenzen mit praktischen Fällen
  b. Konferenzen mit Rollenspielen
  c. Konferenzen mit Unternehmungsspielen

Abb. 203: Arten von Konferenzen (In Anlehnung an Bleicher 1960, S. 20ff.)

Konferenzmethoden beziehen sich auf drei Bereiche (vgl. auch Altmann 1979), die im weiteren behandelt werden sollen:

- Konferenzorganisation (»Wie muß ich organisieren?«),
- Konferenzrhetorik (»Wie muß ich reden?«),
- Konferenzverhandlungen (»Wie muß ich verhandeln?«).

2. Konferenzorganisation

Die Konferenzorganisation besitzt überwiegend ablauforganisatorischen Charakter und wird in der *Vorbereitung* einer Konferenz, ihrer *Durchführung* und bei einer *Überprüfung* der Konferenzergebnisse wirksam. Im Gegensatz zur Konferenzrhetorik und den Konferenzverhandlungen ist sie überwiegend durch eine sachlich-neutrale Betrachtungsweise gekennzeichnet, während in jenen Bereichen soziale Elemente dominieren.

Bei der Vorbereitung einer Konferenz sind folgende Punkte zu beachten (vgl. dazu Bleicher 1960, S. 45 ff.):

- Wahl eines für eine Konferenz geeigneten Themas,
- Festlegung der Ziele der Konferenz,
- Bestimmung der Teilnehmer der Konferenz,
- Aufstellung der Tagesordnung,
- Einsatz von Hilfsmitteln
  (Dazu zählen Unterlagen für die Konferenzteilnehmer, aber auch die Verwendung informationstechnologischer Medien),
- Gestaltung des Konferenzraumes,
- Einladung zur Konferenz.

Sternschaltung – Ringschaltung

Für die Durchführung einer Konferenz ist der *Führungsstil* des Konferenzleiters abzuklären. Dominiert eine straffe Leitung der Konferenz, so liegt die Form einer *Sternschaltung* vor. Übernimmt der Konferenzleiter die Aufgabe der Moderation, so handelt es sich um die Form der *Ringschaltung*. Da die Sternschaltung mit einem eher autoritären Führungsstil und die Ringschaltung mit einem eher demokratischen Führungsstil identisch ist, sei bezüglich einer weiteren Diskussion auf die vorhandene Literatur zu beiden idealtypisch zu verstehenden Führungsstilen verwiesen (siehe etwa Neuberger 1977, S. 81 ff.). An dieser Stelle interessiert allerdings die konkrete Ausgestaltung der Sternschaltung sowie der Ringschaltung, worüber Abb. 204 informiert.

Es ist zweckmäßig, die in einer Konferenz erarbeiteten Ergebnisse in der Form eines *Ergebnisprotokolls* festzuhalten. Dieses dient auch als Grundlage für eine Überprüfung, ob die Konferenz erfolgreich gearbeitet hat.

Sternschaltung:	Ringschaltung:
● Leitung wird von Anfang bis Ende nicht aus der Hand gegeben	● Leitung wird auch an Kleingruppen zur Lösung und Vorstellung von Detailproblemen abgegeben
● Leiter legt Zeitplan und Themen vor, bestimmt und beschließt, entscheidet und überantwortet	● Moderator schlägt vor, stellt zur Diskussion, fordert auf, holt Meinungen hervor, stellt konträre Meinungen gegenüber, regt Diskussion und Entscheidungsfindung an
● Teilnehmer erhalten Feedback durch Leiter, weniger durch die anderen Teilnehmer	● Teilnehmer erhalten Feedback fast ausschließlich durch die anderen Teilnehmer, vom Moderator nur in der Rolle als Teilnehmer
● Straffe Meinungsfestlegung: »Das Problem ist wie folgt zu sehen...«	● Bestätigung unterschiedlicher Meinungen: »Wir haben bisher zwei unterschiedliche Meinungen dazu: erstens... zweitens...«
● Sternschaltung: »Das Wort hat jetzt Herr Meier...«	● Ringschaltung: »Zur Diskussion steht jetzt das Problem...«
● Direkte Fragen: »Wie hoch war die Ausschußquote, Herr Meier?«	● Aufforderung zur Diskussion: »Wer hat nähere Informationen über die Ausschußquoten...?«
● Bildhafte Darstellung der Informationen und Problemlösungen	● Bildhafte Darstellung der Informationen, Problemlösungen und der gegensätzlichen Meinungen
● Vorbereitete Problemlösung: »Nach meiner Meinung besteht die einzige Lösung...«	● Gemeinsame Erarbeitung der Problemlösung: »Wie sehen Ihre Vorschläge aus?«
● Entscheidung durch den Leiter oder nach dem einfachen Mehrheitsbeschluß: »Damit steht fest...«	● Bemühen um eine möglichst große Übereinstimmung aller Teilnehmer bei der Entscheidungsfindung

Abb. 204: Gegenüberstellung von Sternschaltung und Ringschaltung (Quelle: Altmann 1979, S. 258)

3. Konferenzrhetorik

Die Konferenzrhetorik zielt darauf ab, Hinweise für die sprachliche Ausgestaltung von Vorträgen und Diskussionsbeiträgen vor allem in Steuerungskonferenzen zu geben. Sie hat sich zum Teil aus der literarischen Rhetorik entwickelt, der es vor allem darauf ankommt, rhetorische Elemente (sog. Redefiguren) in meist klassisch literarischen Texten zu analysieren. Die Konferenzrhetorik kann dagegen als eine auf Erfahrung beruhende Sammlung von rhetorischen Prinzipien betrachtet werden. Sie ist eher ein Schatz an *Erfahrungen* als eine systematische Ordnung *erfahrungswissenschaftlicher* Aussagen. Die Konferenzrhetorik ist somit pragmatisch ausgerichtet und darin der Lehre von den Organisationsprinzipien bzw. den Finanzierungsregeln sehr ähnlich (vgl. zu den Organisationsprinzipien und Finanzierungsregeln Beensen 1969, Härle 1961). Allerdings wäre der Kern der Konferenzrhetorik verfehlt, wollte man sie auf rein Sprachliches reduzieren. Die sprachliche Ausformung von Vorträgen und Diskussionsbeiträgen hat den Zweck, bei den Konferenzteilnehmern »anzukommen«. Das bedeutet, bei der Wahl rhetorischer Elemente sorgfältig darauf zu achten, welche Personen angesprochen werden sollen. Dieser Sachverhalt, der rhetorische Elemente mit sozialen Bezügen verknüpft, wird auch als die *»zielgruppenbezogene«* Ausrichtung der (Konferenz-) Rhetorik bezeichnet. Eine solche Ausrichtung birgt natürlich die Gefahr in sich, sich vordergründig an die Zuhörer anzupassen, jedoch so »raffiniert« rhetorische Elemente einzusetzen, daß die Zuhörer in beinahe jede gewünschte Richtung gelenkt werden können. Es handelt sich um den Vorwurf der »Manipulation durch Rhetorik«. Doch ist dieser Vorwurf weniger an die Rhetorik selbst als an die Anwender zu richten. Im folgenden sollen einige ausgewählte Bereiche aus dem umfassenden Gebiet der (Konferenz-) Rhetorik betrachtet werden (vgl. etwa auch Lemmermann 1968).

»Zielgruppenbezogene« Konferenzrhetorik

Gliederung

Bei dem Aufbau eines Vortrages ist eine Gliederung zu beachten, die eine für die Zuhörer flüssige Rede erzeugen soll. Die antike Redegliederung, die auch heute kaum etwas von ihrer Logik eingebüßt hat, schreibt 8 Stufen vor (Altmann 1979, S. 58):

1. Wohlwollen der Zuhörer gewinnen
2. Gegenwärtige Situation darlegen (»Wie ist der Zustand?«)
3. Neue Möglichkeiten aufzeigen (»Was könnte statt dessen sein?«)
4. Vorschläge begründen
5. Mögliche Einwände vorwegnehmen
6. Tatsachen zusammenfassen
7. Zuhörer begeistern
8. Zur Tat aufrufen.

Gefühle

Eine Rede halten zu wollen, einen Diskussionsbeitrag abgeben zu wollen, ohne *Gefühle* einzusetzen, heißt, sich eines wirksamen rhetorischen Elementes zu begeben. Altmann (1979, S. 90) als erfahrener Rhetorik-Praktiker weist darauf hin, daß das Gefühl soviel wichtiger als der Verstand ist:

- weil das Gefühl einen höheren Gedächtniswert hat als der Verstand!
- weil das Gefühl wesentlich mehr Energien mobilisiert als der Verstand!
- weil das Gefühl wesentlich schneller glaubt als der Verstand!
- weil das Gefühl die Menschen weit mehr verpflichtet als der Verstand!

Allerdings zeigt sich gerade hier der Vorwurf einer »Manipulation durch Rhetorik« besonders plastisch. Es besteht die Gefahr, ausschließlich Gefühle zu aktivieren, wobei *beliebige* Zwecke im Hintergrund stehen können. Es könnte dann gefordert werden, die Rhetorik etwa nur für *moralisch gerechtfertigte* Zwecke einzusetzen. Zur Verteidigung der Rhetorik ist aber darauf hinzuweisen, daß sie eine im gewissen Sinne *zweckneutrale* Lehre ist. Sie wäre überfordert, auch noch die Zwecke oder Rede*inhalte* festzulegen, die allein eine Unterstützung durch rhetorische Elemente »verdienten«. Der Vorwurf der Manipulation ist ausschließlich an ihre Anwender weiterzugeben.

Bilder

Ein besonders wirksames rhetorisches Element ist in der Verwendung von *Bildern* zu sehen. Bilder vermeiden eine rein sachliche Beschreibung eines Sachverhaltes und bedienen sich der Möglichkeit, Vergleiche einzusetzen. Durch die Verwendung von Bildern wird der Vortrag gleichzeitig gefühlsbetonter. An drei Beispielen soll gezeigt werden, wie ein gleicher Sachverhalt rein sachlich und durch den Einsatz von Bildern beschrieben werden kann (Altmann 1979, S. 93):

Sachliche Vortragsweise	*Gefühlsbetonte Ansprache*
Landrat A hat unter schwierigsten Umständen angefangen.	»Landrat A ist 1970 in *Startlöcher gestiegen*, die weniger geeignet schienen, *Halt zu geben*, als dem Startenden ein *Bein zu brechen*.«
Im Vergleich zu den Verhandlungen heute war die Steuerreform von 1974 harmlos.	»Im Vergleich zu dem *Steuerpoker*, für den die *Karten* jetzt gemischt werden, war die Steuerreform von 1974 *harmloser schwarzer Peter*.«
Der Versuch, den Liberalismus zu definieren, endete bisher stets ergebnislos.	»Der Versuch, Liberalismus zu definieren, endete bisher stets wie das Bemühen, *einen Pudding an die Wand zu nageln*.«

4. Konferenzverhandlungen

Vor allem Steuerungskonferenzen sind dadurch gekennzeichnet, daß konfligierende Ziele der Beteiligten sichtbar werden. Solche Konferenzen sind deshalb in ihrem Ablauf und in ihrem Ergebnis ein deutliches Beispiel für politische Prozesse in Organisationen (vgl. dazu S. 457, 464f.). Um Konflikte regeln zu können, werden Verhandlungen zwischen Personen und Gruppen geführt, mit dem Ziel, zu einer abschließenden Entscheidung zu gelangen. In derartigen Verhandlungen zeigt sich die Machtposition der Einzelnen, die eine Palette von Machtmitteln einsetzen können (vgl. S. 443ff.). Ein besonderes Machtmittel kann auch in der Verwendung rhetorischer Elemente gesehen werden, um andere zu überzeugen oder zu überreden. Werden nicht die spezifischen Machtmittel betrachtet, die *in* Verhandlungen eingehen, son-

Methode	Vorgehen
1. Bilanzmethode	● zuerst möglichst viele – in Zahlen bewertbare – Argumente sammeln ● vor dem Verhandlungspartner (VP) alle Pro- und Kontraargumente in einer Art BILANZ schriftlich gegenüberstellen ● den VP durch das Ungleichgewicht der beiden Seiten von der Stärke der eigenen und der Dürftigkeit der gegnerischen Argumente überzeugen
2. Vier-Stufenmethode	● zuerst vier verschiedene Lösungsvorschläge ausarbeiten. Kriterium sind Qualität und Durchsetzbarkeit: 1. die bestmögliche (politisch kaum durchsetzbare) Lösung 2. die akzeptable (politisch mögliche) Lösung 3. die unbefriedigende (jedoch rasch durchsetzbare) Lösung 4. die unerträgliche (politisch problemlose) Lösung ● den VP stufenweise von der schlechtesten Lösung (Stufe 4) weg bis zur besten Lösung (Stufe 1) hinaufverhandeln bzw. sich wieder auf Stufe zwei herunterhandeln lassen (allgemeiner Kompromiß!)
3. Kongreßmethode	● zuerst gezielt nach Verhandlungswaffen (Argumenten, Prinzipien) und der geeigneten Verhandlungstaktik (Wiederholungstechnik) suchen ● verbündete VP durch die Mobilisierung von Neid- und Angstgefühlen spalten ● eigene Verbündete durch die Betonung gemeinsamer Interessen gewinnen
4. Senfkornmethode	● dem VP genau sagen, was man will: wo, wann, wie... ● ihm aber zugleich verbieten, sofort zu antworten. Er soll es sich überlegen!
5. Überrumpelungsmethode	● zuerst genauen Zeitplan aufstellen. Stillschweigen gegenüber jedermann! ● dann die VP durch die Vorspiegelung einer plötzlichen Gefahr oder Chance unter Termin- und Handlungszwang setzen!
6. Nachweismethode	● zuerst alle Forderungen und Wünsche der VP ohne Widersprechen anhören ● dann den VP nach Begründung, Berechtigung, Realisierbarkeit seiner Forderungen fragen!
7. Schuld-Methode	● den VP sofort bei dem erstbesten »Fehler« angreifen, zur Rechenschaft ziehen ● dem VP dramatisierend aufzeigen, welch großen Schaden er angerichtet hat ● ihn zugleich auf die große Aufgabe hinweisen, der alle verpflichtet sind!
8. Schauspielermethode	● zuerst dem VP völlige Gleichgültigkeit gegenüber seinem Angebot zeigen ● dann durch »Schauspielereien« (Lachen, Spott, Hohn, Aufbruchssimulierung) Persönlichkeit des VP und Verhandlungsspielraum testen! ● Hauptverhandlung erst beginnen, wenn sich beide VP »akzeptiert« haben!
9. Verschiebungsmethode	● Argumente und Entscheidungsfrage (ja oder nein?) des VP nicht akzeptieren ● eigene Argumentation auf die eigentliche Kernfrage verschieben ● Kernfrage in Form von zwei Kriterien (gut oder böse?) zur Entscheidung stellen!
10. Kompromiß-Methode	● zur Meinung des VP eine extrem gegensätzliche »Meinung« konstruieren ● dann sich von diesen beiden extremen Meinungen distanzieren und einen Kompromiß (die eigene Meinung!) vorschlagen!

Abb. 205: Übersicht über 10 Verhandlungsmethoden
(Quelle: Altmann 1979, S. 134, 170f.)

dern mehr *globale* Möglichkeiten, Verhandlungen zu führen, so können wir mit Altmann (1979, S. 170 f.) insgesamt 10 Verhandlungsmethoden unterscheiden, die im folgenden unkommentiert in Abb. 205 wiedergegeben werden, da sie weitgehend selbsterklärend sind.

Wiederholungsfragen

1. Worin unterscheiden sich Steuerungskonferenzen von Ausbildungskonferenzen? (S. 467)
2. Was versteht man unter einer Sternschaltung bzw. einer Ringschaltung bei der Leitung einer Konferenz? (S. 468 f.)
3. Welchen Anspruch vertritt die »zielgruppenbezogene« Konferenzrhetorik? (S. 470 f.)
4. Warum werden in Vorträgen und Diskussionsbeiträgen Bilder verwendet? (S. 471)
5. Welche zehn Methoden unterscheidet Altmann (1979), um Verhandlungen zu führen? (S. 472)

Literaturverzeichnis

ALTMANN, H. C. (1979): Überzeugungskraft durch sichere Rede-, Verhandlungs- und Konferenztechnik. Ein praktischer Leitfaden für Führungskräfte mit zahlreichen Beispielen, Verhaltens-Tips, Prüflisten und Arbeitsblättern. 5., unveränd. Aufl., Kissing 1979.

BEENSEN, R. (1969): Organisationsprinzipien. Untersuchungen zu Inhalt, Ordnung und Nutzen einiger Grundaussagen der Organisationslehre. Berlin 1969.

BLEICHER, K. (1960): Konferenzen. Ihre Organisation und Leitung. Wiesbaden 1960.

HÄRLE, D. (1961): Finanzierungsregeln und ihre Problematik. Wiesbaden 1961.

KEVENHÖRSTER, P. / SCHÖNBOHM, W. (1974): Zeitökonomie im Management. Opladen 1974.

LEMMERMANN, H. (1968): Lehrbuch der Rhetorik. 2., überarb. Aufl., München/Wien 1968.

MARTENS, J. U. (1972): Konferenztechnik. Arbeitsweise und Aufgabenverteilung. Wiesbaden 1972.

NESKE, F. (1980): Erfolgreiche Konferenzen. Planung – Leitung – Auswertung. Wiesbaden 1980.

NEUBERGER, O. (1977): Organisation und Führung. Stuttgart/Berlin/Köln/Mainz 1977.

NICK, F. R. / HEINSCH, F. (1979): Konferenzen als Objekt der Planung und der Organisation. In: Zeitschrift für Organisation, 48 (1979), S. 343–349.

SCHEERER, H. (1980): Die Kunst, erfolgreich zu verhandeln. Gewaltlos gewinnen durch eine neue Verhandlungstechnik. Kissing 1980.

V. Der soziale Entscheidungsprozeß in der Verhaltenstheorie der Unternehmung

1. Einführung

Der in Organisationen ablaufende Entscheidungsprozeß ist durch die Interaktion zahlreicher Personen bzw. Personengruppen gekennzeichnet. In der »Verhaltenstheorie der Unternehmung« soll empirisch erklärt werden, wie derartige Entscheidungsprozesse ablaufen. Dabei bezieht sich die »Verhaltenstheorie der Unternehmung« auf erwerbswirtschaftliche Organisationen und stellt deshalb die Prozesse zur Bestimmung wichtiger ökonomischer Größen, wie Preise und Absatzmengen etwa, in den Mittelpunkt. Um eine zutreffende Erklärung dieser Größen leisten zu können, müssen real vorhandene Sachverhalte erfaßt werden. Das bedeutet, an den beobachtbaren *Regeln* bzw. *Methoden* anzuknüpfen, die den Entscheidungsprozeß zur Bestimmung der ökonomischen Größen zu steuern vermögen und an die sich die Beteiligten bewußt oder unbewußt halten. Die »Verhaltenstheorie der Unternehmung« ist deshalb eine behavioristische Theorie (vgl. zu diesem Begriff S. 360) und stellt eine Verbindung her zwischen Verhaltensforschung und Wirtschaftswissenschaft. Die Theorie geht auf Cyert-March (1973) zurück, die sie formuliert und mit Hilfe von Simulationsmodellen an realen Entscheidungsprozessen erfolgreich getestet haben. Allerdings ist die empirische Absicherung der »Verhaltenstheorie der Unternehmung« unzureichend, da nur wenige reale Entscheidungsprozesse zugrunde liegen (vgl. dazu Frese 1971, S. 287). Wir folgen im weiteren der Darstellung in Cyert-March (1976, S. 360 ff.) und Cyert-March (1977, S. 127 ff.).

Adaptive Rationalität

Das reale Verhalten in Unternehmungen ist nach Cyert-March durch ein Streben nach Rationalität gekennzeichnet, wobei es charakteristisch ist, daß an die Stelle einer *umfassenden* Rationalität eine *adaptive* Rationalität tritt, die durch Anpassungen im Laufe der Zeit definiert ist. Cyert-March entwickeln insgesamt vier Konzepte, mit denen sie den umfassenden Rationalitätsbegriff modifizieren. Es handelt sich um:

- die Quasi-Lösung von Zielkonflikten,
- die Vermeidung von Risiko und Unsicherheit,
- die problembezogene Suche und
- den Lernprozeß der Organisation*.

Alle 4 Konzepte beinhalten Regeln bzw. Methoden, die insgesamt einen konkreten Entscheidungsprozeß determinieren. Es handelt sich dabei um Re-

* Diese vier Konzepte wurden teilweise schon isoliert voneinander dargestellt (vgl. dazu S. 85 f., 462 f., 95 f.). In der »Verhaltenstheorie der Unternehmung« werden die Konzepte dagegen systematisch diskutiert.

geln bzw. Methoden, die weitgehend *allgemein* gelten und unabhängig von einzelnen Problemen sind. Allerdings werden *spezielle* Regeln bzw. Methoden nicht ausgeschlossen (vgl. zu einer Untersuchung der beiden Methoden S. 94).

2. Die Quasi-Lösung von Zielkonflikten

Die »Verhaltenstheorie der Unternehmung« geht von dem Koalitionsmodell der Unternehmung aus (vgl. dazu S. 432f.). Eine Vielzahl von Koalitionsteilnehmern bringt ihre Ziele in den Zielbildungsprozeß ein (vgl. dazu S. 432ff.). Die einzelnen Ziele der Koalitionsteilnehmer, die sie an die Organisation richten, sind dabei nicht aufeinander abgestimmt und werden auch nicht abgestimmt. Die Organisation lebt mit einem beträchtlichen Konflikt. Was demnach heute beschlossen wird, ist häufig inkonsistent mit dem, was morgen getan wird. Zusätzlich gilt auch: »Was in einem Teil des Systems beschlossen wird, ist oft unverträglich mit dem, was in einem anderen Teil entschieden wird« (Cyert-March 1976, S. 362). Die Ursache liegt darin, daß es nicht ein einziges Entscheidungszentrum, sondern eine Vielzahl von Entscheidungszentren gibt. Cyert-March sprechen in diesem Zusammenhang von »lokaler Rationalität«. Um angesichts der beschriebenen Zustände ein einheitliches Handeln *der* Organisation trotzdem erreichen zu können, sind zwei Mechanismen zu beobachten. Die Ziele *der* Organisation werden meistens in der Form von *Anspruchsniveaus* formuliert. Daneben ist die *sequentielle Zielerreichung* zu beobachten.

Anspruchsniveaus

Dadurch, daß Ziele der Organisation als Anspruchsniveaus beschrieben sind, ist es leichter als bei extremalen Zielen möglich, einen Ausgleich unter den divergierenden Zielen der Koalitionsteilnehmer zu realisieren. Darauf wurde schon ausführlich auf S. 462f. hingewiesen, so daß eine knappe Bemerkung genügen mag. Bei extremalen Zielen der Organisation wird in der Regel das Verhalten der einzelnen Koalitionsteilnehmer eindeutig darauf festgelegt, das Ziel zu erreichen. Bei Anspruchsniveaus dagegen bestehen Spielräume für den einzelnen, da dieses Ziel in verschiedenem Maße erreicht werden kann. Zusätzlich führen Anspruchsniveauziele dazu, daß die sich bietenden Chancen der Umwelt nur unvollständig ausgeschöpft werden. Das wiederum bedeutet, daß überschüssige Ressourcen entstehen, die bei unvorhergesehen auftretenden Konflikten zu ihrer Regelung eingesetzt werden können.

Sequentielle Zielerreichung

Eine sequentielle Erfüllung der Ziele entspricht einer zeitlichen Aufteilung des Entscheidungsfeldes in der normativen Entscheidungstheorie. Man tut heute das eine und morgen das andere. Zuerst wird das eine Ziel befriedigt und dann das andere. Die sequentielle Zielerreichung entlastet überdies das Budget der Unternehmung, weil Ressourcenwünsche zeitlich gestreckt werden.

»Organizational slack« – »Organizational pressure«

Es kann ein Ergebnis der Quasi-Lösung sein, daß einzelne Koalitionsteilnehmer mehr erhalten als sie gefordert haben, um weiterhin in der Koalition zu verbleiben. Es bildet sich *»organizational slack«*. Umgekehrt können einzelne Koalitionsteilnehmer weniger erhalten als sie für einen Verbleib in der Koalition benötigen. Es handelt sich um *»organizational pressure«*. Organizational slack bedeutet also eine Zielüberschreitung und organizational pressure eine Zielunterschreitung. Sieben-Schildbach (1980, S. 131) bringen hierzu Beispiele:

»Die Aktionäre bekommen mehr Dividende, als sie unbedingt erwarten, um ihre Aktie nicht zu verkaufen, die Absatzpreise unterschreiten das Maß, das die Käufer zu zahlen bereit wären, die Arbeiter werden besser bezahlt, als es zu deren Verbleiben in der Firma unbedingt nötig wäre. Daneben können auch zusätzliche Leistungen in der Form von mehr Freizeit, mehr Ruhe oder mehr Annehmlichkeiten anderer Art als unbedingt notwendig von Teilnehmern beansprucht werden.«

Bei einer Zielunterschreitung kann auf das Polster zurückgegriffen werden, das in »guten Zeiten« angesammelt wurde. Wessen pressure reduziert und wessen slack angegriffen wird, ergibt sich als Ergebnis von weiteren Runden im Zielbildungsprozeß.

3. Die Vermeidung von Risiko und Unsicherheit

Entgegen der *rechnerischen* Handhabung von Risiko und Unsicherheit in der normativen Entscheidungstheorie versuchen Organisationen, Risiko und Unsicherheit *real* zu vermeiden (vgl. dazu S. 85f.). Das kann sich in zwei Vorgehensweisen niederschlagen. Einmal werden längerfristige Entscheidungen zugunsten des kurzfristigen Handelns in den Hintergrund gedrängt. Risiko und Unsicherheit werden *ignoriert*. Zum anderen sind Organisationen bestrebt, sich durch Verhandlungen mit ihrer Umwelt zu arrangieren. Risiko und Unsicherheit werden *eliminiert*.

Ignoranz von Risiko und Unsicherheit

Unternehmungen ignorieren – tendenziell betrachtet – langfristig auf sie zu kommende Entscheidungen, bemühen sich erst gar nicht um eine antizipative Erfassung zukünftiger Probleme und stellen sich eher kurzfristigen Problemen. Selbst wenn sie grobe Abschätzungen des zukünftigen Verlaufs ökonomischer Größen durchführen, so dominiert die kurzfristige Anpassung auf kurzfristig erfolgte Rückkopplungen. Dabei erfolgt die Anpassung mit Hilfe spezieller Entscheidungsregeln. Cyert und March (1977, S. 132) bemerken folgendes zu diesem Sachverhalt, wobei sie auch ein Beispiel für Entscheidungsregeln geben:

»Unsere Untersuchungen weisen darauf hin, daß (Unternehmungen, d.V.) ... grobe Erwartungen über zukünftige Verkäufe bei Outputentscheidungen zugrundelegen. Sie mögen und häufig tun sie es, Verkäufe vorausschätzen und langfristige Produktionsplanungen auf dem Papier entwickeln, aber die eigentlichen Produktionsentscheidungen werden häufiger ›von-Tag-zu-Tag‹ und ›von-Woche-zu-Woche‹-Meldungen aus dem Lagerbestand, aus vergangenen Verkäufen und von Verkäufern bestimmt.«

Die Eigenart dieses Verhaltens wird gelegentlich auch unter dem Stichwort ›Feuerwehrorganisation‹ zusammengefaßt*.

Eliminierung von Risiko und Unsicherheit

Verhandlungen mit der Umwelt können dazu führen, daß man einen Vertrag abschließt oder ein spezielles Arrangement mit seinen Verhandlungspartnern findet. Das hat dann die Konsequenz, daß die Umwelt von der Organisation »kontrolliert« wird und damit Risiko und Unsicherheit weitgehend verschwinden. Darauf wurde schon ausführlicher auf S. 85 f. eingegangen.

4. Die problembezogene Suche

Mit problembezogener Suche ist eine Suche gemeint, die von einem ganz bestimmten Problem ausgeht und darauf abzielt, eine Lösung für dieses Problem zu finden. Problembezogene Suche in diesem Verständnis ist von der ungerichteten Neugier und der Suche nach bloßem Wissen abzugrenzen. Die Suche ist durch ihre *Einfachheit* und ihre *Voreingenommenheit* gekennzeichnet, die als allgemeine Suchregeln (Suchmethoden) zu verstehen sind. Darüber hinaus existieren natürlich auch spezielle, auf bestimmte Probleme zugeschnittene Regeln.

Einfachheit der Suche

Die Einfachheit der Suche ist nun durch zwei Regeln zu beschreiben, die wir bereits kennen (vgl. S. 95 f.):

- Suche in der Nähe des Problemsymptoms und
- Suche in der Nähe der aktuellen Handlung.

Liegt etwa das Problemsymptom darin, daß das Verkaufsziel der Organisation nicht erreicht wird, so beginnt die Suche nach Ursachen und damit die

* Das bedeutet nichts anderes als daß der Planung im Sinne der Antizipation zukünftiger Entscheidungen in Unternehmungen kein großer Stellenwert beigelegt wird. Vgl. dazu aber die normativ erhobene Forderung, eine Unternehmung solle antizipativ gewichtige Probleme zu erfassen versuchen und eine ***strategische Planung betreiben*** (siehe Pfohl 1981, S. 122ff.).

Suche nach Aktionen zur Ursachenbeseitigung in der Verkaufsabteilung, beispielsweise beim Absatzprogramm. Ist die Suche erfolglos, wird sie ausgedehnt und führt z. B. zur Betrachtung des Preises, der Qualität des Produktes und der Herstellungskosten. Die zweite Regel verhindert es, daß die Unternehmung radikal neue Aktionen ergreift. Die Unternehmung ist also am status quo ausgerichtet. Erst wenn auch diese Suche erfolglos verläuft, wird die Anwendung neuer Verhaltensweisen in Erwägung gezogen. Dieser »Konservatismus« bei der Aktionsfestlegung rührt aus der beschränkten Informationsverarbeitungskapazität und dem oft fehlenden Wissen: Bei relativ »konservativen« Aktionen ist es eher möglich, die Konsequenzen seines Handelns zu übersehen als bei mehr oder weniger radikalen Änderungen. Zusätzlich kann die Unternehmung auch eine dritte Suchregel anwenden:

– Suche in – organisatorisch gesehen – verwundbaren Bereichen.

Um Ursachen unerwünschter Entwicklungen beseitigen zu können, werden Geld oder andere Ressourcen benötigt. Ressourcen werden dort ›abgezogen‹, wo bislang eine großzügige Ressourcenausstattung, also auch slack, vorhanden war. In diesem Sinne sind slack-Bereiche der Unternehmung ›verwundbare‹ Bereiche. Die Suche konzentriert sich demnach darauf, slack-Bereiche zu identifizieren. Darüberhinaus sind auch machtlose Bereiche als verwundbare Bereiche anzusehen. Machtlos ist ein Bereich etwa, wenn sein Beitrag zur Zielerfüllung nur schwer zu berechnen ist (wie z. B. bei der Forschungs- und Entwicklungsabteilung vieler Unternehmungen). Machtlosigkeit liegt auch vor, wenn ein Bereich nicht unersetzbar ist (wie vielleicht manche Stabsabteilung). Machtlosen Bereichen droht die Gefahr, daß Ressourcen entzogen werden (zu einem empirisch fundierten Ansatz der Macht von Abteilungen vgl. Hickson-Hinings-Lee-Schneck-Pennings 1971, S. 216 ff. und Hinings-Hickson-Pennings-Schneck 1974, S. 22 ff.).

Voreingenommenheit der Suche

Die Voreingenommenheit oder Subjektivität der Suche ergibt sich durch:

»(1) Voreingenommenheit, durch die die besondere Ausbildung oder Erfahrung der verschiedenen Bereiche der Organisation bedingt ist,
(2) Voreingenommenheit, die das Wechselspiel von Hoffnungen und Erwartungen widerspiegelt, und
(3) Verzerrung in bezug auf die Kommunikation, die ungelöste Konflikte innerhalb der Organisation zum Ausdruck bringt« (Cyert-March 1977, S. 136).

Der Punkt (2) wurde bereits auf S. 84 behandelt, während die Punkte (1) und (3) keiner weiteren Diskussion bedürfen.

5. Der Lernprozeß der Organisation

Das Lernen in der Organisation erstreckt sich auf drei Aspekte: Einmal wird die Anpassung der Anspruchsniveaus in das Lernverhalten einbezogen. Zum anderen geht es um die Anpassung der Regeln (Methoden) für die Aufmerksamkeit und um die Anpassung der Suchregeln (Suchmethoden). Auf die Anpassung der *anspruchsniveaubezogenen* Zielwerte wurde schon auf S. 463f. eingegangen. Dort wurde gezeigt, daß die Zielwerte einer neuen Periode von den Zielwerten der vorhergehenden Periode, vom Realisationsgrad dieser Ziele und von Zielen vergleichbarer Organisationen abhängen.

Anspruchs-niveaus

Aufmerksamkeitsregeln beziehen sich demgegenüber auf die Beobachtung der »internen« und »externen« Umwelt. Bei den Aufmerksamkeitsregeln für die »interne« Umwelt geht es darum, Maßstäbe oder Kriterien zu finden, nach denen Individuen und Abteilungen hinsichtlich ihrer Leistungen beurteilt werden können. Aus einer Fülle gegebener Kennzahlen ist dann so auszuwählen, daß die letztlich verwendeten Maßstäbe tatsächlich die ›Leistung‹ der Individuen und Abteilungen zu erfassen geeignet sind. Wenn nicht unnötig Konflikte erzeugt werden sollen, müssen sich Individuen und Abteilungen durch die angelegten Maßstäbe »gerecht« behandelt fühlen. Der Prozeß zur Bestimmung dieser Maßstäbe ist dabei ein typischer Lernvorgang. Die Aufmerksamkeitsregeln für die »externe« Umwelt selektieren die Organisationen, die als Vergleichsbasis für die Beurteilung der eigenen Gesamt-Leistung dienen (vgl. dazu S. 463f.). Außerdem sind wiederum die Leistungsmerkmale festzulegen, mit deren Hilfe die anderen Organisationen betrachtet werden. Cyert-March (1977, S. 138) stellen dazu prägnant die Frage: »Mit welchen Attributen welcher Organisationen sollten wir uns vergleichen?«

Aufmerksam-keitsregeln

Bei den *Suchregeln* können sich neben allgemeinen Regeln spezielle, auf bestimmte Probleme ausgerichtete Regeln entwickeln. Ändern sich die Probleme, so ist anzunehmen, daß sich die speziellen Suchregeln ändern. Die Änderung vollzieht sich dynamisch und stellt einen Lernprozeß dar.

Suchregeln

Sämtliche vier Konzepte und die darin zum Ausdruck gekommenen Regeln bzw. Methoden legen in ihrer Gesamtheit einen Entscheidungsprozeß fest. Es handelt sich um einen umfassenden Entscheidungsprozeß; denn das organisatorische Lernen verweist darauf, Ergebnisse der Realisations- und Kontrollphasen zu berücksichtigen. In Anlehnung an Cyert-March (1976, S. 368) und Cyert-March (1977, S. 140) wird der durch die einzelnen Regeln bestimmte Entscheidungsprozeß in Abb. 206 erfaßt.

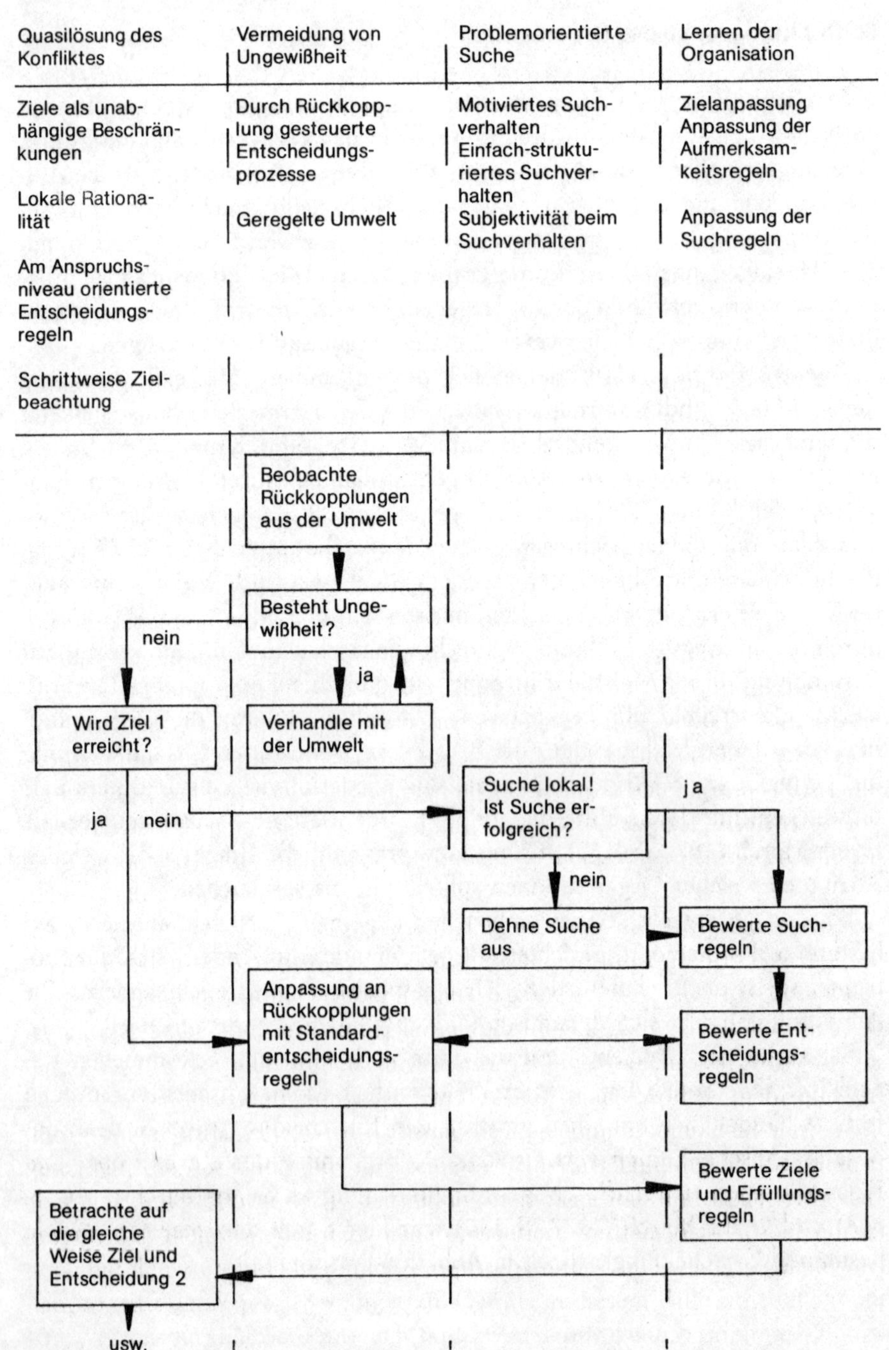

Abb. 206: Der Entscheidungsprozeß in der Verhaltenstheorie der Unternehmung (Quelle: Cyert-March 1977, S. 140)

Wiederholungsfragen

1. Warum findet in der Verhaltenstheorie der Unternehmung eine Verbindung von Verhaltensforschung und Wirtschaftswissenschaft statt? (S. 474)
2. Worin zeigt sich die Quasi-Lösung von Konflikten? (S. 475 f.)
3. Was versteht man unter organizational slack und organizational pressure? (S. 476)
4. Risiko und Unsicherheit können ignoriert bzw. eliminiert werden. Was ist darunter zu verstehen? (S. 476 f.)
5. Durch welche Regeln ist die problembezogene Suche gekennzeichnet? (S. 477 f.)
6. Auf welche Bereiche erstreckt sich der Lernprozeß einer Organisation? (S. 479)

Literaturverzeichnis

Cyert, R.M. / March, J.G. (1963): A Behavioral Theory of the Firm. Englewood Cliffs 1963.

Cyert, R.M. / March, J.G. (1976): Die behavioristische Theorie der Unternehmung: Eine Verbindung von Verhaltensforschung und Wirtschaftswissenschaft. In: Grochla, E. (Hrsg.): Organisationstheorie. 2.Teilband, Stuttgart 1976, S. 360–372.

Cyert, R.M. / March, J.G. (1977): Verhaltenstheorie der Unternehmung. In: Witte, E./Thimm, A. (Hrsg.): Entscheidungstheorie. Texte und Analysen. Wiesbaden 1977, S. 127–141.

Frese, E. (1971): Heuristische Entscheidungsstrategien der Unternehmungsführung. In: Zeitschrift für betriebswirtschaftliche Forschung, 23 (1971), S. 283–307.

Hickson, D.J. / Hinings, C.R. / Lee, C.A. / Schneck, R.E. / Pennings, J.M. (1971): A Strategic Contingencies' Theory of Intraorganziational Power. In: Administrative Science Quarterly, 16 (1971), S. 216–229.

Hinings, C.R. / Hickson, D.J. / Pennings, J.M. / Schneck, R.E. (1974): Structural Conditions of Intraorganizational Power. In: Administrative Science Quarterly, 19 (1974), S. 22–44.

Pfohl, H.-C. (1981): Planung und Kontrolle. Stuttgart/Berlin/Köln/Mainz 1981.

Sieben, G. / Schildbach, T. (1980): Betriebswirtschaftliche Entscheidungstheorie. 2., überarb. u. erg. Aufl., Düsseldorf 1980.

VI. Der Budgetierungsprozeß in Organisationen

1. Einführung

Definition eines Budgets

Im Budgetierungsprozeß von Organisationen geht es darum, die Ressourcen *optimal* auf die einzelnen Aufgabenbereiche der Organisation *aufzuteilen*. So bekommen etwa in Unternehmungen der Produktionsbereich oder der Beschaffungsbereich diejenigen Ressourcen zugeteilt, die zur Erfüllung ihrer Aufgaben benötigt werden. Zusätzlich wird im Budgetierungsprozeß auch die Akquirierung von Ressourcen geregelt, womit der Absatzbereich und der Finanzbereich angesprochen sind. Das Ergebnis des Budgetierungsprozesses sind das Gesamtbudget der Organisation und Teilbudgets für die einzelnen Aufgabenbereiche. Budgets enthalten allgemein gesehen wert- und mengenmäßige Angaben über die verteilten bzw. aquirierten Ressourcen (vgl. dazu etwa Hill 1971). Ein Budget erstreckt sich auf einen kurzfristigen Zeitraum.

Rollen im Budgetierungsprozeß

Der Budgetierungsprozeß kann auch *(aufbau-) organisatorisch* betrachtet werden. Dabei interessieren die am Prozeß beteiligten *Individuen* bzw. die *Rollen*, die sie spielen* und auch die beteiligten *Gremien*. Obwohl man davon ausgehen kann, daß nahezu alle Mitglieder einer Organisation und alle Gremien direkt oder indirekt Teilnehmer am Budgetierungsprozeß sind, lassen sich 5 verschiedene Rollen oder organisatorische Kategorien identifizieren, die in den einzelnen Organisationen eine differenzierte Ausgestaltung erfahren können (vgl. dazu Bamberger 1971, S. 85ff.):

(1) Einzelne Personen oder auch Gremien sind berechtigt, das Budget zu autorisieren. Ein *Autorisierungsorgan* gehört zu den Kernorganen einer Organisation. Beispiel dafür sind Kammern eines Parlamentes und der Alleininhaber einer Unternehmung.
(2) Eine Organisationseinheit legt die wertenden Entscheidungsprämissen für den Budgetierungsprozeß, vor allem die *Ziele*, fest. Dazu gehören etwa der Vorstand einer AG bzw. das Kabinett einer politischen Organisation.
(3) Zahlreiche Organisationseinheiten sind als *Fordernde* und damit auch als Empfänger von Ressourcen zu kennzeichnen. Zu ihnen zählen Stellen, Abteilungen, Geschäftsbereiche oder Sparten, aber auch Ministerien.
(4) Eine weitere Organisationseinheit bereitet den Budgetierungsprozeß formal vor, erstellt Formulare dazu und gibt den fordernden Organisationseinheiten methodische Hilfe für die Erstellung ihrer Teilbudgets. Außerdem gehört zu ihrer Aufgabe, die einzelnen Teilbudgets zu einem Ge-

* Vgl. dazu S. 427f.

samtbudget zusammenzufassen. Man bezeichnet diese organisatorische Einheit als *Budgetabteilung*, Budgetbüro oder Budgetdirektor. Sie ist eine Stabsabteilung.

(5) Eine weitere wichtige Funktion im Budgetierungsprozeß besteht darin, »Budgetforderungen zu ändern, zu kürzen oder abzulehnen und Empfehlungen an das Autorisierungsgremium zu geben, den Fordernden bestimmte Mittel zu gewähren« (Bamberger 1971, S. 87). Ein *Budgetkomitee* erfüllt derartige Aufgaben. Im parlamentarischen Bereich ist damit der Haushaltungsausschuß gemeint, während in Unternehmungen das Budgetkomitee aus Leitern von Funktionsbereichen oder Sparten und dem Verantwortlichen der Budgetabteilung bestehen kann.

Das System der 5 Rollen bzw. organisatorischen Kategorien kann äußerst komplex sein. Zwischen den Beteiligten laufen zahlreiche Prozesse ab, wobei auch politische Prozesse (vgl. dazu S. 457, 461 f.) bedeutend sind.

Phasen des Budgetierungsprozesses

Insgesamt ist ein Budgetierungsprozeß durch folgende Phasen gekennzeichnet:

»– Analyse des Ausgangszustandes und Formulierung von Beschränkungen der Problemdefinition, insbesondere von Zielen zur Kennzeichnung des gewünschten Endzustandes der Budgetierung. Die Beschränkungen werden in der Realität unterschiedlich bezeichnet (Ziele, Richtlinien, Schlüsselannahmen, Strategien, Nationale Prioritäten, ›policies‹, ›policies directives‹);
- Formulierung von Teilbudgets bzw. Forderungen;
- Erste Überprüfung der Teilbudgets durch die *Budgetabteilung*;
- Diskussion und Abwandlung von Teilbudgets im *Budgetkomitee* und ihre Empfehlung an das *Autorisierungsgremium*;
- Zusammenfassung der Teilbudgets durch die *Budgetabteilung*;
- Zurückweisung, Abänderung oder Genehmigung durch das *Autorisierungsgremium*;
- Dekomposition des genehmigten Budgets und Vorgabe der Teilbudgets an die Organisationseinheiten« (Bamberger 1971, S. 98, unsere Hervorhebungen).

Organisatorische Formen der Budgeterstellung

Der hier skizzierte Ablauf sieht eine *dezentrale* Entwicklung der Teilbudgets vor, was eine Erstellung von ›unten‹ nach ›oben‹ bedeutet (bottom-up-Planung, progressive Planung). Der Weg verläuft von Teilbudgets zum Gesamtbudget. Es ist auch möglich, zuerst ein Gesamtbudget zu entwerfen und dieses anschließend in Teilbudgets aufzuspalten (top-down-Planung, retrograde Planung). Der Weg verläuft hierbei genau umgekehrt von ›oben‹ nach ›unten‹. Daneben können beide Formen kombiniert werden, etwa derart, daß probeweise ein Gesamtbudget formuliert, dieses aufgespalten und von den einzelnen Abteilungen auf seinen Realitätsgehalt überprüft wird und die Korrekturen in ein neues Gesamtbudget eingehen (Planung nach dem Gegenstrom-Verfahren) (vgl. zu den organisatorischen Formen, Budgets bzw. Pläne zu erstellen, Pfohl 1981, S. 139 ff. sowie Wild 1974, S. 191 ff.; zu einer empirischen Überprüfung der Formen vgl. Hauschild 1975, S. 103 ff. und 1976, S. 327 ff.)*.

Um die einzelnen Teilprozesse im gesamten Budgetprozeß zu handhaben, entwickeln die beteiligten Rollenträger und Gremien darauf ausgerichtete *Regeln* bzw. *Methoden.* Diese Methoden erstrecken sich einmal auf das Verständnis des komplexen Budgetproblems. Es handelt sich um ein Verständnis, das weitgehend von allen 5 Rollen bzw. Gremien gebilligt wird und insofern zur durch Konsens getragenen Budgetkultur gehört. Darauf wird im weiteren eingegangen. Daneben stehen solche Methoden, die von den einzelnen Beteiligten zur Durchsetzung ihrer eigenen Budgetziele eingesetzt werden. Im folgenden sollen dabei die *Methoden* der *Fordernden* und die *Methoden* des *Budgetkomitees* betrachtet werden. Es sind bei allen vorgestellten Methoden heuristische Methoden gemeint, die in der Praxis der Budgeterstellung bislang meistens erfolgreich eingesetzt wurden. Da wir uns auf die empirischen Untersuchungen von Wildavsky (1964) beziehen, ist der Gültigkeitsbereich der Methoden streng genommen auf die öffentliche Verwaltung eingeschränkt. Wildavsky (1964, S. V ff.) hat die Erstellung des Bundeshaushaltes der USA untersucht, wobei er circa 160 Interviews mit Behördenleitern, Haushaltsverantwortlichen aus den Ministerien, Mitgliedern von Bewilligungsausschüssen und Kongreßabgeordneten geführt hat. Außerdem sind Protokolle der Bewilligungsausschüsse herangezogen. Die dabei gefundenen heuristischen Methoden im Budgetprozeß gelten aber auch weitgehend in anderen Organisationen, wenngleich natürlich die beobachteten Verhaltensweisen nicht in ihrer Gesamtheit auf andere Organisationen übertragen werden können (vgl. dazu Bamberger 1971, S. 155, 169 f.).

Budgetkultur

Methoden der Fordernden –

Methoden des Budgetkomitees

2. Grundlegende Heuristiken im Budgetierungsprozeß

Kalkulationshilfen

Grundlegende Heuristiken werden von Wildavsky (1964, S. 11 ff.) als *Kalkulationshilfen* (aids of calculation) bezeichnet. Dazu gehören im einzelnen die Grundsätze:

1. Die Budgeterstellung läuft experimentell ab.

* Auch für das Phasenschema des Budgetprozesses gelten die allgemeinen Ausführungen zum Phasenschema von Entscheidungen, vgl. S. 102 ff.

2. Die Budgeterstellung ist durch Vereinfachung gekennzeichnet.
3. Die Budgeterstellung ist durch satisfizierende Ziele gekennzeichnet.
4. Die Budgeterstellung ist durch inkrementales Vorgehen gekennzeichnet, wozu die Vorstellung einer »Basis« und eines »fairen Anteils« gehört.

Zu 1. Um Probleme mit großer Bedeutung handhaben zu können, fehlt meistens das dazu erforderliche Wissen. Man behilft sich zunächst mit groben Schätzungen und setzt probeweise eine Ausgabensumme an. Ist es möglich, im Laufe der Zeit zusätzliche Informationen zu gewinnen und Erfahrungen zu sammeln, so können Korrekturen vorgenommen werden.

Zu 2. Der Budgetprozeß ist dadurch gekennzeichnet, daß das Schwierige durch das Einfache und Bekannte ersetzt wird. Dieser Grundsatz ist vor allem in der sozialen Interaktion der beteiligten Personen bzw. Rollenträger zu beobachten. Erscheinen einem Teilnehmer am Budgetprozeß die Argumente des Partners als zu schwierig, so sucht man nach einem *Ersatz*, um die Seriosität der Argumente trotzdem beurteilen zu können. Die Argumente werden nicht in ihrer Gesamtheit bewertet, sondern solche ausgewählten Stellen daraus, die einem *einfach* und *vertraut* vorkommen. Wildavsky (1964, S. 12) bringt ein Beispiel dazu: »Anstatt daß ein Kongreßabgeordneter sich direkt mit den Kosten eines gewaltigen Atomkraftwerkes auseinandersetzt, überprüft er lieber Personal- und Verwaltungskosten oder Grundstückstransaktionen, da ihm diese Größen vertraut sind. Fallen sie zur Zufriedenheit aus, so sind Kongreßabgeordnete um so eher bereit, der Verwaltung auch bei ›großen‹ Vorhaben Vertrauen entgegenzubringen.«

Zu 3. Auch im Budgetprozeß zeigt sich die aus anderen Zusammenhängen bereits bekannte sozio-logische (und auch psycho-logische) Eigenart, Ziele zu formulieren.

Zu 4. Als zentraler Bestandteil nahezu aller deskriptiv arbeitender Modelle des Budgetprozesses kann das inkrementale Vorgehen gelten (vgl. dazu Bamberger 1971, S. 148f.). Es werden nicht jedes Jahr vollkommen neue Überlegungen über die Zusammensetzung des Budgets angestellt. Das ist wegen der beschränkten Informationsverarbeitungskapazität der Organisationen auch kaum möglich. Außerdem ist ein großer Teil des Budgets durch langfristige, früher getroffene Entscheidungen bereits festgelegt, die bei kommunalen und staatlichen Budgets überdies rechtlich abgesichert sind. Personalausgaben im kommunalen und staatlichen Bereich, soweit sie sich etwa auf unkündbare Beamten beziehen, engen den finanziellen Spielraum zukünftiger Budgets ein. Auf diese Weise erscheint eine Budgetierung vom »Nullpunkt« an unrealisierbar. Um Budgetprobleme zu lösen, wird deshalb am Budget der Vorperiode angeknüpft. Wildavsky (1964, S. 13) bemerkt hierzu lapidar: »Die wichtigste Ursache für Umfang und Inhalt des diesjährigen Budgets ist das Budget des letzten Jahres.« Das Budget des Vorjahres wird somit zu einem »Präzedenzfall«, so daß Crecine 1969 (S. 41 f.) in diesem Zusammenhang von »government by precedence« spricht.

Das inkrementale Verhalten orientiert sich dabei an einer »Basis« und einem »fairen Anteil«. Die Basis bringt die Erwartungen der Budgetbeteiligten zum Ausdruck, daß bisherige Aktivitäten einer Abteilung, eines Ministeriums usw. fortgeführt werden können, wobei sich die Ausgaben dafür eng am bestehenden Ausgabenniveau ausrichten. Aktivitäten, die zur Basis einer Abteilung gehören, werden als »normal« akzeptiert und keiner weiteren Prüfung unterzogen. Der faire Anteil zeigt demgegenüber die Erwartungen bezüglich einer Kürzung oder Erhöhung der Ausgaben, wobei die Kürzungen oder Erhöhungen in der Regel nur gering ausfallen. Der faire Anteil ist das Ergebnis eines gedanklichen Vergleichs unter den einzelnen organisatorischen Einheiten und zeigt auf, wieviel jeder »verdientermaßen« erhalten soll.

3. Heuristische Methoden der Fordernden und des Budgetkomitees

Heuristische Methoden der Fordernden

Allgemeingültige Strategien – Spezielle Strategien

Wildavsky (1964, S. 63 ff.) teilt die Strategien der Fordernden in zwei Klassen ein: *allgemeingültige* (ubiquitos) und *spezielle* (contingent) Strategien. Die allgemeingültigen Strategien schaffen dabei Voraussetzungen für den Erfolg der speziellen Strategien.

Klientel

Allgemeingültige Strategien zerfallen selbst wieder in zwei Klassen. Zum einen geht es darum, Unterstützung innerhalb und außerhalb der Organisation für die Forderungen zu finden. Das erreicht man, wenn Individuen oder Gruppen vorhanden sind, denen die Forderungen (auch) zugute kommen. Man schafft sich eine *Klientel.* Diese ist bereit, die Forderungen mit zu unterstützen und ihre Zufriedenheit oder Unzufriedenheit auch den Mitgliedern des Budgetkomitees gegenüber auszudrücken.

So schaffen sich einzelne Ministerien eine Klientel, etwa wenn sich das Ernährungsministerium auf den Bauernverband stützen kann, das Bildungsministerium auf Eltern-Lehrer-Verbände, das Wirtschaftsministerium auf Arbeitgeberverbände und das Sozialministerium auf die Gewerkschaften. Im politischen Bereich ist das Problem der Klientel eng mit dem Sachverhalt des *Lobbyismus* verknüpft.

Wildavsky (1964, S. 65 ff.) führt u. a. folgende Einzel-Strategien an, die zu dieser Klasse allgemeingültiger Strategien gehören:

- Eine Klientel finden,
- eine Klientel pflegen,

- den Bereich der Klientel ausdehnen,
- die Wünsche der Klientel an das Budgetkomitee weiterleiten,
- weitere Aufgaben »entdecken«, um eine neue Klientel »anzuwerben«,
- Experten einschalten, die immer neue Forderungen aufstellen und begründen,
- mit der Klientel Modeströmungen steuern,
- sich nicht von der Klientel »gefangennehmen« lassen.

Gewinnung von Vertrauen

Daneben gehört die *Gewinnung von Vertrauen* bei den Mitgliedern des Budgetkomitees mit zu den allgemeinen Strategien. Hierbei werden von Wildavsky (1964, S. 74ff.) u. a. folgende »vertrauensbildende Maßnahmen« erwähnt:

- Die eigenen Verhaltensweisen den Erwartungen des Budgetkomitees anpassen,
- sich fair verhalten und ohne Lügen und Tricks operieren,
- das Budgetkomitee von seiner eigenen persönlichen Integrität überzeugen,
- persönliche Bezüge mit den Mitgliedern des Budgetkomitees herstellen,
- Beziehungen zu dem Stab des Budgetkomitees pflegen,
- Experten-Hearings vor dem Budgetkomitee sorgfältig vorbereiten.

Besonders bedeutsam ist, daß die Fordernden nicht zuviel beanspruchen: »Do not come in too high« (Wildavsky 1964, S. 195). Zu hohe Forderungen würden nämlich zu einem Vertrauensverlust beim Budgetkomitee führen und Kürzungen nach sich ziehen. Andererseits muß ein Fordernder aber relativ hoch »einsteigen«; denn Kürzungen durch das Budgetkomitee finden in der Regel immer statt. Das Budetkomitee erwartet nämlich, daß ein Fordernder immer mehr fordert, als er »eigentlich« benötigt. Es geht also davon aus, daß bereits Polster (pads) in die Forderungen eingebaut sind, die gekürzt werden. Umgekehrt gehen die Fordernden davon aus, daß Streichungen auf jeden Fall vorgenommen werden und bauen deshalb Polster ein. Auf diese Weise erfüllen sich die Erwartungen gegenseitig. Das Budgetkomitee kürzt, weil Polster vermutet werden und die Fordernden bauen Polster ein, weil sie Streichungen befürchten. Das bedeutet letztlich für die Fordernden: »Come in a little high (padding), but not too high (loss of confidence)« (Wildavsky 1964, S. 195)*.

Bei den *speziellen* Strategien handelt es sich darum, die in einer bestimmten Situation sich bietenden Gelegenheiten auszunutzen. Es wird an dem Begriff

* Wildavsky diskutiert diese Vorgehensweise im Rahmen der Kalkulationshilfen.

der Basis angeknüpft, wobei es um die Verteidigung der Basis, die Steigerung der Basis und um die Ausdehnung der Basis gehen kann. Sehen sich die Fordernden der Gefahr einer *Kürzung* der Ressourcen ausgesetzt, verteidigen sie den ihnen bisher bewilligten Ressourcenanteil. Dies geschieht beispielsweise dadurch, daß von den Programmen, die ein Ressourcenempfänger durchzuführen hat, diejenigen an letzter Stelle einer Rangordnung gestellt werden, die in der Organisation populär sind bzw. von der Organisationsspitze bevorzugt werden, während an erster Stelle jene plaziert werden, die sonst keine Chance auf Bewilligung hätten. Eine andere Verhaltensweise gegenüber Ressourcenkürzungen ist die Einnahme eines Alles- oder Nichts-Standpunktes.

Versucht schließlich ein Ressourcenempfänger seinen Ressourcenanteil zu *erhöhen*, so formuliert er neue Programme, die von seinem Bereich zu realisieren sind. Dies kann dadurch geschehen, daß für ein neues Programm zunächst geringe Ressourcen gefordert werden, um »einmal den Fuß in der Tür zu haben«. Später wird dann argumentiert, daß dieses Programm wesentlicher Bestandteil der Aufgaben des Bereiches ist und fortgeführt werden muß. Eine ähnliche Verhaltensweise liegt vor, wenn bestimmte Programme erst in langfristige Pläne aufgenommen werden, um ihre spätere Realisierung wahrscheinlicher zu machen. Bei der Begründung von neuen Programmen werden besonders Situationen ausgenutzt, die sich durch Krisen (z.B. Energiekrise) oder populäre »Wellen« (z.B. Umweltschutzwelle) charakterisieren lassen. Es ist besonders schwer, solche Programme abzulehnen. Sollen schließlich die Ressourcen für ein bestimmtes Programm gesteigert werden, dann geschieht dies häufig auch dadurch, daß bestimmte Ressourcenanteile für dieses Programm bei anderen Programmen untergebracht werden.

Heuristische Methoden des Budgetkomitees

Um das komplexe Budgetproblem zu lösen, werden vom Budgetkomitee heuristische Methoden angewandt (vgl. dazu Wildavsky 1964, S. 57ff.):

(1) *Der Budgetprozeß ist ein spezialisierter und fragmentarischer Prozeß.*
Die Spezialisierung wird an den Rollen und organisatorischen Kategorien deutlich, die im Budgetprozeß auftreten. Zusätzlich teilt das Budgetkomitee das Gesamtbudget in Teile auf, wobei die angemeldeten Forderungen von Unterausschüssen relativ autonom behandelt werden.

(2) *Der Budgetprozeß ist ein historischer Prozeß.*
Die Mitglieder des Budgetkomitees bringen ihre früher gesammelten Erfahrungen in Diskussionen ein. Anstatt nun die Forderungen in ihrer Gesamtheit zu überprüfen, konzentriert man sich auf die Veränderungen gegenüber der vorangegangenen Budgetperiode.

(3) Der Budgetprozeß wird weniger *programmatisch* betrachtet (was möchte die betreffende Abteilung oder das in Frage kommende Ministerium inhaltlich durchführen?) als eher *ressourcenbezogen* (ist genügend Geld vorhanden?).

(4) *Der Budgetprozeß ist repetitiv und sequentiell.*
Es gibt wenige Budgetprobleme, die sich ein für allemal lösen lassen. Im Laufe zahlreicher Budgetperioden kann das Problem immer wieder auftauchen.

Allgemein gesehen entwickelt das Budgetkomitee auch Gegenstrategien, um die Strategien der Fordernden zu unterlaufen.

Wiederholungsfragen

1. Welche formalen Rollen gibt es im Budgetierungsprozeß von Organisationen? (S. 482f.)
2. Welche grundlegenden Heuristiken gehören zur Budgetkultur? (S. 484)
3. Bei den heuristischen Strategien der Fordernden unterscheidet Wildavsky (1964) allgemeine und spezielle Strategien. Was verstehen Sie darunter? (S. 486ff.)
4. Welche heuristischen Strategien werden vom Budgetkomitee angewendet? (S. 488f.)

Literaturverzeichnis

Bamberger, I. (1971): Budgetierungsprozesse in Organisationen. Dissertation, Mannheim 1971.

Crecine, J.P. (1969): Governmental Problem-Solving. Chicago 1969.

Hauschild, J. (1975): Zielhierarchien in innovativen Entscheidungsprozessen. In: Ulrich, H. (Hrsg.): Unternehmensplanung. Bericht von der wissenschaftlichen Tagung der Hochschullehrer für Betriebswirtschaft in Augsburg vom 12. bis 16. Juni 1973. Wiesbaden 1975, S. 103–132.

Hauschild, J. (1976): Zielbildung – Ein heuristischer Prozeß. In: Zeitschrift für Betriebswirtschaft, 46 (1976), S. 327–340.

Hill, W. (1971): Unternehmungsplanung. 2. Aufl., Stuttgart 1971.

Pfohl, H.-C. (1981): Planung und Kontrolle. Stuttgart/Berlin/Köln/Mainz 1981.

Wild, J. (1974): Grundlagen der Unternehmungsplanung. Reinbek bei Hamburg, 1974.

Wildavsky, A. (1964): The Politics of the Budgetary Process. Boston 1964.

E. Das Implementationsproblem als zentrales Problem im Rahmen der Psycho-Logik und Sozio-Logik

I. Einführung

Die Umsetzung der einmal getroffenen Entscheidungen darf nicht einfach als problemlos unterstellt werden. Die Entscheidungen müssen von den Ausführenden übernommen und zu Prämissen des eigenen Verhaltens werden. Dieser Prozeß ist steuerbar und führt bei einem Erfolg zur *Akzeptanz* der Entscheidungen. Dabei sind zwei Arten von Entscheidungen auseinanderzuhalten, die beide als Gegenstand der Akzeptanzsteuerung in Frage kommen: *Objekt-* und *Metaentscheidungen.* Objektentscheidungen sind laufend zu treffen und beziehen sich in Unternehmungen vor allem auf die Bereiche der Leistungsbeschaffung, Leistungserstellung und Leistungsverwertung. Metaentscheidungen dagegen erstrecken sich auf solche Entscheidungen, die eine Voraussetzung dafür schaffen, daß Objektentscheidungen laufend getroffen und realisiert werden können. Metaentscheidungen können auch als *konstitutive* Entscheidungen bezeichnet werden (vgl. zu der Unterscheidung Kirsch–Meffert 1970, S. 41 ff.). Eine Objektentscheidung mag etwa in der Ratifizierung des qualitativ und quantitativ bestimmten Absatzprogrammes für eine bestimmte Periode gesehen werden. Eine dazugehörige Metaentscheidung besteht beispielsweise darin, geeignete computergestützte Marketing-Informationssysteme, Entscheidungssysteme oder Führungssysteme vorzusehen, mit deren Hilfe Entscheidungen über das Absatzprogramm erst getroffen werden können. Weitere Metaentscheidungen allgemeiner Art erstrecken sich auf Management-Informationssysteme (MIS), auf Programmbudgetierungssysteme, komplexe Organisationsformen oder auf Unternehmungszusammenschlüsse. Metaentscheidungen können sich untereinander bedingen, so daß eine einmal initiierte Metaentscheidung eine Folgeentscheidung nach sich zieht. Es kann sich ein *Karussell der Metaentscheidungen* zu drehen beginnen. Eine Änderung im Entscheidungssystem erzeugt eine Änderung im Informationssystem und beides eine Verschiebung im Organisationsbereich usw. (vgl. dazu auch Kirsch-Börsig 1980, S. 2028 ff., Kirsch-Esser-Gabele 1979, S. 9 ff.).

Objektentscheidungen – Metaentscheidungen

Sowohl Objekt- als auch Metaentscheidungen müssen implementiert werden, womit das Akzeptanzproblem angesprochen ist. Im folgenden wollen wir uns auf die Implementation von Metaentscheidungen beschränken, da diese Entscheidungen eine zentrale Bedeutung besitzen. Im Rahmen der Entscheidungstheorie sind die wichtigsten Metaentscheidungen mit Entscheidun-

Modellorientierte Implementationsforschung

gen über Entscheidungssysteme gegeben, die einen Verbund einzelner normativer Entscheidungsmodelle und Modelle des Operations Research (OR) darstellen. Das Implementationsproblem weist dabei auf die Fragestellung hin, wie es möglich ist, Entscheidungsmodelle der normativen Entscheidungstheorie und des OR real anzuwenden, so daß Entscheidungen damit gefällt werden können. Dazu müssen Entscheidungsmodelle bei Anwendern und in der Organisation akzeptiert sein. Die Akzeptanz von Entscheidungsmodellen ist deshalb folgerichtig der zentrale Bereich einer *modellorientierten Implementationsforschung* (vgl. dazu auch Braun 1977, S. 222ff.).

Entscheidungsmodelle werden oft bloß mit einem Hinweis auf ihre formale Rationalität begründet. Dieser Punkt aber erscheint für eine Akzeptanz nicht ausreichend. Trotz aller formalen Eleganz der Modelle finden sich nämlich zahlreiche *Widerstände* (Blockaden oder Barrieren), die eine Anwendung formaler Entscheidungsmodelle verhindern. Mit Gregory (1974, S. 169ff.) sollen die Blockaden in folgende fünf Kategorien eingeteilt werden:

Widerstände: Symptome und Ursachen

(a) funktionale Blockaden (z.B. falsches Verständnis und falsche Anwendung der Modelle),
(b) psychologische Blockaden (z.B. mangelnde Motivation und kognitive Dissonanz),
(c) soziologische Blockaden (z.B. mangelnde Kommunikationsmöglichkeiten aufgrund unterschiedlicher Ausbildung oder Wertsysteme),
(d) physisch-umweltliche Blockaden (z.B. Anordnung der Arbeitsplätze),
(e) physiologische Blockaden (z.B. Überarbeitung).

Derartige Widerstände können dazu führen, daß man dem Einsatz von Modellen in der Praxis eine schwache Bedeutung beimißt (vgl. dazu Mans 1973 in einer Untersuchung über die Planungspraxis in deutschen Unternehmungen, vgl. zu weiteren Untersuchungen Börsig 1975, Gößler 1974, Steinecke–Seifert–Ohse 1973, Töpfer 1976, siehe auch Pfohl–Drünkler 1978, S. 99ff. sowie zu weiterer Literatur Braun 1978, S. 1ff.). Eine erfolgreiche Implementation hat deshalb Widerstände zu überwinden. Eine Analyse der Widerstände muß dabei beachten, daß die Widerstände nur beobachtbare *Symptome* sind, denen komplexe *Ursachen* zugrunde liegen können. Ist es schon schwierig, die Widerstände zu erkennen, da sie keineswegs offen geäußert werden, so bietet die Ursachenanalyse wesentlich größere Schwierigkeiten. Es gibt eine große Anzahl von innerorganisatorischen (internen) und außerorganisatorischen (externen) Einflußfaktoren, die den Erfolg oder Mißerfolg der Implementation bestimmen. Ausgehend von Leavitt (1965, S. 1144ff.) können die organisationsinternen Einflußfaktoren aber auf insgesamt vier Bereiche beschränkt werden. Man unterscheidet demnach Einflüsse, die

(1) von den *Modellen* selbst ausgehen (Faktor »Technik«),
(2) von den potentiellen *Anwendern* ausgehen (Faktor »Mensch«),
(3) von dem *Entscheidungsproblem* herrühren (Faktor »Aufgabe«) und
(4) die *Organisation* der Entscheidung betreffen (Faktor »Organisation«).

Eine detaillierte Analyse hat demnach zu zeigen, wie diese vier Faktoren zusammengenommen den Erfolg oder Mißerfolg der Implementation beeinflussen. Das ist die Aufgabe der modellorientierten Implementationsforschung, die sich als eine empirisch angelegte, interdisziplinär ausgerichtete Wissenschaft versteht. Dabei wird in der Anwendung der Entscheidungsmodelle in die Entscheidungspraxis, nicht aber im mathematischen Gehalt der Modelle, der eigentliche Schwerpunkt gesehen. Recht anschaulich läßt sich diese Akzentuierung innerhalb der Implementationsforschung durch eine Schilderung wiedergeben, die der Fabeldichter Aesop vor zweieinhalbtausend Jahren für folgendes Problem gab (Reinermann 1978, S. 51 f.):

»Eine Mäusekolonie, durch eine Katze in letzter Zeit arg dezimiert, hält einen Rat. Folgender Vorschlag findet allseitige Zustimmung: Man brauche der Katze nur eine Schelle umzuhängen; dann wisse man, wann sie auftauche, und könne sich rechtzeitig vor ihr in Sicherheit bringen. Nur eine alte Maus erhebt einen Einwand: Der Plan enthalte keinen Hinweis darauf, *wer* der Katze die Schelle umhängen solle *und wie* dies zu geschehen habe!«

Der Kern dieser Fabel zeigt den Gegenstandsbereich der Implementationsforschung: Entscheidungsmodelle so zu entwickeln, daß sie von ihren potentiellen Anwendern und in der Organisation akzeptiert werden können.

Die Implementationsforschung gehört zu einer *Theorie des sozialen Wandels in Organisationen*, da die Einführung von einzelnen Modellen und ganzen Modellsystemen sowie ihre EDV-mäßige Fundierung eine erhebliche Umstellung der bisherigen Verhaltensweisen erfordert (vgl. Kirsch-Esser-Gabele 1979, S. 69 ff.). Es bedarf dazu einer engen Zusammenarbeit von Modellspezialisten und Managern, wobei in der Implementationsforschung gerade der Manager der Dreh- und Angelpunkt der Analyse ist, als derjenige, der letztlich die Entscheidungen zu treffen hat. Die Implementationsforschung und die Theorie des sozialen Wandels in Organisationen befinden sich allerdings noch weitgehend in den Anfangsphasen einer strengen Theoriebildung, wenngleich eindrucksvolle Studien zu allgemeinen Bezugsrahmen und auch empirische Ergebnisse bereits vorliegen (vgl. Kirsch-Esser-Gabele 1979; vgl. auch den Hinweis bei Reinermann 1978, S. 58). Wichtig erscheint auch folgender Hinweis: Mit der modellorientierten Implementationsforschung wird eine Brücke geschlagen zwischen der normativen Entscheidungstheorie und OR, aus denen die Modelle kommen und der deskriptiven Entscheidungstheorie, die die Faktoren einer erfolgreichen Modellanwendung untersucht.

Dabei ist zu berücksichtigen, daß es nicht nur um eine Implementation von bereits fix und fertig vorliegenden Entscheidungsmodellen gehen kann (*Ergebnispromotion*, vgl. dazu Kirsch-Börsig 1980, Sp. 2035). Das Erkenntnisinteresse der Implementationsforschung legt schon im Stadium der Entscheidungsvorbereitung eine Intervention nahe (*Prozeßpromotion*, vgl. Kirsch-Börsig 1980, Sp. 2034 f.). Eine implementationsgeleitete Modellkonstruktion bedeutet dann, solche Entscheidungsmodelle zu entwerfen, die von ihrer Struktur her für eine Implementation günstig sind, z. B. relativ einfach sind. Auf diese Weise wird auch die *entscheidungstheoretische Methodologie* bzw. die Methodologie des OR (vgl. dazu S. 113 ff.) mit in die Implementationsforschung integriert. Die Implementationsforschung als Teil der deskriptiven Entscheidungstheorie ist demnach eine Integrationswissenschaft verschiedener Disziplinen und Ansätze.

Ergebnispromotion – Prozeßpromotion

II. Ein empirisch-kausaler Ansatz der Modellimplementation

Um Ursachen für Erfolg oder Mißerfolg der Implementation zu erforschen, bietet sich eine detaillierte Analyse der vier Faktoren von Leavitt an. Dabei gilt das besondere Interesse den Faktoren »Technik«, »Mensch« und »Organisation«. In Anlehnung an Lucas jun. (1978, S. 27 ff.) soll ein empirischer Ansatz der Modellimplementation vorgestellt werden, der die drei verbleibenden Faktoren von Leavitt aufspaltet. Er ist in Abb. 207 wiedergegeben (zu ähnlichen Ansätzen vgl. Huysmans 1970, S. 15 ff., Naert-Leeflang 1978, S. 321 ff., Schultz-Slevin 1975, S. 31 ff. und weitere, bei Pfohl 1976, S. 73 ff. angegebene Literatur).

Der Ansatz enthält insgesamt 7 relevante Beziehungen, die eine erfolgreiche Implementation beeinflussen. Lucas jun. hat die im Ansatz enthaltenen Hypothesen anhand empirischer Untersuchungen einer gewissen Bestätigung zuführen können, wobei circa 40 Organisationen mit über 2900 Personen in 9 empirischen Untersuchungen erfaßt wurden. Gegenstand der Untersuchungen waren computergestützte Informationssysteme und computergestützte OR-Entscheidungsmodelle (vgl. dazu Lucas jun. 1978, S. 36). Im folgenden sollen die Variablen und ihre Beziehungen näher vorgestellt werden.

Zunächst einmal gilt, daß Attituden und Wahrnehmungen eine Funktion der Qualität des Systems oder Modells und der Management-Unterstützung sind:

$$A = f(Q,U).$$

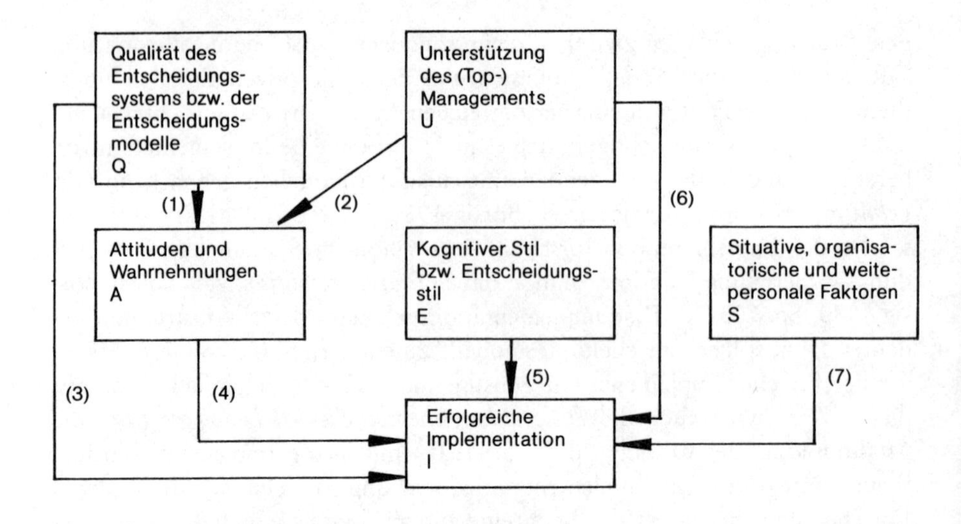

Abb. 207: Ein empirischer Ansatz der Modellimplementation

Qualität des Modells

Ein Modell muß qualitativ ausreichend sein, so daß ein zuverlässiger Output zu erwarten ist. Nur in diesem Falle wird sich eine positive Werthaltung *(Attitude)* des Modellbenutzers dem Modell gegenüber einstellen (vgl. dazu auch S. 369). *Qualität* bezieht sich dabei mehr auf Qualitätsmerkmale aus der Sicht des Benutzers als auf mathematisch-formale Eleganz. Ein qualitativ hochwertiges Modell ist etwa benutzerfreundlich, liefert zuverlässige Entscheidungen und ist relativ einfach zu verstehen (vgl. auch S. 328, 331 f.). Daneben spielt die *Unterstützung des (Top-) Managements* eine bedeutende Rolle. Wenn das Management die Entwurfsarbeit für ein Entscheidungssystem unterstützt und Belohnungen (materieller und/oder immaterieller Art) für die Mitarbeit daran austeilt, so entwickelt sich eine positive Werthaltung bei den möglichen Anwendern. Die Unterstützung des Managements ihrerseits kann etwa vom Problemdruck abhängen, dem man sich ausgesetzt fühlt und der – so wird vermutet – durch einen Einsatz des Modells gemindert oder gar aufgehoben wird.

Unterstützung des (Top-) Managements

Für die Implementation insgesamt wird diese Funktion behauptet:

$$I = f(Q,A,E,U,S).$$

Lucas jun. (1978, S. 29) schlägt als zweckmäßigsten Indikator für eine erfolgreiche Implementation die Akzeptanz bzw. Nutzung des Modells vor. Allerdings ist die Anwendung eines Modells nur dann als ein zureichender Indikator zu betrachten, wenn es sich um eine freiwillige Anwendung handelt*.

* Vgl. allerdings auch S. 496 f., wo auf die unfreiwillige Akzeptanz hingewiesen wird.

Als erstes bestimmt die *Qualität des Modells* eine erfolgreiche Implementation. Obwohl diese Aussage fast tautologisch erscheint, wird sie in der Praxis oft vergessen. Gehen in ein OR-Modell etwa unvernünftige Annahmen ein, oder sind diese nicht überprüft und getestet, so werden mögliche Anwender kaum ein Vertrauen in die vorgeschlagene Lösung entwickeln können.

Qualität des Modells

Desweiteren sind *Werthaltungen* (Attituden) zu beachten. Da Attituden auch eine Handlungskomponente enthalten, kann mit ihnen ein Verhalten vorhergesagt werden (vgl. dazu S. 369). Besonders dann, wenn eine Modellanwendung auf freiwilliger Basis stattfindet, ist eine Verknüpfung positiver Werthaltungen mit einer breiten Anwendung zu vermuten. Es genügt, in diesem Falle die Werthaltungen zu kennen, um das Verhalten vorherzusagen.

Attituden

Der *kognitive Stil* oder *Entscheidungsstil* der potentiellen Anwender ist zusätzlich als Ursache heranzuziehen. So hat Huysmans (1970, S. 92ff.) in Experimenten auf die Bedeutung des kognitiven Stils für eine Implementation hingewiesen, wobei er zwischen einem analytischen und einem heuristischen Stil unterscheidet. Auf S. 379ff. wurde die Unterteilung des kognitiven Stils in einen konvergenten und einen divergenten Stil vorgeschlagen. Allgemein kann erwartet werden, daß Manager mit einem analytischen bzw. konvergenten Stil eher zu einem Einsatz von Modellen neigen als Manager mit einem heuristischen bzw. divergenten Stil.

Kognitiver Stil

Die *Unterstützung des (Top-) Managements* hat auch einen direkten Einfluß auf die Anwendung der Entscheidungsmodelle. Wenn Manager den Entwurf eines Entscheidungssystems kontrollieren und anschließend den Lösungsvorschlag des Modells aktiv zu ihrer eigenen Lösungsfindung verwenden, so werden ihnen andere potentielle Anwender, die hierarchisch niedriger eingeordnet sind, darin folgen. Die Unterstützung des (Top-) Managements kann als eine Unterstützung aufgrund des hierarchischen Potentials bezeichnet werden. Es handelt sich um *Machtpromotoren.* Daneben ist auch die Unterstützung aufgrund des fachlichen Könnens bedeutsam, die unabhängig von hierarchischen Positionen ist. Dabei geht es um *Fachpromotoren.* Auch diese können eine Machtposition verkörpern, die allerdings auf Expertenwissen beruht (vgl. auch S. 429f. und S. 445). In einer Organisation sind nicht nur Befürworter (Promotoren) vorhanden, sondern auch Ablehner (Opponenten). Opponenten sind dadurch gekennzeichnet, daß sie Blockaden ausgesetzt sind und Widerstände offen oder verdeckt zeigen. Bei Opponenten kann es sich um Fach- oder Machtopponenten handeln. Beispielsweise kann ein Opponent um seine bisherige Position fürchten, da ein Entscheidungsmodell die Offenlegung seiner wertenden Entscheidungsprämissen verlangt. Die Geheimhaltung seiner Wertvorstellungen bzw. ein zurückhaltendes Informationsgebaren aber kann geradezu als die Quelle seiner bislang starken Stellung im Entscheidungsprozeß angesehen werden. Dieser Opponent wird sich

Unterstützung des (Top-) Managements

mit aller ihm zur Verfügung stehenden Kraft gegen die Einführung dieses Entscheidungssystems wehren. Es ergeben sich Konflikte zwischen Opponenten und Promotoren.

Organisation der Modell-konstruktion

Bei den organisatorischen Faktoren ist besonders die *Organisation der Modellkonstruktion* bzw. *Systementwicklung* hervorzuheben*. Eine partizipative Entwicklung zwischen Modellkonstrukteur und Modellanwender (Manager) erhöht die Chance einer erfolgreichen Implementation (vgl. dazu auch Alter 1978, S. 33ff.). Eine partizipative Einstellung ist dadurch gekennzeichnet, daß sich der involvierte Manager und der eigentliche Modellkonstrukteur, meist ein OR-Spezialist, *verstehen.* Der Manager versteht den Modellkonstrukteur dann, wenn er in der Denkweise der Entscheidungstheorie bzw. von OR denken kann; der Modellkonstrukteur versteht den Manager, wenn er betriebliche Probleme beurteilen kann. Es herrscht ein gegenseitiges Verstehen vor, was von Churchmann-Schainblatt (1965, S. B-69ff.) als eine Position des *»mutual understanding«* bezeichnet wird. Versteht es dagegen nur der Manager, dem Modellentwerfer in dessen eigener Denkweise zu begegnen, so liegt eine einseitige Position vor, eine *»communication position«.* Die *»persuasion position«* ist demgegenüber vorherrschend, wenn der Modellbauer den Manager versteht und deshalb in der Lage ist, das Modell zu »verkaufen«. Auch diese Position ist durch eine Einseitigkeit des Verständnisses gekennzeichnet. Nur im Modell des gegenseitigen Verstehens sind die positiven Aspekte der »communication« und »persuation position« vereinigt. Ist der Konstruktions- und Anwendungsprozeß durch einen Mangel an Verständnis zu beschreiben, so ist mit Churchmann-Schainblatt von einer *»seperate function position«* zu sprechen. Der Modellbauer entwirft völlig eigenverantwortlich ein Modell, während der Manager es zu akzeptieren oder zu verwerfen hat. Es gibt damit insgesamt vier Formen der Verbindung von Manager und Modellbauer. Diese sind in Abb. 208 erfaßt.

	Modellbauer versteht Manager	Modellbauer versteht Manager nicht
Manager versteht Modellbauer	Mutual understanding	communication
Manager versteht Modellbauer nicht	persuasion	seperate function

Abb. 208: Organisation der Modellkonstruktion nach Churchmann-Schainblatt (1965)

* Dieser Punkt wird bei Lucas jun. (1978, S. 27ff.) nicht behandelt.

Allerdings stellt die Position des »mutual understanding« eine ideale Position dar, da es praktisch nicht immer möglich sein dürfte, einen partizipativen Entscheidungsprozeß für alle Betroffenen durchzuführen. Aus diesem Grunde gewinnen auch solche Vorgehensweisen (der »persuasion« bzw. »seperate function position«) an Bedeutung, die mehr *technokratisch* verfahren, bei denen eine – wie es Bendixen (1980, S. 200) bezeichnet – *systemrationale* Sicht dominiert. In einem solchen Falle »verkaufen« etwa Modellbauer und/oder hierarchisch relativ hoch gestellte Manager Entscheidungsmodelle bzw. Entscheidungssysteme, ja können deren Akzeptanz sogar zu »erzwingen« versuchen. Im nächsten Abschnitt soll gesondert auf *Implementationsstrategien* eingegangen werden, die sich an der partizipativen oder systemrationalen Form der Organisation des Entscheidungsprozesses orientieren.

III. Arten der Implementationsstrategien

Um eine systematische Einordnung von Implementationsstrategien bei der Modellimplementation vollziehen zu können, wird auf Bendixen (1980, S. 199 ff.) zurückgegriffen*. Dabei wird die partizipative Organisationsform von der systemrationalen Form unterschieden. Außerdem werden zwei Arten der Widerstände herausgegriffen, die es zu überwinden gilt. Zum einen kann ein Widerstand für den potentiellen Anwender entstehen, weil zu wenig faktische Informationen über Entscheidungssysteme, ihren Aufbau und deren Einsatzmöglichkeiten vorhanden sind. Es gibt ein *Informationsgefälle* bei faktischen Informationen zu überwinden. Desweiteren können Widerstände entstehen, weil sich die potentiellen Anwender in der Beachtung ihrer Wertvorstellungen getäuscht sehen. So können sich Widerstände aufbauen, wenn ein Entscheidungssystem Verhaltensweisen von den potentiellen Anwendern verlangt, die nicht in Übereinstimmung mit ihrem Wertsystem stehen. In diesem Falle liegt ein *Wertberücksichtigungsdefizit* vor. Wer etwa intuitiv Entscheidungen trifft bzw. geneigt ist, neue Entscheidungsprämissen zu »verheimlichen«, wird in Konflikt mit den Anforderungen eines formalen Entscheidungssystems geraten. Kombiniert man die Organisationsformen mit den Komponenten des Änderungswiderstandes, so ergeben sich 4 Klassen von Implementationsstrategien, die in Abb. 209 dargestellt sind. Diese Einteilung ist sicherlich schablonenhaft und enthält auch fließende Übergänge.

Informationsgefälle

Wertberücksichtigungsdefizite

* Bei Bendixen (1980, S. 187 ff.) geht es ganz allgemein um die Implementation von Entscheidungen.

<table>
<tr><td colspan="2"></td><td colspan="2">Organisation des Entwicklungsprozesses von Modellen und Entscheidungssystemen</td></tr>
<tr><td rowspan="6">Komponenten des Änderungswiderstandes</td><td rowspan="3">Informationsgefälle</td><td>systemrational</td><td>partizipativ</td></tr>
<tr><td colspan="2">Instruktionsstrategien</td></tr>
<tr><td>(1) Strategien der Vermeidung von Überraschungen</td><td>(3) empirisch-rationale Überzeugungsstrategien</td></tr>
<tr><td rowspan="2">Wertberücksichtigungsdefizite</td><td colspan="2">Wertberücksichtigungsstrategien</td></tr>
<tr><td>(2) Strategien der Antizipation sozio-emotionaler Widerstände</td><td>(4) normativ-reedukative Strategien</td></tr>
</table>

Abb. 209: Implementationsstrategien

Strategien der Vermeidung von Überraschungen

Bei den systemrationalen Implementationsstrategien sind zunächst die *Strategien der Vermeidung von Überraschungen* zu betrachten (1). Derartige Strategien geben etwa entwicklungsbegleitende Informationen, z.B. durch Einrichtung von Informationsgruppen oder durch schriftliche Berichterstattung, um auf diese Weise über den Fortgang des Entwicklungsprozesses zu berichten. Die potentiellen Anwender des Entscheidungssystems werden mit faktischen Informationen versorgt. Daneben handelt es sich bei den Strategien der Vermeidung von Überraschungen oft um komplementäre Strategien zur »Strategie des Bombenwurfes«. Bei dieser Strategie »(wird) zunächst in relativ kleinem Zirkel unter weitgehender Geheimhaltung und Ausschluß der Vielzahl der Betroffenen ein Grobkonzept... entworfen. Dieses Grobkonzept wird schlagartig und relativ unwiderruflich in Kraft gesetzt, d.h. wie eine ›Bombe‹ in die laufende Organisation geworfen« (Kirsch-Börsig 1980, Sp. 2035). Um unliebsame Überraschungen bei der Konkretisierung und Anwendung zu vermeiden, müssen Informationen über das grob konzipierte Entscheidungssystem an die potentiellen Anwender rechtzeitig weitergegeben werden. Dann kann gemeinsam die Detaillierung des Entscheidungssystems betrieben werden.

Strategien der Antizipation sozio-emotionaler Widerstände

Bei (2), den *Strategien der Antizipation sozio-emotionaler Widerstände*, kann auch von der Anwendung der Marketing-Philosophie im Entwicklungsprozeß von Entscheidungssystemen gesprochen werden. Es geht darum, die Bedürfnisse der potentiellen Anwender der Entscheidungssysteme möglichst genau und vollständig zu erforschen, um dann – bei Gefahr von Widerständen – geeignete Maßnahmen zu ergreifen (vgl. dazu auch die Diskussion Marketing-Philosophie vs. Partizipationsphilosophie bei Kirsch-Esser-Gabele 1979, S. 307 ff.). Allerdings steht die einmal getroffene Festlegung bezüglich des anzuwendenden Entscheidungssystems nicht mehr zur Disposition. Während bei systemrationalen Strategien die Modellbauer sowie hierarchisch relativ hoch angesiedelte Manager als Aktoren fungieren, sind partizipative Strategien durch eine Zusammenarbeit *aller* Beteiligten gekennzeichnet.

Empirisch-rationale Überzeugungsstrategien

Empirisch-rationale Überzeugungsstrategien (3)* beruhen auf der Annahme, daß der Mensch als Verstandeswesen sich rationalen Argumenten nicht verschließen wird. Die Manager akzeptieren demnach entsprechende empirische Informationen über das Entscheidungssystem. Da die Rationalitätsannahme auch umgekehrt für die Modellbauer gilt, ist die Partizipation durch gegenseitige Prozesse des Überzeugens gekennzeichnet.

Normativ-reedukative Strategien

Normativ-reedukative Strategien (4)** suspendieren die allgemeingültige Annahme einer Rationalität und gehen zunächst von einer Bindung des Individuums an sozio-kulturelle Normen aus, zu deren Beachtung es sich verpflichtet fühlt. »Die ... Veränderungsvorschläge müssen daher gemäß diesem Strategietyp nicht nur rational überzeugen, sondern auch im Einklang stehen mit den individuellen Wertsystemen« (Benedixen 1980, S. 201). Ein allgemeines Konzept, das den Menschen in seiner Ganzheit akzeptiert, ist mit der Organisationsentwicklung (OE, auch organizational development, OD) gegeben. Danach werden Änderungsvorschläge nicht von außen den potentiellen Anwendern vorgegeben, sondern von den Betroffenen selbst in einer besonderen Problemlösungsgruppe, einem Team, erarbeitet. Es können alle Arten von Argumenten vorgebracht werden, denen gemeinsam in einem Diskussionsprozeß nachgegangen wird. Auf diese Weise werden Widerstände sichtbar, wobei günstigstenfalls ein modifiziertes Änderungskonzept resultiert, das von allen mitgetragen werden kann, weil sich jeder in seinen Problemen ernst genommen fühlt. Um dieses Ergebnis zu erreichen, sind *Lernprozesse* bei den einzelnen Gruppenmitgliedern nötig, die als grundlegend für OE angesehen werden. Insgesamt gesehen möchte OE dazu führen, den Betroffenen mehr Erfolgsmöglichkeiten und Selbstbestimmung einzuräumen und *gleichzeitig* das Organisationsziel in seiner Realisierung zu verbessern (zu OE vgl. Bartölke 1980, Sp. 1468 ff., Grochla-Förster 1977, Sievers 1977, Trebesch 1980, S. 9 ff.).

* Vgl. dazu Chin-Benne 1975, S. 126 ff.

** Vgl. dazu Chin-Benne 1975, S. 135 ff.

Wiederholungsfragen

1. Worin unterscheiden sich Objekt- und Metaentscheidungen? (S. 490)
2. Welche Aufgabe gehört zu einer modellorientierten Implementationsforschung? (S. 490ff.)
3. Welche Einflußfaktoren bestimmen nach Leavitt (1965) und Lucas jun. (1978) Erfolg oder Mißerfolg der Implementation? (S. 492ff.)
4. Was versteht man unter Ergebnis- bzw. Prozeßpromotion? (S. 493)
5. Welche Organisationsformen der Modellkonstruktion kennen Sie? (S. 496f.)
6. Welche Komponenten des Änderungswiderstandes sind denkbar? (S. 497)
7. Nennen und beschreiben Sie vier mögliche Implementationsstrategien. (S. 498f.)

Literaturverzeichnis

ALTER, S. (1978): Development Patterns for Decision Support Systems. In: Management Information Systems Quarterly, 2 (1978) 3, S. 33–42.

BARTÖLKE, K. (1980): Organisationsentwicklung. In: Grochla, E. (Hrsg.): Handwörterbuch der Organisation. 2., völlig neu gest. Aufl., Stuttgart 1980, Sp. 1468–1481.

BENDIXEN, P. (1980): Der theoretische und pragmatische Anspruch der Organisationsentwicklung. Ansätze der Organisationsplanung und ihre Bedeutung für die betriebswirtschaftliche Planungs- und Organisationstheorie. In: Die Betriebswirtschaft, 40 (1980), S. 187–203.

BÖRSIG, C.A.H. (1975): Die Implementierung von Operations Research in Organisationen. Dissertation, Mannheim 1975.

BRAUN, G.E. (1977): Methodologie der Planung. Eine Studie zum abstrakten und konkreten Verständnis der Planung. Meisenheim am Glan 1977.

BRAUN, G.E. (1978): Planung und Planungswissenschaft. In: Pfohl, H.-C./Rürup, B. (Hrsg.): Anwendungsprobleme moderner Planungs- und Entscheidungstechniken. Königstein/Ts. 1978, S. 1–32.

CHIN, R. / BENNE, K.D. (1975): Strategien zur Veränderung sozialer Systeme. In: Türk, K. (Hrsg.): Organisationstheorie. Hamburg 1975, S. 125–153.

CHURCHMAN, C.W. / SCHAINBLATT, A.H. (1965): The Researcher and the Manager: A Dialectic of Implementation. In: Management Science, 11 (1965), S. B-69–B-87.

GÖSSLER, R. (1974): Operations-Research-Praxis: Einsatzformen und Ergebnisse. Wiesbaden 1974.

GREGORY, C.E. (1974): Die Organisation des Denkens: Kreatives Lösen von Problemen. Frankfurt am Main/New York 1974.

GROCHLA, E. / FÖRSTER, G. (Hrsg.) (1977): Organisationsplanung und Organisationsentwicklung. Theorie und Praxis. Dortmund 1977.

HUYSMANS, J. H. B. M. (1970): The Implementation of Operations Research. New York/London/Sydney/Toronto 1970.

KIRSCH, W. / BÖRSIG, C.A.H. (1980): Reorganisationsprozesse. In: Grochla, E. (Hrsg.): Handwörterbuch der Organisation. 2., völlig neu gest. Aufl., Stuttgart 1980, Sp. 2027–2043.

KIRSCH, W. / ESSER, W. M. / GABELE, E. (1979): Das Management des geplanten Wandels von Organisationen. Stuttgart 1979.

KIRSCH, W. / MEFFERT, H. (1970): Organisationstheorien und Betriebswirtschaftslehre. Wiesbaden 1970.

LEAVITT, H.J. (1965): Applied Organizational Change in Industry: Structural, Technological, and Humanistic Approaches. In: March, J.G. (Hrsg.): Handbook of Organizations. Chicago 1965, S. 1144–1170.

LUCAS jun., H.C. (1978): Empirical Evidence for a Descriptive Model of Implementation. In: Management Information Systems Quarterly, 2 (1978) 2, S. 27–42.

MANS, G. (1973): Stand und Entwicklung von Planungssystemen in Unternehmungen der BRD. Analyse einer empirischen Untersuchung. In: Grochla, E./Szyperski, N. (Hrsg.): Modell- und computergestützte Unternehmungsplanung. Wiesbaden 1973, S. 41–63.

NAERT, P. / LEEFLANG, P. (1978): Building Implementable Marketing Models. Leiden/ Boston 1978.

PFOHL, H.-C. (1976): Praktische Relevanz von Entscheidungstechniken. In: Die Unternehmung, 30 (1976), S. 73–93.

PFOHL, H.-C. / DRÜNKLER, W. (1978): Stand der Anwendung moderner Planungs- und Entscheidungstechniken in Betriebswirtschaften. In: Pfohl, H.-C./Rürup, B. (Hrsg.): Anwendungsprobleme moderner Planungs- und Entscheidungstechniken. Königstein/Ts. 1978, S. 99–112.

REINERMANN, H. (1978): Systemanalytische Implementierungsstrategien. In: Pfohl, H.-C./Rürup, B. (Hrsg.): Anwendungsprobleme moderner Planungs- und Entscheidungstechniken. Königstein/Ts. 1978, S. 49–78.

SCHULTZ, R.L. / SLEVIN, D.P. (1975): A Program of Research on Implementation. In: Schultz, R.L./Slevin, D.P. (Hrsg.): Implementing Operations Research/Management Science. New York/London/Amsterdam 1975, S. 31–51.

SIEVERS, B. (Hrsg.) (1977): Organisationsentwicklung als Problem. Stuttgart 1977.

STEINECKE, V. / SEIFERT, O. / OHSE, D. (1973): Lineare Planungsmodelle im praktischen Einsatz. Frankfurt am Main 1973.

TÖPFER, A. (1976): Planungs- und Kontrollsysteme industrieller Unternehmungen. Eine theoretische, technologische und empirische Analyse. Berlin 1976.

TREBESCH, K. (1980): Ursprung und Ansätze der Organisationsentwicklung (OE). In: Industrielle Organisation, 49 (1980), S. 9–12.

Stichwortverzeichnis